ZHONGGUO WENHUA WENWU
TONGJI NIANJIAN

# 中国文化文物统计年鉴

中华人民共和国文化和旅游部　编

2018

國家圖書館出版社
National Library of China Publishing House

图书在版编目（CIP）数据

中国文化文物统计年鉴.2018/中华人民共和国文化和旅游部编.
--北京：国家图书馆出版社，2018.11
ISBN 978-7-5013-6607-1

Ⅰ.①中… Ⅱ.①中… Ⅲ.①文化事业－统计资料－中国－2018－年鉴②文物工作－统计资料－中国－2018－年鉴 Ⅳ.①G12-66②K87-66

中国版本图书馆 CIP 数据核字(2018)第 244833 号

书　　名　中国文化文物统计年鉴（2018）
著　　者　中华人民共和国文化和旅游部　编
责任编辑　于春媚

出　　版　国家图书馆出版社（100034　北京市西城区文津街 7 号）
（原书目文献出版社 北京图书馆出版社）
发　　行　010-66114536　66126153　66151313　66175620
66121706（传真）　66126156（门市部）
E-mail　nlcpress@nlc. cn（邮购）
Website　www.nlcpress.com ——▸ 投稿中心
经　　销　新华书店
印　　装　北京华艺斋古籍印务有限公司
版　　次　2018 年 11 月第 1 版　2018 年 11 月第 1 次印刷

开　　本　880×1230（毫米）　1/16
印　　张　32
字　　数　1000 千字

书　　号　ISBN 978-7-5013-6607-1
定　　价　220.00 元

# 《中国文化文物统计年鉴 2018》

# 编者说明

一、《中国文化文物统计年鉴 2018》系统收录了全国和各省、自治区、直辖市 2017 年文化发展各方面的统计数据，以及其他重要历史年份的全国统计数据，是一部全面反映我国文化发展情况的综合性统计资料。

二、本年鉴正文内容共分为七个部分：一、综合；二、图书馆业；三、群众文化业；四、艺术业；五、文化市场；六、文物业；七、教育、科技、动漫及其他。为方便读者使用，多数篇末附有《主要统计指标解释》。

三、本资料尚缺香港、澳门特别行政区及台湾省的资料。

四、符号使用说明：资料中的“空格”表示该项统计指标数据不足本表最小单位数、数据不详或无该项数据，“#”表示主要项。

五、因时间仓促，年鉴中若有遗漏和不足之处，请读者批评指正，以便在内容上不断完善和充实。

编　　者

2018 年 9 月

# 目 录

## 一、综合



## 二、图书馆业

## 三、群众文化业

## 四、艺术业

## 五、文化市场

## 六、文物业



## 七、教育、科技、动漫及其他

**附录资料**

# 1 综　合

# 2017年全国文化发展主要统计数据

| 指　标 | 单位 | 总量指标 | | 增长速度 (%) |
|---|---|---|---|---|
| | | 2016年 | 2017年 | |
| **机构和人员** | | | | |
| 机构数 | 个 | 310641 | 326364 | 5.1 |
| 从业人员数 | 人 | 2348021 | 2482480 | 5.7 |
| **文化投入** | | | | |
| 文化事业费 | 亿元 | 770.69 | 855.80 | 11.0 |
| 人均文化事业费 | 元 | 55.74 | 61.57 | 10.5 |
| **公共图书馆** | | | | |
| 机构数 | 个 | 3153 | 3166 | 0.4 |
| 总藏量 | 万册 | 90163 | 96953 | 7.5 |
| 总流通人次 | 万人次 | 66037 | 74450 | 12.7 |
| **群众文化** | | | | |
| 机构数 | 个 | 44497 | 44521 | 0.1 |
| #文化站 | 个 | 41175 | 41193 | 0.0 |
| 提供文化服务次数 | 万次 | 183.97 | 197.86 | 7.6 |
| 举办展览 | 万次 | 15.01 | 15.41 | 2.7 |
| 组织文艺活动 | 万次 | 106.53 | 111.43 | 4.6 |
| 组织公益性讲座 | 万次 | 3.38 | 3.44 | 1.8 |
| 举办训练班 | 万次 | 59.05 | 67.59 | 14.5 |
| 文化服务惠及人次 | 万人次 | 57896 | 63951 | 10.5 |
| **艺术表演团体** | | | | |
| 机构数 | 个 | 12301 | 15742 | 28.0 |
| 演出场次 | 万场次 | 230.60 | 293.77 | 27.4 |
| #农村演出场次 | 万场次 | 151.60 | 184.44 | 21.7 |
| 国内演出观众人次 | 万人次 | 118138 | 124863 | 5.7 |
| #农村观众人次 | 万人次 | 62052 | 83038 | 33.8 |
| 演出收入 | 万元 | 1308590 | 1478239 | 13.0 |
| **艺术表演场馆** | | | | |
| 机构数 | 个 | 2285 | 2455 | 7.4 |
| 艺术演出场次 | 万场次 | 19.09 | 21.18 | 10.9 |
| 艺术演出观众人次 | 万人次 | 3098.05 | 3234.22 | 4.4 |
| 艺术演出收入 | 万元 | 273060 | 432754 | 58.5 |
| **文化市场** | | | | |
| 机构数 | 个 | 242653 | 257345 | 6.0 |
| 从业人员数 | 个 | 1609834 | 1733235 | 7.7 |
| **文物业** | | | | |
| 机构数 | 个 | 8954 | 9931 | 10.9 |
| 总藏品 | 万件/套 | 4455.91 | 4850.66 | 8.9 |
| 参观人次 | 万人次 | 101269 | 114773 | 13.3 |

# 按年份全国主要文化机构数

单位：个

| 年　份 | 公共图书馆 | 文化馆 | 文化站 | 博物馆 | 艺术表演团体 | 文化系统艺术表演场馆 |
|---|---|---|---|---|---|---|
| 1949年 | 55 | 896 | | 21 | 1000 | 891 |
| 1952年 | 83 | 2430 | | 35 | 2084 | 1510 |
| 1957年 | 400 | 2748 | | 72 | 2884 | 2296 |
| 1962年 | 541 | 2575 | 1192 | 230 | 3320 | 2249 |
| 1965年 | 562 | 2660 | 2125 | 214 | 3458 | 2943 |
| 1970年 | 323 | 2332 | 1794 | 182 | 2541 | 1432 |
| 1975年 | 629 | 2670 | 2717 | 242 | 2836 | 1464 |
| 1978年 | 1218 | 2840 | 4053 | 349 | 3150 | 1095 |
| 1980年 | 1732 | 3130 | 5609 | 365 | 3533 | 1444 |
| 1985年 | 2344 | 3295 | 5281 | 711 | 3317 | 1377 |
| 1986年 | 2406 | 3330 | 5583 | 777 | 3195 | 2058 |
| 1987年 | 2440 | 3321 | 5653 | 827 | 3094 | 2148 |
| 1988年 | 2485 | 3333 | 5712 | 903 | 2985 | 2081 |
| 1989年 | 2512 | 3321 | 5716 | 967 | 2850 | 2050 |
| 1990年 | 2527 | 3321 | 5895 | 1013 | 2805 | 1955 |
| 1991年 | 2535 | 3265 | 7242 | 1075 | 2772 | 2068 |
| 1992年 | 2558 | 3272 | 6292 | 1106 | 2753 | 2037 |
| 1993年 | 2572 | 3256 | 6899 | 1130 | 2707 | 2024 |
| 1994年 | 2589 | 3261 | 8015 | 1161 | 2698 | 1998 |
| 1995年 | 2615 | 3259 | 10228 | 1194 | 2682 | 1958 |
| 1996年 | 2620 | 3284 | 41969 | 1219 | 2664 | 1934 |
| 1997年 | 2628 | 3286 | 42163 | 1282 | 2663 | 1947 |
| 1998年 | 2662 | 3287 | 42547 | 1339 | 2652 | 1929 |
| 1999年 | 2669 | 3294 | 42543 | 1363 | 2632 | 1911 |
| 2000年 | 2675 | 3297 | 42024 | 1392 | 2619 | 1900 |
| 2001年 | 2696 | 3241 | 40138 | 1461 | 2605 | 1854 |
| 2002年 | 2697 | 3243 | 39273 | 1511 | 2587 | 1829 |
| 2003年 | 2709 | 3228 | 38588 | 1515 | 2601 | 1900 |
| 2004年 | 2720 | 3221 | 38181 | 1548 | 2759 | 1928 |
| 2005年 | 2762 | 3226 | 38362 | 1581 | 2805 | 1759 |
| 2006年 | 2778 | 3214 | 36874 | 1617 | 2866 | 1724 |
| 2007年 | 2799 | 3217 | 37384 | 1722 | 4512 | 1732 |
| 2008年 | 2820 | 3218 | 37938 | 1893 | 5114 | 1662 |
| 2009年 | 2850 | 3223 | 38736 | 2252 | 6139 | 1499 |
| 2010年 | 2884 | 3264 | 40118 | 2435 | 6864 | 1461 |
| 2011年 | 2952 | 3285 | 40390 | 2650 | 7055 | 1429 |
| 2012年 | 3076 | 3301 | 40575 | 3069 | 7321 | 1279 |
| 2013年 | 3112 | 3315 | 40945 | 3473 | 8180 | 1253 |
| 2014年 | 3117 | 3313 | 41110 | 3658 | 8769 | 1248 |
| 2015年 | 3139 | 3315 | 40976 | 3852 | 10787 | 1264 |
| 2016年 | 3153 | 3322 | 41175 | 4109 | 12301 | 1265 |
| 2017年 | 3166 | 3328 | 41193 | 4721 | 15752 | 1253 |

注：2007年以前艺术表演团体为文化部门系统内数据，2007年起含非文化部门单位。1996年以前文化站数据未包括其他部门所属乡镇综合文化站，1996—1998年文化站数据包括其他部门所属单位，1999年以后，其他部门所属文化站归文化部门管理。

# 按年份全国文化事业费基本情况

单位：亿元、%

| | 文化事业费 | 国家财政总支出 | 文化事业费总支出占国家财政比重 |
|---|---|---|---|
| 1978年 | 4.44 | 1122.09 | 0.40 |
| 1979年 | 5.84 | 1281.79 | 0.46 |
| 1980年 | 5.61 | 1228.83 | 0.46 |
| **六五时期** | **36.03** | **7483.18** | **0.48** |
| 1985年 | 9.32 | 2004.25 | 0.47 |
| **七五时期** | **62.45** | **12865.67** | **0.49** |
| 1986年 | 10.74 | 2204.91 | 0.49 |
| 1987年 | 10.77 | 2262.18 | 0.48 |
| 1988年 | 12.18 | 2491.21 | 0.49 |
| 1989年 | 13.57 | 2823.78 | 0.48 |
| 1990年 | 15.19 | 3083.59 | 0.49 |
| **八五时期** | **121.33** | **24387.46** | **0.50** |
| 1991年 | 17.28 | 3386.62 | 0.51 |
| 1992年 | 19.46 | 3742.20 | 0.52 |
| 1993年 | 22.37 | 4642.30 | 0.48 |
| 1994年 | 28.83 | 5792.62 | 0.50 |
| 1995年 | 33.39 | 6823.72 | 0.49 |
| **九五时期** | **254.51** | **57043.46** | **0.45** |
| 1996年 | 38.77 | 7937.55 | 0.49 |
| 1997年 | 46.19 | 9233.56 | 0.50 |
| 1998年 | 50.78 | 10798.18 | 0.47 |
| 1999年 | 55.61 | 13187.67 | 0.42 |
| 2000年 | 63.16 | 15886.50 | 0.40 |
| **十五时期** | **496.13** | **128022.85** | **0.39** |
| 2001年 | 70.99 | 18902.58 | 0.38 |
| 2002年 | 83.66 | 22053.15 | 0.38 |
| 2003年 | 94.03 | 24649.95 | 0.38 |
| 2004年 | 113.63 | 28486.89 | 0.40 |
| 2005年 | 133.82 | 33930.28 | 0.39 |
| **十一五时期** | **1220.40** | **318970.83** | **0.38** |
| 2006年 | 158.03 | 40422.73 | 0.39 |
| 2007年 | 198.96 | 49781.35 | 0.40 |
| 2008年 | 248.04 | 62592.66 | 0.40 |
| 2009年 | 292.31 | 76299.93 | 0.38 |
| 2010年 | 323.06 | 89874.16 | 0.36 |
| 十二五时期 | **2669.62** | **703076.19** | **0.38** |
| 2011年 | 392.62 | 109247.79 | 0.36 |
| 2012年 | 480.10 | 125952.97 | 0.38 |
| 2013年 | 530.49 | 140212.10 | 0.38 |
| 2014年 | 583.44 | 151785.56 | 0.38 |
| 2015年 | 682.97 | 175877.77 | 0.39 |
| 2016年 | 770.69 | 187755.21 | 0.41 |
| 2017年 | 855.80 | 203330.11 | 0.42 |

注：①国家财政总支出系国家财政决算数。
②文化事业费：1953年~1980年系国家财政决算数（"一五"至"四五"时期含文物、出版经费，"五五"时期不含文物、出版经费）；1981年以后系文化事业统计年报数（不含文物、出版及科学研究费；不含基本建设的财政拨款和行政运行经费，以下各表同）。

# 按年份全国文化事业基本建设情况

| 年　份 | 本年计划投资(万元) | | 本年完成投资(万元) | 竣工使用 | |
|---|---|---|---|---|---|
| | | 国家投资 | | 项目(个) | 面积(万平方米) |
| 1982年 | 46244 | | 37090 | 1187 | |
| 1983年 | 53170 | 18063 | 42381 | 1292 | |
| 1984年 | 58589 | 22517 | 48479 | 1024 | |
| 1985年 | 73267 | 32150 | 64460 | 986 | |
| **七五时期** | **320139** | **152369** | **290873** | **2961** | **520.6** |
| 1986年 | 69939 | 32864 | 63197 | 740 | 117.6 |
| 1987年 | 69692 | 34951 | 61383 | 622 | 121.0 |
| 1988年 | 69918 | 31594 | 64186 | 581 | 97.0 |
| 1989年 | 51964 | 24680 | 48124 | 542 | 97.9 |
| 1990年 | 58626 | 28280 | 53983 | 476 | 87.1 |
| **八五时期** | **627173** | **180715** | **531210** | **1540** | **299.3** |
| 1991年 | 67112 | 23214 | 57781 | 325 | 62.8 |
| 1992年 | 89707 | 28348 | 78488 | 358 | 65.6 |
| 1993年 | 110843 | 28170 | 91766 | 314 | 56.3 |
| 1994年 | 154649 | 48912 | 142171 | 268 | 48.1 |
| 1995年 | 204862 | 52071 | 161004 | 275 | 66.5 |
| **九五时期** | **1255378** | **497573** | **988048** | **1174** | **413.2** |
| 1996年 | 187692 | 58225 | 144433 | 287 | 94.1 |
| 1997年 | 223963 | 98845 | 204774 | 285 | 74.1 |
| 1998年 | 230649 | 119561 | 170079 | 176 | 73.0 |
| 1999年 | 280005 | 112130 | 239269 | 217 | 78.4 |
| 2000年 | 333069 | 108812 | 229493 | 209 | 93.6 |
| **十五时期** | **1678383** | **918246** | **1392666** | **1087** | **338.8** |
| 2001年 | 251075 | 171729 | 198397 | 160 | 77.2 |
| 2002年 | 346381 | 159999 | 240023 | 150 | 73.9 |
| 2003年 | 335434 | 180416 | 255359 | 217 | 115.0 |
| 2004年 | 395208 | 207739 | 371204 | 286 | 44.4 |
| 2005年 | 350285 | 198363 | 327683 | 274 | 28.3 |
| **十一五时期** | **4179930** | **2320025** | **2785294** | **12313** | **1001.5** |
| 2006年 | 451099 | 317046 | 371736 | 253 | 139.0 |
| 2007年 | 578655 | 355023 | 400798 | 783 | 137.3 |
| 2008年 | 665375 | 297124 | 444627 | 1175 | 125.6 |
| 2009年 | 1208917 | 692040 | 816741 | 4842 | 284.1 |
| 2010年 | 1275884 | 658792 | 751392 | 5260 | 315.5 |
| **十二五时期** | **6195014** | **3201826** | **3936279** | **7646** | **955.4** |
| 2011年 | 1083654 | 599390 | 777189 | 4954 | 296.9 |
| 2012年 | 1360223 | 710584 | 784726 | 982 | 170.7 |
| 2013年 | 1221647 | 603400 | 805750 | 693 | 162.7 |
| 2014年 | 1188629 | 625458 | 741041 | 533 | 182.1 |
| 2015年 | 1340861 | 662994 | 827573 | 484 | 143.0 |
| 2016年 | 1660203 | 855406 | 936530 | 683 | 120.0 |
| 2017年 | 1267950 | 592876 | 673462 | 271 | 70.9 |

# 按年份各地区文化事业费

单位：万元

| 地　区 | 1995年 | 2000年 | 2005年 | 2010年 | 2015年 | 2016年 | 2017年 |
|---|---|---|---|---|---|---|---|
| **全　国** | **333853** | **631591** | **1338193** | **3230646** | **6829708** | **7706876** | **8558022** |
| 中　央 | 20973 | 55498 | 113028 | 152787 | 369620 | 341006 | 300954 |
| 北　京 | 8427 | 24008 | 64587 | 161693 | 275832 | 352798 | 361972 |
| 天　津 | 5098 | 9796 | 31592 | 56348 | 153744 | 158048 | 186858 |
| 河　北 | 11393 | 18984 | 39626 | 70307 | 185348 | 184922 | 251894 |
| 山　西 | 9215 | 12347 | 29832 | 78000 | 182007 | 197818 | 222493 |
| 内蒙古 | 8624 | 14515 | 30543 | 112982 | 228905 | 259572 | 276846 |
| 辽　宁 | 17525 | 26790 | 47578 | 113430 | 165405 | 194196 | 212426 |
| 吉　林 | 10613 | 15711 | 26566 | 90327 | 156425 | 159929 | 177986 |
| 黑龙江 | 10722 | 16598 | 33742 | 74631 | 152601 | 175482 | 180777 |
| 上　海 | 15431 | 42608 | 79201 | 186266 | 365523 | 422148 | 438826 |
| 江　苏 | 18234 | 38527 | 77658 | 163123 | 403417 | 470804 | 578084 |
| 浙　江 | 14764 | 35334 | 110397 | 242002 | 488225 | 544516 | 593470 |
| 安　徽 | 8836 | 15849 | 30541 | 76813 | 146252 | 175603 | 183018 |
| 福　建 | 11023 | 22174 | 42949 | 101855 | 187522 | 215770 | 242920 |
| 江　西 | 7404 | 10696 | 23398 | 73401 | 127094 | 128944 | 152603 |
| 山　东 | 16315 | 30944 | 61687 | 138876 | 299770 | 320980 | 388222 |
| 河　南 | 12447 | 20948 | 37708 | 95143 | 206034 | 222776 | 251487 |
| 湖　北 | 11268 | 19367 | 43585 | 114389 | 235648 | 290408 | 343992 |
| 湖　南 | 10525 | 16564 | 34771 | 86133 | 193798 | 241901 | 277967 |
| 广　东 | 27486 | 58321 | 128095 | 269940 | 539257 | 656969 | 814334 |
| 广　西 | 8617 | 14608 | 28089 | 80097 | 172230 | 199327 | 194955 |
| 海　南 | 2965 | 3468 | 6007 | 27356 | 57512 | 70204 | 90745 |
| 重　庆 |  | 9151 | 17505 | 77350 | 169727 | 204828 | 207405 |
| 四　川 | 16905 | 20500 | 44523 | 143902 | 395788 | 403685 | 413220 |
| 贵　州 | 4785 | 9131 | 18731 | 53676 | 119936 | 151128 | 193288 |
| 云　南 | 14563 | 23945 | 42036 | 86881 | 191211 | 218728 | 241003 |
| 西　藏 | 2124 | 4264 | 8003 | 21050 | 57816 | 72824 | 83889 |
| 陕　西 | 8583 | 13976 | 23462 | 89457 | 205168 | 216685 | 208454 |
| 甘　肃 | 6935 | 9130 | 20882 | 55563 | 113802 | 143170 | 166608 |
| 青　海 | 2574 | 3696 | 7349 | 41114 | 65393 | 78467 | 88383 |
| 宁　夏 | 2108 | 3625 | 9646 | 24483 | 58611 | 67681 | 63793 |
| 新　疆 | 7371 | 10518 | 24877 | 71273 | 160088 | 165558 | 169152 |

# 按年份各地区文化事业费占财政支出比重

单位：%

| 地区 | 1995年 | | 2000年 | | 2005年 | | 2010年 | | 2014年 | | 2015年 | | 2016年 | |
|---|---|---|---|---|---|---|---|---|---|---|---|---|---|---|
| | 比重 | 位次 | 比重 | 位次 | 比重 | 位次 | 比重 | 位次 | 比重 | 位次 | 比重 | 位次 | 比重 | 位次 |
| 全　国 | **0.49** | | **0.40** | | **0.39** | | **0.36** | | **0.38** | | **0.39** | | **0.41** | |
| 北　京 | 0.55 | 28 | 0.54 | 14 | 0.61 | 4 | 0.60 | 2 | 0.55 | 3 | 0.48 | 8 | 0.55 | 5 |
| 天　津 | 0.55 | 28 | 0.53 | 15 | 0.71 | 3 | 0.41 | 14 | 0.43 | 16 | 0.48 | 9 | 0.43 | 20 |
| 河　北 | 0.60 | 23 | 0.46 | 28 | 0.40 | 24 | 0.25 | 31 | 0.31 | 26 | 0.33 | 27 | 0.31 | 28 |
| 山　西 | 0.82 | 7 | 0.55 | 11 | 0.44 | 14 | 0.40 | 15 | 0.46 | 12 | 0.53 | 4 | 0.58 | 3 |
| 内蒙古 | 0.84 | 5 | 0.59 | 8 | 0.44 | 15 | 0.50 | 7 | 0.49 | 6 | 0.54 | 3 | 0.58 | 4 |
| 辽　宁 | 0.64 | 15 | 0.52 | 17 | 0.39 | 25 | 0.35 | 22 | 0.29 | 28 | 0.37 | 24 | 0.42 | 21 |
| 吉　林 | 0.88 | 3 | 0.90 | 1 | 0.42 | 18 | 0.51 | 6 | 0.47 | 9 | 0.49 | 7 | 0.45 | 18 |
| 黑龙江 | 0.61 | 18 | 0.45 | 30 | 0.42 | 19 | 0.33 | 25 | 0.36 | 22 | 0.38 | 21 | 0.42 | 22 |
| 上　海 | 0.59 | 25 | 0.68 | 5 | 0.48 | 9 | 0.56 | 4 | 0.68 | 2 | 0.59 | 2 | 0.61 | 2 |
| 江　苏 | 0.72 | 10 | 0.61 | 6 | 0.46 | 12 | 0.33 | 26 | 0.41 | 19 | 0.42 | 15 | 0.47 | 14 |
| 浙　江 | 0.82 | 7 | 0.82 | 2 | 0.87 | 1 | 0.75 | 1 | 0.73 | 1 | 0.73 | 1 | 0.78 | 1 |
| 安　徽 | 0.65 | 14 | 0.49 | 23 | 0.42 | 20 | 0.30 | 29 | 0.26 | 31 | 0.28 | 31 | 0.32 | 27 |
| 福　建 | 0.64 | 15 | 0.69 | 4 | 0.72 | 2 | 0.60 | 3 | 0.45 | 13 | 0.47 | 10 | 0.50 | 10 |
| 江　西 | 0.67 | 13 | 0.48 | 26 | 0.41 | 22 | 0.38 | 18 | 0.27 | 30 | 0.29 | 30 | 0.28 | 30 |
| 山　东 | 0.59 | 25 | 0.51 | 18 | 0.42 | 21 | 0.34 | 23 | 0.35 | 23 | 0.36 | 25 | 0.37 | 25 |
| 河　南 | 0.60 | 23 | 0.47 | 27 | 0.33 | 31 | 0.28 | 30 | 0.29 | 29 | 0.30 | 28 | 0.30 | 29 |
| 湖　北 | 0.69 | 12 | 0.53 | 15 | 0.55 | 6 | 0.46 | 10 | 0.34 | 24 | 0.38 | 22 | 0.45 | 16 |
| 湖　南 | 0.61 | 18 | 0.49 | 23 | 0.39 | 26 | 0.32 | 28 | 0.32 | 25 | 0.34 | 26 | 0.38 | 24 |
| 广　东 | 0.52 | 30 | 0.55 | 11 | 0.55 | 7 | 0.50 | 8 | 0.49 | 7 | 0.42 | 16 | 0.49 | 13 |
| 广　西 | 0.61 | 18 | 0.57 | 10 | 0.45 | 13 | 0.40 | 16 | 0.42 | 18 | 0.42 | 17 | 0.45 | 17 |
| 海　南 | 0.70 | 11 | 0.51 | 18 | 0.39 | 27 | 0.47 | 9 | 0.55 | 4 | 0.46 | 12 | 0.51 | 9 |
| 重　庆 | | | 0.49 | 23 | 0.35 | 29 | 0.45 | 11 | 0.40 | 20 | 0.45 | 13 | 0.51 | 8 |
| 四　川 | 0.61 | 18 | 0.45 | 30 | 0.41 | 23 | 0.34 | 24 | 0.51 | 5 | 0.53 | 5 | 0.50 | 11 |
| 贵　州 | 0.56 | 27 | 0.46 | 28 | 0.35 | 30 | 0.33 | 27 | 0.30 | 27 | 0.30 | 29 | 0.35 | 26 |
| 云　南 | 0.62 | 17 | 0.58 | 9 | 0.54 | 8 | 0.38 | 19 | 0.39 | 21 | 0.41 | 20 | 0.44 | 19 |
| 西　藏 | 0.61 | 18 | 0.71 | 3 | 0.43 | 16 | 0.38 | 20 | 0.43 | 17 | 0.42 | 18 | 0.46 | 15 |
| 陕　西 | 0.84 | 5 | 0.51 | 18 | 0.36 | 28 | 0.40 | 17 | 0.49 | 8 | 0.47 | 11 | 0.49 | 12 |
| 甘　肃 | 0.85 | 4 | 0.50 | 22 | 0.48 | 10 | 0.38 | 21 | 0.44 | 15 | 0.38 | 23 | 0.28 | 31 |
| 青　海 | 0.89 | 2 | 0.55 | 11 | 0.43 | 17 | 0.55 | 5 | 0.47 | 10 | 0.43 | 14 | 0.51 | 7 |
| 宁　夏 | 0.92 | 1 | 0.60 | 7 | 0.60 | 5 | 0.44 | 12 | 0.47 | 11 | 0.51 | 6 | 0.54 | 6 |
| 新　疆 | 0.76 | 9 | 0.51 | 18 | 0.47 | 11 | 0.42 | 13 | 0.45 | 14 | 0.42 | 19 | 0.40 | 23 |

# 按年份各地区人均文化事业费及位次

单位：元

| 地区 | 1995年 | | 2000年 | | 2005年 | | 2010年 | | 2015年 | | 2016年 | | 2017年 | |
|---|---|---|---|---|---|---|---|---|---|---|---|---|---|---|
| | 人均经费 | 位次 | 人均经费 | 位次 | 人均经费 | 位次 | 人均经费 | 位次 | 人均经费 | 位次 | 人均经费 | 位次 | 人均经费 | 位次 |
| **全　国** | **2.75** | | **4.99** | | **10.23** | | **24.11** | | **49.68** | | **55.74** | | **61.56** | |
| 北　京 | 8.74 | 2 | 17.37 | 2 | 41.99 | 2 | 82.44 | 1 | 127.08 | 3 | 162.36 | 3 | 166.73 | 3 |
| 天　津 | 7.56 | 3 | 9.79 | 4 | 30.29 | 3 | 43.55 | 7 | 99.39 | 5 | 101.18 | 6 | 120.01 | 5 |
| 河　北 | 1.78 | 25 | 2.81 | 25 | 5.78 | 25 | 9.78 | 31 | 24.96 | 29 | 24.76 | 30 | 33.50 | 28 |
| 山　西 | 3.12 | 15 | 3.74 | 19 | 8.89 | 16 | 21.84 | 17 | 49.67 | 16 | 53.73 | 18 | 60.10 | 17 |
| 内蒙古 | 4.13 | 9 | 6.11 | 11 | 12.80 | 9 | 45.73 | 5 | 91.16 | 6 | 103.00 | 5 | 109.47 | 6 |
| 辽　宁 | 4.31 | 6 | 6.32 | 10 | 11.27 | 12 | 25.93 | 14 | 37.74 | 23 | 44.36 | 23 | 48.62 | 23 |
| 吉　林 | 4.21 | 8 | 5.76 | 12 | 9.78 | 14 | 32.89 | 9 | 56.81 | 11 | 58.52 | 14 | 65.51 | 14 |
| 黑龙江 | 2.95 | 16 | 4.50 | 16 | 8.83 | 17 | 19.48 | 21 | 40.03 | 22 | 46.19 | 21 | 47.71 | 24 |
| 上　海 | 13.10 | 1 | 25.45 | 1 | 44.54 | 1 | 80.92 | 2 | 151.34 | 2 | 174.44 | 2 | 181.48 | 2 |
| 江　苏 | 2.62 | 8 | 5.18 | 15 | 10.39 | 13 | 20.74 | 19 | 50.58 | 14 | 58.86 | 13 | 72.00 | 11 |
| 浙　江 | 3.26 | 13 | 7.55 | 5 | 22.54 | 5 | 44.46 | 6 | 88.14 | 7 | 97.41 | 8 | 104.91 | 7 |
| 安　徽 | 1.48 | 28 | 2.65 | 26 | 4.99 | 30 | 12.91 | 29 | 23.81 | 30 | 28.34 | 28 | 29.26 | 30 |
| 福　建 | 3.27 | 12 | 6.39 | 9 | 12.15 | 11 | 27.61 | 12 | 48.85 | 17 | 55.70 | 16 | 62.11 | 16 |
| 江　西 | 1.94 | 22 | 2.58 | 28 | 5.43 | 27 | 16.47 | 25 | 27.84 | 28 | 28.08 | 29 | 33.02 | 29 |
| 山　东 | 1.93 | 23 | 3.41 | 21 | 6.67 | 21 | 14.50 | 27 | 30.44 | 26 | 32.27 | 27 | 38.80 | 27 |
| 河　南 | 1.34 | 30 | 2.26 | 31 | 4.02 | 31 | 10.12 | 30 | 21.73 | 31 | 23.37 | 31 | 26.31 | 31 |
| 湖　北 | 2.04 | 21 | 3.21 | 23 | 7.63 | 19 | 19.98 | 20 | 40.27 | 21 | 49.35 | 19 | 58.28 | 18 |
| 湖　南 | 1.67 | 26 | 2.57 | 29 | 5.50 | 26 | 13.11 | 28 | 28.57 | 27 | 35.46 | 26 | 40.52 | 25 |
| 广　东 | 3.93 | 10 | 6.75 | 7 | 13.93 | 7 | 25.88 | 15 | 49.71 | 15 | 59.73 | 12 | 72.91 | 10 |
| 广　西 | 1.93 | 24 | 3.25 | 22 | 6.03 | 24 | 17.40 | 24 | 35.91 | 24 | 41.20 | 25 | 39.91 | 26 |
| 海　南 | 2.50 | 19 | 4.41 | 17 | 7.25 | 20 | 31.55 | 11 | 63.14 | 10 | 76.56 | 9 | 98.00 | 8 |
| 重　庆 | | | 2.96 | 24 | 6.09 | 23 | 26.81 | 13 | 56.27 | 12 | 67.20 | 11 | 67.45 | 13 |
| 四　川 | 1.56 | 27 | 2.46 | 30 | 5.42 | 28 | 17.89 | 23 | 48.24 | 18 | 48.86 | 20 | 49.77 | 22 |
| 贵　州 | 1.36 | 29 | 2.59 | 27 | 5.02 | 29 | 15.45 | 26 | 33.98 | 25 | 42.51 | 24 | 53.99 | 20 |
| 云　南 | 3.47 | 11 | 5.58 | 13 | 9.45 | 15 | 18.90 | 22 | 40.32 | 20 | 45.85 | 22 | 50.20 | 21 |
| 西　藏 | 3.22 | 14 | 16.27 | 3 | 28.89 | 4 | 70.12 | 4 | 178.46 | 1 | 220.01 | 1 | 248.93 | 1 |
| 陕　西 | 2.42 | 20 | 3.88 | 18 | 6.31 | 22 | 23.97 | 16 | 54.09 | 13 | 56.83 | 15 | 54.36 | 19 |
| 甘　肃 | 2.93 | 17 | 3.56 | 20 | 8.05 | 18 | 21.73 | 18 | 43.78 | 19 | 54.85 | 17 | 63.45 | 15 |
| 青　海 | 5.30 | 5 | 7.14 | 6 | 13.53 | 8 | 73.07 | 3 | 111.13 | 4 | 132.32 | 4 | 147.80 | 4 |
| 宁　夏 | 4.23 | 7 | 6.45 | 8 | 16.18 | 6 | 38.85 | 8 | 87.76 | 8 | 100.27 | 7 | 93.54 | 9 |
| 新　疆 | 5.39 | 4 | 5.46 | 14 | 12.38 | 10 | 32.67 | 10 | 67.84 | 9 | 69.04 | 10 | 69.18 | 12 |

# 按年份各地区文化事业实际完成基建投资

单位：万元

| 地　区 | 1995年 | 2000年 | 2005年 | 2010年 | 2015年 | 2016年 | 2017年 |
|---|---|---|---|---|---|---|---|
| **总　计** | **161004** | **229493** | **327683** | **751392** | **827573** | **936530** | **673462** |
| 中　央 | 17876 | 46781 | 24842 | 23395 | 22554 | 10281 | 10137 |
| 北　京 | 2646 | 6679 | | 767 | 33628 | 115125 | 18606 |
| 天　津 | 1167 | 328 | 5940 | 21957 | 3325 | 11544 | 3001 |
| 河　北 | 1904 | 6235 | 8841 | 30647 | 33720 | 39907 | 27492 |
| 山　西 | 640 | 3730 | 2255 | 18624 | 21354 | 34490 | 44941 |
| 内蒙古 | 1587 | 392 | 9713 | 59702 | 26009 | 42138 | 38882 |
| 辽　宁 | 2807 | 11835 | 12645 | 9275 | 21118 | 16758 | 4997 |
| 吉　林 | 1207 | 1643 | 9850 | 11932 | 4685 | 10952 | 22794 |
| 黑龙江 | 1008 | 2270 | 2747 | 19659 | 1964 | 12655 | 33249 |
| 上　海 | 18635 | 5943 | 522 | 4931 | 24122 | 6123 | 71421 |
| 江　苏 | 12241 | 36346 | 30069 | 42282 | 148761 | 63051 | 37082 |
| 浙　江 | 12759 | 34259 | 48511 | 54873 | 54842 | 91296 | 33233 |
| 安　徽 | 1762 | 1168 | 2005 | 19565 | 3785 | 726 | 4860 |
| 福　建 | 4598 | 3339 | 11173 | 40563 | 9102 | 13171 | 9866 |
| 江　西 | 4279 | 947 | 2875 | 56580 | 2410 | 465 | 60 |
| 山　东 | 7173 | 3086 | 18689 | 26305 | 21669 | 14358 | 4458 |
| 河　南 | 4018 | 1570 | 26997 | 52948 | 11098 | 30924 | 6354 |
| 湖　北 | 8590 | 21835 | | 24094 | 17955 | 25945 | 40955 |
| 湖　南 | 4755 | 5410 | 9249 | 18104 | 58728 | 96226 | 1609 |
| 广　东 | 18800 | 18881 | 52786 | 58894 | 40948 | 51514 | 7362 |
| 广　西 | 2722 | 411 | 1666 | 14573 | 112038 | 54208 | 167375 |
| 海　南 | 1967 | 110 | 14334 | 13254 | 11034 | 16660 | 5141 |
| 重　庆 | | 254 | 4800 | 13548 | 7898 | 7652 | |
| 四　川 | 18240 | 6996 | 6547 | 60288 | 49045 | 19680 | 14270 |
| 贵　州 | 1429 | 1635 | 2387 | 3061 | 922 | 18036 | 4957 |
| 云　南 | 3678 | 3220 | 4562 | 16483 | 18597 | 30184 | 2704 |
| 西　藏 | 125 | | 2716 | 1217 | | 1000 | |
| 陕　西 | 1059 | 183 | 607 | 7145 | 10451 | 17442 | 5952 |
| 甘　肃 | 406 | 2908 | 4866 | 16227 | 7873 | 37401 | 6908 |
| 青　海 | 838 | 120 | 548 | 1592 | 25306 | 74 | 656 |
| 宁　夏 | 270 | 279 | 113 | 1631 | 7256 | 13295 | 5252 |
| 新　疆 | 1818 | 700 | 4828 | 7276 | 15377 | 33249 | 38887 |

# 2017年全国文化文物机构数和

| | 总计 | | | | |
|---|---|---|---|---|---|
| | 机构数（个） | 从业人员数（人） | 专业技术人才 | 正高级职称 | 副高级职称 |
| **总　　计** | **326364** | **2482480** | **385810** | **11599** | **37109** |
| **一、文化合计** | **316433** | **2320903** | **334917** | **9123** | **30364** |
| 艺术表演团体 | 15742 | 402969 | 166781 | 4820 | 13239 |
| 其中：公有制艺术表演团体 | 2159 | 120176 | 82319 | 4820 | 13239 |
| 艺术表演场馆 | 2455 | 53765 | 14370 | 230 | 732 |
| 其中：公有制艺术表演场馆 | 1345 | 24987 | 7199 | 230 | 732 |
| 公共图书馆 | 3166 | 57567 | 41250 | 829 | 5673 |
| 文化馆 | 3328 | 55320 | 40778 | 1022 | 5149 |
| 文化站 | 41193 | 125591 | 33224 | | |
| 其中：乡镇综合文化站 | 33997 | 100216 | 28662 | | |
| 艺术展览创作机构 | 685 | 5846 | 3881 | 400 | 704 |
| 其中：美术馆 | 499 | 4576 | 2868 | 269 | 478 |
| 艺术教育业 | 120 | 12784 | 8771 | 384 | 1949 |
| 文化科研机构 | 228 | 5326 | 4207 | 441 | 904 |
| 文化市场经营机构(不包括非公有制院团和场馆) | 242652 | 1421664 | | | |
| 文化行政主管部门 | 3255 | 81610 | | | |
| 其他文化机构 | 3609 | 98461 | 21655 | 997 | 2014 |
| 其中：文化市场执法机构 | 1554 | 17626 | 3337 | 21 | 125 |
| **二、文物合计** | **9931** | **161577** | **50893** | **2476** | **6745** |
| 博物馆 | 4721 | 105079 | 37333 | 1909 | 5029 |
| 文物保护管理机构 | 3518 | 33400 | 9140 | 170 | 964 |
| 文物科研机构 | 121 | 3995 | 2592 | 310 | 548 |
| 文物商店 | 66 | 1203 | 511 | 4 | 41 |
| 其他文物机构 | 1505 | 17900 | 1317 | 83 | 163 |

# 从业人员数(按管理部门分)

| | 按执行会计制度分类 | | | | | | | | |
|---|---|---|---|---|---|---|---|---|---|
| | 事业 | | | | | | 企业 | | |
| 中级职称 | 机构数(个) | 从业人员数(人) | 专业技术人才 | 正高级职称 | 副高级职称 | 中级职称 | 机构数(个) | 从业人员数(人) | 专业技术人才 |
| **101365** | **66845** | **630869** | **253167** | **9173** | **31797** | **88693** | **259519** | **1851611** | **132643** |
| **81229** | **57050** | **472720** | **203508** | **6756** | **25174** | **69093** | **259383** | **1848183** | **131409** |
| 29003 | 1544 | 82286 | 56913 | 3286 | 9334 | 20569 | 14198 | 320683 | 109868 |
| 29003 | 1544 | 82286 | 56913 | 3286 | 9334 | 20569 | 615 | 37890 | 25406 |
| 2673 | 945 | 14569 | 4452 | 139 | 447 | 1773 | 1510 | 39196 | 9918 |
| 2673 | 945 | 14569 | 4452 | 139 | 447 | 1773 | 400 | 10418 | 2747 |
| 18729 | 3166 | 57567 | 41250 | 829 | 5673 | 18729 | | | |
| 17224 | 3328 | 55320 | 40778 | 1022 | 5149 | 17224 | | | |
| | 41193 | 125591 | 33224 | | | | | | |
| | 33997 | 100216 | 28662 | | | | | | |
| 1375 | 685 | 5846 | 3881 | 400 | 704 | 1375 | | | |
| 1011 | 499 | 4576 | 2868 | 269 | 478 | 1011 | | | |
| 3691 | 120 | 12784 | 8771 | 384 | 1949 | 3691 | | | |
| 1827 | 228 | 5326 | 4207 | 441 | 904 | 1827 | | | |
| | | | | | | | 242652 | 1421664 | |
| | 3255 | 81610 | | | | | | | |
| 6707 | 2586 | 31821 | 10032 | 255 | 1014 | 3905 | 1023 | 66640 | 11623 |
| 1149 | 1554 | 17626 | 3337 | 21 | 125 | 1149 | | | |
| **20136** | **9795** | **158149** | **49659** | **2417** | **6623** | **19600** | **136** | **3428** | **1234** |
| 14674 | 4721 | 105079 | 37333 | 1909 | 5029 | 14674 | | | |
| 3781 | 3518 | 33400 | 9140 | 170 | 964 | 3781 | | | |
| 946 | 121 | 3995 | 2592 | 310 | 548 | 946 | | | |
| 238 | | | | | | | 66 | 1203 | 511 |
| 497 | 1435 | 15675 | 594 | 28 | 82 | 199 | 70 | 2225 | 723 |

续表

| | | | | 按单位所属部门分 | | |
|---|---|---|---|---|---|---|
| | | | | 文化部门 | | |
| | 正高级职称 | 副高级职称 | 中级职称 | 机构数（个） | 从业人员数（人） | 专业技术人才 |
| **总　　计** | **2426** | **5312** | **12672** | **66744** | **667180** | **275273** |
| **一、文化合计** | **2367** | **5190** | **12136** | **58410** | **531324** | **231693** |
| 艺术表演团体 | 1534 | 3905 | 8434 | 2074 | 115593 | 80176 |
| 其中：公有制艺术表演团体 | 1534 | 3905 | 8434 | 2074 | 115593 | 80176 |
| 艺术表演场馆 | 91 | 285 | 900 | 1253 | 21332 | 6271 |
| 其中：公有制艺术表演场馆 | 91 | 285 | 900 | 1253 | 21332 | 6271 |
| 公共图书馆 | | | | 3163 | 57458 | 41192 |
| 文化馆 | | | | 3328 | 55320 | 40778 |
| 文化站 | | | | 41193 | 125591 | 33224 |
| 其中：乡镇综合文化站 | | | | 33997 | 100216 | 28662 |
| 艺术展览创作机构 | | | | 675 | 5713 | 3795 |
| 其中：美术馆 | | | | 490 | 4457 | 2785 |
| 艺术教育业 | | | | 120 | 12784 | 8771 |
| 文化科研机构 | | | | 228 | 5326 | 4207 |
| 文化市场经营机构(不包括非公有制院团和场馆) | | | | | | |
| 文化行政主管部门 | | | | 3255 | 81610 | |
| 其他文化机构 | 742 | 1000 | 2802 | 3121 | 50597 | 13279 |
| 其中：文化市场执法机构 | | | | 1542 | 17517 | 3298 |
| **二、文物合计** | **59** | **122** | **536** | **8334** | **135856** | **43580** |
| 博物馆 | | | | 3260 | 83512 | 30897 |
| 文物保护管理机构 | | | | 3445 | 30313 | 8738 |
| 文物科研机构 | | | | 121 | 3995 | 2592 |
| 文物商店 | 4 | 41 | 238 | 60 | 967 | 433 |
| 其他文物机构 | 55 | 81 | 298 | 1448 | 17069 | 920 |

| 按单位所属部门分 | | | | | | | | |
|---|---|---|---|---|---|---|---|---|
| | | | 其他部门 | | | | | |
| 正高级职称 | 副高级职称 | 中级职称 | 机构数（个） | 从业人员数（人） | 专业技术人才 | 正高级职称 | 副高级职称 | 中级职称 |
| **10209** | **35172** | **95808** | **259620** | **1815300** | **110537** | **1390** | **1937** | **5557** |
| **8459** | **29488** | **78359** | **258023** | **1789579** | **103224** | **664** | **876** | **2870** |
| 4715 | 12994 | 28319 | 13668 | 287376 | 86605 | 105 | 245 | 684 |
| 4715 | 12994 | 28319 | 85 | 4583 | 2143 | 105 | 245 | 684 |
| 194 | 642 | 2328 | 1202 | 32433 | 8099 | 36 | 90 | 345 |
| 194 | 642 | 2328 | 92 | 3655 | 928 | 36 | 90 | 345 |
| 828 | 5665 | 18696 | 3 | 109 | 58 | 1 | 8 | 33 |
| 1022 | 5149 | 17224 | | | | | | |
| | | | | | | | | |
| | | | | | | | | |
| 395 | 689 | 1361 | 10 | 133 | 86 | 5 | 15 | 14 |
| 264 | 465 | 998 | 9 | 119 | 83 | 5 | 13 | 13 |
| 384 | 1949 | 3691 | | | | | | |
| 441 | 904 | 1827 | | | | | | |
| | | | 242652 | 1421664 | | | | |
| | | | | | | | | |
| 480 | 1496 | 4913 | 488 | 47864 | 8376 | 517 | 518 | 1794 |
| 21 | 122 | 1135 | 12 | 109 | 39 | | 3 | 14 |
| **1750** | **5684** | **17449** | **1597** | **25721** | **7313** | **726** | **1061** | **2687** |
| 1236 | 4105 | 12413 | 1461 | 21567 | 6436 | 673 | 924 | 2261 |
| 159 | 870 | 3560 | 73 | 3087 | 402 | 11 | 94 | 221 |
| 310 | 548 | 946 | | | | | | |
| 4 | 37 | 191 | 6 | 236 | 78 | | 4 | 47 |
| 41 | 124 | 339 | 57 | 831 | 397 | 42 | 39 | 158 |

# 2017年全国民族自治地区主要

| | 总计 | | | | |
|---|---|---|---|---|---|
| | 机构数(个) | 从业人员数(人) | 专业技术人才 | 正高级职称 | 副高级职称 |
| **总　计** | **45673** | **267349** | **53853** | **1101** | **5137** |
| **一、文化合计** | **43033** | **250941** | **48440** | **923** | **4487** |
| 艺术表演团体 | 1119 | 37900 | 19290 | 535 | 1934 |
| 其中：公有制艺术表演团体 | 498 | 21763 | 14874 | 535 | 1934 |
| 艺术表演场馆 | 185 | 3431 | 1021 | 20 | 26 |
| 其中：公有制艺术表演场馆 | 107 | 941 | 353 | 20 | 26 |
| 公共图书馆 | 767 | 8299 | 6326 | 68 | 928 |
| 文化馆 | 799 | 11158 | 8756 | 146 | 1097 |
| 文化站 | 8734 | 24388 | 9044 | | |
| 其中：乡镇综合文化站 | 8152 | 22798 | 8706 | | |
| 艺术展览创作机构 | 126 | 694 | 450 | 30 | 68 |
| 其中：美术馆 | 106 | 582 | 356 | 13 | 50 |
| 艺术教育业 | 10 | 809 | 599 | 19 | 121 |
| 文化科研机构 | 38 | 498 | 431 | 40 | 94 |
| 文化市场经营机构(不包括非公有制院团和场馆) | 29883 | 136702 | | | |
| 文化行政主管部门 | 786 | 19258 | | | |
| 其他文化机构 | 586 | 7804 | 2523 | 65 | 219 |
| 其中：文化市场执法机构 | 354 | 3149 | 643 | 5 | 31 |
| **二、文物合计** | **2640** | **16408** | **5413** | **178** | **650** |
| 博物馆 | 611 | 9823 | 3582 | 119 | 440 |
| 文物保护管理机构 | 1717 | 4611 | 1467 | 13 | 162 |
| 文物科研机构 | 11 | 366 | 260 | 39 | 34 |
| 文物商店 | 7 | 68 | 23 | | 2 |
| 其他文物机构 | 294 | 1540 | 81 | 7 | 12 |

# 文化文物机构数和从业人员数

| | 按执行会计制度分类 | | | | | | | | |
|---|---|---|---|---|---|---|---|---|---|
| | 事业 | | | | | | 企业 | | |
| 中级职称 | 机构数(个) | 从业人员数(人) | 专业技术人才 | 正高级职称 | 副高级职称 | 中级职称 | 机构数(个) | 从业人员数(人) | 专业技术人才 |
| **14886** | **14962** | **107403** | **46976** | **1030** | **4932** | **14430** | **30711** | **159946** | **6877** |
| **12706** | **12335** | **91063** | **41586** | **852** | **4284** | **12265** | **30698** | **159878** | **6854** |
| 4688 | 436 | 18925 | 13219 | 473 | 1743 | 4267 | 683 | 18975 | 6071 |
| 4688 | 436 | 18925 | 13219 | 473 | 1743 | 4267 | 62 | 2838 | 1655 |
| 125 | 95 | 796 | 328 | 20 | 26 | 125 | 90 | 2635 | 693 |
| 125 | 95 | 796 | 328 | 20 | 26 | 125 | 12 | 145 | 25 |
| 2792 | 767 | 8299 | 6326 | 68 | 928 | 2792 | | | |
| 3602 | 799 | 11158 | 8756 | 146 | 1097 | 3602 | | | |
| | 8734 | 24388 | 9044 | | | | | | |
| | 8152 | 22798 | 8706 | | | | | | |
| 164 | 126 | 694 | 450 | 30 | 68 | 164 | | | |
| 128 | 106 | 582 | 356 | 13 | 50 | 128 | | | |
| 228 | 10 | 809 | 599 | 19 | 121 | 228 | | | |
| 189 | 38 | 498 | 431 | 40 | 94 | 189 | | | |
| | | | | | | | 29883 | 136702 | |
| | 786 | 19258 | | | | | | | |
| 918 | 544 | 6238 | 2433 | 56 | 207 | 898 | 42 | 1566 | 90 |
| 184 | 354 | 3149 | 643 | 5 | 31 | 184 | | | |
| **2180** | **2627** | **16340** | **5390** | **178** | **648** | **2165** | **13** | **68** | **23** |
| 1447 | 611 | 9823 | 3582 | 119 | 440 | 1447 | | | |
| 587 | 1717 | 4611 | 1467 | 13 | 162 | 587 | | | |
| 110 | 11 | 366 | 260 | 39 | 34 | 110 | | | |
| 15 | | | | | | | 7 | 68 | 23 |
| 21 | 288 | 1540 | 81 | 7 | 12 | 21 | 6 | | |

续表

| | | | | 按单位所属部门分 | |
|---|---|---|---|---|---|
| | | | | 文化部门 | |
| | 正高级职称 | 副高级职称 | 中级职称 | 机构数（个） | 从业人员数（人） |
| **总　计** | **71** | **205** | **456** | **14864** | **109976** |
| **一、文化合计** | **71** | **203** | **441** | **12413** | **94687** |
| 艺术表演团体 | 62 | 191 | 421 | 480 | 21022 |
| 其中：公有制艺术表演团体 | 62 | 191 | 421 | 480 | 21022 |
| 艺术表演场馆 | | | | 99 | 920 |
| 其中：公有制艺术表演场馆 | | | | 99 | 920 |
| 公共图书馆 | | | | 767 | 8299 |
| 文化馆 | | | | 799 | 11158 |
| 文化站 | | | | 8734 | 24388 |
| 其中：乡镇综合文化站 | | | | 8152 | 22798 |
| 艺术展览创作机构 | | | | 125 | 691 |
| 其中：美术馆 | | | | 105 | 579 |
| 艺术教育业 | | | | 10 | 809 |
| 文化科研机构 | | | | 38 | 498 |
| 文化市场经营机构(不包括非公有制院团和场馆) | | | | | |
| 文化行政主管部门 | | | | 786 | 19258 |
| 其他文化机构 | 9 | 12 | 20 | 575 | 7644 |
| 其中：文化市场执法机构 | | | | 353 | 3143 |
| **二、文物合计** | | **2** | **15** | **2451** | **15289** |
| 博物馆 | | | | 517 | 8709 |
| 文物保护管理机构 | | | | 1667 | 4606 |
| 文物科研机构 | | | | 11 | 366 |
| 文物商店 | | 2 | 15 | 7 | 68 |
| 其他文物机构 | | | | 249 | 1540 |

| 按单位所属部门分 | | | | | | | | | |
|---|---|---|---|---|---|---|---|---|---|
| | | | | 其他部门 | | | | | |
| 专业技术人才 | | | | 机构数（个） | 从业人员数（人） | 专业技术人才 | | | |
| | 正高级职称 | 副高级职称 | 中级职称 | | | | 正高级职称 | 副高级职称 | 中级职称 |
| **48014** | **1050** | **5042** | **14711** | **30809** | **157373** | **5839** | **51** | **95** | **175** |
| **42881** | **892** | **4424** | **12609** | **30620** | **156254** | **5559** | **31** | **63** | **97** |
| 14423 | 508 | 1872 | 4599 | 639 | 16878 | 4867 | 27 | 62 | 89 |
| 14423 | 508 | 1872 | 4599 | 18 | 741 | 451 | 27 | 62 | 89 |
| 348 | 20 | 26 | 125 | 86 | 2511 | 673 | | | |
| 348 | 20 | 26 | 125 | 8 | 21 | 5 | | | |
| 6326 | 68 | 928 | 2792 | | | | | | |
| 8756 | 146 | 1097 | 3602 | | | | | | |
| 9044 | | | | | | | | | |
| 8706 | | | | | | | | | |
| 447 | 30 | 68 | 164 | 1 | 3 | 3 | | | |
| 353 | 13 | 50 | 128 | 1 | 3 | 3 | | | |
| 599 | 19 | 121 | 228 | | | | | | |
| 431 | 40 | 94 | 189 | | | | | | |
| | | | | 29883 | 136702 | | | | |
| | | | | | | | | | |
| 2507 | 61 | 218 | 910 | 11 | 160 | 16 | 4 | 1 | 8 |
| 641 | 5 | 31 | 183 | 1 | 6 | 2 | | | 1 |
| **5133** | **158** | **618** | **2102** | **189** | **1119** | **280** | **20** | **32** | **78** |
| 3306 | 99 | 408 | 1372 | 94 | 1114 | 276 | 20 | 32 | 75 |
| 1463 | 13 | 162 | 584 | 50 | 5 | 4 | | | 3 |
| 260 | 39 | 34 | 110 | | | | | | |
| 23 | | 2 | 15 | | | | | | |
| 81 | 7 | 12 | 21 | 45 | | | | | |

# 2017年全国文化文物部门

| | 本年收入合计(千元) | 财政补贴收入 | 上级补助收入 | 事业收入 |
|---|---|---|---|---|
| **总　　计** | **202835950** | **128034099** | **2541309** | **7817921** |
| **一、文化合计** | **153732120** | **89370552** | **1408504** | **3710966** |
| 艺术表演团体 | 18846034 | 13830588 | 601447 | 1648797 |
| 艺术表演场馆 | 3578370 | 1448468 | 67507 | 464803 |
| 公共图书馆 | 17999312 | 17213652 | 200579 | 303302 |
| 文化馆 | 12097605 | 11398017 | 314622 | 124654 |
| 文化站 | 13241312 | 12448294 | | |
| 其中：乡镇综合文化站 | 10024530 | 9430389 | | |
| 艺术展览创作机构 | 2655837 | 2381063 | 19593 | 198017 |
| 其中：美术馆 | 1943276 | 1679818 | 17382 | 194770 |
| 艺术教育业 | 3764236 | 2964000 | 15578 | 606253 |
| 文化科研机构 | 1300219 | 1131907 | 14987 | 71983 |
| 文化行政主管部门 | 58931495 | 19655658 | | |
| 其他文化机构 | 21317700 | 6898905 | 174191 | 293157 |
| 其中：文化市场执法机构 | 2689356 | 2629699 | 23809 | 10911 |
| **二、文物合计** | **49103830** | **38663547** | **1132805** | **4106955** |
| 博物馆 | 27081848 | 22148153 | 559018 | 1454397 |
| 文物保护管理机构 | 8954174 | 6199185 | 515050 | 1319735 |
| 文物科研机构 | 2888579 | 1514541 | 47523 | 1160386 |
| 文物商店 | 476234 | 16429 | | |
| 其他文物机构 | 9702995 | 8785239 | 11214 | 172437 |

# 所属机构经费收支基本情况

| 经营收入 | 附属单位上缴收入 | 其他收入 | 本年支出合计(千元) | 基本支出 | 项目支出 | 经营支出 |
|---|---|---|---|---|---|---|
| **2615865** | **61350** | **61765406** | **194732480** | **80591705** | **88573179** | **1639562** |
| **997357** | **32264** | **58212477** | **148504407** | **61609629** | **64053646** | **943179** |
| 36929 | 16435 | 2711838 | 19006920 | 8908481 | 4549742 | 165113 |
| 324676 | 12683 | 1260233 | 3412096 | 1109218 | 509700 | 287422 |
| 56479 | 591 | 224709 | 16912327 | 9098887 | 7498860 | 20726 |
| 7797 | 877 | 251638 | 11902075 | 7741211 | 3737442 | 14953 |
| | | 793018 | 13722033 | 8093116 | 4588293 | |
| | | 594141 | 10401755 | 6475549 | 3139769 | |
| 5890 | 15 | 51259 | 2415851 | 1025731 | 1353762 | 8489 |
| 5890 | 15 | 45401 | 1785851 | 803557 | 947798 | 8477 |
| 14101 | | 164304 | 3890219 | 2442243 | 1432391 | 12646 |
| 51032 | | 30310 | 1312228 | 901399 | 355216 | 50767 |
| | | 39275837 | 56592334 | 17689086 | 36851761 | |
| 500453 | 1663 | 13449331 | 19338324 | 4600257 | 3176479 | 383063 |
| 90 | 70 | 24777 | 2671317 | 2039834 | 592425 | 4550 |
| **1618508** | **29086** | **3552929** | **46228073** | **18982076** | **24519533** | **696383** |
| 1082663 | 4074 | 1833543 | 25779875 | 12490439 | 12472048 | 398938 |
| 474518 | 25012 | 420674 | 8645792 | 3621804 | 4487181 | 242091 |
| 57487 | | 108642 | 2349746 | 752113 | 1538494 | 51677 |
| | | 459805 | 462345 | | | |
| 3840 | | 730265 | 8990315 | 2117720 | 6021810 | 3677 |

续表

| | | 在支出合计中： | | |
|---|---|---|---|---|
| | 工资福利支出 | 商品和服务支出 | 差旅费 | 劳务费 |
| **总　计** | **48252847** | **55761407** | **1591160** | **5668375** |
| **一、文化合计** | **37549528** | **38773995** | **1170649** | **3593871** |
| 艺术表演团体 | 6676962 | 3845999 | 273966 | 848267 |
| 艺术表演场馆 | 576681 | 721219 | 7163 | 55583 |
| 公共图书馆 | 5681995 | 4053269 | 89503 | 325131 |
| 文化馆 | 4818707 | 3342279 | 132369 | 495065 |
| 文化站 | 5947678 | | | |
| 其中：乡镇综合文化站 | 4972400 | | | |
| 艺术展览创作机构 | 535748 | 895120 | 23614 | 76802 |
| 其中：美术馆 | 399415 | 807247 | 18807 | 66594 |
| 艺术教育业 | 1497119 | 1011612 | 37742 | 174685 |
| 文化科研机构 | 489874 | 419787 | 19672 | 63955 |
| 文化行政主管部门 | 8604131 | 22432134 | 483284 | 1387417 |
| 其他文化机构 | 2720633 | 2052576 | 103336 | 166966 |
| 其中：文化市场执法机构 | 1523345 | 416344 | 44649 | 31609 |
| **二、文物合计** | **10703319** | **16987412** | **420511** | **2074504** |
| 博物馆 | 7022159 | 9792994 | 225539 | 1169737 |
| 文物保护管理机构 | 2117161 | 2538167 | 39245 | 252667 |
| 文物科研机构 | 405325 | 1543271 | 83216 | 456494 |
| 文物商店 | | | | |
| 其他文物机构 | 1158674 | 3112980 | 72511 | 195606 |

| | | | | | | |
|---|---|---|---|---|---|---|
| | | 对个人和家庭补助支出 | | 其他资本性支出 | |
| 福利费 | 各种税金支出 | | 抚恤金和生活补助 | | 各种设备购置费 |
| **465768** | **348073** | **14157882** | **1018404** | **22110946** | **6567078** |
| **337653** | **211628** | **11690707** | **922083** | **15297258** | **5578747** |
| 59150 | 61983 | 1678158 | 120622 | 821267 | 399172 |
| 11156 | 42736 | 113391 | 8375 | 170027 | 30143 |
| 49683 | 15578 | 1639221 | 61901 | 4008862 | 3249585 |
| 43285 | 17946 | 1573342 | 98835 | 831924 | 254523 |
| | | | | | |
| 6715 | 5634 | 204499 | 6637 | 233385 | 49424 |
| 6039 | 5372 | 142854 | 4759 | 194903 | 33901 |
| 17371 | 2419 | 557595 | 19541 | 740168 | 215004 |
| 4513 | 2869 | 309126 | 11236 | 42430 | 16358 |
| 118983 | 29985 | 4413331 | 549437 | 8140748 | 1256698 |
| 26797 | 32478 | 1202044 | 45499 | 308447 | 107840 |
| 12609 | 885 | 249413 | 8835 | 51518 | 15956 |
| **128115** | **136445** | **2467175** | **96321** | **6813688** | **988331** |
| 84484 | 68273 | 1652278 | 57614 | 3886849 | 776401 |
| 28683 | 25287 | 389578 | 16229 | 1072026 | 53431 |
| 5187 | 34411 | 128750 | 6154 | 196782 | 98944 |
| | | | | | |
| 9761 | 8474 | 296569 | 16324 | 1658031 | 59555 |

# 2017年全国执行事业会计制度的文化文物

| | 机构数(个) | 从业人员(人) | 本年收入合计(千元) | 财政补贴收入 | 上级补助收入 |
|---|---|---|---|---|---|
| **总　计** | **66845** | **630869** | **190066407** | **129674058** | **2857816** |
| 文化艺术服务 | 59912 | 495757 | 112543697 | 93123574 | 2786419 |
| 文艺创作与表演 | 1730 | 83556 | 15001941 | 12010926 | 658593 |
| 其中：艺术表演团体 | 1544 | 82286 | 14286003 | 11306305 | 656382 |
| 艺术表演场馆 | 945 | 14569 | 3229554 | 1625042 | 69078 |
| 文物及非物质文化遗产保护 | 3800 | 37670 | 11156176 | 7648410 | 574726 |
| 博物馆、纪念馆 | 4721 | 105079 | 32660906 | 25686493 | 798796 |
| 图书馆 | 3166 | 57567 | 18013566 | 17227906 | 200579 |
| 群众文化 | 44521 | 180911 | 25338917 | 23846311 | 314622 |
| 美术馆 | 499 | 4576 | 1975547 | 1711079 | 17946 |
| 社会人文科学研究 | 349 | 9321 | 4188798 | 2646448 | 62510 |
| 文化社会团体 | | | | | |
| 其他文化艺术 | 181 | 2508 | 978292 | 720959 | 89569 |
| 艺术教育 | 120 | 12784 | 3764236 | 2964000 | 15578 |
| 文化、文物行政主管部门 | 4549 | 95593 | 67712662 | 28135225 | |
| 文化文物行政执法机构 | 1555 | 17636 | 2703527 | 2642178 | 23859 |
| 其他 | 709 | 9099 | 3342285 | 2809081 | 31960 |

续表

| | 在支出合计中： | | | |
|---|---|---|---|---|
| | 工资福利支出 | 商品和服务支出 | 差旅费 | 劳务费 |
| **总　计** | **51029105** | **57929028** | **1673534** | **5860362** |
| 文化艺术服务 | 37564865 | 30176513 | 1005028 | 4038317 |
| 文艺创作与表演 | 6993435 | 4151778 | 282882 | 914887 |
| 其中：艺术表演团体 | 6856398 | 4062075 | 278065 | 904655 |
| 艺术表演场馆 | 767880 | 792155 | 7543 | 79565 |
| 文物及非物质文化遗产保护 | 2626929 | 3550461 | 62416 | 310583 |
| 博物馆、纪念馆 | 9197548 | 11134344 | 299259 | 1272902 |
| 图书馆 | 5686956 | 4054385 | 89535 | 325131 |
| 群众文化 | 10766385 | 3342279 | 132369 | 495065 |
| 美术馆 | 406697 | 818193 | 18875 | 67226 |
| 社会人文科学研究 | 895199 | 1963058 | 102888 | 520449 |
| 文化社会团体 | | | | |
| 其他文化艺术 | 223836 | 369860 | 9261 | 52509 |
| 艺术教育 | 1497119 | 1011612 | 37742 | 174685 |
| 文化、文物行政主管部门 | 9622243 | 25286479 | 545543 | 1519587 |
| 文化文物行政执法机构 | 1532907 | 418328 | 44975 | 31717 |
| 其他 | 811971 | 1036096 | 40246 | 96056 |

# 机构主要财务指标(按国民经济行业分)

| 事业收入 | 经营收入 | 附属单位上缴收入 | 其他收入 | 本年支出合计(千元) | 基本支出 | 项目支出 | 经营支出 |
|---|---|---|---|---|---|---|---|
| **8883334** | **3408568** | **64362** | **45178269** | **186181258** | **84968761** | **92394272** | **2998717** |
| 7906745 | 3356426 | 63863 | 5306670 | 110976882 | 59006118 | 45769504 | 2961094 |
| 1780893 | 45658 | 16470 | 489401 | 15104846 | 9531671 | 5125080 | 174618 |
| 1777646 | 45658 | 16470 | 483542 | 14471160 | 9308614 | 4716313 | 174606 |
| 982862 | 351468 | 12738 | 188366 | 2962301 | 1353523 | 1261027 | 297865 |
| 1476290 | 925644 | 25012 | 506094 | 10790226 | 4414736 | 5462537 | 589251 |
| 1703184 | 1832022 | 6996 | 2633415 | 33068127 | 15819248 | 14711667 | 1732970 |
| 303302 | 56479 | 591 | 224709 | 16925802 | 9104208 | 7506313 | 21426 |
| 124654 | 7797 | 877 | 1044656 | 25624108 | 15834327 | 8325735 | 14953 |
| 194807 | 5890 | 15 | 45810 | 1816118 | 814744 | 966878 | 8477 |
| 1232369 | 108519 | | 138952 | 3661974 | 1653512 | 1893710 | 102444 |
| | | | | | | | |
| 108384 | 22949 | 1164 | 35267 | 1023380 | 480149 | 516557 | 19090 |
| 606253 | 14101 | | 164304 | 3890219 | 2442243 | 1432391 | 12646 |
| | | | 39577437 | 64635144 | 19529816 | 42587869 | |
| 12550 | 90 | 70 | 24780 | 2685650 | 2052843 | 593389 | 4581 |
| 357786 | 37951 | 429 | 105078 | 3993363 | 1937741 | 2011119 | 20396 |

| 福利费 | 各种税金支出 | 对个人和家庭补助支出 | 抚恤金和生活补助 | 其他资本性支出 | 各种设备购置费 | 资产总计(千元) | 固定资产原价 |
|---|---|---|---|---|---|---|---|
| **530267** | **434585** | **14643783** | **1040355** | **23474914** | **6763438** | **439889477** | **271606585** |
| 365162 | 386002 | 8357626 | 420470 | 12733272 | 5177010 | 346421132 | 227680804 |
| 60969 | 66552 | 1899562 | 126625 | 887464 | 437575 | 23017224 | 12316570 |
| 60283 | 66290 | 1837868 | 124747 | 847886 | 422052 | 22157840 | 12023428 |
| 18347 | 47507 | 140319 | 9479 | 375464 | 96375 | 14000221 | 9784274 |
| 38706 | 72940 | 520368 | 32226 | 1232023 | 99970 | 24141044 | 10036779 |
| 135991 | 118219 | 1887379 | 64244 | 4890748 | 861672 | 132756995 | 76789129 |
| 49683 | 15578 | 1639221 | 61901 | 4014828 | 3254179 | 63014509 | 46798546 |
| 43285 | 17946 | 1573342 | 98835 | 831924 | 254523 | 63942999 | 52790157 |
| 6039 | 5372 | 145864 | 4795 | 203764 | 34996 | 5879125 | 4353784 |
| 9700 | 37280 | 437876 | 17390 | 239212 | 115302 | 6589848 | 2269753 |
| | | | | | | | |
| 2442 | 4608 | 113695 | 4975 | 57845 | 22418 | 13079167 | 12541812 |
| 17371 | 2419 | 557595 | 19541 | 740168 | 215004 | 8199947 | 4037850 |
| 127373 | 34272 | 4683178 | 565487 | 9724786 | 1299539 | 76793126 | 35961242 |
| 12915 | 885 | 251223 | 8906 | 51781 | 16157 | 767584 | 541502 |
| 7446 | 11007 | 794161 | 25951 | 224907 | 55728 | 7707688 | 3385187 |

# 2017年全国执行企业会计制度的文化文物

| | 机构数(个) | 从业人员(人) | 资产、负债、所有者权益(千元) | | |
|---|---|---|---|---|---|
| | | | 资产总计 | 固定资产原价 | 当年提取的折旧总额 |
| **总　　计** | **259519** | **1851611** | **1136726935** | **43941374** | **4122686** |
| 文化艺术业 | 15708 | 359879 | 73040017 | 12120987 | 1134762 |
| 文艺创作与表演 | 14198 | 320683 | 44705756 | 5552089 | 714547 |
| 艺术表演场馆 | 1510 | 39196 | 28334261 | 6568898 | 420215 |
| 文化休闲娱乐服务 | 242652 | 1421664 | 895615152 | | |
| 娱乐场所 | 78616 | 600106 | 103135375 | | |
| 互联网上网服务营业场所(网吧) | 143434 | 440853 | 69477879 | | |
| 动漫企业服务 | 545 | 24466 | 23054135 | 2910818 | 346982 |
| 文化用品、设备及相关文化产品的生产与销售 | 66 | 1203 | 2184097 | 348089 | 11522 |
| 其中：文物商店 | 66 | 1203 | 2184097 | 348089 | 11522 |
| 其他 | 548 | 44399 | 142833534 | 28561480 | 2629420 |

续表

| | 养老、医疗、失业等各种社会保险费 | 住房公积金和住房补贴 | 差旅费 | 工会经费 |
|---|---|---|---|---|
| **总　　计** | **18353539** | **3656813** | **3002669** | **405061** |
| 文化艺术业 | 1061171 | 186271 | 105671 | 23996 |
| 文艺创作与表演 | 755233 | 143154 | 92970 | 18000 |
| 艺术表演场馆 | 305938 | 43117 | 12701 | 5996 |
| 文化休闲娱乐服务 | 16701091 | 3265418 | 2630150 | 338927 |
| 娱乐场所 | 1714740 | | | |
| 互联网上网服务营业场所(网吧) | 943774 | | | |
| 动漫企业服务 | 235708 | 66382 | 115798 | 14197 |
| 文化用品、设备及相关文化产品的生产与销售 | 30267 | 14609 | 4642 | 2217 |
| 其中：文物商店 | 30267 | 14609 | 4642 | 2217 |
| 其他 | 325302 | 124133 | 146408 | 25724 |

# 机构主要财务指标(按国民经济行业分)

| | | | | 损益(千元) | | |
|---|---|---|---|---|---|---|
| 负债合计 | 所有者权益总计 | 实收资本 | 国家资本金 | 营业收入 | 主营业务收入 | 营业成本 |
| **100270885** | **90112648** | **54704948** | **27972886** | **1007403538** | **543013051** | **885176000** |
| 9579620 | 12732147 | 9240845 | 8762069 | 23838169 | 17117965 | 21864623 |
| 2991888 | 6379023 | 3544813 | 3311491 | 15899578 | 13306561 | 14557197 |
| 6587732 | 6353124 | 5696032 | 5450578 | 7938591 | 3811404 | 7307426 |
| | | | | 947214943 | 515403882 | 830437408 |
| | | | | 54687017 | | 41619062 |
| | | | | 38258680 | | 27542423 |
| 8594943 | 14459192 | 18071869 | 1175468 | 9585345 | 9398987 | 8976134 |
| 492025 | 1692072 | 214673 | 191595 | 561669 | 509452 | 541028 |
| 492025 | 1692072 | 214673 | 191595 | 561669 | 509452 | 541028 |
| 81604297 | 61229237 | 27177561 | 17843754 | 26203412 | 582765 | 23356807 |

| | | | | | 工资、福利费、税金(千元) | | |
|---|---|---|---|---|---|---|---|
| 营业利润 | 营业外收入 | 政府补助 | 营业外支出 | 利润总额 | 本年发放工资总额 | 本年支付的职式福利费 | 本年应交税金总额 |
| **122231405** | **50287374** | **46171832** | **800942** | **171717837** | **123856838** | **4351745** | **32811852** |
| 1974863 | 5272517 | 4445751 | 424596 | 6822784 | 8901450 | 102982 | 1747911 |
| 1343685 | 4010599 | 3527924 | 395747 | 4958537 | 7075477 | 60511 | 1185482 |
| 631178 | 1261918 | 917827 | 28849 | 1864247 | 1825973 | 42471 | 562429 |
| 116780085 | 43354870 | 40489891 | | 160134955 | 109915257 | 4012489 | 29636877 |
| 13069087 | | | | 13069087 | 16434598 | | 2160721 |
| 10717598 | | | | 10717598 | 11008076 | | 806896 |
| 609211 | 391608 | 248250 | 66837 | 933982 | 2134461 | 80064 | 501170 |
| 20641 | 33085 | 16430 | 5557 | 48169 | 131833 | 5701 | 29675 |
| 20641 | 33085 | 16430 | 5557 | 48169 | 131833 | 5701 | 29675 |
| 2846605 | 1235294 | 971510 | 303952 | 3777947 | 2773837 | 150509 | 896219 |

# 2017年各地区主要文化机构数

单位：个

| 地　区 | 公共图书馆 | 群众艺术馆 | 文化馆 | 文化站 | 博物馆 | 艺术表演团体 | 艺术表演场馆 |
|---|---|---|---|---|---|---|---|
| **总　计** | **3166** | **390** | **2938** | **41193** | **4721** | **15742** | **2455** |
| 北　京 | 23 | 1 | 19 | 330 | 71 | 451 | 66 |
| 天　津 | 32 | 1 | 18 | 239 | 62 | 103 | 57 |
| 河　北 | 173 | 13 | 167 | 2251 | 122 | 735 | 96 |
| 山　西 | 128 | 12 | 119 | 1409 | 138 | 665 | 121 |
| 内蒙古 | 117 | 13 | 107 | 1111 | 93 | 206 | 44 |
| 辽　宁 | 130 | 23 | 102 | 1460 | 65 | 187 | 121 |
| 吉　林 | 66 | 14 | 65 | 901 | 107 | 68 | 56 |
| 黑龙江 | 109 | 17 | 131 | 1487 | 183 | 71 | 51 |
| 上　海 | 24 | 1 | 24 | 213 | 98 | 199 | 49 |
| 江　苏 | 115 | 14 | 101 | 1279 | 322 | 628 | 254 |
| 浙　江 | 101 | 12 | 89 | 1371 | 308 | 1410 | 365 |
| 安　徽 | 124 | 17 | 106 | 1438 | 196 | 2639 | 91 |
| 福　建 | 90 | 10 | 87 | 1126 | 123 | 426 | 59 |
| 江　西 | 113 | 14 | 104 | 1755 | 139 | 425 | 61 |
| 山　东 | 154 | 18 | 139 | 1815 | 485 | 772 | 100 |
| 河　南 | 158 | 19 | 186 | 2398 | 334 | 1671 | 157 |
| 湖　北 | 116 | 13 | 112 | 1281 | 199 | 473 | 65 |
| 湖　南 | 139 | 16 | 127 | 2430 | 120 | 534 | 92 |
| 广　东 | 143 | 24 | 122 | 1610 | 184 | 390 | 83 |
| 广　西 | 115 | 15 | 109 | 1174 | 132 | 108 | 38 |
| 海　南 | 23 | 4 | 19 | 220 | 19 | 77 | 17 |
| 重　庆 | 43 | 1 | 40 | 1025 | 94 | 1283 | 24 |
| 四　川 | 204 | 22 | 185 | 4578 | 255 | 697 | 101 |
| 贵　州 | 98 | 10 | 89 | 1595 | 84 | 137 | 9 |
| 云　南 | 151 | 17 | 132 | 1444 | 125 | 316 | 45 |
| 西　藏 | 81 | 8 | 74 | 692 | 7 | 87 | 15 |
| 陕　西 | 110 | 12 | 111 | 1413 | 282 | 462 | 120 |
| 甘　肃 | 103 | 17 | 86 | 1360 | 204 | 286 | 45 |
| 青　海 | 49 | 9 | 46 | 360 | 23 | 48 | 19 |
| 宁　夏 | 26 | 6 | 20 | 245 | 54 | 45 | 3 |
| 新　疆 | 107 | 17 | 102 | 1183 | 90 | 127 | 24 |

# 2017年各地区主要文化机构从业人员数

单位：人

| 地 区 | 公共图书馆 | 群众艺术馆 | 文化馆 | 文化站 | 博物馆 | 艺术表演团体 | 艺术表演场馆 |
|---|---|---|---|---|---|---|---|
| **总 计** | **57567** | **12388** | **42932** | **125591** | **105079** | **402969** | **53765** |
| 北 京 | 1239 | 54 | 840 | 1869 | 4000 | 11799 | 3051 |
| 天 津 | 986 | 57 | 495 | 849 | 1406 | 3213 | 708 |
| 河 北 | 1899 | 505 | 1838 | 5034 | 3925 | 16617 | 1702 |
| 山 西 | 1673 | 381 | 1447 | 2714 | 3995 | 21055 | 1673 |
| 内蒙古 | 1913 | 559 | 1403 | 2962 | 1705 | 7914 | 771 |
| 辽 宁 | 2662 | 788 | 1471 | 3231 | 2163 | 4993 | 4440 |
| 吉 林 | 1600 | 514 | 1772 | 2073 | 1583 | 3199 | 1126 |
| 黑龙江 | 1688 | 402 | 1918 | 3363 | 2893 | 3682 | 608 |
| 上 海 | 2101 | 69 | 945 | 3971 | 2940 | 9956 | 1619 |
| 江 苏 | 3473 | 511 | 1669 | 5122 | 6633 | 13353 | 5669 |
| 浙 江 | 3607 | 493 | 1758 | 5284 | 5236 | 43276 | 6949 |
| 安 徽 | 1558 | 332 | 1132 | 4610 | 2948 | 46573 | 2249 |
| 福 建 | 1536 | 211 | 793 | 3096 | 2503 | 12788 | 911 |
| 江 西 | 1420 | 505 | 1424 | 4252 | 3101 | 9701 | 1020 |
| 山 东 | 2877 | 610 | 2368 | 5334 | 7976 | 16670 | 1821 |
| 河 南 | 2911 | 542 | 2886 | 7585 | 6782 | 49300 | 3148 |
| 湖 北 | 2204 | 482 | 1707 | 2848 | 3956 | 11464 | 1321 |
| 湖 南 | 2149 | 508 | 1629 | 6434 | 3204 | 12526 | 2623 |
| 广 东 | 4450 | 650 | 1765 | 9557 | 3651 | 11983 | 2949 |
| 广 西 | 1660 | 547 | 1613 | 3076 | 2212 | 4747 | 633 |
| 海 南 | 313 | 126 | 164 | 517 | 311 | 3827 | 1060 |
| 重 庆 | 964 | 71 | 929 | 4564 | 2652 | 15300 | 325 |
| 四 川 | 2413 | 685 | 2350 | 8320 | 6688 | 12945 | 1684 |
| 贵 州 | 1081 | 430 | 1142 | 5045 | 1892 | 3776 | 200 |
| 云 南 | 1814 | 538 | 1937 | 4950 | 1656 | 10093 | 854 |
| 西 藏 | 216 | 204 | 253 | 4616 | 181 | 2377 | 64 |
| 陕 西 | 2020 | 449 | 2101 | 4612 | 8732 | 17981 | 2647 |
| 甘 肃 | 1473 | 395 | 1228 | 4897 | 4791 | 8583 | 1140 |
| 青 海 | 483 | 169 | 495 | 509 | 294 | 1429 | 112 |
| 宁 夏 | 565 | 267 | 378 | 751 | 847 | 1666 | 25 |
| 新 疆 | 1102 | 334 | 1082 | 3546 | 1328 | 5284 | 425 |

# 2017年各地区文化文物部门

| 地区 | 本年收入合计(千元) | 财政补贴收入 | 上级补助收入 | 事业收入 | 经营收入 | 附属单位上缴收入 | 其他收入 | 本年支出合计(千元) | 基本支出 | 项目支出 |
|---|---|---|---|---|---|---|---|---|---|---|
| **总计** | **202835950** | **128034099** | **2541309** | **7817921** | **2615865** | **61350** | **61765406** | **194732480** | **80591705** | **88573179** |
| 北京 | 9296070 | 7047925 | 6667 | 836820 | 354284 | 14930 | 1035444 | 9381827 | 2770852 | 5761203 |
| 天津 | 3413216 | 2211998 | 29603 | 139572 | 361487 | 580 | 669976 | 3580157 | 1641697 | 1407595 |
| 河北 | 5849216 | 3600223 | 16901 | 508957 | 19961 | 216 | 1702958 | 5577780 | 2663233 | 2512306 |
| 山西 | 5521791 | 3958858 | 78124 | 312055 | 47309 | | 1125445 | 5677368 | 2128127 | 2879783 |
| 内蒙古 | 4583926 | 3551068 | 29424 | 20200 | 10798 | 1 | 972435 | 4267708 | 2555299 | 1576819 |
| 辽宁 | 6098525 | 2959576 | 21861 | 71134 | 14871 | 5 | 3031078 | 6116622 | 3368058 | 2322695 |
| 吉林 | 3252752 | 2271195 | 11770 | 43513 | 4250 | | 922024 | 3170449 | 1367012 | 1521485 |
| 黑龙江 | 2975107 | 2184142 | 9586 | 39149 | 3588 | | 738642 | 2876920 | 1530499 | 1102876 |
| 上海 | 10431856 | 7525673 | 358926 | 727380 | 8582 | | 1811295 | 8929007 | 3042413 | 4806104 |
| 江苏 | 18409264 | 7581573 | 83019 | 264904 | 55386 | | 10424382 | 15884827 | 4550675 | 3976542 |
| 浙江 | 12812794 | 8404478 | 206583 | 887185 | 81136 | 855 | 3232557 | 13203112 | 5142515 | 6229025 |
| 安徽 | 4497590 | 2432459 | 124726 | 74326 | 2155 | 144 | 1863780 | 4217843 | 1778315 | 1502344 |
| 福建 | 5606866 | 3156891 | 147424 | 127801 | 24845 | 770 | 2149135 | 5396050 | 1893311 | 3175038 |
| 江西 | 3543017 | 2296724 | 163560 | 62156 | 28298 | 316 | 991963 | 3078303 | 1609113 | 964551 |
| 山东 | 7073919 | 5300650 | 110849 | 161698 | 41445 | 2520 | 1456757 | 6674155 | 3280312 | 2539014 |
| 河南 | 6368562 | 4640343 | 53106 | 464398 | 58552 | 175 | 1151988 | 5867751 | 3349393 | 2193245 |
| 湖北 | 7176366 | 5048164 | 205938 | 214774 | 58946 | 7346 | 1641198 | 7068652 | 2677556 | 3739017 |
| 湖南 | 6393442 | 4155862 | 100956 | 208736 | 35522 | 1612 | 1890754 | 6261156 | 2796422 | 2662032 |
| 广东 | 15490426 | 10601871 | 98725 | 305811 | 29538 | 2254 | 4452227 | 15367447 | 5555052 | 8217135 |
| 广西 | 4741245 | 2652369 | 63869 | 46506 | 155783 | 280 | 1822438 | 4605214 | 1594710 | 2545318 |
| 海南 | 2948603 | 1925311 | 12395 | 16464 | 17186 | 20 | 977227 | 2517224 | 387547 | 1916343 |
| 重庆 | 3925279 | 2722849 | 29528 | 172050 | 8509 | | 992343 | 3993992 | 1498111 | 2147919 |
| 四川 | 9510272 | 5720055 | 100041 | 463008 | 52116 | | 3175052 | 9391463 | 3703046 | 5274611 |
| 贵州 | 4743464 | 2516329 | 42917 | 41364 | 455712 | 496 | 1686646 | 4840303 | 2489967 | 1792861 |
| 云南 | 4721880 | 2935613 | 24602 | 49950 | 14171 | 77 | 1697467 | 4604523 | 2445173 | 1814589 |
| 西藏 | 2112864 | 1340031 | 131221 | 83477 | 87229 | 50 | 470856 | 1863128 | 1042344 | 526488 |
| 陕西 | 10563545 | 6945335 | 93268 | 173009 | 467657 | 11392 | 2872884 | 9988440 | 5861170 | 2956025 |
| 甘肃 | 4712768 | 3013042 | 76549 | 81078 | 30530 | 25 | 1511544 | 4502465 | 2185836 | 1728125 |
| 青海 | 1977520 | 1202072 | 28187 | 34729 | 105 | 50 | 712377 | 1787292 | 622723 | 1037121 |
| 宁夏 | 1634331 | 870758 | 21082 | 29676 | 5231 | 17226 | 690358 | 1498562 | 438453 | 782047 |
| 新疆 | 3988507 | 2369046 | 59902 | 23424 | 17464 | 10 | 1518661 | 3627703 | 1851759 | 1589698 |

# 所属机构收支基本情况

| | | 在支出合计中： | | | | | | | | |
|---|---|---|---|---|---|---|---|---|---|---|
| 经营支出 | 工资福利支出 | 商品和服务支出 | 差旅费 | 劳务费 | 福利费 | 各种税金支出 | 对个人和家庭补助支出 | 抚恤金和生活补助 | 其他资本性支出 | 各种设备购置费 |
| **1639562** | **48252847** | **55761407** | **1591160** | **5668375** | **465768** | **348073** | **14157882** | **1018404** | **22110946** | **6567078** |
| 200007 | 1822238 | 3525879 | 13210 | 162889 | 31002 | 29056 | 364904 | 20484 | 1000875 | 194230 |
| 267966 | 893693 | 1286747 | 12250 | 100275 | 16366 | 15241 | 345562 | 8904 | 363996 | 243834 |
| 23105 | 1609330 | 1662076 | 33028 | 159562 | 9881 | 5489 | 555660 | 43715 | 753058 | 137544 |
| 61202 | 1447197 | 1619146 | 47835 | 194852 | 9074 | 13648 | 334835 | 20793 | 1063529 | 198499 |
| 29177 | 1404775 | 1259095 | 65542 | 209625 | 7500 | 11955 | 445072 | 31712 | 476438 | 134916 |
| 16445 | 1701138 | 1920271 | 40658 | 236792 | 5866 | 2057 | 1201913 | 265093 | 570989 | 142188 |
| 4307 | 757422 | 788608 | 26384 | 69157 | 1160 | 2895 | 415474 | 14969 | 364529 | 104396 |
| 11247 | 892144 | 683388 | 30220 | 56053 | 2678 | 2578 | 515195 | 23870 | 349639 | 147631 |
| 25896 | 1766833 | 3104265 | 23196 | 84271 | 26636 | 19861 | 151949 | 17052 | 1026049 | 330000 |
| 46356 | 2476993 | 3066318 | 80379 | 288812 | 18718 | 9423 | 942872 | 24909 | 845374 | 314416 |
| 72514 | 3192294 | 3756071 | 76126 | 451576 | 87818 | 30225 | 581107 | 28562 | 1346512 | 474724 |
| 10417 | 912755 | 940346 | 34028 | 77988 | 12182 | 2425 | 412446 | 20056 | 341175 | 89998 |
| 39238 | 1194580 | 1748090 | 34179 | 147539 | 5479 | 7151 | 238119 | 14964 | 872930 | 349159 |
| 29803 | 934497 | 706777 | 34885 | 58998 | 17122 | 5480 | 260317 | 25707 | 335960 | 109726 |
| 46691 | 2060729 | 1774011 | 35433 | 154696 | 10939 | 10109 | 545608 | 29861 | 748962 | 301229 |
| 70980 | 2015645 | 1535974 | 62828 | 323034 | 14934 | 15999 | 340782 | 34102 | 748606 | 241577 |
| 58089 | 1622958 | 1791378 | 48838 | 200898 | 17844 | 9042 | 504427 | 20914 | 1193331 | 242351 |
| 36619 | 1742929 | 1651402 | 63462 | 170544 | 19725 | 9434 | 362900 | 35430 | 913506 | 214139 |
| 32518 | 3143246 | 4611427 | 85148 | 330026 | 26583 | 15912 | 1664568 | 40161 | 1210158 | 584501 |
| 129275 | 1110850 | 1317603 | 85508 | 87212 | 2163 | 18959 | 210877 | 23725 | 906837 | 213627 |
| 17343 | 268925 | 677594 | 16968 | 69714 | 124 | 3801 | 43324 | 5255 | 484099 | 74306 |
| 8036 | 881798 | 1239910 | 69386 | 204494 | 6599 | 8113 | 206997 | 16594 | 542546 | 105599 |
| 15335 | 2497651 | 3479244 | 140127 | 397941 | 49800 | 6958 | 450455 | 62248 | 1116289 | 328392 |
| 13781 | 1941870 | 1078267 | 49762 | 122195 | 6334 | 18194 | 248123 | 18084 | 350132 | 159855 |
| 12967 | 1780683 | 1182400 | 61682 | 130528 | 6987 | 2858 | 241633 | 33884 | 476209 | 103063 |
| 14820 | 716705 | 257278 | 15428 | 10672 | 264 | 238 | 45346 | 6398 | 196254 | 21791 |
| 286957 | 3091238 | 3405288 | 72384 | 623611 | 25959 | 29943 | 423756 | 36804 | 1039812 | 320546 |
| 24584 | 1130465 | 1132053 | 51525 | 116169 | 7074 | 5221 | 434111 | 31140 | 563138 | 135732 |
| 1435 | 305239 | 429320 | 14553 | 38164 | 501 | 1125 | 117370 | 6104 | 337280 | 91218 |
| 4017 | 285758 | 274650 | 8632 | 38889 | 237 | 136 | 62916 | 5417 | 316027 | 56492 |
| 18129 | 1220415 | 745568 | 50083 | 93025 | 5939 | 5459 | 200923 | 28623 | 513067 | 77108 |

# 2017年各地区文化部门

| 地区 | 本年收入合计(千元) | 财政补贴收入 | 上级补助收入 | 事业收入 | 经营收入 | 附属单位上缴收入 | 其他收入 | 本年支出合计(千元) | 基本支出 | 项目支出 |
|---|---|---|---|---|---|---|---|---|---|---|
| **总计** | **153732120** | **89370552** | **1408504** | **3710966** | **997357** | **32264** | **58212477** | **148504407** | **61609629** | **64053646** |
| 北京 | 4845942 | 3679232 | 5323 | 164612 | 26781 | 14930 | 955064 | 4892145 | 1480046 | 2904183 |
| 天津 | 2954844 | 1872413 | 29154 | 110440 | 327630 | 580 | 614627 | 3070639 | 1340332 | 1283430 |
| 河北 | 4383345 | 2599502 | 16801 | 87702 | 16722 | 216 | 1662402 | 4211196 | 1957320 | 1866288 |
| 山西 | 3603600 | 2384129 | 29851 | 137437 | 21516 | | 1030667 | 3606051 | 1460153 | 1522727 |
| 内蒙古 | 3785650 | 2768459 | 25708 | 12208 | 10795 | | 968480 | 3566573 | 2243961 | 1207148 |
| 辽宁 | 5384335 | 2278053 | 20942 | 45687 | 14871 | 5 | 3024777 | 5467086 | 3015912 | 2038458 |
| 吉林 | 2778868 | 1855816 | 9822 | 18372 | 4250 | | 890608 | 2705451 | 1219048 | 1224221 |
| 黑龙江 | 2619314 | 1841988 | 4144 | 39149 | 3588 | | 730445 | 2517415 | 1384425 | 893510 |
| 上海 | 8579613 | 5934395 | 355411 | 569846 | 7802 | | 1712159 | 7369804 | 2657881 | 3701646 |
| 江苏 | 16526452 | 6036837 | 52514 | 180347 | 23413 | | 10233341 | 13962969 | 3592484 | 3207407 |
| 浙江 | 9424646 | 6155884 | 65896 | 287395 | 71690 | 702 | 2843079 | 9833807 | 3758016 | 4403844 |
| 安徽 | 3740730 | 1835039 | 51704 | 24916 | 1693 | 64 | 1827314 | 3500936 | 1500083 | 1106699 |
| 福建 | 4776740 | 2480639 | 122021 | 102742 | 22713 | 770 | 2047855 | 4571922 | 1664261 | 2633474 |
| 江西 | 2568252 | 1535957 | 36113 | 43738 | 18184 | 316 | 933944 | 2310616 | 1286541 | 588567 |
| 山东 | 5331700 | 3919177 | 70686 | 78517 | 9628 | | 1253692 | 5047766 | 2564193 | 1842851 |
| 河南 | 3922244 | 2618162 | 21346 | 172897 | 22158 | 175 | 1087506 | 3845995 | 2332131 | 1271004 |
| 湖北 | 5325504 | 3615972 | 71234 | 81974 | 22422 | | 1533902 | 5156843 | 2125070 | 2411362 |
| 湖南 | 4819677 | 2816194 | 43065 | 115580 | 22030 | 1362 | 1821446 | 4715417 | 2319276 | 1661896 |
| 广东 | 12910267 | 8238356 | 78334 | 231688 | 21120 | 2254 | 4338515 | 12793571 | 4686826 | 6760729 |
| 广西 | 4042732 | 2022185 | 61003 | 12892 | 137638 | 275 | 1808739 | 3986308 | 1434047 | 2110848 |
| 海南 | 1917990 | 909444 | 6155 | 11578 | 16449 | 20 | 974344 | 1588633 | 341900 | 1045919 |
| 重庆 | 3260728 | 2140482 | 9495 | 135204 | 977 | | 974570 | 3302892 | 1300710 | 1695167 |
| 四川 | 7469182 | 4161989 | 54682 | 103500 | 22460 | | 3126551 | 7482401 | 3082113 | 4050818 |
| 贵州 | 3659018 | 1950203 | 19549 | 23124 | 205 | 495 | 1665442 | 4197235 | 2322505 | 1349323 |
| 云南 | 4173182 | 2456815 | 11563 | 28624 | 13707 | | 1662473 | 4068832 | 2219202 | 1534253 |
| 西藏 | 1294968 | 838929 | 11883 | 4638 | 1000 | | 438518 | 1169892 | 784788 | 263153 |
| 陕西 | 3831283 | 2168232 | 38399 | 46612 | 46990 | 10016 | 1521034 | 3888111 | 1627824 | 1506876 |
| 甘肃 | 3265823 | 1730484 | 19447 | 34208 | 25445 | 24 | 1456215 | 3138851 | 1486064 | 1156045 |
| 青海 | 1637215 | 883830 | 26213 | 27314 | 105 | 50 | 699703 | 1551762 | 555132 | 874971 |
| 宁夏 | 1406006 | 701627 | 7805 | 9995 | 569 | | 686010 | 1252070 | 367065 | 612509 |
| 新疆 | 3259263 | 1774634 | 32241 | 16573 | 17394 | 10 | 1418411 | 3069804 | 1650701 | 1259295 |

# 所属机构收支基本情况

| 经营支出 | 工资福利支出 | 在支出合计中：<br>商品和服务支出 | 差旅费 | 劳务费 | 福利费 | 各种税金支出 | 对个人和家庭补助支出 | 抚恤金和生活补助 | 其他资本性支出 | 各种设备购置费 |
|---|---|---|---|---|---|---|---|---|---|---|
| **943179** | **37549528** | **38773995** | **1170649** | **3593871** | **337653** | **211628** | **11690707** | **922083** | **15297258** | **5578747** |
| 19553 | 1030763 | 1844220 | 7290 | 101376 | 9509 | 3450 | 224463 | 11460 | 501758 | 168048 |
| 240699 | 730080 | 1117657 | 10183 | 91382 | 11881 | 13992 | 287182 | 8333 | 343085 | 233493 |
| 20598 | 1157133 | 1171136 | 25676 | 79632 | 6667 | 3295 | 463661 | 41339 | 445205 | 121681 |
| 40257 | 1008416 | 890517 | 32081 | 106264 | 5832 | 7154 | 247209 | 17091 | 603690 | 158063 |
| 28480 | 1239721 | 1033552 | 55276 | 169584 | 6614 | 11833 | 406491 | 30615 | 336549 | 124846 |
| 15775 | 1502537 | 1616971 | 31869 | 181681 | 5779 | 2020 | 1132376 | 251770 | 533949 | 132921 |
| 4207 | 656262 | 593180 | 22782 | 37474 | 930 | 1920 | 374196 | 14270 | 274129 | 98224 |
| 10110 | 797998 | 569110 | 27040 | 34344 | 2551 | 2572 | 472309 | 22975 | 271229 | 116682 |
| 25628 | 1542149 | 2439132 | 17872 | 74211 | 22961 | 18992 | 138073 | 16115 | 504102 | 277518 |
| 25380 | 1983589 | 2299573 | 56578 | 210777 | 15636 | 7287 | 787328 | 23306 | 708817 | 290104 |
| 66469 | 2473185 | 2425189 | 59588 | 331708 | 63996 | 12143 | 414235 | 25603 | 882219 | 439162 |
| 1766 | 761154 | 625646 | 22734 | 45612 | 5921 | 1952 | 358643 | 15412 | 293756 | 82925 |
| 35427 | 1033524 | 1492039 | 25809 | 109561 | 5050 | 6757 | 214338 | 14301 | 669919 | 258583 |
| 19457 | 729738 | 447549 | 23681 | 36255 | 12259 | 3972 | 212745 | 23151 | 218508 | 93388 |
| 21574 | 1628820 | 1186198 | 24351 | 100353 | 7590 | 2847 | 443330 | 26750 | 526810 | 258450 |
| 38061 | 1469400 | 802009 | 41538 | 117414 | 10113 | 7017 | 264883 | 30987 | 399807 | 200062 |
| 35410 | 1284808 | 1253645 | 31402 | 124569 | 15407 | 7335 | 434789 | 18855 | 630201 | 212067 |
| 27462 | 1432685 | 1223425 | 46352 | 113921 | 15257 | 6596 | 310888 | 32705 | 560215 | 151443 |
| 29451 | 2662576 | 3686205 | 67621 | 272380 | 21462 | 13567 | 1382653 | 33632 | 1028852 | 539781 |
| 114729 | 972975 | 1125602 | 61314 | 76152 | 1948 | 17747 | 194612 | 22711 | 813161 | 201887 |
| 15976 | 226651 | 567014 | 14359 | 63350 | 123 | 2761 | 39145 | 4905 | 308662 | 49093 |
| 1969 | 742631 | 861853 | 52076 | 150260 | 4926 | 7153 | 181623 | 16011 | 470612 | 95105 |
| 10126 | 2032974 | 2681866 | 110070 | 259545 | 43587 | 5603 | 391331 | 57610 | 802005 | 292864 |
| 6137 | 1811938 | 913347 | 40853 | 101467 | 5626 | 7613 | 228946 | 16597 | 285746 | 139205 |
| 12430 | 1616586 | 1019391 | 53613 | 106214 | 6189 | 2305 | 221638 | 30401 | 376445 | 87302 |
| 3059 | 580418 | 147877 | 12765 | 9831 | 54 | 20 | 37601 | 5516 | 144912 | 21701 |
| 26125 | 1033413 | 908152 | 26481 | 125895 | 8284 | 3197 | 163315 | 27199 | 603894 | 173700 |
| 17999 | 794608 | 671695 | 30161 | 57316 | 3908 | 4122 | 341861 | 25431 | 376480 | 89463 |
| 1400 | 267137 | 391872 | 12033 | 33156 | 466 | 950 | 102784 | 5518 | 275447 | 80845 |
| 470 | 232053 | 211975 | 6349 | 24143 | 195 | 95 | 49991 | 5224 | 289414 | 54391 |
| 17244 | 1088581 | 578310 | 39320 | 71865 | 5188 | 4441 | 183967 | 26961 | 382780 | 59291 |

# 2017年各地区文物部门

| 地　区 | 本年收入合计（千元） | 财政补贴收入 | 上级补助收入 | 事业收入 | 经营收入 | 附属单位上缴收入 | 其他收入 | 本年支出合计（千元） | 基本支出 | 项目支出 |
|---|---|---|---|---|---|---|---|---|---|---|
| **总　计** | **49103830** | **38663547** | **1132805** | **4106955** | **1618508** | **29086** | **3552929** | **46228073** | **18982076** | **24519533** |
| 北　京 | 4450128 | 3368693 | 1344 | 672208 | 327503 | | 80380 | 4489682 | 1290806 | 2857020 |
| 天　津 | 458372 | 339585 | 449 | 29132 | 33857 | | 55349 | 509518 | 301365 | 124165 |
| 河　北 | 1465871 | 1000721 | 100 | 421255 | 3239 | | 40556 | 1366584 | 705913 | 646018 |
| 山　西 | 1918191 | 1574729 | 48273 | 174618 | 25793 | | 94778 | 2071317 | 667974 | 1357056 |
| 内蒙古 | 798276 | 782609 | 3716 | 7992 | 3 | 1 | 3955 | 701135 | 311338 | 369671 |
| 辽　宁 | 714190 | 681523 | 919 | 25447 | | | 6301 | 649536 | 352146 | 284237 |
| 吉　林 | 473884 | 415379 | 1948 | 25141 | | | 31416 | 464998 | 147964 | 297264 |
| 黑龙江 | 355793 | 342154 | 5442 | | | | 8197 | 359505 | 146074 | 209366 |
| 上　海 | 1852243 | 1591278 | 3515 | 157534 | 780 | | 99136 | 1559203 | 384532 | 1104458 |
| 江　苏 | 1882812 | 1544736 | 30505 | 84557 | 31973 | | 191041 | 1921858 | 958191 | 769135 |
| 浙　江 | 3388148 | 2248594 | 140687 | 599790 | 9446 | 153 | 389478 | 3369305 | 1384499 | 1825181 |
| 安　徽 | 756860 | 597420 | 73022 | 49410 | 462 | 80 | 36466 | 716907 | 278232 | 395645 |
| 福　建 | 830126 | 676252 | 25403 | 25059 | 2132 | | 101280 | 824128 | 229050 | 541564 |
| 江　西 | 974765 | 760767 | 127447 | 18418 | 10114 | | 58019 | 767687 | 322572 | 375984 |
| 山　东 | 1742219 | 1381473 | 40163 | 83181 | 31817 | 2520 | 203065 | 1626389 | 716119 | 696163 |
| 河　南 | 2446318 | 2022181 | 31760 | 291501 | 36394 | | 64482 | 2021756 | 1017262 | 922241 |
| 湖　北 | 1850862 | 1432192 | 134704 | 132800 | 36524 | 7346 | 107296 | 1911809 | 552486 | 1327655 |
| 湖　南 | 1573765 | 1339668 | 57891 | 93156 | 13492 | 250 | 69308 | 1545739 | 477146 | 1000136 |
| 广　东 | 2580159 | 2363515 | 20391 | 74123 | 8418 | | 113712 | 2573876 | 868226 | 1456406 |
| 广　西 | 698513 | 630184 | 2866 | 33614 | 18145 | 5 | 13699 | 618906 | 160663 | 434470 |
| 海　南 | 1030613 | 1015867 | 6240 | 4886 | 737 | | 2883 | 928591 | 45647 | 870424 |
| 重　庆 | 664551 | 582367 | 20033 | 36846 | 7532 | | 17773 | 691100 | 197401 | 452752 |
| 四　川 | 2041090 | 1558066 | 45359 | 359508 | 29656 | | 48501 | 1909062 | 620933 | 1223793 |
| 贵　州 | 1084446 | 566126 | 23368 | 18240 | 455507 | 1 | 21204 | 643068 | 167462 | 443538 |
| 云　南 | 548698 | 478798 | 13039 | 21326 | 464 | 77 | 34994 | 535691 | 225971 | 280336 |
| 西　藏 | 817896 | 501102 | 119338 | 78839 | 86229 | 50 | 32338 | 693236 | 257556 | 263335 |
| 陕　西 | 6732262 | 4777103 | 54869 | 126397 | 420667 | 1376 | 1351850 | 6100329 | 4233346 | 1449149 |
| 甘　肃 | 1446945 | 1282558 | 57102 | 46870 | 5085 | 1 | 55329 | 1363614 | 699772 | 572080 |
| 青　海 | 340305 | 318242 | 1974 | 7415 | | | 12674 | 235530 | 67591 | 162150 |
| 宁　夏 | 228325 | 169131 | 13277 | 19681 | 4662 | 17226 | 4348 | 246492 | 71388 | 169538 |
| 新　疆 | 729244 | 594412 | 27661 | 6851 | 70 | | 100250 | 557899 | 201058 | 330403 |

# 所属机构收支基本情况

| 经营支出 | 工资福利支出 | 在支出合计中：商品和服务支出 | 差旅费 | 劳务费 | 福利费 | 各种税金支出 | 对个人和家庭补助支出 | 抚恤金和生活补助 | 其他资本性支出 | 各种设备购置费 |
|---|---|---|---|---|---|---|---|---|---|---|
| **696383** | **10703319** | **16987412** | **420511** | **2074504** | **128115** | **136445** | **2467175** | **96321** | **6813688** | **988331** |
| 180454 | 791475 | 1681659 | 5920 | 61513 | 21493 | 25606 | 140441 | 9024 | 499117 | 26182 |
| 27267 | 163613 | 169090 | 2067 | 8893 | 4485 | 1249 | 58380 | 571 | 20911 | 10341 |
| 2507 | 452197 | 490940 | 7352 | 79930 | 3214 | 2194 | 91999 | 2376 | 307853 | 15863 |
| 20945 | 438781 | 728629 | 15754 | 88588 | 3242 | 6494 | 87626 | 3702 | 459839 | 40436 |
| 697 | 165054 | 225543 | 10266 | 40041 | 886 | 122 | 38581 | 1097 | 139889 | 10070 |
| 670 | 198601 | 303300 | 8789 | 55111 | 87 | 37 | 69537 | 13323 | 37040 | 9267 |
| 100 | 101160 | 195428 | 3602 | 31683 | 230 | 975 | 41278 | 699 | 90400 | 6172 |
| 1137 | 94146 | 114278 | 3180 | 21709 | 127 | 6 | 42886 | 895 | 78410 | 30949 |
| 268 | 224684 | 665133 | 5324 | 10060 | 3675 | 869 | 13876 | 937 | 521947 | 52482 |
| 20976 | 493404 | 766745 | 23801 | 78035 | 3082 | 2136 | 155544 | 1603 | 136557 | 24312 |
| 6045 | 719109 | 1330882 | 16538 | 119868 | 23822 | 18082 | 166872 | 2959 | 464293 | 35562 |
| 8651 | 151601 | 314700 | 11294 | 32376 | 6261 | 473 | 53803 | 4644 | 47419 | 7073 |
| 3811 | 161056 | 256051 | 8370 | 37978 | 429 | 394 | 23781 | 663 | 203011 | 90576 |
| 10346 | 204759 | 259228 | 11204 | 22743 | 4863 | 1508 | 47572 | 2556 | 117452 | 16338 |
| 25117 | 431909 | 587813 | 11082 | 54343 | 3349 | 7262 | 102278 | 3111 | 222152 | 42779 |
| 32919 | 546245 | 733965 | 21290 | 205620 | 4821 | 8982 | 75899 | 3115 | 348799 | 41515 |
| 22679 | 338150 | 537733 | 17436 | 76329 | 2437 | 1707 | 69638 | 2059 | 563130 | 30284 |
| 9157 | 310244 | 427977 | 17110 | 56623 | 4468 | 2838 | 52012 | 2725 | 353291 | 62696 |
| 3067 | 480670 | 925222 | 17527 | 57646 | 5121 | 2345 | 281915 | 6529 | 181306 | 44720 |
| 14546 | 137875 | 192001 | 24194 | 11060 | 215 | 1212 | 16265 | 1014 | 93676 | 11740 |
| 1367 | 42274 | 110580 | 2609 | 6364 | 1 | 1040 | 4179 | 350 | 175437 | 25213 |
| 6067 | 139167 | 378057 | 17310 | 54234 | 1673 | 960 | 25374 | 583 | 71934 | 10494 |
| 5209 | 464677 | 797378 | 30057 | 138396 | 6213 | 1355 | 59124 | 4638 | 314284 | 35528 |
| 7644 | 129932 | 164920 | 8909 | 20728 | 708 | 10581 | 19177 | 1487 | 64386 | 20650 |
| 537 | 164097 | 163009 | 8069 | 24314 | 798 | 553 | 19995 | 3483 | 99764 | 15761 |
| 11761 | 136287 | 109401 | 2663 | 841 | 210 | 218 | 7745 | 882 | 51342 | 90 |
| 260832 | 2057825 | 2497136 | 45903 | 497716 | 17675 | 26746 | 260441 | 9605 | 435918 | 146846 |
| 6585 | 335857 | 460358 | 21364 | 58853 | 3166 | 1099 | 92250 | 5709 | 186658 | 46269 |
| 35 | 38102 | 37448 | 2520 | 5008 | 35 | 175 | 14586 | 586 | 61833 | 10373 |
| 3547 | 53705 | 62675 | 2283 | 14746 | 42 | 41 | 12925 | 193 | 26613 | 2101 |
| 885 | 131834 | 167258 | 10763 | 21160 | 751 | 1018 | 16956 | 1662 | 130287 | 17817 |

# 2017年各地区分类型文化文物部门所属机构总收入

单位：千元

| 地　区 | 总　计 | 文化合计 | 艺术表演团体 | 艺术表演场馆 | 图书馆 | 群众文化 | 文物合计 | 文物科研机构 | 文物保护管理机构 | 博物馆 | 其他文物机构 |
|---|---|---|---|---|---|---|---|---|---|---|---|
| **总　计** | **202835950** | **153732120** | **18846034** | **3578370** | **17999312** | **25338917** | **49103830** | **2888579** | **8954174** | **27081848** | **10179229** |
| 北　京 | 9296070 | 4845942 | 947812 | 26627 | 667240 | 815024 | 4450128 | 443995 | 1552204 | 1254709 | 1199220 |
| 天　津 | 3413216 | 2954844 | 472468 | 64763 | 522378 | 279768 | 458372 | | 46558 | 365798 | 46016 |
| 河　北 | 5849216 | 4383345 | 490904 | 163046 | 337386 | 622565 | 1465871 | 121917 | 589349 | 450706 | 303899 |
| 山　西 | 5521791 | 3603600 | 630400 | 154203 | 380187 | 425249 | 1918191 | 164261 | 331620 | 572087 | 850223 |
| 内蒙古 | 4583926 | 3785650 | 910654 | 39156 | 429760 | 574137 | 798276 | 27936 | 225611 | 503198 | 41531 |
| 辽　宁 | 6098525 | 5384335 | 475073 | 196491 | 519885 | 515187 | 714190 | 68930 | 86088 | 505169 | 54003 |
| 吉　林 | 3252752 | 2778868 | 362283 | 69100 | 367231 | 514217 | 473884 | 54196 | 32612 | 319917 | 67159 |
| 黑龙江 | 2975107 | 2619314 | 510839 | 82992 | 304817 | 448786 | 355793 | 17815 | 69419 | 267574 | 985 |
| 上　海 | 10431856 | 8579613 | 1337987 | 335571 | 2209357 | 1708641 | 1852243 | | 28384 | 1730151 | 93708 |
| 江　苏 | 18409264 | 16526452 | 1043516 | 393807 | 1165649 | 1780484 | 1882812 | 49408 | 186432 | 1303844 | 343128 |
| 浙　江 | 12812794 | 9424646 | 1049283 | 406024 | 1283080 | 2316129 | 3388148 | 129331 | 1495684 | 1094832 | 668301 |
| 安　徽 | 4497590 | 3740730 | 399427 | 82554 | 345629 | 687667 | 756860 | 54359 | 191364 | 442199 | 68938 |
| 福　建 | 5606866 | 4776740 | 660926 | 137516 | 564290 | 551794 | 830126 | 4546 | 84618 | 605999 | 134963 |
| 江　西 | 3543017 | 2568252 | 263173 | 69223 | 307819 | 553897 | 974765 | 87359 | 135640 | 618357 | 133409 |
| 山　东 | 7073919 | 5331700 | 892902 | 186971 | 681577 | 1003676 | 1742219 | 104639 | 302093 | 818094 | 517393 |
| 河　南 | 6368562 | 3922244 | 790944 | 139690 | 420673 | 736838 | 2446318 | 311962 | 465602 | 766761 | 901993 |
| 湖　北 | 7176366 | 5325504 | 788996 | 111549 | 699217 | 817158 | 1850862 | 119195 | 178905 | 882243 | 670519 |
| 湖　南 | 6393442 | 4819677 | 574452 | 65727 | 501543 | 838676 | 1573765 | 160658 | 310376 | 840106 | 262625 |
| 广　东 | 15490426 | 12910267 | 833205 | 332227 | 1938428 | 2810029 | 2580159 | 99657 | 92001 | 1435709 | 952792 |
| 广　西 | 4741245 | 4042732 | 230552 | 18986 | 477477 | 557139 | 698513 | 52482 | 102213 | 445693 | 98125 |
| 海　南 | 2948603 | 1917990 | 168319 | 6046 | 159215 | 180460 | 1030613 | | 20850 | 746625 | 263138 |
| 重　庆 | 3925279 | 3260728 | 263190 | 13898 | 302544 | 795086 | 664551 | 48604 | 91092 | 497494 | 27361 |
| 四　川 | 9510272 | 7469182 | 584748 | 60096 | 554804 | 1434757 | 2041090 | 139395 | 418463 | 1411941 | 71291 |
| 贵　州 | 4743464 | 3659018 | 226675 | 9694 | 260395 | 872248 | 1084446 | 21532 | 79306 | 807503 | 176105 |
| 云　南 | 4721880 | 4173182 | 511658 | 58748 | 354785 | 979170 | 548698 | 32139 | 222704 | 277095 | 16760 |
| 西　藏 | 2112864 | 1294968 | 248810 | 2430 | 78466 | 442926 | 817896 | 9402 | 494303 | 52000 | 262191 |
| 陕　西 | 10563545 | 3831283 | 648635 | 226612 | 351644 | 624909 | 6732262 | 262869 | 715526 | 4821153 | 932714 |
| 甘　肃 | 4712768 | 3265823 | 402872 | 50684 | 314153 | 542497 | 1446945 | 80543 | 141336 | 866533 | 358533 |
| 青　海 | 1977520 | 1637215 | 108268 | 3178 | 125063 | 184935 | 340305 | 14105 | 40521 | 118428 | 167251 |
| 宁　夏 | 1634331 | 1406006 | 125963 | 2780 | 130339 | 195974 | 228325 | 20748 | 132937 | 69930 | 4710 |
| 新　疆 | 3988507 | 3259263 | 704534 | 34282 | 308930 | 528894 | 729244 | 73084 | 90363 | 390403 | 175394 |

# 2017年各地区分类型文化文物部门所属机构财政拨款

单位：千元

| 地区 | 总计 | 文化合计 | 艺术表演团体 | 艺术表演场馆 | 图书馆 | 群众文化 | 文物合计 | 文物科研机构 | 文物保护管理机构 | 博物馆 | 其他文物机构 |
|---|---|---|---|---|---|---|---|---|---|---|---|
| **总　计** | **128034099** | **89370552** | **13830588** | **1448468** | **17213652** | **23846311** | **38663547** | **1514541** | **6199185** | **22148153** | **8801668** |
| 北　京 | 7047925 | 3679232 | 616281 | 600 | 653898 | 758909 | 3368693 | 97193 | 1086935 | 1030041 | 1154524 |
| 天　津 | 2211998 | 1872413 | 401404 | 23399 | 511892 | 274142 | 339585 | | 26367 | 312358 | 860 |
| 河　北 | 3600223 | 2599502 | 352027 | 113510 | 329452 | 600221 | 1000721 | 45150 | 315903 | 355271 | 284397 |
| 山　西 | 3958858 | 2384129 | 398826 | 60991 | 378285 | 418495 | 1574729 | 134143 | 259314 | 456310 | 724962 |
| 内蒙古 | 3551068 | 2768459 | 858819 | 25359 | 424636 | 558183 | 782609 | 27617 | 221055 | 493261 | 40676 |
| 辽　宁 | 2959576 | 2278053 | 396828 | 131488 | 509288 | 504724 | 681523 | 67359 | 61000 | 503655 | 49509 |
| 吉　林 | 2271195 | 1855816 | 274705 | 35602 | 362977 | 496322 | 415379 | 30460 | 29446 | 307346 | 48127 |
| 黑龙江 | 2184142 | 1841988 | 480743 | 58301 | 301981 | 443444 | 342154 | 17747 | 68652 | 254770 | 985 |
| 上　海 | 7525673 | 5934395 | 814844 | 82148 | 2111555 | 1503102 | 1591278 | | 27598 | 1518908 | 44772 |
| 江　苏 | 7581573 | 6036837 | 623515 | 115480 | 1119418 | 1729341 | 1544736 | 49318 | 182266 | 1144571 | 168581 |
| 浙　江 | 8404478 | 6155884 | 688875 | 140238 | 1237171 | 2125124 | 2248594 | 54747 | 653138 | 959478 | 581231 |
| 安　徽 | 2432459 | 1835039 | 232196 | 28594 | 329140 | 637906 | 597420 | 20157 | 144872 | 384828 | 47563 |
| 福　建 | 3156891 | 2480639 | 489003 | 58717 | 522593 | 500908 | 676252 | 1884 | 62034 | 507900 | 104434 |
| 江　西 | 2296724 | 1535957 | 206954 | 34623 | 281939 | 523885 | 760767 | 80787 | 78056 | 524841 | 77083 |
| 山　东 | 5300650 | 3919177 | 728410 | 94223 | 664817 | 960259 | 1381473 | 37153 | 249598 | 727399 | 367323 |
| 河　南 | 4640343 | 2618162 | 561634 | 59525 | 416252 | 714035 | 2022181 | 186649 | 335052 | 666760 | 833720 |
| 湖　北 | 5048164 | 3615972 | 627977 | 29387 | 672885 | 762180 | 1432192 | 34922 | 107195 | 707941 | 582134 |
| 湖　南 | 4155862 | 2816194 | 466757 | 27489 | 468735 | 754560 | 1339668 | 75334 | 261756 | 776829 | 225749 |
| 广　东 | 10601871 | 8238356 | 563541 | 166613 | 1891048 | 2657375 | 2363515 | 77825 | 64506 | 1362534 | 858650 |
| 广　西 | 2652369 | 2022185 | 177104 | 891 | 459831 | 505548 | 630184 | 11554 | 96112 | 428341 | 94177 |
| 海　南 | 1925311 | 909444 | 102085 | 115 | 152700 | 168307 | 1015867 | | 14556 | 738999 | 262312 |
| 重　庆 | 2722849 | 2140482 | 167025 | 7412 | 286557 | 763370 | 582367 | 41116 | 87825 | 432140 | 21286 |
| 四　川 | 5720055 | 4161989 | 471199 | 23794 | 541862 | 1387498 | 1558066 | 22274 | 403397 | 1074151 | 58244 |
| 贵　州 | 2516329 | 1950203 | 145705 | | 239125 | 793465 | 566126 | 13747 | 61574 | 320966 | 169839 |
| 云　南 | 2935613 | 2456815 | 468305 | 37328 | 344245 | 933879 | 478798 | 14804 | 195562 | 265068 | 3364 |
| 西　藏 | 1340031 | 838929 | 230120 | 990 | 76654 | 413251 | 501102 | 4815 | 206803 | 51150 | 238334 |
| 陕　西 | 6945335 | 2168232 | 444008 | 69548 | 336396 | 585378 | 4777103 | 187745 | 593513 | 3153790 | 842055 |
| 甘　肃 | 3013042 | 1730484 | 272101 | 2300 | 306463 | 520506 | 1282558 | 59866 | 114024 | 784229 | 324439 |
| 青　海 | 1202072 | 883830 | 75990 | 2547 | 121782 | 167860 | 318242 | 9297 | 38735 | 110411 | 159799 |
| 宁　夏 | 870758 | 701627 | 95846 | 2148 | 123809 | 179446 | 169131 | 16695 | 82378 | 65348 | 4710 |
| 新　疆 | 2369046 | 1774634 | 648057 | 14498 | 299571 | 504688 | 594412 | 54729 | 69963 | 346589 | 123131 |

# 2017年各地区分类型文化文物部门所属机构总支出

单位：千元

| 地区 | 总计 | 文化合计 | 艺术表演团体 | 艺术表演场馆 | 图书馆 | 群众文化 | 文物合计 | 文物科研机构 | 文物保护管理机构 | 博物馆 | 其他文物机构 |
|---|---|---|---|---|---|---|---|---|---|---|---|
| **总计** | **194732480** | **148504407** | **19006920** | **3412096** | **16912327** | **25624108** | **46228073** | **2349746** | **8645792** | **25779875** | **9452660** |
| 北京 | 9381827 | 4892145 | 1018312 | 29255 | 651183 | 772064 | 4489682 | 252787 | 1688955 | 1225177 | 1322763 |
| 天津 | 3580157 | 3070639 | 588930 | 56019 | 534876 | 270097 | 509518 | | 43312 | 421983 | 44223 |
| 河北 | 5577780 | 4211196 | 479649 | 163544 | 332338 | 598885 | 1366584 | 110686 | 581782 | 394815 | 279301 |
| 山西 | 5677368 | 3606051 | 660347 | 152293 | 377319 | 395303 | 2071317 | 186320 | 366463 | 595477 | 923057 |
| 内蒙古 | 4267708 | 3566573 | 911721 | 37716 | 375070 | 560215 | 701135 | 26334 | 194211 | 440318 | 40272 |
| 辽宁 | 6116622 | 5467086 | 498682 | 125794 | 535365 | 593643 | 649536 | 68158 | 71655 | 474244 | 35479 |
| 吉林 | 3170449 | 2705451 | 365254 | 70272 | 375384 | 540764 | 464998 | 45596 | 42781 | 303334 | 73287 |
| 黑龙江 | 2876920 | 2517415 | 517963 | 59265 | 307235 | 447109 | 359505 | 17815 | 78815 | 261890 | 985 |
| 上海 | 8929007 | 7369804 | 1276194 | 282761 | 1330586 | 1648746 | 1559203 | | 28906 | 1436044 | 94253 |
| 江苏 | 15884827 | 13962969 | 1019968 | 384853 | 1115048 | 1631407 | 1921858 | 35457 | 173859 | 1395490 | 317052 |
| 浙江 | 13203112 | 9833807 | 1106119 | 403769 | 1287634 | 2317890 | 3369305 | 118925 | 1386282 | 1234143 | 629955 |
| 安徽 | 4217843 | 3500936 | 382789 | 74191 | 350207 | 655255 | 716907 | 44942 | 170917 | 452165 | 48883 |
| 福建 | 5396050 | 4571922 | 658957 | 122981 | 552506 | 520677 | 824128 | 4073 | 80950 | 623242 | 115863 |
| 江西 | 3078303 | 2310616 | 256293 | 77904 | 299882 | 479011 | 767687 | 37384 | 93645 | 514836 | 121822 |
| 山东 | 6674155 | 5047766 | 886406 | 187477 | 693313 | 990015 | 1626389 | 95332 | 297484 | 799743 | 433830 |
| 河南 | 5867751 | 3845995 | 762040 | 153608 | 423218 | 715731 | 2021756 | 290308 | 389146 | 836728 | 505574 |
| 湖北 | 7068652 | 5156843 | 790982 | 111667 | 582956 | 814205 | 1911809 | 100493 | 164721 | 962540 | 684055 |
| 湖南 | 6261156 | 4715417 | 557554 | 66380 | 441800 | 852073 | 1545739 | 92809 | 286418 | 885388 | 281124 |
| 广东 | 15367447 | 12793571 | 856694 | 316782 | 1957141 | 2795933 | 2573876 | 98631 | 97038 | 1452564 | 925643 |
| 广西 | 4605214 | 3986308 | 243762 | 16894 | 459915 | 551194 | 618906 | 40468 | 88402 | 409183 | 80853 |
| 海南 | 2517224 | 1588633 | 158618 | 5629 | 176046 | 126322 | 928591 | | 22495 | 747942 | 158154 |
| 重庆 | 3993992 | 3302892 | 257235 | 14473 | 311177 | 806789 | 691100 | 55916 | 76159 | 523987 | 35038 |
| 四川 | 9391463 | 7482401 | 638244 | 90716 | 550648 | 1433562 | 1909062 | 73107 | 400783 | 1364630 | 70542 |
| 贵州 | 4840303 | 4197235 | 244519 | 12207 | 251160 | 1634966 | 643068 | 29707 | 63425 | 416383 | 133553 |
| 云南 | 4604523 | 4068832 | 518847 | 59488 | 359513 | 974416 | 535691 | 33600 | 204026 | 283242 | 14823 |
| 西藏 | 1863128 | 1169892 | 228862 | 2430 | 69277 | 406666 | 693236 | 5007 | 474238 | 52000 | 161991 |
| 陕西 | 9988440 | 3888111 | 636721 | 217325 | 360198 | 649131 | 6100329 | 203122 | 680657 | 4300192 | 916358 |
| 甘肃 | 4502465 | 3138851 | 391335 | 46975 | 309068 | 523053 | 1363614 | 88733 | 130737 | 809207 | 334937 |
| 青海 | 1787292 | 1551762 | 110616 | 4864 | 124395 | 189793 | 235530 | 13782 | 27739 | 113067 | 80942 |
| 宁夏 | 1498562 | 1252070 | 121248 | 3059 | 149813 | 193979 | 246492 | 24578 | 145009 | 72195 | 4710 |
| 新疆 | 3627703 | 3069804 | 700029 | 31657 | 302231 | 535214 | 557899 | 48769 | 94782 | 251133 | 163215 |

# 主要统计指标解释

## 一、行业、机构指标解释

调查的机构，指由文化部门主办或实行行业管理的文化文物机构以及由文化部门主办的其他文化机构等。

**文艺创作与表演**：指文学、美术创造和表演艺术（如戏剧、戏曲、歌舞、舞蹈、音乐、曲艺、杂技、马戏、木偶、皮影等各种表演艺术）等活动。包括文学（含电影、电视剧剧本）、音乐、歌曲、舞蹈、戏曲、曲艺等的创作，美术（绘画、雕塑）、工艺品、书法、篆刻等的艺术创作，编导、演员的表演、创作活动，剧务、舞台美工、服装道具、灯光音响等活动，民族艺术创作，其他未列明的文艺创作、表演及辅助活动。

**艺术创作机构**：指有专职创作人员、独立建制的剧目创作室（组）、美术创作室（组）等专门从事艺术创作的机构。不包括业余性质的文艺创作机构。

**艺术表演团体**：指由文化部门主办或实行行业管理（经文化行政部门审批并领取营业性演出许可证），专门从事表演艺术等活动的各类专业艺术表演团体，含民间职业剧团（不包括群众业余文艺表演团队）。

**艺术表演场馆**：指由文化部门主办的，有观众席、舞台、灯光设备，公开售票、专供文艺团体演出的文化活动场所。附属于文化部门机构内非独立核算的剧场、排演场，公开营业的也应单独统计。

**图书馆**：指各类图书馆的管理与服务（对文献和信息的搜集、整理、存储、利用和管理，向社会公众开放并提供科学、文化等各种知识普及教育）。包括公共图书馆和各类机构内部举办的或单独举办的图书馆的管理与服务。不包括部队系统以及文化馆（文化中心、群众艺术馆）、文化站内设的图书室。

**群众文化活动**：指开展群众文化活动的场所的管理和组织活动。包括文化馆（含综合性文化中心、群众艺术馆）、文化站、文化宫、少年宫等群众文化活动。在本制度中，目前暂不统计文化部门以外的文化宫和少年宫。

**文化馆**（含综合性文化中心、群众艺术馆、文化站）：指专门从事群众文化活动的群众文化场馆。不包括临时抽调人员组成、没有编制的农村和街道文化工作队、服务站等。

**美术馆**：指由文化部门主办或实行行业管理的，具备展览、典藏、研究及公共教育和服务功能的、向公众开放的国有美术馆，以及在民政部门登记注册并在文化部门备案的，具备展览、典藏、研究及公共教育和服务功能的、向公众开放的、非营利性的民营美术馆。

**画院**：指由文化部门主办或实行行业管理的，各级国有和民营的非营利性的专门的美术创作、研究机构，有专职创作研究人员和独立建制，包括书画院、书法院、油画雕塑院等。不包括业余性质的美术创作机构。

**文化艺术研究机构**：指有明确的研究方向和任务，有一定水平的学术带头人和一定数量、质量的研究人员，有开展工作的基本条件，主要进行文化艺术研究（含科技）的机构。

**文化部门教育机构**：指文化部门主办的高等艺术职业院校和中等专业学校、文化干部院校、其他文化艺术教育机构。

**高等艺术职业院校**：指按国家规定的设置标准和审批程序批准主办的，纳入国家招生计划，通过国家统一招生考试，招收高中毕业生和相当于高中学历者为主要培养对象，实施高等教育的全日制、独立设置的学院和高等专科艺术学校。在本制度中，只统计由文化部门主办和管理的院校。

**中等艺术学校**：指文化部门内由文化部或省、自治区、直辖市人民政府批准举办，纳入国家招生计划，按国家规定组织入学考试，招收小学或初中（或部分高中）毕业生和具有同等学历者，实施中等艺术教育、培养中等艺术人才的全日制专业学校。

**文化干部院校**：指各级文化行政主管部门领导的培养和训练文化干部的成人高等教育院校。

**其他文化事业机构、其他文化企业**：指不属于以上分类的文化部门所属各类文化事业机构和企业机构。

**文化市场经营机构**：指经文化市场行政部门审批或备案并领取相关许可或备案文件的、从事文化经营和文化服务活动的机构。

文化市场经营机构主要由以下统计调查对象组成：

娱乐场所：指以营利为目的，并向公众开放、消费者自娱自乐的歌舞、游艺等场所，以及各地文化行政部门依据相关规定管理并发放《娱乐场所经营许可证》的其他娱乐场所。

互联网上网服务营业场所（网吧）：指通过计算机等设备向公众提供互联网上网服务的营业性娱乐文化服务场所。

动漫企业：经文化部、财政部、国家税务总局三部门联合认定的从事漫画创作、动画创作、网络动漫（含手机动漫）创作、动漫舞台剧制作、动漫软件开发和动漫衍生产品研发等动漫业务的企业。

博物馆：指为了研究、教育、欣赏的目的，收藏、保护、展示人类活动和自然环境的见证物，向公众开放，非营利性、永久性社会服务机构，包括以博物馆（院）、纪念馆（舍）、科技馆、陈列馆等专有名称开展活动的单位。

综合性博物馆：指综合收藏、展示自然、历史（含革命史和建设成就）、艺术等方面藏品的博物馆。如黑龙江省博物馆、内蒙古博物馆、甘肃省博物馆、贵州省博物馆、南通博物苑、旅顺博物馆等。

历史类博物馆：指主要收藏、展示关于国家（地区）、民族、社会发展、重大事件和人物的历史（古代史、近代史、战争史、革命纪念馆、历史名人纪念馆等）的文物资料的博物馆。如国家博物馆、陕西历史博物馆、泉州海外交通史博物馆、东北烈士纪念馆、韶山毛泽东同志纪念馆、遵义会议会址纪念馆、黑龙江省民族博物馆等。

艺术类博物馆：指主要收藏、展示艺术品、工艺品文物（工艺品、绘画、书法、篆刻、民间艺术）的博物馆。如故宫博物院、上海博物馆、南阳汉画像馆、广东民间工艺馆、武强年画博物馆、徐悲鸿纪念馆、天津戏剧博物馆、景德镇陶瓷历史博物馆等。

自然、科技类博物馆：指主要收藏、展示自然物种历史、发展以及反映科学技术成果方面标本、实物的博物馆。如天津自然博物馆、自贡恐龙博物馆、中国科学技术馆、中国地质博物馆、柳州白莲洞洞穴科学博物馆等。

其他博物馆：指上述 4 类博物馆之外，内容独特的行业性、专门性博物馆。如中国丝绸博物馆、中国茶叶博物馆以及农业、体育、邮电、中药、交通、水利、煤炭、林业、公安、儿童等专门博物馆。

文物考古研究所：是各省级文物行政管理部门领导下的文物保护和科学研究机构，承担有关文物的调查、保护、发掘、研究和宣传工作，对地、市、县的文物工作进行业务辅导。

文物商店：经国务院文物行政部门或者省、自治区、直辖市人民政府文物行政部门依法批准设立的文物购销经营单位。

非物质文化遗产保护中心：指从事非物质文化遗产的调查、抢救、保护、研究、宣传、展示，以及其他相关保护活动的专业综合机构。

## 二、从业人员指标解释

调查的从业人员，指在文化部门主办或实行行业管理的文化文物机构以及由文化部门主办的其他文化机构中工作并取得劳动报酬的全部人员。包括职工、再就业的离退休人员以及在各机构中工作的外方人员和港、澳、台方人员。

**专业技术人员**：指在专业技术岗位上工作的人员，不包括在管理岗位上工作具有专业技术职称（职务）的人员（包括正高级职称、副高级职称、中级职称以及初级及以下人员）。

**安全保卫人员**：指从事文物安全保卫工作和安全管理工作的人员，包括聘用人员。

**在编人员**：是指经当地编办批准、列入事业编制的人员。

**专职人员**：指长期从事业务工作的专业人员。

## 三、经费指标解释

### （一）事业经费指标解释

**资产合计**：是指文化事业单位占有或者使用的能以货币计量的经济资源，包括各种财产、债权和其他权利。包括流动资产、固定资产、在建工程、无形资产和对外投资等。

**固定资产原价**：反映填表机构使用年限在一年以上、单位价值在 1000 元以上（其中：专用设备单位价值在 1500 元以上），并在使用过程中基本保持原来物质形态的资产，包括房屋及构筑物，专用设备，通用设备，文物和陈列品，图书、档案，家具、用具、装具及动植物等，按原值（计提折旧的，按净值）进行反映。

**本年收入合计**：反映行政事业单位在本年取得的全部收入，包括行政事业类资金收入和基本建设类收入，具体有财政拨款、上级补助收入、事业收入、经营收入、附属单位上缴收入和其他收入。

**财政补贴收入**：反映填表单位本年度实际收到的本级财政拨款。包括一般预算财政拨款和政府性基金预算财政拨款。一级预算单位收到的应拨给下级单位使用的款项，年终时尚未拨出的，在编制财务决算表和填报统计报表时，应列为本单位的财政拨款。

**基建拨款**：指财政部门按基本建设计划拨付的基本建设款项。

**上级补助收入**：反映填表单位从行政主管部门和上级单位取得的非财政补贴收入。

**事业收入**：反映事业单位开展专业业务活动及辅助活动取得的收入。

**经营收入**：反映事业单位在专业业务活动及辅助活动之外开展非独立核算经营活动取得的收入。

**附属单位上缴收入**：反映填表事业单位拥有附属的独立核算机构，按有关规定上缴的收入。

**其他收入**：反映取得的除上述规定以外的各项收入，包括投资收益、利息收入、捐赠收入等。

**本年支出合计**：反映填表机构在业务活动中发生的各项资产耗费和损失等支出情况，包括基本支出、项目支出、经营支出等内容。按经济功能分类，还可分为工资福利支出、商品和服务支出、对个人和家庭补助支出、其他资本性支出等内容。

**基本支出**：反映填表机构为保障其机构正常运转、完成日常工作任务而发生的人员支出和公用支出。

**项目支出**：反映填表机构为完成本机构特定的工作任务或事业发展目标，在基本支出之外发生的各项支出。

**经营支出**：反映填表机构开展专业业务活动及辅助活动之外开展非独立核算经营活动发生的支出。在经营活动中应正确归集实际发生的各项费用数，无法归集的，应按规定的比例合理分摊。

**工资福利支出**：反映填表机构支付给在职职工和编制外长期聘用人员的各类劳动报酬，以及为上述人员缴纳的各项社会保险费等。主要包括基本工资、津贴补贴、奖金、社会保障缴费、伙食费、伙食补助费、绩效工资、其他工资福利支出等。

**商品和服务支出**：反映填表机构在开展业务活动中购买商品和服务的支出（不包括用于购置固定资产的支出、战略性和应急储备支出等）。主要包括办公费、印刷费、咨询费、手续费、水费、电费、邮电费、取暖费、物业管理费、交通费、差旅费、出国费、维修（护）费、租赁费、会议费、培训费、招待费、专用材料费、专用燃料费、劳务费、委托业务费、工会经费、福利费等日常公用支出。

**差旅费**：反映填表机构工作人员出差的住宿费、旅费、伙食补助费、杂费，以及干部及大中专学生调遣费、调干家属旅费补助等方面的支出。

**劳务费**：反映填表机构支付给单位和个人的劳务费用。如：临时聘用人员、钟点工工资，翻译费，咨询费，评审费，手续费等。

**福利费**：反映填表机构根据国家规定按工资总额一定比例提取的福利费。

**各种税金支出**：反映填表机构向国家交纳的各种税金，如房产税、营业税、车船使用税、土地使用税、城市维护建设税、印花税、教育费附加费、养路费、排污费等。从基本建设支出、结余和收益中支付的税金不包括在内。

**对个人和家庭补助支出**：反映政府对个人和家庭的补助支出，包括离休费、退休费、退职（役）费、抚恤金、生活补助、救济费、医疗费、助学金、奖励金、生产补贴、住房公积金、提租补贴、购房补贴以及其他对个人和家庭的补助支出等。

**抚恤金和生活补助**：抚恤金指按规定支付给烈士家属、牺牲病故人员家属的一次性和定期抚恤金，革命残疾人员的抚恤金，离退休人员等其他人员的各项抚恤金。生活补助指按规定支付给优抚对象、退伍军人的生活补助费，行政事业单位职工和家属生活补助，因公负伤等住院治疗、住疗养院期间的伙食补助费、长期赡养人员补助费等。

**其他资本性支出**：反映填表机构使用非各级发展与改革部门集中安排的用于购置固定资产、战略性和应急性储备、土地和无形资产，以及购建基础设施、大型修缮和财政支持企业更新改造所发生的支出，如房屋建筑物购建、办公设备购置、专用设备购置、交通工具购置、大型修缮、信息网络购建、物资储备、土地补偿、安置补助、拆迁补偿等。

**各种设备、交通工具、图书购置费**：反映填表机构用于购置不够基本建设投资额度，但按会计制度规定纳入固定资产核算范围的各种设备的支出，主要包括办公设备购置、专用设备购置、交通工具购置（含车辆购置税）、信息网络购建（计算机硬件和软件开发应用）、图书购置、档案设备购置费等。

**（二）企业经费指标解释**

**资产总计**：反映填表企业拥有或控制的能以货币计量的经济资源，包括各种财产、债权和其他权利。资产按其流动性(即资产的变现能力和支付能力)划分，有流动资产、长期投资、固定资产、无形资产、递延资产和其他资产等分类。

**固定资产原价**：反映填表企业在建造、购置、安装、改建、扩建、技术改造某项固定资产时所支出的全部货币总额。

**当年提取的折旧总额**：反映填表企业在报告年度内提取的固定资产折旧合计数。

**负债合计**：反映填表企业过去的交易、事项形成的现有义务合计数，履行该义务预期会导致经济利益流出企业。

**所有者权益合计**：反映所有者在填表企业资产中享有的经济利益，其金额为资产减去负债后的余额。

**实收资本（股本）**：反映填表企业的各投资者实际投入的资本（或股本）总额。

**国家资本**：反映有权代表国家投资的政府部门或机构、直属事业机构对填表企业投资形成的资本金。

**营业收入**：反映企业经营主要业务和其他业务所确认的收入总额。

**营业成本**：反映填表企业在报告期内从事销售商品、提供劳务及转让资产使用权等日常经营活动中所发生的各种耗费，包括营业成本（主营业务成本、其他业务成本）、营业税金及附加、销售费用、管理费用、财务费用等。

**养老、医疗、失业等各种社会保险费**：反映企业为职工缴纳的基本养老保险、基本医疗保险、失业保险费、工伤保险、生育保险费。

**住房公积金和住房补贴**：反映报告期内填报企业为职工缴纳的住房公积金和企业支付的职工住房补贴。

**工会经费**：反映填表企业按规定计提的拨交工会使用的费用。

**营业利润**：反映填表企业进行生产经营活动所实现的利润。

**营业外收入**：反映企业发生的与经营业务无直接关系的各项营业外收入，包括非流动资产处置利得、非货币性资产交换利得、债务重组利得、政府补助、盘盈利得、捐赠利得等。

**政府补助（补贴收入）**：反映填表企业从政府无偿取得的货币性资产或非货币性资产，但不包括政府作为企业所有者投入的资本。

**营业外支出**：反映企业发生的与经营业务无直接关系的各项营业外支出，包括非流动资产处置损失、非货币性资产交换损失、债务重组损失、公益性捐赠支出、非常损失、盘亏损失等。

**利润总额**：反映企业在生产经营过程中各种收入减去各种耗费后的盈余，反映填表企业在报告期内实现的亏盈总额，包括营业利润和营业外收支净额。

**本年应发工资总额**：反映填报企业在报告期内应发放支付给本单位全部职工的劳动报酬（含临时工和聘用人员），包括工资、奖金、津贴和补贴，反映企业报告期内累计应发放的工资总额。

**本年支付的职工福利费**：反映填报企业在报告期内根据国家有关规定开支的各项福利支出。

**四、公用房屋建筑面积指标解释**

**实际使用房屋建筑面积**：指文化部门实际使用办公和业务用房面积，包括租借房屋面积。

**实际拥有产权面积**：指文化部门实际拥有产权的各种办公和业务用房面积，包括出租产权房屋面积，具体以房屋产权证上登记产权面积为准。

# 2 图书馆业

# 按年份全国公共图书馆经费收支及设施情况

| 年份 | 收入合计（万元） | 财政拨款 | 支出合计（万元） | 新增藏量购置费 | 新购图书（万册） | 实际使用房屋建筑面积（万平方米） | 书库 | 阅览室 | 阅览室座席数（万个） |
|---|---|---|---|---|---|---|---|---|---|
| 1979年 | 5040 | 5040 | 5206 | 2163 | | 86.6 | 38.1 | 21.1 | |
| 1980年 | 5476 | 5476 | 5486 | 2273 | | 92.0 | 42.1 | 23.5 | |
| 1985年 | 15272 | 15272 | 13393 | 4164 | 1343 | 172.0 | 64.1 | 46.1 | 23.1 |
| 1986年 | 19891 | 19070 | 17242 | 5300 | 1359 | 210.2 | 73.0 | 53.4 | 33.7 |
| 1990年 | 32328 | 29292 | 30271 | 8474 | 895 | 326.0 | 98.4 | 76.1 | 32.1 |
| 1991年 | 36764 | 32593 | 34388 | 8927 | 771 | 349.1 | 104.3 | 80.0 | 34.0 |
| 1992年 | 45354 | 39010 | 41132 | 9916 | 740 | 363.6 | 105.3 | 84.3 | 34.4 |
| 1993年 | 50917 | 42975 | 48211 | 10698 | 631 | 368.0 | 108.0 | 85.0 | 34.3 |
| 1994年 | 74586 | 60639 | 63295 | 9252 | 556 | 409.1 | 113.6 | 85.7 | 34.8 |
| 1995年 | 79685 | 65829 | 74080 | 16788 | 551 | 415.5 | 117.8 | 88.3 | 35.2 |
| 1996年 | 93235 | 76582 | 88963 | 19626 | 577 | 441.4 | 120.8 | 94.0 | 35.6 |
| 1997年 | 114004 | 93177 | 113927 | 25527 | 680 | 471.5 | 124.9 | 98.0 | 37.4 |
| 1998年 | 129082 | 107521 | 127032 | 28067 | 700 | 492.5 | 131.7 | 101.8 | 39.9 |
| 1999年 | 137430 | 115830 | 135826 | 30473 | 678 | 506.0 | 137.4 | 105.7 | 41.6 |
| 2000年 | 163799 | 139321 | 157173 | 37141 | 692 | 598.2 | 139.0 | 109.7 | 41.6 |
| 2001年 | 183368 | 152732 | 187661 | 36489 | 819 | 561.8 | 146.4 | 114.4 | 43.7 |
| 2002年 | 213322 | 176882 | 208929 | 41853 | 946 | 582.8 | 151.6 | 122.6 | 43.9 |
| 2003年 | 242188 | 205252 | 235819 | 44407 | 1049 | 588.6 | 156.0 | 129.7 | 46.1 |
| 2004年 | 281234 | 238141 | 275034 | 50780 | 1228 | 625.1 | 158.4 | 138.6 | 47.2 |
| 2005年 | 325880 | 277848 | 312571 | 59781 | 1535 | 677.0 | 170.0 | 150.0 | 48.0 |
| 2006年 | 366089 | 319479 | 344076 | 66095 | 1686 | 718.9 | 175.5 | 159.0 | 50.0 |
| 2007年 | 450512 | 395441 | 431326 | 78262 | 1871 | 741.4 | 181.6 | 169.2 | 52.7 |
| 2008年 | 531926 | 477616 | 519841 | 83832 | 2071 | 780.0 | 183.5 | 179.3 | 55.4 |
| 2009年 | 613175 | 550808 | 606630 | 104404 | 2939 | 850.3 | 194.7 | 203.5 | 60.2 |
| 2010年 | 646085 | 583685 | 643629 | 111093 | 2956 | 900.4 | 204.5 | 220.6 | 63.1 |
| 2011年 | 813232 | 756357 | 794778 | 141477 | 3985 | 994.9 | 212.9 | 245.3 | 68.1 |
| 2012年 | 1002068 | 934890 | 977556 | 147785 | 5826 | 1058.4 | 230.1 | 281.9 | 73.5 |
| 2013年 | 1151163 | 1070575 | 1130035 | 165959 | 4865 | 1158.5 | 240.2 | 318.9 | 81.0 |
| 2014年 | 1212979 | 1137210 | 1163583 | 170133 | 4742 | 1231.6 | 252.4 | 331.8 | 85.6 |
| 2015年 | 1358370 | 1270354 | 1340481 | 197468 | 5151 | 1301.5 | 268.4 | 358.0 | 91.1 |
| 2016年 | 1494998 | 1415668 | 1451469 | 216020 | 6275 | 1424.3 | 281.9 | 398.2 | 98.6 |
| 2017年 | 1801356 | 1722791 | 1692580 | 236506 | 7034 | 1515.3 | 302.7 | 433.5 | 106.4 |

# 按年份全国公共图书馆主要业务活动情况

| 年 份 | 机构数（个） | 从业人员（人） | 总藏量（万册件） | 总流通人次（万人次） | 外借人次 | 书刊、文献外借册次（万册次） | 书架单层总长度（万米） | 发放借书证数（万个） | 本年新购藏量（万册） |
|---|---|---|---|---|---|---|---|---|---|
| 1979年 | 1651 | | 18353 | 7787 | | 9625 | | | |
| 1980年 | 1732 | | 19904 | 9045 | | 11830 | | | |
| 1985年 | 2344 | 29350 | 25573 | 11614 | | 18942 | | | 1343 |
| 1986年 | 2406 | 31849 | 26133 | 11722 | | 16205 | 504 | 523 | 1359 |
| 1990年 | 2527 | 40247 | 29064 | 12435 | | 20242 | 772 | 603 | 895 |
| 1991年 | 2535 | 42037 | 30614 | 20496 | 7949 | 13325 | 758 | 631 | 771 |
| 1992年 | 2558 | 43051 | 31175 | 18495 | 7653 | 12625 | 748 | 563 | 740 |
| 1993年 | 2572 | 44656 | 31410 | 16973 | 6970 | 11685 | 797 | 562 | 631 |
| 1994年 | 2589 | 44367 | 32332 | 14451 | 7232 | 11852 | 776 | 552 | 556 |
| 1995年 | 2615 | 45323 | 32850 | 14142 | 7160 | 11814 | 899 | 540 | 551 |
| 1996年 | 2620 | 46457 | 33686 | 14793 | 7731 | 13544 | 967 | 527 | 577 |
| 1997年 | 2628 | 47882 | 37549 | 16114 | 8561 | 15685 | 817 | 556 | 680 |
| 1998年 | 2662 | 48313 | 38514 | 17058 | 8910 | 15422 | 873 | 582 | 700 |
| 1999年 | 2669 | 48792 | 39539 | 18040 | 9075 | 16290 | 934 | 596 | 678 |
| 2000年 | 2675 | 51342 | 40953 | 18854 | 9600 | 16913 | 978 | 623 | 692 |
| 2001年 | 2696 | 48579 | 42130 | 20757 | 9829 | 17559 | 945 | 792 | 819 |
| 2002年 | 2697 | 48447 | 42683 | 21950 | 10428 | 20021 | 995 | 918 | 946 |
| 2003年 | 2709 | 49646 | 43776 | 21440 | 10666 | 18775 | 1035 | 943 | 1049 |
| 2004年 | 2720 | 49069 | 46152 | 22095 | 10140 | 18536 | 1247 | 1056 | 1228 |
| 2005年 | 2762 | 50423 | 48056 | 23332 | 10821 | 20269 | 1320 | 1062 | 1535 |
| 2006年 | 2778 | 51311 | 50024 | 25218 | 11408 | 21039 | 1413 | 1160 | 1686 |
| 2007年 | 2799 | 51650 | 52053 | 26103 | 11454 | 21319 | 1318 | 1273 | 1871 |
| 2008年 | 2820 | 52021 | 55064 | 28141 | 12251 | 23129 | 1112 | 1454 | 2071 |
| 2009年 | 2850 | 52688 | 58521 | 32167 | 13277 | 25857 | 1216 | 1749 | 2939 |
| 2010年 | 2884 | 53564 | 61726 | 32823 | 13934 | 26392 | 1200 | 2020 | 2956 |
| 2011年 | 2952 | 54475 | 63896 | 37423 | 15316 | 28452 | 1218 | 2214 | 3985 |
| 2012年 | 3076 | 54997 | 68827 | 43437 | 17402 | 33191 | 1216 | 2485 | 5826 |
| 2013年 | 3112 | 56320 | 74896 | 49232 | 20552 | 40868 | 1191 | 2877 | 4865 |
| 2014年 | 3117 | 56071 | 79092 | 53036 | 22737 | 46734 | 1210 | 3944 | 4742 |
| 2015年 | 3139 | 56422 | 83844 | 58892 | 23085 | 50896 | 1262 | 5721 | 5151 |
| 2016年 | 3154 | 57219 | 90163 | 66037 | 24892 | 54725 | 1335 | 5593 | 6275 |
| 2017年 | 3166 | 57567 | 96953 | 74450 | 25503 | 55091 | 1432 | 6736 | 7034 |

# 按年份各地区公共图书馆机构数

单位：个

| 地　区 | 1995年 | 2000年 | 2005年 | 2010年 | 2015年 | 2016年 | 2017年 |
|---|---|---|---|---|---|---|---|
| **总　计** | **2615** | **2675** | **2762** | **2884** | **3139** | **3154** | **3166** |
| 北　京 | 22 | 24 | 25 | 24 | 24 | 24 | 23 |
| 天　津 | 31 | 31 | 32 | 31 | 31 | 31 | 32 |
| 河　北 | 134 | 145 | 153 | 165 | 172 | 172 | 173 |
| 山　西 | 119 | 121 | 122 | 126 | 126 | 127 | 128 |
| 内蒙古 | 107 | 108 | 110 | 113 | 117 | 117 | 117 |
| 辽　宁 | 127 | 128 | 126 | 128 | 129 | 130 | 130 |
| 吉　林 | 51 | 60 | 63 | 65 | 66 | 66 | 66 |
| 黑龙江 | 96 | 97 | 96 | 107 | 107 | 108 | 109 |
| 上　海 | 31 | 31 | 28 | 28 | 25 | 24 | 24 |
| 江　苏 | 94 | 101 | 103 | 111 | 114 | 114 | 115 |
| 浙　江 | 81 | 83 | 90 | 97 | 100 | 102 | 101 |
| 安　徽 | 83 | 84 | 88 | 88 | 122 | 123 | 124 |
| 福　建 | 78 | 81 | 84 | 86 | 90 | 90 | 90 |
| 江　西 | 104 | 104 | 104 | 108 | 114 | 113 | 113 |
| 山　东 | 130 | 133 | 145 | 149 | 154 | 154 | 154 |
| 河　南 | 132 | 134 | 136 | 142 | 158 | 158 | 158 |
| 湖　北 | 100 | 103 | 102 | 107 | 112 | 112 | 116 |
| 湖　南 | 116 | 115 | 120 | 124 | 137 | 137 | 139 |
| 广　东 | 114 | 124 | 129 | 132 | 140 | 142 | 143 |
| 广　西 | 99 | 94 | 95 | 108 | 112 | 114 | 115 |
| 海　南 | 19 | 19 | 20 | 20 | 21 | 23 | 23 |
| 重　庆 |  | 42 | 43 | 43 | 43 | 43 | 43 |
| 四　川 | 166 | 129 | 141 | 161 | 203 | 203 | 204 |
| 贵　州 | 87 | 89 | 91 | 93 | 96 | 99 | 98 |
| 云　南 | 148 | 148 | 149 | 150 | 151 | 151 | 151 |
| 西　藏 | 18 | 1 | 4 | 4 | 79 | 81 | 81 |
| 陕　西 | 114 | 114 | 111 | 112 | 110 | 110 | 110 |
| 甘　肃 | 86 | 91 | 92 | 94 | 103 | 103 | 103 |
| 青　海 | 41 | 38 | 43 | 44 | 49 | 49 | 49 |
| 宁　夏 | 20 | 22 | 20 | 20 | 26 | 26 | 26 |
| 新　疆 | 66 | 80 | 96 | 103 | 107 | 107 | 107 |

# 按年份各地区公共图书馆从业人员

单位：人

| 地区 | 1995年 | 2000年 | 2005年 | 2010年 | 2015年 | 2016年 | 2017年 |
|---|---|---|---|---|---|---|---|
| **总计** | **45323** | **51342** | **50423** | **53564** | **56422** | **57219** | **57567** |
| 北京 | 886 | 1080 | 1219 | 1307 | 1263 | 1249 | 1239 |
| 天津 | 1084 | 1111 | 1057 | 1077 | 1189 | 969 | 986 |
| 河北 | 1592 | 1711 | 1690 | 1789 | 1855 | 1875 | 1899 |
| 山西 | 1370 | 1527 | 1631 | 1575 | 1554 | 1676 | 1673 |
| 内蒙古 | 2015 | 1833 | 1776 | 1804 | 1942 | 1944 | 1913 |
| 辽宁 | 2859 | 4916 | 2888 | 3152 | 2805 | 2761 | 2662 |
| 吉林 | 1596 | 1724 | 1783 | 1661 | 1628 | 1620 | 1600 |
| 黑龙江 | 2014 | 1846 | 1669 | 1846 | 1693 | 1664 | 1688 |
| 上海 | 1686 | 2513 | 2597 | 2180 | 2113 | 2091 | 2101 |
| 江苏 | 1953 | 2092 | 2363 | 2838 | 3183 | 3439 | 3473 |
| 浙江 | 1565 | 1936 | 2122 | 3040 | 3577 | 3616 | 3607 |
| 安徽 | 1168 | 1241 | 1217 | 1239 | 1510 | 1559 | 1558 |
| 福建 | 1077 | 1172 | 1110 | 1190 | 1330 | 1409 | 1536 |
| 江西 | 1386 | 1462 | 1373 | 1406 | 1395 | 1379 | 1420 |
| 山东 | 2318 | 2506 | 2690 | 2680 | 2750 | 2828 | 2877 |
| 河南 | 2352 | 2626 | 2742 | 2762 | 2949 | 2955 | 2911 |
| 湖北 | 2054 | 2299 | 2253 | 2151 | 2212 | 2198 | 2204 |
| 湖南 | 1733 | 1925 | 1963 | 1993 | 2092 | 2094 | 2149 |
| 广东 | 2355 | 2837 | 3252 | 3761 | 4159 | 4360 | 4450 |
| 广西 | 1335 | 1540 | 1459 | 1509 | 1509 | 1589 | 1660 |
| 海南 | 252 | 250 | 250 | 374 | 325 | 323 | 313 |
| 重庆 | | 785 | 755 | 854 | 874 | 920 | 964 |
| 四川 | 2415 | 1719 | 1869 | 1972 | 2261 | 2371 | 2413 |
| 贵州 | 869 | 876 | 905 | 937 | 1046 | 1089 | 1081 |
| 云南 | 1429 | 1571 | 1661 | 1760 | 1826 | 1874 | 1814 |
| 西藏 | 50 | 42 | 62 | 64 | 187 | 189 | 216 |
| 陕西 | 1317 | 1572 | 1691 | 1988 | 2121 | 2123 | 2020 |
| 甘肃 | 979 | 1110 | 1179 | 1306 | 1443 | 1450 | 1473 |
| 青海 | 400 | 378 | 365 | 398 | 411 | 425 | 483 |
| 宁夏 | 498 | 537 | 509 | 543 | 558 | 555 | 565 |
| 新疆 | 770 | 907 | 951 | 978 | 1083 | 1092 | 1102 |

# 按年份各地区公共图书馆总藏量

单位：万册/件

| 地　区 | 1995年 | 2000年 | 2005年 | 2010年 | 2015年 | 2016年 | 2017年 |
|---|---|---|---|---|---|---|---|
| **总　计** | **32850** | **40953** | **48056** | **61726** | **83844** | **90163** | **96953** |
| 北　京 | 670 | 767 | 1121 | 1715 | 2425 | 2594 | 2759 |
| 天　津 | 677 | 786 | 869 | 1258 | 1697 | 1806 | 1662 |
| 河　北 | 845 | 1081 | 1307 | 1611 | 2200 | 2340 | 2547 |
| 山　西 | 777 | 867 | 963 | 1208 | 1548 | 1727 | 1751 |
| 内蒙古 | 621 | 683 | 744 | 940 | 1513 | 1704 | 1787 |
| 辽　宁 | 1786 | 1970 | 2326 | 2953 | 3736 | 3929 | 3964 |
| 吉　林 | 921 | 1030 | 1202 | 1380 | 1768 | 1862 | 1973 |
| 黑龙江 | 1094 | 1186 | 1291 | 1644 | 1827 | 1926 | 2158 |
| 上　海 | 1586 | 5500 | 6049 | 6809 | 7568 | 7676 | 7773 |
| 江　苏 | 2420 | 2669 | 3179 | 4370 | 6847 | 7602 | 8598 |
| 浙　江 | 1511 | 1715 | 2324 | 3761 | 6250 | 6969 | 7813 |
| 安　徽 | 752 | 787 | 847 | 1236 | 1942 | 2162 | 2537 |
| 福　建 | 902 | 985 | 1274 | 1682 | 2821 | 3051 | 3322 |
| 江　西 | 1070 | 1122 | 1282 | 1520 | 2159 | 2178 | 2429 |
| 山　东 | 1724 | 1989 | 2746 | 3636 | 4727 | 5065 | 5539 |
| 河　南 | 1062 | 1239 | 1429 | 1837 | 2472 | 2646 | 2874 |
| 湖　北 | 1445 | 1678 | 1923 | 2361 | 3003 | 3318 | 3597 |
| 湖　南 | 1362 | 1514 | 1667 | 1961 | 2555 | 2833 | 3050 |
| 广　东 | 1651 | 2316 | 3119 | 4615 | 7008 | 7900 | 8708 |
| 广　西 | 1243 | 1312 | 1491 | 1881 | 2606 | 2720 | 2786 |
| 海　南 | 137 | 154 | 184 | 285 | 424 | 458 | 490 |
| 重　庆 |  | 811 | 768 | 1031 | 1304 | 1442 | 1672 |
| 四　川 | 2356 | 1722 | 2002 | 2599 | 3328 | 3518 | 3793 |
| 贵　州 | 616 | 681 | 764 | 812 | 1221 | 1258 | 1386 |
| 云　南 | 1104 | 1254 | 1371 | 1566 | 1944 | 2091 | 2111 |
| 西　藏 | 51 | 60 | 42 | 53 | 162 | 177 | 195 |
| 陕　西 | 733 | 837 | 887 | 1127 | 1506 | 1626 | 1733 |
| 甘　肃 | 670 | 745 | 860 | 1042 | 1340 | 1394 | 1496 |
| 青　海 | 280 | 286 | 324 | 358 | 415 | 451 | 459 |
| 宁　夏 | 338 | 380 | 378 | 462 | 706 | 687 | 721 |
| 新　疆 | 489 | 579 | 817 | 1113 | 1303 | 1418 | 1502 |

# 按年份各地区人均拥有公共图书馆藏量

单位：册/件

| 地　区 | 1995年 | 2000年 | 2005年 | 2010年 | 2015年 | 2016年 | 2017年 |
|---|---|---|---|---|---|---|---|
| **全　国** | **0.27** | **0.32** | **0.37** | **0.46** | **0.61** | **0.65** | **0.70** |
| 北　京 | 0.54 | 0.55 | 0.73 | 0.87 | 1.12 | 1.19 | 1.27 |
| 天　津 | 0.72 | 0.79 | 0.83 | 0.97 | 1.10 | 1.16 | 1.07 |
| 河　北 | 0.13 | 0.16 | 0.19 | 0.22 | 0.30 | 0.31 | 0.34 |
| 山　西 | 0.25 | 0.26 | 0.29 | 0.34 | 0.42 | 0.47 | 0.47 |
| 内蒙古 | 0.27 | 0.29 | 0.31 | 0.38 | 0.60 | 0.68 | 0.71 |
| 辽　宁 | 0.44 | 0.46 | 0.55 | 0.68 | 0.85 | 0.90 | 0.91 |
| 吉　林 | 0.36 | 0.38 | 0.44 | 0.50 | 0.64 | 0.68 | 0.73 |
| 黑龙江 | 0.30 | 0.32 | 0.34 | 0.43 | 0.48 | 0.51 | 0.57 |
| 上　海 | 1.12 | 3.29 | 3.40 | 2.96 | 3.13 | 3.17 | 3.21 |
| 江　苏 | 0.34 | 0.36 | 0.43 | 0.56 | 0.86 | 0.95 | 1.07 |
| 浙　江 | 0.35 | 0.37 | 0.47 | 0.69 | 1.13 | 1.25 | 1.38 |
| 安　徽 | 0.13 | 0.13 | 0.14 | 0.21 | 0.32 | 0.35 | 0.41 |
| 福　建 | 0.28 | 0.28 | 0.36 | 0.46 | 0.73 | 0.79 | 0.85 |
| 江　西 | 0.26 | 0.27 | 0.30 | 0.34 | 0.47 | 0.47 | 0.53 |
| 山　东 | 0.20 | 0.22 | 0.30 | 0.38 | 0.48 | 0.51 | 0.55 |
| 河　南 | 0.12 | 0.13 | 0.15 | 0.20 | 0.26 | 0.28 | 0.30 |
| 湖　北 | 0.25 | 0.28 | 0.34 | 0.41 | 0.51 | 0.56 | 0.61 |
| 湖　南 | 0.21 | 0.24 | 0.26 | 0.30 | 0.38 | 0.42 | 0.44 |
| 广　东 | 0.24 | 0.27 | 0.34 | 0.44 | 0.65 | 0.72 | 0.78 |
| 广　西 | 0.27 | 0.29 | 0.32 | 0.41 | 0.54 | 0.56 | 0.57 |
| 海　南 | 0.19 | 0.20 | 0.22 | 0.33 | 0.47 | 0.50 | 0.53 |
| 重　庆 |  | 0.26 | 0.27 | 0.36 | 0.43 | 0.47 | 0.54 |
| 四　川 | 0.21 | 0.21 | 0.24 | 0.32 | 0.41 | 0.43 | 0.46 |
| 贵　州 | 0.18 | 0.19 | 0.20 | 0.23 | 0.35 | 0.35 | 0.39 |
| 云　南 | 0.28 | 0.29 | 0.31 | 0.34 | 0.41 | 0.44 | 0.44 |
| 西　藏 | 0.21 | 0.23 | 0.15 | 0.18 | 0.50 | 0.53 | 0.58 |
| 陕　西 | 0.21 | 0.23 | 0.24 | 0.30 | 0.40 | 0.43 | 0.45 |
| 甘　肃 | 0.27 | 0.29 | 0.33 | 0.41 | 0.52 | 0.53 | 0.57 |
| 青　海 | 0.58 | 0.55 | 0.60 | 0.64 | 0.70 | 0.76 | 0.77 |
| 宁　夏 | 0.66 | 0.68 | 0.63 | 0.73 | 1.06 | 1.02 | 1.06 |
| 新　疆 | 0.29 | 0.30 | 0.41 | 0.51 | 0.55 | 0.59 | 0.61 |

# 按年份各地区公共图书馆总流通人次

单位：万人次

| 地　区 | 1995年 | 2000年 | 2005年 | 2010年 | 2015年 | 2016年 | 2017年 |
|---|---|---|---|---|---|---|---|
| **总　计** | **14142** | **18854** | **23332** | **32823** | **58892** | **66037** | **74450** |
| 北　京 | 272 | 320 | 715 | 775 | 1264 | 1402 | 1555 |
| 天　津 | 265 | 461 | 483 | 606 | 789 | 851 | 1403 |
| 河　北 | 473 | 736 | 635 | 736 | 1428 | 1622 | 2308 |
| 山　西 | 227 | 261 | 256 | 374 | 830 | 981 | 1190 |
| 内蒙古 | 282 | 270 | 380 | 312 | 649 | 743 | 1003 |
| 辽　宁 | 829 | 1184 | 1133 | 1457 | 2068 | 2313 | 2580 |
| 吉　林 | 385 | 409 | 505 | 503 | 732 | 806 | 867 |
| 黑龙江 | 631 | 608 | 505 | 622 | 968 | 986 | 1072 |
| 上　海 | 687 | 1225 | 1249 | 1853 | 3931 | 4170 | 2993 |
| 江　苏 | 883 | 1227 | 1735 | 3006 | 6001 | 6489 | 7975 |
| 浙　江 | 555 | 1140 | 1398 | 3454 | 7942 | 9788 | 10847 |
| 安　徽 | 372 | 561 | 461 | 760 | 1739 | 1994 | 2376 |
| 福　建 | 466 | 647 | 734 | 1193 | 2396 | 2604 | 2970 |
| 江　西 | 413 | 485 | 534 | 639 | 1258 | 1375 | 1722 |
| 山　东 | 509 | 795 | 1422 | 1717 | 2729 | 3644 | 3972 |
| 河　南 | 650 | 713 | 828 | 1026 | 2233 | 2539 | 2951 |
| 湖　北 | 559 | 714 | 1145 | 1516 | 1955 | 2082 | 2388 |
| 湖　南 | 618 | 808 | 787 | 1028 | 1617 | 1955 | 2177 |
| 广　东 | 1447 | 2235 | 3543 | 4540 | 7855 | 8335 | 9147 |
| 广　西 | 809 | 927 | 896 | 1343 | 2065 | 2067 | 2344 |
| 海　南 | 94 | 121 | 115 | 172 | 445 | 377 | 524 |
| 重　庆 |  | 266 | 595 | 621 | 1235 | 1309 | 1524 |
| 四　川 | 776 | 554 | 766 | 1168 | 2010 | 2358 | 2601 |
| 贵　州 | 462 | 228 | 187 | 369 | 594 | 604 | 784 |
| 云　南 | 559 | 654 | 735 | 907 | 1223 | 1381 | 1261 |
| 西　藏 |  | 2 | 2 | 3 | 20 | 25 | 25 |
| 陕　西 | 242 | 275 | 365 | 519 | 982 | 1156 | 1357 |
| 甘　肃 | 225 | 185 | 317 | 468 | 678 | 724 | 775 |
| 青　海 | 39 | 58 | 68 | 89 | 112 | 111 | 159 |
| 宁　夏 | 140 | 142 | 167 | 163 | 282 | 319 | 465 |
| 新　疆 | 140 | 263 | 212 | 350 | 474 | 529 | 552 |

# 按年份各地区公共图书馆图书外借册次

单位：万册次

| 地　区 | 1995年 | 2000年 | 2005年 | 2010年 | 2015年 | 2016年 | 2017年 |
|---|---|---|---|---|---|---|---|
| **总　计** | **11814** | **16913** | **20269** | **26392** | **50896** | **54725** | **55091** |
| 北　京 | 283 | 442 | 678 | 804 | 940 | 1026 | 1047 |
| 天　津 | 237 | 274 | 380 | 572 | 859 | 876 | 1058 |
| 河　北 | 379 | 673 | 469 | 493 | 972 | 1054 | 1416 |
| 山　西 | 204 | 207 | 272 | 282 | 547 | 650 | 810 |
| 内蒙古 | 239 | 233 | 243 | 312 | 574 | 705 | 780 |
| 辽　宁 | 856 | 1119 | 1173 | 1456 | 1708 | 1795 | 1900 |
| 吉　林 | 332 | 387 | 794 | 412 | 748 | 737 | 766 |
| 黑龙江 | 500 | 527 | 789 | 479 | 688 | 647 | 794 |
| 上　海 | 507 | 970 | 1028 | 1461 | 8681 | 8624 | 2792 |
| 江　苏 | 967 | 1269 | 1494 | 2542 | 4980 | 5088 | 5586 |
| 浙　江 | 550 | 1054 | 1233 | 2924 | 5727 | 6520 | 6982 |
| 安　徽 | 343 | 455 | 341 | 683 | 1481 | 1682 | 1899 |
| 福　建 | 517 | 779 | 729 | 1097 | 2465 | 2659 | 3351 |
| 江　西 | 383 | 543 | 723 | 562 | 1119 | 1302 | 1561 |
| 山　东 | 573 | 718 | 1379 | 1514 | 2331 | 2810 | 3031 |
| 河　南 | 517 | 695 | 647 | 915 | 1676 | 1862 | 2097 |
| 湖　北 | 543 | 769 | 927 | 1846 | 1816 | 1882 | 2136 |
| 湖　南 | 562 | 735 | 801 | 1059 | 1540 | 1701 | 1849 |
| 广　东 | 687 | 1192 | 2037 | 2267 | 4377 | 5219 | 6851 |
| 广　西 | 528 | 688 | 761 | 733 | 1155 | 1142 | 1183 |
| 海　南 | 49 | 64 | 28 | 86 | 222 | 247 | 243 |
| 重　庆 |  | 435 | 472 | 706 | 949 | 1026 | 1223 |
| 四　川 | 691 | 564 | 651 | 924 | 1617 | 1751 | 1845 |
| 贵　州 | 133 | 189 | 118 | 222 | 476 | 493 | 551 |
| 云　南 | 529 | 680 | 701 | 702 | 1072 | 973 | 958 |
| 西　藏 |  | 11 | 4 | 4 | 7 | 8 | 8 |
| 陕　西 | 238 | 305 | 264 | 305 | 681 | 707 | 795 |
| 甘　肃 | 173 | 153 | 261 | 345 | 588 | 619 | 662 |
| 青　海 | 51 | 52 | 58 | 42 | 91 | 81 | 103 |
| 宁　夏 | 125 | 265 | 212 | 182 | 302 | 295 | 363 |
| 新　疆 | 91 | 251 | 175 | 317 | 440 | 486 | 381 |

# 按年份各地区公共图书馆财政拨款

单位：万元

| 地　区 | 1995年 | 2000年 | 2005年 | 2010年 | 2015年 | 2016年 | 2017年 |
|---|---|---|---|---|---|---|---|
| **总　计** | **65829** | **139321** | **277848** | **583685** | **1270354** | **1415668** | **1722791** |
| 北　京 | 1683 | 8734 | 15554 | 32746 | 58565 | 59955 | 65390 |
| 天　津 | 1295 | 2751 | 10980 | 18500 | 37294 | 39120 | 51189 |
| 河　北 | 1827 | 2980 | 6717 | 10034 | 28569 | 30381 | 32945 |
| 山　西 | 1184 | 2150 | 4862 | 9838 | 22710 | 35281 | 38397 |
| 内蒙古 | 1432 | 2452 | 5086 | 17898 | 38852 | 35753 | 42464 |
| 辽　宁 | 3737 | 6822 | 15446 | 31121 | 48542 | 50897 | 50929 |
| 吉　林 | 1707 | 3364 | 5861 | 12385 | 28732 | 30517 | 36298 |
| 黑龙江 | 2088 | 3104 | 7752 | 13616 | 28784 | 33679 | 30198 |
| 上　海 | 5558 | 22870 | 30636 | 56345 | 85027 | 100740 | 211156 |
| 江　苏 | 3620 | 6729 | 16075 | 34240 | 82558 | 99159 | 112375 |
| 浙　江 | 2356 | 6509 | 20316 | 43536 | 94626 | 106823 | 124141 |
| 安　徽 | 1165 | 2054 | 5436 | 10008 | 24786 | 28176 | 32914 |
| 福　建 | 1778 | 3681 | 6579 | 14975 | 35015 | 37536 | 52259 |
| 江　西 | 1184 | 2022 | 3780 | 9726 | 24660 | 26095 | 28194 |
| 山　东 | 2814 | 6129 | 12039 | 22996 | 54919 | 58850 | 66482 |
| 河　南 | 1766 | 3591 | 5987 | 12252 | 33275 | 34813 | 41625 |
| 湖　北 | 1649 | 2896 | 6498 | 29240 | 47629 | 50865 | 67289 |
| 湖　南 | 1816 | 2550 | 5376 | 12154 | 29914 | 39260 | 46874 |
| 广　东 | 6110 | 11868 | 28592 | 58296 | 127501 | 156204 | 189105 |
| 广　西 | 1563 | 2851 | 5469 | 12191 | 32734 | 29939 | 45983 |
| 海　南 | 378 | 322 | 631 | 3373 | 9758 | 12639 | 15270 |
| 重　庆 |  | 1491 | 2957 | 7650 | 23778 | 27377 | 28656 |
| 四　川 | 2591 | 2877 | 7229 | 16955 | 64020 | 53607 | 54186 |
| 贵　州 | 746 | 1259 | 3401 | 5939 | 15290 | 18763 | 23913 |
| 云　南 | 2178 | 5134 | 6096 | 11763 | 24864 | 33464 | 34425 |
| 西　藏 | 72 | 111 | 336 | 1145 | 6932 | 6095 | 7665 |
| 陕　西 | 934 | 2038 | 3973 | 11547 | 25922 | 32442 | 33640 |
| 甘　肃 | 985 | 1752 | 4438 | 9648 | 22858 | 27324 | 30646 |
| 青　海 | 724 | 678 | 1237 | 3096 | 9340 | 12580 | 12178 |
| 宁　夏 | 408 | 786 | 1504 | 5067 | 12731 | 10483 | 12381 |
| 新　疆 | 1062 | 1476 | 3360 | 8089 | 21635 | 30234 | 29957 |

# 按年份各地区公共图书馆总支出

单位：万元

| 地　区 | 1995年 | 2000年 | 2005年 | 2010年 | 2015年 | 2016年 | 2017年 |
|---|---|---|---|---|---|---|---|
| **总　计** | **74080** | **157173** | **312571** | **643629** | **1340481** | **1451469** | **1692580** |
| 北　京 | 1851 | 5326 | 16840 | 26706 | 59616 | 61590 | 65118 |
| 天　津 | 2128 | 3074 | 7548 | 20119 | 35517 | 37285 | 53488 |
| 河　北 | 2044 | 3458 | 7208 | 11062 | 28024 | 30458 | 33234 |
| 山　西 | 1170 | 2270 | 5085 | 10787 | 23050 | 33899 | 38235 |
| 内蒙古 | 1458 | 2536 | 4959 | 15124 | 39865 | 36627 | 37507 |
| 辽　宁 | 4392 | 7783 | 16225 | 32183 | 49577 | 51013 | 53537 |
| 吉　林 | 1835 | 3520 | 6295 | 12613 | 29390 | 30474 | 37538 |
| 黑龙江 | 2139 | 3409 | 8602 | 13500 | 31318 | 34794 | 30724 |
| 上　海 | 7021 | 24425 | 36757 | 63728 | 93556 | 104749 | 133059 |
| 江　苏 | 4046 | 8400 | 20630 | 37964 | 86604 | 103891 | 111938 |
| 浙　江 | 3082 | 8500 | 22905 | 47316 | 100338 | 108932 | 129175 |
| 安　徽 | 1384 | 2641 | 5767 | 11788 | 26927 | 30155 | 35021 |
| 福　建 | 1710 | 3916 | 7446 | 15517 | 34971 | 41040 | 55251 |
| 江　西 | 1323 | 2343 | 4343 | 10432 | 25599 | 24551 | 29988 |
| 山　东 | 2968 | 6881 | 13242 | 23206 | 56509 | 60983 | 69331 |
| 河　南 | 2140 | 3902 | 6377 | 13452 | 32060 | 35681 | 42322 |
| 湖　北 | 2372 | 3952 | 8120 | 31444 | 50295 | 49833 | 58296 |
| 湖　南 | 2329 | 3399 | 6431 | 13378 | 30504 | 36364 | 44180 |
| 广　东 | 6807 | 14597 | 33777 | 61294 | 134518 | 156094 | 195714 |
| 广　西 | 1769 | 3077 | 6288 | 13369 | 35915 | 32947 | 45992 |
| 海　南 | 369 | 355 | 658 | 4320 | 9808 | 10830 | 17605 |
| 重　庆 |  | 2026 | 3856 | 9335 | 24115 | 27796 | 31118 |
| 四　川 | 3245 | 3462 | 8218 | 17841 | 59960 | 51872 | 55065 |
| 贵　州 | 810 | 1428 | 3497 | 6736 | 17210 | 18010 | 25116 |
| 云　南 | 2234 | 3928 | 6786 | 12632 | 27661 | 35625 | 35951 |
| 西　藏 | 61 | 110 | 336 | 689 | 5146 | 6262 | 6928 |
| 陕　西 | 951 | 2263 | 4405 | 11820 | 27944 | 34020 | 36020 |
| 甘　肃 | 1011 | 1799 | 4399 | 9592 | 25254 | 26657 | 30907 |
| 青　海 | 424 | 780 | 1315 | 3155 | 9074 | 10825 | 12440 |
| 宁　夏 | 430 | 783 | 1574 | 5786 | 12828 | 13422 | 14981 |
| 新　疆 | 1119 | 1677 | 3999 | 8890 | 26944 | 29828 | 30223 |

# 按年份各地区公共图书馆新增藏量购置费

单位：万元

| 地区 | 1995年 | 2000年 | 2005年 | 2010年 | 2015年 | 2016年 | 2017年 |
|---|---|---|---|---|---|---|---|
| **总计** | **16788** | **37141** | **59781** | **111093** | **197468** | **216020** | **236506** |
| 北京 | 251 | 914 | 3413 | 4483 | 8392 | 8889 | 7364 |
| 天津 | 318 | 563 | 1527 | 3267 | 4870 | 4688 | 12399 |
| 河北 | 302 | 428 | 677 | 1524 | 4063 | 3636 | 5088 |
| 山西 | 131 | 292 | 385 | 1482 | 2466 | 4811 | 3103 |
| 内蒙古 | 86 | 166 | 169 | 939 | 3209 | 3261 | 3489 |
| 辽宁 | 768 | 948 | 2027 | 5165 | 6801 | 5073 | 7008 |
| 吉林 | 250 | 459 | 777 | 1312 | 3877 | 3727 | 3406 |
| 黑龙江 | 235 | 395 | 410 | 1584 | 2436 | 2256 | 2507 |
| 上海 | 2204 | 11210 | 10342 | 14950 | 19127 | 18595 | 16399 |
| 江苏 | 732 | 1780 | 3739 | 8279 | 15421 | 18287 | 18827 |
| 浙江 | 578 | 1577 | 3994 | 10908 | 17781 | 19658 | 21670 |
| 安徽 | 262 | 297 | 619 | 1454 | 4634 | 4818 | 3802 |
| 福建 | 311 | 716 | 1599 | 2801 | 6229 | 7781 | 8381 |
| 江西 | 99 | 302 | 646 | 1299 | 2624 | 3239 | 4168 |
| 山东 | 506 | 978 | 1868 | 4000 | 7665 | 10248 | 12023 |
| 河南 | 255 | 413 | 655 | 1449 | 4166 | 4342 | 5808 |
| 湖北 | 299 | 699 | 1296 | 1847 | 8752 | 8634 | 10579 |
| 湖南 | 207 | 415 | 900 | 1672 | 3933 | 4956 | 5380 |
| 广东 | 1186 | 2832 | 7394 | 12506 | 23670 | 29651 | 32870 |
| 广西 | 291 | 520 | 674 | 1863 | 5043 | 4537 | 5470 |
| 海南 | 59 | 41 | 92 | 874 | 873 | 656 | 1403 |
| 重庆 |  | 330 | 569 | 1626 | 3230 | 3958 | 4154 |
| 四川 | 431 | 485 | 1095 | 2129 | 4912 | 5201 | 6582 |
| 贵州 | 100 | 166 | 301 | 682 | 1446 | 1962 | 3769 |
| 云南 | 441 | 538 | 720 | 1700 | 2699 | 3001 | 2567 |
| 西藏 | 14 | 16 | 43 | 119 | 1176 | 265 | 370 |
| 陕西 | 104 | 117 | 701 | 1527 | 3270 | 3749 | 4028 |
| 甘肃 | 170 | 289 | 594 | 1177 | 2382 | 2599 | 2929 |
| 青海 | 33 | 54 | 72 | 153 | 785 | 1298 | 544 |
| 宁夏 | 41 | 68 | 136 | 501 | 1355 | 1068 | 1624 |
| 新疆 | 91 | 136 | 347 | 925 | 1480 | 3465 | 1657 |

# 按年份各地区公共图书馆人均购书费

单位：元

| 地　区 | 1995年 | 2000年 | 2005年 | 2010年 | 2015年 | 2016年 | 2017年 |
|---|---|---|---|---|---|---|---|
| **全　国** | **0.139** | **0.293** | **0.457** | **0.829** | **1.434** | **1.562** | **1.697** |
| 北　京 | 0.201 | 0.661 | 2.219 | 2.286 | 3.866 | 4.091 | 3.392 |
| 天　津 | 0.338 | 0.562 | 1.464 | 2.525 | 3.148 | 3.001 | 7.964 |
| 河　北 | 0.047 | 0.063 | 0.099 | 0.212 | 0.547 | 0.487 | 0.677 |
| 山　西 | 0.043 | 0.089 | 0.115 | 0.415 | 0.673 | 1.306 | 0.838 |
| 内蒙古 | 0.039 | 0.070 | 0.071 | 0.380 | 1.278 | 1.294 | 1.380 |
| 辽　宁 | 0.188 | 0.224 | 0.480 | 1.181 | 1.552 | 1.159 | 1.604 |
| 吉　林 | 0.096 | 0.168 | 0.286 | 0.478 | 1.408 | 1.364 | 1.254 |
| 黑龙江 | 0.063 | 0.107 | 0.107 | 0.414 | 0.639 | 0.594 | 0.517 |
| 上　海 | 1.558 | 6.697 | 5.817 | 6.494 | 7.919 | 7.684 | 6.782 |
| 江　苏 | 0.104 | 0.239 | 0.500 | 1.052 | 1.933 | 2.286 | 2.345 |
| 浙　江 | 0.134 | 0.337 | 0.815 | 2.004 | 3.210 | 3.517 | 3.831 |
| 安　徽 | 0.044 | 0.050 | 0.101 | 0.244 | 0.754 | 0.778 | 0.608 |
| 福　建 | 0.096 | 0.206 | 0.452 | 0.759 | 1.623 | 2.009 | 2.143 |
| 江　西 | 0.024 | 0.073 | 0.150 | 0.291 | 0.575 | 0.705 | 0.902 |
| 山　东 | 0.058 | 0.108 | 0.202 | 0.418 | 0.778 | 1.030 | 1.202 |
| 河　南 | 0.028 | 0.045 | 0.070 | 0.154 | 0.439 | 0.456 | 0.608 |
| 湖　北 | 0.052 | 0.116 | 0.227 | 0.323 | 1.496 | 1.467 | 1.792 |
| 湖　南 | 0.032 | 0.064 | 0.142 | 0.254 | 0.580 | 0.726 | 0.784 |
| 广　东 | 0.173 | 0.328 | 0.804 | 1.199 | 2.182 | 2.696 | 2.943 |
| 广　西 | 0.064 | 0.116 | 0.145 | 0.405 | 1.051 | 0.938 | 1.120 |
| 海　南 | 0.081 | 0.052 | 0.111 | 1.008 | 0.538 | 0.716 | 1.515 |
| 重　庆 |  | 0.107 | 0.203 | 0.564 | 1.071 | 1.299 | 1.351 |
| 四　川 | 0.038 | 0.058 | 0.133 | 0.265 | 0.599 | 0.630 | 0.793 |
| 贵　州 | 0.029 | 0.047 | 0.081 | 0.196 | 0.410 | 0.552 | 1.053 |
| 云　南 | 0.111 | 0.125 | 0.162 | 0.370 | 0.569 | 0.629 | 0.535 |
| 西　藏 | 0.058 | 0.061 | 0.155 | 0.396 | 3.629 | 0.802 | 1.097 |
| 陕　西 | 0.030 | 0.032 | 0.188 | 0.409 | 0.862 | 0.983 | 1.050 |
| 甘　肃 | 0.070 | 0.113 | 0.229 | 0.460 | 0.916 | 0.996 | 1.115 |
| 青　海 | 0.069 | 0.104 | 0.133 | 0.271 | 1.334 | 2.188 | 0.909 |
| 宁　夏 | 0.080 | 0.121 | 0.228 | 0.796 | 2.029 | 1.582 | 2.381 |
| 新　疆 | 0.055 | 0.071 | 0.173 | 0.424 | 0.627 | 1.445 | 0.678 |

# 按年份各地区公共图书馆购书费支出占总支出的比重

单位：%

| 地区 | 1995年 | 2000年 | 2005年 | 2010年 | 2015年 | 2016年 | 2017年 |
|---|---|---|---|---|---|---|---|
| **全国** | **22.7** | **23.6** | **19.1** | **17.3** | **14.7** | **14.9** | **14.0** |
| 北京 | 13.6 | 17.2 | 20.3 | 16.8 | 14.1 | 14.4 | 11.3 |
| 天津 | 14.9 | 18.3 | 20.2 | 16.2 | 13.7 | 12.6 | 23.2 |
| 河北 | 14.8 | 12.4 | 9.4 | 13.8 | 14.5 | 11.9 | 15.3 |
| 山西 | 11.2 | 12.9 | 7.6 | 13.7 | 10.7 | 14.2 | 8.1 |
| 内蒙古 | 5.9 | 6.5 | 3.4 | 6.2 | 8.0 | 8.9 | 9.3 |
| 辽宁 | 17.5 | 12.2 | 12.5 | 16.0 | 13.7 | 9.9 | 13.1 |
| 吉林 | 13.6 | 13.0 | 12.3 | 10.4 | 13.2 | 12.2 | 9.1 |
| 黑龙江 | 11.0 | 11.6 | 4.8 | 11.7 | 7.8 | 6.5 | 8.2 |
| 上海 | 31.4 | 45.9 | 28.1 | 23.5 | 20.4 | 17.8 | 12.3 |
| 江苏 | 18.1 | 21.2 | 18.1 | 21.8 | 17.8 | 17.6 | 16.8 |
| 浙江 | 18.8 | 18.6 | 17.4 | 23.1 | 17.7 | 18.0 | 16.8 |
| 安徽 | 18.9 | 11.2 | 10.7 | 12.3 | 17.2 | 16.0 | 10.9 |
| 福建 | 18.2 | 18.3 | 21.5 | 18.0 | 17.8 | 19.0 | 15.2 |
| 江西 | 7.5 | 12.9 | 14.9 | 12.4 | 10.3 | 13.2 | 13.9 |
| 山东 | 17.0 | 14.2 | 14.1 | 17.2 | 13.6 | 16.8 | 17.3 |
| 河南 | 11.9 | 10.6 | 10.3 | 10.8 | 13.0 | 12.2 | 13.7 |
| 湖北 | 12.6 | 17.7 | 16.0 | 5.9 | 17.4 | 17.3 | 18.1 |
| 湖南 | 8.9 | 12.2 | 14.0 | 12.5 | 12.9 | 13.6 | 12.2 |
| 广东 | 17.4 | 19.4 | 21.9 | 20.4 | 17.6 | 19.0 | 16.8 |
| 广西 | 16.4 | 16.9 | 10.7 | 13.9 | 14.0 | 13.8 | 11.9 |
| 海南 | 16.0 | 11.5 | 14.0 | 20.2 | 8.9 | 6.1 | 8.0 |
| 重庆 |  | 16.3 | 14.8 | 17.4 | 13.4 | 14.2 | 13.4 |
| 四川 | 13.3 | 14.0 | 13.3 | 11.9 | 8.2 | 10.0 | 12.0 |
| 贵州 | 12.3 | 11.6 | 8.6 | 10.1 | 8.4 | 10.9 | 15.0 |
| 云南 | 19.7 | 13.7 | 10.6 | 13.5 | 9.8 | 8.4 | 7.1 |
| 西藏 | 23.0 | 14.5 | 12.8 | 17.2 | 22.8 | 4.2 | 5.3 |
| 陕西 | 10.9 | 5.2 | 15.9 | 12.9 | 11.7 | 11.0 | 11.2 |
| 甘肃 | 16.8 | 16.1 | 13.5 | 12.3 | 9.4 | 9.8 | 9.5 |
| 青海 | 7.8 | 6.9 | 5.5 | 4.8 | 8.7 | 12.0 | 4.4 |
| 宁夏 | 9.5 | 8.7 | 8.6 | 8.7 | 10.6 | 8.0 | 10.8 |
| 新疆 | 8.1 | 8.1 | 8.7 | 10.4 | 5.5 | 11.6 | 5.5 |

# 按年份各地区公共图书馆新购图书册数

单位：万册

| 地　区 | 1995年 | 2000年 | 2005年 | 2010年 | 2015年 | 2016年 | 2017年 |
|---|---|---|---|---|---|---|---|
| **总　计** | **551** | **692** | **1535** | **2956** | **5151** | **6275** | **7034** |
| 北　京 | 11 | 33 | 114 | 125 | 196 | 226 | 135 |
| 天　津 | 12 | 17 | 35 | 74 | 102 | 110 | 166 |
| 河　北 | 26 | 15 | 33 | 68 | 122 | 159 | 191 |
| 山　西 | 7 | 12 | 17 | 45 | 81 | 126 | 70 |
| 内蒙古 | 7 | 11 | 8 | 67 | 68 | 154 | 145 |
| 辽　宁 | 41 | 39 | 72 | 157 | 179 | 183 | 190 |
| 吉　林 | 14 | 14 | 32 | 52 | 96 | 94 | 88 |
| 黑龙江 | 17 | 17 | 26 | 71 | 88 | 127 | 183 |
| 上　海 | 44 | 67 | 100 | 176 | 242 | 151 | 222 |
| 江　苏 | 41 | 57 | 106 | 259 | 478 | 584 | 796 |
| 浙　江 | 33 | 54 | 142 | 337 | 643 | 711 | 753 |
| 安　徽 | 9 | 11 | 23 | 61 | 191 | 228 | 176 |
| 福　建 | 18 | 25 | 71 | 103 | 211 | 244 | 354 |
| 江　西 | 9 | 15 | 26 | 65 | 91 | 127 | 207 |
| 山　东 | 23 | 32 | 64 | 133 | 259 | 327 | 502 |
| 河　南 | 16 | 21 | 30 | 95 | 124 | 160 | 202 |
| 湖　北 | 23 | 28 | 43 | 60 | 185 | 296 | 284 |
| 湖　南 | 19 | 24 | 54 | 80 | 134 | 273 | 172 |
| 广　东 | 69 | 77 | 316 | 368 | 557 | 886 | 865 |
| 广　西 | 16 | 20 | 26 | 56 | 149 | 132 | 128 |
| 海　南 | 6 | 3 | 3 | 25 | 27 | 35 | 29 |
| 重　庆 |  | 12 | 23 | 52 | 104 | 153 | 203 |
| 四　川 | 25 | 21 | 47 | 95 | 211 | 202 | 257 |
| 贵　州 | 5 | 8 | 7 | 27 | 61 | 58 | 141 |
| 云　南 | 22 | 15 | 26 | 43 | 93 | 112 | 97 |
| 西　藏 |  |  | 2 | 2 | 39 | 18 | 16 |
| 陕　西 | 5 | 6 | 25 | 43 | 79 | 108 | 117 |
| 甘　肃 | 7 | 7 | 12 | 26 | 55 | 61 | 94 |
| 青　海 | 1 | 2 | 3 | 6 | 19 | 16 | 17 |
| 宁　夏 | 2 | 3 | 5 | 31 | 33 | 27 | 37 |
| 新　疆 | 6 | 5 | 15 | 32 | 93 | 58 | 64 |

# 按年份各地区公共图书馆阅览室座席数

单位：万个

| 地 区 | 1995年 | 2000年 | 2005年 | 2010年 | 2015年 | 2016年 | 2017年 |
|---|---|---|---|---|---|---|---|
| **总 计** | **35.2** | **41.6** | **48.0** | **63.1** | **91.1** | **98.6** | **106.4** |
| 北 京 | 0.5 | 0.8 | 1.1 | 1.3 | 1.5 | 1.7 | 1.8 |
| 天 津 | 0.5 | 0.7 | 1.0 | 0.9 | 1.5 | 1.5 | 1.7 |
| 河 北 | 1.4 | 1.8 | 2.0 | 2.2 | 3.3 | 3.8 | 4.1 |
| 山 西 | 0.9 | 1.1 | 1.2 | 1.6 | 2.7 | 3.2 | 3.4 |
| 内蒙古 | 1.2 | 1.3 | 1.4 | 1.7 | 2.6 | 2.8 | 3.2 |
| 辽 宁 | 1.7 | 2.0 | 2.3 | 3.0 | 3.5 | 3.8 | 3.8 |
| 吉 林 | 0.9 | 1.2 | 1.2 | 1.4 | 1.9 | 2.1 | 2.1 |
| 黑龙江 | 1.1 | 1.1 | 1.3 | 1.8 | 2.3 | 2.3 | 2.8 |
| 上 海 | 1.2 | 1.5 | 1.5 | 1.9 | 2.2 | 2.2 | 2.3 |
| 江 苏 | 1.8 | 2.2 | 2.5 | 3.9 | 5.1 | 5.4 | 6.5 |
| 浙 江 | 1.2 | 1.6 | 2.5 | 3.5 | 6.1 | 6.5 | 6.9 |
| 安 徽 | 0.9 | 0.8 | 1.0 | 1.6 | 3.3 | 3.6 | 4.0 |
| 福 建 | 1.3 | 1.3 | 1.7 | 2.5 | 3.2 | 3.3 | 3.7 |
| 江 西 | 1.6 | 1.6 | 1.7 | 2.2 | 3.1 | 3.5 | 3.6 |
| 山 东 | 1.4 | 2.0 | 2.7 | 3.7 | 5.6 | 6.1 | 6.3 |
| 河 南 | 1.2 | 1.6 | 1.7 | 2.4 | 4.2 | 4.9 | 5.0 |
| 湖 北 | 2.1 | 2.1 | 2.4 | 2.7 | 3.7 | 4.3 | 4.5 |
| 湖 南 | 2.2 | 2.5 | 2.3 | 3.0 | 3.3 | 3.6 | 3.8 |
| 广 东 | 2.6 | 3.0 | 4.0 | 5.9 | 9.0 | 9.4 | 9.5 |
| 广 西 | 1.8 | 2.0 | 1.8 | 2.5 | 2.8 | 2.9 | 3.3 |
| 海 南 | 0.3 | 0.3 | 0.3 | 0.4 | 0.6 | 0.6 | 0.6 |
| 重 庆 |  | 0.8 | 0.8 | 1.4 | 2.1 | 2.5 | 2.8 |
| 四 川 | 2.2 | 2.1 | 2.3 | 2.6 | 4.6 | 5.0 | 5.5 |
| 贵 州 | 0.8 | 1.0 | 1.1 | 1.2 | 2.0 | 2.1 | 2.5 |
| 云 南 | 1.5 | 1.9 | 1.9 | 2.1 | 2.6 | 2.7 | 3.1 |
| 西 藏 |  |  |  |  | 0.3 | 0.3 | 0.3 |
| 陕 西 | 0.9 | 0.9 | 1.3 | 1.4 | 2.0 | 2.2 | 2.4 |
| 甘 肃 | 0.7 | 0.8 | 1.0 | 1.3 | 1.9 | 2.0 | 2.2 |
| 青 海 | 0.2 | 0.2 | 0.2 | 0.3 | 0.4 | 0.4 | 0.4 |
| 宁 夏 | 0.4 | 0.4 | 0.5 | 0.5 | 0.9 | 0.9 | 1.2 |
| 新 疆 | 0.5 | 0.7 | 1.0 | 1.4 | 2.3 | 2.4 | 2.7 |

# 按年份各地区每万人公共图书馆建筑面积

单位：平方米

| 地　区 | 1995年 | 2000年 | 2005年 | 2010年 | 2015年 | 2016年 | 2017年 |
|---|---|---|---|---|---|---|---|
| **全　国** | **34.3** | **47.3** | **51.8** | **67.2** | **94.7** | **103.0** | **109.0** |
| 北　京 | 56.7 | 75.3 | 99.5 | 86.6 | 113.6 | 126.4 | 138.3 |
| 天　津 | 81.6 | 99.9 | 162.0 | 103.1 | 167.4 | 168.8 | 209.1 |
| 河　北 | 26.9 | 33.5 | 38.5 | 34.6 | 59.2 | 63.2 | 65.5 |
| 山　西 | 27.6 | 34.3 | 45.0 | 67.8 | 114.3 | 129.9 | 138.5 |
| 内蒙古 | 46.0 | 53.0 | 65.8 | 90.4 | 135.5 | 154.3 | 160.7 |
| 辽　宁 | 53.8 | 61.6 | 81.3 | 100.8 | 126.7 | 128.3 | 132.8 |
| 吉　林 | 35.5 | 39.6 | 50.1 | 53.3 | 98.9 | 101.6 | 105.9 |
| 黑龙江 | 33.6 | 36.6 | 48.2 | 65.0 | 76.6 | 78.0 | 86.2 |
| 上　海 | 85.8 | 132.6 | 137.2 | 160.9 | 173.2 | 173.2 | 177.4 |
| 江　苏 | 30.3 | 35.5 | 57.9 | 83.1 | 129.3 | 145.2 | 152.4 |
| 浙　江 | 34.8 | 57.7 | 83.7 | 106.7 | 171.7 | 189.0 | 190.4 |
| 安　徽 | 14.6 | 15.9 | 23.9 | 37.0 | 65.0 | 71.7 | 76.6 |
| 福　建 | 42.2 | 47.5 | 65.9 | 117.1 | 99.1 | 102.6 | 130.2 |
| 江　西 | 38.6 | 39.9 | 47.6 | 61.1 | 80.1 | 80.5 | 87.0 |
| 山　东 | 22.6 | 26.9 | 42.3 | 49.7 | 83.8 | 106.6 | 110.7 |
| 河　南 | 21.6 | 25.9 | 27.2 | 34.5 | 57.9 | 64.1 | 64.2 |
| 湖　北 | 35.1 | 39.3 | 49.9 | 57.3 | 91.9 | 118.9 | 125.8 |
| 湖　南 | 33.6 | 38.7 | 39.7 | 54.9 | 61.1 | 63.1 | 68.8 |
| 广　东 | 43.2 | 132.1 | 57.8 | 80.6 | 115.9 | 117.2 | 120.0 |
| 广　西 | 38.1 | 46.8 | 45.1 | 55.8 | 72.0 | 80.8 | 86.5 |
| 海　南 | 36.0 | 41.9 | 53.1 | 98.2 | 88.5 | 90.6 | 90.7 |
| 重　庆 |  | 37.5 | 47.2 | 70.8 | 97.6 | 101.6 | 110.6 |
| 四　川 | 22.6 | 27.3 | 34.2 | 42.1 | 68.5 | 72.3 | 75.6 |
| 贵　州 | 23.9 | 39.7 | 35.7 | 44.5 | 63.7 | 64.6 | 71.8 |
| 云　南 | 44.6 | 48.5 | 78.4 | 65.5 | 75.1 | 77.1 | 84.3 |
| 西　藏 | 52.1 | 61.1 | 104.7 | 89.6 | 156.2 | 163.1 | 165.2 |
| 陕　西 | 32.8 | 33.8 | 52.7 | 53.5 | 64.4 | 71.7 | 73.9 |
| 甘　肃 | 34.5 | 43.7 | 41.6 | 63.2 | 84.3 | 102.6 | 108.2 |
| 青　海 | 60.5 | 73.4 | 68.1 | 78.9 | 105.9 | 107.8 | 127.9 |
| 宁　夏 | 78.2 | 78.3 | 68.8 | 133.9 | 158.8 | 183.0 | 195.5 |
| 新　疆 | 43.1 | 44.7 | 54.7 | 82.0 | 100.6 | 105.2 | 113.3 |

# 2017年公共图

| | 机构数（个） | 从业人员（人） | | | | |
|---|---|---|---|---|---|---|
| | | | 专业技术人才 | | | |
| | | | | 正高级职称 | 副高级职称 | 中级职称 |
| **总　计** | **3166** | **57567** | **41250** | **829** | **5673** | **18729** |
| 其中：少儿图书馆 | 122 | 2544 | 1858 | 49 | 293 | 791 |
| 按隶属关系分： | | | | | | |
| 中央 | 1 | 1517 | 1403 | 69 | 423 | 739 |
| 省、区、市 | 39 | 7580 | 6488 | 312 | 1301 | 2817 |
| 地、市 | 373 | 15366 | 11928 | 316 | 1955 | 5572 |
| 县、市、区 | 2753 | 33104 | 21431 | 132 | 1994 | 9601 |
| 县图书馆 | 1580 | 15008 | 9938 | 53 | 886 | 4522 |

续表 1

| | 在藏量中 | | 电子图书（万册） | | | |
|---|---|---|---|---|---|---|
| | 开架书刊 | 少儿文献 | | 本馆自建 | 本馆外购 | 从其他机构免费共享 |
| **总　计** | **47168.82** | **9999.64** | **102626.90** | **1843.16** | **76012.78** | **24760.97** |
| 其中：少儿图书馆 | 2419.71 | 2081.91 | 1613.34 | 27.96 | 1004.79 | 580.59 |
| 按隶属关系分： | | | | | | |
| 中央 | 181.57 | 9.33 | 426.83 | 76.98 | 349.85 | |
| 省、区、市 | 5165.97 | 1037.87 | 9766.13 | 32.49 | 6296.06 | 3437.58 |
| 地、市 | 14290.45 | 3582.60 | 50880.79 | 410.94 | 45188.97 | 5280.88 |
| 县、市、区 | 27530.82 | 5369.84 | 41553.15 | 1322.75 | 24177.90 | 16042.52 |
| 县图书馆 | 8862.15 | 1787.63 | 16373.54 | 539.50 | 9575.44 | 6258.60 |

# 书馆基本情况

| 总藏量(万册) | 图书 | 盲文图书 | 古籍 | 善本 | 报刊 | 视听文献 | 缩微制品 | 其他 |
|---|---|---|---|---|---|---|---|---|
| **96952.93** | **75758.50** | **98.28** | **2701.46** | **275.61** | **9184.99** | **1782.32** | **1515.87** | **6009.78** |
| 4368.53 | 3842.93 | 2.88 | 44.60 | 6.97 | 211.27 | 141.77 | 2.89 | 125.07 |
| | | | | | | | | |
| 3768.62 | 1400.17 | 0.31 | 194.94 | 28.27 | 1557.92 | 41.33 | 164.67 | 409.60 |
| 20447.86 | 12743.03 | 9.00 | 1352.16 | 167.62 | 2009.26 | 380.22 | 1289.29 | 2673.90 |
| 25649.33 | 21273.36 | 24.89 | 675.78 | 40.70 | 2152.10 | 636.27 | 7.73 | 904.09 |
| 47087.11 | 40341.94 | 64.09 | 478.58 | 39.02 | 3465.71 | 724.51 | 54.18 | 2022.19 |
| 17363.08 | 14280.24 | 31.88 | 227.48 | 21.67 | 1868.08 | 200.96 | 15.38 | 770.94 |

| 书架单层总长度(米) | 本年新增藏量(万册) | 本年新增电子图书(万册) | 当年购买的报刊种类(种) | 有效借书证数(个) | 总流通人次(万人次) | 书刊文献外借人次 | 书刊文献外借册次(万册次) | 组织各类讲座次数(次) |
|---|---|---|---|---|---|---|---|---|
| **14317331** | **7033.70** | **14204.24** | **1126794** | **67360811** | **74449.88** | **25502.78** | **55090.52** | **74174** |
| 393258 | 321.59 | 279.11 | 39722 | 3609082 | 3167.95 | 1280.52 | 3655.22 | 6592 |
| | | | | | | | | |
| | 122.62 | 2.19 | 16714 | 4169139 | 583.93 | 39.61 | 68.40 | 568 |
| 2927188 | 711.31 | 607.03 | 151852 | 8063462 | 8435.99 | 1755.05 | 5097.54 | 5356 |
| 5209704 | 1719.83 | 5163.45 | 333990 | 24254845 | 22982.37 | 8059.44 | 17554.05 | 21495 |
| 6180439 | 4479.95 | 8431.57 | 624238 | 30873365 | 42447.59 | 15648.67 | 32370.54 | 46755 |
| 2600605 | 1436.01 | 4005.11 | 261766 | 8889461 | 13276.56 | 5872.23 | 10389.87 | 18320 |

续表 2

| | 为读者举办各种活动 | | | | | |
|---|---|---|---|---|---|---|
| | 参加人次（万人次） | 举办展览（个） | 参加人次（万人次） | 举办培训班（个） | 培训人次（万人次） | 开展基层培训辅导人次（万人次） |
| **总　计** | **1254.34** | **30443** | **7190.98** | **50973** | **411.44** | **131.69** |
| 其中：少儿图书馆 | 83.30 | 1292 | 352.04 | 4710 | 23.38 | 2.67 |
| 按隶属关系分： | | | | | | |
| 中央 | 6.98 | 20 | 123.09 | 254 | 12.76 | 12.21 |
| 省、区、市 | 235.92 | 4090 | 1505.70 | 5859 | 129.55 | 24.69 |
| 地、市 | 319.50 | 6471 | 2557.75 | 14510 | 85.11 | 20.93 |
| 县、市、区 | 691.94 | 19862 | 3004.44 | 30350 | 184.03 | 73.86 |
| 县图书馆 | 291.98 | 9816 | 1175.24 | 11992 | 179.66 | 37.18 |

续表 3

| | 购书专项经费 | 上级补助收入 | 事业收入 | 经营收入 | 附属单位上缴收入 | 其他收入 |
|---|---|---|---|---|---|---|
| **总　计** | **2021366** | **200579** | **303302** | **56479** | **591** | **224709** |
| 其中：少儿图书馆 | 91550 | 9223 | 4656 | 154 | | 5881 |
| 按隶属关系分： | | | | | | |
| 中央 | 140000 | | 151470 | 30968 | | 16218 |
| 省、区、市 | 577003 | 11858 | 114224 | 12359 | | 35447 |
| 地、市 | 614752 | 39248 | 10134 | 3285 | 450 | 84675 |
| 县、市、区 | 689611 | 149473 | 27474 | 9867 | 141 | 88369 |
| 县图书馆 | 175716 | 77793 | 8385 | 325 | 125 | 32363 |

| 本单位受训人次（万人次） | 计算机（台） | 供读者使用电子阅览室终端数 | 图书馆网站访问量（页次） | 本年收入合计（千元） | 财政补贴收入 | 免费开放资金 | 中央资金 |
|---|---|---|---|---|---|---|---|
| **27.56** | **220992** | **144255** | **1952162847** | **18013566** | **17227906** | **1152352** | **343698** |
| 1.80 | 7802 | 4399 | 33884815 | 802862 | 782948 | 102639 | 11617 |
| 0.48 | 3606 | 700 | 913138786 | 935351 | 736695 | | |
| 5.96 | 19890 | 8995 | 311950740 | 4563486 | 4389598 | 264063 | 12003 |
| 8.07 | 50869 | 31058 | 445100903 | 5320845 | 5183053 | 251504 | 83232 |
| 13.05 | 146627 | 103502 | 281972418 | 7193884 | 6918560 | 636785 | 248463 |
| 5.77 | 70661 | 51273 | 149430771 | 2343077 | 2224086 | 264512 | 154342 |

| 本年支出合计（千元） | 基本支出 | 项目支出 | 经营支出 | 在支出合计中： | | | |
|---|---|---|---|---|---|---|---|
| | | | | 工资福利支出 | 商品和服务支出 | 差旅费 | 劳务费 |
| **16925802** | **9104208** | **7506313** | **21426** | **5686956** | **4054385** | **89535** | **325131** |
| 796078 | 462133 | 322379 | 172 | 261481 | 167011 | 3775 | 18811 |
| 965825 | 473334 | 488493 | 3997 | 218598 | 333937 | 3307 | 8983 |
| 3820299 | 1564029 | 2197951 | 10619 | 1008053 | 1121502 | 17750 | 48344 |
| 4981005 | 2584592 | 2362441 | 2781 | 1656514 | 1027173 | 21483 | 96271 |
| 7158673 | 4482253 | 2457428 | 4029 | 2803791 | 1571773 | 46995 | 171533 |
| 2345478 | 1629080 | 586956 | 1373 | 1066610 | 401835 | 22321 | 46309 |

续表 4

| | 福利费 | 各种税金支出 | 对个人和家庭补助支出 | 抚恤金和生活补助 | 其他资本性支出 | 各种设备、交通工具、图书购置费 |
|---|---|---|---|---|---|---|
| **总　计** | **49683** | **15578** | **1639221** | **61901** | **4014828** | **3254179** |
| 其中：少儿图书馆 | 2044 | 1154 | 84154 | 3447 | 181770 | 150802 |
| 按隶属关系分： | | | | | | |
| 中央 | 352 | 825 | 188425 | 2129 | 192755 | 186775 |
| 省、区、市 | 9801 | 4532 | 309017 | 7434 | 932617 | 813080 |
| 地、市 | 13058 | 5392 | 522271 | 21112 | 1344144 | 1032533 |
| 县、市、区 | 26472 | 4829 | 619508 | 31226 | 1545312 | 1221791 |
| 县图书馆 | 7790 | 1620 | 202258 | 13387 | 463403 | 370503 |

续表 5

| | 电子阅览室面积 | 实际拥有产权面积（万平方米） | 阅览室座席数（个） | 少儿阅览室座席数 | 盲人阅览室座席数 | 志愿者服务队伍数（个） |
|---|---|---|---|---|---|---|
| **总　计** | **61.73** | **883.09** | **1064163** | **256151** | **25391** | **7379** |
| 其中：少儿图书馆 | 1.75 | 23.29 | 37558 | 27025 | 732 | 781 |
| 按隶属关系分： | | | | | | |
| 中央 | 0.11 | 27.81 | 5427 | 300 | 12 | 1 |
| 省、区、市 | 3.06 | 112.74 | 76935 | 11020 | 1012 | 1034 |
| 地、市 | 14.14 | 233.19 | 282977 | 59437 | 5343 | 1539 |
| 县、市、区 | 44.42 | 509.36 | 698824 | 185394 | 19024 | 4805 |
| 县图书馆 | 22.05 | 235.57 | 307540 | 90650 | 9140 | 1930 |

| | | | | | | | |
|---|---|---|---|---|---|---|---|
| 新增藏量购置费 | 新增数字资源购置费 | 资产总计（千元） | 固定资产原值 | 实际使用公用房屋建筑面积（万平方米） | 书库面积 | 阅览室面积 | 书刊阅览室面积 |
| **1912640** | **452422** | **63014509** | **46798546** | **1515.27** | **302.71** | **433.48** | **316.58** |
| 83594 | 23063 | 1980509 | 1552912 | 46.80 | 7.98 | 15.04 | 12.25 |
| | | | | | | | |
| 138689 | 32710 | 6014382 | 3535213 | 27.81 | 6.93 | 3.43 | 2.69 |
| 475065 | 141800 | 18734273 | 13774804 | 178.60 | 40.22 | 49.40 | 43.27 |
| 529290 | 157207 | 15859625 | 13168166 | 442.79 | 86.78 | 128.58 | 102.20 |
| 769596 | 120705 | 22406229 | 16320363 | 866.08 | 168.77 | 252.07 | 168.42 |
| 229883 | 38806 | 10792277 | 6310188 | 343.10 | 74.52 | 100.59 | 63.77 |

| 志愿者服务队伍人数（人） | 图书馆延伸服务情况 | | | | 文化创意产品情况 | | |
|---|---|---|---|---|---|---|---|
| | 流动图书车数（辆） | 流动服务书刊借阅人次（万人次） | 流动图书馆车书刊借阅册次（万册次） | 分馆数量（个） | 文化创意产品种类（个） | 文化创意产品销售收入（千元） | 文化创意产品销售利润（千元） |
| **323431** | **2135** | **2704.02** | **4669.58** | **19239** | **1391** | **119708** | **19198** |
| 29826 | 30 | 291.39 | 599.70 | 1102 | 22 | | |
| | | | | | | | |
| 168 | | | | 16 | 111 | 14062 | 6079 |
| 71740 | 24 | 151.57 | 242.53 | 1024 | 278 | 26707 | 12506 |
| 98708 | 406 | 902.41 | 1603.56 | 4036 | 357 | 1369 | 409 |
| 152815 | 1705 | 1650.03 | 2823.49 | 14163 | 645 | 77570 | 204 |
| 39823 | 1116 | 718.62 | 1101.05 | 4296 | 205 | 313 | 202 |

# 2017年各地区公共

| 地　区 | 机构数（个） | 从业人员（人） | 专业技术人才 | 正高级职称 | 副高级职称 | 中级职称 | 总藏量（万册） | 图书 |
|---|---|---|---|---|---|---|---|---|
| **总　计** | **3166** | **57567** | **41250** | **829** | **5673** | **18729** | **96952.93** | **75758.50** |
| 北　京 | 23 | 1239 | 1014 | 14 | 91 | 376 | 2759.15 | 2448.52 |
| 天　津 | 32 | 986 | 887 | 19 | 140 | 371 | 1662.14 | 1471.42 |
| 河　北 | 173 | 1899 | 1333 | 37 | 213 | 585 | 2546.89 | 2094.97 |
| 山　西 | 128 | 1673 | 1075 | 14 | 90 | 441 | 1751.19 | 1381.11 |
| 内蒙古 | 117 | 1913 | 1582 | 9 | 328 | 680 | 1786.86 | 1505.04 |
| 辽　宁 | 130 | 2662 | 2065 | 68 | 285 | 1159 | 3964.01 | 3254.06 |
| 吉　林 | 66 | 1600 | 1302 | 51 | 280 | 569 | 1972.76 | 1637.06 |
| 黑龙江 | 109 | 1688 | 1396 | 98 | 383 | 631 | 2158.41 | 1764.25 |
| 上　海 | 24 | 2101 | 1760 | 43 | 151 | 690 | 7773.08 | 3483.36 |
| 江　苏 | 115 | 3473 | 2350 | 49 | 320 | 1083 | 8597.62 | 7563.37 |
| 浙　江 | 101 | 3607 | 2204 | 59 | 298 | 995 | 7812.91 | 6854.07 |
| 安　徽 | 124 | 1558 | 1018 | 7 | 96 | 447 | 2537.10 | 2100.94 |
| 福　建 | 90 | 1536 | 1013 | 7 | 90 | 485 | 3322.26 | 2650.64 |
| 江　西 | 113 | 1420 | 878 | 11 | 87 | 389 | 2428.77 | 1928.22 |
| 山　东 | 154 | 2877 | 2379 | 51 | 382 | 1103 | 5539.31 | 4577.40 |
| 河　南 | 158 | 2911 | 1643 | 17 | 171 | 715 | 2874.06 | 2359.95 |
| 湖　北 | 116 | 2204 | 1741 | 22 | 204 | 914 | 3596.76 | 2963.17 |
| 湖　南 | 139 | 2149 | 1518 | 9 | 136 | 771 | 3050.16 | 2494.95 |
| 广　东 | 143 | 4450 | 2938 | 52 | 245 | 1418 | 8708.30 | 7380.38 |
| 广　西 | 115 | 1660 | 1205 | 11 | 114 | 533 | 2785.98 | 1989.22 |
| 海　南 | 23 | 313 | 246 | 1 | 5 | 90 | 489.85 | 443.97 |
| 重　庆 | 43 | 964 | 602 | 25 | 88 | 249 | 1671.79 | 1350.35 |
| 四　川 | 204 | 2413 | 1425 | 12 | 117 | 577 | 3792.88 | 3095.27 |
| 贵　州 | 98 | 1081 | 815 | 13 | 115 | 300 | 1385.60 | 1109.44 |
| 云　南 | 151 | 1814 | 1597 | 12 | 437 | 739 | 2110.62 | 1618.41 |
| 西　藏 | 81 | 216 | 116 | 11 | 13 | 16 | 195.14 | 154.98 |
| 陕　西 | 110 | 2020 | 1298 | 9 | 78 | 582 | 1733.22 | 1442.72 |
| 甘　肃 | 103 | 1473 | 873 | 11 | 84 | 372 | 1496.03 | 1129.24 |
| 青　海 | 49 | 483 | 294 | 4 | 41 | 140 | 458.53 | 376.08 |
| 宁　夏 | 26 | 565 | 424 | 8 | 52 | 186 | 721.28 | 489.84 |
| 新　疆 | 107 | 1102 | 856 | 6 | 116 | 384 | 1501.68 | 1245.97 |

# 图书馆基本情况

| 盲文图书 | 古籍 | 善本 | 报刊 | 视听文献 | 缩微制品 | 其他 | 在藏量中 | | 电子图书（万册） |
|---|---|---|---|---|---|---|---|---|---|
| | | | | | | | 开架书刊 | 少儿文献 | |
| **98.28** | **2701.46** | **275.61** | **9184.99** | **1782.32** | **1515.87** | **6009.78** | **47168.82** | **9999.64** | **102626.90** |
| 0.37 | 46.93 | 7.01 | 74.51 | 104.67 | 0.36 | 84.17 | 1451.03 | 299.30 | 1484.46 |
| 1.12 | 58.72 | 10.58 | 58.91 | 25.65 | 1.23 | 46.21 | 887.96 | 215.52 | 1637.87 |
| 4.45 | 57.97 | 2.60 | 218.45 | 51.34 | 7.44 | 116.72 | 1417.92 | 237.89 | 1639.86 |
| 3.46 | 75.34 | 10.97 | 229.23 | 30.36 | 1.52 | 33.63 | 841.41 | 143.10 | 919.01 |
| 1.73 | 34.68 | 2.50 | 142.95 | 14.67 | 0.85 | 88.67 | 960.30 | 119.95 | 1089.22 |
| 2.76 | 135.30 | 16.07 | 288.73 | 95.23 | 1.56 | 189.14 | 2257.63 | 487.93 | 1791.97 |
| 1.71 | 45.54 | 7.11 | 171.35 | 37.71 | 3.35 | 77.75 | 770.16 | 206.49 | 3380.09 |
| 1.56 | 43.43 | 2.15 | 245.73 | 43.76 | 29.71 | 31.54 | 1063.49 | 137.33 | 1022.99 |
| 1.65 | 201.14 | 19.46 | 389.42 | 132.78 | 1235.94 | 2330.44 | 2204.01 | 348.10 | 2972.60 |
| 5.89 | 343.29 | 27.43 | 511.17 | 117.42 | 5.70 | 56.66 | 4617.32 | 946.27 | 7142.43 |
| 5.02 | 195.18 | 21.99 | 456.30 | 223.80 | 0.82 | 82.74 | 4684.34 | 1128.89 | 36170.06 |
| 7.63 | 62.60 | 4.43 | 182.88 | 45.77 | 0.98 | 143.94 | 1121.82 | 292.66 | 4565.09 |
| 1.87 | 47.38 | 3.67 | 254.76 | 72.98 | 2.50 | 294.01 | 1812.67 | 577.45 | 2627.05 |
| 3.28 | 76.02 | 7.25 | 283.15 | 21.25 | 0.91 | 119.23 | 1000.39 | 241.12 | 1496.32 |
| 7.52 | 140.64 | 24.70 | 495.60 | 46.14 | 4.54 | 274.99 | 3090.09 | 525.43 | 3230.12 |
| 8.69 | 110.89 | 8.41 | 334.32 | 28.41 | 1.23 | 39.26 | 1404.04 | 291.70 | 2125.56 |
| 3.95 | 97.71 | 8.81 | 342.36 | 62.18 | 37.36 | 93.98 | 1853.71 | 319.92 | 4166.08 |
| 4.83 | 117.28 | 8.88 | 319.17 | 62.09 | 1.69 | 54.99 | 1580.36 | 392.75 | 1675.81 |
| 4.04 | 81.52 | 5.28 | 496.40 | 263.18 | 2.84 | 483.98 | 4986.68 | 1510.09 | 5845.84 |
| 0.86 | 43.38 | 2.53 | 426.22 | 36.53 | 1.07 | 289.57 | 1058.28 | 230.63 | 2309.18 |
| 0.37 | 1.19 | 0.43 | 38.55 | 4.39 | 0.02 | 1.72 | 295.09 | 46.38 | 1108.93 |
| 3.96 | 71.90 | 9.32 | 132.15 | 26.69 | 1.15 | 89.56 | 946.91 | 223.37 | 1326.41 |
| 9.57 | 159.72 | 10.35 | 389.17 | 52.06 | 3.51 | 93.17 | 1958.76 | 362.37 | 3319.39 |
| 2.20 | 22.01 | 1.30 | 173.70 | 15.34 | 1.82 | 63.30 | 882.76 | 111.21 | 1674.06 |
| 1.84 | 92.90 | 5.90 | 301.08 | 22.38 | 1.01 | 74.85 | 1083.55 | 163.95 | 2328.56 |
| 0.17 | 1.17 | 0.12 | 19.40 | 0.88 | 0.36 | 18.35 | 22.74 | 9.23 | 27.32 |
| 2.63 | 57.31 | 5.92 | 171.94 | 17.62 | 0.39 | 43.24 | 855.28 | 120.63 | 3508.82 |
| 1.97 | 52.10 | 9.67 | 213.82 | 11.22 | 0.41 | 89.24 | 785.26 | 101.16 | 316.25 |
| 0.61 | 15.17 | 1.27 | 35.46 | 2.86 | 0.34 | 28.62 | 119.19 | 26.25 | 216.95 |
| 0.86 | 5.73 | 0.95 | 63.35 | 55.54 | 0.20 | 106.62 | 275.52 | 66.97 | 385.24 |
| 1.43 | 12.43 | 0.28 | 166.86 | 16.10 | 0.43 | 59.90 | 698.59 | 106.27 | 696.54 |

续表 1

| 地　区 | | | | 书架单层总长度(米) | 本年新购藏量(万册) | 本年新增电子图书(万册) | 当年购买的报刊种类(种) | 有效借书证数(个) |
|---|---|---|---|---|---|---|---|---|
| | 本馆自建 | 本馆外购 | 免费共享 | | | | | |
| **总　计** | **1843.16** | **76012.78** | **24760.97** | **14317331** | **7033.70** | **14204.24** | **1126794** | **67360811** |
| 北　京 | 23.90 | 630.89 | 829.67 | 289467 | 134.80 | 42.26 | 23364 | 1387129 |
| 天　津 | 1.73 | 1245.64 | 390.50 | 227668 | 166.07 | 201.92 | 20130 | 776713 |
| 河　北 | 78.82 | 1423.05 | 137.99 | 501154 | 191.28 | 453.07 | 34447 | 1440964 |
| 山　西 | 25.93 | 561.37 | 331.71 | 253385 | 69.56 | 242.97 | 22606 | 1213868 |
| 内蒙古 | 72.07 | 751.69 | 265.47 | 284910 | 144.71 | 494.84 | 26300 | 643125 |
| 辽　宁 | 41.61 | 1406.55 | 343.81 | 499173 | 189.52 | 601.36 | 47479 | 1397956 |
| 吉　林 | 72.74 | 2966.36 | 340.99 | 264063 | 88.13 | 228.43 | 22901 | 1123075 |
| 黑龙江 | 13.82 | 340.68 | 668.50 | 405251 | 182.97 | 181.30 | 25141 | 821761 |
| 上　海 | 4.30 | 874.91 | 2093.39 | 550674 | 222.15 | 248.16 | 49511 | 2804581 |
| 江　苏 | 127.91 | 5164.05 | 1850.48 | 1358166 | 795.61 | 1218.26 | 87391 | 13007203 |
| 浙　江 | 261.44 | 32476.00 | 3432.62 | 858252 | 753.23 | 2626.61 | 84511 | 10405481 |
| 安　徽 | 54.68 | 3907.53 | 602.89 | 332108 | 175.84 | 729.70 | 33279 | 1785138 |
| 福　建 | 90.85 | 1857.77 | 678.44 | 416109 | 353.95 | 467.68 | 38453 | 2347321 |
| 江　西 | 34.13 | 1120.25 | 341.94 | 221133 | 206.84 | 179.15 | 30307 | 1555201 |
| 山　东 | 27.68 | 2839.79 | 362.64 | 824049 | 501.56 | 920.57 | 64608 | 3216293 |
| 河　南 | 53.61 | 1563.70 | 508.25 | 377123 | 201.88 | 334.25 | 39892 | 1435719 |
| 湖　北 | 111.15 | 2092.80 | 1962.13 | 548614 | 284.40 | 545.36 | 40752 | 1866764 |
| 湖　南 | 235.38 | 864.58 | 575.84 | 810297 | 172.20 | 396.63 | 39762 | 1713781 |
| 广　东 | 27.10 | 3524.21 | 2294.52 | 1318034 | 864.93 | 597.66 | 91246 | 6803696 |
| 广　西 | 3.26 | 1615.74 | 690.18 | 415559 | 128.15 | 109.58 | 37896 | 1039388 |
| 海　南 | 33.40 | 1021.99 | 53.55 | 80406 | 28.91 | 864.49 | 8555 | 213610 |
| 重　庆 | 74.95 | 918.68 | 332.79 | 328450 | 202.76 | 289.55 | 28074 | 1567730 |
| 四　川 | 39.84 | 1984.12 | 1295.43 | 1624711 | 256.99 | 1002.49 | 47924 | 1810979 |
| 贵　州 | 55.09 | 1401.79 | 217.18 | 208408 | 141.24 | 684.02 | 21284 | 628567 |
| 云　南 | 14.48 | 1412.47 | 901.61 | 509561 | 97.43 | 173.38 | 38532 | 509131 |
| 西　藏 | 1.12 | 7.53 | 18.67 | 32466 | 15.71 | 2.04 | 4930 | 15420 |
| 陕　西 | 108.87 | 487.83 | 2902.14 | 273908 | 116.71 | 106.28 | 24992 | 483605 |
| 甘　肃 | 4.84 | 259.81 | 51.61 | 164574 | 94.22 | 41.78 | 21635 | 423672 |
| 青　海 | 8.50 | 197.05 | 11.40 | 85440 | 16.65 | 72.01 | 3970 | 168037 |
| 宁　夏 | 0.10 | 200.50 | 184.64 | 109080 | 48.86 | 60.67 | 10904 | 208865 |
| 新　疆 | 62.89 | 543.62 | 90.03 | 145138 | 63.83 | 85.60 | 39304 | 376899 |

| 总流通人次（万人次） | 书刊文献外借人次 | 书刊文献外借册次（万册次） | 为读者举办各种活动 | | | | | |
|---|---|---|---|---|---|---|---|---|
| | | | 组织各类讲座次数（次） | 参加人次（万人次） | 举办展览（个） | 参加人次（万人次） | 举办培训班（个） | 培训人次（万人次） |
| **74449.88** | **25502.78** | **55090.52** | **74174** | **1254.34** | **30443** | **7190.98** | **50973** | **411.44** |
| 1555.33 | 390.75 | 1047.17 | 2226 | 17.53 | 489 | 166.51 | 1313 | 4.72 |
| 1403.09 | 420.89 | 1057.88 | 1453 | 20.53 | 583 | 75.41 | 395 | 3.02 |
| 2308.00 | 740.31 | 1416.23 | 3178 | 32.15 | 893 | 128.68 | 1465 | 8.62 |
| 1189.57 | 382.11 | 809.92 | 2120 | 35.96 | 593 | 196.74 | 816 | 6.03 |
| 1003.07 | 381.15 | 780.00 | 1393 | 21.35 | 495 | 36.87 | 530 | 4.21 |
| 2579.67 | 878.77 | 1900.48 | 2696 | 25.49 | 1000 | 292.90 | 2730 | 8.27 |
| 866.93 | 433.50 | 766.10 | 835 | 10.43 | 333 | 95.79 | 413 | 3.16 |
| 1071.71 | 379.05 | 794.44 | 1357 | 19.46 | 781 | 75.05 | 1302 | 5.13 |
| 2992.53 | 671.21 | 2792.09 | 2665 | 39.99 | 422 | 97.56 | 1605 | 9.85 |
| 7975.09 | 2970.20 | 5585.74 | 3545 | 54.10 | 1566 | 374.38 | 2359 | 10.85 |
| 10846.51 | 2862.42 | 6982.16 | 5258 | 89.98 | 2618 | 745.58 | 6769 | 39.48 |
| 2376.33 | 1069.64 | 1899.00 | 2374 | 45.09 | 900 | 207.14 | 1008 | 8.67 |
| 2970.12 | 1165.54 | 3350.67 | 2327 | 28.60 | 1092 | 241.67 | 2396 | 110.32 |
| 1722.10 | 873.06 | 1561.39 | 1743 | 25.45 | 1361 | 276.20 | 1041 | 7.79 |
| 3972.23 | 1757.52 | 3031.28 | 5826 | 76.79 | 1753 | 279.01 | 3233 | 20.16 |
| 2950.86 | 1400.31 | 2097.24 | 4192 | 78.06 | 1444 | 160.77 | 2170 | 14.27 |
| 2388.28 | 1181.64 | 2136.35 | 2605 | 51.47 | 992 | 169.61 | 1639 | 9.59 |
| 2176.80 | 899.32 | 1849.16 | 4233 | 166.70 | 942 | 347.03 | 2377 | 21.99 |
| 9147.06 | 2110.50 | 6850.62 | 8394 | 173.31 | 4310 | 1619.04 | 5977 | 32.73 |
| 2344.30 | 586.97 | 1182.88 | 1777 | 32.81 | 942 | 393.12 | 1747 | 11.58 |
| 523.54 | 82.12 | 242.55 | 244 | 5.15 | 115 | 15.49 | 768 | 1.75 |
| 1524.03 | 546.23 | 1222.65 | 1604 | 26.36 | 996 | 180.88 | 1952 | 10.92 |
| 2601.11 | 1088.02 | 1845.22 | 3601 | 57.35 | 1289 | 394.96 | 1419 | 8.80 |
| 783.92 | 357.01 | 551.31 | 1572 | 17.68 | 591 | 59.33 | 729 | 5.33 |
| 1261.24 | 519.58 | 958.49 | 2012 | 28.94 | 1300 | 169.45 | 1411 | 11.35 |
| 24.80 | 4.69 | 7.83 | 92 | 0.89 | 154 | 2.83 | 190 | 0.23 |
| 1357.45 | 453.76 | 795.00 | 1893 | 30.13 | 995 | 130.90 | 1734 | 9.86 |
| 774.86 | 379.72 | 661.81 | 1131 | 18.60 | 449 | 45.06 | 404 | 3.45 |
| 158.66 | 70.14 | 102.98 | 169 | 1.77 | 116 | 6.83 | 118 | 0.92 |
| 465.20 | 195.58 | 362.62 | 320 | 3.36 | 161 | 18.79 | 178 | 1.05 |
| 551.57 | 211.46 | 380.88 | 771 | 11.90 | 748 | 64.34 | 531 | 4.60 |

续表 2

| 地　区 | 开展基层培训辅导人次（万人次） | 本单位受训人次（万人次） | 计算机（台） | 供读者使用电子阅览室终端数 | 图书馆网站访问量（页次） | 本年收入合计（千元） | 财政补贴收入 | 免费开放资金 |
|---|---|---|---|---|---|---|---|---|
| **总　计** | **131.69** | **27.56** | **220992** | **144255** | **1952162847** | **18013566** | **17227906** | **1152352** |
| 北　京 | 7.98 | 0.58 | 4544 | 2179 | 25430434 | 667240 | 653898 | 27932 |
| 天　津 | 1.24 | 0.69 | 4387 | 2834 | 14838004 | 522378 | 511892 | 12641 |
| 河　北 | 3.59 | 1.02 | 7994 | 5585 | 24016798 | 337386 | 329452 | 42830 |
| 山　西 | 3.79 | 0.99 | 6587 | 4810 | 5393904 | 385867 | 383965 | 33723 |
| 内蒙古 | 1.63 | 0.45 | 7201 | 4943 | 10802263 | 429760 | 424636 | 28492 |
| 辽　宁 | 4.35 | 2.22 | 9592 | 5945 | 38304027 | 519885 | 509288 | 14672 |
| 吉　林 | 1.97 | 0.83 | 4722 | 2912 | 7698770 | 367231 | 362977 | 15549 |
| 黑龙江 | 2.73 | 0.41 | 6332 | 4189 | 14541812 | 304817 | 301981 | 20901 |
| 上　海 | 1.21 | 0.99 | 6283 | 3029 | 48715509 | 2209357 | 2111555 | 18896 |
| 江　苏 | 10.53 | 1.77 | 11739 | 6769 | 95619747 | 1169981 | 1123750 | 143339 |
| 浙　江 | 3.90 | 1.70 | 11813 | 7551 | 87185275 | 1287322 | 1241413 | 45413 |
| 安　徽 | 4.23 | 0.75 | 7823 | 5792 | 17060507 | 345629 | 329140 | 27920 |
| 福　建 | 1.01 | 1.00 | 7051 | 4585 | 78296440 | 564290 | 522593 | 25538 |
| 江　西 | 8.12 | 0.25 | 7159 | 5035 | 22822653 | 307819 | 281939 | 29231 |
| 山　东 | 4.59 | 0.59 | 12042 | 7951 | 35981976 | 681577 | 664817 | 55720 |
| 河　南 | 4.67 | 1.29 | 9757 | 6582 | 16185946 | 420673 | 416252 | 37886 |
| 湖　北 | 5.82 | 1.15 | 7576 | 5025 | 65055913 | 699217 | 672885 | 20723 |
| 湖　南 | 3.84 | 2.34 | 7226 | 4887 | 61304685 | 501543 | 468735 | 47879 |
| 广　东 | 4.31 | 2.75 | 17453 | 10928 | 142568951 | 1938428 | 1891048 | 134326 |
| 广　西 | 3.33 | 1.26 | 6643 | 4334 | 21933035 | 477477 | 459831 | 30570 |
| 海　南 | 0.40 | 0.15 | 1609 | 976 | 5986456 | 159215 | 152700 | 59169 |
| 重　庆 | 2.68 | 0.14 | 4667 | 3474 | 28312909 | 302544 | 286557 | 30857 |
| 四　川 | 14.15 | 0.19 | 11249 | 7966 | 31838487 | 554804 | 541862 | 77839 |
| 贵　州 | 1.60 | 1.25 | 5507 | 3666 | 26428899 | 260395 | 239125 | 23717 |
| 云　南 | 3.38 | 0.54 | 7623 | 5390 | 88974206 | 354785 | 344245 | 38164 |
| 西　藏 | 0.42 | 0.01 | 1437 | 1010 | 47447 | 78466 | 76654 | 16662 |
| 陕　西 | 8.22 | 0.51 | 5884 | 4202 | 15173430 | 351644 | 336396 | 27940 |
| 甘　肃 | 2.71 | 0.21 | 5358 | 3505 | 5324724 | 314153 | 306463 | 25147 |
| 青　海 | 0.59 | 0.06 | 2194 | 1379 | 966550 | 125063 | 121782 | 7273 |
| 宁　夏 | 0.44 | 0.68 | 2303 | 1784 | 1051685 | 130339 | 123809 | 7258 |
| 新　疆 | 2.09 | 0.32 | 5631 | 4338 | 1162619 | 308930 | 299571 | 24145 |

| 中央资金 | 购书专项经费 | 上级补助收入 | 事业收入 | 经营收入 | 附属单位上缴收入 | 其他收入 | 本年支出合计(千元) | 基本支出 |
|---|---|---|---|---|---|---|---|---|
| **343698** | **2021366** | **200579** | **303302** | **56479** | **591** | **224709** | **16925802** | **9104208** |
| | | | | | | | | |
| 4105 | 77767 | 432 | 10767 | 407 | | 1736 | 651183 | 355423 |
| 3200 | 76437 | 2191 | 5075 | 375 | | 2845 | 534876 | 397585 |
| 17065 | 33683 | 280 | 79 | 45 | | 7530 | 332338 | 241163 |
| 13676 | 16965 | 835 | 340 | 229 | | 498 | 382349 | 149525 |
| 17821 | 26269 | 1712 | | | | 3412 | 375070 | 286487 |
| | | | | | | | | |
| 3463 | 58311 | 9861 | 457 | | | 279 | 535365 | 361726 |
| 7645 | 34510 | 1584 | | 154 | | 2516 | 375384 | 195031 |
| 12521 | 21492 | 685 | 927 | | | 1224 | 307235 | 210981 |
| | | | | | | | | |
| 833 | 210469 | 1775 | 81725 | 1951 | | 12351 | 1330586 | 599702 |
| 2449 | 163377 | 7532 | 8838 | 9371 | | 20490 | 1119380 | 639903 |
| 652 | 197053 | 15384 | 7364 | 2141 | | 21020 | 1291747 | 612005 |
| 10410 | 38903 | 11295 | 921 | | | 4273 | 350207 | 211051 |
| 3983 | 76220 | 19499 | 6591 | 2906 | | 12701 | 552506 | 222475 |
| 8131 | 34774 | 18925 | 1524 | | 11 | 5420 | 299882 | 174352 |
| 10939 | 89477 | 3812 | 445 | | | 12503 | 693313 | 412437 |
| | | | | | | | | |
| 17910 | 37242 | 975 | 274 | 1808 | 5 | 1359 | 423218 | 278098 |
| 8578 | 92176 | 13040 | 834 | | | 12458 | 582956 | 321073 |
| 15351 | 40802 | 5360 | 2116 | 1116 | 100 | 24116 | 441800 | 271932 |
| 6277 | 271084 | 29138 | 5939 | | | 12303 | 1957141 | 907803 |
| 17558 | 44345 | 12319 | 626 | 140 | | 4561 | 459915 | 164633 |
| 1151 | 7205 | 799 | | | | 5716 | 176046 | 86401 |
| | | | | | | | | |
| 15580 | 35788 | 4233 | 6395 | | | 5359 | 311177 | 150897 |
| 37600 | 62727 | 9010 | 1900 | | | 2032 | 550648 | 280669 |
| 12032 | 17918 | 8856 | 1452 | 170 | 470 | 10322 | 251160 | 143439 |
| 27086 | 25312 | 2644 | 239 | 3233 | | 4424 | 359513 | 247292 |
| 12388 | 5179 | 1480 | 153 | | | 179 | 69277 | 32378 |
| | | | | | | | | |
| 17800 | 35288 | 5881 | 1736 | 756 | | 6875 | 360198 | 200965 |
| 18715 | 22847 | 3400 | 2265 | 704 | | 1321 | 309068 | 164589 |
| 794 | 7366 | 2534 | 180 | 5 | 5 | 557 | 124395 | 74769 |
| 2440 | 8561 | 3068 | 366 | | | 3096 | 149813 | 78715 |
| 15545 | 11819 | 2040 | 2304 | | | 5015 | 302231 | 157375 |

续表 3

| 地　区 | 项目支出 | 经营支出 | 在支出合计中：工资福利支出 | 商品和服务支出 | 差旅费 | 劳务费 | 福利费 | 各种税金支出 |
|---|---|---|---|---|---|---|---|---|
| **总　计** | **7506313** | **21426** | **5686956** | **4054385** | **89535** | **325131** | **49683** | **15578** |
| 北　京 | 295444 | 270 | 234043 | 243235 | 587 | 4701 | 2739 | 515 |
| 天　津 | 137150 | 4 | 150055 | 143693 | 542 | 5966 | 2169 | 836 |
| 河　北 | 86441 | 90 | 136532 | 53746 | 1229 | 2138 | 1072 | 68 |
| 山　西 | 227321 | 929 | 105474 | 44916 | 1420 | 5801 | 491 | 52 |
| 内蒙古 | 83032 | | 161841 | 77778 | 3790 | 5865 | 972 | 109 |
| 辽　宁 | 165271 | 10 | 213734 | 133829 | 1925 | 8508 | 176 | 512 |
| 吉　林 | 175905 | 154 | 114834 | 72016 | 2073 | 7903 | 208 | |
| 黑龙江 | 92121 | 50 | 119308 | 58109 | 2234 | 2199 | 282 | 9 |
| 上　海 | 729443 | 1439 | 401358 | 384793 | 6123 | 8398 | 6461 | 1306 |
| 江　苏 | 473392 | 2327 | 367685 | 236753 | 7369 | 29254 | 2478 | 1486 |
| 浙　江 | 667124 | 1699 | 443074 | 316093 | 4548 | 44255 | 13287 | 1077 |
| 安　徽 | 122591 | 120 | 125315 | 74820 | 2788 | 6263 | 507 | 208 |
| 福　建 | 317913 | 1652 | 152938 | 128873 | 1588 | 16459 | 779 | 169 |
| 江　西 | 111417 | 55 | 104162 | 61962 | 2943 | 5555 | 1780 | 188 |
| 山　东 | 263806 | 14 | 258754 | 123181 | 2684 | 11119 | 1460 | 25 |
| 河　南 | 134371 | 1865 | 196604 | 69691 | 2175 | 10423 | 1184 | 292 |
| 湖　北 | 247284 | | 215130 | 115314 | 3015 | 11968 | 1656 | 1207 |
| 湖　南 | 145678 | 1118 | 187349 | 90319 | 3153 | 10259 | 1548 | 175 |
| 广　东 | 1035564 | 20 | 573201 | 476924 | 3455 | 46366 | 4233 | 4494 |
| 广　西 | 288696 | 394 | 138644 | 76983 | 3967 | 3346 | 370 | 351 |
| 海　南 | 66460 | | 28861 | 67151 | 815 | 4010 | 4 | 14 |
| 重　庆 | 155583 | 22 | 95779 | 92242 | 8396 | 15548 | 804 | 364 |
| 四　川 | 264452 | 59 | 216496 | 154206 | 6674 | 18125 | 1858 | 54 |
| 贵　州 | 84191 | 595 | 90351 | 51014 | 1656 | 2903 | 429 | 40 |
| 云　南 | 104100 | 3062 | 188933 | 73440 | 3252 | 6764 | 672 | 51 |
| 西　藏 | 33977 | 12 | 21141 | 14867 | 297 | 46 | | |
| 陕　西 | 151481 | 987 | 145801 | 64408 | 2102 | 4768 | 463 | 69 |
| 甘　肃 | 127152 | 362 | 93886 | 97393 | 1941 | 6773 | 629 | 696 |
| 青　海 | 49437 | 10 | 41645 | 18124 | 606 | 1651 | 74 | 85 |
| 宁　夏 | 44045 | 50 | 50579 | 21240 | 720 | 3239 | 33 | 4 |
| 新　疆 | 136978 | 60 | 94851 | 83335 | 2161 | 5575 | 513 | 297 |

| 对个人和家庭补助支出 | 抚恤金和生活补助 | 其他资本性支出 | 各种设备购置费 | 新增藏量购置费 | 新增数字资源购置费 | 资产总计(千元) | 固定资产原值 | 实际使用公用房屋建筑面积(万平方米) |
|---|---|---|---|---|---|---|---|---|
| **1639221** | **61901** | **4014828** | **3254179** | **1912640** | **452422** | **63014509** | **46798546** | **1515.27** |
| 47809 | 995 | 117641 | 103791 | 62047 | 11589 | 2730704 | 1958186 | 30.02 |
| 65938 | 637 | 161526 | 154208 | 107052 | 16941 | 1131618 | 936538 | 32.56 |
| 34496 | 1405 | 71370 | 60316 | 43033 | 7842 | 1054410 | 750923 | 49.28 |
| 22508 | 479 | 166566 | 83399 | 16721 | 14306 | 855528 | 714391 | 51.28 |
| 63064 | 3075 | 56554 | 49709 | 29237 | 5651 | 1461836 | 1166830 | 40.65 |
| 82024 | 9164 | 94930 | 77360 | 53320 | 16758 | 2614999 | 2262333 | 58.00 |
| 57431 | 2152 | 82195 | 54882 | 26385 | 7673 | 779822 | 662952 | 28.77 |
| 63911 | 2179 | 52833 | 44436 | 21098 | 3976 | 883914 | 822957 | 32.65 |
| 27378 | 2814 | 213999 | 188114 | 139794 | 24194 | 6509483 | 4873393 | 42.90 |
| 149280 | 2598 | 340444 | 241561 | 159256 | 29017 | 4001910 | 3321185 | 122.40 |
| 63859 | 1327 | 389883 | 273227 | 184837 | 31858 | 3477535 | 2752825 | 107.71 |
| 43339 | 1500 | 80776 | 61047 | 29368 | 8647 | 1069756 | 902156 | 47.90 |
| 25355 | 491 | 222647 | 186342 | 69740 | 14069 | 1422545 | 1207666 | 50.92 |
| 26889 | 1266 | 75443 | 66291 | 32561 | 9116 | 1116415 | 993745 | 40.22 |
| 76559 | 3645 | 186179 | 156298 | 96889 | 23344 | 1939821 | 1723191 | 110.75 |
| 26862 | 1446 | 112942 | 96463 | 43874 | 14209 | 1777648 | 1441105 | 61.40 |
| 61342 | 2087 | 160225 | 132548 | 83576 | 22215 | 2416359 | 2140409 | 74.24 |
| 36189 | 2679 | 104111 | 83760 | 43349 | 10452 | 1827599 | 1629559 | 47.17 |
| 246547 | 2314 | 461018 | 416105 | 264221 | 64477 | 5966245 | 5414141 | 134.02 |
| 21107 | 1807 | 112993 | 101961 | 40165 | 14535 | 1158506 | 835209 | 42.25 |
| 3167 | | 23474 | 19161 | 9380 | 4650 | 227857 | 195956 | 8.40 |
| 21770 | 993 | 74581 | 65665 | 24456 | 17088 | 4237206 | 679673 | 34.01 |
| 32030 | 2871 | 111783 | 84256 | 51277 | 14541 | 1687210 | 1202799 | 62.80 |
| 20854 | 1804 | 52384 | 44496 | 28233 | 9461 | 930580 | 641513 | 25.70 |
| 25282 | 2354 | 45266 | 36905 | 23214 | 2458 | 1187392 | 1029169 | 40.47 |
| 2208 | | 26498 | 6662 | 3221 | 477 | 370474 | 311214 | 5.57 |
| 16845 | 2339 | 61222 | 51704 | 31569 | 8712 | 1051689 | 775642 | 28.36 |
| 46061 | 3346 | 56088 | 49740 | 23226 | 6063 | 1193612 | 916703 | 28.42 |
| 11919 | 316 | 39258 | 36588 | 3494 | 1942 | 266078 | 163937 | 7.65 |
| 10963 | 509 | 38674 | 20313 | 14489 | 1750 | 788112 | 366804 | 13.33 |
| 17810 | 1180 | 28570 | 20096 | 14869 | 1701 | 863264 | 470229 | 27.70 |

续表 4

| 地　区 | 书库面积 | 阅览室面积 | 书刊阅览室面积 | 电子阅览室面积 | 实际拥有产权面积（万平方米） | 阅览室座席数（个） | 少儿阅览室座席数 |
|---|---|---|---|---|---|---|---|
| **总　计** | **302.71** | **433.48** | **316.58** | **61.73** | **883.09** | **1064163** | **256151** |
| 北　京 | 6.02 | 7.60 | 6.12 | 0.77 | 9.63 | 17637 | 3450 |
| 天　津 | 6.74 | 9.85 | 6.55 | 0.93 | 4.57 | 17242 | 3807 |
| 河　北 | 10.18 | 15.56 | 12.17 | 2.19 | 32.89 | 40683 | 8717 |
| 山　西 | 8.82 | 15.85 | 10.86 | 2.80 | 48.15 | 33917 | 6451 |
| 内蒙古 | 6.24 | 12.06 | 8.94 | 2.30 | 18.47 | 31973 | 7248 |
| 辽　宁 | 10.54 | 15.99 | 11.80 | 2.33 | 31.10 | 38011 | 8318 |
| 吉　林 | 4.63 | 8.77 | 6.95 | 1.04 | 15.13 | 21430 | 4301 |
| 黑龙江 | 5.54 | 9.24 | 6.04 | 1.58 | 12.53 | 28168 | 6789 |
| 上　海 | 9.52 | 10.71 | 9.17 | 0.88 | 28.17 | 22684 | 4739 |
| 江　苏 | 17.42 | 32.39 | 22.75 | 2.86 | 60.75 | 65425 | 16699 |
| 浙　江 | 18.95 | 30.90 | 21.17 | 3.51 | 46.57 | 68536 | 16408 |
| 安　徽 | 8.97 | 15.04 | 11.24 | 2.20 | 32.68 | 39852 | 10652 |
| 福　建 | 11.27 | 16.00 | 12.91 | 1.46 | 30.57 | 37364 | 9731 |
| 江　西 | 11.08 | 13.04 | 8.83 | 1.94 | 22.48 | 36248 | 10707 |
| 山　东 | 21.93 | 25.63 | 18.40 | 3.54 | 48.40 | 62878 | 14023 |
| 河　南 | 13.63 | 16.83 | 12.52 | 2.99 | 39.52 | 50101 | 12384 |
| 湖　北 | 16.61 | 22.02 | 15.59 | 4.00 | 54.42 | 44751 | 10684 |
| 湖　南 | 13.00 | 11.83 | 8.45 | 2.41 | 38.60 | 38091 | 12297 |
| 广　东 | 22.75 | 41.41 | 33.78 | 5.10 | 63.92 | 95355 | 22658 |
| 广　西 | 9.90 | 10.74 | 7.82 | 1.70 | 24.37 | 32677 | 9475 |
| 海　南 | 2.06 | 3.09 | 2.68 | 0.32 | 7.04 | 6039 | 1441 |
| 重　庆 | 6.52 | 10.05 | 7.04 | 1.22 | 23.69 | 27622 | 6280 |
| 四　川 | 12.86 | 21.93 | 16.24 | 3.71 | 44.04 | 55179 | 13012 |
| 贵　州 | 7.35 | 8.21 | 5.81 | 1.30 | 21.00 | 24559 | 5738 |
| 云　南 | 10.41 | 11.28 | 6.93 | 2.44 | 29.56 | 30971 | 7699 |
| 西　藏 | 1.19 | 1.24 | 0.72 | 0.39 | 4.01 | 2939 | 312 |
| 陕　西 | 6.02 | 9.19 | 6.90 | 1.57 | 18.54 | 23741 | 5725 |
| 甘　肃 | 5.57 | 6.82 | 4.80 | 1.22 | 19.16 | 21726 | 5968 |
| 青　海 | 1.53 | 2.79 | 1.91 | 0.50 | 3.33 | 4352 | 939 |
| 宁　夏 | 2.83 | 4.34 | 3.03 | 0.77 | 9.53 | 11963 | 2005 |
| 新　疆 | 5.70 | 9.65 | 5.80 | 1.67 | 12.45 | 26622 | 7194 |

| 盲人阅览室座席数 | 志愿者服务队伍数(个) | 志愿者服务队伍人数(人) | 图书馆延伸服务情况 | | | |
|---|---|---|---|---|---|---|
| | | | 流动图书车数(辆) | 流动服务书刊借阅人次(万人次) | 流动图书车书刊借阅册次(万册次) | 分馆数量(个) |
| **25391** | **7379** | **323431** | **2135** | **2704.02** | **4669.58** | **19239** |
| 229 | 81 | 7332 | 17 | 12.84 | 67.34 | 332 |
| 221 | 149 | 3458 | 9 | 23.73 | 51.34 | 103 |
| 824 | 185 | 10411 | 79 | 39.19 | 68.50 | 253 |
| 1092 | 218 | 6619 | 161 | 56.81 | 83.06 | 529 |
| 811 | 70 | 2817 | 51 | 37.28 | 69.60 | 428 |
| 881 | 297 | 19860 | 28 | 253.31 | 564.15 | 1155 |
| 514 | 96 | 5482 | 22 | 61.74 | 96.68 | 268 |
| 436 | 127 | 4376 | 46 | 69.10 | 135.07 | 651 |
| 236 | 301 | 17598 | 72 | 93.66 | 134.13 | 434 |
| 1598 | 279 | 20923 | 59 | 156.64 | 250.62 | 3787 |
| 1259 | 644 | 35689 | 97 | 282.82 | 628.30 | 1259 |
| 1451 | 151 | 5312 | 30 | 76.57 | 106.65 | 1185 |
| 671 | 393 | 13320 | 19 | 57.30 | 106.98 | 824 |
| 1563 | 203 | 26205 | 42 | 132.26 | 144.16 | 537 |
| 2029 | 424 | 12987 | 46 | 110.12 | 177.20 | 1365 |
| 1240 | 328 | 6652 | 71 | 116.12 | 119.76 | 476 |
| 1101 | 793 | 5708 | 113 | 185.54 | 261.30 | 587 |
| 906 | 733 | 15435 | 54 | 61.76 | 93.48 | 507 |
| 1077 | 624 | 54440 | 306 | 233.21 | 490.89 | 1387 |
| 502 | 181 | 10068 | 86 | 52.52 | 116.71 | 144 |
| 84 | 34 | 1462 | 18 | 9.46 | 18.26 | 16 |
| 770 | 105 | 5192 | 46 | 83.24 | 153.93 | 800 |
| 1526 | 226 | 8467 | 134 | 114.83 | 174.70 | 668 |
| 894 | 101 | 3504 | 68 | 60.88 | 76.01 | 278 |
| 1090 | 154 | 3058 | 102 | 123.25 | 172.16 | 294 |
| 4 | 58 | 829 | 81 | 1.72 | 1.27 | 6 |
| 751 | 136 | 7098 | 104 | 57.52 | 86.41 | 505 |
| 636 | 139 | 2039 | 58 | 33.40 | 52.07 | 56 |
| 101 | 8 | 135 | 47 | 18.12 | 28.79 | 4 |
| 368 | 26 | 1417 | 12 | 60.17 | 95.48 | 57 |
| 514 | 114 | 5370 | 57 | 28.91 | 44.58 | 328 |

# 2017年各地区少儿

| 地区 | 机构数(个) | 从业人员(人) | | | | | 总藏量(万册) | |
|---|---|---|---|---|---|---|---|---|
| | | | 专业技术人才 | | | | | 图书 |
| | | | | 正高级职称 | 副高级职称 | 中级职称 | | |
| **总计** | **122** | **2544** | **1858** | **49** | **293** | **791** | **4368.53** | **3842.93** |
| 北京 | 3 | 77 | 52 | 2 | 2 | 13 | 101.14 | 70.15 |
| 天津 | 11 | 175 | 155 | 2 | 23 | 51 | 319.09 | 302.03 |
| 河北 | 1 | 7 | 6 | | 2 | 2 | 34.41 | 34.41 |
| 山西 | 1 | 10 | 9 | 1 | | 4 | 12.67 | 10.00 |
| 内蒙古 | 1 | 12 | 12 | | 3 | 4 | 16.26 | 14.11 |
| 辽宁 | 16 | 267 | 214 | 8 | 36 | 124 | 452.50 | 426.20 |
| 吉林 | 5 | 323 | 238 | 15 | 65 | 85 | 587.76 | 483.53 |
| 黑龙江 | 1 | 11 | 11 | 1 | 1 | 6 | 4.67 | 2.16 |
| 上海 | 4 | 70 | 51 | | 6 | 28 | 180.96 | 147.69 |
| 江苏 | 7 | 108 | 58 | 2 | 9 | 23 | 160.58 | 147.06 |
| 浙江 | 5 | 193 | 149 | 5 | 21 | 59 | 373.75 | 313.72 |
| 安徽 | 12 | 81 | 55 | 1 | 3 | 22 | 93.12 | 78.70 |
| 福建 | 5 | 84 | 66 | | 10 | 24 | 186.96 | 168.57 |
| 江西 | | | | | | | | |
| 山东 | 1 | 58 | 54 | | 9 | 23 | 61.15 | 60.70 |
| 河南 | 7 | 124 | 89 | | 9 | 25 | 140.95 | 119.49 |
| 湖北 | 5 | 69 | 57 | 1 | 7 | 26 | 177.32 | 136.27 |
| 湖南 | 8 | 157 | 102 | | 13 | 59 | 201.37 | 178.82 |
| 广东 | 5 | 220 | 137 | 2 | 21 | 60 | 635.54 | 603.37 |
| 广西 | 3 | 69 | 52 | | 9 | 30 | 119.71 | 111.21 |
| 海南 | 1 | 3 | 1 | | | 1 | 4.15 | 4.15 |
| 重庆 | 2 | 98 | 66 | 5 | 11 | 29 | 140.41 | 127.42 |
| 四川 | 1 | 7 | 5 | | 1 | 2 | 6.48 | 6.40 |
| 贵州 | 2 | 9 | 7 | | | 1 | 15.23 | 11.26 |
| 云南 | 4 | 65 | 64 | 1 | 12 | 32 | 75.24 | 61.21 |
| 西藏 | 1 | 8 | 8 | | | | 16.68 | 16.49 |
| 陕西 | 3 | 35 | 30 | | 2 | 15 | 29.93 | 26.04 |
| 甘肃 | 6 | 69 | 39 | | 3 | 10 | 46.95 | 44.16 |
| 青海 | 1 | 135 | 71 | 3 | 15 | 33 | 173.57 | 137.65 |
| 宁夏 | | | | | | | | |
| 新疆 | | | | | | | | |

# 图书馆基本情况

| 盲文图书 | 古籍 | 善本 | 报刊 | 视听文献 | 缩微制品 | 其他 | 在藏量中 | | 电子图书（万册） |
|---|---|---|---|---|---|---|---|---|---|
| | | | | | | | 开架书刊 | 少儿文献 | |
| **2.88** | **44.60** | **6.97** | **211.27** | **141.77** | **2.89** | **125.07** | **2419.71** | **2081.91** | **1613.34** |
| | | | 1.02 | 9.55 | | 20.42 | 65.13 | 30.07 | 209.64 |
| 0.16 | | | 2.56 | 4.14 | 0.05 | 10.32 | 225.78 | 147.95 | 25.92 |
| | | | | | | | 19.40 | 19.40 | 0.05 |
| | | | 2.67 | | | | 12.67 | 9.65 | 0.71 |
| | | | 1.82 | 0.14 | | 0.20 | 1.80 | 0.30 | |
| 0.14 | 0.72 | 0.02 | 5.53 | 10.19 | | 9.87 | 322.10 | 212.66 | 113.49 |
| 0.34 | 23.14 | 5.35 | 62.18 | 4.53 | 2.58 | 11.80 | 166.81 | 110.13 | 175.95 |
| | | | 0.32 | 0.05 | | 2.14 | 2.16 | | |
| 0.10 | | | 1.68 | 23.20 | | 8.38 | 129.07 | 134.69 | 35.79 |
| 0.10 | | | 5.50 | 4.61 | | 3.42 | 136.41 | 114.52 | 28.15 |
| 0.09 | 0.08 | | 15.38 | 17.53 | | 27.05 | 265.40 | 106.70 | 128.99 |
| 0.08 | | | 8.28 | 2.07 | | 4.06 | 57.91 | 49.55 | 206.91 |
| 0.35 | | | 16.33 | 2.06 | | | 179.73 | 160.67 | 58.73 |
| 0.06 | 0.21 | 0.11 | 0.12 | 0.12 | | 0.01 | 13.00 | 6.00 | 24.30 |
| 0.09 | 0.50 | 0.10 | 15.76 | 5.01 | | 0.20 | 116.07 | 87.06 | 196.46 |
| 0.38 | 3.89 | 0.34 | 4.54 | 11.42 | 0.20 | 21.00 | 90.07 | 8.77 | 66.67 |
| 0.38 | 0.09 | | 13.97 | 6.79 | 0.01 | 1.69 | 187.54 | 163.53 | 12.02 |
| 0.21 | | | 1.79 | 30.34 | | 0.04 | 137.62 | 578.80 | 47.38 |
| 0.02 | | | 6.59 | 1.91 | | | 87.77 | 46.77 | 107.06 |
| | | | | | | | | | 0.30 |
| | 1.25 | 0.02 | 6.20 | 4.65 | | 0.90 | 63.63 | 56.97 | 46.35 |
| 0.00 | | | 0.02 | 0.06 | | | 2.77 | 3.72 | 0.49 |
| | | | 1.43 | 1.62 | | 0.92 | 3.30 | 2.80 | 7.18 |
| 0.14 | 1.34 | | 11.61 | 1.06 | | 0.02 | 56.07 | 18.85 | 4.77 |
| 0.10 | 0.01 | 0.01 | 0.01 | 0.02 | | 0.15 | 8.50 | | 0.20 |
| 0.02 | 1.43 | 0.02 | 2.21 | 0.16 | | 0.09 | 13.80 | 7.24 | 112.46 |
| 0.06 | 0.46 | | 1.73 | 0.09 | | 0.51 | 19.60 | 3.67 | 2.38 |
| 0.08 | 11.48 | 1.00 | 22.04 | 0.47 | 0.05 | 1.89 | 35.65 | 1.44 | 1.00 |

续表 1

| 地　区 | | | | 书架单层总长度（米） | 本年新购藏量（万册） | 本年新增电子图书（万册） | 当年购买的报刊种类（种） | 有效借书证数（个） |
|---|---|---|---|---|---|---|---|---|
| | 本馆自建 | 本馆外购 | 免费共享 | | | | | |
| **总　计** | **27.96** | **1004.79** | **580.59** | **393258** | **321.59** | **279.11** | **39722** | **3609082** |
| 北　京 | 0.39 | 22.42 | 186.83 | 11820 | 5.87 | 6.52 | 841 | 88131 |
| 天　津 | 0.02 | 25.90 | | 8811 | 33.14 | 19.19 | 1787 | 83127 |
| 河　北 | 0.05 | | | 1537 | 5.39 | | 186 | 80000 |
| 山　西 | | 0.71 | | 900 | 0.10 | | 63 | 5321 |
| 内蒙古 | | | | 2045 | 0.21 | | 83 | 2200 |
| 辽　宁 | 2.66 | 95.83 | 15.00 | 33323 | 31.49 | 9.59 | 3847 | 278558 |
| 吉　林 | | 173.44 | 2.52 | 107396 | 20.03 | 0.93 | 5097 | 206426 |
| 黑龙江 | | | | 482 | 0.24 | | 80 | 320 |
| 上　海 | | 35.79 | | 15317 | 13.58 | 1.76 | 1087 | 45936 |
| 江　苏 | | 26.95 | 1.20 | 21066 | 15.36 | 18.89 | 1958 | 146393 |
| 浙　江 | 0.08 | 108.79 | 20.13 | 21626 | 30.71 | 83.74 | 3280 | 270120 |
| 安　徽 | 12.59 | 136.32 | 58.00 | 5240 | 6.56 | 63.57 | 2393 | 71472 |
| 福　建 | 0.20 | 48.53 | 10.00 | 8354 | 10.27 | 7.96 | 2597 | 1079047 |
| 江　西 | | | | | | | | |
| 山　东 | | 9.30 | 15.00 | 5600 | 1.51 | | 1185 | 28015 |
| 河　南 | | 96.46 | 100.00 | 5892 | 36.37 | 2.27 | 2380 | 136224 |
| 湖　北 | 10.29 | 39.49 | 16.89 | 8658 | 18.22 | 2.96 | 1145 | 50224 |
| 湖　南 | 1.00 | 11.02 | 0.01 | 16161 | 7.46 | 1.05 | 2588 | 193778 |
| 广　东 | 0.08 | 46.50 | 0.80 | 26133 | 55.77 | 2.39 | 2095 | 585902 |
| 广　西 | 0.06 | 65.70 | 41.30 | 9252 | 10.15 | 40.48 | 1323 | 82629 |
| 海　南 | | 0.30 | | | | | | 577 |
| 重　庆 | 0.30 | 46.06 | | 7522 | 4.53 | 14.61 | 854 | 40866 |
| 四　川 | | 0.49 | | 138 | 0.72 | | 240 | 10902 |
| 贵　州 | 0.26 | 6.91 | 0.01 | 5027 | 1.75 | 1.46 | 137 | 20344 |
| 云　南 | | 4.43 | 0.35 | 15426 | 4.45 | 1.35 | 1275 | 32132 |
| 西　藏 | | 0.20 | | 1 | | 0.20 | 487 | |
| 陕　西 | | 0.20 | 112.26 | 3466 | 1.11 | | 572 | 2923 |
| 甘　肃 | | 2.07 | 0.31 | 4005 | 4.52 | 0.20 | 694 | 14095 |
| 青　海 | | 1.00 | | 48060 | 2.10 | | 1448 | 53420 |
| 宁　夏 | | | | | | | | |
| 新　疆 | | | | | | | | |

| 总流通人次（万人次） | 书刊文献外借人次 | 书刊文献外借册次（万册次） | 为读者举办各种活动 | | | | | |
|---|---|---|---|---|---|---|---|---|
| | | | 组织各类讲座次数（次） | 参加人次（万人次） | 举办展览（个） | 参加人次（万人次） | 举办培训班（个） | 培训人次（万人次） |
| **3167.95** | **1280.52** | **3655.22** | **6592** | **83.30** | **1292** | **352.04** | **4710** | **23.38** |
| | | | | | | | | |
| 29.49 | 12.64 | 49.37 | 212 | 0.80 | 10 | 5.10 | 55 | 0.38 |
| 141.20 | 98.18 | 174.20 | 227 | 2.71 | 117 | 17.32 | 79 | 0.35 |
| 80.00 | 25.00 | 28.45 | 40 | 0.10 | 25 | 2.00 | 100 | 0.20 |
| 8.31 | 8.31 | 8.31 | | | 5 | 1.10 | | |
| 2.50 | 0.25 | 0.35 | 6 | 0.02 | 7 | 0.04 | 3 | 0.01 |
| | | | | | | | | |
| 281.35 | 126.67 | 351.16 | 351 | 6.03 | 75 | 10.71 | 1072 | 1.76 |
| 208.50 | 83.47 | 175.55 | 117 | 1.24 | 31 | 13.30 | 6 | 0.03 |
| 0.56 | 0.26 | 0.96 | 1 | 0.02 | 2 | 0.04 | 1 | 0.00 |
| | | | | | | | | |
| 105.99 | 54.95 | 289.90 | 190 | 0.83 | 27 | 5.23 | 329 | 0.99 |
| 221.50 | 122.86 | 206.49 | 165 | 2.62 | 51 | 8.17 | 403 | 0.81 |
| 481.86 | 148.78 | 473.10 | 491 | 8.27 | 81 | 37.24 | 659 | 8.45 |
| 148.43 | 75.33 | 129.84 | 327 | 5.11 | 41 | 4.64 | 195 | 1.01 |
| 175.12 | 68.75 | 304.11 | 195 | 4.26 | 214 | 14.12 | 67 | 0.29 |
| | | | | | | | | |
| 32.00 | 11.55 | 31.08 | 40 | 0.16 | 20 | 6.00 | 50 | 0.20 |
| | | | | | | | | |
| 230.64 | 147.47 | 229.85 | 1302 | 32.30 | 187 | 22.48 | 736 | 3.44 |
| 120.91 | 26.95 | 107.50 | 298 | 1.61 | 78 | 3.26 | 334 | 0.23 |
| 184.48 | 34.10 | 106.47 | 91 | 1.20 | 67 | 7.46 | 56 | 0.57 |
| 322.25 | 103.77 | 756.39 | 2205 | 11.07 | 110 | 176.21 | 149 | 2.97 |
| 129.71 | 28.81 | 70.84 | 63 | 0.56 | 43 | 6.11 | 63 | 0.59 |
| | | | 3 | 0.02 | 5 | 0.13 | 2 | 0.02 |
| | | | | | | | | |
| 80.65 | 44.17 | 53.25 | 45 | 0.22 | 16 | 2.09 | 147 | 0.80 |
| 15.16 | 5.90 | 6.04 | 13 | 0.35 | 12 | 4.24 | 16 | 0.01 |
| 9.30 | 5.54 | 8.39 | 20 | 0.42 | 4 | 0.40 | 8 | 0.03 |
| 42.04 | 10.82 | 38.69 | 52 | 0.34 | 21 | 2.37 | 8 | 0.07 |
| 3.63 | 0.20 | 0.30 | 2 | 0.02 | 3 | 0.10 | 150 | |
| | | | | | | | | |
| 34.32 | 22.97 | 31.82 | 77 | 2.21 | 12 | 0.70 | 14 | 0.09 |
| 30.06 | 9.21 | 11.37 | 36 | 0.39 | 14 | 0.50 | 5 | 0.06 |
| 48.00 | 3.64 | 11.43 | 23 | 0.42 | 14 | 1.00 | 3 | 0.02 |

续表 2

| 地　区 | 开展基层培训辅导人次（万人次） | 本单位受训人次（万人次） | 计算机（台） | 供读者使用电子阅览室终端数 | 图书馆网站访问量（页次） | 本年收入合计（千元） | 财政补贴收入 | 免费开放资金 |
|---|---|---|---|---|---|---|---|---|
| **总　计** | **2.67** | **1.80** | **7802** | **4399** | **33884815** | **802862** | **782948** | **102639** |
| 北　京 | 0.10 | 0.12 | 243 | 124 | 4701066 | 25649 | 25566 | 1000 |
| 天　津 | 0.21 | 0.08 | 555 | 357 | 584879 | 65417 | 65374 | 3841 |
| 河　北 | | | 11 | 6 | | 1810 | 1810 | 250 |
| 山　西 | | | 31 | 20 | | 2668 | 2668 | 500 |
| 内蒙古 | 0.00 | 0.00 | 53 | 30 | 12721 | 2462 | 2462 | 200 |
| 辽　宁 | 0.25 | 0.19 | 779 | 453 | 997617 | 60882 | 60879 | 1240 |
| 吉　林 | 0.56 | 0.02 | 1052 | 534 | 2000962 | 82809 | 80664 | 3260 |
| 黑龙江 | | 0.00 | 35 | 25 | | 927 | 927 | 100 |
| 上　海 | 0.08 | 0.01 | 283 | 149 | 3342872 | 32832 | 31477 | 100 |
| 江　苏 | 0.11 | 0.10 | 313 | 218 | 899958 | 22360 | 21624 | 1360 |
| 浙　江 | 0.33 | 0.31 | 444 | 204 | 10114550 | 59228 | 54670 | 860 |
| 安　徽 | 0.34 | 0.04 | 345 | 271 | 681570 | 17196 | 16986 | 3050 |
| 福　建 | 0.02 | 0.01 | 588 | 324 | 797876 | 32624 | 30828 | 5410 |
| 江　西 | | | | | | | | |
| 山　东 | 0.00 | 0.02 | 120 | 60 | 1552544 | 12366 | 12256 | 1250 |
| 河　南 | 0.14 | 0.02 | 378 | 234 | 811524 | 34492 | 34071 | 2100 |
| 湖　北 | 0.05 | 0.02 | 165 | 84 | 314231 | 21893 | 21243 | 1000 |
| 湖　南 | 0.15 | 0.57 | 266 | 133 | 2002358 | 34540 | 33342 | 5400 |
| 广　东 | 0.04 | 0.18 | 670 | 269 | 609845 | 112224 | 112213 | 11730 |
| 广　西 | 0.11 | 0.07 | 219 | 144 | 337030 | 10527 | 10037 | 1000 |
| 海　南 | | | | | | 50000 | 50000 | 50000 |
| 重　庆 | 0.07 | 0.01 | 216 | 86 | 2793863 | 27281 | 22873 | 1540 |
| 四　川 | | | 53 | 48 | 3820 | 2261 | 2261 | 500 |
| 贵　州 | 0.00 | 0.00 | 72 | 45 | 9762 | 3296 | 2096 | 518 |
| 云　南 | 0.03 | 0.01 | 301 | 185 | 938042 | 15526 | 15526 | 1020 |
| 西　藏 | | | 75 | 50 | | 2045 | 2045 | 50 |
| 陕　西 | 0.04 | 0.02 | 118 | 107 | 324305 | 4292 | 3870 | 600 |
| 甘　肃 | 0.01 | 0.00 | 227 | 139 | 53420 | 9387 | 9387 | 860 |
| 青　海 | 0.03 | 0.01 | 190 | 100 | | 55868 | 55793 | 3900 |
| 宁　夏 | | | | | | | | |
| 新　疆 | | | | | | | | |

| 中央资金 | 购书专项经费 | 上级补助收入 | 事业收入 | 经营收入 | 其他收入 | 本年支出合计(千元) | 基本支出 |
|---|---|---|---|---|---|---|---|
| **11617** | **91550** | **9223** | **4656** | **154** | **5881** | **796078** | **462133** |
| 200 | 1282 | | 83 | | | 25623 | 16327 |
| 900 | 1865 | | 15 | | 28 | 67743 | 50762 |
| 250 | 900 | | | | | 1810 | 660 |
| 250 | 45 | | | | | 2829 | 2175 |
| 160 | 60 | | | | | 2462 | 2007 |
| 140 | 8070 | | | | 3 | 65162 | 35955 |
| 670 | 12490 | 1390 | | 154 | 601 | 90446 | 40159 |
| 100 | 80 | | | | | 934 | 709 |
| | 5237 | 239 | 1115 | | 1 | 32255 | 18462 |
| | 3750 | | | | 736 | 24580 | 9663 |
| | 6599 | 3250 | | | 1308 | 56754 | 34852 |
| 1550 | 4356 | 210 | | | | 17211 | 8990 |
| 1073 | 4850 | 1794 | | | 2 | 32379 | 15862 |
| | 800 | 100 | | | 10 | 12256 | 9662 |
| 1050 | 5440 | 200 | | | 221 | 32510 | 12861 |
| 525 | 3470 | 570 | | | 80 | 21711 | 14081 |
| 800 | 4450 | 315 | 33 | | 850 | 32010 | 21712 |
| 435 | 18100 | | | | 11 | 112177 | 54907 |
| 800 | 1110 | 420 | | | 70 | 10423 | 5433 |
| | | | | | | 50000 | 50000 |
| 400 | 2300 | 480 | 3410 | | 518 | 24373 | 14463 |
| 400 | 200 | | | | | 2261 | 1061 |
| 418 | 306 | | | | 1200 | 2219 | 820 |
| 416 | 1000 | | | | | 14355 | 9661 |
| 40 | | | | | | 1923 | 1478 |
| 480 | 390 | 180 | | | 242 | 3945 | 3300 |
| 560 | 400 | | | | | 10259 | 7397 |
| | 4000 | 75 | | | | 45468 | 18714 |

续表 3

| 地　　区 | 项目支出 | 经营支出 | 在支出合计中： | | | | | |
|---|---|---|---|---|---|---|---|---|
| | | | 工资福利支出 | 商品和服务支出 | 差旅费 | 劳务费 | 福利费 | 各种税金支出 |
| **总　　计** | **322379** | **172** | **261481** | **167011** | **3775** | **18811** | **2044** | **1154** |
| 北　　京 | 9296 | | 11915 | 8004 | 18 | 86 | 34 | |
| 天　　津 | 16980 | | 23814 | 9591 | 83 | 389 | 266 | 105 |
| 河　　北 | 1150 | | 660 | 250 | | | | |
| 山　　西 | 654 | | 969 | 854 | 13 | 282 | 25 | |
| 内 蒙 古 | 455 | | 1158 | 484 | | | | |
| 辽　　宁 | 27363 | | 23170 | 14122 | 263 | 1638 | 47 | 421 |
| 吉　　林 | 50133 | 154 | 20985 | 34871 | 816 | 2385 | 10 | |
| 黑 龙 江 | 225 | | 659 | 225 | 9 | 8 | | 4 |
| 上　　海 | 13792 | | 6028 | 4842 | 52 | 125 | 190 | |
| 江　　苏 | 14917 | | 6965 | 7609 | 467 | 2432 | 95 | 22 |
| 浙　　江 | 21901 | | 26546 | 16713 | 228 | 3270 | 750 | 2 |
| 安　　徽 | 2382 | 18 | 6415 | 3686 | 149 | 227 | 16 | |
| 福　　建 | 16517 | | 10417 | 10362 | 153 | 2407 | | |
| 江　　西 | | | | | | | | |
| 山　　东 | 2594 | | 4329 | 362 | 47 | 308 | 7 | |
| 河　　南 | 19457 | | 9732 | 2926 | 94 | 566 | 65 | |
| 湖　　北 | 7630 | | 8642 | 4436 | 170 | 366 | 8 | 12 |
| 湖　　南 | 10298 | | 14310 | 6212 | 349 | 765 | 64 | |
| 广　　东 | 54991 | | 38874 | 20671 | 281 | 626 | 407 | 246 |
| 广　　西 | 4990 | | 6027 | 2259 | 115 | 84 | 13 | |
| 海　　南 | | | 150 | | | | | |
| 重　　庆 | 9910 | | 10371 | 5785 | 75 | 881 | | 330 |
| 四　　川 | 1200 | | 937 | 313 | 7 | 302 | 4 | |
| 贵　　州 | 1399 | | 683 | 788 | 20 | 104 | 5 | |
| 云　　南 | 4694 | | 7636 | 2874 | 56 | 73 | 2 | 12 |
| 西　　藏 | 45 | | 1098 | 508 | 14 | 11 | | |
| 陕　　西 | 224 | | 2395 | 634 | 64 | 166 | 35 | |
| 甘　　肃 | 2428 | | 4559 | 2001 | 67 | 206 | 1 | |
| 青　　海 | 26754 | | 12037 | 5629 | 165 | 1104 | | |
| 宁　　夏 | | | | | | | | |
| 新　　疆 | | | | | | | | |

| 对个人和家庭补助支出 | 抚恤金和生活补助 | 其他资本性支出 | 各种设备购置费 | 新增藏量购置费 | 新增数字资源购置费 | 资产总计(千元) | 固定资产原值 | 实际使用公用房屋建筑面积(万平方米) |
|---|---|---|---|---|---|---|---|---|
| **84154** | **3447** | **181770** | **150802** | **83594** | **23063** | **1980509** | **1552912** | **46.80** |
| | | | | | | | | |
| 2179 | | 2734 | 1840 | 1623 | 217 | 58343 | 51952 | 1.03 |
| 11304 | 114 | 16708 | 16281 | 9930 | 4008 | 181889 | 162480 | 2.34 |
| | | 900 | 900 | 900 | | 3038 | 3038 | 0.12 |
| 636 | | 370 | 370 | 28 | 274 | 2238 | 1976 | 0.08 |
| 727 | | 93 | 93 | 93 | | 1254 | 1089 | 0.23 |
| | | | | | | | | |
| 9098 | 1524 | 15134 | 7585 | 5354 | 950 | 188106 | 141280 | 3.83 |
| 14703 | 788 | 19821 | 17791 | 9055 | 3446 | 219763 | 185508 | 7.30 |
| | | 50 | 50 | 50 | | 212 | 212 | 0.05 |
| | | | | | | | | |
| 988 | 127 | 7793 | 7141 | 4886 | 1341 | 70070 | 60889 | 1.45 |
| 1167 | | 8839 | 5229 | 3420 | 525 | 119387 | 65137 | 2.88 |
| 4816 | 24 | 8316 | 7050 | 6408 | 130 | 126363 | 94691 | 3.60 |
| 789 | | 4976 | 4445 | 1585 | 896 | 45756 | 41526 | 1.48 |
| 1968 | | 8632 | 6790 | 3858 | 1021 | 74957 | 51158 | 2.88 |
| | | | | | | | | |
| 3557 | 122 | 800 | 800 | 800 | | 18203 | 18203 | 1.98 |
| | | | | | | | | |
| 577 | 96 | 18297 | 12385 | 8542 | 2654 | 72460 | 61449 | 2.29 |
| 3821 | 199 | 4709 | 4664 | 2306 | 1297 | 78178 | 71362 | 1.20 |
| 3095 | 9 | 7853 | 3855 | 1798 | 1484 | 57573 | 38268 | 2.35 |
| 13011 | 108 | 23378 | 21871 | 17000 | 2300 | 339041 | 285378 | 4.18 |
| 784 | 152 | 1353 | 1236 | 1050 | 110 | 26961 | 25018 | 0.98 |
| | | | | | | | | 0.20 |
| | | | | | | | | |
| 1875 | 1 | 5258 | 5258 | 1567 | 1958 | 55652 | 50095 | 0.91 |
| | | 200 | 200 | 200 | | 2335 | 1795 | 0.19 |
| 21 | | 689 | 527 | 121 | 225 | 4746 | 3340 | 0.36 |
| 1294 | 53 | 1751 | 1495 | 1060 | 27 | 71842 | 34297 | 1.36 |
| 317 | | | | | | | | 0.47 |
| | | | | | | | | |
| 186 | 43 | 449 | 449 | 257 | 100 | 5978 | 5622 | 0.39 |
| 832 | | 1274 | 1104 | 743 | 100 | 23951 | 22962 | 1.25 |
| 6409 | 87 | 21393 | 21393 | 960 | | 132213 | 74187 | 1.43 |

续表 4

| 地区 | | | | | | | | |
|---|---|---|---|---|---|---|---|---|
| | 书库面积 | 阅览室面积 | 书刊阅览室面积 | 电子阅览室面积 | 实际拥有产权面积（万平方米） | 阅览室座席数（个） | 少儿阅览室座席数 | 盲人阅览室座席数 |
| **总　计** | **7.98** | **15.04** | **12.25** | **1.75** | **23.29** | **37558** | **27025** | **732** |
| 北　京 | 0.11 | 0.27 | 0.22 | 0.05 | 0.57 | 612 | 482 | |
| 天　津 | 0.45 | 1.12 | 0.94 | 0.09 | 0.35 | 2254 | 2169 | 30 |
| 河　北 | | 0.10 | 0.09 | 0.01 | | 200 | 200 | |
| 山　西 | 0.06 | 0.02 | 0.01 | | 0.08 | 35 | 35 | |
| 内蒙古 | 0.05 | 0.06 | 0.03 | 0.01 | 0.23 | 240 | 80 | |
| 辽　宁 | 0.47 | 0.84 | 0.65 | 0.16 | 1.78 | 2890 | 2462 | 55 |
| 吉　林 | 1.18 | 2.35 | 2.20 | 0.11 | 1.72 | 4052 | 796 | 16 |
| 黑龙江 | | 0.02 | | 0.01 | 0.05 | 90 | | |
| 上　海 | 0.24 | 0.54 | 0.47 | 0.07 | 0.48 | 1562 | 1241 | 11 |
| 江　苏 | 0.74 | 0.89 | 0.58 | 0.08 | 1.53 | 2508 | 2262 | 46 |
| 浙　江 | 0.67 | 1.39 | 1.16 | 0.20 | 1.51 | 2835 | 1928 | 12 |
| 安　徽 | 0.23 | 0.66 | 0.37 | 0.17 | 1.01 | 2080 | 1926 | 84 |
| 福　建 | 0.45 | 0.48 | 0.37 | 0.09 | 0.57 | 1491 | 1426 | 55 |
| 江　西 | | | | | | | | |
| 山　东 | 0.08 | 0.15 | 0.13 | 0.02 | 1.98 | 604 | 104 | 20 |
| 河　南 | 0.25 | 1.10 | 0.96 | 0.13 | 0.26 | 2594 | 1984 | 60 |
| 湖　北 | 0.43 | 0.13 | 0.06 | 0.03 | 1.04 | 983 | 719 | 14 |
| 湖　南 | 0.57 | 0.66 | 0.54 | 0.12 | 1.55 | 2058 | 2022 | 36 |
| 广　东 | 0.32 | 1.63 | 1.55 | 0.07 | 2.21 | 3126 | 2796 | 32 |
| 广　西 | 0.21 | 0.51 | 0.33 | 0.05 | 0.97 | 1284 | 1255 | 25 |
| 海　南 | 0.15 | 0.03 | | | | 192 | 96 | 12 |
| 重　庆 | 0.38 | 0.40 | 0.34 | 0.07 | 1.11 | 860 | 786 | 19 |
| 四　川 | 0.10 | 0.10 | 0.08 | 0.02 | 0.19 | 366 | 356 | 10 |
| 贵　州 | 0.04 | 0.12 | 0.11 | 0.01 | 0.32 | 578 | 472 | 106 |
| 云　南 | 0.34 | 0.47 | 0.39 | 0.04 | 1.36 | 1218 | 325 | 20 |
| 西　藏 | 0.02 | 0.11 | 0.09 | 0.02 | | 358 | 38 | 4 |
| 陕　西 | 0.05 | 0.15 | 0.11 | 0.02 | 0.47 | 437 | 294 | |
| 甘　肃 | 0.17 | 0.28 | 0.14 | 0.06 | 0.54 | 899 | 639 | 42 |
| 青　海 | 0.22 | 0.45 | 0.35 | 0.04 | 1.43 | 1152 | 132 | 23 |
| 宁　夏 | | | | | | | | |
| 新　疆 | | | | | | | | |

| 志愿者服务队伍数（个） | 志愿者服务队伍人数（人） | 图书馆延伸服务情况 | | | | 文化创意产品情况 |
|---|---|---|---|---|---|---|
| | | 流动图书车数（辆） | 流动服务书刊借阅人次（万人次） | 流动图书车书刊借阅册次（万册次） | 分馆数量（个） | 文化创意产品种类（个） |
| **781** | **29826** | **30** | **291.39** | **599.70** | **1102** | **22** |
| | | | | | | |
| 6 | 410 | 1 | 0.15 | 2.62 | | |
| 22 | 1551 | | 2.90 | 7.86 | 20 | |
| 2 | 50 | | | | | |
| | | | | | | |
| 1 | 20 | | | | 3 | |
| | | | | | | |
| 52 | 1284 | 1 | 180.75 | 408.76 | 325 | |
| 24 | 1680 | | 20.99 | 35.66 | 11 | 6 |
| 1 | 11 | | | | 8 | |
| | | | | | | |
| 15 | 368 | | | | | 4 |
| 10 | 655 | 1 | 6.57 | 9.86 | 15 | |
| 19 | 1978 | 5 | 18.77 | 55.65 | 134 | |
| 12 | 1006 | 2 | 1.02 | 1.55 | 15 | |
| 256 | 6715 | 1 | 11.85 | 14.38 | 332 | |
| | | | | | | |
| | | | | | 5 | |
| | | | | | | |
| 26 | 868 | 4 | 30.27 | 8.75 | 27 | |
| 10 | 344 | 1 | 4.19 | 11.64 | 22 | 2 |
| 13 | 462 | | 0.71 | 1.88 | 63 | |
| 282 | 10487 | 1 | 1.63 | 8.95 | 54 | 10 |
| 8 | 451 | 2 | 5.96 | 24.77 | 13 | |
| 1 | 25 | | | | | |
| | | | | | | |
| 3 | 556 | 2 | 0.23 | 0.66 | 22 | |
| 1 | 20 | | | | 5 | |
| 3 | 42 | 1 | 0.46 | 0.37 | 2 | |
| 2 | 70 | | | | 12 | |
| 1 | 356 | | | | | |
| | | | | | | |
| 5 | 237 | 5 | 4.57 | 5.79 | 14 | |
| 4 | 132 | 2 | 0.36 | 0.55 | | |
| 2 | 48 | 1 | | | | |

# 2017年各地区省级

| 地区 | 机构数（个） | 从业人员（人） | 专业技术人才 | 正高级职称 | 副高级职称 | 中级职称 | 总藏量（万册） | 图书 |
|---|---|---|---|---|---|---|---|---|
| **总计** | **39** | **7580** | **6488** | **312** | **1301** | **2817** | **20447.86** | **12743.03** |
| 北京 | 1 | 347 | 329 | 11 | 42 | 146 | 844.93 | 703.02 |
| 天津 | 2 | 328 | 310 | 12 | 67 | 141 | 744.75 | 651.74 |
| 河北 | 1 | 195 | 123 | 12 | 41 | 46 | 320.49 | 257.72 |
| 山西 | 1 | 238 | 220 | 7 | 32 | 60 | 301.80 | 178.09 |
| 内蒙古 | 1 | 160 | 152 | 3 | 48 | 56 | 375.16 | 285.04 |
| 辽宁 | 1 | 226 | 208 | 17 | 52 | 91 | 675.60 | 546.84 |
| 吉林 | 1 | 236 | 163 | 11 | 45 | 52 | 471.27 | 378.02 |
| 黑龙江 | 1 | 186 | 160 | 26 | 56 | 66 | 389.06 | 302.32 |
| 上海 | 2 | 791 | 720 | 43 | 112 | 346 | 5666.60 | 1538.91 |
| 江苏 | 1 | 513 | 393 | 21 | 90 | 188 | 1178.65 | 859.52 |
| 浙江 | 1 | 277 | 250 | 12 | 51 | 120 | 690.64 | 502.95 |
| 安徽 | 1 | 172 | 136 | 4 | 26 | 62 | 341.92 | 271.28 |
| 福建 | 2 | 222 | 201 | 2 | 31 | 92 | 429.74 | 347.24 |
| 江西 | 1 | 148 | 139 | 6 | 23 | 76 | 379.77 | 252.98 |
| 山东 | 1 | 226 | 217 | 15 | 39 | 99 | 861.93 | 556.42 |
| 河南 | 2 | 213 | 182 | 9 | 42 | 67 | 397.10 | 309.48 |
| 湖北 | 1 | 299 | 282 | 12 | 55 | 76 | 801.44 | 651.25 |
| 湖南 | 2 | 304 | 285 | 3 | 41 | 128 | 596.49 | 429.43 |
| 广东 | 1 | 297 | 266 | 10 | 49 | 136 | 884.48 | 672.49 |
| 广西 | 3 | 323 | 305 | 10 | 57 | 134 | 714.54 | 570.41 |
| 海南 | 1 | 102 | 96 | 1 | 5 | 55 | 164.89 | 158.36 |
| 重庆 | 2 | 310 | 234 | 15 | 42 | 96 | 454.04 | 313.88 |
| 四川 | 1 | 307 | 183 | 2 | 34 | 56 | 538.48 | 373.70 |
| 贵州 | 1 | 152 | 119 | 5 | 35 | 58 | 232.84 | 178.65 |
| 云南 | 1 | 184 | 176 | 4 | 76 | 70 | 344.15 | 207.91 |
| 西藏 | 1 | 53 | 31 | 9 | 11 | 9 | 49.78 | 39.57 |
| 陕西 | 1 | 193 | 158 | 6 | 18 | 91 | 506.80 | 399.07 |
| 甘肃 | 1 | 220 | 175 | 9 | 24 | 84 | 451.40 | 353.31 |
| 青海 | 1 | 135 | 71 | 3 | 15 | 33 | 173.57 | 137.65 |
| 宁夏 | 1 | 134 | 125 | 6 | 26 | 42 | 216.79 | 110.02 |
| 新疆 | 1 | 89 | 79 | 6 | 16 | 41 | 248.79 | 205.78 |

# 公共图书馆基本情况

| | 古籍 | | | | | | 在藏量中 | | 电子图书（万册） |
|---|---|---|---|---|---|---|---|---|---|
| 盲文图书 | | 善本 | 报刊 | 视听文献 | 缩微制品 | 其他 | 开架书刊 | 少儿文献 | |
| **9.00** | **1352.16** | **167.62** | **2009.26** | **380.22** | **1289.29** | **2673.90** | **5165.97** | **1037.87** | **9766.13** |
| 0.08 | 41.80 | 6.71 | 39.90 | 47.85 | 0.03 | 12.34 | 125.10 | 128.63 | 274.91 |
| 0.09 | 54.21 | 10.35 | 13.63 | 16.32 | 1.18 | 7.67 | 398.34 | 132.31 | 334.69 |
| 0.46 | 8.02 | 0.56 | 39.73 | 11.93 | 2.80 | 0.28 | 101.85 | 14.10 | 310.01 |
| 0.38 | 29.69 | 5.02 | 88.54 | 2.73 | 0.40 | 2.35 | 179.64 | 21.57 | 56.27 |
| 0.40 | 22.00 | 2.00 | 15.30 | 1.23 | 0.49 | 51.10 | 87.39 | 7.28 | 57.34 |
| 0.35 | 45.99 | 12.22 | 57.89 | 9.06 | 0.59 | 15.23 | 179.99 | 26.67 | 362.85 |
| 0.15 | 23.14 | 5.35 | 53.52 | 2.21 | 2.58 | 11.80 | 59.76 | 11.55 | 130.20 |
| 0.31 | 13.37 | 0.66 | 40.07 | 4.19 | 29.10 | | 72.03 | 9.21 | 129.29 |
| 0.60 | 192.23 | 19.24 | 352.59 | 39.40 | 1235.93 | 2307.54 | 774.46 | 80.80 | 2274.61 |
| 0.22 | 160.00 | 14.00 | 111.32 | 30.33 | 4.21 | 13.28 | 90.00 | 14.08 | 146.44 |
| 0.50 | 82.24 | 15.01 | 93.22 | 11.80 | 0.39 | 0.04 | 140.41 | 3.94 | 254.54 |
| 0.08 | 35.51 | 3.27 | 33.57 | 1.05 | 0.46 | 0.04 | 47.63 | 14.70 | 110.38 |
| 0.31 | 25.19 | 2.06 | 43.07 | 12.91 | 1.34 | | 251.91 | 97.01 | 301.95 |
| 0.02 | 37.00 | 3.00 | 39.94 | 1.24 | 0.14 | 48.47 | 131.41 | 11.07 | 145.81 |
| 0.26 | 75.35 | 20.00 | 123.20 | 7.96 | 0.72 | 98.29 | 436.84 | 42.33 | 84.56 |
| 0.08 | 50.66 | 3.00 | 33.87 | 2.76 | 0.24 | 0.09 | 102.09 | 48.97 | 316.44 |
| 0.40 | 46.18 | 5.87 | 65.42 | 26.69 | 3.52 | 8.38 | 192.30 | 39.57 | 819.13 |
| 0.89 | 62.14 | 5.00 | 69.08 | 31.79 | 0.46 | 3.60 | 253.24 | 129.91 | 339.97 |
| 0.19 | 44.01 | 3.25 | 144.92 | 20.22 | 2.46 | 0.38 | 316.36 | 30.29 | 184.16 |
| 0.12 | 26.65 | 1.65 | 96.75 | 18.94 | 0.17 | 1.62 | 83.21 | 22.14 | 874.94 |
| 0.19 | 0.02 | 0.01 | 5.42 | 1.09 | | | 105.87 | 27.25 | 592.79 |
| 1.33 | 45.26 | 6.99 | 56.57 | 7.63 | 1.03 | 29.68 | 129.61 | 44.41 | 264.30 |
| 0.14 | 65.00 | 6.07 | 95.03 | 4.44 | 0.32 | 0.01 | 174.94 | 3.82 | 137.70 |
| 0.42 | 15.76 | 0.50 | 37.08 | 0.99 | 0.25 | 0.11 | 200.36 | 6.34 | 309.00 |
| 0.17 | 59.62 | 3.30 | 71.99 | 4.45 | 0.13 | 0.06 | 55.35 | 4.44 | 164.04 |
| | 0.11 | | 7.96 | 0.04 | | 2.10 | 0.79 | 1.05 | 0.60 |
| 0.21 | 32.84 | 4.37 | 60.46 | 6.67 | 0.03 | 7.74 | 145.33 | 26.27 | 359.18 |
| 0.59 | 31.76 | 6.78 | 61.95 | 3.69 | 0.23 | 0.47 | 242.22 | 11.56 | 65.46 |
| 0.08 | 11.48 | 1.00 | 22.04 | 0.47 | 0.05 | 1.89 | 35.65 | 1.44 | 1.00 |
| 0.03 | 3.73 | 0.12 | 19.66 | 50.14 | 0.08 | 33.16 | 51.91 | 9.00 | 232.37 |
| | 11.23 | 0.26 | 15.56 | | 0.02 | 16.20 | | 16.20 | 131.21 |

续表 1

| 地区 | | | | 书架单层总长度(米) | 本年新购藏量(万册) | 本年新增电子图书(万册) | 当年购买的报刊种类(种) | 有效借书证数(个) |
|---|---|---|---|---|---|---|---|---|
| | 本馆自建 | 本馆外购 | 免费共享 | | | | | |
| **总计** | **32.49** | **6296.06** | **3437.58** | **2927188** | **711.31** | **607.03** | **151852** | **8063462** |
| 北京 | 0.56 | 171.35 | 103.00 | 100467 | 34.30 | 1.93 | 7142 | 441761 |
| 天津 | 1.69 | 333.00 | | 126097 | 57.60 | 10.58 | 8070 | 335531 |
| 河北 | 0.01 | 310.00 | | 71800 | 19.77 | 19.87 | 5739 | 318392 |
| 山西 | 0.15 | 56.12 | | 36505 | 6.09 | 0.68 | 2532 | 275544 |
| 内蒙古 | 0.06 | 53.71 | 3.57 | 85196 | 16.92 | 10.50 | 2133 | 36110 |
| 辽宁 | 4.66 | 172.89 | 185.30 | 157878 | 23.05 | 107.69 | 5338 | 69999 |
| 吉林 | | 130.20 | | 101196 | 12.90 | | 4401 | 165592 |
| 黑龙江 | | 129.29 | | 55376 | 18.03 | 12.00 | 2320 | 240831 |
| 上海 | | 204.61 | 2070.00 | 341357 | 61.96 | 3.63 | 14213 | 875969 |
| 江苏 | 9.12 | 137.32 | | 260000 | 39.92 | 1.32 | 5864 | 718208 |
| 浙江 | 0.51 | 254.03 | | 122923 | 32.96 | 79.72 | 8057 | 60833 |
| 安徽 | | 60.19 | 50.20 | 60168 | 13.92 | 4.00 | 2937 | 223367 |
| 福建 | 0.05 | 301.90 | | 55413 | 18.31 | 70.35 | 6178 | 1094272 |
| 江西 | 1.00 | 144.81 | | 2200 | 15.47 | 10.50 | 4900 | 289995 |
| 山东 | | 84.56 | | 154116 | 32.42 | 34.82 | 6401 | 58262 |
| 河南 | | 216.44 | 100.00 | 46016 | 28.76 | 1.70 | 3220 | 133016 |
| 湖北 | | 819.13 | | 163732 | 40.08 | 78.66 | 5588 | 320002 |
| 湖南 | 0.70 | 174.27 | 165.00 | 84405 | 13.92 | | 2720 | 362642 |
| 广东 | | 24.16 | 160.00 | 262119 | 59.83 | | 8628 | 557088 |
| 广西 | | 800.59 | 74.35 | 83317 | 37.87 | 1.15 | 8274 | 367942 |
| 海南 | 3.38 | 589.41 | | 33947 | 13.37 | 27.92 | 3069 | 124051 |
| 重庆 | 8.46 | 255.84 | | 44300 | 19.55 | 38.07 | 4673 | 353512 |
| 四川 | 0.01 | 126.54 | 11.16 | 40221 | 8.49 | 23.50 | 5907 | 33492 |
| 贵州 | 0.50 | 300.00 | 8.50 | 62906 | 32.38 | | 3051 | 77657 |
| 云南 | 0.73 | 53.31 | 110.00 | 129035 | 9.09 | | 4012 | 102232 |
| 西藏 | | 0.60 | | 22708 | 1.41 | 1.03 | 1149 | 6424 |
| 陕西 | | 129.18 | 230.00 | 115656 | 20.60 | 2.00 | 4974 | 107221 |
| 甘肃 | | 65.46 | | 6000 | 14.43 | 3.53 | 4378 | 143839 |
| 青海 | | 1.00 | | 48060 | 2.10 | | 1448 | 53420 |
| 宁夏 | | 65.88 | 166.49 | 44896 | | 30.67 | 1730 | 62898 |
| 新疆 | 0.91 | 130.30 | | 9178 | 5.82 | 31.21 | 2806 | 53360 |

| 总流通人次（万人次） | 书刊文献外借人次 | 书刊文献外借册次（万册次） | 为读者举办各种活动 | | | | | |
|---|---|---|---|---|---|---|---|---|
| | | | 组织各类讲座次数（次） | 参加人次（万人次） | 举办展览（个） | 参加人次（万人次） | 举办培训班（个） | 培训人次（万人次） |
| **8435.99** | **1755.05** | **5097.54** | **5356** | **235.92** | **4090** | **1505.70** | **5859** | **129.55** |
| | | | | | | | | |
| 528.59 | 46.38 | 213.24 | 151 | 2.05 | 85 | 64.34 | 15 | 0.08 |
| 302.25 | 142.86 | 401.82 | 110 | 1.21 | 55 | 41.70 | 25 | 0.09 |
| 268.54 | 31.43 | 127.72 | 259 | 2.00 | 21 | 17.09 | 43 | 0.55 |
| 212.52 | 52.15 | 264.29 | 233 | 8.80 | 23 | 38.33 | 196 | 0.58 |
| 61.30 | 40.20 | 123.24 | 82 | 3.16 | 19 | 1.20 | 3 | 0.12 |
| | | | | | | | | |
| 341.57 | 25.39 | 132.13 | 72 | 1.11 | 98 | 174.75 | 248 | 1.04 |
| 148.02 | 33.60 | 94.02 | 69 | 0.78 | 26 | 12.20 | 1 | 0.01 |
| 214.49 | 34.62 | 96.26 | 228 | 1.75 | 148 | 11.78 | 380 | 1.14 |
| | | | | | | | | |
| 320.86 | 176.55 | 683.98 | 197 | 6.08 | 85 | 23.30 | 75 | 2.97 |
| 433.70 | 144.99 | 145.82 | 138 | 2.93 | 114 | 149.13 | 316 | 0.21 |
| 458.27 | 46.32 | 167.63 | 188 | 3.06 | 68 | 46.52 | 120 | 0.87 |
| 168.76 | 45.29 | 150.01 | 67 | 1.32 | 20 | 15.06 | 4 | 0.02 |
| 322.48 | 52.18 | 384.50 | 312 | 5.86 | 220 | 51.12 | 172 | 96.72 |
| 126.00 | 68.27 | 106.23 | 55 | 1.26 | 276 | 141.30 | 58 | 0.91 |
| 126.44 | 42.99 | 108.74 | 422 | 2.79 | 41 | 2.17 | 502 | 0.87 |
| | | | | | | | | |
| 263.82 | 118.67 | 193.01 | 133 | 1.98 | 166 | 18.03 | 703 | 2.98 |
| 270.82 | 73.04 | 209.59 | 110 | 4.58 | 46 | 47.10 | 64 | 0.33 |
| 368.68 | 45.47 | 213.48 | 375 | 105.77 | 62 | 11.24 | 232 | 7.79 |
| 1182.83 | 112.86 | 224.75 | 1152 | 57.41 | 2217 | 333.51 | 1443 | 5.53 |
| 513.19 | 102.30 | 203.32 | 197 | 3.10 | 63 | 146.50 | 171 | 1.54 |
| 337.19 | 31.29 | 141.07 | 81 | 2.19 | 7 | 2.01 | 689 | 1.21 |
| | | | | | | | | |
| 318.72 | 65.17 | 145.41 | 131 | 1.77 | 64 | 44.50 | 159 | 1.11 |
| 197.93 | 16.17 | 37.15 | 95 | 3.08 | 27 | 52.50 | 4 | 0.02 |
| 54.00 | 13.00 | 36.00 | 54 | 1.50 | 11 | 1.35 | 15 | 0.29 |
| 206.74 | 28.29 | 56.57 | 55 | 1.07 | 20 | 19.88 | 64 | 0.91 |
| 3.00 | 0.53 | 0.60 | 32 | 0.18 | 4 | 0.05 | 5 | 0.02 |
| | | | | | | | | |
| 298.65 | 66.76 | 213.77 | 169 | 5.65 | 43 | 26.83 | 116 | 1.23 |
| 179.38 | 33.98 | 101.93 | 80 | 1.56 | 30 | 6.69 | 13 | 0.07 |
| 48.00 | 3.64 | 11.43 | 23 | 0.42 | 14 | 1.00 | 3 | 0.02 |
| 153.00 | 55.66 | 104.05 | 75 | 1.17 | 14 | 4.10 | 15 | 0.17 |
| 6.25 | 5.03 | 5.80 | 11 | 0.34 | 3 | 0.41 | 5 | 0.16 |

续表 2

| 地　区 | 开展基层培训辅导人次（万人次） | 本单位受训人次（万人次） | 计算机（台） | 供读者使用电子阅览室终端数 | 图书馆网站访问量（页次） | 本年收入合计（千元） | 财政补贴收入 | 免费开放资金 |
|---|---|---|---|---|---|---|---|---|
| **总　计** | **24.69** | **5.96** | **19890** | **8995** | **311950740** | **4563486** | **4389598** | **264063** |
| 北　京 | 5.90 | 0.01 | 897 | 538 | 11739967 | 231153 | 225298 | 5662 |
| 天　津 | 0.46 | 0.03 | 1209 | 717 | 3465709 | 203681 | 195822 | |
| 河　北 | 0.45 | 0.34 | 580 | 153 | 1869652 | 49821 | 49720 | 16330 |
| 山　西 | 0.20 | 0.04 | 600 | 267 | 365110 | 69158 | 69078 | 12000 |
| 内蒙古 | 0.01 | 0.01 | 541 | 404 | 7218643 | 55727 | 53357 | 6000 |
| 辽　宁 | 0.16 | 1.50 | 732 | 404 | 14452464 | 84939 | 84339 | 3970 |
| 吉　林 | 0.51 | 0.01 | 792 | 405 | 1700612 | 67013 | 66767 | 2250 |
| 黑龙江 | 0.76 | 0.08 | 853 | 504 | 11479123 | 59530 | 58636 | 3885 |
| 上　海 | 0.80 | 0.29 | 2326 | 705 | 26376195 | 1625658 | 1538173 | |
| 江　苏 | 0.08 | 0.05 | 1163 | 140 | 20542822 | 171307 | 161774 | 90000 |
| 浙　江 | 0.39 | 0.01 | 811 | 472 | 19562972 | 129097 | 121066 | 2100 |
| 安　徽 | 0.35 | 0.04 | 365 | 213 | 2580744 | 71507 | 71293 | 3580 |
| 福　建 | 0.33 | 0.05 | 1101 | 557 | 23762885 | 88995 | 84549 | 10248 |
| 江　西 | 0.18 | 0.01 | 329 | 100 | 10124693 | 65260 | 65260 | 10000 |
| 山　东 | 0.13 | 0.00 | 589 | 300 | 8100000 | 90453 | 90007 | 4000 |
| 河　南 | 0.00 | 0.01 | 265 | 126 | 945587 | 70354 | 68419 | 4820 |
| 湖　北 | 0.36 | 0.43 | 974 | 503 | 45843478 | 140719 | 140719 | |
| 湖　南 | 0.18 | 1.77 | 487 | 109 | 44679108 | 130942 | 128059 | 14800 |
| 广　东 | 0.07 | 0.44 | 944 | 207 | 7690167 | 164617 | 153992 | 5917 |
| 广　西 | 0.87 | 0.44 | 794 | 390 | 5102282 | 185628 | 182629 | 6787 |
| 海　南 | 0.01 | 0.09 | 300 | 106 | 3537971 | 57835 | 57773 | 6350 |
| 重　庆 | 0.32 | 0.01 | 734 | 513 | 9844921 | 95437 | 84406 | 3220 |
| 四　川 | 5.14 | 0.03 | 450 | 200 | 4230110 | 83047 | 76744 | 21074 |
| 贵　州 | 0.22 | 0.05 | 220 | 116 | 18059665 | 57514 | 57428 | 3500 |
| 云　南 | 0.21 | 0.09 | 328 | 157 | 142434 | 55782 | 52260 | 2500 |
| 西　藏 | | | 127 | 60 | 1152 | 44957 | 43719 | 2600 |
| 陕　西 | 6.10 | 0.05 | 446 | 195 | 7158561 | 87800 | 85067 | 4570 |
| 甘　肃 | 0.30 | 0.02 | 563 | 157 | 1100000 | 125833 | 124091 | 9000 |
| 青　海 | 0.03 | 0.01 | 190 | 100 | | 55868 | 55793 | 3900 |
| 宁　夏 | 0.07 | 0.01 | 180 | 177 | 273713 | 38278 | 38002 | 2000 |
| 新　疆 | 0.10 | 0.05 | | | | 105576 | 105358 | 3000 |

| 中央资金 | 购书专项经费 | 上级补助收入 | 事业收入 | 经营收入 | 其他收入 | 本年支出合计(千元) | 基本支出 |
|---|---|---|---|---|---|---|---|
| **12003** | **577003** | **11858** | **114224** | **12359** | **35447** | **3820299** | **1564029** |
| | | | | | | | |
| 2070 | 39874 | | 5472 | 137 | 246 | 221647 | 120150 |
| | 36060 | 2134 | 3148 | | 2577 | 221364 | 199377 |
| | 9065 | | 10 | | 91 | 49686 | 22331 |
| | 5800 | 80 | | | | 73956 | 30264 |
| | 9661 | | | | 2370 | 53727 | 26608 |
| | | | | | | | |
| | 20000 | | 419 | | 181 | 90688 | 51486 |
| | 10290 | | | 154 | 92 | 74735 | 28627 |
| | 5500 | | 858 | | 36 | 61604 | 28768 |
| | | | | | | | |
| | 143782 | | 80069 | 1951 | 5465 | 756759 | 234759 |
| | 45000 | | 5028 | 532 | 3973 | 196994 | 82086 |
| | 40790 | | 4099 | 2141 | 1791 | 139673 | 67206 |
| | 7200 | | 32 | | 182 | 71321 | 41138 |
| 933 | 13000 | 3841 | 366 | | 239 | 102950 | 42388 |
| | 10000 | | | | | 73002 | 14316 |
| | 11800 | | 418 | | 28 | 90964 | 48378 |
| | | | | | | | |
| | 6200 | | | 1795 | 140 | 68426 | 33609 |
| | 49831 | | | | | 163105 | 54049 |
| | 11000 | | 1402 | 1076 | 405 | 100648 | 51711 |
| | 10800 | 10 | 3811 | | 6804 | 196845 | 109329 |
| | 21390 | | 426 | | 2573 | 174512 | 33575 |
| | 3810 | | | | 62 | 77975 | 11747 |
| | | | | | | | |
| | 13700 | | 6395 | | 4636 | 108555 | 47901 |
| | 5550 | 4480 | 1576 | | 247 | 93499 | 34861 |
| | 4000 | | | | 86 | 55021 | 20179 |
| | 9500 | | | 3233 | 289 | 55822 | 27952 |
| | 2000 | 1238 | | | | 38957 | 13762 |
| | | | | | | | |
| | 10000 | | | 756 | 1977 | 94046 | 23360 |
| 9000 | 12000 | | 695 | 584 | 463 | 120552 | 28029 |
| | 4000 | 75 | | | | 45468 | 18714 |
| | 2200 | | | | 276 | 47686 | 2659 |
| | 3200 | | | | 218 | 100112 | 14710 |

续表 3

| 地区 | 项目支出 | 经营支出 | 在支出合计中： | | | | | |
|---|---|---|---|---|---|---|---|---|
| | | | 工资福利支出 | 商品和服务支出 | 差旅费 | 劳务费 | 福利费 | 各种税金支出 |
| **总计** | **2197951** | **10619** | **1008053** | **1121502** | **17750** | **48344** | **9801** | **4532** |
| 北京 | 101497 | | 62702 | 102123 | 342 | 1053 | 700 | 427 |
| 天津 | 21986 | | 54726 | 63916 | 217 | 602 | 1328 | 397 |
| 河北 | 27355 | | 17509 | 1229 | 148 | 106 | 334 | |
| 山西 | 43692 | | 21527 | 15035 | 448 | 1530 | 304 | |
| 内蒙古 | 27119 | | 15986 | 15584 | 685 | 207 | 245 | |
| 辽宁 | 39201 | | 19645 | 40660 | 383 | 2363 | | 73 |
| 吉林 | 45954 | 154 | 13786 | 32706 | 603 | 2301 | 8 | |
| 黑龙江 | 32836 | | 13518 | 20716 | 596 | 217 | | |
| 上海 | 520561 | 1439 | 173930 | 187898 | 1557 | 4562 | 2030 | 1268 |
| 江苏 | 114376 | 532 | 64990 | 38955 | 349 | 3367 | 123 | 874 |
| 浙江 | 70768 | 1699 | 43974 | 36147 | 540 | 1581 | 2618 | 64 |
| 安徽 | 30183 | | 23174 | 16567 | 877 | 2351 | 7 | |
| 福建 | 60562 | | 29961 | 31873 | 479 | 4224 | | 44 |
| 江西 | 58686 | | 11317 | 17618 | 526 | 1758 | 426 | |
| 山东 | 42586 | | 28302 | 30274 | 309 | 2518 | 5 | |
| 河南 | 33021 | 1795 | 27555 | 12417 | 194 | 1031 | 356 | 167 |
| 湖北 | 109056 | | 41775 | 48246 | 757 | 5036 | 387 | 374 |
| 湖南 | 47861 | 1076 | 37380 | 26122 | 421 | 1533 | | 49 |
| 广东 | 85596 | | 62974 | 41622 | 318 | 898 | | 126 |
| 广西 | 140937 | | 39277 | 24561 | 1046 | 541 | 121 | 315 |
| 海南 | 44379 | | 11260 | 54726 | 380 | 632 | | 1 |
| 重庆 | 60654 | | 34911 | 38135 | 3133 | 2006 | 154 | 353 |
| 四川 | 58637 | | 32578 | 30266 | 754 | 178 | 246 | |
| 贵州 | 34842 | | 14820 | 28287 | 361 | | | |
| 云南 | 24848 | 3022 | 23196 | 20668 | 440 | 632 | 1 | |
| 西藏 | 25195 | | 10595 | 4976 | 162 | | | |
| 陕西 | 69930 | 756 | 24988 | 22913 | 142 | 119 | 160 | |
| 甘肃 | 92377 | 146 | 13200 | 67802 | 583 | 3909 | 199 | |
| 青海 | 26754 | | 12037 | 5629 | 165 | 1104 | | |
| 宁夏 | 21100 | | 16879 | 11154 | 234 | 1575 | | |
| 新疆 | 85402 | | 9581 | 32677 | 601 | 410 | 49 | |

| 对个人和家庭补助支出 | 抚恤金和生活补助 | 其他资本性支出 | 各种设备购置费 | 新增藏量购置费 | 新增数字资源购置费 | 资产总计(千元) | 固定资产原值 | 实际使用公用房屋建筑面积(万平方米) |
|---|---|---|---|---|---|---|---|---|
| **309017** | **7434** | **932617** | **813080** | **475065** | **141800** | **18734273** | **13774804** | **178.60** |
| 14793 | 325 | 42029 | 38095 | 31168 | 3721 | 1522966 | 876094 | 9.40 |
| 21682 | 211 | 76037 | 76037 | 63539 | 9052 | 703955 | 580795 | 12.78 |
| 3592 | 23 | 6172 | 6172 | 5958 | | 164297 | 123400 | 5.06 |
| 8015 | 188 | 23262 | 18517 | 3180 | 7508 | 192255 | 127224 | 8.03 |
| 8700 | 140 | 13457 | 13457 | 8618 | 1043 | 332230 | 215215 | 3.50 |
| 9226 | 413 | 21157 | 21157 | 14212 | 6283 | 1443839 | 1272941 | 10.32 |
| 10880 | 243 | 17363 | 15333 | 7592 | 2698 | 182063 | 154226 | 6.32 |
| 11584 | 40 | 15786 | 15786 | 4000 | 1500 | 328075 | 328075 | 3.39 |
| 14045 | 1935 | 113812 | 103954 | 85953 | 11980 | 4324875 | 2887071 | 13.39 |
| 31492 | 28 | 61557 | 52500 | 34713 | 11139 | 1156609 | 1051170 | 10.30 |
| 6648 | 214 | 51198 | 44095 | 25807 | 13996 | 663962 | 549296 | 5.70 |
| 17260 | 471 | 14319 | 10075 | 5843 | 1399 | 246392 | 220246 | 3.69 |
| 6422 | 35 | 34693 | 19869 | 10875 | 5044 | 353479 | 291851 | 4.22 |
| 6259 | 25 | 25776 | 25776 | 6691 | 3309 | 177357 | 144724 | 2.25 |
| 14436 | 509 | 17952 | 17943 | 15046 | 2897 | 494698 | 464308 | 4.49 |
| 3765 | 104 | 22894 | 19032 | 7620 | 3492 | 216220 | 190121 | 3.89 |
| 10629 | 220 | 62455 | 62455 | 40355 | 13248 | 1231469 | 1098749 | 10.23 |
| 8359 | 79 | 27711 | 24239 | 8589 | 1364 | 242889 | 179180 | 4.40 |
| 46487 | 203 | 45762 | 40773 | 25724 | 7830 | 1062573 | 1006042 | 9.03 |
| 6206 | 322 | 57952 | 57949 | 20040 | 9920 | 555149 | 313565 | 11.00 |
| 1050 | | 10939 | 10939 | 4510 | 4010 | 71201 | 71201 | 2.80 |
| 5761 | 40 | 29748 | 29581 | 4891 | 12394 | 264840 | 225163 | 5.62 |
| 4599 | 277 | 26056 | 6055 | 5302 | | 472464 | 122808 | 5.19 |
| 4257 | 294 | 5746 | 5746 | 4000 | 350 | 206434 | 81913 | 2.52 |
| 2151 | | 6276 | 5836 | 5178 | | 308313 | 258979 | 3.04 |
| 1488 | | 21277 | 2773 | 1562 | 438 | 79812 | 47389 | 1.79 |
| 2480 | 350 | 13100 | 12010 | 6822 | 3190 | 543666 | 347037 | 4.98 |
| 12658 | 60 | 26892 | 26892 | 10917 | 3495 | 545220 | 291016 | 6.52 |
| 6409 | 87 | 21393 | 21393 | 960 | | 132213 | 74187 | 1.43 |
| 4036 | 375 | 15617 | 5441 | 2200 | 500 | 123886 | 75616 | 3.32 |
| 3648 | 223 | 4229 | 3200 | 3200 | | 390872 | 105202 | |

续表 4

| 地区 | | | | | 实际拥有产权面积（万平方米） | 阅览室座席数（个） | |
|---|---|---|---|---|---|---|---|
| | 书库面积 | 阅览室面积 | | | | | 少儿阅览室座席数 |
| | | | 书刊阅览室面积 | 电子阅览室面积 | | | |
| **总计** | **40.22** | **49.40** | **43.27** | **3.06** | **112.74** | **76935** | **11020** |
| 北京 | 1.32 | 2.67 | 2.49 | 0.18 | | 3346 | 535 |
| 天津 | 2.03 | 5.04 | 2.64 | 0.25 | 0.14 | 5194 | 919 |
| 河北 | 1.12 | 0.93 | 0.86 | 0.07 | 5.06 | 3070 | 280 |
| 山西 | 1.29 | 1.71 | 1.67 | 0.04 | 8.03 | 3237 | 212 |
| 内蒙古 | 0.58 | 1.56 | 1.28 | 0.28 | 3.50 | 1972 | 598 |
| 辽宁 | 1.74 | 3.81 | 3.32 | 0.49 | 9.93 | 5862 | 390 |
| 吉林 | 1.02 | 2.11 | 2.05 | 0.06 | 1.40 | 3308 | 120 |
| 黑龙江 | 0.34 | 1.21 | 1.13 | 0.08 | 3.05 | 2333 | 320 |
| 上海 | 6.11 | 1.37 | 1.32 | 0.03 | 12.11 | 2316 | 472 |
| 江苏 | 1.03 | 1.80 | 1.69 | 0.10 | 3.40 | 1840 | 415 |
| 浙江 | 2.03 | 1.13 | 1.09 | 0.04 | 5.17 | 1500 | 38 |
| 安徽 | 0.77 | 0.90 | 0.75 | 0.06 | 3.69 | 1659 | 278 |
| 福建 | 0.78 | 0.96 | 0.73 | 0.07 | 4.20 | 1855 | 772 |
| 江西 | 1.52 | 0.72 | 0.70 | 0.03 | | 1411 | 160 |
| 山东 | 1.80 | 1.50 | 1.47 | 0.03 | 3.84 | 1884 | 160 |
| 河南 | 1.04 | 1.46 | 1.38 | 0.08 | 2.95 | 2078 | 932 |
| 湖北 | 1.80 | 4.20 | 3.90 | 0.30 | 10.23 | 5293 | 750 |
| 湖南 | 1.36 | 1.23 | 1.19 | 0.04 | 4.29 | 2697 | 974 |
| 广东 | 1.88 | 1.53 | 1.49 | 0.04 | 0.90 | 7790 | 388 |
| 广西 | 2.51 | 2.27 | 2.08 | 0.13 | 5.12 | 2742 | 316 |
| 海南 | 0.57 | 2.00 | 1.95 | 0.05 | 2.50 | 1670 | 380 |
| 重庆 | 1.07 | 1.47 | 1.05 | 0.08 | 0.60 | 2379 | 611 |
| 四川 | 0.52 | 1.45 | 1.38 | 0.07 | 5.19 | 2958 | 198 |
| 贵州 | 1.66 | 0.86 | 0.83 | 0.03 | 2.74 | 1092 | 95 |
| 云南 | 0.75 | 0.82 | 0.75 | 0.08 | 3.04 | 1324 | 70 |
| 西藏 | 0.42 | 0.34 | 0.26 | 0.07 | 2.97 | 300 | 45 |
| 陕西 | 1.03 | 1.72 | 1.62 | 0.10 | | 1597 | 160 |
| 甘肃 | 1.04 | 0.86 | 0.64 | 0.06 | 3.92 | 1576 | 150 |
| 青海 | 0.22 | 0.45 | 0.35 | 0.04 | 1.43 | 1152 | 132 |
| 宁夏 | 0.90 | 1.33 | 1.24 | 0.10 | 3.32 | 1500 | 150 |
| 新疆 | | | | | | | |

| | | | 图书馆延伸服务情况 | | | |
|---|---|---|---|---|---|---|
| 盲人阅览室座席数 | 志愿者服务队伍数（个） | 志愿者服务队伍人数（人） | 流动图书车数（辆） | 流动服务书刊借阅人次（万人次） | 流动图书车书刊借阅册次（万册次） | 分馆数量（个） |
| **1012** | **1034** | **71740** | **24** | **151.57** | **242.53** | **1024** |
| | | | | | | |
| 41 | 49 | 5304 | | 0.03 | 3.43 | 18 |
| 20 | 9 | 998 | 1 | 0.45 | 0.92 | 5 |
| 22 | 7 | 3975 | 3 | 4.70 | 8.24 | 2 |
| 212 | 22 | 1540 | | | | 164 |
| 96 | 1 | 421 | | | | 50 |
| | | | | | | |
| 80 | 42 | 6300 | 3 | 5.57 | 10.15 | 151 |
| 8 | 14 | 620 | | 20.07 | 32.50 | 1 |
| 52 | 9 | 205 | | | | 78 |
| | | | | | | |
| 8 | 104 | 1382 | 1 | 1.97 | 4.94 | |
| 10 | 2 | 1352 | | 11.02 | 10.35 | 1 |
| 44 | 4 | 770 | | | | 23 |
| 24 | 1 | 97 | | 15.27 | 7.29 | 6 |
| 50 | 253 | 6587 | 2 | 6.10 | 29.72 | 206 |
| 20 | 12 | 22419 | 1 | 36.00 | 48.60 | 56 |
| 20 | 32 | 2300 | | 4.75 | 7.01 | 2 |
| | | | | | | |
| 4 | 26 | 1039 | 1 | 1.37 | 3.24 | 18 |
| 24 | 1 | 83 | 1 | 3.70 | 8.34 | |
| 24 | 353 | 3290 | | 0.33 | 0.86 | 54 |
| 10 | 1 | 3349 | | | | 90 |
| 26 | 4 | 1410 | 2 | 8.28 | 20.70 | 3 |
| 8 | 20 | 500 | | 0.59 | 1.86 | 2 |
| | | | | | | |
| 29 | 7 | 2920 | 2 | 3.03 | 8.74 | 21 |
| 8 | 27 | 3500 | 1 | 0.30 | 0.50 | 11 |
| 30 | 3 | 298 | | 5.30 | 7.97 | |
| 50 | 4 | 260 | | | | 16 |
| | 1 | 53 | 1 | 0.40 | | 5 |
| | | | | | | |
| 14 | 20 | 580 | 1 | 0.45 | 1.00 | 27 |
| 30 | 3 | 130 | 1 | 1.21 | 3.64 | 4 |
| 23 | 2 | 48 | 1 | | | |
| 25 | 1 | 10 | 1 | 20.46 | 22.54 | 2 |
| | | | 1 | 0.21 | | 8 |

# 2017年各地区地市级

| 地　区 | 机构数(个) | 从业人员(人) | 专业技术人才 | 正高级职称 | 副高级职称 | 中级职称 | 总藏量(万册) | 图书 |
|---|---|---|---|---|---|---|---|---|
| **总　计** | **373** | **15366** | **11928** | **316** | **1955** | **5572** | **25649.33** | **21273.36** |
| 北　京 | | | | | | | | |
| 天　津 | | | | | | | | |
| 河　北 | 12 | 515 | 456 | 23 | 96 | 177 | 919.99 | 690.66 |
| 山　西 | 9 | 415 | 209 | 6 | 32 | 98 | 399.38 | 324.88 |
| 内蒙古 | 12 | 532 | 480 | 5 | 125 | 219 | 474.65 | 417.31 |
| 辽　宁 | 23 | 1188 | 999 | 44 | 153 | 508 | 2024.51 | 1603.11 |
| 吉　林 | 10 | 545 | 477 | 31 | 134 | 186 | 797.03 | 673.73 |
| 黑龙江 | 12 | 568 | 453 | 47 | 124 | 204 | 882.71 | 671.31 |
| 上　海 | | | | | | | | |
| 江　苏 | 16 | 991 | 737 | 18 | 112 | 368 | 2380.19 | 2018.06 |
| 浙　江 | 14 | 1130 | 769 | 26 | 123 | 328 | 2230.27 | 1903.45 |
| 安　徽 | 21 | 536 | 376 | 3 | 38 | 180 | 841.19 | 660.19 |
| 福　建 | 13 | 571 | 367 | 4 | 37 | 174 | 1081.61 | 811.18 |
| 江　西 | 11 | 353 | 265 | 1 | 39 | 120 | 616.01 | 517.72 |
| 山　东 | 17 | 908 | 765 | 30 | 139 | 353 | 1563.94 | 1331.77 |
| 河　南 | 18 | 758 | 611 | 8 | 95 | 228 | 1047.66 | 869.70 |
| 湖　北 | 16 | 673 | 604 | 10 | 109 | 321 | 1179.67 | 1002.90 |
| 湖　南 | 17 | 603 | 446 | 5 | 59 | 234 | 818.59 | 721.63 |
| 广　东 | 27 | 1742 | 1438 | 34 | 144 | 739 | 3932.84 | 3553.53 |
| 广　西 | 15 | 578 | 372 | 1 | 42 | 196 | 884.18 | 521.39 |
| 海　南 | 4 | 69 | 53 | | | 17 | 124.45 | 110.53 |
| 重　庆 | | | | | | | | |
| 四　川 | 22 | 678 | 451 | 5 | 55 | 222 | 1203.36 | 996.75 |
| 贵　州 | 10 | 303 | 268 | 4 | 51 | 106 | 309.34 | 256.70 |
| 云　南 | 18 | 484 | 415 | 7 | 107 | 192 | 489.19 | 400.01 |
| 西　藏 | 6 | 43 | 24 | | | 5 | 48.96 | 42.33 |
| 陕　西 | 7 | 295 | 216 | 1 | 33 | 100 | 355.63 | 324.02 |
| 甘　肃 | 17 | 320 | 213 | 1 | 25 | 97 | 317.14 | 256.65 |
| 青　海 | 7 | 130 | 85 | 1 | 18 | 36 | 103.23 | 94.93 |
| 宁　夏 | 5 | 139 | 118 | 1 | 17 | 48 | 199.40 | 131.42 |
| 新　疆 | 14 | 299 | 261 | | 48 | 116 | 424.20 | 367.50 |

# 公共图书馆基本情况

| 盲文图书 | 古籍 | 善本 | 报刊 | 视听文献 | 缩微制品 | 其他 | 在藏量中 | | 电子图书（万册） |
|---|---|---|---|---|---|---|---|---|---|
| | | | | | | | 开架书刊 | 少儿文献 | |
| **24.89** | **675.78** | **40.70** | **2152.10** | **636.27** | **7.73** | **904.09** | **14290.45** | **3582.60** | **50880.79** |
| 1.76 | 43.50 | 1.55 | 89.84 | 19.03 | 4.31 | 72.66 | 563.23 | 95.64 | 367.28 |
| 1.66 | 16.47 | 1.44 | 34.01 | 20.40 | | 3.63 | 209.92 | 49.49 | 386.32 |
| 0.62 | 9.98 | 0.33 | 39.83 | 5.91 | 0.00 | 1.62 | 254.79 | 31.86 | 431.87 |
| 0.96 | 84.94 | 2.91 | 184.15 | 63.13 | 0.23 | 88.95 | 1340.98 | 253.65 | 1003.81 |
| 0.56 | 21.04 | 1.72 | 71.24 | 18.98 | 0.14 | 11.91 | 259.91 | 109.58 | 2633.79 |
| 0.53 | 29.55 | 1.49 | 133.29 | 33.57 | 0.05 | 14.94 | 458.38 | 60.10 | 397.96 |
| 1.17 | 128.94 | 9.84 | 190.82 | 40.36 | 1.05 | 0.97 | 1355.73 | 305.11 | 1805.94 |
| 1.17 | 58.39 | 4.24 | 124.55 | 127.89 | 0.01 | 15.99 | 1234.83 | 341.63 | 30060.65 |
| 1.88 | 15.13 | 0.73 | 68.28 | 17.82 | | 79.77 | 484.39 | 130.56 | 1661.26 |
| 0.64 | 10.13 | 0.64 | 96.06 | 21.25 | 0.03 | 142.97 | 514.51 | 216.87 | 719.94 |
| 0.92 | 16.64 | 1.75 | 63.51 | 9.04 | 0.04 | 9.05 | 255.15 | 75.58 | 719.60 |
| 1.12 | 40.99 | 2.08 | 134.21 | 10.96 | 0.52 | 45.50 | 978.94 | 164.64 | 1648.81 |
| 1.18 | 45.09 | 4.22 | 121.18 | 8.14 | 0.59 | 2.96 | 598.64 | 122.84 | 699.30 |
| 1.67 | 36.02 | 1.19 | 102.48 | 14.05 | 0.13 | 24.08 | 724.53 | 87.60 | 1618.73 |
| 0.97 | 15.38 | 0.56 | 60.06 | 17.46 | 0.33 | 3.74 | 533.64 | 104.13 | 568.29 |
| 2.03 | 24.85 | 1.10 | 180.95 | 142.70 | 0.18 | 30.64 | 2137.38 | 984.70 | 1980.16 |
| 0.37 | 8.44 | 0.72 | 96.59 | 10.02 | 0.00 | 247.73 | 419.30 | 118.09 | 1145.29 |
| 0.15 | 0.58 | 0.01 | 11.20 | 2.08 | 0.01 | 0.06 | 95.73 | 11.15 | 41.50 |
| 2.02 | 46.55 | 2.07 | 117.09 | 32.16 | 0.08 | 10.75 | 617.87 | 141.45 | 1019.85 |
| 0.42 | 2.20 | 0.00 | 43.53 | 4.46 | | 2.45 | 192.69 | 26.42 | 398.00 |
| 0.71 | 6.72 | 0.04 | 71.13 | 5.47 | 0.00 | 5.86 | 240.51 | 40.68 | 847.65 |
| 0.10 | 0.11 | 0.01 | 3.06 | 0.05 | | 3.42 | 13.04 | 1.75 | 14.70 |
| 0.40 | 4.70 | 0.76 | 19.41 | 2.88 | | 4.62 | 239.18 | 18.97 | 229.55 |
| 0.76 | 7.83 | 1.03 | 28.97 | 1.70 | 0.01 | 21.98 | 175.58 | 26.52 | 69.58 |
| 0.20 | 0.73 | 0.08 | 3.72 | 0.44 | 0.02 | 3.40 | 36.70 | 11.93 | 142.86 |
| 0.19 | 0.21 | 0.20 | 13.20 | 0.45 | 0.01 | 54.12 | 81.41 | 15.77 | 88.81 |
| 0.76 | 0.69 | 0.00 | 49.76 | 5.91 | | 0.35 | 273.51 | 35.90 | 179.30 |

续表 1

| 地区 | 本馆自建 | 本馆外购 | 免费共享 | 书架单层总长度(米) | 本年新购藏量(万册) | 本年新增电子图书(万册) | 当年购买的报刊种类(种) | 有效借书证数(个) |
|---|---|---|---|---|---|---|---|---|
| **总计** | **410.94** | **45188.97** | **5280.88** | **5209704** | **1719.83** | **5163.45** | **333990** | **24254845** |
| 北京 | | | | | | | | |
| 天津 | | | | | | | | |
| 河北 | 10.56 | 342.95 | 13.76 | 136472 | 53.16 | 28.02 | 9545 | 677537 |
| 山西 | 21.61 | 109.87 | 254.84 | 78997 | 13.05 | 9.69 | 4966 | 638968 |
| 内蒙古 | 0.03 | 269.54 | 162.30 | 72625 | 28.79 | 218.23 | 6130 | 285317 |
| 辽宁 | 5.80 | 919.50 | 78.51 | 189334 | 101.60 | 433.89 | 24821 | 772055 |
| 吉林 | 5.07 | 2517.26 | 111.47 | 83134 | 32.54 | 27.97 | 9871 | 717512 |
| 黑龙江 | 13.37 | 31.16 | 353.43 | 252075 | 38.99 | 4.74 | 10125 | 335872 |
| 上海 | | | | | | | | |
| 江苏 | 59.79 | 1495.13 | 251.02 | 613741 | 209.41 | 116.08 | 30222 | 7992958 |
| 浙江 | 9.61 | 29660.98 | 390.06 | 285618 | 169.55 | 2013.05 | 23096 | 2039619 |
| 安徽 | 2.77 | 1555.99 | 102.50 | 124348 | 46.41 | 450.39 | 13950 | 855475 |
| 福建 | 32.01 | 677.91 | 10.02 | 147287 | 134.56 | 85.66 | 11978 | 656610 |
| 江西 | 8.33 | 555.86 | 155.41 | 48845 | 48.00 | 64.78 | 7694 | 616224 |
| 山东 | 0.71 | 1596.05 | 52.05 | 294031 | 127.31 | 203.97 | 28797 | 1357388 |
| 河南 | 0.29 | 517.51 | 181.50 | 136368 | 73.59 | 187.01 | 14051 | 600382 |
| 湖北 | 6.88 | 401.36 | 1210.50 | 189745 | 49.46 | 169.98 | 12303 | 810582 |
| 湖南 | 210.69 | 190.59 | 167.01 | 478044 | 60.85 | 209.06 | 10732 | 701636 |
| 广东 | 2.31 | 1605.40 | 372.45 | 581662 | 325.16 | 162.90 | 42313 | 3182220 |
| 广西 | 0.07 | 602.82 | 542.40 | 132458 | 40.77 | 71.25 | 11374 | 419244 |
| 海南 | | 32.50 | 9.00 | 19764 | 8.49 | 3.50 | 1635 | 50859 |
| 重庆 | | | | | | | | |
| 四川 | 1.12 | 862.01 | 156.72 | 987592 | 40.62 | 331.92 | 14296 | 688431 |
| 贵州 | | 312.60 | 85.40 | 29328 | 9.91 | 191.67 | 5295 | 116636 |
| 云南 | 0.14 | 395.61 | 451.89 | 133017 | 23.75 | 97.71 | 9459 | 141854 |
| 西藏 | 1.00 | 5.70 | 8.00 | 945 | 1.61 | 0.70 | 775 | 2784 |
| 陕西 | 0.06 | 98.49 | 131.00 | 63163 | 29.74 | 7.50 | 6461 | 161905 |
| 甘肃 | 1.00 | 52.06 | 16.52 | 56398 | 18.83 | 1.40 | 6310 | 87439 |
| 青海 | 0.70 | 133.66 | 8.50 | 9953 | 7.02 | 53.16 | 938 | 96467 |
| 宁夏 | | 88.81 | | 22337 | 7.37 | 5.30 | 2475 | 72722 |
| 新疆 | 17.01 | 157.65 | 4.64 | 42423 | 19.30 | 13.95 | 14378 | 176149 |

| 总流通人次(万人次) | 书刊文献外借人次 | 书刊文献外借册次(万册次) | 为读者举办各种活动 | | | | | |
|---|---|---|---|---|---|---|---|---|
| | | | 组织各类讲座次数(次) | 参加人次(万人次) | 举办展览(个) | 参加人次(万人次) | 举办培训班(个) | 培训人次(万人次) |
| **22982.37** | **8059.44** | **17554.05** | **21495** | **319.50** | **6471** | **2557.75** | **14510** | **85.11** |
| 1120.62 | 293.33 | 557.34 | 931 | 9.18 | 200 | 67.87 | 545 | 2.58 |
| 335.18 | 89.84 | 160.59 | 569 | 9.97 | 64 | 78.95 | 113 | 0.96 |
| 451.18 | 92.43 | 227.05 | 489 | 6.83 | 92 | 4.68 | 63 | 0.86 |
| 1163.25 | 416.20 | 954.33 | 1109 | 11.22 | 353 | 67.24 | 1698 | 3.26 |
| 372.59 | 217.86 | 368.30 | 372 | 4.05 | 133 | 34.72 | 170 | 1.15 |
| 414.22 | 171.77 | 292.16 | 333 | 3.94 | 177 | 22.37 | 367 | 1.34 |
| 2716.32 | 938.69 | 1788.92 | 1039 | 16.33 | 453 | 77.96 | 729 | 2.32 |
| 2528.78 | 963.81 | 2020.02 | 1512 | 23.01 | 720 | 197.85 | 2644 | 17.90 |
| 753.81 | 346.23 | 607.93 | 732 | 15.84 | 231 | 115.88 | 209 | 1.75 |
| 996.74 | 390.63 | 1123.53 | 699 | 6.70 | 181 | 85.14 | 478 | 7.51 |
| 542.92 | 252.14 | 477.55 | 361 | 6.86 | 199 | 50.49 | 361 | 1.68 |
| 1736.32 | 577.81 | 1017.09 | 1540 | 22.50 | 427 | 137.62 | 889 | 7.66 |
| 1272.54 | 468.27 | 735.67 | 1999 | 42.37 | 387 | 56.52 | 510 | 3.32 |
| 1032.98 | 478.93 | 925.53 | 941 | 16.47 | 223 | 28.74 | 833 | 3.02 |
| 641.47 | 182.67 | 519.81 | 1834 | 26.22 | 285 | 255.53 | 884 | 5.00 |
| 3607.39 | 968.18 | 3580.40 | 3667 | 41.73 | 849 | 890.33 | 2464 | 12.83 |
| 753.70 | 155.29 | 301.72 | 425 | 6.51 | 298 | 185.30 | 398 | 2.97 |
| 118.90 | 21.79 | 49.04 | 54 | 1.82 | 19 | 6.58 | 24 | 0.14 |
| 807.63 | 388.45 | 669.81 | 776 | 16.74 | 254 | 75.08 | 308 | 2.51 |
| 182.57 | 99.40 | 144.51 | 216 | 2.63 | 65 | 6.35 | 50 | 0.54 |
| 322.31 | 125.23 | 248.64 | 578 | 7.88 | 343 | 41.36 | 327 | 2.65 |
| 12.10 | 0.49 | 1.97 | 29 | 0.38 | 16 | 0.24 | 155 | 0.08 |
| 478.12 | 106.40 | 201.13 | 573 | 7.71 | 240 | 37.59 | 91 | 0.49 |
| 218.53 | 127.97 | 246.17 | 376 | 7.65 | 76 | 8.12 | 32 | 0.48 |
| 62.03 | 38.01 | 57.76 | 60 | 0.34 | 25 | 0.54 | 29 | 0.19 |
| 132.45 | 71.36 | 134.08 | 97 | 0.93 | 34 | 4.30 | 15 | 0.15 |
| 207.73 | 76.28 | 143.02 | 184 | 3.70 | 127 | 20.41 | 124 | 1.77 |

续表 2

| 地 区 | 开展基层培训辅导人次（万人次） | 本单位受训人次（万人次） | 计算机（台） | 供读者使用电子阅览室终端数 | 图书馆网站访问量（页次） | 本年收入合计（千元） | 财政补贴收入 | 免费开放资金 |
|---|---|---|---|---|---|---|---|---|
| **总 计** | **20.93** | **8.07** | **50869** | **31058** | **445100903** | **5320845** | **5183053** | **251504** |
| 北 京 | | | | | | | | |
| 天 津 | | | | | | | | |
| 河 北 | 0.22 | 0.42 | 1740 | 1080 | 10096621 | 140650 | 140364 | 5161 |
| 山 西 | 0.11 | 0.41 | 1348 | 969 | 3064640 | 179075 | 178819 | 3587 |
| 内 蒙 古 | 0.29 | 0.08 | 1924 | 1220 | 2267018 | 180162 | 179937 | 5195 |
| 辽 宁 | 0.40 | 0.36 | 3400 | 1915 | 21706501 | 258616 | 249070 | 3995 |
| 吉 林 | 0.13 | 0.67 | 1357 | 641 | 3304586 | 132458 | 131455 | 4200 |
| 黑 龙 江 | 1.22 | 0.20 | 1619 | 974 | 1769414 | 114719 | 114285 | 3945 |
| 上 海 | | | | | | | | |
| 江 苏 | 5.84 | 0.93 | 3134 | 1739 | 16420650 | 491110 | 479427 | 27412 |
| 浙 江 | 0.53 | 0.26 | 2817 | 1726 | 49437914 | 422033 | 415219 | 8620 |
| 安 徽 | 0.47 | 0.14 | 2416 | 1660 | 7921348 | 139248 | 138138 | 9600 |
| 福 建 | 0.19 | 0.68 | 1880 | 1293 | 40232960 | 283360 | 262370 | 5490 |
| 江 西 | 0.74 | 0.07 | 1257 | 844 | 8416290 | 104232 | 91658 | 8083 |
| 山 东 | 0.60 | 0.20 | 3415 | 2003 | 18189490 | 291690 | 281973 | 20336 |
| 河 南 | 1.39 | 0.66 | 2820 | 1861 | 11524739 | 174233 | 173566 | 9800 |
| 湖 北 | 0.37 | 0.35 | 1753 | 988 | 13418561 | 317192 | 309819 | 7291 |
| 湖 南 | 0.61 | 0.30 | 1620 | 1026 | 5956602 | 167624 | 147162 | 10935 |
| 广 东 | 1.87 | 1.16 | 6429 | 3611 | 121351100 | 1007296 | 1003117 | 63792 |
| 广 西 | 0.96 | 0.38 | 1611 | 910 | 15406259 | 177287 | 173297 | 7668 |
| 海 南 | 0.04 | 0.01 | 430 | 186 | 919996 | 22389 | 17729 | 1125 |
| 重 庆 | | | | | | | | |
| 四 川 | 3.26 | 0.05 | 2326 | 1487 | 7978128 | 190329 | 189123 | 11920 |
| 贵 州 | 0.23 | 0.32 | 773 | 470 | 4310530 | 71364 | 65989 | 4450 |
| 云 南 | 0.36 | 0.13 | 2005 | 1273 | 77063754 | 111722 | 110042 | 10120 |
| 西 藏 | | | 277 | 236 | 41987 | 14451 | 14451 | 1650 |
| 陕 西 | 0.18 | 0.15 | 743 | 369 | 2392176 | 93978 | 88994 | 3500 |
| 甘 肃 | 0.24 | 0.04 | 947 | 588 | 424959 | 71784 | 71041 | 4490 |
| 青 海 | 0.11 | 0.03 | 487 | 358 | 439950 | 31442 | 29200 | 1753 |
| 宁 夏 | 0.04 | 0.02 | 682 | 427 | 532192 | 31328 | 29897 | 1400 |
| 新 疆 | 0.55 | 0.06 | 1659 | 1204 | 512538 | 101073 | 96911 | 5986 |

| 中央资金 | 购书专项经费 | 上级补助收入 | 事业收入 | 经营收入 | 附属单位上缴收入 | 其他收入 | 本年支出合计(千元) | 基本支出 |
|---|---|---|---|---|---|---|---|---|
| **83232** | **614752** | **39248** | **10134** | **3285** | **450** | **84675** | **4981005** | **2584592** |
| 2550 | 17269 | | 69 | | | 217 | 139887 | 109779 |
| 1750 | 3950 | | | 229 | | 27 | 174943 | 29857 |
| 4400 | 11920 | | | | | 225 | 126532 | 90664 |
| 745 | 27011 | 9540 | | | | 6 | 269935 | 167488 |
| 1950 | 17699 | | | | | 1003 | 133611 | 78951 |
| 2750 | 6045 | 240 | 10 | | | 184 | 118482 | 84290 |
| 1529 | 56107 | 1140 | 1166 | | | 9377 | 407081 | 217889 |
| 100 | 62396 | 1200 | 833 | | | 4781 | 410521 | 195708 |
| 5050 | 19258 | 317 | 116 | | | 677 | 139624 | 77147 |
| 610 | 33340 | 2034 | 5922 | 2906 | | 10128 | 269813 | 82016 |
| 3390 | 11550 | 9133 | 450 | | | 2991 | 86891 | 54378 |
| 6900 | 40915 | 203 | | | | 9514 | 300694 | 147970 |
| 4500 | 19996 | | 50 | | | 617 | 181720 | 102462 |
| 3522 | 20734 | 2608 | 87 | | | 4678 | 179665 | 121473 |
| 4600 | 12644 | 310 | 250 | | | 19902 | 137408 | 79086 |
| 1970 | 181393 | 2848 | 618 | | | 713 | 1004356 | 476733 |
| 5500 | 12576 | 3822 | | | | 168 | 176362 | 52075 |
| 500 | 280 | | | | | 4660 | 22156 | 9945 |
| 8800 | 25052 | 303 | | | | 903 | 176385 | 85249 |
| 3340 | 4866 | 720 | 30 | 150 | 450 | 4025 | 67081 | 49258 |
| 6500 | 7777 | 80 | 120 | | | 1480 | 113548 | 75411 |
| 1240 | 344 | | | | | | 13656 | 4272 |
| 2400 | 9978 | 1428 | | | | 3556 | 89267 | 39631 |
| 3200 | 4550 | 330 | 413 | | | | 68724 | 40602 |
| 424 | 1503 | 2189 | | | | 53 | 40937 | 24582 |
| 800 | 1407 | 803 | | | | 628 | 31885 | 24119 |
| 4212 | 4192 | | | | | 4162 | 99841 | 63557 |

续表 3

| 地　区 | 项目支出 | 经营支出 | 在支出合计中： | | | | | |
|---|---|---|---|---|---|---|---|---|
| | | | 工资福利支出 | 商品和服务支出 | 差旅费 | 劳务费 | 福利费 | 各种税金支出 |
| **总　计** | **2362441** | **2781** | **1656514** | **1027173** | **21483** | **96271** | **13058** | **5392** |
| 北　京 | | | | | | | | |
| 天　津 | | | | | | | | |
| 河　北 | 30108 | | 51764 | 32473 | 648 | 900 | 510 | |
| 山　西 | 144157 | 929 | 19843 | 11314 | 152 | 1652 | 128 | 47 |
| 内蒙古 | 35866 | | 49613 | 35841 | 1131 | 2557 | 411 | 2 |
| 辽　宁 | 102445 | | 100946 | 65132 | 855 | 3471 | 128 | 421 |
| 吉　林 | 54056 | | 45480 | 24559 | 827 | 4275 | 81 | |
| 黑龙江 | 34185 | | 47052 | 21150 | 517 | 924 | 236 | 2 |
| 上　海 | | | | | | | | |
| 江　苏 | 189191 | | 126931 | 82493 | 3137 | 18848 | 603 | 125 |
| 浙　江 | 214813 | | 142182 | 100877 | 1791 | 13875 | 4631 | 113 |
| 安　徽 | 55190 | | 48543 | 33590 | 670 | 1657 | 119 | |
| 福　建 | 184144 | 1652 | 59690 | 53576 | 420 | 3278 | 600 | 64 |
| 江　西 | 32328 | | 29844 | 21310 | 629 | 1689 | 168 | 76 |
| 山　东 | 152184 | | 89020 | 49646 | 647 | 3945 | 277 | 9 |
| 河　南 | 78468 | | 73344 | 30261 | 747 | 6900 | 543 | 78 |
| 湖　北 | 57409 | | 77427 | 35034 | 1041 | 3213 | 797 | 592 |
| 湖　南 | 50160 | | 58638 | 23422 | 915 | 3270 | 456 | 61 |
| 广　东 | 525343 | | 315091 | 203811 | 1516 | 5336 | 1386 | 3718 |
| 广　西 | 123990 | | 48275 | 24864 | 884 | 964 | 162 | |
| 海　南 | 12211 | | 7371 | 7845 | 70 | 3021 | | 11 |
| 重　庆 | | | | | | | | |
| 四　川 | 91125 | | 67751 | 47534 | 1644 | 6342 | 674 | 23 |
| 贵　州 | 17622 | 200 | 32397 | 11407 | 516 | 1087 | 185 | 8 |
| 云　南 | 38127 | | 58304 | 24994 | 1006 | 2097 | 346 | 14 |
| 西　藏 | 8514 | | 3453 | 9131 | 14 | 11 | | |
| 陕　西 | 49636 | | 26747 | 10823 | 399 | 1518 | 114 | 13 |
| 甘　肃 | 20901 | | 19150 | 14851 | 418 | 1546 | 175 | |
| 青　海 | 16354 | | 14524 | 9046 | 137 | 383 | 1 | 15 |
| 宁　夏 | 7766 | | 13507 | 6101 | 172 | 557 | | |
| 新　疆 | 36148 | | 29627 | 36088 | 580 | 2955 | 327 | |

| 对个人和家庭补助支出 | 抚恤金和生活补助 | 其他资本性支出 | 各种设备购置费 | 新增藏量购置费 | 新增数字资源购置费 | 资产总计（千元） | 固定资产原值 | 实际使用公用房屋建筑面积（万平方米） |
|---|---|---|---|---|---|---|---|---|
| **522271** | **21112** | **1344144** | **1032533** | **529290** | **157207** | **15859625** | **13168166** | **442.79** |
| 19353 | 346 | 35013 | 26968 | 17630 | 4471 | 386255 | 318418 | 14.95 |
| 4863 | 158 | 120688 | 46591 | 4617 | 3568 | 272242 | 248558 | 14.75 |
| 17678 | 525 | 17088 | 14723 | 10617 | 817 | 778997 | 636144 | 14.13 |
| 44135 | 6973 | 56623 | 41149 | 27794 | 8913 | 810850 | 682373 | 23.92 |
| 24124 | 773 | 37516 | 20026 | 9811 | 4252 | 395120 | 342659 | 10.92 |
| 29298 | 669 | 20636 | 16606 | 7649 | 1756 | 308789 | 280103 | 12.81 |
| 50728 | 826 | 145134 | 79581 | 52612 | 6313 | 1385081 | 956821 | 33.78 |
| 24783 | 138 | 91097 | 80290 | 48655 | 12123 | 1172818 | 944914 | 27.91 |
| 11134 | 91 | 37184 | 25527 | 9527 | 5025 | 454073 | 424986 | 19.84 |
| 8868 | 211 | 138798 | 124034 | 32560 | 5227 | 509411 | 421773 | 20.15 |
| 8989 | 154 | 22222 | 17462 | 11014 | 2502 | 246465 | 193453 | 12.22 |
| 38003 | 1763 | 91409 | 72515 | 38715 | 16585 | 856990 | 730551 | 36.41 |
| 13556 | 731 | 56804 | 47844 | 20328 | 7313 | 953003 | 845467 | 25.48 |
| 27881 | 1207 | 35197 | 33371 | 19358 | 5447 | 573665 | 504798 | 30.04 |
| 14954 | 1533 | 30674 | 25795 | 16126 | 5496 | 290970 | 236144 | 13.41 |
| 115051 | 183 | 250560 | 232273 | 141808 | 44959 | 3762530 | 3416619 | 55.58 |
| 7862 | 681 | 35694 | 27200 | 10034 | 2521 | 375253 | 329088 | 13.19 |
| 1083 |  | 4757 | 2802 | 2144 | 60 | 75861 | 52136 | 1.72 |
| 10340 | 1660 | 34428 | 32503 | 15328 | 6466 | 457594 | 392727 | 14.72 |
| 9377 | 622 | 11278 | 8364 | 3430 | 3756 | 118681 | 104943 | 4.34 |
| 8364 | 259 | 17776 | 15652 | 7547 | 1676 | 298546 | 241195 | 11.90 |
| 720 |  | 287 | 185 | 185 |  | 28803 | 18978 | 1.69 |
| 3172 | 81 | 16977 | 15955 | 10764 | 3160 | 241419 | 199810 | 4.83 |
| 14438 | 883 | 11673 | 7885 | 4518 | 1085 | 338561 | 326676 | 7.04 |
| 3758 | 205 | 8982 | 7550 | 523 | 1870 | 47375 | 41570 | 2.62 |
| 3442 | 89 | 4470 | 2446 | 1615 | 581 | 511169 | 149180 | 4.23 |
| 6317 | 351 | 11179 | 7236 | 4381 | 1265 | 209104 | 128082 | 10.21 |

续表 4

| 地　区 | 书库面积 | 阅览室面积 | 书刊阅览室面积 | 电子阅览室面积 | 实际拥有产权面积（万平方米） | 阅览室座席数（个） | 少儿阅览室座席数 |
|---|---|---|---|---|---|---|---|
| **总　计** | **86.78** | **128.58** | **102.20** | **14.14** | **233.19** | **282977** | **59437** |
| 北　京 | | | | | | | |
| 天　津 | | | | | | | |
| 河　北 | 2.04 | 4.25 | 3.92 | 0.29 | 9.91 | 10073 | 1704 |
| 山　西 | 1.98 | 4.70 | 3.07 | 0.77 | 12.26 | 8699 | 891 |
| 内蒙古 | 2.01 | 3.41 | 2.74 | 0.49 | 5.15 | 9018 | 1281 |
| 辽　宁 | 4.52 | 5.95 | 3.87 | 0.68 | 11.42 | 12829 | 3144 |
| 吉　林 | 1.65 | 3.05 | 2.31 | 0.23 | 6.35 | 6965 | 901 |
| 黑龙江 | 2.23 | 3.02 | 1.99 | 0.31 | 3.02 | 8961 | 1199 |
| 上　海 | | | | | | | |
| 江　苏 | 6.46 | 9.22 | 7.96 | 0.56 | 14.11 | 19644 | 4119 |
| 浙　江 | 4.94 | 7.54 | 6.29 | 0.62 | 10.45 | 15334 | 4478 |
| 安　徽 | 4.06 | 7.33 | 6.08 | 0.60 | 13.24 | 17345 | 3805 |
| 福　建 | 3.43 | 6.88 | 6.39 | 0.39 | 8.33 | 14742 | 2753 |
| 江　西 | 3.45 | 4.36 | 3.23 | 0.39 | 5.60 | 9469 | 2723 |
| 山　东 | 8.39 | 9.79 | 7.53 | 0.94 | 19.83 | 19289 | 3581 |
| 河　南 | 5.82 | 6.80 | 5.21 | 1.06 | 19.15 | 16986 | 2767 |
| 湖　北 | 7.48 | 7.65 | 5.18 | 1.57 | 15.26 | 12449 | 2687 |
| 湖　南 | 4.32 | 3.49 | 2.76 | 0.63 | 9.41 | 9317 | 2294 |
| 广　东 | 7.40 | 18.09 | 16.16 | 1.80 | 18.73 | 31534 | 8840 |
| 广　西 | 2.36 | 3.31 | 2.48 | 0.36 | 6.41 | 9446 | 3102 |
| 海　南 | 0.50 | 0.35 | 0.27 | 0.06 | 2.06 | 1263 | 290 |
| 重　庆 | | | | | | | |
| 四　川 | 3.52 | 4.43 | 3.71 | 0.47 | 11.18 | 12548 | 2859 |
| 贵　州 | 1.25 | 1.66 | 1.42 | 0.17 | 4.20 | 4532 | 632 |
| 云　南 | 3.04 | 4.10 | 2.30 | 0.67 | 7.90 | 8626 | 1437 |
| 西　藏 | 0.11 | 0.25 | 0.14 | 0.08 | 0.44 | 644 | 73 |
| 陕　西 | 1.06 | 1.67 | 1.58 | 0.10 | 5.77 | 3840 | 530 |
| 甘　肃 | 1.75 | 2.53 | 2.08 | 0.29 | 5.29 | 6140 | 1284 |
| 青　海 | 0.49 | 1.34 | 0.99 | 0.17 | 0.89 | 1311 | 298 |
| 宁　夏 | 0.69 | 0.82 | 0.50 | 0.13 | 2.46 | 3586 | 519 |
| 新　疆 | 1.85 | 2.61 | 2.06 | 0.34 | 4.36 | 8387 | 1246 |

| 盲人阅览室座席数 | 志愿者服务队伍数（个） | 志愿者服务队伍人数（人） | 图书馆延伸服务情况 | | | |
|---|---|---|---|---|---|---|
| | | | 流动图书车数（辆） | 流动服务书刊借阅人次（万人次） | 流动图书车书刊借阅册次（万册次） | 分馆数量（个） |
| **5343** | **1539** | **98708** | **406** | **902.41** | **1603.56** | **4036** |
| 164 | 32 | 2318 | 3 | 7.53 | 17.54 | 43 |
| 112 | 87 | 3054 | 6 | 11.39 | 18.63 | 63 |
| 151 | 10 | 1180 | 2 | 12.96 | 29.02 | 79 |
| 247 | 85 | 7298 | 11 | 221.20 | 495.09 | 621 |
| 173 | 23 | 3105 | 3 | 8.49 | 7.34 | 34 |
| 72 | 22 | 2091 | 3 | 21.22 | 38.50 | 138 |
| 226 | 86 | 7286 | 13 | 44.03 | 59.80 | 313 |
| 223 | 245 | 16122 | 16 | 77.97 | 152.98 | 315 |
| 398 | 43 | 2735 | 4 | 17.01 | 30.04 | 214 |
| 178 | 26 | 1486 | 5 | 17.83 | 35.61 | 259 |
| 266 | 16 | 1270 | 5 | 44.70 | 37.91 | 93 |
| 390 | 39 | 2911 | 9 | 34.16 | 46.18 | 268 |
| 387 | 74 | 2458 | 10 | 46.80 | 26.15 | 77 |
| 225 | 38 | 1408 | 16 | 62.39 | 98.84 | 242 |
| 167 | 89 | 4374 | 3 | 16.54 | 23.82 | 203 |
| 283 | 421 | 26270 | 246 | 91.84 | 205.83 | 498 |
| 135 | 38 | 6805 | 4 | 12.66 | 45.30 | 67 |
| 18 | 8 | 855 | 12 | 2.53 | 6.54 | 5 |
| 353 | 45 | 1756 | 11 | 38.48 | 56.62 | 98 |
| 194 | 10 | 647 | 1 | 7.32 | 5.20 | 20 |
| 406 | 59 | 846 | | 46.42 | 56.80 | 41 |
| 4 | 1 | 356 | 1 | 0.00 | 0.01 | |
| 96 | 6 | 897 | 4 | 11.56 | 22.56 | 65 |
| 201 | 9 | 244 | | 6.76 | 15.63 | |
| 44 | 4 | 66 | 7 | 8.56 | 17.66 | 2 |
| 53 | 7 | 160 | 3 | 24.12 | 48.84 | 31 |
| 177 | 16 | 710 | 8 | 7.94 | 5.14 | 247 |

# 2017年各地区县市级

| 地　区 | 机构数（个） | 从业人员（人） | 专业技术人才 | 正高级职称 | 副高级职称 | 中级职称 | 总藏量（万册） | 图书 |
|---|---|---|---|---|---|---|---|---|
| **总　计** | **2753** | **33104** | **21431** | **132** | **1994** | **9601** | **47087.11** | **40341.94** |
| 北　京 | 22 | 892 | 685 | 3 | 49 | 230 | 1914.22 | 1745.50 |
| 天　津 | 30 | 658 | 577 | 7 | 73 | 230 | 917.39 | 819.68 |
| 河　北 | 160 | 1189 | 754 | 2 | 76 | 362 | 1306.41 | 1146.59 |
| 山　西 | 118 | 1020 | 646 | 1 | 26 | 283 | 1050.01 | 878.14 |
| 内蒙古 | 104 | 1221 | 950 | 1 | 155 | 405 | 937.05 | 802.69 |
| 辽　宁 | 106 | 1248 | 858 | 7 | 80 | 560 | 1263.90 | 1104.11 |
| 吉　林 | 55 | 819 | 662 | 9 | 101 | 331 | 704.46 | 585.31 |
| 黑龙江 | 96 | 934 | 783 | 25 | 203 | 361 | 886.65 | 790.62 |
| 上　海 | 22 | 1310 | 1040 |  | 39 | 344 | 2106.48 | 1944.45 |
| 江　苏 | 98 | 1969 | 1220 | 10 | 118 | 527 | 5038.78 | 4685.80 |
| 浙　江 | 86 | 2200 | 1185 | 21 | 124 | 547 | 4892.00 | 4447.68 |
| 安　徽 | 102 | 850 | 506 |  | 32 | 205 | 1353.98 | 1169.46 |
| 福　建 | 75 | 743 | 445 | 1 | 22 | 219 | 1810.91 | 1492.22 |
| 江　西 | 101 | 919 | 474 | 4 | 25 | 193 | 1432.99 | 1157.51 |
| 山　东 | 136 | 1743 | 1397 | 6 | 204 | 651 | 3113.44 | 2689.22 |
| 河　南 | 138 | 1940 | 850 |  | 34 | 420 | 1429.30 | 1180.77 |
| 湖　北 | 99 | 1232 | 855 |  | 40 | 517 | 1615.65 | 1309.02 |
| 湖　南 | 120 | 1242 | 787 | 1 | 36 | 409 | 1635.07 | 1343.88 |
| 广　东 | 115 | 2411 | 1234 | 8 | 52 | 543 | 3890.98 | 3154.35 |
| 广　西 | 97 | 759 | 528 |  | 15 | 203 | 1187.27 | 897.42 |
| 海　南 | 18 | 142 | 97 |  |  | 18 | 200.50 | 175.09 |
| 重　庆 | 41 | 654 | 368 | 10 | 46 | 153 | 1217.75 | 1036.47 |
| 四　川 | 181 | 1428 | 791 | 5 | 28 | 299 | 2051.04 | 1724.83 |
| 贵　州 | 87 | 626 | 428 | 4 | 29 | 136 | 843.43 | 674.09 |
| 云　南 | 132 | 1146 | 1006 | 1 | 254 | 477 | 1277.28 | 1010.48 |
| 西　藏 | 74 | 120 | 61 | 2 | 2 | 2 | 96.40 | 73.09 |
| 陕　西 | 102 | 1532 | 924 | 2 | 27 | 391 | 870.79 | 719.64 |
| 甘　肃 | 85 | 933 | 485 | 1 | 35 | 191 | 727.49 | 519.27 |
| 青　海 | 41 | 218 | 138 |  | 8 | 71 | 181.73 | 143.49 |
| 宁　夏 | 20 | 292 | 181 | 1 | 9 | 96 | 305.09 | 248.39 |
| 新　疆 | 92 | 714 | 516 |  | 52 | 227 | 828.69 | 672.69 |

# 公共图书馆基本情况

| | | | | | | | 在藏量中 | | 电子图书（万册） |
|---|---|---|---|---|---|---|---|---|---|
| 盲文图书 | 古　籍 | 善本 | 报刊 | 视听文献 | 缩微制品 | 其他 | 开架书刊 | 少儿文献 | |
| **64.09** | **478.58** | **39.02** | **3465.71** | **724.51** | **54.18** | **2022.19** | **27530.82** | **5369.84** | **41553.15** |
| 0.29 | 5.13 | 0.31 | 34.61 | 56.82 | 0.33 | 71.83 | 1325.93 | 170.66 | 1209.55 |
| 1.03 | 4.50 | 0.23 | 45.28 | 9.34 | 0.05 | 38.54 | 489.63 | 83.21 | 1303.18 |
| 2.23 | 6.44 | 0.48 | 88.88 | 20.38 | 0.34 | 43.78 | 752.85 | 128.16 | 962.57 |
| 1.42 | 29.18 | 4.51 | 106.68 | 7.24 | 1.12 | 27.66 | 451.85 | 72.04 | 476.42 |
| 0.71 | 2.70 | 0.17 | 87.82 | 7.53 | 0.36 | 35.95 | 618.12 | 80.82 | 600.01 |
| 1.45 | 4.37 | 0.94 | 46.69 | 23.04 | 0.74 | 84.97 | 736.67 | 207.61 | 425.31 |
| 0.99 | 1.37 | 0.04 | 46.60 | 16.52 | 0.63 | 54.04 | 450.48 | 85.36 | 616.10 |
| 0.72 | 0.50 | | 72.36 | 6.00 | 0.56 | 16.60 | 533.09 | 68.03 | 495.75 |
| 1.06 | 8.91 | 0.22 | 36.84 | 93.37 | 0.01 | 22.91 | 1429.55 | 267.31 | 697.99 |
| 4.50 | 54.36 | 3.59 | 209.04 | 46.72 | 0.44 | 42.42 | 3171.59 | 627.08 | 5190.06 |
| 3.36 | 54.55 | 2.74 | 238.53 | 84.11 | 0.43 | 66.70 | 3309.10 | 783.33 | 5854.87 |
| 5.67 | 11.96 | 0.43 | 81.02 | 26.90 | 0.51 | 64.12 | 589.81 | 147.40 | 2793.46 |
| 0.92 | 12.06 | 0.98 | 115.63 | 38.83 | 1.13 | 151.04 | 1046.25 | 263.57 | 1605.16 |
| 2.34 | 22.37 | 2.50 | 179.70 | 10.97 | 0.73 | 61.72 | 613.84 | 154.47 | 630.91 |
| 6.14 | 24.31 | 2.62 | 238.18 | 27.22 | 3.31 | 131.20 | 1674.31 | 318.46 | 1496.74 |
| 7.44 | 15.14 | 1.18 | 179.27 | 17.52 | 0.39 | 36.21 | 703.30 | 119.88 | 1109.81 |
| 1.88 | 15.50 | 1.76 | 174.46 | 21.44 | 33.72 | 61.52 | 936.87 | 192.75 | 1728.22 |
| 2.98 | 39.77 | 3.32 | 190.03 | 12.84 | 0.90 | 47.66 | 793.48 | 158.70 | 767.56 |
| 1.83 | 12.66 | 0.93 | 170.53 | 100.26 | 0.20 | 452.97 | 2532.94 | 495.11 | 3681.52 |
| 0.37 | 8.29 | 0.17 | 232.88 | 7.56 | 0.90 | 40.21 | 555.76 | 90.41 | 288.95 |
| 0.03 | 0.59 | 0.42 | 21.94 | 1.22 | 0.01 | 1.66 | 93.49 | 7.98 | 474.64 |
| 2.63 | 26.64 | 2.33 | 75.58 | 19.06 | 0.12 | 59.88 | 817.30 | 178.96 | 1062.11 |
| 7.42 | 48.17 | 2.21 | 177.05 | 15.46 | 3.12 | 82.41 | 1165.95 | 217.11 | 2161.83 |
| 1.36 | 4.05 | 0.80 | 93.09 | 9.89 | 1.57 | 60.74 | 489.71 | 78.46 | 967.06 |
| 0.97 | 26.56 | 2.56 | 157.96 | 12.47 | 0.88 | 68.94 | 787.69 | 118.84 | 1316.87 |
| 0.07 | 0.95 | 0.10 | 8.37 | 0.79 | 0.36 | 12.84 | 8.91 | 6.44 | 12.02 |
| 2.02 | 19.77 | 0.79 | 92.07 | 8.08 | 0.36 | 30.88 | 470.78 | 75.39 | 2920.09 |
| 0.61 | 12.51 | 1.86 | 122.91 | 5.84 | 0.18 | 66.79 | 367.47 | 63.08 | 181.21 |
| 0.33 | 2.96 | 0.19 | 9.71 | 1.95 | 0.28 | 23.33 | 46.84 | 12.88 | 73.09 |
| 0.65 | 1.80 | 0.63 | 30.49 | 4.95 | 0.11 | 19.35 | 142.20 | 42.20 | 64.06 |
| 0.67 | 0.51 | 0.02 | 101.54 | 10.19 | 0.42 | 43.34 | 425.08 | 54.17 | 386.02 |

续表 1

| 地区 | 本馆自建 | 本馆外购 | 免费共享 | 书架单层总长度(米) | 本年新购藏量(万册) | 本年新增电子图书(万册) | 当年购买的报刊种类(种) | 有效借书证数(个) |
|---|---|---|---|---|---|---|---|---|
| **总计** | **1322.75** | **24177.90** | **16042.52** | **6180439** | **4479.95** | **8431.57** | **624238** | **30873365** |
| 北京 | 23.35 | 459.54 | 726.67 | 189000 | 100.50 | 40.34 | 16222 | 945368 |
| 天津 | 0.04 | 912.64 | 390.50 | 101571 | 108.47 | 191.34 | 12060 | 441182 |
| 河北 | 68.25 | 770.10 | 124.23 | 292882 | 118.35 | 405.19 | 19163 | 445035 |
| 山西 | 4.17 | 395.39 | 76.87 | 137883 | 50.42 | 232.60 | 15108 | 299356 |
| 内蒙古 | 71.98 | 428.43 | 99.60 | 127089 | 99.00 | 266.11 | 18037 | 321698 |
| 辽宁 | 31.15 | 314.16 | 80.00 | 151961 | 64.87 | 59.79 | 17320 | 555902 |
| 吉林 | 67.67 | 318.90 | 229.52 | 79733 | 42.70 | 200.46 | 8629 | 239971 |
| 黑龙江 | 0.45 | 180.23 | 315.07 | 97800 | 125.95 | 164.56 | 12696 | 245058 |
| 上海 | 4.30 | 670.30 | 23.39 | 209317 | 160.18 | 244.53 | 35298 | 1928612 |
| 江苏 | 59.00 | 3531.60 | 1599.46 | 484425 | 546.28 | 1100.87 | 51305 | 4296037 |
| 浙江 | 251.33 | 2560.98 | 3042.55 | 449711 | 550.72 | 533.84 | 53358 | 8305029 |
| 安徽 | 51.91 | 2291.35 | 450.19 | 147592 | 115.52 | 275.31 | 16392 | 706296 |
| 福建 | 58.79 | 877.96 | 668.41 | 213409 | 201.09 | 311.67 | 20297 | 596439 |
| 江西 | 24.80 | 419.58 | 186.53 | 170088 | 143.37 | 103.87 | 17713 | 648982 |
| 山东 | 26.97 | 1159.18 | 310.59 | 375902 | 341.83 | 681.79 | 29410 | 1800643 |
| 河南 | 53.32 | 829.75 | 226.75 | 194739 | 99.53 | 145.54 | 22621 | 702321 |
| 湖北 | 104.28 | 872.32 | 751.63 | 195137 | 194.86 | 296.72 | 22861 | 736180 |
| 湖南 | 23.99 | 499.72 | 243.84 | 247848 | 97.43 | 187.57 | 26310 | 649503 |
| 广东 | 24.79 | 1894.65 | 1762.08 | 474253 | 479.94 | 434.76 | 40305 | 3064388 |
| 广西 | 3.19 | 212.34 | 73.42 | 199784 | 49.51 | 37.18 | 18248 | 252202 |
| 海南 | 30.01 | 400.08 | 44.55 | 26695 | 7.06 | 833.07 | 3851 | 38700 |
| 重庆 | 66.49 | 662.84 | 332.79 | 284150 | 183.21 | 251.48 | 23401 | 1214218 |
| 四川 | 38.71 | 995.58 | 1127.55 | 596898 | 207.88 | 647.07 | 27721 | 1089056 |
| 贵州 | 54.59 | 789.19 | 123.28 | 116174 | 98.96 | 492.35 | 12938 | 434274 |
| 云南 | 13.61 | 963.55 | 339.72 | 247509 | 64.59 | 75.67 | 25061 | 265045 |
| 西藏 | 0.12 | 1.23 | 10.67 | 8813 | 12.69 | 0.31 | 3006 | 6212 |
| 陕西 | 108.80 | 260.17 | 2541.14 | 95089 | 66.37 | 96.78 | 13557 | 214479 |
| 甘肃 | 3.84 | 142.29 | 35.08 | 102176 | 60.97 | 36.84 | 10947 | 192394 |
| 青海 | 7.80 | 62.38 | 2.90 | 27427 | 7.53 | 18.85 | 1584 | 18150 |
| 宁夏 | 0.10 | 45.81 | 18.15 | 41847 | 41.49 | 24.70 | 6699 | 73245 |
| 新疆 | 44.97 | 255.66 | 85.39 | 93537 | 38.71 | 40.44 | 22120 | 147390 |

| 总流通人次(万人次) | 书刊文献外借人次 | 书刊文献外借册次(万册次) | 为读者举办各种活动 | | | | | |
|---|---|---|---|---|---|---|---|---|---|
| | | | 组织各类讲座次数(次) | 参加人次(万人次) | 举办展览(个) | 参加人次(万人次) | 举办培训班(个) | 培训人次(万人次) |
| **42447.59** | **15648.67** | **32370.54** | **46755** | **691.94** | **19862** | **3004.44** | **30350** | **184.03** |
| 1026.74 | 344.38 | 833.94 | 2075 | 15.48 | 404 | 102.16 | 1298 | 4.64 |
| 1100.84 | 278.04 | 656.06 | 1343 | 19.32 | 528 | 33.71 | 370 | 2.93 |
| 918.84 | 415.55 | 731.16 | 1988 | 20.97 | 672 | 43.73 | 877 | 5.49 |
| 641.87 | 240.12 | 385.04 | 1318 | 17.19 | 506 | 79.47 | 507 | 4.48 |
| 490.58 | 248.52 | 429.71 | 822 | 11.36 | 384 | 30.99 | 464 | 3.23 |
| 1074.85 | 437.18 | 814.02 | 1515 | 13.15 | 549 | 50.91 | 784 | 3.98 |
| 346.33 | 182.04 | 303.78 | 394 | 5.59 | 174 | 48.87 | 242 | 1.99 |
| 443.00 | 172.66 | 406.02 | 796 | 13.76 | 456 | 40.90 | 555 | 2.65 |
| 2671.67 | 494.66 | 2108.11 | 2468 | 33.90 | 337 | 74.26 | 1530 | 6.88 |
| 4825.07 | 1886.52 | 3651.00 | 2368 | 34.84 | 999 | 147.28 | 1314 | 8.32 |
| 7859.46 | 1852.28 | 4794.52 | 3558 | 63.90 | 1830 | 501.20 | 4005 | 20.71 |
| 1453.76 | 678.12 | 1141.07 | 1575 | 27.93 | 649 | 76.19 | 795 | 6.91 |
| 1650.91 | 722.74 | 1842.65 | 1316 | 16.04 | 691 | 105.41 | 1746 | 6.09 |
| 1053.18 | 552.66 | 977.62 | 1327 | 17.33 | 886 | 84.41 | 622 | 5.20 |
| 2109.47 | 1136.72 | 1905.45 | 3864 | 51.50 | 1285 | 139.21 | 1842 | 11.63 |
| 1414.50 | 813.37 | 1168.55 | 2060 | 33.72 | 891 | 86.22 | 957 | 7.96 |
| 1084.47 | 629.67 | 1001.23 | 1554 | 30.42 | 723 | 93.77 | 742 | 6.24 |
| 1166.65 | 671.18 | 1115.88 | 2024 | 34.70 | 595 | 80.26 | 1261 | 9.21 |
| 4356.84 | 1029.47 | 3045.47 | 3575 | 74.18 | 1244 | 395.21 | 2070 | 14.38 |
| 1077.42 | 329.37 | 677.84 | 1155 | 23.20 | 581 | 61.32 | 1178 | 7.07 |
| 67.44 | 29.05 | 52.45 | 109 | 1.14 | 89 | 6.90 | 55 | 0.41 |
| 1205.30 | 481.06 | 1077.24 | 1473 | 24.59 | 932 | 136.38 | 1793 | 9.81 |
| 1595.55 | 683.39 | 1138.27 | 2730 | 37.53 | 1008 | 267.38 | 1107 | 6.28 |
| 547.35 | 244.61 | 370.80 | 1302 | 13.55 | 515 | 51.62 | 664 | 4.49 |
| 732.19 | 366.06 | 653.28 | 1379 | 20.00 | 937 | 108.21 | 1020 | 7.79 |
| 9.70 | 3.67 | 5.26 | 31 | 0.33 | 134 | 2.54 | 30 | 0.13 |
| 580.68 | 280.60 | 380.11 | 1151 | 16.77 | 712 | 66.48 | 1527 | 8.14 |
| 376.95 | 217.78 | 313.71 | 675 | 9.39 | 343 | 30.25 | 359 | 2.89 |
| 48.64 | 28.50 | 33.79 | 86 | 1.01 | 77 | 5.29 | 86 | 0.70 |
| 179.75 | 68.56 | 124.49 | 148 | 1.27 | 113 | 10.39 | 148 | 0.73 |
| 337.58 | 130.15 | 232.07 | 576 | 7.86 | 618 | 43.52 | 402 | 2.68 |

续表 2

| 地　区 | 开展基层培训辅导人次（万人次） | 本单位受训人次（万人次） | 计算机（台） | 供读者使用电子阅览室终端数 | 图书馆网站访问量（页次） | 本年收入合计（千元） | 财政补贴收入 | 免费开放资金 |
|---|---|---|---|---|---|---|---|---|
| **总　计** | **73.86** | **13.05** | **146627** | **103502** | **281972418** | **7193884** | **6918560** | **636785** |
| 北　京 | 2.08 | 0.58 | 3647 | 1641 | 13690467 | 436087 | 428600 | 22270 |
| 天　津 | 0.78 | 0.66 | 3178 | 2117 | 11372295 | 318697 | 316070 | 12641 |
| 河　北 | 2.92 | 0.26 | 5674 | 4352 | 12050525 | 146915 | 139368 | 21339 |
| 山　西 | 3.48 | 0.54 | 4639 | 3574 | 1964154 | 137634 | 136068 | 18136 |
| 内蒙古 | 1.33 | 0.36 | 4736 | 3319 | 1316602 | 193871 | 191342 | 17297 |
| 辽　宁 | 3.79 | 0.35 | 5460 | 3626 | 2145062 | 176330 | 175879 | 6707 |
| 吉　林 | 1.34 | 0.16 | 2573 | 1866 | 2693572 | 167760 | 164755 | 9099 |
| 黑龙江 | 0.75 | 0.13 | 3860 | 2711 | 1293275 | 130568 | 129060 | 13071 |
| 上　海 | 0.41 | 0.70 | 3957 | 2324 | 22339314 | 583699 | 573382 | 18896 |
| 江　苏 | 4.60 | 0.79 | 7442 | 4890 | 58656275 | 507564 | 482549 | 25927 |
| 浙　江 | 2.98 | 1.43 | 8185 | 5353 | 18184389 | 736192 | 705128 | 34693 |
| 安　徽 | 3.41 | 0.57 | 5042 | 3919 | 6558415 | 134874 | 119709 | 14740 |
| 福　建 | 0.50 | 0.27 | 4070 | 2735 | 14300595 | 191935 | 175674 | 9800 |
| 江　西 | 7.20 | 0.17 | 5573 | 4091 | 4281670 | 138327 | 125021 | 11148 |
| 山　东 | 3.87 | 0.39 | 8038 | 5648 | 9692486 | 299434 | 292837 | 31384 |
| 河　南 | 3.28 | 0.62 | 6672 | 4595 | 3715620 | 176086 | 174267 | 23266 |
| 湖　北 | 5.09 | 0.37 | 4849 | 3534 | 5793874 | 241306 | 222347 | 13432 |
| 湖　南 | 3.06 | 0.27 | 5119 | 3752 | 10668975 | 202977 | 193514 | 22144 |
| 广　东 | 2.37 | 1.15 | 10080 | 7110 | 13527684 | 766515 | 733939 | 64617 |
| 广　西 | 1.49 | 0.43 | 4238 | 3034 | 1424494 | 114562 | 103905 | 16115 |
| 海　南 | 0.35 | 0.05 | 879 | 684 | 1528489 | 78991 | 77198 | 51694 |
| 重　庆 | 2.36 | 0.13 | 3933 | 2961 | 18467988 | 207107 | 202151 | 27637 |
| 四　川 | 5.74 | 0.10 | 8473 | 6279 | 19630249 | 281428 | 275995 | 44845 |
| 贵　州 | 1.14 | 0.88 | 4514 | 3080 | 4058704 | 131517 | 115708 | 15767 |
| 云　南 | 2.82 | 0.31 | 5290 | 3960 | 11768018 | 187281 | 181943 | 25544 |
| 西　藏 | 0.42 | 0.01 | 1033 | 714 | 4308 | 19058 | 18484 | 12412 |
| 陕　西 | 1.94 | 0.31 | 4695 | 3638 | 5622693 | 169866 | 162335 | 19870 |
| 甘　肃 | 2.17 | 0.15 | 3848 | 2760 | 3799765 | 116536 | 111331 | 11657 |
| 青　海 | 0.45 | 0.02 | 1517 | 921 | 526600 | 37753 | 36789 | 1620 |
| 宁　夏 | 0.32 | 0.65 | 1441 | 1180 | 245780 | 60733 | 55910 | 3858 |
| 新　疆 | 1.44 | 0.21 | 3972 | 3134 | 650081 | 102281 | 97302 | 15159 |

| | 中央资金 | 购书专项经费 | 上级补助收入 | 事业收入 | 经营收入 | 附属单位上缴收入 | 其他收入 | 本年支出合计(千元) | 基本支出 |
|---|---|---|---|---|---|---|---|---|---|
| | **248463** | **689611** | **149473** | **27474** | **9867** | **141** | **88369** | **7158673** | **4482253** |
| | | | | | | | | | |
| | 2035 | 37893 | 432 | 5295 | 270 | | 1490 | 429536 | 235273 |
| | 3200 | 40377 | 57 | 1927 | 375 | | 268 | 313512 | 198208 |
| | 14515 | 7349 | 280 | | 45 | | 7222 | 142765 | 109053 |
| | 11926 | 7215 | 755 | 340 | | | 471 | 133450 | 89404 |
| | 13421 | 4688 | 1712 | | | | 817 | 194811 | 169215 |
| | | | | | | | | | |
| | 2718 | 11300 | 321 | 38 | | | 92 | 174742 | 142752 |
| | 5695 | 6521 | 1584 | | | | 1421 | 167038 | 87453 |
| | 9771 | 9947 | 445 | 59 | | | 1004 | 127149 | 97923 |
| | | | | | | | | | |
| | 833 | 66687 | 1775 | 1656 | | | 6886 | 573827 | 364943 |
| | 920 | 62270 | 6392 | 2644 | 8839 | | 7140 | 515305 | 339928 |
| | 552 | 93867 | 14184 | 2432 | | | 14448 | 741553 | 349091 |
| | 5360 | 12445 | 10978 | 773 | | | 3414 | 139262 | 92766 |
| | 2440 | 29880 | 13624 | 303 | | | 2334 | 179743 | 98071 |
| | 4741 | 13224 | 9792 | 1074 | | 11 | 2429 | 139989 | 105658 |
| | 4039 | 36762 | 3609 | 27 | | | 2961 | 301655 | 216089 |
| | | | | | | | | | |
| | 13410 | 11046 | 975 | 224 | 13 | 5 | 602 | 173072 | 142027 |
| | 5056 | 21611 | 10432 | 747 | | | 7780 | 240186 | 145551 |
| | 10751 | 17158 | 5050 | 464 | 40 | 100 | 3809 | 203744 | 141135 |
| | 4307 | 78891 | 26280 | 1510 | | | 4786 | 755940 | 321741 |
| | 12058 | 10379 | 8497 | 200 | 140 | | 1820 | 109041 | 78983 |
| | 651 | 3115 | 799 | | | | 994 | 75915 | 64709 |
| | | | | | | | | | |
| | 15580 | 22088 | 4233 | | | | 723 | 202622 | 102996 |
| | 28800 | 32125 | 4227 | 324 | | | 882 | 280764 | 160559 |
| | 8692 | 9052 | 8136 | 1422 | 20 | 20 | 6211 | 129058 | 74002 |
| | 20586 | 8035 | 2564 | 119 | | | 2655 | 190143 | 143929 |
| | 11148 | 2835 | 242 | 153 | | | 179 | 16664 | 14344 |
| | | | | | | | | | |
| | 15400 | 15310 | 4453 | 1736 | | | 1342 | 176885 | 137974 |
| | 6515 | 6297 | 3070 | 1157 | 120 | | 858 | 119792 | 95958 |
| | 370 | 1863 | 270 | 180 | 5 | 5 | 504 | 37990 | 31473 |
| | 1640 | 4954 | 2265 | 366 | | | 2192 | 70242 | 51937 |
| | 11333 | 4427 | 2040 | 2304 | | | 635 | 102278 | 79108 |

续表 3

| 地区 | 项目支出 | 经营支出 | 在支出合计中: | | | | | |
|---|---|---|---|---|---|---|---|---|
| | | | 工资福利支出 | 商品和服务支出 | 差旅费 | 劳务费 | 福利费 | 各种税金支出 |
| **总计** | **2457428** | **4029** | **2803791** | **1571773** | **46995** | **171533** | **26472** | **4829** |
| 北京 | 193947 | 270 | 171341 | 141112 | 245 | 3648 | 2039 | 88 |
| 天津 | 115164 | 4 | 95329 | 79777 | 325 | 5364 | 841 | 439 |
| 河北 | 28978 | 90 | 67259 | 20044 | 433 | 1132 | 228 | 68 |
| 山西 | 39472 | | 64104 | 18567 | 820 | 2619 | 59 | 5 |
| 内蒙古 | 20047 | | 96242 | 26353 | 1974 | 3101 | 316 | 107 |
| 辽宁 | 23625 | 10 | 93143 | 28037 | 687 | 2674 | 48 | 18 |
| 吉林 | 75895 | | 55568 | 14751 | 643 | 1327 | 119 | |
| 黑龙江 | 25100 | 50 | 58738 | 16243 | 1121 | 1058 | 46 | 7 |
| 上海 | 208882 | | 227428 | 196895 | 4566 | 3836 | 4431 | 38 |
| 江苏 | 169825 | 1795 | 175764 | 115305 | 3883 | 7039 | 1752 | 487 |
| 浙江 | 381543 | | 256918 | 179069 | 2217 | 28799 | 6038 | 900 |
| 安徽 | 37218 | 120 | 53598 | 24663 | 1241 | 2255 | 381 | 208 |
| 福建 | 73207 | | 63287 | 43424 | 689 | 8957 | 179 | 61 |
| 江西 | 20403 | 55 | 63001 | 23034 | 1788 | 2108 | 1186 | 112 |
| 山东 | 69036 | 14 | 141432 | 43261 | 1728 | 4656 | 1178 | 16 |
| 河南 | 22882 | 70 | 95705 | 27013 | 1234 | 2492 | 285 | 47 |
| 湖北 | 80819 | | 95928 | 32034 | 1217 | 3719 | 472 | 241 |
| 湖南 | 47657 | 42 | 91331 | 40775 | 1817 | 5456 | 1092 | 65 |
| 广东 | 424625 | 20 | 195136 | 231491 | 1621 | 40132 | 2847 | 650 |
| 广西 | 23769 | 394 | 51092 | 27558 | 2037 | 1841 | 87 | 36 |
| 海南 | 9870 | | 10230 | 4580 | 365 | 357 | 4 | 2 |
| 重庆 | 94929 | 22 | 60868 | 54107 | 5263 | 13542 | 650 | 11 |
| 四川 | 114690 | 59 | 116167 | 76406 | 4276 | 11605 | 938 | 31 |
| 贵州 | 31727 | 395 | 43134 | 11320 | 779 | 1816 | 244 | 32 |
| 云南 | 41125 | 40 | 107433 | 27778 | 1806 | 4035 | 325 | 37 |
| 西藏 | 268 | 12 | 7093 | 760 | 121 | 35 | | |
| 陕西 | 31915 | 231 | 94066 | 30672 | 1561 | 3131 | 189 | 56 |
| 甘肃 | 13874 | 216 | 61536 | 14740 | 940 | 1318 | 255 | 696 |
| 青海 | 6329 | 10 | 15084 | 3449 | 304 | 164 | 73 | 70 |
| 宁夏 | 15179 | 50 | 20193 | 3985 | 314 | 1107 | 33 | 4 |
| 新疆 | 15428 | 60 | 55643 | 14570 | 980 | 2210 | 137 | 297 |

| 对个人和家庭补助支出 | 抚恤金和生活补助 | 其他资本性支出 | 各种设备购置费 | 新增藏量购置费 | 新增数字资源购置费 | 资产总计(千元) | 固定资产原值 | 实际使用公用房屋建筑面积(万平方米) |
|---|---|---|---|---|---|---|---|---|
| **619508** | **31226** | **1545312** | **1221791** | **769596** | **120705** | **22406229** | **16320363** | **866.08** |
| 33016 | 670 | 75612 | 65696 | 30879 | 7868 | 1207738 | 1082092 | 20.61 |
| 44256 | 426 | 85489 | 78171 | 43513 | 7889 | 427663 | 355743 | 19.77 |
| 11551 | 1036 | 30185 | 27176 | 19445 | 3371 | 503858 | 309105 | 29.27 |
| 9630 | 133 | 22616 | 18291 | 8924 | 3230 | 391031 | 338609 | 28.49 |
| 36686 | 2410 | 26009 | 21529 | 10002 | 3791 | 350609 | 315471 | 23.02 |
| 28663 | 1778 | 17150 | 15054 | 11314 | 1562 | 360310 | 307019 | 23.77 |
| 22427 | 1136 | 27316 | 19523 | 8982 | 723 | 202639 | 166067 | 11.53 |
| 23029 | 1470 | 16411 | 12044 | 9449 | 720 | 247050 | 214779 | 16.45 |
| 13333 | 879 | 100187 | 84160 | 53841 | 12214 | 2184608 | 1986322 | 29.51 |
| 67060 | 1744 | 133753 | 109480 | 71931 | 11565 | 1460220 | 1313194 | 78.32 |
| 32428 | 975 | 247588 | 148842 | 110375 | 5739 | 1640755 | 1258615 | 74.10 |
| 14945 | 938 | 29273 | 25445 | 13998 | 2223 | 369291 | 256924 | 24.37 |
| 10065 | 245 | 49156 | 42439 | 26305 | 3798 | 559655 | 494042 | 26.55 |
| 11641 | 1087 | 27445 | 23053 | 14856 | 3305 | 692593 | 655568 | 25.75 |
| 24120 | 1373 | 76818 | 65840 | 43128 | 3862 | 588133 | 528332 | 69.85 |
| 9541 | 611 | 33244 | 29587 | 15926 | 3404 | 608425 | 405517 | 32.03 |
| 22832 | 660 | 62573 | 36722 | 23863 | 3520 | 611225 | 536862 | 33.97 |
| 12876 | 1067 | 45726 | 33726 | 18634 | 3592 | 1293740 | 1214235 | 29.36 |
| 85009 | 1928 | 164696 | 143059 | 96689 | 11688 | 1141142 | 991480 | 69.41 |
| 7039 | 804 | 19347 | 16812 | 10091 | 2094 | 228104 | 192556 | 18.07 |
| 1034 |  | 7778 | 5420 | 2726 | 580 | 80795 | 72619 | 3.88 |
| 16009 | 953 | 44833 | 36084 | 19565 | 4694 | 3972366 | 454510 | 28.39 |
| 17091 | 934 | 51299 | 45698 | 30647 | 8075 | 757152 | 687264 | 42.89 |
| 7220 | 888 | 35360 | 30386 | 20803 | 5355 | 605465 | 454657 | 18.84 |
| 14767 | 2095 | 21214 | 15417 | 10489 | 782 | 580533 | 528995 | 25.54 |
|  |  | 4934 | 3704 | 1474 | 39 | 261859 | 244847 | 2.09 |
| 11193 | 1908 | 31145 | 23739 | 13983 | 2362 | 266604 | 228795 | 18.55 |
| 18965 | 2403 | 17523 | 14963 | 7791 | 1483 | 309831 | 299011 | 14.85 |
| 1752 | 24 | 8883 | 7645 | 2011 | 72 | 86490 | 48180 | 3.61 |
| 3485 | 45 | 18587 | 12426 | 10674 | 669 | 153057 | 142008 | 5.78 |
| 7845 | 606 | 13162 | 9660 | 7288 | 436 | 263288 | 236945 | 17.49 |

续表 4

| 地　区 | 书库面积 | 阅览室面积 | 书刊阅览室面积 | 电子阅览室面积 | 实际拥有产权面积（万平方米） | 阅览室座席数（个） | 少儿阅览室座席数 |
|---|---|---|---|---|---|---|---|
| **总　计** | **168.77** | **252.07** | **168.42** | **44.42** | **509.36** | **698824** | **185394** |
| 北　京 | 4.69 | 4.93 | 3.63 | 0.59 | 9.63 | 14291 | 2915 |
| 天　津 | 4.71 | 4.80 | 3.92 | 0.67 | 4.44 | 12048 | 2888 |
| 河　北 | 7.02 | 10.39 | 7.39 | 1.83 | 17.92 | 27540 | 6733 |
| 山　西 | 5.55 | 9.44 | 6.13 | 1.99 | 27.86 | 21981 | 5348 |
| 内蒙古 | 3.65 | 7.09 | 4.92 | 1.54 | 9.83 | 20983 | 5369 |
| 辽　宁 | 4.29 | 6.24 | 4.61 | 1.16 | 9.76 | 19320 | 4784 |
| 吉　林 | 1.95 | 3.61 | 2.58 | 0.76 | 7.38 | 11157 | 3280 |
| 黑龙江 | 2.98 | 5.01 | 2.92 | 1.18 | 6.46 | 16874 | 5270 |
| 上　海 | 3.42 | 9.34 | 7.85 | 0.85 | 16.07 | 20368 | 4267 |
| 江　苏 | 9.94 | 21.37 | 13.10 | 2.20 | 43.24 | 43941 | 12165 |
| 浙　江 | 11.98 | 22.23 | 13.80 | 2.85 | 30.94 | 51702 | 11892 |
| 安　徽 | 4.14 | 6.82 | 4.41 | 1.54 | 15.75 | 20848 | 6569 |
| 福　建 | 7.06 | 8.16 | 5.79 | 1.00 | 18.03 | 20767 | 6206 |
| 江　西 | 6.12 | 7.96 | 4.90 | 1.53 | 16.88 | 25368 | 7824 |
| 山　东 | 11.75 | 14.35 | 9.40 | 2.57 | 24.73 | 41705 | 10282 |
| 河　南 | 6.77 | 8.57 | 5.93 | 1.86 | 17.43 | 31037 | 8685 |
| 湖　北 | 7.33 | 10.16 | 6.51 | 2.13 | 28.94 | 27009 | 7247 |
| 湖　南 | 7.32 | 7.11 | 4.50 | 1.74 | 24.90 | 26077 | 9029 |
| 广　东 | 13.47 | 21.80 | 16.13 | 3.26 | 44.29 | 56031 | 13430 |
| 广　西 | 5.03 | 5.16 | 3.26 | 1.21 | 12.84 | 20489 | 6057 |
| 海　南 | 1.00 | 0.75 | 0.47 | 0.21 | 2.48 | 3106 | 771 |
| 重　庆 | 5.45 | 8.58 | 5.99 | 1.14 | 23.09 | 25243 | 5669 |
| 四　川 | 8.82 | 16.05 | 11.15 | 3.17 | 27.66 | 39673 | 9955 |
| 贵　州 | 4.45 | 5.69 | 3.57 | 1.09 | 14.06 | 18935 | 5011 |
| 云　南 | 6.62 | 6.36 | 3.89 | 1.69 | 18.62 | 21021 | 6192 |
| 西　藏 | 0.66 | 0.65 | 0.32 | 0.24 | 0.60 | 1995 | 194 |
| 陕　西 | 3.93 | 5.80 | 3.70 | 1.38 | 12.77 | 18304 | 5035 |
| 甘　肃 | 2.79 | 3.43 | 2.07 | 0.88 | 9.95 | 14010 | 4534 |
| 青　海 | 0.82 | 1.00 | 0.57 | 0.30 | 1.02 | 1889 | 509 |
| 宁　夏 | 1.24 | 2.19 | 1.29 | 0.54 | 3.75 | 6877 | 1336 |
| 新　疆 | 3.85 | 7.04 | 3.74 | 1.33 | 8.09 | 18235 | 5948 |

| | | | 图书馆延伸服务情况 | | | |
|---|---|---|---|---|---|---|
| 盲人阅览室座席数 | 志愿者服务队伍数（个） | 志愿者服务队伍人数（人） | 流动图书车数（辆） | 流动服务书刊借阅人次（万人次） | 流动图书车书刊借阅册次（万册次） | 分馆数量（个） |
| **19024** | **4805** | **152815** | **1705** | **1650.03** | **2823.49** | **14163** |
| 188 | 32 | 2028 | 17 | 12.81 | 63.91 | 314 |
| 201 | 140 | 2460 | 8 | 23.28 | 50.42 | 98 |
| 638 | 146 | 4118 | 73 | 26.95 | 42.72 | 208 |
| 768 | 109 | 2025 | 155 | 45.42 | 64.43 | 302 |
| 564 | 59 | 1216 | 49 | 24.32 | 40.58 | 299 |
| 554 | 170 | 6262 | 14 | 26.53 | 58.92 | 383 |
| 333 | 59 | 1757 | 19 | 33.18 | 56.83 | 233 |
| 312 | 96 | 2080 | 43 | 47.88 | 96.57 | 435 |
| 228 | 197 | 16216 | 71 | 91.69 | 129.19 | 434 |
| 1362 | 191 | 12285 | 46 | 101.59 | 180.47 | 3473 |
| 992 | 395 | 18797 | 81 | 204.85 | 475.32 | 921 |
| 1029 | 107 | 2480 | 26 | 44.30 | 69.33 | 965 |
| 443 | 114 | 5247 | 12 | 33.37 | 41.66 | 359 |
| 1277 | 175 | 2516 | 36 | 51.57 | 57.64 | 388 |
| 1619 | 353 | 7776 | 37 | 71.21 | 124.02 | 1095 |
| 849 | 228 | 3155 | 60 | 67.96 | 90.37 | 381 |
| 852 | 754 | 4217 | 96 | 119.44 | 154.12 | 345 |
| 715 | 291 | 7771 | 51 | 44.89 | 68.81 | 250 |
| 784 | 202 | 24821 | 60 | 141.37 | 285.06 | 799 |
| 341 | 139 | 1853 | 80 | 31.58 | 50.71 | 74 |
| 58 | 6 | 107 | 6 | 6.34 | 9.87 | 9 |
| 741 | 98 | 2272 | 44 | 80.21 | 145.20 | 779 |
| 1165 | 154 | 3211 | 122 | 76.05 | 117.59 | 559 |
| 670 | 88 | 2559 | 67 | 48.25 | 62.85 | 258 |
| 634 | 91 | 1952 | 102 | 76.83 | 115.36 | 237 |
| | 56 | 420 | 79 | 1.31 | 1.26 | 1 |
| 641 | 110 | 5621 | 99 | 45.52 | 62.85 | 413 |
| 405 | 127 | 1665 | 57 | 25.43 | 32.80 | 52 |
| 34 | 2 | 21 | 39 | 9.56 | 11.14 | 2 |
| 290 | 18 | 1247 | 8 | 15.58 | 24.10 | 24 |
| 337 | 98 | 4660 | 48 | 20.76 | 39.44 | 73 |

# 主要统计指标解释

1．**藏量**：指本馆已编目的古籍、图书、期刊和报纸的合订本、小册子、手稿，以及缩微制品、录像带、录音带、光盘等视听文献资料数量之和。

对同一书名，但分若干册（卷）的图书，按每一册（卷）作为一册统计。期刊和报纸均以每一合订本为一册统计。至填报本表时，尚未装订成册编目的期刊和报纸不应统计在内。

2．**图书**：指装订成册，不少于49页，并在“古籍”范围以外的纸介质图书。装订成册但不足49页的，按小册子统计到“其他”类中。

3．**盲文图书**：指供盲人读者阅读的图书。

4．**报刊**：指刊登当前事件的专题或综合新闻，每周至少出版一张并按年、月、日顺序或按编号排列的连续出版物。或者是同一刊名下，按顺序号或按年、月、日出版的定期或不定期的一种连续出版物。包括报纸和期刊。

5．**古籍、善本**：实际成书和出版年代在1911年（含1911年）以前的线装、卷轴装、经折装、蝴蝶装、包背装等书籍为古籍。其中清乾隆六十年即1795年（含1795年）以前的古籍为善本，1795年至1911年间的具有历史文献性、学术资料性和印刷装帧艺术代表性的也归为善本。

6．**视听文献**：包括各类型声频文献（唱片、录音带、盒式磁带等）、视频文献（例如幻灯片、透明正片等）和声频与视频混合文献（例如有声电影、录像片等）。

7．**缩微文献**：指所有经过缩微处理制成缩微胶卷和缩微平片，使用时需要放大的文献资料。

8．**其他**：指馆藏文献资源中，不在以上任何一类文献中的内容。

9．**开架书刊**：指图书馆总藏量中已上架并可用于外借或馆内阅读的图书、报刊等。

10．**少儿文献**：是指供少儿阅读的文献，包括图书、绘本、画册、连环画等，不论其是否装订成册，或页数是否达到49页，均按1个“册件”计算在内。“少儿文献”不纳入“总藏量”加总计算，在图书、报刊、视听文献、缩微制品中，涉及少儿文献的，仍然分别统计在内。

11．**电子图书**：指本馆通过购买方式取得当前使用权的电子图书，以及本馆自建或与其他机构合作建设的电子图书。

本馆自建电子图书：指本馆通过数字化加工、网络采集、依法保存等方式获得，并在本地存储和保管的电子图书。

本馆外购电子图书：指本馆付费获得使用权不少于12个月的电子图书。

从其他机构免费共享的电子图书：指其他机构通过VPN共享、本地镜像或硬存储等方式免费授权给本馆使用的电子图书。

12．**书架单层总长度**：指馆藏实际占用书架、书柜单层单面长度之和。

13．**本年度新购藏量**：是指本年度内，通过购买、征集、竞拍等各种方式新入藏的各类型文献资源总量（不包括电子图书）。

14．**新增电子图书**：指图书馆本年度通过自建、购买（获得使用权不少于12个月）的电子图书总量。

15．**当年购买的报刊种类**：指图书馆当年购买的期刊和报纸种类之和。其计量原则同图书。

16．**有效借书证数**：是指由本馆或本馆所在总分馆体系中其他图书馆发放，并在当年内在本馆、本馆下辖分馆或本馆派出各类馆外服务设施中使用过至少一次的借书证数。

17. **总流通人次**：指本年度内到图书馆场馆接受图书馆服务的总人次，包括借阅书刊、咨询问题，以及参加各类读者活动等。

18. **书刊文献外借人次**：指通过本馆或本馆所辖分馆以及本馆派出的馆外服务设施将本馆各类型文献资源借出阅读的读者人次。

19. **书刊文献外借册次**：指读者通过由本馆或本馆所辖分馆以及本馆派出的馆外服务设施借出阅读的本馆各类型文献册次。

20. **组织各类讲座次数、参加人次**：指由本馆举办或与外机构联合举办的各类讲座次数及参加这些讲座的人次。

21. **举办展览个数、参观人次**：指本馆举办或与外机构联合举办的在馆内或馆外展览的展览个数及参观人次。个数按展览的内容计算。同一内容的展览不论在哪些地点展出和展出时间多久，只计算一个。

22. **举办训练班班次、培训人次**：指本馆举办或与外机构联合举办的各种科普、文化、艺术等训练班，按截止到年底办完的班数及培训人数分别计算班次及培训人次。截止到年底未办完的班数和人数均在下一年度统计。

23. **为少儿举办的专场活动**：是指专门以少年儿童为受众组织的展览、讲座、读书、培训等活动，含亲子阅读类活动。

24. **图书馆网站访问量**：指本年度中图书馆网站中所有网页（含文件及动态网页）被访客浏览的总次数。图书馆网站指有独立域名的Web站点，其中包括cn和通用顶级域名下的Web站点。

25. **计算机台数**：指图书馆内列入固定资产管理并正在使用的计算机终端台数。

26. **供读者使用的终端数**：指图书馆内放置可供读者使用的计算机台数。

27. **新增藏量购置费**：指本馆本年购进图书、报刊、缩微制品、视听文献等藏品所用经费之和。

28. **新增电子图书购置费**：指图书馆本年度专门用于自建、购买电子图书的经费。

29. **少儿阅览室座席数**：指图书馆中专门提供给少年儿童使用的座位数。

30. **盲人阅览室座席数**：指图书馆中专门提供给盲人使用，并配置有专门的辅助阅读、视听设备的座位数。

31. **流动服务书刊借阅人次/册次**：是指图书馆利用流动服务方式开展书刊借阅服务的读者人次和册次。

32. **分馆数量**：是指在以本馆为中心馆的总分馆体系中，接受本馆统一管理，具有独立馆舍、一定数量的馆藏、专职管理人员的图书馆数量。总馆对分馆负有业务指导关系，并且总、分馆之间实现文献资源共建共享、通借通还。

# 3 群众文化业

# 按年份全国群众文化机构基本情况

| 年份 | 机构数(个) | 从业人员(人) | 举办展览个数(个) | 组织文艺活动次数(次) | 举办训练班次(次) | 收入合计(万元) | 财政拨款 | 支出合计(万元) | 实际使用房屋建筑面积(万平方米) |
|---|---|---|---|---|---|---|---|---|---|
| 1979年 | 3965 | | 13001 | 114307 | | 10114 | 10114 | 10114 | |
| 1980年 | 7723 | | 23553 | 202828 | 20359 | 11270 | 11270 | 11376 | |
| 1985年 | 8746 | 59599 | 30998 | 118888 | 31842 | 20835 | 20835 | 17686 | 308.5 |
| 1986年 | 8906 | 67501 | 32803 | 106726 | 30576 | 29573 | 25505 | 23751 | 354.8 |
| 1990年 | 9087 | 67817 | 34292 | 99068 | 37017 | 49763 | 36985 | 37475 | 457.8 |
| 1991年 | 10507 | 70319 | 35498 | 116618 | 39568 | 45874 | 31066 | 43559 | 484.5 |
| 1992年 | 9564 | 66938 | 32095 | 96481 | 40707 | 53735 | 35577 | 49798 | 496.1 |
| 1993年 | 10155 | 68097 | 29636 | 86680 | 34279 | 62098 | 37840 | 57877 | 538.6 |
| 1994年 | 11276 | 70489 | 30224 | 92167 | 39296 | 79167 | 48906 | 73174 | 560.3 |
| 1995年 | 13487 | 75263 | 31070 | 110509 | 46023 | 89411 | 56826 | 83628 | 614.1 |
| 1996年 | 45253 | 127742 | 76397 | 247357 | 130592 | 139090 | 74434 | 137775 | 1110.0 |
| 1997年 | 43738 | 129194 | 87795 | 278782 | 119873 | 160117 | 92275 | 158861 | 1176.0 |
| 1998年 | 45834 | 129842 | 86960 | 267351 | 125872 | 178165 | 96416 | 173207 | 1195.3 |
| 1999年 | 45837 | 128216 | 94270 | 280373 | 138195 | 111089 | 108656 | 177528 | 1195.2 |
| 2000年 | 45321 | 128420 | 91670 | 276574 | 143370 | 186896 | 118430 | 188437 | 1229.9 |
| 2001年 | 43397 | 120156 | 89392 | 284316 | 156089 | 210181 | 141754 | 210860 | 1213.8 |
| 2002年 | 42516 | 119072 | 92917 | 301792 | 137350 | 241050 | 165163 | 235593 | 1203.6 |
| 2003年 | 41816 | 123458 | 93514 | 327306 | 154502 | 271704 | 190424 | 265751 | 1431.3 |
| 2004年 | 41402 | 121441 | 116639 | 401818 | 165823 | 313104 | 227641 | 310850 | 1408.4 |
| 2005年 | 41588 | 122500 | 111300 | 391439 | 190194 | 365887 | 279033 | 358641 | 1507.0 |
| 2006年 | 40088 | 123465 | 141150 | 497779 | 218696 | 428962 | 322773 | 412430 | 1622.8 |
| 2007年 | 40601 | 128096 | 90900 | 546477 | 242055 | 548301 | 432311 | 575722 | 1667.4 |
| 2008年 | 41156 | 131142 | 100877 | 473613 | 299791 | 660111 | 528838 | 653613 | 1931.0 |
| 2009年 | 41959 | 137484 | 110251 | 555052 | 304955 | 807244 | 681147 | 794190 | 2193.6 |
| 2010年 | 43382 | 141002 | 117353 | 576799 | 358719 | 944397 | 803918 | 931951 | 2526.7 |
| 2011年 | 43675 | 147732 | 107785 | 620586 | 339883 | 1285601 | 1122872 | 1267505 | 2982.6 |
| 2012年 | 43876 | 156228 | 114774 | 688482 | 387201 | 1453601 | 1300692 | 1467803 | 3171.7 |
| 2013年 | 44260 | 164355 | 138225 | 740611 | 390758 | 1667594 | 1478439 | 1635395 | 3389.4 |
| 2014年 | 44423 | 170299 | 131728 | 845421 | 469300 | 1901726 | 1623756 | 1828632 | 3686.4 |
| 2015年 | 44291 | 173499 | 139792 | 959901 | 536328 | 2077606 | 1856374 | 2014894 | 3848.3 |
| 2016年 | 44497 | 182030 | 150128 | 1065287 | 590516 | 2272289 | 2086646 | 2183721 | 3991.0 |
| 2017年 | 44521 | 180911 | 154106 | 1114261 | 675852 | 2533892 | 2384631 | 2562411 | 4106.8 |

注：1996年以前数据未包括其他部门所属乡镇综合文化站，1996—1998年包括其他部门所属乡镇文化站，1999年以后，其他部门所属乡镇文化站划归文化部门管理。以下各表同。

# 按年份各地区群众文化机构数

单位：个

| 地区 | 1995年 | 2000年 | 2005年 | 2010年 | 2015年 | 2016年 | 2017年 |
|---|---|---|---|---|---|---|---|
| **总计** | **13487** | **45321** | **41588** | **43382** | **44291** | **44497** | **44521** |
| 北京 | 35 | 268 | 328 | 337 | 349 | 352 | 350 |
| 天津 | 19 | 306 | 217 | 256 | 260 | 254 | 258 |
| 河北 | 183 | 2257 | 2149 | 2319 | 2402 | 2416 | 2431 |
| 山西 | 130 | 1851 | 1355 | 1533 | 1540 | 1540 | 1540 |
| 内蒙古 | 547 | 1712 | 1329 | 1017 | 1179 | 1226 | 1231 |
| 辽宁 | 1522 | 1520 | 1522 | 1550 | 1543 | 1556 | 1585 |
| 吉林 | 410 | 894 | 821 | 965 | 979 | 979 | 980 |
| 黑龙江 | 266 | 1201 | 1015 | 1654 | 1641 | 1665 | 1635 |
| 上海 | 45 | 340 | 249 | 240 | 237 | 237 | 238 |
| 江苏 | 1180 | 1771 | 1534 | 1442 | 1396 | 1395 | 1394 |
| 浙江 | 1986 | 1932 | 1592 | 1612 | 1417 | 1466 | 1472 |
| 安徽 | 351 | 1898 | 1677 | 1509 | 1559 | 1559 | 1561 |
| 福建 | 249 | 1085 | 1116 | 1190 | 1222 | 1222 | 1223 |
| 江西 | 113 | 2000 | 1546 | 1924 | 1881 | 1869 | 1873 |
| 山东 | 158 | 2581 | 1926 | 2013 | 1971 | 1973 | 1972 |
| 河南 | 224 | 2479 | 2395 | 2466 | 2533 | 2546 | 2603 |
| 湖北 | 1280 | 1695 | 1258 | 1376 | 1399 | 1402 | 1406 |
| 湖南 | 137 | 2667 | 2617 | 2561 | 2677 | 2679 | 2573 |
| 广东 | 1100 | 2042 | 1725 | 1738 | 1742 | 1748 | 1756 |
| 广西 | 115 | 1408 | 1254 | 1284 | 1291 | 1292 | 1298 |
| 海南 | 21 | 327 | 243 | 230 | 228 | 243 | 243 |
| 重庆 |  | 1248 | 1086 | 1041 | 1045 | 1062 | 1066 |
| 四川 | 246 | 3865 | 4716 | 4652 | 4785 | 4781 | 4785 |
| 贵州 | 693 | 1030 | 1401 | 1524 | 1665 | 1666 | 1694 |
| 云南 | 1687 | 1734 | 1684 | 1517 | 1564 | 1583 | 1593 |
| 西藏 | 60 | 94 | 208 | 321 | 774 | 774 | 774 |
| 陕西 | 133 | 2065 | 1732 | 1827 | 1591 | 1581 | 1536 |
| 甘肃 | 98 | 1432 | 1190 | 1417 | 1455 | 1458 | 1463 |
| 青海 | 139 | 250 | 244 | 409 | 414 | 414 | 415 |
| 宁夏 | 199 | 309 | 252 | 250 | 266 | 270 | 271 |
| 新疆 | 161 | 1060 | 1207 | 1208 | 1286 | 1289 | 1302 |

# 按年份各地区文化馆机构数

单位：个

| 地　区 | 1995年 | 2000年 | 2005年 | 2010年 | 2015年 | 2016年 | 2017年 |
|---|---|---|---|---|---|---|---|
| **总　计** | **3259** | **3297** | **3226** | **3264** | **3315** | **3322** | **3328** |
| 北　京 | 23 | 23 | 22 | 20 | **20** | **21** | **20** |
| 天　津 | 19 | 19 | 19 | 19 | 19 | **19** | **19** |
| 河　北 | 181 | 178 | 175 | 177 | 180 | 180 | **180** |
| 山　西 | 130 | 130 | 131 | 131 | 131 | 131 | 131 |
| 内蒙古 | 115 | 117 | 115 | 116 | 119 | 120 | 120 |
| 辽　宁 | 128 | 125 | 132 | 122 | 124 | 125 | 125 |
| 吉　林 | 58 | 102 | 81 | 77 | 78 | 78 | 79 |
| 黑龙江 | 137 | 133 | 144 | 146 | 148 | 148 | 148 |
| 上　海 | 43 | 48 | 33 | 27 | 25 | 24 | 25 |
| 江　苏 | 122 | 121 | 117 | 118 | 115 | 113 | 115 |
| 浙　江 | 95 | 96 | 99 | 101 | 102 | 102 | 101 |
| 安　徽 | 113 | 117 | 118 | 120 | 122 | 121 | 123 |
| 福　建 | 90 | 90 | 90 | 95 | 97 | 97 | 97 |
| 江　西 | 113 | 113 | 113 | 115 | 118 | 118 | 118 |
| 山　东 | 158 | 159 | 158 | 158 | 157 | 157 | 157 |
| 河　南 | 224 | 214 | 204 | 202 | 205 | 206 | 205 |
| 湖　北 | 192 | 147 | 124 | 113 | 122 | 123 | 125 |
| 湖　南 | 137 | 140 | 140 | 140 | 143 | 143 | 143 |
| 广　东 | 136 | 140 | 139 | 144 | 146 | 146 | 146 |
| 广　西 | 112 | 114 | 115 | 122 | 123 | 124 | 124 |
| 海　南 | 20 | 21 | 21 | 21 | 21 | 23 | 23 |
| 重　庆 |  | 47 | 42 | 41 | 41 | 41 | 41 |
| 四　川 | 236 | 198 | 201 | 204 | 207 | 207 | 207 |
| 贵　州 | 93 | 93 | 95 | 95 | 98 | 99 | 99 |
| 云　南 | 147 | 147 | 149 | 148 | 148 | 149 | 149 |
| 西　藏 | 33 | 59 | 41 | 82 | 82 | 82 | 82 |
| 陕　西 | 122 | 122 | 121 | 120 | 122 | 122 | 123 |
| 甘　肃 | 98 | 98 | 100 | 102 | 103 | 103 | 103 |
| 青　海 | 51 | 52 | 52 | 51 | 55 | 55 | 55 |
| 宁　夏 | 26 | 26 | 25 | 26 | 26 | 26 | 26 |
| 新　疆 | 107 | 108 | 110 | 111 | 118 | 119 | 119 |

# 按年份各地区文化站机构数

单位：个

| 地　区 | 1995年 | 2000年 | 2005年 | 2010年 | 2015年 | 2016年 | 2017年 |
|---|---|---|---|---|---|---|---|
| **总　计** | **10228** | **42024** | **38362** | **40118** | **40976** | **41175** | **41193** |
| 北　京 | 12 | 255 | 306 | 317 | 329 | **331** | **330** |
| 天　津 | 343 | 287 | 198 | 237 | 241 | 235 | **239** |
| 河　北 | 2 | 2079 | 1974 | 2142 | 2222 | 2236 | 2251 |
| 山　西 | | 1721 | 1224 | 1402 | 1409 | 1409 | 1409 |
| 内蒙古 | 432 | 1595 | 1214 | 901 | 1060 | 1106 | 1111 |
| 辽　宁 | 1394 | 1395 | 1390 | 1428 | 1419 | 1431 | 1460 |
| 吉　林 | 352 | 792 | 740 | 888 | 901 | 901 | 901 |
| 黑龙江 | 129 | 1068 | 871 | 1508 | 1493 | 1517 | 1487 |
| 上　海 | 2 | 292 | 216 | 213 | 212 | 213 | 213 |
| 江　苏 | 1058 | 1650 | 1417 | 1324 | 1281 | 1282 | 1279 |
| 浙　江 | 1741 | 1836 | 1493 | 1511 | 1315 | 1364 | 1371 |
| 安　徽 | 238 | 1781 | 1559 | 1389 | 1437 | 1438 | 1438 |
| 福　建 | 159 | 995 | 1026 | 1095 | 1125 | 1125 | 1126 |
| 江　西 | | 1887 | 1433 | 1809 | 1763 | 1751 | 1755 |
| 山　东 | | 2422 | 1768 | 1855 | 1814 | 1816 | 1815 |
| 河　南 | | 2265 | 2191 | 2264 | 2328 | 2340 | 2398 |
| 湖　北 | 1088 | 1548 | 1134 | 1263 | 1277 | 1279 | 1281 |
| 湖　南 | | 2527 | 2477 | 2421 | 2534 | 2536 | 2430 |
| 广　东 | 964 | 1902 | 1586 | 1594 | 1596 | 1602 | 1610 |
| 广　西 | 3 | 1294 | 1139 | 1162 | 1168 | 1168 | 1174 |
| 海　南 | 1 | 306 | 222 | 209 | 207 | 220 | 220 |
| 重　庆 | | 1201 | 1044 | 1000 | 1004 | 1021 | 1025 |
| 四　川 | 10 | 3667 | 4515 | 4448 | 4578 | 4574 | 4578 |
| 贵　州 | 600 | 937 | 1306 | 1429 | 1567 | 1567 | 1595 |
| 云　南 | 1347 | 1587 | 1535 | 1369 | 1416 | 1434 | 1444 |
| 西　藏 | 27 | 35 | 167 | 239 | 692 | 692 | 692 |
| 陕　西 | 11 | 1933 | 1611 | 1707 | 1469 | 1459 | 1413 |
| 甘　肃 | | 1334 | 1090 | 1315 | 1352 | 1355 | 1360 |
| 青　海 | 88 | 198 | 192 | 358 | 359 | 359 | 360 |
| 宁　夏 | 173 | 283 | 227 | 224 | 240 | 244 | 245 |
| 新　疆 | 54 | 952 | 1097 | 1097 | 1168 | 1170 | 1183 |

# 按年份各地区群众文化机构从业人员数

单位：人

| 地区 | 1995年 | 2000年 | 2005年 | 2010年 | 2015年 | 2016年 | 2017年 |
|---|---|---|---|---|---|---|---|
| **总计** | **75263** | **128420** | **122500** | **141002** | **173499** | **182030** | **180911** |
| 北京 | 914 | 1558 | 1998 | 2359 | 2602 | **2748** | 2763 |
| 天津 | 847 | 1367 | 1085 | 1027 | 1208 | 1408 | 1401 |
| 河北 | 3305 | 5950 | 5592 | 6336 | 7138 | 7517 | 7377 |
| 山西 | 2218 | 4236 | 3730 | 4229 | 4442 | 4482 | 4542 |
| 内蒙古 | 2966 | 4460 | 3900 | 3872 | 5274 | 5016 | 4924 |
| 辽宁 | 4924 | 4310 | 4424 | 4898 | 5966 | 5767 | 5490 |
| 吉林 | 2429 | 3404 | 3318 | 3437 | 4534 | 6739 | 4359 |
| 黑龙江 | 2311 | 3167 | 2947 | 4324 | 5193 | 5468 | 5683 |
| 上海 | 1617 | 3874 | 3832 | 4702 | 4835 | 4975 | 4985 |
| 江苏 | 4723 | 6695 | 5542 | 6457 | 6980 | 7215 | 7302 |
| 浙江 | 6366 | 6082 | 5147 | 5881 | 6998 | 7418 | 7535 |
| 安徽 | 2237 | 4945 | 4684 | 5295 | 5892 | 5964 | 6074 |
| 福建 | 1442 | 2255 | 2219 | 2655 | 3761 | 3989 | 4100 |
| 江西 | 1933 | 4432 | 4191 | 4360 | 5987 | 6004 | 6181 |
| 山东 | 3265 | 6359 | 6148 | 7598 | 8568 | 8268 | 8312 |
| 河南 | 3798 | 6840 | 7565 | 10500 | 10967 | 10996 | 11013 |
| 湖北 | 5429 | 5928 | 5269 | 4921 | 4869 | 4945 | 5037 |
| 湖南 | 2207 | 6198 | 5857 | 6937 | 8062 | 8146 | 8571 |
| 广东 | 4012 | 8863 | 8953 | 9696 | 11445 | 11723 | 11972 |
| 广西 | 1605 | 3387 | 3803 | 4075 | 5285 | 5538 | 5236 |
| 海南 | 281 | 661 | 615 | 660 | 720 | 801 | 807 |
| 重庆 |  | 3071 | 2808 | 3726 | 5021 | 5367 | 5564 |
| 四川 | 3631 | 8522 | 7682 | 8181 | 10650 | 11023 | 11355 |
| 贵州 | 1751 | 2142 | 3577 | 4790 | 5957 | 6370 | 6617 |
| 云南 | 4012 | 4350 | 4693 | 5181 | 7198 | 7423 | 7425 |
| 西藏 | 317 | 340 | 254 | 311 | 2824 | 4466 | 5073 |
| 陕西 | 2246 | 5184 | 5040 | 5802 | 7384 | 7254 | 7162 |
| 甘肃 | 1315 | 5058 | 2910 | 3416 | 6400 | 6342 | 6520 |
| 青海 | 607 | 705 | 616 | 772 | 1197 | 1157 | 1173 |
| 宁夏 | 867 | 1093 | 979 | 1012 | 1341 | 1293 | 1396 |
| 新疆 | 1688 | 2984 | 3122 | 3592 | 4801 | 6208 | 4962 |

# 按年份各地区群众文化机构组织文艺活动次数

单位：次

| 地　区 | 1995年 | 2000年 | 2005年 | 2010年 | 2015年 | 2016年 | 2017年 |
|---|---|---|---|---|---|---|---|
| **总　计** | **110509** | **276574** | **391439** | **576799** | **959901** | **1065287** | **1114261** |
| 北　京 | 1186 | 5382 | 11378 | 24237 | 27175 | **30725** | **33083** |
| 天　津 | 3883 | 3069 | 3234 | 5067 | 9391 | 14898 | 15916 |
| 河　北 | 3668 | 17997 | 23880 | 27408 | 41732 | 42915 | 43856 |
| 山　西 | 1462 | 4527 | 9107 | 13905 | 22560 | 22499 | 23888 |
| 内蒙古 | 4282 | 11294 | 9977 | 11127 | 17072 | 18580 | 20748 |
| 辽　宁 | 7539 | 10365 | 27868 | 26261 | 31635 | 35567 | 31325 |
| 吉　林 | 3138 | 3745 | 4939 | 7482 | 14977 | 14892 | 15196 |
| 黑龙江 | 3463 | 8149 | 7720 | 17351 | 21569 | 23879 | 26046 |
| 上　海 | 1021 | 7629 | 35027 | 35600 | 64393 | 78009 | 55303 |
| 江　苏 | 13698 | 17058 | 20548 | 32586 | 55298 | 58503 | 65557 |
| 浙　江 | 19063 | 20121 | 23580 | 36619 | 67323 | 78833 | 91936 |
| 安　徽 | 2416 | 5181 | 5661 | 11937 | 36210 | 38162 | 42737 |
| 福　建 | 3545 | 7689 | 7464 | 9691 | 15940 | 17333 | 18651 |
| 江　西 | 1142 | 5816 | 6853 | 11781 | 20079 | 19623 | 21297 |
| 山　东 | 2722 | 16033 | 21673 | 41194 | 73897 | 83562 | 96278 |
| 河　南 | 1792 | 9203 | 13405 | 35713 | 48646 | 51515 | 56714 |
| 湖　北 | 7190 | 11588 | 11031 | 18100 | 22979 | 37893 | 38577 |
| 湖　南 | 1218 | 9352 | 15898 | 25945 | 29555 | 30320 | 31920 |
| 广　东 | 5377 | 22969 | 23132 | 32352 | 50270 | 57166 | 56705 |
| 广　西 | 1429 | 8349 | 10592 | 19775 | 28663 | 29010 | 33367 |
| 海　南 | 167 | 1454 | 1422 | 2351 | 2438 | 3132 | 3022 |
| 重　庆 |  | 10491 | 7958 | 15840 | 25658 | 28157 | 29578 |
| 四　川 | 2628 | 17536 | 23760 | 30194 | 66118 | 68824 | 73199 |
| 贵　州 | 2581 | 4202 | 5759 | 8544 | 18490 | 22249 | 22534 |
| 云　南 | 11257 | 12437 | 17983 | 21665 | 30717 | 32221 | 33204 |
| 西　藏 | 455 | 346 | 439 | 1458 | 5575 | 6921 | 7507 |
| 陕　西 | 1205 | 8612 | 8282 | 13306 | 21539 | 23904 | 26583 |
| 甘　肃 | 694 | 5101 | 11095 | 9792 | 14721 | 16364 | 18253 |
| 青　海 | 433 | 1043 | 1429 | 2600 | 5067 | 5451 | 6919 |
| 宁　夏 | 454 | 4247 | 2490 | 6351 | 12126 | 11785 | 12021 |
| 新　疆 | 1401 | 5589 | 17855 | 20567 | 58088 | 62395 | 62341 |

# 按年份各地区群众文化机构举办训练班次

单位：次

| 地　区 | 1995年 | 2000年 | 2005年 | 2010年 | 2015年 | 2016年 | 2017年 |
|---|---|---|---|---|---|---|---|
| **总　计** | **46023** | **143370** | **190194** | **358719** | **536328** | **590516** | **675852** |
| 北　京 | 505 | 2546 | 8708 | 22836 | 37433 | **35682** | **39807** |
| 天　津 | 656 | 3062 | 1516 | 4753 | 9201 | 10847 | 11099 |
| 河　北 | 1282 | 15233 | 11798 | 13852 | 16189 | 18341 | 19344 |
| 山　西 | 518 | 1405 | 2248 | 6886 | 12076 | 12374 | 13243 |
| 内蒙古 | 1091 | 5552 | 4099 | 4082 | 8734 | 9397 | 9955 |
| 辽　宁 | 4767 | 4712 | 8200 | 47452 | 20402 | 22536 | 24436 |
| 吉　林 | 3393 | 1586 | 2649 | 4029 | 8096 | 12640 | 14650 |
| 黑龙江 | 1091 | 3109 | 3546 | 6129 | 7620 | 10053 | 11590 |
| 上　海 | 659 | 3007 | 23313 | 21078 | 51408 | 52988 | 58402 |
| 江　苏 | 3698 | 6488 | 7048 | 18950 | 22725 | 25686 | 29863 |
| 浙　江 | 8058 | 9960 | 11354 | 18539 | 43279 | 53268 | 66855 |
| 安　徽 | 2235 | 2132 | 2526 | 9481 | 19436 | 20040 | 22787 |
| 福　建 | 1159 | 4885 | 9956 | 11096 | 14366 | 17724 | 17767 |
| 江　西 | 480 | 3376 | 2757 | 8217 | 12311 | 12654 | 14412 |
| 山　东 | 1793 | 17666 | 8280 | 21787 | 29447 | 32596 | 40633 |
| 河　南 | 898 | 5552 | 7609 | 11837 | 24281 | 25148 | 28147 |
| 湖　北 | 1548 | 3080 | 15320 | 10654 | 12870 | 16668 | 18434 |
| 湖　南 | 736 | 2810 | 4953 | 10505 | 15833 | 16696 | 17734 |
| 广　东 | 3949 | 11932 | 14288 | 29041 | 45679 | 52333 | 62429 |
| 广　西 | 1314 | 4557 | 4798 | 8747 | 12507 | 15862 | 11863 |
| 海　南 | 159 | 779 | 832 | 1123 | 1801 | 2013 | 1941 |
| 重　庆 |  | 2236 | 2467 | 7285 | 14827 | 15526 | 20528 |
| 四　川 | 1785 | 8693 | 12053 | 19052 | 32833 | 31736 | 53473 |
| 贵　州 | 654 | 991 | 1089 | 4285 | 8840 | 9747 | 10075 |
| 云　南 | 1765 | 3220 | 4585 | 10183 | 15536 | 15469 | 15301 |
| 西　藏 | 7 | 25 | 50 | 313 | 1858 | 2630 | 2833 |
| 陕　西 | 595 | 6320 | 5305 | 9665 | 11801 | 12659 | 12842 |
| 甘　肃 | 238 | 4533 | 2900 | 4960 | 7644 | 8414 | 8953 |
| 青　海 | 175 | 290 | 970 | 1180 | 1643 | 1605 | 2081 |
| 宁　夏 | 327 | 994 | 1124 | 3138 | 2478 | 3625 | 2587 |
| 新　疆 | 488 | 2639 | 3853 | 7584 | 13174 | 13559 | 11788 |

# 按年份各地区群众文化机构培训人次

单位：万人次

| 地区 | 1995年 | 2000年 | 2005年 | 2010年 | 2015年 | 2016年 | 2017年 |
|---|---|---|---|---|---|---|---|
| **总计** | **6.6** | **493.9** | **666.5** | **1805.6** | **3868.0** | **4250.1** | **4494.5** |
| 北京 | 0.2 | 15.4 | 48.5 | 130.7 | 170.1 | **202.7** | **203.2** |
| 天津 | 0.3 | 7.6 | 5.1 | 25.7 | 46.6 | 57.3 | 53.8 |
| 河北 | 0.4 | 51.7 | 49.6 | 70.1 | 103.7 | 118.2 | 127.3 |
| 山西 | 0.2 | 6.8 | 11.0 | 38.7 | 79.9 | 82.9 | 92.8 |
| 内蒙古 | 0.1 | 19.2 | 14.8 | 21.8 | 46.6 | 56.6 | 59.3 |
| 辽宁 | 0.5 | 14.7 | 43.7 | 97.1 | 144.3 | 158.0 | 143.0 |
| 吉林 | 0.3 | 7.2 | 6.8 | 24.9 | 63.7 | 85.5 | 105.5 |
| 黑龙江 | 0.2 | 15.3 | 8.2 | 32.5 | 55.9 | 74.8 | 81.0 |
| 上海 | 0.1 | 6.8 | 63.1 | 116.4 | 341.7 | 439.8 | 381.9 |
| 江苏 | 0.4 | 29.9 | 25.3 | 132.0 | 176.8 | 199.0 | 227.0 |
| 浙江 | 0.6 | 30.5 | 46.4 | 103.4 | 294.0 | 367.9 | 440.0 |
| 安徽 | 0.1 | 7.0 | 12.0 | 49.9 | 140.2 | 149.4 | 174.8 |
| 福建 | 0.2 | 11.3 | 15.9 | 39.8 | 78.0 | 103.3 | 153.4 |
| 江西 | 0.2 | 8.9 | 6.8 | 25.9 | 77.6 | 86.7 | 89.3 |
| 山东 | 0.3 | 16.1 | 43.3 | 142.3 | 261.1 | 285.6 | 320.6 |
| 河南 | 0.3 | 24.9 | 32.4 | 83.1 | 171.4 | 171.2 | 195.1 |
| 湖北 | 0.2 | 9.4 | 12.7 | 54.3 | 97.6 | 124.0 | 144.2 |
| 湖南 | 0.2 | 9.3 | 16.2 | 48.1 | 122.8 | 126.5 | 128.9 |
| 广东 | 0.5 | 55.8 | 52.6 | 126.1 | 451.9 | 428.2 | 405.8 |
| 广西 | 0.3 | 15.0 | 17.3 | 37.6 | 77.9 | 77.3 | 83.6 |
| 海南 |  | 1.8 | 2.1 | 11.8 | 19.7 | 20.1 | 18.6 |
| 重庆 |  | 5.1 | 7.9 | 50.6 | 131.0 | 147.5 | 155.4 |
| 四川 | 0.6 | 28.4 | 50.0 | 111.1 | 224.3 | 171.8 | 207.1 |
| 贵州 |  | 5.0 | 3.2 | 22.6 | 59.7 | 60.2 | 64.1 |
| 云南 | 0.1 | 17.8 | 22.6 | 63.8 | 135.2 | 144.0 | 141.0 |
| 西藏 |  |  |  | 2.2 | 12.3 | 15.3 | 16.6 |
| 陕西 | 0.1 | 23.6 | 12.7 | 53.0 | 99.4 | 99.4 | 101.2 |
| 甘肃 | 0.1 | 11.1 | 12.3 | 35.6 | 61.5 | 66.4 | 70.4 |
| 青海 |  | 10.8 | 0.7 | 4.2 | 10.6 | 11.2 | 12.3 |
| 宁夏 |  | 14.0 | 7.5 | 20.6 | 19.1 | 22.4 | 17.6 |
| 新疆 | 0.1 | 13.5 | 15.4 | 29.8 | 93.3 | 96.7 | 79.7 |

# 按年份各地区群众文化机构财政拨款

单位：万元

| 地　区 | 1995年 | 2000年 | 2005年 | 2010年 | 2015年 | 2016年 | 2017年 |
|---|---|---|---|---|---|---|---|
| **总　计** | **56826** | **118430** | **279033** | **803918** | **1856374** | **2086646** | **2384631** |
| 北　京 | 1375 | 2594 | 8145 | 22326 | 63262 | **63131** | **75891** |
| 天　津 | 1249 | 1422 | 3076 | 10026 | 22909 | 26113 | 27414 |
| 河　北 | 1894 | 5161 | 9767 | 21144 | 49400 | 50583 | 60022 |
| 山　西 | 1370 | 2674 | 5571 | 16870 | 31222 | 35266 | 41850 |
| 内蒙古 | 1282 | 3388 | 7068 | 23539 | 45663 | 51388 | 55818 |
| 辽　宁 | 2349 | 5054 | 9121 | 26868 | 45596 | 61362 | 50472 |
| 吉　林 | 1533 | 3384 | 5989 | 26601 | 49116 | 49473 | 49632 |
| 黑龙江 | 1458 | 3541 | 6193 | 17656 | 40424 | 43699 | 44344 |
| 上　海 | 6950 | 5020 | 22327 | 55999 | 127035 | 150927 | 150310 |
| 江　苏 | 4238 | 8521 | 19063 | 50067 | 128663 | 134067 | 172934 |
| 浙　江 | 3233 | 9446 | 29490 | 78833 | 168027 | 189601 | 212512 |
| 安　徽 | 1418 | 3609 | 7803 | 21148 | 44324 | 48345 | 63791 |
| 福　建 | 1731 | 2895 | 5168 | 21289 | 34617 | 42862 | 50091 |
| 江　西 | 1150 | 2504 | 4714 | 14710 | 36506 | 41784 | 52389 |
| 山　东 | 3621 | 7295 | 12633 | 40821 | 86921 | 85880 | 96026 |
| 河　南 | 2151 | 4630 | 8194 | 26726 | 57791 | 61125 | 71404 |
| 湖　北 | 2105 | 3832 | 6284 | 19951 | 48843 | 64996 | 76218 |
| 湖　南 | 1869 | 3571 | 7570 | 22824 | 53579 | 64558 | 75456 |
| 广　东 | 4227 | 12113 | 40125 | 85211 | 181570 | 221674 | 265738 |
| 广　西 | 1248 | 2639 | 6056 | 15349 | 43343 | 47799 | 50555 |
| 海　南 | 222 | 645 | 1260 | 3924 | 8971 | 11310 | 16831 |
| 重　庆 |  | 2202 | 4069 | 21531 | 60580 | 66450 | 76337 |
| 四　川 | 3771 | 4730 | 12246 | 45296 | 122902 | 127437 | 138750 |
| 贵　州 | 540 | 1657 | 4797 | 14770 | 45418 | 52445 | 79347 |
| 云　南 | 1812 | 5950 | 10958 | 23797 | 72391 | 83728 | 93388 |
| 西　藏 | 92 | 556 | 1098 | 5340 | 21921 | 32464 | 41325 |
| 陕　西 | 1183 | 3027 | 5296 | 20919 | 52313 | 54909 | 58538 |
| 甘　肃 | 776 | 1980 | 4620 | 12488 | 38453 | 42530 | 52051 |
| 青　海 | 306 | 829 | 1531 | 13508 | 12322 | 18544 | 16786 |
| 宁　夏 | 367 | 879 | 1901 | 5380 | 17644 | 15956 | 17945 |
| 新　疆 | 1306 | 2683 | 6902 | 19004 | 44647 | 46243 | 50469 |

# 按年份各地区群众文化机构总支出

单位：万元

| 地　区 | 1995年 | 2000年 | 2005年 | 2010年 | 2015年 | 2016年 | 2017年 |
|---|---|---|---|---|---|---|---|
| **总　计** | **83628** | **188437** | **358641** | **931951** | **2014894** | **2183721** | **2562411** |
| 北　京 | 1566 | 4681 | 10119 | 25593 | **87751** | **68604** | **77206** |
| 天　津 | 1376 | 2633 | 4133 | 10948 | 22775 | **25385** | **27010** |
| 河　北 | 2713 | 5711 | 10549 | 25437 | 49542 | 50520 | 59889 |
| 山　西 | 1824 | 3151 | 6016 | 18865 | 30779 | 34880 | 39530 |
| 内蒙古 | 1932 | 3799 | 7478 | 23762 | 46239 | 52037 | 56022 |
| 辽　宁 | 4552 | 6172 | 10126 | 28175 | 49010 | 49240 | 59364 |
| 吉　林 | 2101 | 3748 | 6394 | 23338 | 46690 | 48257 | 54076 |
| 黑龙江 | 2219 | 3804 | 6485 | 17356 | 41041 | 44243 | 44711 |
| 上　海 | 6752 | 14985 | 38967 | 70650 | 141808 | 151168 | 164875 |
| 江　苏 | 8509 | 16394 | 25920 | 60193 | 136572 | 139878 | 163141 |
| 浙　江 | 7101 | 17194 | 39851 | 101392 | 193532 | 211327 | 231789 |
| 安　徽 | 1934 | 4302 | 8976 | 23550 | 50686 | 52789 | 65526 |
| 福　建 | 2199 | 4135 | 6763 | 27568 | 39942 | 47400 | 52068 |
| 江　西 | 1493 | 3167 | 6265 | 17285 | 36937 | 39517 | 47901 |
| 山　东 | 3317 | 8909 | 14358 | 46221 | 91746 | 89223 | 99002 |
| 河　南 | 2737 | 5647 | 8810 | 28402 | 58814 | 62903 | 71573 |
| 湖　北 | 3885 | 7841 | 10072 | 26264 | 51708 | 67950 | 81421 |
| 湖　南 | 2575 | 5696 | 9603 | 27914 | 62330 | 70519 | 85207 |
| 广　东 | 5937 | 27213 | 57669 | 101362 | 193291 | 230000 | 279593 |
| 广　西 | 1877 | 3425 | 6842 | 16646 | 49440 | 53080 | 55119 |
| 海　南 | 364 | 887 | 1329 | 4084 | 9510 | 10812 | 12632 |
| 重　庆 |  | 4889 | 6627 | 32342 | 67563 | 69687 | 80679 |
| 四　川 | 5327 | 8927 | 14375 | 49182 | 128087 | 137406 | 143356 |
| 贵　州 | 989 | 1976 | 5123 | 15666 | 51031 | 57938 | 163497 |
| 云　南 | 4191 | 7312 | 11933 | 25343 | 76901 | 87685 | 97442 |
| 西　藏 | 429 | 607 | 1169 | 5937 | 24044 | 33275 | 40667 |
| 陕　西 | 1569 | 3648 | 5775 | 26052 | 57491 | 62187 | 64913 |
| 甘　肃 | 1189 | 2251 | 4995 | 12960 | 41794 | 44531 | 52305 |
| 青　海 | 537 | 870 | 1629 | 13203 | 13204 | 19667 | 18979 |
| 宁　夏 | 651 | 1202 | 2096 | 5925 | 17926 | 17912 | 19398 |
| 新　疆 | 1785 | 3261 | 8194 | 20338 | 46711 | 53704 | 53521 |

# 按年份各地区每万人拥有群众文化设施建筑面积

单位：平方米

| 地　区 | 1995年 | 2000年 | 2005年 | 2010年 | 2015年 | 2016年 | 2017年 |
|---|---|---|---|---|---|---|---|
| **全　国** | **50.7** | **97.2** | **115.3** | **188.6** | **280.0** | **288.6** | **295.4** |
| 北　京 | 44.2 | 80.3 | 224.3 | 217.8 | 329.2 | 337.6 | 396.1 |
| 天　津 | 61.6 | 138.9 | 130.4 | 174.1 | 205.0 | 209.6 | 248.8 |
| 河　北 | 23.6 | 62.6 | 67.7 | 105.4 | 163.7 | 167.4 | 166.5 |
| 山　西 | 45.4 | 53.4 | 58.1 | 210.6 | 267.3 | 271.7 | 276.8 |
| 内蒙古 | 98.0 | 144.4 | 132.4 | 182.6 | 300.8 | 320.0 | 327.9 |
| 辽　宁 | 84.1 | 79.0 | 102.6 | 201.2 | 283.6 | 258.7 | 271.7 |
| 吉　林 | 38.2 | 42.2 | 38.3 | 81.5 | 185.3 | 190.1 | 211.3 |
| 黑龙江 | 26.2 | 38.5 | 43.2 | 140.2 | 214.0 | 235.1 | 242.5 |
| 上　海 | 71.9 | 216.2 | 379.1 | 485.0 | 567.7 | 577.4 | 587.8 |
| 江　苏 | 97.8 | 168.6 | 181.3 | 302.8 | 475.2 | 492.2 | 504.0 |
| 浙　江 | 135.2 | 190.7 | 276.0 | 432.5 | 677.4 | 732.2 | 744.0 |
| 安　徽 | 17.1 | 23.6 | 44.4 | 93.2 | 166.0 | 171.3 | 175.3 |
| 福　建 | 61.3 | 98.8 | 117.4 | 240.9 | 325.7 | 328.3 | 339.6 |
| 江　西 | 38.0 | 79.5 | 98.4 | 131.2 | 235.3 | 243.1 | 248.5 |
| 山　东 | 22.1 | 41.7 | 71.8 | 218.3 | 255.8 | 263.2 | 266.0 |
| 河　南 | 21.9 | 39.0 | 52.2 | 94.7 | 142.4 | 142.9 | 151.5 |
| 湖　北 | 80.5 | 149.5 | 140.6 | 180.6 | 206.2 | 251.1 | 257.3 |
| 湖　南 | 29.8 | 63.7 | 80.6 | 125.2 | 223.4 | 226.1 | 227.4 |
| 广　东 | 52.1 | 222.4 | 258.2 | 258.5 | 359.0 | 356.8 | 353.7 |
| 广　西 | 33.5 | 76.4 | 100.9 | 122.9 | 157.7 | 163.7 | 162.7 |
| 海　南 | 13.8 | 86.4 | 71.3 | 121.3 | 117.8 | 119.3 | 135.5 |
| 重　庆 |  | 99.4 | 96.5 | 201.4 | 305.9 | 312.9 | 309.2 |
| 四　川 | 32.1 | 107.9 | 83.9 | 166.3 | 262.6 | 264.1 | 271.3 |
| 贵　州 | 26.1 | 28.7 | 40.5 | 81.2 | 217.8 | 229.6 | 238.5 |
| 云　南 | 126.7 | 126.2 | 137.1 | 163.2 | 222.6 | 223.3 | 221.3 |
| 西　藏 | 145.4 | 164.1 | 238.3 | 437.9 | 1164.2 | 1134.8 | 1135.5 |
| 陕　西 | 52.4 | 79.1 | 110.5 | 150.2 | 231.8 | 235.3 | 234.3 |
| 甘　肃 | 62.8 | 103.0 | 148.8 | 175.7 | 279.1 | 283.9 | 288.4 |
| 青　海 | 118.1 | 96.5 | 90.2 | 153.4 | 261.3 | 261.5 | 310.3 |
| 宁　夏 | 156.5 | 170.8 | 179.5 | 188.9 | 391.7 | 427.7 | 414.4 |
| 新　疆 | 60.7 | 116.4 | 149.3 | 288.4 | 434.9 | 445.6 | 450.0 |

# 2017年全国群众

| | 机构数（个） | 从业人员（人） | 专业技术人才 | 正高级职称 | 副高级职称 | 中级职称 | 组织品牌节庆活动（个） |
|---|---|---|---|---|---|---|---|
| **总　计** | **44521** | **180911** | **74002** | **1022** | **5149** | **17224** | **5931** |
| 文化馆 | 3328 | 55320 | 40778 | 1022 | 5149 | 17224 | 5931 |
| 其中：省、区、市 | 31 | 1839 | 1440 | 140 | 374 | 565 | 121 |
| 地、市 | 359 | 10549 | 8613 | 436 | 1582 | 3797 | 1117 |
| 县、市、区 | 2938 | 42932 | 30725 | 446 | 3193 | 12862 | 4693 |
| 其中：县文化馆 | 1615 | 22278 | 16151 | 165 | 1534 | 6777 | 2228 |
| 文化站 | 41193 | 125591 | 33224 | | | | |
| 其中：乡镇文化站 | 33997 | 100216 | 28662 | | | | |

续表 1

| | 对业余文化队伍开展培训人次 | 举办展览个数（个） | 参观人次（万人次） | 组织公益性讲座次数（次） | 参加人次（万人次） | 计算机（台） | 本单位受训人次（万人次） |
|---|---|---|---|---|---|---|---|
| **总　计** | **1784.29** | **154106** | **10711.19** | **34390** | **561.67** | **495446** | **161.49** |
| 文化馆 | 616.77 | 27882 | 4451.97 | 34390 | 561.67 | 164968 | 21.20 |
| 其中：省、区、市 | 7.59 | 471 | 246.40 | 1074 | 16.34 | 11235 | 0.20 |
| 地、市 | 142.33 | 3846 | 900.89 | 5190 | 118.03 | 21467 | 3.64 |
| 县、市、区 | 466.84 | 23565 | 3304.68 | 28126 | 427.30 | 132266 | 17.36 |
| 其中：县文化馆 | 141.26 | 11430 | 1672.68 | 9539 | 165.24 | 72382 | 6.51 |
| 文化站 | 1167.52 | 126224 | 6259.22 | | | 330478 | 140.29 |
| 其中：乡镇文化站 | 719.00 | 97444 | 4847.21 | | | 263540 | 82.79 |

# 文化机构基本情况

| 提供文化服务次数(次) | 文化服务惠及人次(万人次) | 组织文艺活动次数(次) | 为老年人组织专场 | 为未成年人组织专场 | 为残障人士组织专场 | 为农民工组织专场 | 组织文艺活动参加人次(万人次) | 举办训练班班次(次) | 培训人次(万人次) |
|---|---|---|---|---|---|---|---|---|---|
| **1978609** | **63950.67** | **1114261** | **40039** | **22467** | **5863** | **18925** | **48183.37** | **675852** | **4494.45** |
| 551852 | 28169.14 | 252386 | 40039 | 22467 | 5863 | 18925 | 21676.16 | 237194 | 1479.34 |
| 6412 | 901.41 | 2556 | 505 | 170 | 45 | 342 | 619.52 | 2311 | 19.15 |
| 111450 | 5062.58 | 29789 | 5291 | 2911 | 715 | 1943 | 3640.83 | 72625 | 402.84 |
| 433990 | 22205.15 | 220041 | 34243 | 19386 | 5103 | 16640 | 17415.81 | 162258 | 1057.36 |
| 164958 | 10725.30 | 97601 | 11779 | 9275 | 2206 | 8551 | 8543.31 | 46388 | 344.06 |
| 1426757 | 35781.53 | 861875 | | | | | 26507.21 | 438658 | 3015.11 |
| 957109 | 26974.41 | 595553 | | | | | 20176.95 | 264112 | 1950.25 |

| 本年收入合计(千元) | 财政补贴收入 | 免费开放资金 | 中央资金 | 业务活动专项经费 | 上级补助收入 | 事业收入 | 经营收入 | 附属单位上缴收入 | 其他收入 |
|---|---|---|---|---|---|---|---|---|---|
| **25338917** | **23846311** | **2868217** | **1346938** | **7355074** | **314622** | **124654** | **7797** | **877** | **1044656** |
| 12097605 | 11398017 | 880100 | 335204 | 2831956 | 314622 | 124654 | 7797 | 877 | 251638 |
| 938807 | 820178 | 60602 | 7300 | 358480 | 70840 | 24332 | 4489 | | 18968 |
| 3080221 | 2914833 | 206802 | 76347 | 700397 | 60275 | 11934 | 2832 | | 90347 |
| 8078577 | 7663006 | 612696 | 251557 | 1773079 | 183507 | 88388 | 476 | 877 | 142323 |
| 3277819 | 3113499 | 269333 | 150913 | 672079 | 99028 | 20416 | 239 | 359 | 44278 |
| 13241312 | 12448294 | 1988117 | 1011734 | 4523118 | | | | | 793018 |
| 10024530 | 9430389 | 1658913 | 885867 | 3250551 | | | | | 594141 |

续表 2

| | 本年支出合计 | 基本支出 | 项目支出 | 经营支出 | 在支出合计中：工资福利支出 | 商品和服务支出 | 差旅费 |
|---|---|---|---|---|---|---|---|
| **总　计** | **25624108** | **15834327** | **8325735** | **14953** | **10766385** | **3342279** | **132369** |
| 文化馆 | 11902075 | 7741211 | 3737442 | 14953 | 4818707 | 3342279 | 132369 |
| 其中：省、区、市 | 941566 | 380520 | 552054 | 4488 | 230822 | 336633 | 16898 |
| 地、市 | 3045507 | 1847981 | 1144245 | 2881 | 1080943 | 907984 | 36983 |
| 县、市、区 | 7915002 | 5512710 | 2041143 | 7584 | 3506942 | 2097662 | 78488 |
| 其中：县文化馆 | 3221521 | 2368332 | 705983 | 2405 | 1564297 | 722527 | 43386 |
| 文化站 | 13722033 | 8093116 | 4588293 | | 5947678 | | |
| 其中：乡镇文化站 | 10401755 | 6475549 | 3139769 | | 4972400 | | |

续表 3

| | 业务用房面积 | 实际拥有产权面积（万平方米） | 流动舞台车演出情况：流动舞台车数量（辆） | 利用流动舞台车演出场次（场次） | 利用流动舞台车演出观众人次（万人次） | 志愿者服务队伍数（个） | 志愿者服务队伍人数（人） |
|---|---|---|---|---|---|---|---|
| **总　计** | **2977.46** | **2328.56** | **1218** | **28921** | **1578.05** | **33217** | **1155239** |
| 文化馆 | 703.54 | 504.88 | 1218 | 28921 | 1578.05 | 33217 | 1155239 |
| 其中：省、区、市 | 17.91 | 13.32 | 7 | 175 | 18.33 | 1124 | 149591 |
| 地、市 | 136.15 | 83.89 | 54 | 732 | 57.79 | 6695 | 302140 |
| 县、市、区 | 549.48 | 407.66 | 1157 | 28014 | 1501.92 | 25398 | 703508 |
| 其中：县文化馆 | 250.96 | 215.79 | 809 | 19251 | 995.83 | 14023 | 283950 |
| 文化站 | 2273.92 | 1823.69 | | | | | |
| 其中：乡镇文化站 | 1721.23 | 1515.75 | | | | | |

| 劳务费 | 福利费 | 各种税金支出 | 对个人和家庭补助支出 | 抚恤金和生活补助 | 其他资本性支出 | 各种设备、交通工具、图书购置费 | 资产总计(千元) | 固定资产原值 | 实际使用房屋建筑面积(万平方米) |
|---|---|---|---|---|---|---|---|---|---|
| **495065** | **43285** | **17946** | **1573342** | **98835** | **831924** | **254523** | **63942999** | **52790157** | **4106.85** |
| 495065 | 43285 | 17946 | 1573342 | 98835 | 831924 | 254523 | 18292289 | 14768841 | 1050.07 |
| 42678 | 2030 | 1138 | 107629 | 4712 | 104193 | 27393 | 1567547 | 1160926 | 26.35 |
| 151674 | 10212 | 3360 | 499679 | 30762 | 277074 | 87514 | 3845923 | 2570707 | 206.17 |
| 300713 | 31043 | 13448 | 966034 | 63361 | 450657 | 139616 | 12878819 | 11037208 | 817.54 |
| 102998 | 11143 | 1994 | 354621 | 32893 | 221917 | 51910 | 7229366 | 6517329 | 369.14 |
| | | | | | | | 45650710 | 38021316 | 3056.78 |
| | | | | | | | 33294464 | 26942994 | 2258.82 |

| 由本馆指导的单位 | | | | | | 文化创意产品情况 | | |
|---|---|---|---|---|---|---|---|---|
| 馆办文艺团体(个) | 演出场次(场) | 观众人次(万人次) | 馆办老年大学(个) | 群众业余文艺团队(个) | 群众业余团队人数(人) | 文化创意产品种类(个) | 文化创意产品销售收入(千元) | 文化创意产品销售利润(千元) |
| **8241** | **158231** | **8228.89** | **865** | **416673** | **3676041** | **19743** | **12838** | **11163** |
| 8241 | 158231 | 8228.89 | 865 | 90339 | 3676041 | 19743 | 12838 | 11163 |
| 112 | 2218 | 98.29 | 11 | 337 | 19825 | | | |
| 1248 | 16666 | 1017.87 | 110 | 9090 | 615504 | 173 | 800 | 2150 |
| 6881 | 139347 | 7112.73 | 744 | 80912 | 3040712 | 19570 | 12038 | 9013 |
| 3069 | 79898 | 3200.57 | 407 | 36668 | 1383641 | 532 | 11896 | 5855 |
| | | | | 326334 | | | | |
| | | | | 249477 | | | | |

# 2017年各地区群众

| 地区 | 机构数（个） | 从业人员（人） | 专业技术人才 | 正高级职称 | 副高级职称 | 中级职称 | 组织品牌节庆活动（个） | 提供文化服务次数（次） |
|---|---|---|---|---|---|---|---|---|
| **总计** | **44521** | **180911** | **74002** | **1022** | **5149** | **17224** | **5931** | **1978609** |
| 北京 | 350 | 2763 | 637 | 5 | 36 | 195 | 99 | 75720 |
| 天津 | 258 | 1401 | 574 | 8 | 58 | 204 | 34 | 29249 |
| 河北 | 2431 | 7377 | 2506 | 95 | 217 | 739 | 294 | 70626 |
| 山西 | 1540 | 4542 | 1845 | 20 | 113 | 592 | 91 | 41602 |
| 内蒙古 | 1231 | 4924 | 2629 | 44 | 276 | 685 | 189 | 33818 |
| 辽宁 | 1585 | 5490 | 2384 | 58 | 206 | 875 | 166 | 60441 |
| 吉林 | 980 | 4359 | 2564 | 77 | 376 | 763 | 166 | 32607 |
| 黑龙江 | 1635 | 5683 | 2504 | 158 | 427 | 794 | 210 | 42002 |
| 上海 | 238 | 4985 | 1079 | 3 | 58 | 268 | 64 | 117811 |
| 江苏 | 1394 | 7302 | 3134 | 51 | 226 | 806 | 396 | 106419 |
| 浙江 | 1472 | 7535 | 3948 | 134 | 349 | 717 | 520 | 177085 |
| 安徽 | 1561 | 6074 | 3259 | 11 | 95 | 445 | 225 | 72990 |
| 福建 | 1223 | 4100 | 1533 | 14 | 114 | 338 | 212 | 41476 |
| 江西 | 1873 | 6181 | 2138 | 18 | 125 | 536 | 148 | 40964 |
| 山东 | 1972 | 8312 | 4339 | 32 | 377 | 1103 | 374 | 150419 |
| 河南 | 2603 | 11013 | 2576 | 20 | 149 | 749 | 205 | 96432 |
| 湖北 | 1406 | 5037 | 2533 | 28 | 167 | 753 | 272 | 64418 |
| 湖南 | 2573 | 8571 | 2938 | 18 | 135 | 651 | 252 | 55967 |
| 广东 | 1756 | 11972 | 3555 | 42 | 178 | 640 | 391 | 129374 |
| 广西 | 1298 | 5236 | 2709 | 20 | 113 | 700 | 258 | 49212 |
| 海南 | 243 | 807 | 251 | 7 | 11 | 54 | 24 | 5491 |
| 重庆 | 1066 | 5564 | 1754 | 14 | 82 | 222 | 102 | 57138 |
| 四川 | 4785 | 11355 | 3756 | 16 | 137 | 756 | 361 | 140953 |
| 贵州 | 1694 | 6617 | 2907 | 35 | 140 | 453 | 130 | 36602 |
| 云南 | 1593 | 7425 | 5571 | 24 | 417 | 1109 | 173 | 54348 |
| 西藏 | 774 | 5073 | 2176 | 4 | 15 | 45 | 35 | 11905 |
| 陕西 | 1536 | 7162 | 2772 | 17 | 143 | 745 | 174 | 45480 |
| 甘肃 | 1463 | 6520 | 1784 | 9 | 128 | 446 | 140 | 32122 |
| 青海 | 415 | 1173 | 495 | 5 | 61 | 178 | 50 | 10445 |
| 宁夏 | 271 | 1396 | 755 | 21 | 84 | 264 | 60 | 15459 |
| 新疆 | 1302 | 4962 | 2397 | 14 | 136 | 399 | 116 | 80034 |

# 文化机构基本情况

| 文化服务惠及人次(万人次) | 组织文艺活动次数(次) | 为老年人组织专场 | 为未成年人组织专场 | 为残障人士组织专场 | 为农民工组织专场 | 文化活动观众人次(万人次) | 举办训练班班次(次) | 培训人次(万人次) |
|---|---|---|---|---|---|---|---|---|
| **63950.67** | **1114261** | **40039** | **22467** | **5863** | **18925** | **48183.37** | **675852** | **4494.45** |
| 1121.49 | 33083 | 370 | 195 | 37 | 52 | 811.95 | 39807 | 203.23 |
| 422.37 | 15916 | 595 | 89 | 36 | 236 | 296.56 | 11099 | 53.84 |
| 1686.84 | 43856 | 1478 | 873 | 233 | 695 | 1278.25 | 19344 | 127.30 |
| 1099.17 | 23888 | 926 | 594 | 154 | 495 | 791.41 | 13243 | 92.76 |
| 1118.68 | 20748 | 1146 | 713 | 138 | 692 | 878.39 | 9955 | 59.26 |
| 1390.56 | 31325 | 1406 | 475 | 182 | 407 | 1056.64 | 24436 | 142.99 |
| 755.07 | 15196 | 863 | 404 | 90 | 152 | 532.23 | 14650 | 105.49 |
| 1150.32 | 26046 | 2215 | 1014 | 185 | 340 | 901.18 | 11590 | 81.02 |
| 2427.39 | 55303 | 1557 | 318 | 77 | 123 | 1513.04 | 58402 | 381.94 |
| 3378.25 | 65557 | 2471 | 1493 | 391 | 1077 | 2513.79 | 29863 | 227.01 |
| 8662.54 | 91936 | 2304 | 955 | 392 | 1317 | 6920.90 | 66855 | 439.99 |
| 2247.19 | 42737 | 1568 | 1246 | 220 | 846 | 1727.85 | 22787 | 174.79 |
| 1287.73 | 18651 | 620 | 580 | 122 | 329 | 741.52 | 17767 | 153.35 |
| 1321.38 | 21297 | 897 | 858 | 194 | 605 | 976.91 | 14412 | 89.31 |
| 4301.37 | 96278 | 4994 | 2264 | 908 | 1873 | 3276.04 | 40633 | 320.63 |
| 3018.84 | 56714 | 2034 | 1326 | 378 | 851 | 2178.92 | 28147 | 195.08 |
| 2785.39 | 38577 | 2239 | 812 | 198 | 519 | 2168.29 | 18434 | 144.24 |
| 2314.45 | 31920 | 1516 | 874 | 242 | 1042 | 1719.24 | 17734 | 128.90 |
| 5355.53 | 56705 | 1850 | 1269 | 221 | 1392 | 3910.84 | 62429 | 405.75 |
| 2178.14 | 33367 | 1117 | 1020 | 147 | 993 | 1845.69 | 11863 | 83.62 |
| 263.86 | 3022 | 125 | 81 | 8 | 39 | 195.58 | 1941 | 18.55 |
| 2139.01 | 29578 | 395 | 301 | 73 | 522 | 1549.58 | 20528 | 155.43 |
| 3983.80 | 73199 | 1800 | 1303 | 315 | 988 | 2994.83 | 53473 | 207.06 |
| 1638.98 | 22534 | 612 | 585 | 162 | 456 | 1299.73 | 10075 | 64.10 |
| 2220.50 | 33204 | 1432 | 658 | 154 | 554 | 1678.52 | 15301 | 141.04 |
| 268.06 | 7507 | 215 | 145 | 53 | 294 | 211.02 | 2833 | 16.61 |
| 1587.07 | 26583 | 1033 | 492 | 159 | 489 | 1214.67 | 12842 | 101.22 |
| 1071.23 | 18253 | 692 | 403 | 99 | 369 | 744.21 | 8953 | 70.38 |
| 348.16 | 6919 | 154 | 181 | 50 | 140 | 269.37 | 2081 | 12.32 |
| 524.72 | 12021 | 656 | 249 | 101 | 278 | 456.99 | 2587 | 17.60 |
| 1882.64 | 62341 | 759 | 697 | 144 | 760 | 1529.28 | 11788 | 79.66 |

续表 1

| 地区 | 对业余文化队伍开展培训人次 | 举办展览个数(个) | 参观人次(万人次) | 组织公益性讲座次数(次) | 参加人次(万人次) | 计算机(台) | 本单位受训人次(万人次) | 本年收入合计(千元) |
|---|---|---|---|---|---|---|---|---|
| **总计** | **1784.29** | **154106** | **10711.19** | **34390** | **561.67** | **495446** | **161.49** | **25338917** |
| 北京 | 95.76 | 1955 | 93.17 | 875 | 13.14 | 4804 | 7.03 | 815024 |
| 天津 | 17.83 | 1251 | 59.07 | 983 | 12.90 | 3625 | 2.32 | 279768 |
| 河北 | 48.39 | 5331 | 246.53 | 2095 | 34.76 | 10747 | 3.51 | 622565 |
| 山西 | 35.61 | 3605 | 201.80 | 866 | 13.21 | 12720 | 2.36 | 425249 |
| 内蒙古 | 29.10 | 2616 | 168.94 | 499 | 12.10 | 11351 | 1.37 | 574137 |
| 辽宁 | 67.80 | 2831 | 163.24 | 1849 | 27.69 | 13670 | 4.48 | 515187 |
| 吉林 | 40.77 | 1801 | 110.39 | 960 | 6.95 | 8502 | 0.57 | 514217 |
| 黑龙江 | 26.98 | 3177 | 152.10 | 1189 | 16.03 | 8698 | 0.66 | 448786 |
| 上海 | 206.89 | 3351 | 522.83 | 755 | 9.59 | 6409 | 4.44 | 1708641 |
| 江苏 | 79.20 | 8884 | 599.96 | 2115 | 37.49 | 17044 | 3.56 | 1780484 |
| 浙江 | 203.43 | 13514 | 1249.71 | 4780 | 51.94 | 32297 | 17.30 | 2316129 |
| 安徽 | 43.63 | 6623 | 327.91 | 843 | 16.64 | 19212 | 6.42 | 687667 |
| 福建 | 42.28 | 4301 | 378.57 | 757 | 14.29 | 14903 | 4.28 | 551794 |
| 江西 | 26.46 | 4024 | 239.95 | 1231 | 15.21 | 11550 | 2.76 | 553897 |
| 山东 | 132.95 | 10770 | 643.46 | 2738 | 61.23 | 25271 | 7.35 | 1003676 |
| 河南 | 72.90 | 9793 | 613.77 | 1778 | 31.08 | 18090 | 5.11 | 736838 |
| 湖北 | 52.59 | 5970 | 451.11 | 1437 | 21.76 | 48873 | 3.43 | 817158 |
| 湖南 | 39.88 | 5511 | 449.93 | 802 | 16.38 | 17078 | 27.79 | 838676 |
| 广东 | 150.92 | 8774 | 1013.66 | 1466 | 25.28 | 23373 | 33.93 | 2810029 |
| 广西 | 31.28 | 3380 | 238.73 | 602 | 10.09 | 17096 | 2.27 | 557139 |
| 海南 | 9.65 | 458 | 46.75 | 70 | 2.98 | 2282 | 0.72 | 180460 |
| 重庆 | 54.36 | 6277 | 411.33 | 755 | 22.67 | 13377 | 1.20 | 795086 |
| 四川 | 96.48 | 12248 | 750.64 | 2033 | 31.28 | 42221 | 0.94 | 1434757 |
| 贵州 | 24.29 | 3516 | 266.42 | 477 | 8.74 | 48670 | 3.92 | 872248 |
| 云南 | 67.52 | 5364 | 390.48 | 479 | 10.46 | 17565 | 3.38 | 979170 |
| 西藏 | 3.34 | 1481 | 39.42 | 84 | 1.02 | 5533 | 0.60 | 442926 |
| 陕西 | 33.33 | 5269 | 255.60 | 786 | 15.58 | 14757 | 2.63 | 624909 |
| 甘肃 | 21.75 | 4573 | 249.21 | 343 | 7.43 | 10838 | 3.08 | 542497 |
| 青海 | 2.38 | 1265 | 63.88 | 180 | 2.60 | 2585 | 1.51 | 184935 |
| 宁夏 | 6.01 | 702 | 47.44 | 149 | 2.68 | 3563 | 1.48 | 195974 |
| 新疆 | 20.58 | 5491 | 265.20 | 414 | 8.49 | 8742 | 1.13 | 528894 |

| 财政补贴收入 | 免费开放资金 | 中央资金 | 业务活动专项经费 | 上级补助收入 | 事业收入 | 经营收入 | 附属单位上缴收入 | 其他收入 |
|---|---|---|---|---|---|---|---|---|
| **23846311** | **2868217** | **1346938** | **7355074** | **314622** | **124654** | **7797** | **877** | **1044656** |
| 758909 | 54767 | 2088 | 292992 | 2944 | 14250 | | | 38921 |
| 274142 | 18882 | 1205 | 82258 | 955 | 1049 | | 350 | 3272 |
| 600221 | 105201 | 73498 | 137681 | 3380 | 1516 | 3 | 51 | 17394 |
| 418495 | 77118 | 49829 | 93682 | 2291 | | | | 4463 |
| 558183 | 59510 | 46843 | 131148 | 9182 | 26 | | | 6746 |
| 504724 | 36350 | 5522 | 92397 | 4244 | 20 | 10 | 5 | 6184 |
| 496322 | 54903 | 34115 | 86466 | 1535 | 240 | 442 | | 15678 |
| 443444 | 67644 | 53155 | 85980 | 2393 | 378 | | | 2571 |
| 1503102 | 89164 | 14691 | 668108 | 65354 | 19159 | | | 121026 |
| 1729341 | 154088 | 15304 | 515848 | 9501 | 6113 | 920 | | 34609 |
| 2125124 | 143010 | 20228 | 840973 | 10484 | 24234 | | 2 | 156285 |
| 637906 | 122195 | 63080 | 158201 | 11164 | 3015 | | | 35582 |
| 500908 | 40158 | 4600 | 161581 | 23306 | 2770 | | 12 | 24798 |
| 523885 | 96951 | 14617 | 113415 | 10281 | 1926 | 91 | 304 | 17410 |
| 960259 | 91704 | 12092 | 296350 | 9003 | 1586 | | | 32828 |
| 714035 | 150280 | 80431 | 185811 | 2322 | 9772 | 1275 | | 9434 |
| 762180 | 69929 | 24927 | 253367 | 15317 | 9371 | 868 | | 29422 |
| 754560 | 125067 | 67335 | 217719 | 11837 | 4475 | 2313 | 93 | 65398 |
| 2657375 | 221389 | 37901 | 1111385 | 30930 | 7288 | | | 114436 |
| 505548 | 81242 | 60214 | 104586 | 19222 | 1136 | 1070 | | 30163 |
| 168307 | 72122 | 3786 | 39975 | 3115 | 292 | | | 8746 |
| 763370 | 84356 | 54433 | 165364 | 3415 | 3969 | | | 24332 |
| 1387498 | 299826 | 221417 | 536995 | 9581 | 845 | | | 36833 |
| 793465 | 69228 | 37397 | 225737 | 8643 | 6296 | 25 | 15 | 63804 |
| 933879 | 110331 | 83634 | 198979 | 4077 | 1450 | 488 | | 39276 |
| 413251 | 54679 | 42650 | 73439 | 560 | | | | 29115 |
| 585378 | 98270 | 77020 | 145909 | 10968 | 651 | | | 27912 |
| 520506 | 102019 | 63940 | 110856 | 5296 | 1242 | | | 15453 |
| 167860 | 14019 | 5331 | 68828 | 14093 | 65 | 100 | 45 | 2772 |
| 179446 | 13202 | 5491 | 35699 | 4337 | 609 | | | 11582 |
| 504688 | 90613 | 70164 | 123345 | 4892 | 911 | 192 | | 18211 |

续表 2

| 地区 | 本年支出合计 | 基本支出 | 项目支出 | 经营支出 | 在支出合计中：工资福利支出 | 商品和服务支出 | 差旅费 | 劳务费 |
|---|---|---|---|---|---|---|---|---|
| 总计 | **25624108** | **15834327** | **8325735** | **14953** | **10766385** | **3342279** | **132369** | **495065** |
| 北京 | 772064 | 330566 | 329703 | | 209197 | 135019 | 854 | 22079 |
| 天津 | 270097 | 176140 | 87086 | | 89921 | 72977 | 489 | 7208 |
| 河北 | 598885 | 399128 | 171731 | 52 | 303363 | 58794 | 3651 | 6238 |
| 山西 | 395303 | 238321 | 146847 | | 171659 | 42127 | 2236 | 5534 |
| 内蒙古 | 560215 | 457999 | 78000 | 43 | 280604 | 91620 | 4329 | 16010 |
| 辽宁 | 593643 | 407030 | 117768 | 17 | 285618 | 75928 | 2835 | 9020 |
| 吉林 | 540764 | 371913 | 159704 | 441 | 248022 | 71927 | 2868 | 6552 |
| 黑龙江 | 447109 | 337466 | 100498 | 217 | 222038 | 59726 | 5770 | 5161 |
| 上海 | 1648746 | 772225 | 757193 | | 410878 | 167855 | 892 | 13911 |
| 江苏 | 1631407 | 1009004 | 574457 | 1265 | 547612 | 249472 | 6976 | 30634 |
| 浙江 | 2317890 | 1208205 | 1019858 | | 661680 | 295008 | 7430 | 61745 |
| 安徽 | 655255 | 438283 | 177302 | 195 | 268575 | 67355 | 3117 | 8903 |
| 福建 | 520677 | 276316 | 226098 | | 171663 | 97798 | 2248 | 19329 |
| 江西 | 479011 | 356823 | 95707 | 327 | 217478 | 73641 | 4010 | 12656 |
| 山东 | 990015 | 642444 | 297046 | 10 | 434837 | 126176 | 3071 | 15432 |
| 河南 | 715731 | 557700 | 136831 | 1347 | 405833 | 102917 | 4008 | 18684 |
| 湖北 | 814205 | 466744 | 308760 | 883 | 307378 | 110889 | 4652 | 7790 |
| 湖南 | 852073 | 561285 | 254264 | 2507 | 374593 | 144864 | 5465 | 19956 |
| 广东 | 2795933 | 1258441 | 1378390 | 4027 | 812516 | 406212 | 5285 | 52473 |
| 广西 | 551194 | 380792 | 150343 | 1070 | 287071 | 83146 | 7628 | 9313 |
| 海南 | 126322 | 53194 | 64436 | | 42705 | 42599 | 1716 | 6013 |
| 重庆 | 806789 | 531843 | 237208 | | 343613 | 118147 | 9844 | 30573 |
| 四川 | 1433562 | 760916 | 628820 | | 516212 | 221231 | 14892 | 42261 |
| 贵州 | 1634966 | 1315644 | 144513 | 221 | 1276151 | 35958 | 5210 | 7161 |
| 云南 | 974416 | 694522 | 236311 | 561 | 577250 | 96447 | 8628 | 14675 |
| 西藏 | 406666 | 305677 | 25919 | 16 | 289144 | 7349 | 1136 | 685 |
| 陕西 | 649131 | 469761 | 136575 | 208 | 344223 | 110495 | 4166 | 15149 |
| 甘肃 | 523053 | 393816 | 102556 | 101 | 255338 | 49107 | 2447 | 6012 |
| 青海 | 189793 | 119965 | 51412 | 1140 | 65778 | 40710 | 1359 | 9304 |
| 宁夏 | 193979 | 135155 | 36008 | | 87107 | 30778 | 2249 | 4965 |
| 新疆 | 535214 | 407009 | 94391 | 305 | 258328 | 56007 | 2908 | 9639 |

| 福利费 | 各种税金支出 | 对个人和家庭补助支出 | 抚恤金和生活补助 | 其他资本性支出 | 各种设备、交通工具、图书购置费 | 资产总计（千元） | 固定资产原值 | 实际使用房屋建筑面积（万平方米） |
|---|---|---|---|---|---|---|---|---|
| **43285** | **17946** | **1573342** | **98835** | **831924** | **254523** | **63942999** | **52790157** | **4106.85** |
| | | | | | | | | |
| 1611 | 309 | 38433 | 2017 | 15116 | 5690 | 1268503 | 1032205 | 86.00 |
| 1198 | 318 | 45784 | 1231 | 11789 | 5645 | 777195 | 604919 | 38.75 |
| 905 | 47 | 52243 | 5814 | 41034 | 4671 | 1408772 | 1298851 | 125.22 |
| 476 | 883 | 31238 | 1975 | 72873 | 5049 | 980733 | 891350 | 102.48 |
| 820 | 53 | 71683 | 3325 | 19395 | 9564 | 1816826 | 1705482 | 82.92 |
| | | | | | | | | |
| 156 | 112 | 83165 | 4726 | 10680 | 6939 | 1648190 | 1389094 | 118.70 |
| 75 | 16 | 88789 | 2171 | 34016 | 17822 | 870449 | 591224 | 57.41 |
| 190 | 116 | 78190 | 1597 | 15432 | 4659 | 1408700 | 1357469 | 91.88 |
| | | | | | | | | |
| 4151 | 861 | 14893 | 2023 | 23851 | 15852 | 4086685 | 3246536 | 142.12 |
| 1738 | 1509 | 125293 | 2606 | 27114 | 11069 | 4341835 | 3682005 | 404.65 |
| 10661 | 942 | 70640 | 2931 | 30581 | 13027 | 5077678 | 4107634 | 420.88 |
| 711 | 197 | 69058 | 1606 | 20322 | 5041 | 1554227 | 1167124 | 109.64 |
| 472 | 147 | 19080 | 1982 | 44159 | 10753 | 1569089 | 1146447 | 132.83 |
| 2579 | 1032 | 43638 | 8667 | 14144 | 5471 | 2205636 | 974817 | 114.84 |
| 311 | 354 | 65223 | 2332 | 31928 | 11464 | 3223423 | 2888068 | 266.12 |
| | | | | | | | | |
| 1270 | 752 | 34851 | 4286 | 29659 | 18013 | 1478053 | 1366354 | 144.84 |
| 2029 | 1423 | 71280 | 3268 | 44245 | 7482 | 1479439 | 1247087 | 151.89 |
| 2648 | 909 | 43029 | 6323 | 59066 | 7400 | 1910540 | 1680221 | 156.00 |
| 2371 | 1924 | 166040 | 2395 | 44424 | 24805 | 7244182 | 6269812 | 395.10 |
| 364 | 229 | 34242 | 5546 | 16772 | 10046 | 938041 | 824860 | 79.47 |
| 3 | 31 | 5439 | 299 | 10308 | 1238 | 220760 | 187614 | 12.55 |
| | | | | | | | | |
| 906 | 4775 | 42432 | 2798 | 17734 | 3498 | 1870339 | 1578823 | 95.08 |
| 2425 | 228 | 53442 | 6606 | 34001 | 11652 | 3660208 | 3248774 | 225.21 |
| 1187 | 189 | 46661 | 814 | 28965 | 3296 | 2970132 | 1681051 | 85.38 |
| 1629 | 321 | 42712 | 6808 | 17659 | 5093 | 1689600 | 1384588 | 106.24 |
| 48 | 20 | 3697 | 395 | 12855 | 8837 | 3576429 | 3462490 | 38.27 |
| | | | | | | | | |
| 1245 | 24 | 27730 | 3684 | 19073 | 10796 | 1456946 | 1174957 | 89.87 |
| 568 | 43 | 51697 | 2202 | 12758 | 3413 | 1128331 | 962067 | 75.73 |
| 123 | 70 | 12668 | 1855 | 26493 | 1749 | 344734 | 277165 | 18.56 |
| 92 | 11 | 12987 | 2519 | 18921 | 2221 | 480360 | 337782 | 28.26 |
| 323 | 101 | 27085 | 4034 | 26557 | 2268 | 1256964 | 1023287 | 110.02 |

续表 3

| 地　区 | 业务用房面积 | 实际拥有产权面积（万平方米） | 流动舞台车演出情况 | | | 志愿者服务队伍数（个） |
|---|---|---|---|---|---|---|
| | | | 流动舞台车数量（辆） | 利用流动舞台车演出场次（场次） | 利用流动舞台车演出观众人次（万人次） | |
| **总　计** | **2977.46** | **2328.56** | **1218** | **28921** | **1578.05** | **33217** |
| 北　京 | 52.54 | 27.43 | 12 | 280 | 15.23 | 853 |
| 天　津 | 26.93 | 13.36 | 4 | 132 | 12.38 | 461 |
| 河　北 | 92.98 | 81.42 | 75 | 1745 | 79.09 | 1160 |
| 山　西 | 76.32 | 87.56 | 119 | 1727 | 78.10 | 1295 |
| 内蒙古 | 59.18 | 37.21 | 39 | 1149 | 54.48 | 3972 |
| 辽　宁 | 71.18 | 40.79 | 15 | 400 | 33.05 | 1219 |
| 吉　林 | 35.03 | 31.17 | 26 | 655 | 41.12 | 589 |
| 黑龙江 | 60.42 | 35.34 | 53 | 1342 | 77.17 | 1035 |
| 上　海 | 103.72 | 81.25 | 4 | 53 | 3.95 | 159 |
| 江　苏 | 309.62 | 181.52 | 47 | 1378 | 105.29 | 1010 |
| 浙　江 | 320.00 | 232.54 | 28 | 1267 | 77.94 | 3566 |
| 安　徽 | 90.21 | 89.61 | 39 | 2135 | 83.95 | 988 |
| 福　建 | 102.08 | 82.43 | 14 | 166 | 8.85 | 471 |
| 江　西 | 83.42 | 67.43 | 28 | 678 | 25.92 | 497 |
| 山　东 | 182.75 | 108.44 | 51 | 2963 | 121.75 | 976 |
| 河　南 | 105.04 | 91.08 | 57 | 2059 | 106.69 | 1249 |
| 湖　北 | 106.26 | 98.17 | 33 | 735 | 45.70 | 1420 |
| 湖　南 | 113.67 | 114.94 | 61 | 2187 | 111.08 | 952 |
| 广　东 | 293.26 | 172.10 | 24 | 342 | 23.31 | 1594 |
| 广　西 | 55.76 | 50.21 | 33 | 311 | 23.82 | 5316 |
| 海　南 | 9.26 | 7.33 | 6 | 240 | 3.05 | 53 |
| 重　庆 | 70.04 | 73.38 | 31 | 936 | 70.44 | 812 |
| 四　川 | 172.40 | 147.78 | 127 | 2347 | 134.17 | 674 |
| 贵　州 | 59.32 | 57.55 | 44 | 556 | 52.02 | 588 |
| 云　南 | 76.38 | 93.44 | 58 | 708 | 64.41 | 616 |
| 西　藏 | 30.09 | 16.69 | 33 | 291 | 14.62 | 42 |
| 陕　西 | 64.62 | 68.22 | 43 | 785 | 49.61 | 426 |
| 甘　肃 | 54.38 | 50.76 | 40 | 330 | 23.23 | 238 |
| 青　海 | 15.36 | 12.17 | 23 | 296 | 7.46 | 246 |
| 宁　夏 | 18.30 | 13.79 | 14 | 334 | 16.45 | 179 |
| 新　疆 | 66.99 | 63.50 | 37 | 394 | 13.74 | 561 |

| 志愿者服务队伍人数（人） | 由本馆指导的单位 | | | | | |
|---|---|---|---|---|---|---|
| | 馆办文艺团体（个） | 演出场次（场） | 观众人次（万人次） | 馆办老年大学（个） | 群众业余文艺团队（个） | 群众业余团队人数（人） |
| **1155239** | **8241** | **158231** | **8228.89** | **865** | **416673** | **3676041** |
| 61111 | 123 | 1372 | 39.23 | 5 | 9473 | 17578 |
| 18817 | 73 | 1696 | 67.28 | 2 | 4219 | 24301 |
| 56486 | 309 | 4424 | 186.86 | 36 | 23859 | 155073 |
| 40034 | 243 | 3198 | 143.80 | 33 | 10649 | 65849 |
| 94538 | 249 | 2882 | 172.95 | 36 | 7649 | 114663 |
| 67035 | 318 | 5016 | 154.64 | 26 | 13038 | 138969 |
| 19705 | 244 | 1742 | 127.23 | 19 | 6339 | 87214 |
| 55468 | 361 | 3921 | 201.62 | 31 | 8193 | 123975 |
| 7333 | 87 | 793 | 20.04 | 4 | 6325 | 20609 |
| 35276 | 421 | 7633 | 291.75 | 48 | 19457 | 192666 |
| 85777 | 386 | 6267 | 373.82 | 21 | 36020 | 436435 |
| 34234 | 381 | 4920 | 745.58 | 18 | 11346 | 71242 |
| 13096 | 205 | 2102 | 125.26 | 28 | 8569 | 58002 |
| 21645 | 313 | 5178 | 331.36 | 46 | 9588 | 60110 |
| 51444 | 484 | 13008 | 723.65 | 62 | 32368 | 245404 |
| 43782 | 536 | 29678 | 392.53 | 45 | 25006 | 114364 |
| 54547 | 354 | 5592 | 358.52 | 34 | 19173 | 164886 |
| 44781 | 277 | 5248 | 294.33 | 51 | 22378 | 163746 |
| 152198 | 357 | 5169 | 480.45 | 36 | 14623 | 132529 |
| 47102 | 406 | 8259 | 679.08 | 35 | 17251 | 292800 |
| 2462 | 38 | 301 | 77.97 | 2 | 2561 | 15251 |
| 11800 | 137 | 3562 | 165.99 | 28 | 8481 | 40718 |
| 48934 | 284 | 5319 | 400.23 | 41 | 24342 | 160862 |
| 30053 | 346 | 4140 | 410.73 | 47 | 12006 | 63927 |
| 12804 | 407 | 5403 | 289.91 | 48 | 28809 | 341297 |
| 1282 | 24 | 1036 | 82.34 | | 1750 | 6980 |
| 13576 | 292 | 5850 | 311.11 | 29 | 13118 | 122650 |
| 6928 | 224 | 3597 | 172.57 | 22 | 10045 | 136210 |
| 7454 | 116 | 5859 | 112.33 | 1 | 1658 | 25999 |
| 5482 | 50 | 1478 | 138.71 | 3 | 2262 | 48022 |
| 10055 | 196 | 3588 | 157.02 | 28 | 6118 | 33710 |

# 2017年各地区省级群众

| 地区 | 机构数(个) | 从业人员(人) | | | | | 组织品牌节庆活动(个) | 提供文化服务次数(次) |
|---|---|---|---|---|---|---|---|---|
| | | | 专业技术人才 | | | | | |
| | | | | 正高级职称 | 副高级职称 | 中级职称 | | |
| **总计** | **31** | **1839** | **1440** | **140** | **374** | **565** | **121** | **6412** |
| 北京 | 1 | 54 | 31 | | 4 | 14 | 3 | 73 |
| 天津 | 1 | 57 | 52 | 5 | 9 | 25 | 7 | 658 |
| 河北 | 1 | 49 | 19 | 4 | 9 | 6 | 1 | 447 |
| 山西 | 1 | 77 | 67 | 5 | 16 | 32 | 6 | 203 |
| 内蒙古 | 1 | 41 | 36 | 5 | 10 | 9 | 3 | 78 |
| 辽宁 | 1 | 44 | 42 | 4 | 12 | 19 | 12 | 614 |
| 吉林 | 1 | 54 | 37 | 4 | 12 | 21 | | 90 |
| 黑龙江 | 1 | 38 | 35 | 4 | 9 | 10 | 2 | 180 |
| 上海 | 1 | 69 | 43 | 2 | 12 | 29 | 1 | 352 |
| 江苏 | 1 | 49 | 45 | 11 | 11 | 13 | 2 | 163 |
| 浙江 | 1 | 62 | 55 | 13 | 20 | 12 | 8 | 247 |
| 安徽 | 1 | 32 | 24 | 3 | 7 | 7 | 1 | 90 |
| 福建 | 1 | 43 | 39 | 5 | 10 | 17 | 17 | 135 |
| 江西 | 1 | 45 | 42 | 2 | 17 | 12 | 1 | 31 |
| 山东 | 1 | 64 | 59 | 5 | 10 | 24 | 5 | 312 |
| 河南 | 1 | 50 | 40 | 2 | 13 | 16 | 3 | 432 |
| 湖北 | 1 | 87 | 73 | 6 | 15 | 19 | 5 | 270 |
| 湖南 | 1 | 86 | 62 | 5 | 16 | 30 | 8 | 159 |
| 广东 | 1 | 46 | 41 | 1 | 12 | 11 | 7 | 311 |
| 广西 | 1 | 99 | 60 | 10 | 23 | 27 | | 189 |
| 海南 | 1 | 37 | 27 | 3 | 7 | 12 | | 102 |
| 重庆 | 1 | 71 | 52 | 5 | 13 | 16 | 2 | 260 |
| 四川 | 1 | 102 | 53 | 3 | 15 | 19 | 4 | 150 |
| 贵州 | 1 | 65 | 61 | 7 | 18 | 27 | | 147 |
| 云南 | 1 | 68 | 47 | 4 | 16 | 14 | | 62 |
| 西藏 | 1 | 44 | 34 | 1 | 5 | 11 | | 46 |
| 陕西 | 1 | 66 | 62 | 4 | 15 | 26 | | 76 |
| 甘肃 | 1 | 46 | 42 | 2 | 11 | 18 | | 48 |
| 青海 | 1 | 48 | 39 | 1 | 11 | 14 | 13 | 210 |
| 宁夏 | 1 | 104 | 82 | 10 | 10 | 36 | 8 | 218 |
| 新疆 | 1 | 42 | 39 | 4 | 6 | 19 | 2 | 59 |

# 艺术馆基本情况

| 文化服务惠及人次（万人次） | 组织文艺活动次数（次） | 为老年人组织专场 | 为未成年人组织专场 | 为残障人士组织专场 | 为农民工组织专场 | 文化活动观众人次（万人次） | 举办训练班班次（次） | 培训人次（万人次） |
|---|---|---|---|---|---|---|---|---|
| **901.41** | **2556** | **505** | **170** | **45** | **342** | **619.52** | **2311** | **19.15** |
| 82.42 | 50 | | | | | 82.00 | 20 | 0.12 |
| 10.46 | 392 | 150 | | | 160 | 3.20 | 86 | 1.46 |
| 9.67 | 85 | 15 | 5 | 2 | | 2.10 | 350 | 4.20 |
| 5.68 | 150 | 1 | 7 | | | 4.00 | 23 | 0.18 |
| 2.06 | 30 | 25 | | 5 | | 0.30 | 35 | 0.15 |
| 12.21 | 53 | 18 | 2 | 1 | | 10.25 | 559 | 1.66 |
| 13.32 | 76 | 6 | 2 | 2 | 2 | 10.20 | | |
| 5.40 | 68 | 46 | 1 | 1 | 1 | 2.00 | 53 | 1.00 |
| 10.81 | 24 | 2 | | | | 5.01 | 52 | 0.30 |
| 32.02 | 106 | 8 | 2 | | | 14.54 | 5 | 0.05 |
| 18.00 | 25 | 4 | 9 | 2 | | 12.00 | 53 | 1.24 |
| 9.94 | 20 | 10 | 10 | | | 4.00 | 36 | 0.54 |
| 89.88 | 2 | 1 | 1 | | | 0.30 | 16 | 0.31 |
| 1.01 | 13 | 1 | | | | 0.78 | 16 | 0.11 |
| 8.58 | 72 | 12 | 12 | 6 | 6 | 0.75 | 170 | 1.20 |
| 57.40 | 360 | 18 | 17 | 6 | 12 | 26.79 | 31 | 0.25 |
| 27.01 | 74 | 9 | 3 | | 1 | 7.22 | 177 | 1.54 |
| 49.31 | 45 | 7 | 9 | 4 | 6 | 22.08 | 57 | 0.85 |
| 311.27 | 223 | 89 | 16 | 5 | 101 | 309.76 | 75 | 0.42 |
| 10.87 | 80 | 15 | 33 | 1 | 31 | 9.01 | 60 | 0.32 |
| 13.88 | 20 | | 2 | | | 10.00 | 53 | 0.18 |
| 25.02 | 75 | 8 | 11 | | 3 | 22.74 | 164 | 0.40 |
| 22.20 | 21 | | | | 1 | 10.00 | 50 | 1.00 |
| 0.16 | 50 | 2 | 3 | | | 0.04 | 32 | 0.02 |
| 3.33 | 36 | 5 | | | 4 | 2.45 | 22 | 0.44 |
| 4.30 | 16 | | 3 | | | 1.00 | 7 | 0.14 |
| 4.48 | 40 | 18 | 8 | 3 | 5 | 2.00 | 15 | 0.16 |
| 1.60 | 26 | 3 | 6 | | 1 | 1.20 | 12 | 0.15 |
| 9.91 | 160 | 17 | 5 | 5 | 4 | 7.50 | 21 | 0.25 |
| 46.16 | 145 | 15 | 2 | 2 | 3 | 34.00 | 40 | 0.46 |
| 3.07 | 19 | | 1 | | 1 | 2.30 | 21 | 0.07 |

续表 1

| 地区 | 对业余文化队伍开展培训人次 | 举办展览个数（个） | 参观人次（万人次） | 组织公益性讲座次数（次） | 参加人次（万人次） | 计算机（台） | 本单位受训人次（万人次） | 本年收入合计（千元） |
|---|---|---|---|---|---|---|---|---|
| **总计** | **7.59** | **471** | **246.40** | **1074** | **16.34** | **11235** | **0.20** | **938807** |
| 北京 | 0.06 | 3 | 0.30 | | | 65 | 0.00 | 36940 |
| 天津 | | 40 | 3.80 | 140 | 2.00 | 100 | 0.01 | 42201 |
| 河北 | 2.00 | 5 | 3.00 | 7 | 0.37 | 68 | | 46273 |
| 山西 | 0.18 | 10 | 0.80 | 20 | 0.70 | 75 | 0.05 | 19259 |
| 内蒙古 | 0.05 | 9 | 1.50 | 4 | 0.11 | 80 | | 12985 |
| 辽宁 | 1.34 | 1 | 0.30 | 1 | 0.00 | 162 | 0.01 | 20944 |
| 吉林 | | 10 | 3.01 | 4 | 0.11 | 26 | | 15217 |
| 黑龙江 | | 6 | 1.20 | 53 | 1.20 | 62 | 0.00 | 11029 |
| 上海 | | 36 | 3.50 | 240 | 2.00 | | | 122579 |
| 江苏 | | 50 | 17.42 | 2 | 0.01 | 66 | 0.01 | 24656 |
| 浙江 | 0.24 | 9 | 3.30 | 160 | 1.47 | 8900 | | 30762 |
| 安徽 | 0.36 | 24 | 5.00 | 10 | 0.40 | 12 | 0.00 | 22993 |
| 福建 | 0.23 | 14 | 88.86 | 103 | 0.41 | 59 | 0.00 | 43204 |
| 江西 | 0.00 | 1 | 0.11 | 1 | 0.01 | | | 13423 |
| 山东 | 1.01 | 58 | 6.50 | 12 | 0.13 | 197 | 0.01 | 39284 |
| 河南 | 0.18 | 22 | 29.73 | 19 | 0.63 | 110 | 0.00 | 21252 |
| 湖北 | 0.04 | 15 | 18.20 | 4 | 0.05 | 115 | 0.00 | 31011 |
| 湖南 | 0.23 | 29 | 25.50 | 28 | 0.88 | 91 | 0.01 | 53800 |
| 广东 | 0.35 | 6 | 0.93 | 7 | 0.15 | 100 | 0.00 | 51110 |
| 广西 | 0.40 | 11 | 1.36 | 38 | 0.18 | 71 | 0.01 | 30374 |
| 海南 | 0.02 | 8 | 1.60 | 21 | 2.10 | 50 | 0.01 | 12234 |
| 重庆 | 0.39 | 15 | 1.80 | 6 | 0.07 | 94 | 0.01 | 30457 |
| 四川 | | 7 | 9.10 | 72 | 2.10 | 350 | | 19259 |
| 贵州 | | 15 | 0.03 | 50 | 0.07 | 50 | 0.01 | 17483 |
| 云南 | | 4 | 0.45 | | | 92 | 0.01 | 13531 |
| 西藏 | 0.01 | 15 | 3.00 | 8 | 0.16 | 60 | 0.04 | 27360 |
| 陕西 | 0.01 | 8 | 2.10 | 13 | 0.22 | 75 | 0.01 | 27170 |
| 甘肃 | 0.05 | | | 10 | 0.25 | | 0.01 | 17259 |
| 青海 | | 15 | 2.00 | 14 | 0.16 | | 0.01 | 38377 |
| 宁夏 | 0.37 | 21 | 11.60 | 12 | 0.10 | 65 | 0.01 | 29194 |
| 新疆 | 0.07 | 4 | 0.40 | 15 | 0.30 | 40 | 0.00 | 17187 |

| 财政补贴收入 | 免费开放资金 | 中央资金 | 业务活动专项经费 | 上级补助收入 | 事业收入 | 经营收入 | 其他收入 |
|---|---|---|---|---|---|---|---|
| **820178** | **60602** | **7300** | **358480** | **70840** | **24332** | **4489** | **18968** |
| 36636 | | | 12628 | | | | 304 |
| 41092 | 610 | | 23192 | | 937 | | 172 |
| 34807 | 3000 | | 6652 | | | | 11466 |
| 18532 | 2350 | | | 725 | | | 2 |
| 12812 | 1500 | | 4725 | | | | 173 |
| 20813 | | | 12328 | | | | 131 |
| 14747 | 1100 | | 800 | | | 442 | 28 |
| 11029 | 1149 | | 3620 | | | | |
| 55039 | | | 55039 | 64657 | 2784 | | 99 |
| 22955 | 700 | 700 | 12850 | | 1565 | | 136 |
| 29093 | | | 14433 | | 847 | | 822 |
| 20868 | 500 | | 700 | 265 | | | 1860 |
| 38344 | 10125 | | 10125 | 4733 | 7 | | 120 |
| 13423 | 3000 | | | | | | |
| 38434 | 1000 | | 31361 | | 828 | | 22 |
| 13187 | 1880 | | 5597 | | 6759 | 1275 | 31 |
| 29194 | | | 27009 | 290 | 1494 | | 33 |
| 49723 | 1912 | | 20347 | | 1772 | 2305 | |
| 48751 | 630 | | 31117 | 170 | 2163 | | 26 |
| 28207 | 1600 | | 4649 | | | | 2167 |
| 12234 | 3463 | | 7070 | | | | |
| 26466 | 3560 | 1000 | 2415 | | 3927 | | 64 |
| 19249 | | | 7266 | | | | 10 |
| 17137 | 7723 | 2300 | 4500 | | | | 346 |
| 12789 | 2500 | | 3418 | | 222 | 467 | 53 |
| 27360 | 2600 | | 1000 | | | | |
| 26725 | 1200 | | 16960 | | 418 | | 27 |
| 17252 | 1000 | | 9599 | | | | 7 |
| 37556 | 4500 | 3300 | 23210 | | | | 821 |
| 28559 | | | 2870 | | 609 | | 26 |
| 17165 | 3000 | | 3000 | | | | 22 |

续表 2

| 地　区 | 本年支出合计（千元） | 基本支出 | 项目支出 | 经营支出 | 在支出合计中： | | | |
|---|---|---|---|---|---|---|---|---|
| | | | | | 工资福利支出 | 商品和服务支出 | 差旅费 | 劳务费 |
| **总　计** | **941566** | **380520** | **552054** | **4488** | **230822** | **336633** | **16898** | **42678** |
| 北　京 | 30641 | 15221 | 15419 | | 11036 | 16529 | 445 | 11022 |
| 天　津 | 51211 | 18642 | 32569 | | 8231 | 31603 | 205 | 1270 |
| 河　北 | 46334 | 10888 | 35446 | | 10335 | 7888 | 2213 | 1325 |
| 山　西 | 15472 | 10352 | 5120 | | 6190 | 4107 | 330 | 282 |
| 内蒙古 | 12899 | 8127 | 4772 | | 4536 | 3366 | 349 | 521 |
| 辽　宁 | 15284 | 8430 | 6854 | | 4294 | 7924 | 314 | 1706 |
| 吉　林 | 15204 | 10339 | 4424 | 441 | 4887 | 5494 | 206 | 108 |
| 黑龙江 | 11029 | 7409 | 3620 | | 3217 | 2684 | 528 | 81 |
| 上　海 | 126875 | 27376 | 94998 | | 13784 | 2121 | 64 | 1823 |
| 江　苏 | 20428 | 13024 | 7404 | | 6457 | 8500 | 852 | 1470 |
| 浙　江 | 24994 | 15785 | 9209 | | 8727 | 3800 | | 2138 |
| 安　徽 | 22498 | 13089 | 9409 | | 3100 | 9701 | 800 | 400 |
| 福　建 | 48140 | 7490 | 40650 | | 4791 | 21039 | 484 | 3012 |
| 江　西 | 13435 | 5939 | 7496 | | 3756 | 3275 | 311 | 39 |
| 山　东 | 40808 | 14348 | 26460 | | 7393 | 18625 | 290 | 889 |
| 河　南 | 27327 | 10844 | 15208 | 1275 | 7323 | 9282 | 356 | 10 |
| 湖　北 | 35892 | 17281 | 18611 | | 13634 | 18311 | 620 | 594 |
| 湖　南 | 51056 | 20474 | 28277 | 2305 | 12663 | 31674 | 593 | 1229 |
| 广　东 | 50464 | 19504 | 30960 | | 8916 | 29534 | 323 | 847 |
| 广　西 | 38751 | 7858 | 30892 | | 10856 | 10373 | 1065 | 1020 |
| 海　南 | 16351 | 5534 | 10817 | | 3371 | 10377 | 374 | 680 |
| 重　庆 | 30714 | 14480 | 16234 | | 9934 | 16041 | 1549 | 2390 |
| 四　川 | 19259 | 11993 | 7266 | | 7186 | 5069 | 767 | 50 |
| 贵　州 | 14572 | 9229 | 5343 | | 4400 | 5042 | 470 | 504 |
| 云　南 | 14319 | 9610 | 4242 | 467 | 7191 | 5087 | 372 | 560 |
| 西　藏 | 23800 | 11770 | 12030 | | 9180 | 954 | 240 | |
| 陕　西 | 35067 | 10210 | 24856 | | 6493 | 22760 | 468 | 3237 |
| 甘　肃 | 13493 | 7659 | 5834 | | 2948 | 5753 | 492 | 594 |
| 青　海 | 35166 | 11326 | 23840 | | 7050 | 10367 | 528 | 4495 |
| 宁　夏 | 26510 | 18908 | 7602 | | 13583 | 9058 | 1290 | 382 |
| 新　疆 | 13573 | 7381 | 6192 | | 5360 | 295 | | |

| 福利费 | 各种税金支出 | 对个人和家庭补助支出 | 抚恤金和生活补助 | 其他资本性支出 | 各种设备购置费 | 资产总计（千元） | 固定资产原值 | 实际使用房屋建筑面积（万平方米） |
|---|---|---|---|---|---|---|---|---|
| **2030** | **1138** | **107629** | **4712** | **104193** | **27393** | **1567547** | **1160926** | **26.35** |
| | | | | | | | | |
| 119 | | 3070 | 11 | 6 | 6 | 14478 | 5431 | · |
| 120 | 27 | 6260 | 424 | 5117 | 1764 | 253178 | 175065 | 1.53 |
| 147 | | 4099 | | 24012 | | 10732 | 10732 | 0.16 |
| 114 | | 3283 | 184 | 1892 | 1192 | 29388 | 25277 | 0.67 |
| 57 | | 3114 | 304 | 1882 | 109 | 13908 | 10524 | 0.36 |
| | | | | | | | | |
| | | 2891 | 16 | 174 | 174 | 13309 | 8804 | 0.59 |
| 50 | | 4343 | 241 | 39 | | 31987 | 29169 | 0.88 |
| | | 4089 | 23 | 104 | 104 | 4330 | 4219 | 0.16 |
| | | | | | | | | |
| 234 | | 1 | | | | 207745 | 175516 | 1.90 |
| | 5 | 5060 | | 411 | | 61339 | 40453 | 0.64 |
| 278 | 6 | 2301 | 49 | 258 | | 40946 | 19227 | 0.83 |
| | | 9697 | 20 | | | 6475 | 5667 | 0.25 |
| | 1 | 1637 | 396 | 20673 | 4143 | 32327 | 16024 | 0.59 |
| 76 | | 5204 | 138 | 240 | | 17220 | 1242 | 0.30 |
| 10 | 340 | 5623 | | 9165 | 2997 | 46383 | 29163 | 1.42 |
| | | | | | | | | |
| 100 | 419 | 2168 | 213 | 7277 | 7277 | 27846 | 16363 | 0.98 |
| | 76 | 3447 | 266 | 499 | 499 | 16821 | 10504 | 0.37 |
| 311 | 151 | 3451 | 179 | 3267 | 493 | 208151 | 177003 | 2.00 |
| 101 | 83 | 10159 | 329 | 1855 | 1855 | 46172 | 18335 | 0.93 |
| | 7 | 3540 | 565 | 241 | 241 | 46066 | 26012 | 0.65 |
| | | 576 | | 728 | | 20870 | 20870 | 0.24 |
| | | | | | | | | |
| 18 | | 1672 | 111 | 2826 | 1499 | 170299 | 170299 | 2.50 |
| 100 | | 2380 | 119 | 940 | 40 | 32127 | 20128 | 1.09 |
| | | 2185 | 20 | 538 | 531 | 21192 | 11782 | 0.40 |
| | 12 | 1571 | 414 | 2 | 2 | 43085 | 39151 | 1.96 |
| 2 | | 142 | | | | 27180 | 25801 | 0.95 |
| | | | | | | | | |
| 65 | | 1730 | 240 | 4082 | 4082 | 25775 | 14378 | 0.96 |
| 35 | | 4321 | | 471 | | 15028 | 4713 | 0.15 |
| | | 4230 | 138 | 13519 | | 32998 | 17987 | 1.88 |
| 82 | 11 | 3659 | | 209 | | 40986 | 27128 | 0.88 |
| 11 | | 1726 | 312 | 3766 | 385 | 9206 | 3959 | 0.15 |

续表 3

| 地　区 | 业务用房面积 | 实际拥有产权面积（万平方米） | 流动舞台车演出情况 | | | 志愿者服务队伍数（个） |
|---|---|---|---|---|---|---|
| | | | 流动舞台车数量（辆） | 利用流动舞台车演出场次（场次） | 利用流动舞台车演出观众人次（万人次） | |
| **总　计** | **17.91** | **13.32** | **7** | **175** | **18.33** | **1124** |
| 北　京 | | | | | | 334 |
| 天　津 | 0.82 | 0.43 | | | | 140 |
| 河　北 | 0.16 | | 2 | 40 | 1.70 | |
| 山　西 | 0.19 | 0.49 | | | | 13 |
| 内 蒙 古 | 0.30 | | | | | 20 |
| 辽　宁 | 0.46 | 0.13 | 1 | 4 | 6.00 | 1 |
| 吉　林 | 0.59 | 1.20 | | | | 1 |
| 黑 龙 江 | 0.10 | | | | | 3 |
| 上　海 | 1.70 | | | | | |
| 江　苏 | 0.41 | | | | | 2 |
| 浙　江 | 0.64 | | | | | 1 |
| 安　徽 | | 0.25 | | | | 1 |
| 福　建 | 0.33 | 0.36 | | | | 11 |
| 江　西 | 0.30 | | | | | |
| 山　东 | 0.05 | | | | | 6 |
| 河　南 | 0.78 | | 1 | 62 | 5.00 | 32 |
| 湖　北 | 0.18 | 0.37 | | | | 10 |
| 湖　南 | 1.31 | 2.00 | 1 | 11 | 1.50 | 12 |
| 广　东 | 0.89 | | | | | 459 |
| 广　西 | 0.61 | | | | | 63 |
| 海　南 | 0.18 | | | | | 1 |
| 重　庆 | 2.00 | 2.40 | 1 | 58 | 4.13 | 9 |
| 四　川 | 0.38 | 1.52 | | | | |
| 贵　州 | 0.20 | 0.36 | | | | 1 |
| 云　南 | 1.96 | 1.96 | | | | |
| 西　藏 | 0.62 | | | | | 1 |
| 陕　西 | 0.50 | 0.96 | | | | 1 |
| 甘　肃 | | 0.15 | | | | |
| 青　海 | 1.81 | 0.75 | | | | |
| 宁　夏 | 0.46 | | 1 | | | 2 |
| 新　疆 | | 0.01 | | | | |

| 志愿者服务队伍人数（人） | 由本馆指导的单位 | | | | | |
|---|---|---|---|---|---|---|
| | 馆办文艺团体（个） | 演出场次（场） | 观众人次（万人次） | 馆办老年大学（个） | 群众业余文艺团队（个） | 群众业余团队人数（人） |
| **149591** | **112** | **2218** | **98.29** | **11** | **337** | **19825** |
| | | | | | | |
| 34567 | | | | | 18 | 900 |
| 8000 | 5 | 370 | 7.00 | | 120 | 3600 |
| | 4 | 55 | 0.65 | 2 | 2 | 190 |
| 22000 | 6 | 160 | 3.30 | 1 | 8 | 4000 |
| 800 | 2 | 8 | 0.10 | 1 | 20 | 800 |
| | | | | | | |
| 52 | 5 | 5 | 0.60 | | 4 | 260 |
| 221 | 5 | 33 | 1.52 | | 16 | 531 |
| 30 | 2 | 5 | 0.20 | | | |
| | | | | | | |
| | 2 | 15 | 0.80 | 1 | 1 | 10 |
| 262 | 5 | 27 | 0.46 | 1 | | |
| 700 | | | | | | |
| 8000 | 1 | 25 | 2.00 | | 1 | 120 |
| 394 | 1 | 4 | 0.15 | | 5 | 170 |
| | | | | | | |
| 850 | 10 | 50 | 2.50 | | 10 | 500 |
| | | | | | | |
| 2132 | 4 | 193 | 13.50 | 1 | 25 | 1340 |
| 1100 | | | | 1 | 3 | 210 |
| 5500 | 5 | 35 | 1.00 | 1 | 7 | 310 |
| 59595 | 2 | 2 | 0.10 | 1 | 7 | 252 |
| 3520 | 5 | 700 | 33.20 | | 13 | 3035 |
| 342 | | | | | 15 | 450 |
| | | | | | | |
| 425 | 2 | 4 | 0.46 | | 15 | 850 |
| | 2 | 370 | 16.36 | | 13 | 920 |
| 200 | 5 | 35 | 0.05 | | | |
| | 5 | 7 | 0.24 | 1 | | |
| 451 | | | | | | |
| | | | | | | |
| 400 | 5 | 26 | 3.10 | | 5 | 300 |
| | 5 | 12 | 1.50 | | 3 | 105 |
| | 10 | 35 | 0.20 | | 26 | 972 |
| 50 | 8 | 22 | 3.30 | | | |
| | 6 | 20 | 6.00 | | | |

# 2017年各地区地市级

| 地区 | 机构数(个) | 从业人员(人) | 专业技术人才 | 正高级职称 | 副高级职称 | 中级职称 | 组织品牌节庆活动(个) | 提供文化服务次数(次) |
|---|---|---|---|---|---|---|---|---|
| **总计** | **359** | **10549** | **8613** | **436** | **1582** | **3797** | **1117** | **111450** |
| 北京 | | | | | | | | |
| 天津 | | | | | | | | |
| 河北 | 12 | 456 | 407 | 28 | 77 | 161 | 31 | 2438 |
| 山西 | 11 | 304 | 264 | 12 | 40 | 118 | 20 | 2371 |
| 内蒙古 | 12 | 518 | 459 | 26 | 95 | 193 | 34 | 1908 |
| 辽宁 | 22 | 744 | 605 | 39 | 100 | 292 | 61 | 3796 |
| 吉林 | 13 | 460 | 355 | 18 | 80 | 130 | 78 | 9796 |
| 黑龙江 | 16 | 364 | 328 | 67 | 93 | 119 | 51 | 3737 |
| 上海 | | | | | | | | |
| 江苏 | 13 | 462 | 355 | 22 | 54 | 175 | 78 | 4153 |
| 浙江 | 11 | 431 | 391 | 45 | 84 | 135 | 69 | 10357 |
| 安徽 | 16 | 300 | 253 | 5 | 36 | 97 | 43 | 3004 |
| 福建 | 9 | 168 | 139 | 5 | 31 | 47 | 40 | 4432 |
| 江西 | 13 | 460 | 368 | 4 | 49 | 165 | 27 | 2761 |
| 山东 | 17 | 546 | 505 | 17 | 106 | 220 | 68 | 6885 |
| 河南 | 18 | 492 | 383 | 13 | 72 | 167 | 55 | 4213 |
| 湖北 | 12 | 395 | 333 | 18 | 59 | 150 | 54 | 4072 |
| 湖南 | 15 | 422 | 346 | 9 | 54 | 151 | 48 | 2166 |
| 广东 | 23 | 604 | 390 | 22 | 83 | 189 | 90 | 12528 |
| 广西 | 14 | 448 | 395 | 8 | 57 | 200 | 57 | 3747 |
| 海南 | 3 | 89 | 31 | 3 | 2 | 13 | 5 | 458 |
| 重庆 | | | | | | | | |
| 四川 | 21 | 583 | 418 | 12 | 55 | 196 | 52 | 20750 |
| 贵州 | 9 | 365 | 342 | 19 | 64 | 154 | 14 | 704 |
| 云南 | 16 | 470 | 440 | 14 | 94 | 221 | 20 | 1137 |
| 西藏 | 7 | 160 | 78 | | 9 | 22 | 3 | 405 |
| 陕西 | 11 | 383 | 303 | 6 | 40 | 159 | 29 | 1436 |
| 甘肃 | 16 | 349 | 272 | 6 | 47 | 122 | 29 | 1208 |
| 青海 | 8 | 121 | 97 | 4 | 25 | 44 | 17 | 676 |
| 宁夏 | 5 | 163 | 128 | 7 | 40 | 50 | 16 | 1063 |
| 新疆 | 16 | 292 | 228 | 7 | 36 | 107 | 28 | 1249 |

# 群众艺术馆基本情况

| 文化服务惠及人次（万人次） | 组织文艺活动次数（次） | 为老年人组织专场 | 为未成年人组织专场 | 为残障人士组织专场 | 为农民工组织专场 | 文化活动观众人次（万人次） | 举办训练班班次（次） | 培训人次（万人次） |
|---|---|---|---|---|---|---|---|---|
| **5062.58** | **29789** | **5291** | **2911** | **715** | **1943** | **3640.83** | **72625** | **402.84** |
| | | | | | | | | |
| 136.17 | 842 | 159 | 83 | 36 | 64 | 92.65 | 841 | 5.26 |
| 48.02 | 1182 | 142 | 82 | 32 | 47 | 25.65 | 868 | 9.35 |
| 103.36 | 957 | 146 | 92 | 20 | 43 | 79.69 | 776 | 5.67 |
| | | | | | | | | |
| 134.98 | 826 | 130 | 103 | 22 | 24 | 99.24 | 2516 | 10.08 |
| 196.49 | 852 | 330 | 74 | 12 | 25 | 97.92 | 8659 | 59.84 |
| 173.42 | 1319 | 517 | 148 | 35 | 52 | 145.82 | 1970 | 13.07 |
| | | | | | | | | |
| 282.01 | 2163 | 494 | 359 | 61 | 123 | 227.32 | 1497 | 13.07 |
| 373.62 | 1790 | 90 | 74 | 36 | 48 | 196.53 | 7907 | 42.23 |
| 134.06 | 893 | 162 | 122 | 36 | 47 | 97.01 | 1842 | 9.11 |
| 190.03 | 778 | 149 | 121 | 14 | 46 | 58.40 | 3331 | 65.21 |
| 163.57 | 627 | 112 | 78 | 9 | 42 | 126.60 | 1954 | 17.24 |
| 314.57 | 2002 | 343 | 244 | 92 | 101 | 246.77 | 3952 | 17.11 |
| | | | | | | | | |
| 379.39 | 1768 | 279 | 271 | 66 | 99 | 207.90 | 1992 | 18.38 |
| 392.44 | 1108 | 146 | 100 | 15 | 109 | 349.16 | 2547 | 14.09 |
| 278.78 | 1235 | 279 | 134 | 44 | 147 | 260.03 | 738 | 6.43 |
| 540.10 | 3730 | 749 | 246 | 38 | 442 | 395.16 | 8024 | 42.25 |
| 247.73 | 2250 | 115 | 112 | 20 | 210 | 218.92 | 1350 | 7.73 |
| 25.57 | 203 | 79 | 33 | | | 13.94 | 223 | 4.51 |
| | | | | | | | | |
| 282.66 | 988 | 208 | 83 | 36 | 46 | 193.03 | 19204 | 15.07 |
| 79.50 | 390 | 92 | 51 | 21 | 51 | 55.55 | 208 | 2.25 |
| 113.54 | 516 | 133 | 51 | 19 | 40 | 75.24 | 424 | 6.15 |
| 21.58 | 158 | 28 | 19 | 2 | 6 | 15.92 | 237 | 4.61 |
| | | | | | | | | |
| 109.39 | 684 | 96 | 70 | 11 | 35 | 83.02 | 530 | 5.27 |
| 110.99 | 593 | 176 | 70 | 11 | 40 | 76.41 | 355 | 2.77 |
| 67.04 | 402 | 10 | 14 | 8 | 25 | 60.38 | 146 | 1.81 |
| 91.52 | 838 | 44 | 28 | 7 | 4 | 87.40 | 163 | 1.26 |
| 72.05 | 695 | 83 | 49 | 12 | 27 | 55.19 | 371 | 3.02 |

续表 1

| 地区 | 对业余文化队伍开展培训人次 | 举办展览个数(个) | 参观人次(万人次) | 组织公益性讲座次数(次) | 参加人次(万人次) | 计算机(台) | 本单位受训人次(万人次) | 本年收入合计(千元) |
|---|---|---|---|---|---|---|---|---|
| **总计** | **142.33** | **3846** | **900.89** | **5190** | **118.03** | **21467** | **3.64** | **3080221** |
| 北京 | | | | | | | | |
| 天津 | | | | | | | | |
| 河北 | 3.35 | 108 | 21.50 | 647 | 16.75 | 275 | 0.10 | 110309 |
| 山西 | 4.53 | 151 | 10.75 | 170 | 2.27 | 274 | 0.08 | 107538 |
| 内蒙古 | 3.89 | 63 | 13.45 | 112 | 4.55 | 557 | 0.08 | 135029 |
| 辽宁 | 6.41 | 88 | 17.05 | 366 | 8.61 | 4330 | 0.14 | 155348 |
| 吉林 | 18.95 | 117 | 36.08 | 168 | 2.65 | 2818 | 0.02 | 99109 |
| 黑龙江 | 9.41 | 105 | 10.52 | 343 | 4.01 | 247 | 0.06 | 78947 |
| 上海 | | | | | | | | |
| 江苏 | 4.79 | 217 | 31.65 | 276 | 9.97 | 558 | 0.03 | 130836 |
| 浙江 | 9.23 | 379 | 125.60 | 281 | 9.26 | 521 | 0.14 | 189426 |
| 安徽 | 2.12 | 113 | 25.37 | 156 | 2.57 | 630 | 0.02 | 85848 |
| 福建 | 10.07 | 197 | 61.20 | 126 | 5.23 | 165 | 0.14 | 96748 |
| 江西 | 4.82 | 92 | 16.76 | 88 | 2.97 | 446 | 0.02 | 98853 |
| 山东 | 7.62 | 272 | 40.29 | 659 | 10.40 | 520 | 0.06 | 162251 |
| 河南 | 11.60 | 252 | 142.64 | 201 | 10.48 | 475 | 0.07 | 134957 |
| 湖北 | 4.05 | 114 | 27.28 | 303 | 1.92 | 4424 | 0.24 | 123599 |
| 湖南 | 1.01 | 58 | 9.78 | 135 | 2.55 | 1440 | 0.03 | 155938 |
| 广东 | 7.48 | 361 | 94.92 | 413 | 7.77 | 887 | 0.06 | 353646 |
| 广西 | 3.81 | 102 | 20.39 | 45 | 0.69 | 416 | 0.09 | 103379 |
| 海南 | 4.55 | 22 | 6.94 | 10 | 0.18 | 88 | 0.01 | 18626 |
| 重庆 | | | | | | | | |
| 四川 | 4.08 | 286 | 68.77 | 272 | 5.79 | 666 | 0.04 | 182591 |
| 贵州 | 1.41 | 65 | 21.08 | 41 | 0.62 | 157 | 0.06 | 93140 |
| 云南 | 11.59 | 120 | 28.79 | 77 | 3.37 | 387 | 0.64 | 116046 |
| 西藏 | 1.60 | 8 | 1.03 | 2 | 0.03 | 26 | 0.00 | 47679 |
| 陕西 | 1.75 | 124 | 18.60 | 98 | 2.50 | 237 | 0.22 | 73265 |
| 甘肃 | 0.52 | 212 | 30.56 | 48 | 1.25 | 275 | 0.04 | 79429 |
| 青海 | 1.04 | 64 | 4.55 | 64 | 0.30 | 39 | 1.20 | 40387 |
| 宁夏 | 0.59 | 34 | 2.39 | 28 | 0.47 | 227 | 0.02 | 39035 |
| 新疆 | 2.05 | 122 | 12.98 | 61 | 0.87 | 382 | 0.05 | 68262 |

| 财政补贴收入 | 免费开放资金 | 中央资金 | 业务活动专项经费 | 上级补助收入 | 事业收入 | 经营收入 | 其他收入 |
|---|---|---|---|---|---|---|---|
| **2914833** | **206802** | **76347** | **700397** | **60275** | **11934** | **2832** | **90347** |
| 106465 | 5042 | 2500 | 15218 | 2944 | 164 | 3 | 733 |
| 107533 | 4727 | 2600 | 7121 | | | | 5 |
| 131121 | 6110 | 4680 | 35532 | 3280 | | | 628 |
| 154982 | 12542 | 2110 | 18528 | 121 | | | 245 |
| 94411 | 5205 | 3300 | 19043 | | | | 4698 |
| 77686 | 6308 | 4000 | 10976 | 519 | | | 742 |
| 125881 | 8210 | 706 | 30727 | 722 | 1028 | 920 | 2285 |
| 183120 | 5781 | 484 | 66372 | 420 | 3225 | | 2661 |
| 81068 | 5496 | 1790 | 23846 | 2310 | 1029 | | 1441 |
| 87661 | 2085 | 210 | 24814 | 2651 | 272 | | 6164 |
| 96698 | 7953 | 1325 | 31732 | 1105 | | | 1050 |
| 156485 | 14848 | 1800 | 51672 | 4226 | 208 | | 1332 |
| 131259 | 8900 | 4500 | 25730 | 260 | 890 | | 2548 |
| 117979 | 5520 | 1750 | 36779 | 1402 | 654 | 818 | 2746 |
| 120291 | 6560 | 3849 | 25037 | 2542 | 1229 | | 31876 |
| 337644 | 44534 | 3395 | 108031 | 13968 | 26 | | 2008 |
| 91998 | 6470 | 4104 | 21174 | 7275 | | 1070 | 3036 |
| 18268 | 467 | 244 | 8363 | | | | 358 |
| 177223 | 12730 | 8400 | 38513 | 1352 | 561 | | 3455 |
| 88105 | 4058 | 2840 | 10650 | 75 | 1433 | | 3527 |
| 111581 | 8000 | 6400 | 31710 | 1134 | 665 | 21 | 2645 |
| 47679 | 3060 | 2260 | 13065 | | | | |
| 68312 | 4500 | 3600 | 10270 | 1200 | | | 3753 |
| 76082 | 6040 | 2800 | 10481 | 216 | | | 3131 |
| 29477 | 2728 | 949 | 5772 | 10322 | | | 588 |
| 35528 | 2200 | 800 | 6233 | 1239 | | | 2268 |
| 60296 | 6728 | 4951 | 13008 | 992 | 550 | | 6424 |

续表 2

| 地区 | 本年支出合计（千元） | 基本支出 | 项目支出 | 经营支出 | 在支出合计中： | | | |
|---|---|---|---|---|---|---|---|---|
| | | | | | 工资福利支出 | 商品和服务支出 | | |
| | | | | | | | 差旅费 | 劳务费 |
| **总计** | **3045507** | **1847981** | **1144245** | **2881** | **1080943** | **907984** | **36983** | **151674** |
| 北京 | | | | | | | | |
| 天津 | | | | | | | | |
| 河北 | 94589 | 84110 | 10475 | 2 | 43838 | 16765 | 539 | 969 |
| 山西 | 105507 | 37137 | 67707 | | 23691 | 11517 | 694 | 1368 |
| 内蒙古 | 131632 | 95416 | 32084 | | 49949 | 40197 | 1628 | 5799 |
| 辽宁 | 154180 | 114201 | 38364 | | 52327 | 33516 | 1016 | 3492 |
| 吉林 | 122975 | 74126 | 48847 | | 36387 | 31769 | 1172 | 4519 |
| 黑龙江 | 82568 | 59122 | 22846 | | 30558 | 22111 | 3116 | 2125 |
| 上海 | | | | | | | | |
| 江苏 | 134878 | 101625 | 31017 | 920 | 52667 | 43837 | 2367 | 5878 |
| 浙江 | 186165 | 102789 | 83376 | | 71584 | 87333 | 1706 | 14009 |
| 安徽 | 91455 | 50945 | 40510 | | 28257 | 18155 | 847 | 2158 |
| 福建 | 69735 | 24402 | 45332 | | 17726 | 28900 | 931 | 5543 |
| 江西 | 103712 | 71378 | 31333 | | 34998 | 34099 | 1156 | 8214 |
| 山东 | 161087 | 95266 | 65821 | | 59188 | 36476 | 1384 | 7978 |
| 河南 | 108226 | 70497 | 36572 | | 46557 | 34682 | 1760 | 4156 |
| 湖北 | 120814 | 71272 | 42842 | 818 | 44088 | 25022 | 870 | 2410 |
| 湖南 | 159166 | 88821 | 67596 | | 50128 | 44214 | 1549 | 9786 |
| 广东 | 351345 | 158704 | 182796 | | 85957 | 169171 | 2085 | 30732 |
| 广西 | 103323 | 58385 | 43766 | 1070 | 44501 | 27285 | 2679 | 3164 |
| 海南 | 25135 | 6714 | 18420 | | 6010 | 11187 | 452 | 2282 |
| 重庆 | | | | | | | | |
| 四川 | 190220 | 88955 | 93521 | | 65610 | 61156 | 3719 | 12623 |
| 贵州 | 89892 | 79193 | 9453 | | 42931 | 10816 | 574 | 2563 |
| 云南 | 109447 | 78290 | 31085 | 71 | 57635 | 30157 | 1843 | 3373 |
| 西藏 | 37493 | 26966 | 8484 | | 15246 | 5098 | 746 | 633 |
| 陕西 | 71545 | 47902 | 23641 | | 36883 | 15708 | 849 | 4990 |
| 甘肃 | 76837 | 59335 | 16286 | | 25952 | 19913 | 855 | 2478 |
| 青海 | 49033 | 25671 | 15683 | | 11834 | 17518 | 474 | 3474 |
| 宁夏 | 38889 | 28196 | 10685 | | 16133 | 9126 | 427 | 2489 |
| 新疆 | 75659 | 48563 | 25703 | | 30308 | 22256 | 1545 | 4469 |

| 福利费 | 各种税金支出 | 对个人和家庭补助支出 | 抚恤金和生活补助 | 其他资本性支出 | 各种设备购置费 | 资产总计(千元) | 固定资产原值 | 实际使用房屋建筑面积(万平方米) |
|---|---|---|---|---|---|---|---|---|
| **10212** | **3360** | **499679** | **30762** | **277074** | **87514** | **3845923** | **2570707** | **206.17** |
| 488 | 4 | 27310 | 1311 | 2433 | 655 | 111291 | 88894 | 4.96 |
| 269 | 263 | 11346 | 539 | 56053 | 1064 | 52548 | 43730 | 3.33 |
| 474 | 16 | 20983 | 1110 | 7560 | 5216 | 462831 | 429089 | 8.17 |
| 69 | 3 | 39134 | 2114 | 2923 | 1436 | 183649 | 147679 | 8.16 |
| 22 | 15 | 25483 | 690 | 12705 | 11620 | 296185 | 76931 | 7.61 |
| 95 | 113 | 25269 | 520 | 2839 | 2071 | 94021 | 88192 | 6.13 |
| 336 | 253 | 30872 | 252 | 2861 | 484 | 278217 | 256490 | 13.53 |
| 2525 | 303 | 15022 | 182 | 6421 | 2037 | 272074 | 210153 | 13.53 |
| 87 | 20 | 22599 | 370 | 7750 | 199 | 42483 | 35067 | 8.00 |
| 165 | 6 | 3765 | 102 | 14486 | 3735 | 186696 | 35550 | 6.68 |
| 626 | 415 | 21683 | 6771 | 8003 | 4653 | 74007 | 36862 | 12.17 |
| 134 | 14 | 19207 | 431 | 7267 | 5467 | 145566 | 114739 | 11.62 |
| 623 | 26 | 13355 | 1975 | 9785 | 6529 | 111215 | 91537 | 11.39 |
| 465 | 765 | 25167 | 519 | 13246 | 3301 | 137227 | 84609 | 13.41 |
| 1015 | 579 | 20180 | 3726 | 42013 | 1906 | 85148 | 53212 | 8.39 |
| 414 | 154 | 62602 | 848 | 15887 | 9867 | 220393 | 191782 | 14.09 |
| 127 | 21 | 12073 | 1896 | 9608 | 6364 | 81599 | 54407 | 6.08 |
| 3 | 14 | 2051 | 114 | 5887 | 746 | 53247 | 45791 | 1.80 |
| 1046 | | 16345 | 2043 | 12407 | 6447 | 268362 | 150396 | 9.54 |
| 223 | 53 | 27144 | 367 | 1797 | 868 | 34344 | 20386 | 2.64 |
| 372 | 270 | 10356 | 1017 | 2940 | 2390 | 86031 | 76701 | 6.81 |
| 46 | | 3391 | 381 | 7066 | 6395 | 31698 | 20027 | 3.08 |
| 155 | | 6617 | 662 | 2349 | 246 | 141771 | 66501 | 4.56 |
| 316 | | 22765 | 559 | 4105 | 1072 | 81075 | 66993 | 4.42 |
| | | 4469 | 204 | 4910 | 53 | 58314 | 24816 | 1.20 |
| | | 3169 | 593 | 3071 | 1869 | 140260 | 32099 | 6.42 |
| 117 | 53 | 7322 | 1466 | 10702 | 824 | 115671 | 28074 | 8.46 |

续表 3

| 地区 | | | 流动舞台车演出情况 | | | |
|---|---|---|---|---|---|---|
| | 业务用房面积 | 实际拥有产权面积（万平方米） | 流动舞台车数量（辆） | 利用流动舞台车演出场次（场次） | 利用流动舞台车演出观众人次（万人次） | 志愿者服务队伍数（个） |
| **总计** | **136.15** | **83.89** | **54** | **732** | **57.79** | **6695** |
| 北京 | | | | | | |
| 天津 | | | | | | |
| 河北 | 2.80 | 3.42 | 2 | 30 | 8.00 | 220 |
| 山西 | 2.17 | 2.52 | 1 | | | 87 |
| 内蒙古 | 3.79 | 1.73 | | | | 3515 |
| 辽宁 | 3.13 | 1.90 | 2 | 31 | 0.73 | 141 |
| 吉林 | 3.50 | 2.33 | 1 | 11 | 0.50 | 94 |
| 黑龙江 | 3.58 | 3.08 | 4 | 68 | 5.01 | 136 |
| 上海 | | | | | | |
| 江苏 | 9.03 | 3.72 | 9 | 79 | 7.60 | 73 |
| 浙江 | 8.59 | 13.37 | 1 | 119 | 7.00 | 57 |
| 安徽 | 6.83 | 1.94 | | | | 63 |
| 福建 | 4.88 | 1.92 | 1 | | | 31 |
| 江西 | 9.17 | 4.20 | 3 | 8 | 0.20 | 87 |
| 山东 | 9.57 | 4.66 | 5 | 52 | 3.56 | 273 |
| 河南 | 8.65 | 4.34 | 3 | 145 | 7.65 | 217 |
| 湖北 | 10.43 | 7.09 | 3 | 12 | 1.80 | 126 |
| 湖南 | 5.56 | 1.87 | 1 | 15 | 0.50 | 308 |
| 广东 | 10.63 | 3.54 | | | | 532 |
| 广西 | 2.88 | 3.27 | 1 | 3 | 0.30 | 169 |
| 海南 | 1.35 | | | | | 4 |
| 重庆 | | | | | | |
| 四川 | 6.77 | 5.67 | 10 | 99 | 9.54 | 96 |
| 贵州 | 1.54 | 0.60 | 2 | 20 | 2.00 | 53 |
| 云南 | 4.78 | 2.44 | | | | 30 |
| 西藏 | 1.81 | 1.00 | | | | |
| 陕西 | 2.33 | 3.06 | | | | 92 |
| 甘肃 | 3.18 | 0.74 | 1 | 12 | 0.20 | 40 |
| 青海 | 0.62 | 1.30 | | | | 152 |
| 宁夏 | 3.38 | 3.24 | 3 | 28 | 3.20 | 76 |
| 新疆 | 5.22 | 0.94 | 1 | | | 23 |

| 志愿者服务队伍人数（人） | 由本馆指导的单位 | | | | | |
|---|---|---|---|---|---|---|
| | 馆办文艺团体（个） | 演出场次（场） | 观众人次（万人次） | 馆办老年大学（个） | 群众业余文艺团队（个） | 群众业余团队人数（人） |
| **302140** | **1248** | **16666** | **1017.87** | **110** | **9090** | **615504** |
| 11897 | 22 | 311 | 21.95 | 5 | 239 | 9350 |
| 2680 | 23 | 128 | 3.77 | 5 | 187 | 8430 |
| 75487 | 46 | 373 | 19.24 | 5 | 328 | 15475 |
| 23934 | 44 | 629 | 22.96 | 4 | 431 | 27670 |
| 8160 | 79 | 532 | 42.09 | 2 | 333 | 16354 |
| 7782 | 83 | 564 | 51.40 | 1 | 472 | 19350 |
| 2489 | 49 | 923 | 41.38 | 5 | 283 | 16025 |
| 2258 | 66 | 1026 | 63.88 | 3 | 446 | 138608 |
| 3681 | 67 | 499 | 37.93 | 5 | 331 | 11050 |
| 2613 | 28 | 412 | 17.90 | 4 | 148 | 10266 |
| 7479 | 34 | 514 | 47.17 | 7 | 309 | 20415 |
| 14527 | 69 | 800 | 62.60 | 8 | 536 | 14386 |
| 8756 | 104 | 1892 | 130.37 | 8 | 299 | 14358 |
| 4495 | 40 | 380 | 23.40 | 5 | 437 | 30955 |
| 17087 | 36 | 233 | 15.64 | 5 | 1959 | 27995 |
| 57577 | 51 | 474 | 45.44 | 3 | 330 | 62599 |
| 5043 | 50 | 548 | 56.81 | 5 | 378 | 16942 |
| 150 | 4 | 12 | 1.10 | 1 | 145 | 643 |
| 18372 | 46 | 377 | 41.98 | 4 | 381 | 21790 |
| 10630 | 41 | 358 | 32.10 | 5 | 162 | 5958 |
| 1653 | 54 | 317 | 19.51 | 7 | 158 | 8445 |
| | 8 | 122 | 6.34 | | 45 | 870 |
| 4614 | 30 | 881 | 87.55 | 2 | 163 | 16720 |
| 2944 | 57 | 580 | 34.63 | 6 | 220 | 58510 |
| 5000 | 52 | 3039 | 51.20 | | 182 | 7735 |
| 2407 | 20 | 233 | 14.06 | 2 | 108 | 32070 |
| 425 | 45 | 509 | 25.48 | 3 | 80 | 2535 |

# 2016年各地区县市级

| 地区 | 机构数（个） | 从业人员（人） | | | | | 组织品牌节庆活动（个） | 提供文化服务次数（次） |
|---|---|---|---|---|---|---|---|---|
| | | | 专业技术人才 | 正高级职称 | 副高级职称 | 中级职称 | | |
| **总计** | **2938** | **42932** | **30725** | **446** | **3193** | **12862** | **4693** | **433990** |
| 北京 | 19 | 840 | 458 | 5 | 32 | 181 | 96 | 14194 |
| 天津 | 18 | 495 | 420 | 3 | 49 | 179 | 27 | 7462 |
| 河北 | 167 | 1838 | 1358 | 63 | 131 | 572 | 262 | 19024 |
| 山西 | 119 | 1447 | 1009 | 3 | 57 | 442 | 65 | 11689 |
| 内蒙古 | 107 | 1403 | 1173 | 13 | 171 | 483 | 152 | 10813 |
| 辽宁 | 102 | 1471 | 1031 | 15 | 94 | 564 | 93 | 15989 |
| 吉林 | 65 | 1772 | 1472 | 55 | 284 | 612 | 88 | 6024 |
| 黑龙江 | 131 | 1918 | 1505 | 87 | 325 | 665 | 157 | 11738 |
| 上海 | 24 | 945 | 604 | 1 | 46 | 239 | 63 | 17307 |
| 江苏 | 101 | 1669 | 1309 | 18 | 161 | 618 | 316 | 21788 |
| 浙江 | 89 | 1758 | 1404 | 76 | 245 | 570 | 443 | 40243 |
| 安徽 | 106 | 1132 | 860 | 3 | 52 | 341 | 181 | 14295 |
| 福建 | 87 | 793 | 598 | 4 | 73 | 274 | 155 | 8893 |
| 江西 | 104 | 1424 | 1000 | 12 | 59 | 359 | 120 | 12555 |
| 山东 | 139 | 2368 | 1984 | 10 | 261 | 859 | 301 | 37149 |
| 河南 | 186 | 2886 | 1177 | 5 | 64 | 566 | 147 | 23761 |
| 湖北 | 112 | 1707 | 1132 | 4 | 93 | 584 | 213 | 15391 |
| 湖南 | 127 | 1629 | 1142 | 4 | 65 | 470 | 196 | 12749 |
| 广东 | 122 | 1765 | 1142 | 19 | 83 | 440 | 294 | 26709 |
| 广西 | 109 | 1613 | 1202 | 2 | 33 | 473 | 201 | 13536 |
| 海南 | 19 | 164 | 97 | 1 | 2 | 29 | 19 | 1211 |
| 重庆 | 40 | 929 | 635 | 9 | 69 | 206 | 100 | 10951 |
| 四川 | 185 | 2350 | 1668 | 1 | 67 | 541 | 305 | 22822 |
| 贵州 | 89 | 1142 | 929 | 9 | 58 | 272 | 116 | 8673 |
| 云南 | 132 | 1937 | 1724 | 6 | 307 | 874 | 153 | 10719 |
| 西藏 | 74 | 253 | 159 | 3 | 1 | 12 | 32 | 2259 |
| 陕西 | 111 | 2101 | 1366 | 7 | 88 | 560 | 145 | 11146 |
| 甘肃 | 86 | 1228 | 739 | 1 | 70 | 306 | 111 | 5907 |
| 青海 | 46 | 495 | 269 | | 25 | 120 | 20 | 4042 |
| 宁夏 | 20 | 378 | 333 | 4 | 34 | 178 | 36 | 4665 |
| 新疆 | 102 | 1082 | 826 | 3 | 94 | 273 | 86 | 10286 |

# 文化馆基本情况

| 文化服务惠及人次(万人次) | 组织文艺活动次数(次) | | | | | 文化活动观众人次(万人次) | 举办训练班班次(次) | 培训人次(万人次) |
|---|---|---|---|---|---|---|---|---|
| | | 为老年人组织专场 | 为未成年人组织专场 | 为残障人士组织专场 | 为农民工组织专场 | | | |
| **22205.15** | **220041** | **34243** | **19386** | **5103** | **16640** | **17415.81** | **162258** | **1057.36** |
| 341.12 | 3381 | 370 | 195 | 37 | 52 | 237.16 | 9693 | 58.67 |
| 172.05 | 2133 | 445 | 89 | 36 | 76 | 110.73 | 4181 | 18.21 |
| 793.53 | 10171 | 1304 | 785 | 195 | 631 | 631.33 | 6453 | 36.43 |
| 493.71 | 5290 | 783 | 505 | 122 | 448 | 370.39 | 4996 | 29.34 |
| 609.79 | 5598 | 975 | 621 | 113 | 649 | 490.23 | 4276 | 22.76 |
| 551.84 | 5910 | 1258 | 370 | 159 | 383 | 407.96 | 8008 | 40.48 |
| 260.61 | 2857 | 527 | 328 | 76 | 125 | 203.04 | 2007 | 16.44 |
| 571.13 | 7329 | 1652 | 865 | 149 | 287 | 458.76 | 2987 | 22.30 |
| 633.80 | 7454 | 1555 | 318 | 77 | 123 | 439.57 | 8945 | 85.71 |
| 927.91 | 10959 | 1969 | 1132 | 330 | 954 | 703.62 | 7706 | 52.36 |
| 1764.95 | 18117 | 2210 | 872 | 354 | 1269 | 1230.66 | 15392 | 94.27 |
| 881.11 | 8119 | 1396 | 1114 | 184 | 799 | 745.90 | 4617 | 29.51 |
| 434.42 | 2918 | 470 | 458 | 108 | 283 | 301.89 | 4574 | 31.29 |
| 630.04 | 5472 | 784 | 780 | 185 | 563 | 480.11 | 5253 | 28.81 |
| 1685.07 | 22367 | 4639 | 2008 | 810 | 1766 | 1352.65 | 11147 | 86.15 |
| 1067.81 | 11971 | 1737 | 1038 | 306 | 740 | 868.50 | 8863 | 44.48 |
| 1075.38 | 9235 | 2084 | 709 | 183 | 409 | 828.50 | 3878 | 30.85 |
| 880.78 | 7270 | 1230 | 731 | 194 | 889 | 704.52 | 4067 | 35.61 |
| 1285.85 | 9132 | 1012 | 1007 | 178 | 849 | 999.61 | 15275 | 68.37 |
| 1064.65 | 8594 | 987 | 875 | 126 | 752 | 927.29 | 3822 | 34.56 |
| 130.63 | 558 | 46 | 46 | 8 | 39 | 98.26 | 508 | 7.17 |
| 934.93 | 4516 | 387 | 290 | 73 | 519 | 760.48 | 5066 | 38.71 |
| 1399.60 | 13353 | 1592 | 1220 | 279 | 941 | 1111.56 | 6406 | 43.77 |
| 686.94 | 5273 | 518 | 531 | 141 | 405 | 588.76 | 2560 | 16.09 |
| 853.80 | 6782 | 1294 | 607 | 135 | 510 | 687.22 | 2896 | 25.63 |
| 95.73 | 1494 | 187 | 123 | 51 | 288 | 82.03 | 471 | 2.12 |
| 611.21 | 6009 | 919 | 414 | 145 | 449 | 484.25 | 3721 | 27.08 |
| 424.34 | 3599 | 513 | 327 | 88 | 328 | 320.33 | 1388 | 10.96 |
| 186.63 | 2952 | 127 | 162 | 37 | 111 | 135.94 | 649 | 3.34 |
| 192.92 | 3803 | 597 | 219 | 92 | 271 | 174.71 | 620 | 4.54 |
| 562.90 | 7425 | 676 | 647 | 132 | 732 | 479.86 | 1833 | 11.38 |

续表 1

| 地区 | 对业余文化队伍开展培训人次 | 举办展览个数(个) | 参观人次(万人次) | 组织公益性讲座次数(次) | 参加人次(万人次) | 计算机(台) | 本单位受训人次(万人次) | 本年收入合计(千元) |
|---|---|---|---|---|---|---|---|---|
| **总计** | **466.84** | **23565** | **3304.68** | **28126** | **427.30** | **132266** | **17.36** | **8078577** |
| 北京 | 16.91 | 245 | 32.16 | 875 | 13.14 | 730 | 2.17 | 350463 |
| 天津 | 5.80 | 305 | 32.21 | 843 | 10.90 | 742 | 0.35 | 163002 |
| 河北 | 13.86 | 959 | 108.13 | 1441 | 17.64 | 1094 | 0.45 | 233184 |
| 山西 | 11.32 | 727 | 83.73 | 676 | 10.24 | 751 | 0.22 | 199039 |
| 内蒙古 | 15.28 | 556 | 89.36 | 383 | 7.43 | 4315 | 0.20 | 234884 |
| 辽宁 | 18.37 | 589 | 84.33 | 1482 | 19.07 | 955 | 0.56 | 196594 |
| 吉林 | 6.70 | 372 | 36.95 | 788 | 4.18 | 986 | 0.16 | 247489 |
| 黑龙江 | 5.94 | 629 | 79.25 | 793 | 10.82 | 1195 | 0.17 | 233791 |
| 上海 | 63.06 | 393 | 100.93 | 515 | 7.59 | 1775 | 0.75 | 449304 |
| 江苏 | 21.17 | 1286 | 144.42 | 1837 | 27.50 | 2082 | 0.51 | 581299 |
| 浙江 | 47.37 | 2395 | 398.80 | 4339 | 41.21 | 6063 | 1.95 | 595661 |
| 安徽 | 8.00 | 882 | 92.03 | 677 | 13.67 | 1855 | 1.89 | 179287 |
| 福建 | 17.39 | 873 | 92.59 | 528 | 8.65 | 6867 | 0.18 | 173492 |
| 江西 | 12.59 | 688 | 108.89 | 1142 | 12.23 | 1721 | 1.11 | 179334 |
| 山东 | 37.09 | 1568 | 195.56 | 2067 | 50.71 | 1935 | 0.19 | 372797 |
| 河南 | 22.62 | 1369 | 134.86 | 1558 | 19.97 | 1953 | 1.42 | 250808 |
| 湖北 | 12.83 | 1148 | 196.24 | 1130 | 19.79 | 34490 | 0.75 | 311911 |
| 湖南 | 11.15 | 773 | 127.71 | 639 | 12.95 | 1797 | 0.78 | 244203 |
| 广东 | 14.51 | 1256 | 200.51 | 1046 | 17.36 | 3185 | 0.82 | 587859 |
| 广西 | 12.63 | 601 | 93.58 | 519 | 9.22 | 6198 | 0.74 | 209948 |
| 海南 | 2.99 | 106 | 24.50 | 39 | 0.70 | 238 | 0.02 | 49550 |
| 重庆 | 12.60 | 620 | 113.14 | 749 | 22.60 | 1307 | 0.11 | 271422 |
| 四川 | 35.27 | 1374 | 220.88 | 1689 | 23.39 | 3622 | 0.12 | 469580 |
| 贵州 | 7.30 | 454 | 74.05 | 386 | 8.05 | 34637 | 0.21 | 212175 |
| 云南 | 13.12 | 639 | 133.87 | 402 | 7.09 | 1432 | 0.37 | 316018 |
| 西藏 | 0.44 | 220 | 10.75 | 74 | 0.83 | 1840 | 0.08 | 32959 |
| 陕西 | 11.53 | 741 | 87.02 | 675 | 12.86 | 5115 | 0.46 | 252392 |
| 甘肃 | 4.74 | 635 | 87.13 | 285 | 5.93 | 1024 | 0.35 | 157800 |
| 青海 | 0.49 | 339 | 45.20 | 102 | 2.14 | 615 | 0.16 | 81467 |
| 宁夏 | 1.46 | 133 | 11.55 | 109 | 2.12 | 460 | 0.03 | 77484 |
| 新疆 | 2.34 | 690 | 64.35 | 338 | 7.32 | 1287 | 0.10 | 163381 |

| 财政补贴收入 | | | | 上级补助收入 | 事业收入 | 经营收入 | 附属单位上缴收入 | 其他收入 |
|---|---|---|---|---|---|---|---|---|
| | 免费开放资金 | | 业务活动专项经费 | | | | | |
| | | 中央资金 | | | | | | |
| **7663006** | **612696** | **251557** | **1773079** | **183507** | **88388** | **476** | **877** | **142323** |
| | | | | | | | | |
| 326077 | 12812 | 1020 | 113363 | 2944 | 14250 | | | 7192 |
| 160806 | 8576 | 200 | 26790 | 955 | 112 | | 350 | 779 |
| 230532 | 24364 | 16326 | 38478 | 436 | 1352 | | 51 | 813 |
| 193170 | 18499 | 11879 | 30652 | 1566 | | | | 4303 |
| 227990 | 17583 | 13425 | 38892 | 5902 | 26 | | | 966 |
| | | | | | | | | |
| 191398 | 4573 | 388 | 15201 | 4123 | 20 | 10 | 5 | 1038 |
| 238562 | 12271 | 7656 | 27523 | 1535 | 240 | | | 7152 |
| 231249 | 16800 | 13200 | 25002 | 1874 | 378 | | | 290 |
| | | | | | | | | |
| 409206 | 23071 | 1453 | 127742 | 697 | 16375 | | | 23026 |
| 561510 | 79422 | 1901 | 103920 | 8779 | 3520 | | | 7490 |
| 548937 | 15718 | 186 | 146323 | 10064 | 20162 | | 2 | 16496 |
| 164170 | 15230 | 4785 | 41503 | 8589 | 1986 | | | 4542 |
| 153399 | 9082 | 1430 | 43775 | 15922 | 2491 | | 12 | 1668 |
| 164931 | 8316 | 2137 | 31960 | 9176 | 1926 | 91 | 304 | 2906 |
| 361052 | 40203 | 3140 | 66365 | 4777 | 550 | | | 6418 |
| | | | | | | | | |
| 245248 | 31147 | 17920 | 48406 | 2062 | 2123 | | | 1375 |
| 287567 | 16682 | 5533 | 64774 | 13625 | 7223 | 50 | | 3446 |
| 225457 | 19498 | 10706 | 56644 | 9295 | 1474 | 8 | 93 | 7876 |
| 561303 | 43087 | 4249 | 177412 | 16792 | 5099 | | | 4665 |
| 195221 | 17740 | 13341 | 47779 | 11947 | 1136 | | | 1644 |
| 40600 | 2940 | 950 | 10575 | 3115 | 292 | | | 5543 |
| | | | | | | | | |
| 262029 | 21989 | 14402 | 63985 | 3415 | 42 | | | 5936 |
| 455501 | 44554 | 29720 | 133808 | 8229 | 284 | | | 5566 |
| 194948 | 11147 | 4953 | 95860 | 8568 | 4863 | 25 | 15 | 3756 |
| 304370 | 25489 | 20685 | 45060 | 2943 | 563 | | | 8142 |
| 32399 | 15290 | 12830 | 10637 | 560 | | | | |
| | | | | | | | | |
| 239550 | 22303 | 17720 | 43270 | 9768 | 233 | | | 2841 |
| 150890 | 9930 | 4200 | 21182 | 5080 | 1242 | | | 588 |
| 77026 | 3457 | 610 | 27228 | 3771 | 65 | 100 | 45 | 460 |
| 72353 | 3589 | 1440 | 11704 | 3098 | | | | 2033 |
| 155555 | 17334 | 13172 | 37266 | 3900 | 361 | 192 | | 3373 |

续表 2

| 地区 | 本年支出合计(千元) | 基本支出 | 项目支出 | 经营支出 | 在支出合计中：工资福利支出 | 商品和服务支出 | 差旅费 | 劳务费 |
|---|---|---|---|---|---|---|---|---|
| **总计** | **7915002** | **5512710** | **2041143** | **7584** | **3506942** | **2097662** | **78488** | **300713** |
| 北京 | 364820 | 213820 | 140152 | | 154950 | 118490 | 409 | 11057 |
| 天津 | 156124 | 120444 | 35396 | | 64953 | 41374 | 284 | 5938 |
| 河北 | 230986 | 160406 | 60521 | 50 | 117373 | 34141 | 899 | 3944 |
| 山西 | 174630 | 123244 | 45234 | | 91033 | 26503 | 1212 | 3884 |
| 内蒙古 | 229352 | 188187 | 26884 | 43 | 111543 | 48057 | 2352 | 9690 |
| 辽宁 | 198421 | 169645 | 20636 | 17 | 98167 | 34488 | 1505 | 3822 |
| 吉林 | 250663 | 187984 | 57443 | | 116550 | 34664 | 1490 | 1925 |
| 黑龙江 | 229904 | 191040 | 34880 | 217 | 114826 | 34931 | 2126 | 2955 |
| 上海 | 438822 | 223737 | 163619 | | 140355 | 165734 | 828 | 12088 |
| 江苏 | 519597 | 377811 | 127577 | 345 | 169306 | 197135 | 3757 | 23286 |
| 浙江 | 596339 | 392066 | 185652 | | 273126 | 203875 | 5724 | 45598 |
| 安徽 | 181901 | 137898 | 32325 | 195 | 77677 | 39499 | 1470 | 6345 |
| 福建 | 162612 | 109923 | 48569 | | 69752 | 47859 | 833 | 10774 |
| 江西 | 171276 | 143382 | 20042 | 327 | 96874 | 36267 | 2543 | 4403 |
| 山东 | 362141 | 256138 | 90144 | 10 | 184827 | 71075 | 1397 | 6565 |
| 河南 | 250277 | 212702 | 30899 | 72 | 143310 | 58953 | 1892 | 14518 |
| 湖北 | 312449 | 208536 | 93640 | 65 | 134311 | 67556 | 3162 | 4786 |
| 湖南 | 242180 | 176153 | 58198 | 202 | 114346 | 68976 | 3323 | 8941 |
| 广东 | 581679 | 305182 | 230701 | 4027 | 180137 | 207507 | 2877 | 20894 |
| 广西 | 203881 | 151205 | 46580 | | 108514 | 45488 | 3884 | 5129 |
| 海南 | 49881 | 20054 | 25696 | | 16441 | 21035 | 890 | 3051 |
| 重庆 | 272680 | 176738 | 92290 | | 88608 | 102106 | 8295 | 28183 |
| 四川 | 474638 | 298490 | 169253 | | 200028 | 155006 | 10406 | 29588 |
| 贵州 | 171645 | 124575 | 33160 | 221 | 77137 | 20100 | 4166 | 4094 |
| 云南 | 322335 | 244001 | 65845 | 23 | 184793 | 61203 | 6413 | 10742 |
| 西藏 | 30700 | 26495 | 969 | 16 | 17454 | 1297 | 150 | 52 |
| 陕西 | 261122 | 197836 | 47036 | 208 | 133854 | 72027 | 2849 | 6922 |
| 甘肃 | 153811 | 126448 | 19442 | 101 | 79608 | 23441 | 1100 | 2940 |
| 青海 | 81596 | 63972 | 9249 | 1140 | 34517 | 12825 | 357 | 1335 |
| 宁夏 | 74559 | 53435 | 5508 | | 29287 | 12594 | 532 | 2094 |
| 新疆 | 163981 | 131163 | 23603 | 305 | 83285 | 33456 | 1363 | 5170 |

| 福利费 | 各种税金支出 | 对个人和家庭补助支出 | 抚恤金和生活补助 | 其他资本性支出 | 各种设备购置费 | 资产总计(千元) | 固定资产原值 | 实际使用房屋建筑面积(万平方米) |
|---|---|---|---|---|---|---|---|---|
| **31043** | **13448** | **966034** | **63361** | **450657** | **139616** | **12878819** | **11037208** | **817.54** |
| 1492 | 309 | 35363 | 2006 | 15110 | 5684 | 575762 | 521298 | 14.02 |
| 1078 | 291 | 39524 | 807 | 6672 | 3881 | 182188 | 127969 | 10.01 |
| 270 | 43 | 20834 | 4503 | 14589 | 4016 | 469802 | 447082 | 35.29 |
| 93 | 620 | 16609 | 1252 | 14928 | 2793 | 201989 | 172292 | 29.34 |
| 289 | 37 | 47586 | 1911 | 9953 | 4239 | 173365 | 130099 | 21.10 |
| 87 | 109 | 41140 | 2596 | 7583 | 5329 | 178602 | 148689 | 20.24 |
| 3 | 1 | 58963 | 1240 | 21272 | 6202 | 207936 | 173851 | 14.74 |
| 95 | 3 | 48832 | 1054 | 12489 | 2484 | 231179 | 213412 | 21.60 |
| 3917 | 861 | 14892 | 2023 | 23851 | 15852 | 829108 | 593641 | 18.87 |
| 1402 | 1251 | 89361 | 2354 | 23842 | 10585 | 446535 | 375711 | 93.12 |
| 7858 | 633 | 53317 | 2700 | 23902 | 10990 | 425711 | 305074 | 50.54 |
| 624 | 177 | 36762 | 1216 | 12572 | 4842 | 215244 | 163321 | 21.98 |
| 307 | 140 | 13678 | 1484 | 9000 | 2875 | 215548 | 166889 | 25.80 |
| 1877 | 617 | 16751 | 1758 | 5901 | 818 | 221280 | 176156 | 25.12 |
| 167 |  | 40393 | 1901 | 15496 | 3000 | 1083933 | 1035216 | 44.17 |
| 547 | 307 | 19328 | 2098 | 12597 | 4207 | 373231 | 330922 | 36.57 |
| 1564 | 582 | 42666 | 2483 | 30500 | 3682 | 323206 | 250364 | 30.71 |
| 1322 | 179 | 19398 | 2418 | 13786 | 5001 | 211517 | 173961 | 28.84 |
| 1856 | 1687 | 93279 | 1218 | 26682 | 13083 | 410549 | 301690 | 53.25 |
| 237 | 201 | 18629 | 3085 | 6923 | 3441 | 209830 | 180925 | 21.22 |
|  | 17 | 2812 | 185 | 3693 | 492 | 47156 | 32166 | 3.14 |
| 888 | 4775 | 40760 | 2687 | 14908 | 1999 | 489369 | 328292 | 24.64 |
| 1279 | 228 | 34717 | 4444 | 20654 | 5165 | 761682 | 634961 | 46.02 |
| 964 | 136 | 17332 | 427 | 26630 | 1897 | 487811 | 407593 | 20.72 |
| 1257 | 39 | 30785 | 5377 | 14717 | 2701 | 363344 | 266139 | 25.33 |
|  | 20 | 164 | 14 | 5789 | 2442 | 2772654 | 2742090 | 9.37 |
| 1025 | 24 | 19383 | 2782 | 12642 | 6468 | 245093 | 173119 | 20.92 |
| 217 | 43 | 24611 | 1643 | 8182 | 2341 | 155504 | 128412 | 15.48 |
| 123 | 70 | 3969 | 1513 | 8064 | 1696 | 111794 | 105627 | 5.39 |
| 10 |  | 6159 | 1926 | 15641 | 352 | 56392 | 48236 | 6.70 |
| 195 | 48 | 18037 | 2256 | 12089 | 1059 | 201505 | 182011 | 23.35 |

续表 3

| 地区 | | | 流动舞台车演出情况 | | | 志愿者服务队伍数(个) |
|---|---|---|---|---|---|---|
| | 业务用房面积 | 实际拥有产权面积(万平方米) | 流动舞台车数量(辆) | 利用流动舞台车演出场次(场次) | 利用流动舞台车演出观众人次(万人次) | |
| **总计** | **549.48** | **407.66** | **1157** | **28014** | **1501.92** | **25398** |
| 北京 | 7.78 | 4.69 | 12 | 280 | 15.23 | 519 |
| 天津 | 6.43 | 0.85 | 4 | 132 | 12.38 | 321 |
| 河北 | 22.76 | 21.21 | 71 | 1675 | 69.39 | 940 |
| 山西 | 20.22 | 29.25 | 118 | 1727 | 78.10 | 1195 |
| 内蒙古 | 14.10 | 8.97 | 39 | 1149 | 54.48 | 437 |
| 辽宁 | 13.34 | 7.92 | 12 | 365 | 26.32 | 1077 |
| 吉林 | 7.37 | 6.02 | 25 | 644 | 40.62 | 494 |
| 黑龙江 | 14.17 | 6.96 | 49 | 1274 | 72.16 | 896 |
| 上海 | 12.86 | 8.76 | 4 | 53 | 3.95 | 159 |
| 江苏 | 73.93 | 33.60 | 38 | 1299 | 97.69 | 935 |
| 浙江 | 33.07 | 20.78 | 27 | 1148 | 70.94 | 3508 |
| 安徽 | 16.66 | 13.10 | 39 | 2135 | 83.95 | 924 |
| 福建 | 19.21 | 15.05 | 13 | 166 | 8.85 | 429 |
| 江西 | 16.35 | 14.23 | 25 | 670 | 25.72 | 410 |
| 山东 | 32.42 | 16.02 | 46 | 2911 | 118.19 | 697 |
| 河南 | 23.37 | 16.97 | 53 | 1852 | 94.04 | 1000 |
| 湖北 | 18.16 | 18.64 | 30 | 723 | 43.90 | 1284 |
| 湖南 | 17.28 | 22.99 | 59 | 2161 | 109.08 | 632 |
| 广东 | 32.08 | 20.24 | 24 | 342 | 23.31 | 603 |
| 广西 | 12.71 | 10.44 | 32 | 308 | 23.52 | 5084 |
| 海南 | 1.87 | 1.60 | 6 | 240 | 3.05 | 48 |
| 重庆 | 17.51 | 14.63 | 30 | 878 | 66.31 | 803 |
| 四川 | 33.56 | 21.18 | 117 | 2248 | 124.63 | 578 |
| 贵州 | 12.89 | 11.84 | 42 | 536 | 50.02 | 534 |
| 云南 | 16.13 | 15.61 | 58 | 708 | 64.41 | 586 |
| 西藏 | 6.34 | 4.40 | 33 | 291 | 14.62 | 41 |
| 陕西 | 14.94 | 15.56 | 43 | 785 | 49.61 | 333 |
| 甘肃 | 10.33 | 10.49 | 39 | 318 | 23.03 | 198 |
| 青海 | 3.56 | 3.40 | 23 | 296 | 7.46 | 94 |
| 宁夏 | 5.22 | 1.98 | 10 | 306 | 13.25 | 101 |
| 新疆 | 12.88 | 10.32 | 36 | 394 | 13.74 | 538 |

| 志愿者服务队伍人数（人） | 由本馆指导的单位 馆办文艺团体（个） | 演出场次（场） | 观众人次（万人次） | 馆办老年大学（个） | 群众业余文艺团队（个） | 群众业余团队人数（人） |
|---|---|---|---|---|---|---|
| **703508** | **6881** | **139347** | **7112.73** | **744** | **80912** | **3040712** |
| 26544 | 123 | 1372 | 39.23 | 5 | 346 | 16678 |
| 10817 | 68 | 1326 | 60.28 | 2 | 847 | 20701 |
| 44589 | 283 | 4058 | 164.26 | 29 | 4126 | 145533 |
| 15354 | 214 | 2910 | 136.73 | 27 | 1602 | 53419 |
| 18251 | 201 | 2501 | 153.62 | 30 | 2153 | 98388 |
| 43049 | 269 | 4382 | 131.08 | 22 | 2737 | 111039 |
| 11324 | 160 | 1177 | 83.62 | 17 | 1039 | 70329 |
| 47656 | 276 | 3352 | 150.02 | 30 | 2042 | 104625 |
| 7333 | 85 | 778 | 19.24 | 3 | 418 | 20599 |
| 32525 | 367 | 6683 | 249.91 | 42 | 4964 | 176641 |
| 82819 | 320 | 5241 | 309.94 | 18 | 8185 | 297827 |
| 22553 | 313 | 4396 | 705.65 | 13 | 2027 | 60072 |
| 10089 | 176 | 1686 | 107.21 | 24 | 821 | 47566 |
| 14166 | 279 | 4664 | 284.19 | 39 | 1640 | 39695 |
| 36067 | 405 | 12158 | 658.55 | 54 | 5854 | 230518 |
| 32894 | 428 | 27593 | 248.66 | 36 | 4138 | 98666 |
| 48952 | 314 | 5212 | 335.12 | 28 | 4061 | 133721 |
| 22194 | 236 | 4980 | 277.69 | 45 | 3849 | 135441 |
| 35026 | 304 | 4693 | 434.91 | 32 | 2353 | 69678 |
| 38539 | 351 | 7011 | 589.08 | 30 | 5732 | 272823 |
| 1970 | 34 | 289 | 76.87 | 1 | 546 | 14158 |
| 11375 | 135 | 3558 | 165.53 | 28 | 908 | 39868 |
| 30562 | 236 | 4572 | 341.89 | 37 | 3364 | 138152 |
| 19223 | 300 | 3747 | 378.58 | 42 | 2260 | 57969 |
| 11151 | 348 | 5079 | 270.16 | 40 | 8333 | 332852 |
| 831 | 16 | 914 | 76.00 |  | 424 | 6110 |
| 8562 | 257 | 4943 | 220.46 | 27 | 2646 | 105630 |
| 3984 | 162 | 3005 | 136.44 | 16 | 1473 | 77595 |
| 2454 | 54 | 2785 | 60.93 | 1 | 454 | 17292 |
| 3025 | 22 | 1223 | 121.35 | 1 | 646 | 15952 |
| 9630 | 145 | 3059 | 125.54 | 25 | 924 | 31175 |

# 2017年各地区

| 地区 | 机构数（个） | 从业人员（人） | 专职人员 | 在编人员 | 专业技术人员 | 提供文化服务次数（次） |
|---|---|---|---|---|---|---|
| **总计** | **41193** | **125591** | **76075** | **78833** | **33224** | **1426757** |
| 北京 | 330 | 1869 | 1208 | 981 | 148 | 61453 |
| 天津 | 239 | 849 | 598 | 315 | 102 | 21129 |
| 河北 | 2251 | 5034 | 2523 | 2970 | 722 | 48717 |
| 山西 | 1409 | 2714 | 1608 | 989 | 505 | 27339 |
| 内蒙古 | 1111 | 2962 | 1729 | 1928 | 961 | 21019 |
| 辽宁 | 1460 | 3231 | 1853 | 2202 | 706 | 40042 |
| 吉林 | 901 | 2073 | 1471 | 1575 | 700 | 16697 |
| 黑龙江 | 1487 | 3363 | 1782 | 1369 | 636 | 26347 |
| 上海 | 213 | 3971 | 2609 | 1402 | 432 | 100152 |
| 江苏 | 1279 | 5122 | 3476 | 3027 | 1425 | 80315 |
| 浙江 | 1371 | 5284 | 3548 | 2899 | 2098 | 126238 |
| 安徽 | 1438 | 4610 | 3324 | 3545 | 2122 | 55601 |
| 福建 | 1126 | 3096 | 1757 | 1616 | 757 | 28016 |
| 江西 | 1755 | 4252 | 2227 | 2431 | 728 | 25617 |
| 山东 | 1815 | 5334 | 3578 | 3562 | 1791 | 106073 |
| 河南 | 2398 | 7585 | 4443 | 5821 | 976 | 68026 |
| 湖北 | 1281 | 2848 | 2015 | 1377 | 995 | 44685 |
| 湖南 | 2430 | 6434 | 4158 | 4716 | 1388 | 40893 |
| 广东 | 1610 | 9557 | 5870 | 4274 | 1982 | 89826 |
| 广西 | 1174 | 3076 | 2005 | 2649 | 1052 | 31740 |
| 海南 | 220 | 517 | 292 | 336 | 96 | 3720 |
| 重庆 | 1025 | 4564 | 3191 | 3859 | 1067 | 45927 |
| 四川 | 4578 | 8320 | 4270 | 4565 | 1617 | 97231 |
| 贵州 | 1595 | 5045 | 2761 | 3913 | 1575 | 27078 |
| 云南 | 1444 | 4950 | 3679 | 4247 | 3360 | 42430 |
| 西藏 | 692 | 4616 | 1878 | 3126 | 1905 | 9195 |
| 陕西 | 1413 | 4612 | 2598 | 3126 | 1041 | 32822 |
| 甘肃 | 1360 | 4897 | 2824 | 2817 | 731 | 24959 |
| 青海 | 360 | 509 | 174 | 165 | 90 | 5517 |
| 宁夏 | 245 | 751 | 479 | 501 | 212 | 9513 |
| 新疆 | 1183 | 3546 | 2147 | 2530 | 1304 | 68440 |

# 文化站基本情况

| 文化服务惠及人次(万人次) | 组织文艺活动次数(次) | 参加人次(万人次) | 举办训练班班次(次) | 培训人次(万人次) | 对业余文化队伍开展培训人次 | 举办展览个数(个) | 参观人次(万人次) |
|---|---|---|---|---|---|---|---|
| **35781.53** | **861875** | **26507.21** | **438658** | **3015.11** | **1167.52** | **126224** | **6259.22** |
| 697.95 | 29652 | 492.79 | 30094 | 144.45 | 78.78 | 1707 | 60.71 |
| 239.86 | 13391 | 182.63 | 6832 | 34.17 | 12.03 | 906 | 23.06 |
| 747.48 | 32758 | 552.17 | 11700 | 81.40 | 29.17 | 4259 | 113.90 |
| 551.76 | 17266 | 391.37 | 7356 | 53.88 | 19.58 | 2717 | 106.52 |
| 403.47 | 14163 | 308.17 | 4868 | 30.67 | 9.87 | 1988 | 64.62 |
| 691.53 | 24536 | 539.18 | 13353 | 90.78 | 41.68 | 2153 | 61.57 |
| 284.65 | 11411 | 221.08 | 3984 | 29.22 | 15.13 | 1302 | 34.35 |
| 400.37 | 17330 | 294.61 | 6580 | 44.64 | 11.62 | 2437 | 61.13 |
| 1782.78 | 47825 | 1068.45 | 49405 | 295.93 | 143.83 | 2922 | 418.40 |
| 2136.32 | 52329 | 1568.30 | 20655 | 161.54 | 53.25 | 7331 | 406.47 |
| 6505.97 | 72004 | 5481.71 | 43503 | 302.25 | 146.59 | 10731 | 722.01 |
| 1222.09 | 33705 | 880.94 | 16292 | 135.63 | 33.15 | 5604 | 205.52 |
| 573.39 | 14953 | 380.93 | 9846 | 56.54 | 14.58 | 3217 | 135.92 |
| 526.76 | 15185 | 369.42 | 7189 | 43.15 | 9.04 | 3243 | 114.19 |
| 2293.15 | 71837 | 1675.87 | 25364 | 216.18 | 87.23 | 8872 | 401.11 |
| 1514.25 | 42615 | 1075.73 | 17261 | 131.97 | 38.50 | 8150 | 306.54 |
| 1290.57 | 28160 | 983.41 | 11832 | 97.77 | 35.67 | 4693 | 209.39 |
| 1105.58 | 23370 | 732.61 | 12872 | 86.02 | 27.49 | 4651 | 286.95 |
| 3218.31 | 43620 | 2206.31 | 39055 | 294.71 | 128.57 | 7151 | 717.30 |
| 854.88 | 22443 | 690.48 | 6631 | 41.01 | 14.44 | 2666 | 123.40 |
| 93.78 | 2241 | 73.37 | 1157 | 6.70 | 2.09 | 322 | 13.71 |
| 1179.06 | 24987 | 766.35 | 15298 | 116.32 | 41.38 | 5642 | 296.39 |
| 2279.35 | 58837 | 1680.24 | 27813 | 147.23 | 57.13 | 10581 | 451.88 |
| 872.38 | 16821 | 655.38 | 7275 | 45.74 | 15.58 | 2982 | 171.27 |
| 1249.83 | 25870 | 913.62 | 11959 | 108.83 | 42.82 | 4601 | 227.37 |
| 146.46 | 5839 | 112.08 | 2118 | 9.74 | 1.29 | 1238 | 24.64 |
| 861.99 | 19850 | 645.40 | 8576 | 68.71 | 20.04 | 4396 | 147.88 |
| 534.30 | 14035 | 346.27 | 7198 | 56.50 | 16.44 | 3726 | 131.52 |
| 84.59 | 3405 | 65.55 | 1265 | 6.92 | 0.85 | 847 | 12.13 |
| 194.12 | 7235 | 160.88 | 1764 | 11.35 | 3.60 | 514 | 21.90 |
| 1244.61 | 54202 | 991.94 | 9563 | 65.20 | 16.11 | 4675 | 187.48 |

续表 1

| 地区 | 藏书（万册） | 计算机（台） | 本单位受训人次（万人次） | 本年收入合计（千元） | 财政补贴收入 | 免费开放资金 |
|---|---|---|---|---|---|---|
| **总计** | **27951.55** | **330478** | **140.29** | **13241312** | **12448294** | **1988117** |
| 北京 | 584.36 | 4009 | 4.85 | 427621 | 396196 | 41955 |
| 天津 | 178.54 | 2783 | 1.96 | 74565 | 72244 | 9696 |
| 河北 | 942.23 | 9310 | 2.96 | 232799 | 228417 | 72795 |
| 山西 | 552.07 | 11620 | 2.02 | 99413 | 99260 | 51542 |
| 内蒙古 | 358.96 | 6399 | 1.09 | 191239 | 186260 | 34317 |
| 辽宁 | 929.09 | 8223 | 3.77 | 142301 | 137531 | 19235 |
| 吉林 | 360.41 | 4672 | 0.40 | 152402 | 148602 | 36327 |
| 黑龙江 | 527.61 | 7194 | 0.43 | 125019 | 123480 | 43387 |
| 上海 | 1003.09 | 4634 | 3.68 | 1136758 | 1038857 | 66093 |
| 江苏 | 3173.29 | 14338 | 3.01 | 1043693 | 1018995 | 65756 |
| 浙江 | 2410.92 | 16813 | 15.21 | 1500280 | 1363974 | 121511 |
| 安徽 | 605.51 | 16715 | 4.51 | 399539 | 371800 | 100969 |
| 福建 | 584.55 | 7812 | 3.96 | 238350 | 221504 | 18866 |
| 江西 | 763.04 | 9383 | 1.62 | 262287 | 248833 | 77682 |
| 山东 | 2126.88 | 22619 | 7.10 | 429344 | 404288 | 35653 |
| 河南 | 812.38 | 15552 | 3.61 | 329821 | 324341 | 108353 |
| 湖北 | 884.76 | 9844 | 2.44 | 350637 | 327440 | 47727 |
| 湖南 | 1476.16 | 13750 | 26.97 | 384735 | 359089 | 97097 |
| 广东 | 2903.66 | 19201 | 33.05 | 1817414 | 1709677 | 133138 |
| 广西 | 748.08 | 10411 | 1.44 | 213438 | 190122 | 55432 |
| 海南 | 96.01 | 1906 | 0.68 | 100050 | 97205 | 65252 |
| 重庆 | 638.39 | 11976 | 1.09 | 493207 | 474875 | 58807 |
| 四川 | 1734.78 | 37583 | 0.78 | 763327 | 735525 | 242542 |
| 贵州 | 917.26 | 13826 | 3.65 | 549450 | 493275 | 46300 |
| 云南 | 642.10 | 15654 | 2.37 | 533575 | 505139 | 74342 |
| 西藏 | 122.08 | 3607 | 0.49 | 334928 | 305813 | 33729 |
| 陕西 | 459.84 | 9330 | 1.94 | 272082 | 250791 | 70267 |
| 甘肃 | 453.10 | 9539 | 2.68 | 288009 | 276282 | 85049 |
| 青海 | 77.73 | 1931 | 0.14 | 24704 | 23801 | 3334 |
| 宁夏 | 122.97 | 2811 | 1.42 | 50261 | 43006 | 7413 |
| 新疆 | 761.73 | 7033 | 0.98 | 280064 | 271672 | 63551 |

| 中央资金 | 业务活动专项经费 | 本年支出合计(千元) | 基本支出 | 项目支出 | 工资福利支出 | 资产总计(千元) |
|---|---|---|---|---|---|---|
| **1011734** | **4523118** | **13722033** | **8093116** | **4588293** | **5947678** | **45650710** |
| 1068 | 167001 | 376603 | 101525 | 174132 | 43211 | 678263 |
| 1005 | 32276 | 62762 | 37054 | 19121 | 16737 | 341829 |
| 54672 | 77333 | 226976 | 143724 | 65289 | 131817 | 816947 |
| 35350 | 55909 | 99694 | 67588 | 28786 | 50745 | 696808 |
| 28738 | 51999 | 186332 | 166269 | 14260 | 114576 | 1166722 |
| 3024 | 46340 | 225758 | 114754 | 51914 | 130830 | 1272630 |
| 23159 | 39100 | 151922 | 99464 | 48990 | 90198 | 334341 |
| 35955 | 46382 | 123608 | 79895 | 39152 | 73437 | 1079170 |
| 13238 | 485327 | 1083049 | 521112 | 498576 | 256739 | 3049832 |
| 11997 | 368351 | 956504 | 516544 | 408459 | 319182 | 3555744 |
| 19558 | 613845 | 1510392 | 697565 | 741621 | 308243 | 4338947 |
| 56505 | 92152 | 359401 | 236351 | 95058 | 159541 | 1290025 |
| 2960 | 82867 | 240190 | 134501 | 91547 | 79394 | 1134518 |
| 11155 | 49723 | 190588 | 136124 | 36836 | 81850 | 1893129 |
| 7152 | 146952 | 425979 | 276692 | 114621 | 183429 | 1947541 |
| 58011 | 106078 | 329901 | 263657 | 54152 | 208643 | 965761 |
| 17644 | 124805 | 345050 | 169655 | 153667 | 115345 | 1002185 |
| 52780 | 115691 | 399671 | 275837 | 100193 | 197456 | 1405724 |
| 30257 | 794825 | 1812445 | 775051 | 933933 | 537506 | 6567068 |
| 42769 | 30984 | 205239 | 163344 | 29105 | 123200 | 600546 |
| 2592 | 13967 | 34955 | 20892 | 9503 | 16883 | 99487 |
| 39031 | 98964 | 503395 | 340625 | 128684 | 245071 | 1210671 |
| 183297 | 357408 | 749445 | 361478 | 358780 | 243388 | 2598037 |
| 27304 | 114727 | 1358857 | 1102647 | 96557 | 1151683 | 2426785 |
| 56549 | 118791 | 528315 | 362621 | 135139 | 327631 | 1197140 |
| 27560 | 48737 | 314673 | 240446 | 4436 | 247264 | 744897 |
| 55700 | 75409 | 281397 | 213813 | 41042 | 166993 | 1044307 |
| 56940 | 69594 | 278912 | 200374 | 60994 | 146830 | 876724 |
| 472 | 12618 | 23998 | 18996 | 2640 | 12377 | 141628 |
| 3251 | 14892 | 54021 | 34616 | 12213 | 28104 | 242722 |
| 52041 | 70071 | 282001 | 219902 | 38893 | 139375 | 930582 |

续表 2

| 地区 | 固定资产原值 | 实际使用房屋建筑面积(万平方米) | 文化活动用房面积 | 实际拥有产权面积(万平方米) | 本站指导群众业余文艺团队(支) | 志愿者服务队伍个数(个) |
|---|---|---|---|---|---|---|
| **总计** | **38021316** | **3056.78** | **2273.92** | **1823.69** | **326334** | **264891** |
| 北京 | 505476 | 71.98 | 44.76 | 22.74 | 9109 | 5756 |
| 天津 | 301885 | 27.21 | 19.69 | 12.08 | 3252 | 2557 |
| 河北 | 752143 | 84.82 | 67.26 | 56.79 | 19492 | 15344 |
| 山西 | 650051 | 69.15 | 53.74 | 55.31 | 8852 | 6161 |
| 内蒙古 | 1135770 | 53.29 | 41.00 | 26.51 | 5148 | 2759 |
| 辽宁 | 1083922 | 89.70 | 54.25 | 30.84 | 9866 | 8565 |
| 吉林 | 311273 | 34.18 | 23.58 | 21.61 | 4951 | 3786 |
| 黑龙江 | 1051646 | 63.99 | 42.57 | 25.30 | 5679 | 4116 |
| 上海 | 2477379 | 121.36 | 89.16 | 72.49 | 5906 | 4835 |
| 江苏 | 3009351 | 297.35 | 226.26 | 144.21 | 14210 | 11702 |
| 浙江 | 3573180 | 355.98 | 277.70 | 198.38 | 27389 | 23931 |
| 安徽 | 963069 | 79.41 | 66.71 | 74.33 | 8987 | 7637 |
| 福建 | 927984 | 99.76 | 77.66 | 65.11 | 7595 | 6655 |
| 江西 | 760557 | 77.25 | 57.60 | 49.00 | 7639 | 6834 |
| 山东 | 1708950 | 208.91 | 140.71 | 87.76 | 25968 | 20830 |
| 河南 | 927532 | 95.89 | 72.23 | 69.77 | 20544 | 15457 |
| 湖北 | 901610 | 107.39 | 77.50 | 72.07 | 14672 | 12245 |
| 湖南 | 1276045 | 116.78 | 89.53 | 88.09 | 16563 | 13341 |
| 广东 | 5758005 | 326.83 | 249.66 | 148.32 | 11933 | 8797 |
| 广西 | 563516 | 51.52 | 39.56 | 36.50 | 11128 | 8401 |
| 海南 | 88787 | 7.37 | 5.87 | 5.73 | 1855 | 1073 |
| 重庆 | 1080232 | 67.95 | 50.53 | 56.36 | 7558 | 14677 |
| 四川 | 2443289 | 168.57 | 131.68 | 119.40 | 20584 | 15442 |
| 贵州 | 1241290 | 61.62 | 44.68 | 44.75 | 9584 | 8068 |
| 云南 | 1002597 | 72.14 | 53.52 | 73.43 | 20318 | 10126 |
| 西藏 | 674572 | 24.86 | 21.33 | 11.29 | 1281 | 1117 |
| 陕西 | 920959 | 63.43 | 46.85 | 48.64 | 10304 | 8317 |
| 甘肃 | 761949 | 55.68 | 40.86 | 39.38 | 8349 | 7463 |
| 青海 | 128735 | 10.09 | 9.38 | 6.72 | 996 | 907 |
| 宁夏 | 230319 | 14.26 | 9.24 | 8.56 | 1508 | 1532 |
| 新疆 | 809243 | 78.07 | 48.89 | 52.24 | 5114 | 6460 |

| 志愿者服务队伍人数(人) | 辖区内社区综合文化服务中心 | 社区综合文化服务中心面积 | 室内面积 | 辖区内村综合文化服务中心 | 村综合文化服务中心面积 | 室内面积 |
|---|---|---|---|---|---|---|
| **4248740** | **203241** | **9393.56** | **1989.07** | **634287** | **26073.89** | **5237.49** |
| | | | | | | |
| 136883 | 3032 | 197.80 | 71.56 | 3725 | 321.44 | 105.91 |
| 511835 | 5508 | 58.92 | 25.05 | 3347 | 104.23 | 22.46 |
| 183139 | 4185 | 148.77 | 35.72 | 42292 | 1551.64 | 247.77 |
| 67613 | 2399 | 93.89 | 15.84 | 27639 | 820.85 | 108.57 |
| 31432 | 2376 | 171.33 | 54.68 | 12056 | 665.55 | 117.04 |
| | | | | | | |
| 95499 | 19978 | 493.79 | 57.10 | 34192 | 1132.93 | 80.71 |
| 64137 | 7868 | 153.82 | 40.93 | 9940 | 704.52 | 68.44 |
| 66122 | 2370 | 173.81 | 24.14 | 8589 | 712.06 | 55.19 |
| | | | | | | |
| 157449 | 3630 | 180.58 | 90.22 | 2753 | 134.37 | 66.01 |
| 347288 | 3332 | 731.57 | 289.83 | 6605 | 895.64 | 392.46 |
| 341625 | 16428 | 1117.86 | 209.76 | 34234 | 2604.81 | 763.19 |
| 81591 | 4749 | 210.49 | 35.19 | 14992 | 448.40 | 67.37 |
| 127563 | 7213 | 184.49 | 43.61 | 14615 | 482.23 | 101.44 |
| 75077 | 7714 | 154.37 | 20.88 | 52421 | 408.85 | 77.78 |
| 285480 | 22147 | 1043.29 | 273.38 | 64769 | 3495.67 | 796.04 |
| | | | | | | |
| 218774 | 7047 | 277.95 | 57.74 | 39313 | 1462.86 | 254.26 |
| 189061 | 9609 | 340.88 | 66.03 | 22695 | 1038.41 | 185.32 |
| 127157 | 18103 | 899.18 | 85.01 | 37722 | 2150.77 | 280.67 |
| 191477 | 12693 | 1150.17 | 198.33 | 28889 | 1754.40 | 468.25 |
| 54852 | 2471 | 151.33 | 30.60 | 14318 | 995.07 | 193.44 |
| 7745 | 749 | 16.46 | 3.71 | 3326 | 105.29 | 13.13 |
| | | | | | | |
| 268206 | 4608 | 295.32 | 36.82 | 13734 | 266.40 | 54.79 |
| 165041 | 6875 | 354.12 | 71.88 | 40059 | 851.26 | 235.83 |
| 72274 | 8485 | 149.50 | 23.39 | 14971 | 386.16 | 54.18 |
| 100918 | 3292 | 156.59 | 35.91 | 12552 | 487.94 | 93.74 |
| 4129 | 2843 | 4.89 | 1.21 | 4410 | 19.07 | 3.92 |
| | | | | | | |
| 94160 | 5438 | 211.93 | 33.78 | 25360 | 848.81 | 157.12 |
| 98040 | 3276 | 105.95 | 18.32 | 30360 | 632.85 | 57.57 |
| 3366 | 1168 | 10.13 | 2.75 | 2546 | 72.27 | 13.48 |
| 30738 | 878 | 58.69 | 10.53 | 2863 | 213.17 | 20.23 |
| 50069 | 2777 | 95.71 | 25.19 | 9000 | 305.99 | 81.23 |

# 2017年各地区乡镇

| 地区 | 机构数（个） | 从业人员（人） | 专职人员 | 在编人员 | 专业技术人员 | 提供文化服务次数（次） |
|---|---|---|---|---|---|---|
| **总计** | **33997** | **100216** | **61083** | **66265** | **28662** | **957109** |
| 北京 | 182 | 974 | 668 | 511 | 94 | 24380 |
| 天津 | 132 | 362 | 220 | 211 | 81 | 8225 |
| 河北 | 1988 | 4429 | 2244 | 2611 | 662 | 38683 |
| 山西 | 1196 | 2180 | 1449 | 801 | 448 | 20456 |
| 内蒙古 | 897 | 2457 | 1457 | 1625 | 819 | 14594 |
| 辽宁 | 950 | 2029 | 1222 | 1514 | 573 | 14189 |
| 吉林 | 626 | 1565 | 1146 | 1281 | 629 | 10825 |
| 黑龙江 | 900 | 1601 | 1118 | 1011 | 519 | 14022 |
| 上海 | 108 | 2424 | 1533 | 988 | 248 | 47624 |
| 江苏 | 910 | 3613 | 2464 | 2407 | 1165 | 47008 |
| 浙江 | 964 | 3540 | 2384 | 2016 | 1504 | 71628 |
| 安徽 | 1285 | 4193 | 3056 | 3302 | 1992 | 49057 |
| 福建 | 963 | 2604 | 1456 | 1365 | 660 | 20868 |
| 江西 | 1622 | 3853 | 2031 | 2233 | 677 | 22045 |
| 山东 | 1212 | 3503 | 2337 | 2388 | 1216 | 65424 |
| 河南 | 1904 | 6318 | 3737 | 5005 | 835 | 54320 |
| 湖北 | 1030 | 2258 | 1625 | 1087 | 838 | 30804 |
| 湖南 | 2108 | 5494 | 3631 | 4160 | 1255 | 32216 |
| 广东 | 1175 | 6598 | 3858 | 3082 | 1351 | 44051 |
| 广西 | 1127 | 2886 | 1924 | 2546 | 1033 | 29487 |
| 海南 | 199 | 488 | 276 | 327 | 93 | 3265 |
| 重庆 | 817 | 3381 | 2478 | 2927 | 867 | 30495 |
| 四川 | 4267 | 7459 | 3710 | 4206 | 1457 | 79259 |
| 贵州 | 1404 | 4489 | 2504 | 3610 | 1504 | 23580 |
| 云南 | 1302 | 4352 | 3303 | 3815 | 3065 | 34426 |
| 西藏 | 684 | 4592 | 1872 | 3107 | 1902 | 9166 |
| 陕西 | 1237 | 3919 | 2254 | 2636 | 910 | 26355 |
| 甘肃 | 1229 | 4344 | 2631 | 2500 | 708 | 21548 |
| 青海 | 360 | 509 | 174 | 165 | 90 | 5517 |
| 宁夏 | 200 | 651 | 420 | 467 | 207 | 6620 |
| 新疆 | 1019 | 3151 | 1901 | 2361 | 1260 | 56972 |

# 文化站基本情况

| 文化服务惠及人次(万人次) | 组织文艺活动次数(次) | 参加人次(万人次) | 举办训练班班次(次) | 培训人次(万人次) | 对业余文化队伍开展培训人次 | 举办展览个数(个) | 参观人次(万人次) |
|---|---|---|---|---|---|---|---|
| **26974.41** | **595553** | **20176.95** | **264112** | **1950.25** | **719.00** | **97444** | **4847.21** |
| 328.41 | 15221 | 260.79 | 8428 | 47.37 | 20.63 | 731 | 20.25 |
| 131.86 | 5419 | 99.64 | 2502 | 19.03 | 6.76 | 304 | 13.20 |
| 627.32 | 25990 | 458.14 | 9156 | 69.58 | 24.76 | 3537 | 99.60 |
| 468.17 | 12700 | 328.67 | 5420 | 43.53 | 17.12 | 2336 | 95.97 |
| 309.95 | 9742 | 232.05 | 3341 | 23.89 | 7.34 | 1511 | 54.00 |
| 334.21 | 9671 | 274.10 | 3616 | 28.97 | 7.84 | 902 | 31.15 |
| 203.42 | 7378 | 155.98 | 2600 | 19.52 | 8.99 | 847 | 27.93 |
| 257.97 | 9191 | 189.44 | 3396 | 26.72 | 7.13 | 1435 | 41.81 |
| 895.85 | 21473 | 573.76 | 24573 | 124.54 | 69.23 | 1578 | 197.55 |
| 1364.20 | 30715 | 964.09 | 11426 | 99.65 | 31.13 | 4867 | 300.47 |
| 4921.07 | 41371 | 4233.94 | 23355 | 181.15 | 84.39 | 6902 | 505.98 |
| 1129.30 | 30005 | 813.27 | 13957 | 121.97 | 27.99 | 5095 | 194.06 |
| 465.39 | 11583 | 310.95 | 6544 | 32.99 | 9.24 | 2741 | 121.45 |
| 463.78 | 12914 | 324.49 | 6231 | 35.63 | 7.61 | 2900 | 103.66 |
| 1538.15 | 45779 | 1142.70 | 14151 | 129.28 | 57.17 | 5494 | 266.16 |
| 1279.29 | 34427 | 916.34 | 13212 | 106.93 | 31.18 | 6681 | 256.03 |
| 945.72 | 18588 | 688.96 | 8404 | 72.75 | 26.62 | 3812 | 184.00 |
| 957.12 | 18098 | 627.30 | 10209 | 68.86 | 21.79 | 3909 | 260.97 |
| 2125.57 | 24765 | 1512.75 | 14648 | 145.46 | 74.05 | 4638 | 467.36 |
| 817.09 | 20695 | 656.58 | 6239 | 39.13 | 13.85 | 2553 | 121.38 |
| 90.03 | 1996 | 70.35 | 967 | 6.18 | 1.91 | 302 | 13.50 |
| 826.26 | 17333 | 540.31 | 8728 | 76.23 | 22.69 | 4434 | 209.73 |
| 1924.88 | 48379 | 1409.53 | 21400 | 107.21 | 37.52 | 9480 | 408.14 |
| 797.28 | 14682 | 597.02 | 6215 | 40.33 | 13.40 | 2683 | 159.93 |
| 1076.05 | 21266 | 783.62 | 9243 | 91.00 | 37.38 | 3917 | 201.43 |
| 146.19 | 5812 | 111.83 | 2116 | 9.72 | 1.29 | 1238 | 24.64 |
| 724.91 | 15400 | 535.56 | 7136 | 59.12 | 16.48 | 3819 | 130.23 |
| 490.41 | 11829 | 311.97 | 6336 | 52.59 | 15.16 | 3383 | 125.85 |
| 84.59 | 3405 | 65.55 | 1265 | 6.92 | 0.85 | 847 | 12.13 |
| 143.71 | 4775 | 114.57 | 1409 | 9.65 | 3.28 | 436 | 19.49 |
| 1106.31 | 44951 | 872.73 | 7889 | 54.38 | 14.24 | 4132 | 179.21 |

续表 1

| 地区 | 藏书(万册) | 计算机(台) | 本单位受训人次(万人次) | 本年收入合计(千元) | 财政补贴收入 | 免费开放资金 |
|---|---|---|---|---|---|---|
| **总计** | **21160.69** | **263540** | **82.79** | **10024530** | **9430389** | **1658913** |
| 北京 | 316.54 | 2126 | 3.30 | 291932 | 276044 | 23791 |
| 天津 | 121.65 | 1362 | 0.45 | 42298 | 41412 | 5591 |
| 河北 | 852.35 | 7687 | 2.36 | 210580 | 207423 | 66664 |
| 山西 | 438.91 | 9689 | 1.80 | 84686 | 84613 | 44177 |
| 内蒙古 | 280.58 | 4940 | 0.74 | 162543 | 157683 | 28750 |
| 辽宁 | 507.76 | 5637 | 1.00 | 76640 | 74494 | 6414 |
| 吉林 | 273.23 | 3237 | 0.29 | 116535 | 114384 | 25657 |
| 黑龙江 | 396.21 | 4574 | 0.25 | 77877 | 76677 | 28407 |
| 上海 | 552.01 | 2532 | 1.33 | 836541 | 767391 | 47289 |
| 江苏 | 2254.20 | 9361 | 1.56 | 784288 | 766250 | 46583 |
| 浙江 | 1632.02 | 11079 | 7.43 | 953581 | 862193 | 92730 |
| 安徽 | 524.73 | 15220 | 4.20 | 374354 | 348514 | 95633 |
| 福建 | 471.64 | 6124 | 2.78 | 166308 | 151921 | 15523 |
| 江西 | 655.83 | 8466 | 1.31 | 192135 | 181600 | 75800 |
| 山东 | 1447.02 | 14375 | 4.23 | 259407 | 244379 | 22426 |
| 河南 | 634.51 | 12164 | 2.77 | 276784 | 274229 | 87467 |
| 湖北 | 725.03 | 7731 | 1.29 | 280302 | 263032 | 35817 |
| 湖南 | 1291.25 | 11217 | 25.92 | 327801 | 305449 | 85546 |
| 广东 | 1853.97 | 13360 | 4.97 | 1192615 | 1125374 | 96518 |
| 广西 | 699.16 | 10041 | 1.31 | 205911 | 183189 | 53550 |
| 海南 | 88.25 | 1757 | 0.57 | 98204 | 95364 | 65074 |
| 重庆 | 465.48 | 9364 | 0.77 | 338880 | 326270 | 44424 |
| 四川 | 1533.91 | 34262 | 0.68 | 615607 | 595697 | 217565 |
| 贵州 | 830.14 | 12314 | 3.35 | 483823 | 428854 | 39600 |
| 云南 | 553.26 | 14208 | 1.82 | 445034 | 423355 | 63969 |
| 西藏 | 121.66 | 3605 | 0.49 | 334528 | 305493 | 33409 |
| 陕西 | 407.50 | 8185 | 1.58 | 233769 | 213982 | 61917 |
| 甘肃 | 392.82 | 8576 | 2.14 | 267611 | 256757 | 81052 |
| 青海 | 77.73 | 1931 | 0.14 | 24704 | 23801 | 3334 |
| 宁夏 | 96.88 | 2195 | 1.19 | 46059 | 39205 | 6661 |
| 新疆 | 664.47 | 6221 | 0.78 | 223193 | 215360 | 57575 |

| 中央资金 | 业务活动专项经费 | 本年支出合计(千元) | 基本支出 | 项目支出 | 工资福利支出 | 资产总计(千元) |
|---|---|---|---|---|---|---|
| **885867** | **3250551** | **10401755** | **6475549** | **3139769** | **4972400** | **33294464** |
| | | | | | | |
| 611 | 112212 | 241222 | 57780 | 115616 | 18017 | 378872 |
| 934 | 17814 | 43385 | 24897 | 13908 | 10546 | 144587 |
| 49336 | 70619 | 204926 | 129806 | 60175 | 117896 | 761971 |
| 30075 | 47551 | 85292 | 58287 | 23968 | 42422 | 654254 |
| 24088 | 42704 | 159674 | 142802 | 11673 | 97635 | 436252 |
| | | | | | | |
| 2109 | 24871 | 81492 | 65996 | 12105 | 53740 | 492724 |
| 16269 | 28030 | 116814 | 75494 | 38730 | 70245 | 258502 |
| 22505 | 30400 | 77416 | 48844 | 24569 | 45902 | 362729 |
| | | | | | | |
| 10527 | 354983 | 751470 | 357748 | 358430 | 193280 | 1601995 |
| 10041 | 252051 | 684384 | 389095 | 272042 | 245168 | 2490400 |
| 12918 | 400896 | 948582 | 466040 | 430588 | 209297 | 3218436 |
| 54648 | 82584 | 332556 | 218107 | 89478 | 147923 | 1217751 |
| 2501 | 54619 | 163452 | 101496 | 51004 | 64469 | 975591 |
| 10783 | 46121 | 139516 | 94259 | 28254 | 75683 | 1825801 |
| 5212 | 88547 | 258635 | 163349 | 70307 | 113737 | 1042304 |
| | | | | | | |
| 47075 | 86628 | 276274 | 223896 | 44059 | 176484 | 749304 |
| 15449 | 98390 | 274847 | 132747 | 124585 | 90200 | 853975 |
| 45835 | 94759 | 339361 | 238409 | 80542 | 174756 | 1253920 |
| 22263 | 501425 | 1164699 | 543755 | 556735 | 381091 | 3741098 |
| 41369 | 28749 | 198038 | 158388 | 27080 | 120100 | 577790 |
| 2532 | 13593 | 32703 | 19946 | 8869 | 16437 | 95530 |
| | | | | | | |
| 30821 | 68723 | 342123 | 237153 | 79947 | 176365 | 897653 |
| 171729 | 264987 | 622518 | 303207 | 295087 | 220467 | 2347295 |
| 22587 | 98454 | 1300041 | 1062405 | 82482 | 1131476 | 2298032 |
| 51018 | 77933 | 440546 | 316617 | 98257 | 297089 | 1075260 |
| 27240 | 48417 | 314203 | 240031 | 4436 | 246905 | 658529 |
| | | | | | | |
| 49010 | 65624 | 242808 | 185609 | 35963 | 140960 | 956959 |
| 56013 | 63020 | 261266 | 185866 | 58632 | 137872 | 770934 |
| 472 | 12618 | 23998 | 18996 | 2640 | 12377 | 141628 |
| 2890 | 13276 | 48494 | 31139 | 11000 | 25311 | 226129 |
| 47007 | 59953 | 231020 | 183385 | 28608 | 118550 | 788259 |

续表 2

| 地　区 | 固定资产原值 | 实际使用房屋建筑面积(万平方米) | 文化活动用房面积 | 实际拥有产权面积(万平方米) | 本站指导群众业余文艺团队(支) | 志愿者服务队伍个数(个) |
|---|---|---|---|---|---|---|
| **总　计** | **26942994** | **2258.82** | **1721.23** | **1515.75** | **249477** | **199040** |
| 北　京 | 309071 | 41.35 | 25.65 | 11.90 | 4661 | 2517 |
| 天　津 | 122412 | 15.49 | 11.23 | 9.66 | 1820 | 1196 |
| 河　北 | 700007 | 72.98 | 58.96 | 53.18 | 17391 | 13196 |
| 山　西 | 611129 | 55.27 | 43.89 | 51.86 | 7284 | 4910 |
| 内蒙古 | 412486 | 40.51 | 31.54 | 24.02 | 3886 | 1775 |
| 辽　宁 | 341804 | 44.60 | 31.82 | 19.55 | 5687 | 4299 |
| 吉　林 | 244178 | 22.50 | 16.55 | 19.16 | 3537 | 2440 |
| 黑龙江 | 342919 | 33.57 | 27.23 | 21.91 | 3838 | 2643 |
| 上　海 | 1111116 | 74.61 | 50.60 | 49.09 | 3538 | 2505 |
| 江　苏 | 2133461 | 204.33 | 156.14 | 105.24 | 8596 | 6865 |
| 浙　江 | 2663220 | 248.33 | 199.66 | 150.40 | 17724 | 15303 |
| 安　徽 | 906110 | 71.09 | 60.12 | 70.04 | 7600 | 6518 |
| 福　建 | 805699 | 83.68 | 66.27 | 58.59 | 5961 | 5145 |
| 江　西 | 707020 | 71.26 | 53.48 | 46.01 | 6850 | 6006 |
| 山　东 | 926154 | 131.87 | 89.21 | 58.71 | 17609 | 14360 |
| 河　南 | 725309 | 76.09 | 60.05 | 65.03 | 17259 | 12688 |
| 湖　北 | 772018 | 88.06 | 63.45 | 62.62 | 10978 | 9226 |
| 湖　南 | 1141113 | 98.20 | 76.18 | 78.11 | 13920 | 10626 |
| 广　东 | 3107240 | 221.99 | 165.77 | 113.70 | 6555 | 4881 |
| 广　西 | 549741 | 47.97 | 37.63 | 35.11 | 10734 | 8045 |
| 海　南 | 85017 | 6.35 | 5.04 | 5.47 | 1792 | 947 |
| 重　庆 | 803217 | 45.85 | 34.70 | 41.71 | 4902 | 12696 |
| 四　川 | 2205681 | 146.82 | 116.23 | 109.69 | 17274 | 12319 |
| 贵　州 | 1152286 | 51.25 | 39.75 | 42.47 | 8517 | 7126 |
| 云　南 | 895580 | 62.85 | 46.33 | 66.36 | 18255 | 8722 |
| 西　藏 | 588204 | 24.33 | 20.79 | 11.29 | 1280 | 1116 |
| 陕　西 | 844877 | 54.73 | 40.10 | 42.79 | 8222 | 6980 |
| 甘　肃 | 676957 | 46.40 | 36.70 | 36.42 | 7719 | 6658 |
| 青　海 | 128735 | 10.09 | 9.38 | 6.72 | 996 | 907 |
| 宁　夏 | 214780 | 10.42 | 7.54 | 6.98 | 1097 | 1077 |
| 新　疆 | 715453 | 56.02 | 39.21 | 41.96 | 3995 | 5348 |

| 志愿者服务队伍人数（人） | 辖区内社区综合文化服务中心 | 社区综合文化服务中心面积 | 室内面积 | 辖区内村综合文化服务中心 | 村综合文化服务中心面积 | 室内面积 |
|---|---|---|---|---|---|---|
| **2674554** | **114444** | **4719.49** | **963.19** | **588313** | **23499.57** | **4542.47** |
| 34400 | 780 | 55.51 | 21.17 | 3617 | 316.22 | 103.95 |
| 476793 | 505 | 17.44 | 8.23 | 3119 | 95.76 | 18.87 |
| 147426 | 2040 | 71.93 | 13.69 | 41776 | 1536.65 | 245.06 |
| 49598 | 932 | 31.23 | 5.56 | 26898 | 790.91 | 105.47 |
| 19835 | 1233 | 102.15 | 30.47 | 11881 | 649.22 | 115.43 |
| 35982 | 4166 | 138.04 | 13.56 | 29925 | 1023.64 | 66.23 |
| 35536 | 992 | 71.63 | 13.87 | 9470 | 680.91 | 65.23 |
| 42462 | 638 | 28.65 | 4.67 | 8456 | 704.02 | 54.25 |
| 55947 | 1890 | 112.16 | 63.15 | 1807 | 115.27 | 56.07 |
| 210286 | 1553 | 288.75 | 107.73 | 6110 | 822.66 | 359.88 |
| 213543 | 8645 | 290.34 | 81.42 | 25366 | 1829.88 | 559.36 |
| 66399 | 3864 | 151.53 | 22.59 | 14667 | 432.42 | 65.16 |
| 90236 | 5710 | 85.65 | 23.61 | 13962 | 452.15 | 94.95 |
| 63509 | 6441 | 130.06 | 15.24 | 51705 | 399.47 | 76.00 |
| 143060 | 10798 | 570.83 | 132.87 | 50472 | 2745.07 | 586.46 |
| 154058 | 3701 | 174.86 | 27.60 | 37781 | 1416.93 | 243.81 |
| 83247 | 5133 | 176.28 | 28.59 | 20658 | 937.48 | 158.03 |
| 89940 | 15009 | 529.53 | 58.81 | 36456 | 2083.91 | 271.65 |
| 114670 | 8181 | 579.12 | 112.74 | 26323 | 1562.23 | 385.15 |
| 51356 | 2222 | 123.63 | 26.83 | 14187 | 986.29 | 191.93 |
| 5051 | 606 | 11.68 | 2.76 | 3319 | 104.96 | 13.10 |
| 105375 | 2809 | 171.18 | 17.07 | 12638 | 238.57 | 48.69 |
| 104159 | 4587 | 235.69 | 40.57 | 39201 | 812.24 | 222.00 |
| 42650 | 7701 | 125.72 | 19.33 | 14336 | 375.00 | 50.29 |
| 84936 | 2010 | 100.93 | 20.59 | 11744 | 448.64 | 86.89 |
| 4093 | 2807 | 4.53 | 1.21 | 4403 | 19.03 | 3.92 |
| 57563 | 3833 | 149.57 | 16.72 | 23454 | 702.94 | 124.67 |
| 41123 | 2591 | 83.03 | 11.53 | 30259 | 630.31 | 56.97 |
| 3366 | 1168 | 10.13 | 2.75 | 2546 | 72.27 | 13.48 |
| 21267 | 526 | 37.45 | 5.93 | 2834 | 211.54 | 19.92 |
| 26688 | 1373 | 60.32 | 12.37 | 8943 | 303.02 | 79.62 |

# 主要统计指标解释

1. **组织品牌活动**：是指由文化馆负责长期组织开展，当地群众广泛参与，在一定区域内具有较大影响，对当地文化生活及经济社会发展产生积极影响的群众文化活动。

2. **组织文艺活动次数**：指本馆组织或与外机构联合组织各种文艺演出（包括调演、汇演）次数，不论地点和内容，每组织一次算一次。

3. **举办训练班班次**：指本馆举办或与外机构联合举办的各种文化、艺术、科普（包括图书、讲演、创作、表演、音乐、舞蹈、美术、文学、摄影等）训练班，按截止到年底办完的班数及培训人数，分别计算班次。

4. **举办展览个数**：指本馆举办或与外机构联合举办的在馆内或者馆外展览的个数。个数按展览的内容计算。同一内容的展览不论在哪些地点展出和展出时间多久，只计算一个。

5. **组织公益性讲座次数**：指由本馆组织的公益性讲座的次数总和。

6. **业务活动专项经费**：指本馆报告期内财政拨款中用于开展群众文化活动的专项经费。

7. **馆办文艺团体**：指由本馆人员组成的为群众提供文艺演出的演出团队。

8. **馆办文艺团体演出场次**：指由本馆人员组成的为群众提供文艺演出的演出团队演出场次。

9. **馆办老年大学**：指由本馆举办的专对老年人进行文艺培训的场所。

10. **群众业余文艺团队**：指业务上受本馆指导的城镇和农村各种业余文艺演出团队。

11. **主体建筑建成年份**：根据填报机构公用房屋建筑的具体建成年份填报，填报机构如有分属不同年份的房屋建筑，按照主体建筑的具体建成年份填报。

# 艺术业

4

# 按年份各地区艺术表演团体机构数

单位：个

| 地区 | 1995年 | 2000年 | 2005年 | 2010年 | 2015年 | 2016年 | 2017年 |
|---|---|---|---|---|---|---|---|
| **总计** | **2682** | **2619** | **2805** | **6864** | **10787** | **12301** | **15742** |
| 北京 | 22 | 20 | 20 | 18 | 395 | 485 | 451 |
| 天津 | 19 | 16 | 16 | 36 | 86 | 84 | 103 |
| 河北 | 138 | 138 | 126 | 284 | 596 | 712 | 735 |
| 山西 | 162 | 159 | 156 | 342 | 456 | 546 | 665 |
| 内蒙古 | 118 | 116 | 109 | 123 | 175 | 186 | 206 |
| 辽宁 | 89 | 77 | 66 | 239 | 263 | 246 | 187 |
| 吉林 | 68 | 65 | 61 | 68 | 49 | 54 | 68 |
| 黑龙江 | 92 | 89 | 84 | 89 | 51 | 57 | 71 |
| 上海 | 31 | 29 | 85 | 89 | 180 | 205 | 199 |
| 江苏 | 136 | 133 | 129 | 408 | 369 | 444 | 628 |
| 浙江 | 83 | 79 | 273 | 471 | 1024 | 1245 | 1410 |
| 安徽 | 92 | 92 | 92 | 1255 | 1617 | 1879 | 2639 |
| 福建 | 91 | 96 | 91 | 449 | 397 | 429 | 426 |
| 江西 | 81 | 79 | 79 | 99 | 236 | 304 | 425 |
| 山东 | 118 | 118 | 117 | 119 | 623 | 567 | 772 |
| 河南 | 216 | 205 | 199 | 371 | 824 | 1006 | 1671 |
| 湖北 | 105 | 100 | 99 | 204 | 282 | 308 | 473 |
| 湖南 | 89 | 90 | 91 | 201 | 273 | 452 | 534 |
| 广东 | 134 | 138 | 139 | 397 | 391 | 357 | 390 |
| 广西 | 117 | 118 | 118 | 141 | 92 | 100 | 108 |
| 海南 | 23 | 21 | 22 | 67 | 66 | 74 | 77 |
| 重庆 | | 38 | 29 | 381 | 730 | 770 | 1283 |
| 四川 | 140 | 98 | 84 | 348 | 543 | 621 | 697 |
| 贵州 | 30 | 28 | 26 | 52 | 95 | 113 | 137 |
| 云南 | 134 | 129 | 135 | 142 | 276 | 221 | 316 |
| 西藏 | 25 | 26 | 27 | 37 | 87 | 87 | 87 |
| 陕西 | 117 | 118 | 113 | 127 | 177 | 281 | 462 |
| 甘肃 | 78 | 76 | 76 | 82 | 191 | 227 | 286 |
| 青海 | 14 | 14 | 12 | 32 | 54 | 60 | 48 |
| 宁夏 | 15 | 15 | 23 | 45 | 40 | 34 | 45 |
| 新疆 | 87 | 88 | 91 | 132 | 132 | 131 | 127 |

注：2007年以后数据含非文化部门艺术表演团体，以下各表同。

# 按年份全国文化部门执行事业会计制度的艺术表演团体基本情况

| 年份 | 机构数(个) | 演出场次(万场次) | 农村演出 | 观众人次(万人) | 平均每团演出场次(场) | 总收入(万元) | 财政拨款 | 演出收入 | 总支出(万元) | 经费自给率(%) |
|---|---|---|---|---|---|---|---|---|---|---|
| 1949年 | 1000 | 30 | | | 300 | | | | | |
| 1952年 | 2084 | 66 | | 2312 | 317 | | | | | |
| 1957年 | | 137 | | 79245 | 474 | | | | | |
| 1958年 | 3181 | 205 | | 120290 | 644 | | | | | |
| 1964年 | 3302 | 171 | 82 | 84293 | 518 | 19030 | 5290 | | 19817 | 69.3 |
| 1978年 | 3143 | 65 | 22 | 79395 | 206 | 32086 | 19644 | 11079 | 30049 | 41.4 |
| 1980年 | 2183 | 54 | 20 | 61519 | 245 | 34687 | 22503 | 10685 | 29524 | 41.3 |
| 1985年 | 3295 | 74 | 49 | 72322 | 226 | 48568 | 30942 | 13091 | 47292 | 37.3 |
| 1990年 | 2788 | 49 | 32 | 51012 | 176 | 71535 | 43759 | 18041 | 67514 | 41.1 |
| 1991年 | 2760 | 45 | 29 | 46411 | 162 | 71756 | 42638 | 17798 | 76065 | 38.3 |
| 1992年 | 2744 | 43 | 28 | 46338 | 155 | 80959 | 46617 | 19559 | 87797 | 39.1 |
| 1993年 | 2698 | 41 | 26 | 42530 | 151 | 92770 | 51093 | 21756 | 100106 | 41.6 |
| 1994年 | 2691 | 40 | 26 | 40935 | 149 | 127628 | 75583 | 27276 | 134508 | 38.7 |
| 1995年 | 2676 | 41 | 26 | 43166 | 154 | 151388 | 86620 | 34382 | 160654 | 40.3 |
| 1996年 | 2656 | 42 | 27 | 47934 | 158 | 184240 | 109781 | 39870 | 183534 | 40.6 |
| 1997年 | 2651 | 42 | 26 | 46361 | 157 | 206794 | 125300 | 40716 | 202789 | 40.2 |
| 1998年 | 2640 | 42 | 26 | 53486 | 161 | 218546 | 139913 | 41730 | 223877 | 35.1 |
| 1999年 | 2622 | 42 | 26 | 46904 | 161 | 242645 | 155609 | 48967 | 242797 | 35.8 |
| 2000年 | 2619 | 41 | 26 | 46168 | 157 | 263664 | 172864 | 51650 | 268886 | 33.8 |
| 2001年 | 2590 | 42 | 24 | 47385 | 163 | 311852 | 210018 | 57448 | 312601 | 32.6 |
| 2002年 | 2577 | 42 | 24 | 45980 | 161 | 365331 | 246661 | 64884 | 363312 | 32.7 |
| 2003年 | 2601 | 38 | 22 | 39163 | 147 | 400867 | 269640 | 71781 | 397890 | 33.0 |
| 2004年 | 2512 | 41 | 24 | 37907 | 165 | 459183 | 313068 | 86125 | 459369 | 31.8 |
| 2005年 | 2472 | 40 | 23 | 35752 | 159 | 500262 | 342807 | 92603 | 488472 | 32.2 |
| 2006年 | 2456 | 41 | 24 | 40766 | 167 | 565018 | 387812 | 103431 | 558540 | 31.7 |
| 2007年 | 2455 | 42 | 25 | 45404 | 170 | 691050 | 487842 | 120396 | 670009 | 30.3 |
| 2008年 | 2465 | 41 | 25 | 41272 | 167 | 803030 | 573623 | 133077 | 777735 | 29.5 |
| 2009年 | 2481 | 42 | 25 | 43127 | 169 | 889046 | 631197 | 142227 | 860603 | 30.0 |
| 2010年 | 2421 | 42 | 24 | 44290 | 175 | 946742 | 654258 | 155743 | 917143 | 31.9 |
| 2011年 | 2249 | 40 | 24 | 38209 | 176 | 1058959 | 777590 | 162684 | 1029564 | 27.3 |
| 2012年 | 1804 | 32 | 20 | 29796 | 179 | 1076060 | 824265 | 132713 | 1043740 | 24.1 |
| 2013年 | 1588 | 29 | 18 | 26067 | 182 | 998200 | 773381 | 123340 | 969206 | 23.2 |
| 2014年 | 1581 | 29 | 18 | 24294 | 183 | 1074246 | 843859 | 116572 | 1059017 | 21.8 |
| 2015年 | 1548 | 28 | 19 | 24261 | 178 | 1209567 | 969712 | 127431 | 1183497 | 20.3 |
| 2016年 | 1520 | 27 | 18 | 24004 | 181 | 1285603 | 1016972 | 132320 | 1220720 | 22.0 |
| 2017年 | 1530 | 28 | 19 | 25619 | 183 | 1363606 | 1087389 | 138645 | 1387283 | 19.9 |

# 按年份各地区文化部门执行事业会计制度的艺术表演团体财政拨款

单位：万元

| 地　区 | 1995年 | 2000年 | 2005年 | 2010年 | 2015年 | 2016年 | 2017年 |
|---|---|---|---|---|---|---|---|
| **总　计** | **86620** | **172864** | **342807** | **654258** | **969712** | **1016972** | **1087389** |
| 北　京 | 2137 | 7119 | 19945 | 27608 | 46251 | 33198 | 44050 |
| 天　津 | 1625 | 2973 | 12827 | 18125 | 41622 | 41754 | 40140 |
| 河　北 | 2416 | 4704 | 9851 | 16249 | 20121 | 20950 | 23303 |
| 山　西 | 2341 | 4891 | 10916 | 20052 | 28515 | 25277 | 29100 |
| 内蒙古 | 2913 | 5277 | 11796 | 32520 | 74578 | 81746 | 85882 |
| 辽　宁 | 4138 | 6683 | 10880 | 24367 | 29205 | 32191 | 33228 |
| 吉　林 | 2938 | 5073 | 9246 | 21136 | 12714 | 12587 | 14862 |
| 黑龙江 | 4553 | 7524 | 14453 | 31463 | 26788 | 28908 | 32097 |
| 上　海 | 4207 | 7011 | 11635 | 22399 | 51393 | 56145 | 65609 |
| 江　苏 | 4050 | 9911 | 13714 | 21602 | 32881 | 36725 | 42618 |
| 浙　江 | 2501 | 7431 | 19611 | 36260 | 55535 | 58916 | 58427 |
| 安　徽 | 2554 | 5161 | 10163 | 8368 | 6671 | 6310 | 6027 |
| 福　建 | 2258 | 7607 | 11839 | 30485 | 48315 | 44990 | 48412 |
| 江　西 | 1736 | 3529 | 6883 | 14273 | 11831 | 13478 | 15371 |
| 山　东 | 3817 | 7952 | 17800 | 35654 | 53664 | 56815 | 60824 |
| 河　南 | 2803 | 5435 | 10575 | 20957 | 38672 | 46537 | 50571 |
| 湖　北 | 3459 | 6610 | 13579 | 27230 | 29665 | 33928 | 38124 |
| 湖　南 | 2040 | 3842 | 7402 | 17034 | 25022 | 33011 | 34923 |
| 广　东 | 6533 | 12701 | 19807 | 21865 | 25779 | 32231 | 36304 |
| 广　西 | 2237 | 4913 | 9022 | 17950 | 15376 | 12726 | 13124 |
| 海　南 | 962 | 1390 | 2200 | 4924 | 6914 | 6023 | 6601 |
| 重　庆 |  | 2355 | 4159 | 11528 | 9787 | 9521 | 9625 |
| 四　川 | 5065 | 6610 | 11642 | 23847 | 34223 | 33776 | 40222 |
| 贵　州 | 1475 | 2546 | 5716 | 10282 | 2769 | 3709 | 3658 |
| 云　南 | 3783 | 7270 | 13017 | 22782 | 34801 | 38589 | 44486 |
| 西　藏 | 1130 | 2341 | 4725 | 8844 | 21519 | 19847 | 23012 |
| 陕　西 | 2995 | 6125 | 8477 | 16670 | 23630 | 26554 | 29146 |
| 甘　肃 | 1958 | 3514 | 8779 | 20166 | 18605 | 20014 | 19813 |
| 青　海 | 1068 | 1500 | 3115 | 7686 | 4638 | 4379 | 6092 |
| 宁　夏 | 646 | 1279 | 3015 | 6141 | 379 | 335 | 50 |
| 新　疆 | 3321 | 5325 | 11172 | 29090 | 60699 | 63794 | 64806 |

# 按年份各地区文化部门执行事业会计制度的艺术表演团体演出场次

单位：万场

| 地 区 | 1995年 | 2000年 | 2005年 | 2010年 | 2015年 | 2016年 | 2017年 |
|---|---|---|---|---|---|---|---|
| **总 计** | **41.2** | **41.0** | **39.9** | **42.4** | **27.6** | **27.4** | **28.4** |
| 北 京 | 0.4 | 0.6 | 0.7 | 0.3 | 0.2 | 0.2 | 0.2 |
| 天 津 | 0.3 | 0.2 | 0.2 | 0.3 | 0.4 | 0.3 | 0.3 |
| 河 北 | 3.0 | 2.7 | 3.2 | 2.3 | 1.4 | 1.4 | 1.4 |
| 山 西 | 4.4 | 3.4 | 2.7 | 2.9 | 1.9 | 1.6 | 1.9 |
| 内蒙古 | 1.3 | 1.4 | 1.5 | 1.7 | 1.3 | 1.2 | 1.2 |
| 辽 宁 | 1.0 | 0.9 | 0.9 | 0.8 | 0.3 | 0.2 | 0.2 |
| 吉 林 | 1.1 | 0.7 | 0.5 | 0.8 | 0.1 | 0.1 | 0.1 |
| 黑龙江 | 1.4 | 1.2 | 1.1 | 1.1 | 0.3 | 0.2 | 0.3 |
| 上 海 | 1.0 | 1.3 | 0.9 | 1.1 | 0.7 | 0.7 | 0.7 |
| 江 苏 | 3.8 | 4.0 | 3.6 | 3.3 | 3.2 | 3.4 | 3.6 |
| 浙 江 | 1.1 | 1.3 | 1.2 | 1.2 | 0.6 | 0.7 | 0.7 |
| 安 徽 | 0.7 | 1.3 | 1.1 | 1.1 | 0.2 | 0.2 | 0.2 |
| 福 建 | 1.5 | 1.4 | 1.2 | 1.6 | 1.0 | 1.0 | 1.0 |
| 江 西 | 0.7 | 0.9 | 1.0 | 1.7 | 0.7 | 0.6 | 0.6 |
| 山 东 | 1.7 | 2.1 | 2.0 | 2.2 | 2.3 | 2.4 | 2.3 |
| 河 南 | 5.0 | 3.7 | 3.9 | 4.4 | 4.2 | 4.3 | 4.4 |
| 湖 北 | 1.3 | 1.5 | 1.6 | 2.2 | 1.6 | 1.6 | 1.7 |
| 湖 南 | 1.2 | 1.5 | 2.2 | 1.9 | 1.2 | 1.1 | 1.1 |
| 广 东 | 1.7 | 1.8 | 1.5 | 1.1 | 0.5 | 0.5 | 0.6 |
| 广 西 | 1.1 | 1.3 | 1.2 | 1.2 | 0.2 | 0.2 | 0.2 |
| 海 南 | 0.2 | 0.2 | 0.2 | 0.2 | 0.1 | 0.1 | 0.1 |
| 重 庆 |  | 0.2 | 0.3 | 0.4 | 0.2 | 0.1 | 0.1 |
| 四 川 | 0.9 | 1.0 | 0.9 | 1.1 | 0.4 | 0.4 | 0.5 |
| 贵 州 | 0.2 | 0.2 | 0.3 | 0.6 | 0.3 | 0.2 | 0.2 |
| 云 南 | 1.5 | 1.0 | 0.9 | 1.1 | 0.6 | 0.7 | 0.7 |
| 西 藏 | 0.2 | 0.2 | 0.2 | 0.2 | 0.6 | 0.6 | 0.6 |
| 陕 西 | 2.3 | 2.2 | 2.0 | 1.8 | 1.1 | 1.1 | 1.2 |
| 甘 肃 | 1.3 | 1.4 | 1.5 | 1.6 | 0.3 | 0.3 | 0.3 |
| 青 海 | 0.2 | 0.2 | 0.2 | 0.2 | 0.1 | 0.1 | 0.1 |
| 宁 夏 | 0.2 | 0.2 | 0.2 | 0.2 | 0.0 | 0.0 | 0.0 |
| 新 疆 | 0.7 | 0.9 | 1.1 | 1.4 | 1.4 | 1.5 | 1.6 |

# 按年份各地区文化部门执行事业会计制度的艺术表演团体演出观众人次

单位：万人次

| 地　区 | 1995年 | 2000年 | 2005年 | 2010年 | 2015年 | 2016年 | 2017年 |
|---|---|---|---|---|---|---|---|
| **总　计** | **43166** | **46168** | **35752** | **44290** | **24261** | **24004** | **25619** |
| 北　京 | 249 | 680 | 246 | 145 | 115 | 109 | 112 |
| 天　津 | 277 | 242 | 159 | 242 | 255 | 258 | 186 |
| 河　北 | 3384 | 3728 | 2275 | 2527 | 1416 | 1396 | 1444 |
| 山　西 | 6362 | 4913 | 2748 | 3554 | 1423 | 1164 | 1406 |
| 内蒙古 | 969 | 1147 | 1035 | 1419 | 956 | 947 | 851 |
| 辽　宁 | 982 | 1169 | 961 | 542 | 216 | 99 | 108 |
| 吉　林 | 1032 | 958 | 346 | 858 | 50 | 43 | 71 |
| 黑龙江 | 839 | 993 | 688 | 814 | 160 | 167 | 170 |
| 上　海 | 506 | 501 | 343 | 550 | 189 | 160 | 188 |
| 江　苏 | 1600 | 1818 | 1617 | 1708 | 1485 | 1595 | 1618 |
| 浙　江 | 1281 | 1512 | 1524 | 1262 | 811 | 820 | 870 |
| 安　徽 | 644 | 841 | 984 | 912 | 139 | 129 | 115 |
| 福　建 | 2304 | 1773 | 997 | 1304 | 652 | 684 | 668 |
| 江　西 | 589 | 1058 | 1105 | 1441 | 489 | 438 | 514 |
| 山　东 | 2497 | 2438 | 2154 | 2421 | 2023 | 2136 | 1978 |
| 河　南 | 5399 | 5073 | 4650 | 6326 | 5125 | 5183 | 5034 |
| 湖　北 | 1668 | 2121 | 1656 | 2829 | 1706 | 1827 | 1821 |
| 湖　南 | 700 | 1096 | 1340 | 1525 | 868 | 880 | 862 |
| 广　东 | 1961 | 2427 | 2102 | 1829 | 663 | 653 | 631 |
| 广　西 | 987 | 1618 | 1290 | 1384 | 282 | 244 | 252 |
| 海　南 | 298 | 283 | 190 | 213 | 168 | 171 | 178 |
| 重　庆 |  | 347 | 258 | 247 | 166 | 123 | 104 |
| 四　川 | 838 | 782 | 705 | 974 | 317 | 292 | 333 |
| 贵　州 | 149 | 461 | 258 | 520 | 331 | 352 | 2124 |
| 云　南 | 1295 | 1329 | 1113 | 1515 | 821 | 792 | 794 |
| 西　藏 | 189 | 305 | 176 | 362 | 390 | 391 | 426 |
| 陕　西 | 2900 | 3046 | 1916 | 2839 | 1220 | 1155 | 1092 |
| 甘　肃 | 2436 | 2064 | 1821 | 2228 | 295 | 280 | 279 |
| 青　海 | 219 | 186 | 131 | 185 | 80 | 92 | 113 |
| 宁　夏 | 137 | 318 | 223 | 263 | 56 | 49 | 19 |
| 新　疆 | 385 | 694 | 534 | 850 | 1136 | 1163 | 1072 |

# 按年份各地区文化部门执行事业会计制度的艺术表演团体演出收入

单位：万元

| 地　区 | 1995年 | 2000年 | 2005年 | 2010年 | 2015年 | 2016年 | 2017年 |
|---|---|---|---|---|---|---|---|
| **总　计** | **34382** | **51650** | **92603** | **155743** | **127431** | **132320** | **1386445** |
| 北　京 | 1068 | 2265 | 5195 | 6800 | 8058 | 7553 | 100738 |
| 天　津 | 347 | 547 | 1335 | 2195 | 3858 | 4482 | 41304 |
| 河　北 | 1754 | 2279 | 3853 | 5536 | 4170 | 4164 | 42937 |
| 山　西 | 2528 | 2683 | 4151 | 9410 | 7519 | 7655 | 91523 |
| 内蒙古 | 606 | 497 | 914 | 1458 | 1039 | 994 | 7994 |
| 辽　宁 | 1209 | 2185 | 3298 | 4220 | 1539 | 1450 | 24946 |
| 吉　林 | 778 | 1051 | 2658 | 2762 | 431 | 960 | 9258 |
| 黑龙江 | 866 | 959 | 887 | 1804 | 738 | 884 | 4895 |
| 上　海 | 3023 | 4527 | 9526 | 16127 | 11339 | 12613 | 152071 |
| 江　苏 | 2332 | 4142 | 7018 | 11661 | 9445 | 9984 | 83965 |
| 浙　江 | 1648 | 2768 | 5106 | 10634 | 7364 | 8209 | 98936 |
| 安　徽 | 507 | 993 | 2017 | 2088 | 1140 | 928 | 12397 |
| 福　建 | 1953 | 2382 | 3158 | 7024 | 7605 | 5116 | 51884 |
| 江　西 | 381 | 438 | 717 | 2342 | 1505 | 1324 | 13767 |
| 山　东 | 1500 | 2963 | 4202 | 6130 | 5264 | 6126 | 59773 |
| 河　南 | 2647 | 3104 | 4743 | 8464 | 10842 | 10740 | 117311 |
| 湖　北 | 1075 | 1610 | 2790 | 4833 | 4236 | 3766 | 42069 |
| 湖　南 | 630 | 1137 | 2151 | 3238 | 2231 | 2465 | 22991 |
| 广　东 | 3861 | 6282 | 8955 | 9697 | 8206 | 8132 | 97725 |
| 广　西 | 507 | 717 | 1468 | 2037 | 260 | 314 | 3259 |
| 海　南 | 476 | 367 | 550 | 1854 | 2069 | 3622 | 10719 |
| 重　庆 |  | 433 | 464 | 1044 | 745 | 847 | 7321 |
| 四　川 | 604 | 732 | 1725 | 5064 | 1167 | 1684 | 18840 |
| 贵　州 | 119 | 142 | 313 | 387 | 694 | 926 | 15055 |
| 云　南 | 353 | 455 | 1515 | 1407 | 551 | 868 | 4058 |
| 西　藏 | 27 | 12 | 28 | 3 | 104 | 211 | 2515 |
| 陕　西 | 1245 | 1804 | 2685 | 3214 | 3075 | 3214 | 34710 |
| 甘　肃 | 446 | 579 | 1652 | 3548 | 881 | 1447 | 18456 |
| 青　海 | 63 | 70 | 215 | 830 | 404 | 426 | 4440 |
| 宁　夏 | 52 | 122 | 212 | 299 | 62 | 63 | 20 |
| 新　疆 | 386 | 775 | 761 | 575 | 1504 | 1336 | 12637 |

# 按年份各地区文化部门执行事业会计制度的艺术表演团体总支出

单位：万元

| 地　区 | 1995年 | 2000年 | 2005年 | 2010年 | 2015年 | 2016年 | 2017年 |
|---|---|---|---|---|---|---|---|
| **总　计** | **160654** | **268886** | **488472** | **917143** | **1183497** | **1220720** | **1387283** |
| 北　京 | 5062 | 15566 | 26226 | 34625 | 53009 | 46260 | 68487 |
| 天　津 | 2570 | 4525 | 10387 | 22299 | 45615 | 47199 | 58893 |
| 河　北 | 5302 | 8505 | 15067 | 24503 | 25480 | 26425 | 27688 |
| 山　西 | 6054 | 8330 | 16134 | 32123 | 41867 | 35809 | 43936 |
| 内蒙古 | 3861 | 6053 | 13604 | 34625 | 84342 | 81558 | 90596 |
| 辽　宁 | 6727 | 10198 | 16414 | 29346 | 31785 | 32282 | 39635 |
| 吉　林 | 4735 | 6848 | 12332 | 24186 | 14613 | 15035 | 16360 |
| 黑龙江 | 6318 | 9313 | 16019 | 35061 | 26799 | 29705 | 33646 |
| 上　海 | 10162 | 15257 | 29238 | 57447 | 78584 | 85173 | 99263 |
| 江　苏 | 9742 | 17384 | 24396 | 39562 | 45296 | 50460 | 57742 |
| 浙　江 | 6574 | 12513 | 26804 | 54130 | 61605 | 71217 | 80244 |
| 安　徽 | 3787 | 6867 | 13117 | 11923 | 9161 | 10408 | 9556 |
| 福　建 | 5107 | 10354 | 16117 | 35817 | 59058 | 54310 | 65063 |
| 江　西 | 2974 | 4423 | 8686 | 17472 | 13586 | 15690 | 16347 |
| 山　东 | 7026 | 12594 | 24843 | 42905 | 67730 | 70773 | 73145 |
| 河　南 | 6587 | 9735 | 16211 | 33821 | 48409 | 56644 | 65880 |
| 湖　北 | 6368 | 9808 | 19185 | 39500 | 36453 | 42121 | 47491 |
| 湖　南 | 4565 | 6552 | 11420 | 24174 | 31091 | 36017 | 39791 |
| 广　东 | 12955 | 22365 | 33029 | 35748 | 37001 | 40788 | 51435 |
| 广　西 | 3670 | 6492 | 11679 | 23871 | 18176 | 14710 | 17588 |
| 海　南 | 1728 | 1957 | 3150 | 7309 | 6165 | 10706 | 9073 |
| 重　庆 |  | 4020 | 5443 | 19651 | 11771 | 12329 | 11812 |
| 四　川 | 8638 | 9657 | 16178 | 31018 | 36106 | 37787 | 47371 |
| 贵　州 | 1960 | 3421 | 6888 | 13235 | 4662 | 5728 | 6655 |
| 云　南 | 4974 | 8442 | 15437 | 26076 | 38630 | 41263 | 47865 |
| 西　藏 | 1333 | 2380 | 4794 | 8906 | 21972 | 21015 | 22886 |
| 陕　西 | 5657 | 8991 | 13035 | 20895 | 29583 | 32533 | 34554 |
| 甘　肃 | 3211 | 4413 | 10976 | 25134 | 19385 | 22212 | 22354 |
| 青　海 | 1190 | 1699 | 3522 | 8931 | 5099 | 5457 | 7226 |
| 宁　夏 | 779 | 1421 | 3446 | 6741 | 363 | 317 | 78 |
| 新　疆 | 4402 | 7011 | 12932 | 30599 | 65917 | 67114 | 70003 |

# 按年份各地区文化部门执行事业会计制度的艺术表演团体经费自给率

单位：%

| 地 区 | 1995年 | | 2000年 | | 2005年 | | 2010年 | | 2015年 | | 2016年 | | 2017年 | |
|---|---|---|---|---|---|---|---|---|---|---|---|---|---|---|
| | 自给率 | 位次 | 自给率 | 位次 | 自给率 | 位次 | 自给率 | 位次 | 自给率 | 位次 | 自给率 | 位次 | 自给率 | 位次 |
| **总　计** | | | **33.8** | | **32.2** | | **31.9** | | **20.3** | | **22.0** | | **19.9** | |
| 北　京 | 34.2 | 16 | 22.8 | 22 | 26.9 | 16 | 31.2 | 11 | 19.9 | 15 | 25.1 | 10 | 22.1 | 11 |
| 天　津 | 32.5 | 17 | 32.4 | 12 | 27.0 | 14 | 32.5 | 10 | 15.0 | 21 | 15.3 | 22 | 12.1 | 22 |
| 河　北 | 48.0 | 7 | 46.0 | 2 | 33.9 | 8 | 38.1 | 6 | 20.5 | 12 | 21.7 | 11 | 20.4 | 12 |
| 山　西 | 53.6 | 3 | 39.4 | 9 | 33.5 | 10 | 40.5 | 5 | 27.9 | 8 | 30.7 | 4 | 27.8 | 8 |
| 内蒙古 | 19.7 | 23 | 11.7 | 29 | 12.8 | 27 | 7.1 | 30 | 5.6 | 30 | 4.6 | 31 | 5.0 | 30 |
| 辽　宁 | 35.2 | 15 | 33.9 | 11 | 33.6 | 9 | 18.2 | 24 | 13.2 | 23 | 8.3 | 28 | 9.0 | 25 |
| 吉　林 | 28.7 | 19 | 25.1 | 17 | 25.6 | 19 | 24.3 | 18 | 7.6 | 28 | 9.4 | 25 | 11.4 | 23 |
| 黑龙江 | 27.3 | 20 | 18.8 | 26 | 9.5 | 30 | 8.5 | 29 | 4.5 | 31 | 5.3 | 30 | 1.9 | 31 |
| 上　海 | 64.0 | 1 | 57.5 | 1 | 65.1 | 1 | 61.6 | 1 | 36.6 | 2 | 45.5 | 1 | 37.6 | 1 |
| 江　苏 | 52.9 | 4 | 43.0 | 3 | 44.0 | 2 | 48.7 | 3 | 31.4 | 5 | 28.5 | 6 | 29.3 | 5 |
| 浙　江 | 54.1 | 2 | 40.1 | 8 | 34.8 | 7 | 34.9 | 9 | 21.6 | 11 | 21.3 | 14 | 20.2 | 14 |
| 安　徽 | 25.8 | 21 | 23.0 | 21 | 23.0 | 21 | 29.6 | 13 | 31.9 | 4 | 38.7 | 3 | 33.2 | 3 |
| 福　建 | 50.4 | 6 | 30.8 | 15 | 30.5 | 12 | 28.5 | 15 | 23.3 | 10 | 26.6 | 9 | 25.9 | 9 |
| 江　西 | 29.0 | 18 | 22.2 | 23 | 21.6 | 23 | 23.6 | 19 | 15.5 | 20 | 15.4 | 21 | 10.9 | 24 |
| 山　东 | 42.8 | 11 | 37.3 | 10 | 26.7 | 18 | 21.1 | 21 | 20.4 | 13 | 21.1 | 15 | 17.9 | 16 |
| 河　南 | 50.8 | 5 | 42.6 | 5 | 38.2 | 5 | 58.5 | 2 | 28.8 | 7 | 28.2 | 7 | 28.0 | 7 |
| 湖　北 | 40.0 | 12 | 32.3 | 13 | 30.8 | 11 | 31.0 | 12 | 18.0 | 17 | 21.5 | 13 | 19.2 | 15 |
| 湖　南 | 44.9 | 9 | 40.8 | 6 | 39.6 | 3 | 27.6 | 16 | 17.2 | 18 | 17.4 | 19 | 14.3 | 19 |
| 广　东 | 47.4 | 8 | 40.2 | 7 | 39.0 | 4 | 37.9 | 7 | 30.2 | 6 | 27.7 | 8 | 24.8 | 10 |
| 广　西 | 33.2 | 16 | 24.5 | 19 | 25.0 | 20 | 24.7 | 17 | 14.1 | 22 | 18.7 | 18 | 16.0 | 18 |
| 海　南 | 44.6 | 10 | 26.8 | 16 | 28.4 | 13 | 37.1 | 8 | 41.2 | 1 | 39.8 | 2 | 33.7 | 2 |
| 重　庆 | | | 42.8 | 4 | 26.9 | 17 | 44.9 | 4 | 19.9 | 14 | 21.6 | 12 | 20.2 | 13 |
| 四　川 | 39.9 | 13 | 24.8 | 18 | 27.0 | 15 | 28.7 | 14 | 9.1 | 25 | 9.6 | 24 | 8.6 | 26 |
| 贵　州 | 25.5 | 21 | 23.0 | 20 | 17.6 | 25 | 21.1 | 22 | 33.6 | 3 | 19.8 | 17 | 31.7 | 4 |
| 云　南 | 15.0 | 24 | 16.5 | 27 | 19.9 | 24 | 13.1 | 26 | 7.7 | 27 | 8.3 | 27 | 5.8 | 29 |
| 西　藏 | 6.8 | 27 | 1.1 | 31 | 2.5 | 31 | 1.5 | 31 | 6.1 | 29 | 6.6 | 29 | 8.2 | 27 |
| 陕　西 | 36.5 | 14 | 31.3 | 14 | 37.5 | 6 | 21.2 | 20 | 19.6 | 16 | 19.9 | 16 | 17.4 | 17 |
| 甘　肃 | 20.3 | 22 | 18.9 | 25 | 21.6 | 22 | 20.6 | 23 | 8.4 | 26 | 9.9 | 23 | 12.5 | 21 |
| 青　海 | 9.7 | 26 | 7.9 | 30 | 12.3 | 28 | 16.1 | 25 | 17.0 | 19 | 16.3 | 20 | 14.3 | 20 |
| 宁　夏 | 11.0 | 25 | 15.8 | 28 | 9.6 | 24 | 10.2 | 28 | 24.7 | 9 | 28.6 | 5 | 28.4 | 6 |
| 新　疆 | 17.3 | 24 | 20.8 | 24 | 14.3 | 26 | 11.7 | 27 | 9.8 | 24 | 9.4 | 26 | 8.1 | 28 |

# 按年份各地区文化部门所属艺术表演场馆机构数

单位：个

| 地　区 | 1995年 | 2000年 | 2005年 | 2010年 | 2015年 | 2016年 | 2017年 |
|---|---|---|---|---|---|---|---|
| **总　计** | **1958** | **1900** | **1866** | **1461** | **1264** | **1265** | **1253** |
| 北　京 | 23 | 24 | 39 | 7 | 8 | 8 | 8 |
| 天　津 | 30 | 32 | 28 | 27 | 29 | 29 | 28 |
| 河　北 | 99 | 96 | 95 | 75 | 71 | 70 | 72 |
| 山　西 | 53 | 49 | 44 | 87 | 90 | 83 | 85 |
| 内蒙古 | 35 | 30 | 27 | 22 | 18 | 20 | 21 |
| | | | | | | | 32 |
| 辽　宁 | 79 | 71 | 59 | 42 | 32 | 33 | 25 |
| 吉　林 | 60 | 52 | 73 | 32 | 28 | 26 | 31 |
| 黑龙江 | 49 | 56 | 45 | 44 | 34 | 34 | 21 |
| 上　海 | 43 | 43 | 160 | 82 | 22 | 21 | 92 |
| 江　苏 | 140 | 142 | 87 | 86 | 91 | 93 | 67 |
| 浙　江 | 100 | 95 | 125 | 69 | 65 | 68 | 44 |
| 安　徽 | 110 | 104 | 90 | 55 | 44 | 44 | 53 |
| 福　建 | 78 | 80 | 76 | 51 | 54 | 54 | 42 |
| 江　西 | 69 | 61 | 58 | 53 | 44 | 43 | 89 |
| 山　东 | 116 | 105 | 94 | 90 | 87 | 88 | 137 |
| 河　南 | 169 | 166 | 156 | 138 | 140 | 140 | 48 |
| 湖　北 | 87 | 78 | 66 | 61 | 48 | 49 | 62 |
| 湖　南 | 104 | 94 | 83 | 62 | 61 | 65 | 43 |
| 广　东 | 79 | 75 | 68 | 63 | 42 | 44 | 14 |
| 广　西 | 34 | 31 | 23 | 22 | 16 | 15 | 8 |
| 海　南 | 3 | 18 | 13 | 6 | 8 | 8 | 16 |
| 重　庆 | | 25 | 17 | 18 | 15 | 16 | 44 |
| 四　川 | 124 | 94 | 65 | 54 | 44 | 44 | 6 |
| 贵　州 | 15 | 14 | 12 | 7 | 6 | 6 | 17 |
| 云　南 | 44 | 40 | 38 | 32 | 17 | 16 | 13 |
| 西　藏 | 9 | 20 | 24 | 17 | 13 | 13 | 80 |
| 陕　西 | 109 | 112 | 107 | 89 | 81 | 80 | 23 |
| 甘　肃 | 47 | 46 | 30 | 26 | 23 | 23 | 12 |
| 青　海 | 3 | 2 | 1 | 18 | 13 | 12 | 3 |
| 宁　夏 | 17 | 19 | 12 | 7 | 3 | 3 | 13 |
| 新　疆 | 26 | 22 | 47 | 14 | 13 | 13 | 80 |

# 按年份全国文化部门执行事业会计制度的艺术表演场馆基本情况

| 年份 | 机构数（个） | 演出场次（万场次） | 艺术场次 | 观众人次（万人） | 收入合计（万元） | 财政拨款 | 艺术演出收入 | 总支出（万元） |
|---|---|---|---|---|---|---|---|---|
| 1985年 | 1377 | 99 | 12 |  | 11630 | 1506 | 1776 | 9519 |
| 1986年 | 1928 | 203 | 15 | 88670 | 19547 | 2233 | 2488 | 16786 |
| 1990年 |  | 302 | 9 | 89157 | 43491 | 2865 | 3375 | 37402 |
| 1991年 | 2009 | 367 | 9 | 77613 | 47406 | 5505 | 3760 | 44260 |
| 1992年 | 1987 | 288 | 7 | 53188 | 51123 | 4037 | 4487 | 48185 |
| 1993年 | 1972 | 245 | 6 | 43278 | 60204 | 4688 | 4635 | 56846 |
| 1994年 | 1947 | 221 | 5 | 27552 | 68000 | 5359 | 5268 | 66234 |
| 1995年 | 1918 | 205 | 5 | 24252 | 79507 | 5723 | 6481 | 77136 |
| 1996年 | 1892 | 256 | 5 | 59057 | 86147 | 5034 | 7611 | 87204 |
| 1997年 | 1898 | 231 | 5 | 16572 | 88540 | 6559 | 8387 | 89732 |
| 1998年 | 1882 | 206 | 5 | 15368 | 84956 | 6800 | 8869 | 88735 |
| 1999年 | 1864 | 168 | 6 | 11581 | 75675 | 7588 | 10187 | 80731 |
| 2000年 | 1863 | 136 | 6 | 12982 | 81081 | 8643 | 10735 | 82040 |
| 2001年 | 1840 | 115 | 7 | 20544 | 83431 | 13112 | 11601 | 89815 |
| 2002年 | 1819 | 74 | 7 | 11421 | 83643 | 12033 | 13186 | 89374 |
| 2003年 | 1900 | 56 | 7 | 8087 | 103274 | 15703 | 21425 | 104384 |
| 2004年 | 1552 | 44 | 7 | 11286 | 99402 | 15467 | 21477 | 101157 |
| 2005年 | 1427 | 41 | 7 | 6328 | 94363 | 16792 | 29958 | 89301 |
| 2006年 | 1390 | 38 | 6 | 6528 | 117975 | 19603 | 37552 | 117871 |
| 2007年 | 1330 | 39 | 6 | 5906 | 115036 | 24067 | 38414 | 117321 |
| 2008年 | 1355 | 40 | 5 | 5596 | 123572 | 28116 | 28649 | 111036 |
| 2009年 | 1248 | 27 | 6 | 5045 | 113851 | 32074 | 23954 | 112603 |
| 2010年 | 1176 | 31 | 6 | 6003 | 132109 | 45333 | 25935 | 130900 |
| 2011年 | 1119 | 30 | 4 | 3945 | 159185 | 65871 | 22004 | 154849 |
| 2012年 | 1004 | 27 | 5 | 3525 | 136324 | 60356 | 11652 | 171124 |
| 2013年 | 931 | 26 | 3 | 3236 | 147259 | 71838 | 12812 | 146031 |
| 2014年 | 917 | 27 | 3 | 2922 | 167387 | 81671 | 10333 | 169466 |
| 2015年 | 928 | 30 | 4 | 3522 | 196280 | 102043 | 18302 | 195679 |
| 2016年 | 925 | 32 | 5 | 3299 | 167208 | 76847 | 19418 | 163172 |
| 2017年 | 909 | 48 | 5 | 3319 | 208839 | 104787 | 24259 | 194983 |

# 按年份各地区文化部门执行事业会计制度艺术表演场馆财政拨款

单位：万元

| 地　区 | 1995年 | 2000年 | 2005年 | 2010年 | 2015年 | 2016年 | 2017年 |
|---|---|---|---|---|---|---|---|
| **总　计** | **5723** | **8643** | **16792** | **45333** | **102043** | **76847** | **104787** |
| 北　京 | 40 | 387 | 40 | 183 | 50 | **56** | **60** |
| 天　津 | 13 | 70 | 173 | 320 | 697 | 910 | 2047 |
| 河　北 | 134 | 392 | 1097 | 954 | 3862 | 5726 | 9824 |
| 山　西 | 151 | 93 | 263 | 1233 | 7506 | 6259 | 3727 |
| 内蒙古 | 156 | 232 | 508 | 3245 | 2505 | 2541 | 2536 |
| 辽　宁 | 200 | 253 | 553 | 1280 | 1499 | 2120 | 11091 |
| 吉　林 | 366 | 615 | 1017 | 4486 | 3749 | 2942 | 3560 |
| 黑龙江 | 23 | 124 | 142 | 557 | 1467 | 1485 | 5825 |
| 上　海 | 54 | 189 | 1304 | 5330 | 3811 | 4590 | 8136 |
| 江　苏 | 191 | 89 | 67 | 543 | 4646 | 5092 | 4347 |
| 浙　江 | 325 | 768 | 1875 | 3668 | 8453 | 6351 | 7883 |
| 安　徽 | 338 | 517 | 864 | 760 | 614 | 518 | 887 |
| 福　建 | 381 | 672 | 1503 | 823 | 4040 | 2111 | 2589 |
| 江　西 | 301 | 334 | 712 | 1121 | 3273 | 3334 | 3462 |
| 山　东 | 439 | 730 | 274 | 507 | 2493 | 2575 | 2880 |
| 河　南 | 444 | 337 | 561 | 3356 | 4459 | 4713 | 5788 |
| 湖　北 | 81 | 135 | 307 | 2536 | 1122 | 1480 | 1695 |
| 湖　南 | 264 | 543 | 607 | 1527 | 6508 | 2476 | 1858 |
| 广　东 | 324 | 650 | 2097 | 6385 | 12724 | 9788 | 12870 |
| 广　西 | 59 | 18 | 44 | 81 | 140 | 97 | 80 |
| 海　南 |  | 11 | 1 |  | 440 | 110 | 12 |
| 重　庆 |  | 81 | 111 | 45 | 57 | 54 | 54 |
| 四　川 | 255 | 210 | 173 | 1078 | 6927 | 2315 | 2379 |
| 贵　州 | 93 | 63 | 75 | 163 |  |  |  |
| 云　南 | 146 | 187 | 249 | 520 | 278 | 147 | 3661 |
| 西　藏 | 81 | 261 | 494 | 341 | 1371 | 123 | 99 |
| 陕　西 | 226 | 288 | 538 | 1630 | 12520 | 5804 | 5424 |
| 甘　肃 | 402 | 180 | 99 | 260 | 1200 | 109 | 94 |
| 青　海 |  |  |  | 337 | 139 | 140 | 255 |
| 宁　夏 | 21 | 45 | 106 | 113 | 1599 | 1385 | 215 |
| 新　疆 | 217 | 173 | 941 | 1953 | 3897 | 1500 | 1450 |

# 按年份各地区文化部门执行事业会计制度的艺术表演场馆演出场次

单位：万场

| 地　区 | 1995年 | 2000年 | 2005年 | 2010年 | 2015年 | 2016年 | 2017年 |
|---|---|---|---|---|---|---|---|
| **总　计** | **204.8** | **135.5** | **40.6** | **30.7** | **30.0** | **31.9** | **48.7** |
| 北　京 | 2.8 | 2.3 | 2.1 | 0.6 | 1.0 | 0.8 | 1.1 |
| 天　津 | 6.8 | 4.0 | 1.8 | 0.5 | 1.0 | 1.0 | 0.8 |
| 河　北 | 8.2 | 6.4 | 1.7 | 1.1 | 1.6 | 2.3 | 4.1 |
| 山　西 | 3.6 | 3.1 | 2.6 | 2.7 | 2.7 | 2.4 | 1.5 |
| 内蒙古 | 1.9 | 1.8 | 0.6 | 0.8 | 1.4 | 2.0 | 2.1 |
| 辽　宁 | 6.6 | 4.9 | 1.1 | 0.5 | 0.3 | 0.4 | 0.3 |
| 吉　林 | 3.2 | 2.7 | 0.4 | 1.4 | 2.0 | 2.2 | 2.4 |
| 黑龙江 | 1.5 | 1.9 | 0.5 | 0.3 | 0.1 | 0.1 | 0.1 |
| 上　海 | 4.7 | 3.9 | 1.8 | 1.5 | 0.9 | 0.8 | 1.0 |
| 江　苏 | 26.6 | 12.6 | 0.2 | 0.3 | 0.1 | 0.1 | 0.1 |
| 浙　江 | 14.2 | 7.3 | 1.6 | 2.1 | 1.9 | 2.2 | 2.5 |
| 安　徽 | 16.9 | 8.2 | 1.3 | 0.5 | 0.1 | 0.1 | 0.1 |
| 福　建 | 6.4 | 4.9 | 2.1 | 3.0 | 3.4 | 4.1 | 14.9 |
| 江　西 | 4.9 | 2.0 | 0.7 | 0.9 | 0.4 | 0.3 | 1.2 |
| 山　东 | 11.6 | 9.5 | 0.7 | 1.1 | 0.7 | 0.3 | 0.3 |
| 河　南 | 16.4 | 10.3 | 7.8 | 2.2 | 0.9 | 0.5 | 0.4 |
| 湖　北 | 11.8 | 8.9 | 1.4 | 2.7 | 3.1 | 4.6 | 5.0 |
| 湖　南 | 10.9 | 7.6 | 1.9 | 1.3 | 1.8 | 1.1 | 2.1 |
| 广　东 | 15.6 | 9.0 | 2.1 | 0.6 | 0.7 | 0.7 | 0.6 |
| 广　西 | 3.7 | 1.8 | 1.2 | 1.8 | 0.5 | 0.4 | 0.4 |
| 海　南 | 0.3 | 0.8 | 0.2 | 0.1 | 0.1 | | |
| 重　庆 | | 1.6 | 0.3 | 0.1 | | | |
| 四　川 | 6.0 | 2.4 | 1.2 | 0.6 | 0.2 | 0.2 | 0.3 |
| 贵　州 | 1.4 | 1.0 | 1.1 | 0.1 | | | |
| 云　南 | 6.3 | 4.8 | 0.6 | 0.7 | | | |
| 西　藏 | 2.1 | 2.1 | 0.7 | 0.3 | | | |
| 陕　西 | 3.9 | 4.2 | 1.1 | 0.4 | 0.3 | 0.5 | 0.6 |
| 甘　肃 | 2.9 | 3.2 | 0.6 | 0.3 | 0.6 | 0.8 | 1.3 |
| 青　海 | 0.4 | 0.2 | | 0.2 | 0.1 | 0.2 | 0.2 |
| 宁　夏 | 2.2 | 1.2 | 0.1 | | | 0.1 | 0.1 |
| 新　疆 | 0.7 | 0.9 | 1.4 | 2.0 | 4.0 | 3.6 | 5.4 |

# 按年份各地区文化部门执行事业会计制度的艺术表演场馆观众人次

单位：万人次

| 地 区 | 1995年 | 2000年 | 2005年 | 2010年 | 2015年 | 2016年 | 2017年 |
|---|---|---|---|---|---|---|---|
| **总 计** | **24252** | **12982** | **6328** | **6003** | **3522** | **3299** | **3319** |
| 北 京 | 430 | 238 | 231 | 59 | 66 | 133 | 150 |
| 天 津 | 368 | 150 | 56 | 189 | 118 | 158 | 141 |
| 河 北 | 673 | 493 | 270 | 192 | 119 | 112 | 107 |
| 山 西 | 662 | 329 | 230 | 595 | 189 | 157 | 174 |
| 内蒙古 | 325 | 198 | 195 | 149 | 89 | 100 | 87 |
| 辽 宁 | 808 | 369 | 407 | 223 | 63 | 77 | 67 |
| 吉 林 | 244 | 227 | 106 | 114 | 137 | 127 | 121 |
| 黑龙江 | 210 | 549 | 128 | 169 | 38 | 59 | 42 |
| 上 海 | 823 | 381 | 503 | 461 | 185 | 226 | 238 |
| 江 苏 | 3266 | 1257 | 29 | 70 | 62 | 72 | 90 |
| 浙 江 | 1447 | 597 | 269 | 442 | 269 | 244 | 255 |
| 安 徽 | 785 | 328 | 211 | 123 | 14 | 11 | 18 |
| 福 建 | 743 | 547 | 265 | 201 | 178 | 220 | 159 |
| 江 西 | 543 | 180 | 178 | 161 | 121 | 88 | 92 |
| 山 东 | 1028 | 1051 | 166 | 371 | 150 | 209 | 189 |
| 河 南 | 2335 | 881 | 610 | 326 | 212 | 245 | 258 |
| 湖 北 | 895 | 2194 | 377 | 746 | 168 | 149 | 174 |
| 湖 南 | 846 | 452 | 232 | 248 | 397 | 267 | 262 |
| 广 东 | 1887 | 553 | 243 | 189 | 154 | 163 | 161 |
| 广 西 | 447 | 205 | 162 | 132 | 44 | 17 | 17 |
| 海 南 | 74 | 124 | 19 | 14 | 49 | 39 | 30 |
| 重 庆 |  | 27 | 120 | 54 | 5 | 17 | 9 |
| 四 川 | 520 | 209 | 328 | 199 | 97 | 80 | 115 |
| 贵 州 | 190 | 68 | 46 | 34 |  |  |  |
| 云 南 | 1177 | 231 | 123 | 89 | 20 | 15 | 24 |
| 西 藏 | 399 | 155 | 138 | 62 | 10 | 7 | 7 |
| 陕 西 | 2106 | 514 | 348 | 196 | 133 | 144 | 150 |
| 甘 肃 | 409 | 212 | 81 | 56 | 42 | 47 | 58 |
| 青 海 | 98 | 9 |  | 24 | 51 | 49 | 29 |
| 宁 夏 | 409 | 188 | 45 | 19 | 1 | 1 | 24 |
| 新 疆 | 77 | 56 | 185 | 98 | 342 | 67 | 73 |

# 按年份各地区文化部门执行事业会计制度的艺术表演场馆演出收入

单位：万元

| 地　区 | 1995年 | 2000年 | 2005年 | 2010年 | 2015年 | 2016年 | 2017年 |
|---|---|---|---|---|---|---|---|
| **总　计** | **6481** | **10735** | **29958** | **25935** | **18302** | **19418** | **24259** |
| 北　京 | 175 | 746 | 2871 | 523 | 414 | 31 | 27 |
| 天　津 | 83 | 70 | 110 | 536 | 230 | 175 | 274 |
| 河　北 | 245 | 317 | 235 | 277 | 493 | 150 | 656 |
| 山　西 | 125 | 144 | 201 | 1016 | 1530 | 177 | 205 |
| 内蒙古 | 40 | 30 | 19 | 309 | 18 | 25 | 54 |
| 辽　宁 | 156 | 235 | 646 | 786 | 11 | 8 | 4 |
| 吉　林 | 50 | 82 | 212 | 503 | 495 | 984 | 303 |
| 黑龙江 | 57 | 100 | 167 | 164 | 19 | 5 | 1602 |
| 上　海 | 472 | 913 | 19122 | 12035 | 7831 | 10704 | 11845 |
| 江　苏 | 1093 | 1617 | 221 | 544 | 252 | 151 | 173 |
| 浙　江 | 649 | 1174 | 1111 | 2772 | 416 | 1733 | 1904 |
| 安　徽 | 172 | 221 | 275 | 206 | 47 | 187 | 95 |
| 福　建 | 185 | 347 | 447 | 234 | 427 | 246 | 246 |
| 江　西 | 61 | 252 | 138 | 635 | 177 | 145 | 459 |
| 山　东 | 478 | 580 | 270 | 215 | 70 | 74 | 36 |
| 河　南 | 547 | 636 | 809 | 1199 | 1334 | 1998 | 2221 |
| 湖　北 | 255 | 309 | 631 | 751 | 612 | 340 | 334 |
| 湖　南 | 120 | 551 | 388 | 425 | 657 | 494 | 134 |
| 广　东 | 926 | 1393 | 753 | 1126 | 1597 | 618 | 2340 |
| 广　西 | 41 | 123 | 79 | 343 | 40 | 47 | 11 |
| 海　南 | 12 | 55 | 17 | 2 | 83 | 3 | 3 |
| 重　庆 |  |  | 10 | 13 | 1 |  |  |
| 四　川 | 64 | 138 | 403 | 472 | 732 | 1032 | 1144 |
| 贵　州 | 2 | 46 | 56 | 50 |  |  |  |
| 云　南 | 164 | 116 | 151 | 208 | 37 | 10 |  |
| 西　藏 | 41 | 2 | 5 | 24 | 23 | 23 |  |
| 陕　西 | 81 | 268 | 273 | 410 | 754 | 58 | 64 |
| 甘　肃 | 66 | 75 | 124 | 60 |  |  | 127 |
| 青　海 | 5 | 1 |  | 11 |  |  |  |
| 宁　夏 | 10 | 33 | 24 | 17 |  |  |  |
| 新　疆 | 29 | 48 | 128 | 72 | 2 | 3 |  |

# 按年份各地区文化部门执行事业会计制度的艺术表演场馆总支出

单位：万元

| 地区 | 1995年 | 2000年 | 2005年 | 2010年 | 2015年 | 2016年 | 2017年 |
|---|---|---|---|---|---|---|---|
| **总计** | **77136** | **82040** | **89301** | **130900** | **195679** | **163172** | **194983** |
| 北京 | 1690 | 3567 | 5252 | 2813 | 4215 | 2598 | 2926 |
| 天津 | 1311 | 1464 | 1147 | 1985 | 3474 | 4547 | 3930 |
| 河北 | 2405 | 2847 | 3574 | 4058 | 7919 | 9359 | 13243 |
| 山西 | 1620 | 1403 | 1993 | 5166 | 10171 | 8427 | 6482 |
| 内蒙古 | 666 | 648 | 815 | 3902 | 3280 | 3998 | 3772 |
| 辽宁 | 3481 | 2767 | 4153 | 5534 | 6485 | 5106 | 7941 |
| 吉林 | 2308 | 1999 | 1940 | 6213 | 5503 | 5729 | 6775 |
| 黑龙江 | 560 | 819 | 858 | 1336 | 1929 | 1578 | 5913 |
| 上海 | 5056 | 7344 | 17864 | 24666 | 24722 | 19593 | 23668 |
| 江苏 | 8848 | 9270 | 618 | 2470 | 6756 | 7162 | 6393 |
| 浙江 | 4672 | 5471 | 7807 | 11682 | 18473 | 15175 | 17161 |
| 安徽 | 3250 | 3295 | 3058 | 1810 | 1219 | 1254 | 1752 |
| 福建 | 3629 | 3905 | 5031 | 6614 | 9859 | 7262 | 7873 |
| 江西 | 1227 | 1421 | 2028 | 2401 | 5248 | 5848 | 6932 |
| 山东 | 4271 | 4530 | 1172 | 1197 | 3845 | 4222 | 4421 |
| 河南 | 5146 | 4156 | 5974 | 8245 | 10833 | 11246 | 14221 |
| 湖北 | 4476 | 3043 | 2820 | 6234 | 5152 | 5137 | 4936 |
| 湖南 | 3325 | 4883 | 2908 | 4557 | 8380 | 4877 | 4295 |
| 广东 | 8148 | 7987 | 6061 | 10264 | 18501 | 15781 | 18270 |
| 广西 | 1480 | 1203 | 1167 | 2590 | 1012 | 757 | 663 |
| 海南 | 354 | 453 | 193 | 83 | 780 | 199 | 16 |
| 重庆 |  | 546 | 298 | 125 | 58 | 54 | 54 |
| 四川 | 2676 | 1861 | 2501 | 3277 | 9276 | 5908 | 9058 |
| 贵州 | 489 | 711 | 793 | 1835 |  |  |  |
| 云南 | 1337 | 1503 | 1505 | 1973 | 603 | 670 | 4044 |
| 西藏 | 313 | 357 | 506 | 318 | 1572 | 317 | 243 |
| 陕西 | 1521 | 2124 | 2428 | 3415 | 15734 | 6776 | 12696 |
| 甘肃 | 1456 | 1221 | 1079 | 1162 | 3508 | 3122 | 3467 |
| 青海 | 275 | 121 |  | 361 | 275 | 275 | 390 |
| 宁夏 | 499 | 436 | 271 | 354 | 787 | 2329 | 306 |
| 新疆 | 465 | 452 | 2751 | 4262 | 6113 | 3869 | 3144 |

# 2017年全国艺术

| 指　标 | 剧团数（个） | 从业人员（人） | 专业技术人才 | 演出场次（万场次） | 国内演出场次 | 农村演出场次 |
|---|---|---|---|---|---|---|
| **总　计** | **15742** | **402969** | **166781** | **293.58** | **292.15** | **184.31** |
| **按隶属关系分** | | | | | | |
| 中央 | 16 | 4899 | 2772 | 0.32 | 0.28 | 0.01 |
| 省、区、市 | 214 | 29574 | 23194 | 5.84 | 5.56 | 2.01 |
| 地、市 | 506 | 38421 | 30205 | 10.19 | 9.59 | 4.20 |
| 县、市、区 | 15006 | 330075 | 110610 | 277.23 | 276.72 | 178.09 |
| **按单位类型分** | | | | | | |
| 公有制 | 2159 | 120176 | 82319 | 41.83 | 40.40 | 26.40 |
| 其中:文化部门 | 2074 | 115593 | 80176 | 40.65 | 39.26 | 25.70 |
| 其他部门 | 85 | 4583 | 2143 | 1.18 | 1.13 | 0.70 |
| 非公有制 | 13583 | 282793 | 84462 | 251.75 | 251.75 | 157.91 |
| **按剧种分** | | | | | | |
| 话剧、儿童剧、滑稽剧类 | 2444 | 48617 | 19477 | 55.51 | 55.49 | 27.78 |
| 其中：儿童剧团 | 70 | 2028 | 1134 | 0.88 | 0.87 | 0.07 |
| 歌舞、音乐类 | 2404 | 82426 | 40589 | 29.18 | 28.84 | 14.51 |
| 京剧、昆曲类 | 149 | 8329 | 5584 | 2.70 | 2.65 | 1.81 |
| 其中：京剧 | 134 | 7451 | 4954 | 2.43 | 2.39 | 1.70 |
| 地方戏曲类 | 4056 | 127349 | 51667 | 80.55 | 80.29 | 66.92 |
| 杂技、魔术、马戏类 | 403 | 12305 | 7015 | 12.65 | 12.14 | 4.82 |
| 曲艺类 | 738 | 13661 | 5212 | 16.47 | 16.44 | 9.86 |
| 乌兰牧骑 | 108 | 3409 | 2320 | 1.10 | 1.09 | 0.85 |
| 综合性艺术表演团体 | 5440 | 106873 | 34917 | 95.42 | 95.21 | 57.77 |

# 表演团体情况

| 国内演出观众人次（万人次） | 农村观众人次 | 本年收入合计（千元） | 财政补贴收入 | 演出收入 | 本年支出合计（千元） | 资产总计（千元） | 实际使用房屋建筑面积（万平方米） |
|---|---|---|---|---|---|---|---|
| **124739.06** | **82956.39** | **34196180** | **14834229** | **14767860** | **29424104** | **66863596** | **916.21** |
| | | | | | | | |
| 254.81 | 17.35 | 1729351 | 1134699 | 250643 | 1652954 | 4391671 | 27.68 |
| 3541.53 | 1213.31 | 7560482 | 5378301 | 1241159 | 7779070 | 13766572 | 140.79 |
| 8255.40 | 4224.93 | 6583758 | 5078675 | 786785 | 6570648 | 7372162 | 169.45 |
| 112687.32 | 77500.80 | 18322589 | 3242554 | 12489273 | 13421432 | 41333191 | 578.29 |
| | | | | | | | |
| 36185.52 | 22897.41 | 19755221 | 14396574 | 2959285 | 19844655 | 31528751 | 503.88 |
| 35209.33 | 22321.00 | 18846034 | 13830588 | 2827155 | 19006920 | 29809405 | 493.52 |
| 976.20 | 576.42 | 909187 | 565986 | 132130 | 837735 | 1719346 | 10.36 |
| 88553.54 | 60058.98 | 14440959 | 437655 | 11808575 | 9579449 | 35334845 | 412.33 |
| | | | | | | | |
| 9579.10 | 5225.81 | 2922534 | 999399 | 1389532 | 2644102 | 7939383 | 105.24 |
| 413.46 | 45.06 | 376905 | 192248 | 108015 | 381229 | 2759712 | 7.80 |
| 17571.01 | 7209.45 | 10804811 | 5427390 | 3749826 | 9230578 | 20046204 | 258.87 |
| 2033.94 | 1480.84 | 1785899 | 1397915 | 220531 | 1778205 | 2605069 | 35.58 |
| 1914.39 | 1429.99 | 1483387 | 1159277 | 186823 | 1477934 | 2342074 | 31.79 |
| 47942.32 | 40137.53 | 8059822 | 4267681 | 3050116 | 7623532 | 10381051 | 237.05 |
| 4670.96 | 1564.50 | 1047983 | 505590 | 459460 | 950779 | 1422427 | 34.55 |
| 4291.86 | 2709.65 | 768801 | 355840 | 316736 | 674494 | 2087973 | 25.22 |
| 766.09 | 468.28 | 320289 | 305010 | 3270 | 319002 | 195966 | 13.69 |
| 37883.78 | 24160.34 | 8486041 | 1575404 | 5578389 | 6203412 | 22185523 | 206.02 |

# 2017年全国公有制艺术

| 指 标 | 剧团数(个) | 从业人员(人) | | | |
|---|---|---|---|---|---|
| | | | 专业技术人才 | | |
| | | | | 正高级职称 | 副高级职称 |
| **总 计** | **2159** | **120176** | **82319** | **4820** | **13239** |
| **按隶属关系分** | | | | | |
| 中央 | 16 | 4899 | 2772 | 712 | 723 |
| 省、区、市 | 214 | 29574 | 23194 | 2202 | 5257 |
| 地、市 | 506 | 38421 | 30205 | 1499 | 5301 |
| 县、市、区 | 1423 | 47282 | 26148 | 407 | 1958 |
| **按剧种分** | | | | | |
| 话剧、儿童剧、滑稽剧类 | 60 | 5430 | 3926 | 376 | 863 |
| 其中：儿童剧团 | 9 | 1059 | 762 | 76 | 169 |
| 歌舞、音乐类 | 689 | 41600 | 28829 | 1689 | 4459 |
| 京剧、昆曲类 | 67 | 6098 | 4982 | 478 | 1104 |
| 其中：京剧 | 59 | 5372 | 4407 | 427 | 971 |
| 地方戏曲类 | 933 | 44225 | 28755 | 1388 | 4277 |
| 杂技、魔术、马戏类 | 62 | 4909 | 3289 | 173 | 521 |
| 曲艺类 | 64 | 2349 | 1658 | 113 | 299 |
| 乌兰牧骑 | 107 | 3399 | 2311 | 25 | 172 |
| 综合性艺术表演团体 | 177 | 12166 | 8569 | 578 | 1544 |

续表

| 指 标 | 本年收入合计(千元) | | | 本年支出合计(千元) | 资产总计(千元) |
|---|---|---|---|---|---|
| | | 财政补贴收入 | 演出收入 | | |
| **总 计** | **19755221** | **14396574** | **2959285** | **19844655** | **31528751** |
| **按隶属关系分** | | | | | |
| 中央 | 1729351 | 1134699 | 250643 | 1652954 | 4391671 |
| 省、区、市 | 7560482 | 5378301 | 1241159 | 7779070 | 13766572 |
| 地、市 | 6583758 | 5078675 | 786785 | 6570648 | 7372162 |
| 县、市、区 | 3881630 | 2804899 | 680698 | 3841983 | 5998346 |
| **按剧种分** | | | | | |
| 话剧、儿童剧、滑稽剧类 | 1513777 | 961046 | 294705 | 1668368 | 3724019 |
| 其中：儿童剧团 | 298558 | 187814 | 52807 | 329299 | 535169 |
| 歌舞、音乐类 | 7498371 | 5242695 | 1227359 | 7483459 | 12072956 |
| 京剧、昆曲类 | 1712740 | 1396986 | 148957 | 1715383 | 2521631 |
| 其中：京剧 | 1417503 | 1158379 | 122152 | 1421813 | 2263776 |
| 地方戏曲类 | 5654992 | 4200172 | 835398 | 5662157 | 8343236 |
| 杂技、魔术、马戏类 | 720480 | 503833 | 153488 | 694473 | 1148861 |
| 曲艺类 | 484668 | 348746 | 82976 | 476743 | 550881 |
| 乌兰牧骑 | 319989 | 305010 | 2970 | 318732 | 195716 |
| 综合性艺术表演团体 | 1850204 | 1438086 | 213432 | 1825340 | 2971451 |

# 表演团体基本情况

| 中级职称 | 本团原创首演剧目（个） | 演出场次（万场次） | 国内演出场次 | 农村演出场次 | 国内演出观众人次（万人次） | 农村观众人次 |
|---|---|---|---|---|---|---|
| **29003** | **1637** | **41.83** | **40.40** | **26.40** | **36185.52** | **22897.41** |
| | | | | | | |
| 731 | 63 | 0.32 | 0.28 | 0.01 | 254.81 | 17.35 |
| 8352 | 296 | 5.84 | 5.56 | 2.01 | 3541.53 | 1213.31 |
| 11702 | 393 | 10.19 | 9.59 | 4.20 | 8255.40 | 4224.93 |
| 8218 | 885 | 25.47 | 24.96 | 20.18 | 24133.78 | 17441.82 |
| | | | | | | |
| 1437 | 117 | 1.31 | 1.30 | 0.23 | 792.75 | 168.09 |
| 319 | 20 | 0.30 | 0.29 | 0.04 | 176.73 | 34.87 |
| 9432 | 550 | 9.45 | 9.11 | 5.25 | 9402.93 | 3756.90 |
| 1785 | 50 | 1.24 | 1.20 | 0.48 | 812.43 | 366.39 |
| 1597 | 44 | 1.10 | 1.05 | 0.46 | 743.45 | 354.56 |
| 10419 | 588 | 19.73 | 19.46 | 15.74 | 19628.38 | 15682.39 |
| 1106 | 23 | 2.20 | 1.69 | 0.42 | 1112.70 | 252.10 |
| 595 | 64 | 3.65 | 3.62 | 1.65 | 1022.74 | 610.98 |
| 673 | 132 | 1.08 | 1.07 | 0.83 | 764.09 | 466.28 |
| 3556 | 113 | 3.16 | 2.95 | 1.80 | 2649.51 | 1594.29 |

| 实际使用房屋建筑面积（万平方米） | 流动舞台车演出情况 | | | 政府采购的公益演出活动情况 | | |
|---|---|---|---|---|---|---|
| | 流动舞台车数量（辆） | 利用流动舞台车演出场次（万场次） | 利用流动舞台车演出观众人次（万人次） | 演出场次（万场次） | 演出观众人次（万人次） | 演出补贴收入（千元） |
| **503.88** | **1543** | **12** | **10207** | **16** | **13230** | **1139218** |
| | | | | | | |
| 27.68 | | | | 0 | 70 | 67633 |
| 140.79 | 75 | 0 | 414 | 2 | 1265 | 356733 |
| 169.45 | 326 | 2 | 1582 | 4 | 3349 | 359604 |
| 165.96 | 1142 | 10 | 8211 | 10 | 8546 | 355248 |
| | | | | | | |
| 31.15 | 18 | 0 | 58 | 0 | 244 | 59510 |
| 5.55 | 2 | | | 0 | 50 | 18115 |
| 180.29 | 468 | 2 | 1369 | 4 | 2953 | 398642 |
| 34.35 | 33 | 0 | 196 | 0 | 328 | 48367 |
| 30.69 | 32 | 0 | 192 | 0 | 313 | 44217 |
| 148.37 | 744 | 8 | 7508 | 8 | 7618 | 431331 |
| 19.06 | 21 | 0 | 97 | 0 | 222 | 36035 |
| 10.03 | 20 | 0 | 105 | 0 | 194 | 29064 |
| 13.68 | 101 | 0 | 214 | 1 | 471 | 14165 |
| 66.97 | 138 | 1 | 660 | 1 | 1200 | 122104 |

# 2017年全国文化部门所属

| 指　　标 | 剧团数（个） | | 从业人员（人） | | | |
|---|---|---|---|---|---|---|
| | | 补贴团数 | | 专业技术人才 | | |
| | | | | | 正高级职称 | 副高级职称 |
| **总　　计** | **2074** | **1919** | **115593** | **80176** | **4715** | **12994** |
| **按隶属关系分** | | | | | | |
| 中央 | 9 | 9 | 3438 | 2551 | 666 | 662 |
| 省、区、市 | 208 | 192 | 28758 | 22552 | 2170 | 5163 |
| 地、市 | 494 | 469 | 37486 | 29468 | 1490 | 5232 |
| 县、市、区 | 1363 | 1249 | 45911 | 25605 | 389 | 1937 |
| **按剧种分** | | | | | | |
| 话剧、儿童剧、滑稽剧类 | 57 | 52 | 5285 | 3797 | 373 | 844 |
| 其中：儿童剧团 | 8 | 8 | 919 | 634 | 73 | 150 |
| 歌舞、音乐类 | 648 | 599 | 38680 | 27697 | 1618 | 4315 |
| 京剧、昆曲类 | 67 | 63 | 6098 | 4982 | 478 | 1104 |
| 其中：京剧 | 59 | 56 | 5372 | 4407 | 427 | 971 |
| 地方戏曲类 | 909 | 839 | 43471 | 28349 | 1370 | 4259 |
| 杂技、魔术、马戏类 | 60 | 55 | 4769 | 3193 | 169 | 509 |
| 曲艺类 | 62 | 59 | 2244 | 1586 | 112 | 287 |
| 乌兰牧骑 | 106 | 106 | 3399 | 2311 | 25 | 172 |
| 综合性艺术表演团体 | 165 | 146 | 11647 | 8261 | 570 | 1504 |

续表

| 指　　标 | | | 本年支出合计（千元） | 资产总计（千元） | 实际使用房屋建筑面积（万平方米） |
|---|---|---|---|---|---|
| | 财政补贴收入 | 演出收入 | | | |
| **总　　计** | **13830588** | **2827155** | **19006920** | **29809405** | **493.52** |
| **按隶属关系分** | | | | | |
| 中央 | 749704 | 199088 | 1162030 | 3442533 | 23.39 |
| 省、区、市 | 5295678 | 1203802 | 7589147 | 13252682 | 139.12 |
| 地、市 | 5015811 | 776948 | 6481115 | 7204203 | 167.34 |
| 县、市、区 | 2769395 | 647317 | 3774628 | 5909987 | 163.66 |
| **按剧种分** | | | | | |
| 话剧、儿童剧、滑稽剧类 | 917644 | 290026 | 1610836 | 3697250 | 30.69 |
| 其中：儿童剧团 | 144561 | 48228 | 272065 | 508571 | 5.11 |
| 歌舞、音乐类 | 4785797 | 1133853 | 6820701 | 10595972 | 173.51 |
| 京剧、昆曲类 | 1396986 | 148957 | 1715383 | 2521631 | 34.35 |
| 其中：京剧 | 1158379 | 122152 | 1421813 | 2263776 | 30.69 |
| 地方戏曲类 | 4183875 | 812921 | 5621288 | 8318527 | 147.06 |
| 杂技、魔术、马戏类 | 491856 | 150356 | 676187 | 1108743 | 18.49 |
| 曲艺类 | 340199 | 78963 | 462815 | 528706 | 9.58 |
| 乌兰牧骑 | 305010 | 2970 | 318732 | 195516 | 13.68 |
| 综合性艺术表演团体 | 1409221 | 209109 | 1780978 | 2843060 | 66.17 |

# 艺术表演团体基本情况

| 中级职称 | 本团原创首演剧目（个） | 演出场次（万场次） | 国内演出场次 | 农村演出场次 | 国内演出观众人次（万人次） | 农村观众人次 | 本年收入合计（千元） |
|---|---|---|---|---|---|---|---|
| **28319** | **1595** | **40.65** | **39.26** | **25.70** | **35209.33** | **22321.00** | **18846034** |
| 641 | 42 | 0.26 | 0.23 | 0.01 | 201.39 | 17.28 | 1186566 |
| 8183 | 288 | 5.65 | 5.38 | 1.98 | 3428.64 | 1188.84 | 7365718 |
| 11419 | 390 | 9.96 | 9.37 | 4.10 | 8049.01 | 4112.33 | 6492426 |
| 8076 | 875 | 24.78 | 24.29 | 19.62 | 23530.29 | 17002.55 | 3801324 |
| 1381 | 114 | 1.27 | 1.25 | 0.22 | 770.71 | 165.55 | 1456782 |
| 263 | 17 | 0.26 | 0.25 | 0.04 | 158.20 | 33.53 | 241862 |
| 9061 | 519 | 9.02 | 8.69 | 5.06 | 8955.79 | 3542.28 | 6773647 |
| 1785 | 50 | 1.24 | 1.20 | 0.48 | 812.43 | 366.39 | 1712740 |
| 1597 | 44 | 1.10 | 1.05 | 0.46 | 743.45 | 354.56 | 1417503 |
| 10293 | 585 | 19.33 | 19.09 | 15.39 | 19402.54 | 15473.22 | 5605878 |
| 1089 | 23 | 2.16 | 1.66 | 0.40 | 1077.50 | 229.70 | 701856 |
| 577 | 63 | 3.56 | 3.53 | 1.60 | 903.08 | 535.30 | 470308 |
| 673 | 132 | 1.08 | 1.07 | 0.83 | 759.59 | 465.76 | 319989 |
| 3460 | 109 | 2.99 | 2.79 | 1.71 | 2527.69 | 1542.80 | 1804834 |

| 排练练功用房 | 实际拥有产权面积（万平方米） | 流动舞台车演出情况 | | | 政府采购的公益演出活动情况 | | |
|---|---|---|---|---|---|---|---|
| | | 流动舞台车数量（辆） | 利用流动舞台车演出场次（万场次） | 利用流动舞台车演出观众人次（万人次） | 演出场次（万场次） | 演出观众人次（万人次） | 演出补贴收入（千元） |
| **109.51** | **275.10** | **1508** | **11.61** | **10081.55** | **15.73** | **12981.99** | **1114955** |
| 2.77 | 22.08 | | | | 0.07 | 61.95 | 62018 |
| 26.92 | 83.99 | 74 | 0.37 | 413.58 | 1.78 | 1237.47 | 350221 |
| 38.92 | 82.23 | 318 | 1.64 | 1556.84 | 3.68 | 3301.49 | 352344 |
| 40.91 | 86.81 | 1116 | 9.61 | 8111.13 | 10.20 | 8381.08 | 350372 |
| 4.22 | 15.02 | 18 | 0.07 | 58.13 | 0.38 | 238.36 | 58998 |
| 0.37 | 1.94 | 2 | | | 0.08 | 46.93 | 17603 |
| 47.89 | 94.79 | 451 | 1.82 | 1310.13 | 3.80 | 2838.13 | 384821 |
| 5.88 | 23.18 | 33 | 0.27 | 195.84 | 0.48 | 328.33 | 48367 |
| 5.24 | 22.08 | 32 | 0.26 | 191.84 | 0.45 | 312.98 | 44217 |
| 29.91 | 79.16 | 731 | 7.91 | 7473.70 | 8.25 | 7578.43 | 428190 |
| 6.53 | 13.57 | 21 | 0.17 | 96.70 | 0.38 | 211.27 | 34325 |
| 2.21 | 4.53 | 19 | 0.14 | 83.83 | 0.37 | 166.68 | 27464 |
| 3.60 | 4.86 | 101 | 0.36 | 213.60 | 0.76 | 470.92 | 14165 |
| 9.28 | 39.99 | 134 | 0.88 | 649.62 | 1.31 | 1149.86 | 118625 |

# 2017年全国文化部门执行事业会计

| 指　　标 | 剧团数（个） | 补贴团数 | 从业人员（人） | 专业技术人才 | 正高级职称 | 副高级职称 |
|---|---|---|---|---|---|---|
| **总　　计** | **1530** | **1462** | **80449** | **56447** | **3235** | **9241** |
| **按隶属关系分** | | | | | | |
| 中央 | 8 | 8 | 2942 | 2157 | 530 | 540 |
| 省、区、市 | 105 | 104 | 16523 | 13529 | 1413 | 3390 |
| 地、市 | 321 | 313 | 24681 | 20259 | 993 | 3734 |
| 县、市、区 | 1096 | 1037 | 36303 | 20502 | 299 | 1577 |
| **按剧种分** | | | | | | |
| 话剧、儿童剧、滑稽剧类 | 23 | 22 | 2483 | 1818 | 231 | 474 |
| 其中：儿童剧团 | 4 | 4 | 615 | 428 | 59 | 118 |
| 歌舞、音乐类 | 474 | 456 | 25432 | 18160 | 1037 | 2772 |
| 京剧、昆曲类 | 49 | 48 | 4906 | 4082 | 437 | 951 |
| 其中：京剧 | 43 | 42 | 4221 | 3542 | 389 | 820 |
| 地方戏曲类 | 704 | 664 | 33711 | 22357 | 1087 | 3551 |
| 杂技、魔术、马戏类 | 37 | 34 | 2199 | 1580 | 62 | 198 |
| 曲艺类 | 49 | 47 | 1439 | 1033 | 65 | 179 |
| 乌兰牧骑 | 106 | 106 | 3399 | 2311 | 25 | 172 |
| 综合性艺术表演团体 | 88 | 85 | 6880 | 5106 | 291 | 944 |

续表 1

| 指　　标 | 上级补助收入 | 事业收入 | 演出收入 | 经营收入 | 附属单位上缴收入 | 其他收入 | 本年支出合计（千元） |
|---|---|---|---|---|---|---|---|
| **总　　计** | **601447** | **1648797** | **1386445** | **36929** | **16435** | **458569** | **13872834** |
| **按隶属关系分** | | | | | | | |
| 中央 | | 284721 | 177931 | | | 110053 | 1046216 |
| 省、区、市 | 290486 | 546684 | 496639 | 21123 | 14930 | 156231 | 5263408 |
| 地、市 | 183527 | 351335 | 292968 | 6713 | 725 | 130248 | 4494401 |
| 县、市、区 | 127434 | 466057 | 418907 | 9093 | 780 | 62037 | 3068809 |
| **按剧种分** | | | | | | | |
| 话剧、儿童剧、滑稽剧类 | 11692 | 133118 | 118716 | | | 53840 | 900610 |
| 其中：儿童剧团 | 836 | 35323 | 31343 | | | 20883 | 215134 |
| 歌舞、音乐类 | 247460 | 623109 | 483134 | 23664 | 11 | 148122 | 4824134 |
| 京剧、昆曲类 | 60638 | 143110 | 121423 | 1266 | 14930 | 48900 | 1507265 |
| 其中：京剧 | 47111 | 109121 | 97376 | 1266 | 14930 | 42544 | 1236065 |
| 地方戏曲类 | 230411 | 581933 | 529605 | 9031 | 1494 | 153307 | 4581603 |
| 杂技、魔术、马戏类 | 9277 | 34114 | 34044 | 784 | | 8372 | 300045 |
| 曲艺类 | 7387 | 34265 | 29432 | | | 12446 | 295028 |
| 乌兰牧骑 | 8431 | 3852 | 2970 | | | 2696 | 318732 |
| 综合性艺术表演团体 | 26151 | 95296 | 67121 | 2184 | | 30886 | 1145417 |

# 制度的艺术表演团体基本情况

| 中级职称 | 本团原创首演剧目(个) | 本团拥有知识产权数量(个) | 演出场次(万场次) | 国内演出场次 | 农村演出场次 | 国内演出观众人次(万人次) | 农村观众人次 | 本年收入合计(千元) | 财政补贴收入 |
|---|---|---|---|---|---|---|---|---|---|
| **20389** | **1184** | **1355** | **28.43** | **27.64** | **19.26** | **25619.38** | **16738.04** | **13636064** | **10873887** |
| | | | | | | | | | |
| 537 | 37 | 26 | 0.24 | 0.21 | 0.01 | 189.14 | 17.11 | 1063622 | 668848 |
| 5097 | 140 | 371 | 2.45 | 2.38 | 1.06 | 1668.74 | 690.54 | 4978992 | 3949538 |
| 8203 | 272 | 680 | 6.34 | 6.01 | 2.77 | 5181.54 | 2892.51 | 4517727 | 3845179 |
| 6552 | 735 | 278 | 19.41 | 19.05 | 15.42 | 18579.96 | 13137.88 | 3075723 | 2410322 |
| | | | | | | | | | |
| 677 | 40 | 6 | 0.47 | 0.46 | 0.10 | 301.77 | 84.01 | 754140 | 555490 |
| 182 | 12 | 4 | 0.16 | 0.15 | 0.03 | 106.94 | 31.42 | 177781 | 120739 |
| 6109 | 381 | 703 | 5.66 | 5.47 | 3.46 | 6442.19 | 2435.30 | 4778425 | 3736059 |
| 1488 | 43 | | 0.88 | 0.85 | 0.32 | 627.52 | 281.68 | 1517483 | 1248639 |
| 1303 | 38 | | 0.75 | 0.72 | 0.31 | 561.03 | 270.75 | 1244616 | 1029644 |
| 8301 | 446 | 412 | 14.49 | 14.33 | 11.69 | 14716.58 | 11795.67 | 4526896 | 3550720 |
| 526 | 16 | 7 | 1.07 | 0.86 | 0.28 | 495.27 | 167.26 | 282033 | 229486 |
| 377 | 52 | 54 | 3.13 | 3.10 | 1.55 | 735.92 | 492.63 | 297389 | 243291 |
| 673 | 132 | 10 | 1.08 | 1.07 | 0.83 | 759.59 | 465.76 | 319989 | 305010 |
| 2238 | 74 | 163 | 1.66 | 1.53 | 1.04 | 1540.54 | 1015.74 | 1159709 | 1005192 |

| 本年支出合计(千元) | | | | | | | | |
|---|---|---|---|---|---|---|---|---|
| | | | 在支出合计中 | | | | | |
| 基本支出 | 项目支出 | 经营支出 | 工资福利支出 | 商品和服务支出 | 差旅费 | 劳务费 | 福利费 | 各种税金支出 |
| **8908481** | **4549742** | **160381** | **6676962** | **3845999** | **273966** | **848267** | **59150** | **61983** |
| | | | | | | | | |
| 60626 | 971835 | | 461226 | 409029 | 41360 | 88017 | 7150 | 13932 |
| 3153204 | 2025060 | 17354 | 2195794 | 1695522 | 96750 | 312997 | 21273 | 20710 |
| 3253700 | 1118369 | 58707 | 2189240 | 1096902 | 86133 | 302366 | 13639 | 13358 |
| 2440951 | 434478 | 84320 | 1830702 | 644546 | 49723 | 144887 | 17088 | 13983 |
| | | | | | | | | |
| 333499 | 524667 | | 320588 | 304423 | 11065 | 56522 | 3614 | 5425 |
| 66014 | 149120 | | 69927 | 84764 | 5170 | 28194 | 1153 | 1271 |
| 2892966 | 1776111 | 59952 | 2306505 | 1444101 | 111715 | 364295 | 19093 | 26783 |
| 897359 | 603957 | 1266 | 721362 | 415186 | 24611 | 83984 | 4611 | 8511 |
| 736715 | 495763 | 1266 | 590848 | 309152 | 16099 | 61076 | 3231 | 5198 |
| 3296405 | 1132144 | 73329 | 2316697 | 1171805 | 87025 | 228899 | 25019 | 16753 |
| 206641 | 85406 | 4233 | 151977 | 70117 | 4910 | 9013 | 1408 | 727 |
| 222029 | 72059 | 214 | 120300 | 77786 | 5560 | 13441 | 769 | 825 |
| 280095 | 26247 | 2228 | 202819 | 59865 | 8688 | 14262 | 254 | 10 |
| 779487 | 329151 | 19159 | 536714 | 302716 | 20392 | 77851 | 4382 | 2949 |

续表 2

| 指　　标 | 对个人和家庭补助支出 | 抚恤金和生活补助 | 其他资本性支出 | 各种设备、交通工具、图书购置费 | 资产总计(千元) | 固定资产原价 |
|---|---|---|---|---|---|---|
| **总　　计** | **1678158** | **120622** | **821267** | **399172** | **21088569** | **11644103** |
| **按隶属关系分** | | | | | | |
| 中央 | 87910 | 5431 | 53419 | 52134 | 3154362 | 1961834 |
| 省、区、市 | 672612 | 39347 | 376603 | 168492 | 8634276 | 4933471 |
| 地、市 | 657954 | 49481 | 245990 | 123111 | 4464305 | 2880325 |
| 县、市、区 | 259682 | 26363 | 145255 | 55435 | 4835626 | 1868473 |
| **按剧种分** | | | | | | |
| 话剧、儿童剧、滑稽剧类 | 92070 | 4411 | 46983 | 29137 | 2312001 | 840399 |
| 其中：儿童剧团 | 26686 | 2160 | 29890 | 15622 | 306765 | 209568 |
| 歌舞、音乐类 | 524554 | 28807 | 270552 | 145332 | 7495114 | 4632268 |
| 京剧、昆曲类 | 179647 | 16519 | 92594 | 64215 | 2127067 | 1549499 |
| 其中：京剧 | 158035 | 15491 | 85197 | 57689 | 1889822 | 1418336 |
| 地方戏曲类 | 586666 | 51366 | 277322 | 112895 | 6815603 | 2799110 |
| 杂技、魔术、马戏类 | 43045 | 1619 | 25639 | 8186 | 308253 | 213837 |
| 曲艺类 | 66031 | 3611 | 10470 | 3072 | 175319 | 90321 |
| 乌兰牧骑 | 24217 | 1952 | 13556 | 6697 | 195516 | 178657 |
| 综合性艺术表演团体 | 161928 | 12337 | 84151 | 29638 | 1659696 | 1340012 |

## 2017年全国文化部门执行企业会计

| 指　　标 | 剧团数(个) | 补贴团数 | 从业人员(人) | 专业技术人才 | 正高级职称 | 副高级职称 |
|---|---|---|---|---|---|---|
| **总　　计** | **544** | **457** | **35144** | **23729** | **1480** | **3753** |
| **按隶属关系分** | | | | | | |
| 中央 | 1 | 1 | 496 | 394 | 136 | 122 |
| 省、区、市 | 103 | 88 | 12235 | 9023 | 757 | 1773 |
| 地、市 | 173 | 156 | 12805 | 9209 | 497 | 1498 |
| 县、市、区 | 267 | 212 | 9608 | 5103 | 90 | 360 |
| **按剧种分** | | | | | | |
| 话剧、儿童剧、滑稽剧类 | 34 | 30 | 2802 | 1979 | 142 | 370 |
| 其中：儿童剧团 | 4 | 4 | 304 | 206 | 14 | 32 |
| 歌舞、音乐类 | 174 | 143 | 13248 | 9537 | 581 | 1543 |
| 京剧、昆曲类 | 18 | 15 | 1192 | 900 | 41 | 153 |
| 其中：京剧 | 16 | 14 | 1151 | 865 | 38 | 151 |
| 地方戏曲类 | 205 | 175 | 9760 | 5992 | 283 | 708 |
| 杂技、魔术、马戏类 | 23 | 21 | 2570 | 1613 | 107 | 311 |
| 曲艺类 | 13 | 12 | 805 | 553 | 47 | 108 |
| 乌兰牧骑 | | | | | | |
| 综合性艺术表演团体 | 77 | 61 | 4767 | 3155 | 279 | 560 |

| 实际使用房屋建筑面积(万平方米) | 排练练功用房 | 实际拥有产权面积(万平方米) | 流动舞台车演出情况 | | | 政府采购的公益演出活动情况 | | |
|---|---|---|---|---|---|---|---|---|
| | | | 流动舞台车数量(辆) | 利用流动舞台车演出场次(万场次) | 利用流动舞台车演出观众人次(万人次) | 演出场次(万场次) | 演出观众人次(万人次) | 演出补贴收入(千元) |
| **352.13** | **75.92** | **195.01** | **1143** | **9.19** | **8194.72** | **11.35** | **9605.04** | **673691** |
| | | | | | | | | |
| 19.36 | 2.52 | 18.05 | | | | 0.06 | 61.11 | 60452 |
| 89.81 | 15.49 | 49.12 | 36 | 0.17 | 249.63 | 0.85 | 702.63 | 165712 |
| 110.41 | 24.53 | 58.14 | 214 | 1.10 | 1138.05 | 2.27 | 2148.43 | 184537 |
| 132.54 | 33.38 | 69.70 | 893 | 7.92 | 6807.04 | 8.17 | 6692.87 | 262990 |
| | | | | | | | | |
| 14.21 | 1.13 | 5.78 | 4 | 0.02 | 18.47 | 0.12 | 78.57 | 30210 |
| 3.18 | 0.11 | 1.13 | 1 | | | 0.04 | 25.49 | 14131 |
| 118.46 | 33.44 | 62.53 | 345 | 1.32 | 960.04 | 2.54 | 1896.03 | 196621 |
| 24.37 | 4.88 | 18.17 | 24 | 0.20 | 166.70 | 0.27 | 248.16 | 30981 |
| 22.60 | 4.34 | 17.06 | 23 | 0.20 | 162.70 | 0.25 | 232.81 | 26831 |
| 119.23 | 23.71 | 63.31 | 561 | 6.46 | 6279.76 | 6.33 | 5929.94 | 320670 |
| 9.46 | 2.58 | 7.05 | 14 | 0.12 | 78.51 | 0.27 | 147.93 | 18449 |
| 6.32 | 1.47 | 2.27 | 17 | 0.14 | 83.83 | 0.27 | 106.95 | 13527 |
| 13.68 | 3.60 | 4.86 | 101 | 0.36 | 213.60 | 0.76 | 470.92 | 14165 |
| 46.40 | 5.11 | 31.06 | 77 | 0.59 | 393.81 | 0.80 | 726.54 | 49068 |

## 制度的艺术表演团体基本情况

| 中级职称 | 本团原创首演剧目(个) | 本团拥有知识产权数量(个) | 演出场次(万场次) | 国内演出场次 | 农村演出场次 | 国内演出观众人次(万人次) | 农村观众人次 | 资产总计 |
|---|---|---|---|---|---|---|---|---|
| **7930** | **411** | **282** | **12.21** | **11.62** | **6.45** | **9589.95** | **5582.95** | **8720836** |
| | | | | | | | | |
| 104 | 5 | | 0.02 | 0.02 | 0.00 | 12.25 | 0.17 | 288171 |
| 3086 | 148 | 53 | 3.20 | 3.00 | 0.92 | 1759.90 | 498.30 | 4618406 |
| 3216 | 118 | 166 | 3.62 | 3.35 | 1.33 | 2867.47 | 1219.82 | 2739898 |
| 1524 | 140 | 63 | 5.37 | 5.25 | 4.20 | 4950.33 | 3864.66 | 1074361 |
| | | | | | | | | |
| 704 | 74 | 25 | 0.80 | 0.79 | 0.13 | 468.94 | 81.54 | 1385249 |
| 81 | 5 | 2 | 0.10 | 0.10 | 0.01 | 51.26 | 2.11 | 201806 |
| 2952 | 138 | 146 | 3.35 | 3.23 | 1.61 | 2513.60 | 1106.99 | 3100858 |
| 297 | 7 | 1 | 0.37 | 0.35 | 0.16 | 184.91 | 84.71 | 394564 |
| 294 | 6 | 1 | 0.35 | 0.33 | 0.15 | 182.41 | 83.81 | 373954 |
| 1992 | 139 | 66 | 4.84 | 4.76 | 3.70 | 4685.95 | 3677.55 | 1502924 |
| 563 | 7 | 4 | 1.09 | 0.80 | 0.12 | 582.24 | 62.44 | 800490 |
| 200 | 11 | 4 | 0.43 | 0.43 | 0.05 | 167.15 | 42.67 | 353387 |
| | | | | | | | | |
| 1222 | 35 | 36 | 1.33 | 1.26 | 0.67 | 987.16 | 527.07 | 1183364 |

续表 1

| 指　　标 | 资产、负债、所有者权益(千元) | | | | | |
|---|---|---|---|---|---|---|
| | 固定资产原价 | 本年折旧 | 负债合计 | 所有者权益合计 | 实收资本(股本) | 国家资本 |
| **总　　计** | **5188577** | **653257** | **2712871** | **6007965** | **3278487** | **3061306** |
| **按隶属关系分** | | | | | | |
| 中央 | 235703 | 10089 | 57318 | 230853 | 283740 | 283740 |
| 省、区、市 | 2323767 | 373066 | 1547414 | 3070992 | 1424278 | 1345244 |
| 地、市 | 1885893 | 229846 | 733085 | 2006813 | 1127802 | 1044906 |
| 县、市、区 | 743214 | 40256 | 375054 | 699307 | 442667 | 387416 |
| **按剧种分** | | | | | | |
| 话剧、儿童剧、滑稽剧类 | 800496 | 113548 | 431595 | 953654 | 431910 | 420910 |
| 其中：儿童剧团 | 45281 | 2366 | 76935 | 124871 | 145758 | 145758 |
| 歌舞、音乐类 | 2030925 | 262089 | 962299 | 2138559 | 853276 | 820984 |
| 京剧、昆曲类 | 331321 | 40247 | 119449 | 275115 | 173396 | 173396 |
| 其中：京剧 | 329114 | 40017 | 103839 | 270115 | 168396 | 168396 |
| 地方戏曲类 | 926980 | 102613 | 527457 | 975467 | 595671 | 516932 |
| 杂技、魔术、马戏类 | 281506 | 27288 | 213955 | 586535 | 366590 | 357372 |
| 曲艺类 | 230884 | 43764 | 58220 | 295167 | 95236 | 38236 |
| 乌兰牧骑 | | | | | | |
| 综合性艺术表演团体 | 586465 | 63708 | 399896 | 783468 | 762408 | 733476 |

续表 2

| 指　　标 | | | | 工资、福利费、税金(千元) | | |
|---|---|---|---|---|---|---|
| | 政府补助(补贴收入) | 营业外支出 | 利润总额 | 本年发放工资总额 | 本年支付的职工福利费 | 本年应交税金总额 |
| **总　　计** | **2956701** | **383348** | **75884** | **1915251** | **57874** | **98227** |
| **按隶属关系分** | | | | | | |
| 中央 | 80856 | 35 | 7130 | 56619 | 3210 | 5609 |
| 省、区、市 | 1346140 | 107967 | 60987 | 849442 | 25520 | 51147 |
| 地、市 | 1170632 | 165690 | -12015 | 695344 | 19741 | 30898 |
| 县、市、区 | 359073 | 109656 | 19782 | 313846 | 9403 | 10573 |
| **按剧种分** | | | | | | |
| 话剧、儿童剧、滑稽剧类 | 362154 | 24067 | -7584 | 192495 | 9316 | 15522 |
| 其中：儿童剧团 | 23822 | 1896 | 7150 | 21161 | 1115 | 2554 |
| 歌舞、音乐类 | 1049738 | 115480 | -1345 | 760530 | 20046 | 36682 |
| 京剧、昆曲类 | 148347 | 16410 | -12861 | 60308 | 1813 | 2441 |
| 其中：京剧 | 128735 | 16410 | -12861 | 56822 | 1487 | 2358 |
| 地方戏曲类 | 633155 | 97313 | 39297 | 431936 | 13122 | 19404 |
| 杂技、魔术、马戏类 | 262370 | 15930 | 43681 | 157685 | 2875 | 5143 |
| 曲艺类 | 96908 | 12482 | 5132 | 71455 | 1769 | 4879 |
| 乌兰牧骑 | | | | | | |
| 综合性艺术表演团体 | 404029 | 101666 | 9564 | 240842 | 8933 | 14156 |

| 损益(千元) | | | | | | | | |
|---|---|---|---|---|---|---|---|---|
| 营业收入 | 演出收入 | 营业成本 | 养老、医疗、失业等各种社会保险费 | 住房公积金和住房补贴 | 差旅费 | 工会经费 | 营业利润 | 营业外收入 |
| **2019140** | **1440710** | **4750738** | **378952** | **137741** | **90160** | **17494** | **-2731598** | **3190830** |
| | | | | | | | | |
| 41945 | 21157 | 115779 | 12833 | 7753 | 4248 | | -73834 | 80999 |
| 935714 | 707163 | 2217772 | 177616 | 59024 | 38093 | 9094 | -1282058 | 1451012 |
| 714654 | 483980 | 1821024 | 135124 | 57693 | 35424 | 6532 | -1106370 | 1260045 |
| 326827 | 228410 | 596163 | 53379 | 13271 | 12395 | 1868 | -269336 | 398774 |
| | | | | | | | | |
| 323783 | 171310 | 686159 | 43260 | 14024 | 7322 | 2760 | -362376 | 378859 |
| 39865 | 16885 | 55035 | 6131 | 2214 | 429 | 337 | -15170 | 24216 |
| 832055 | 650719 | 1881087 | 137864 | 55304 | 37762 | 5985 | -1049032 | 1163167 |
| 37560 | 27534 | 191708 | 18056 | 4995 | 4625 | 479 | -154148 | 157697 |
| 34802 | 24776 | 169338 | 16940 | 4727 | 4348 | 479 | -134536 | 138085 |
| 397513 | 283316 | 942372 | 81251 | 25826 | 22646 | 3460 | -544859 | 681469 |
| 141256 | 116312 | 360212 | 34356 | 10987 | 4223 | 2502 | -218956 | 278567 |
| 74291 | 49531 | 155305 | 10512 | 5226 | 2296 | 969 | -81014 | 98628 |
| | | | | | | | | |
| 212682 | 141988 | 533895 | 53653 | 21379 | 11286 | 1339 | -321213 | 432443 |

| 实际使用房屋建筑面积(万平方米) | | 实际拥有产权面积(万平方米) | 流动舞台车演出情况 | | | 政府采购的公益演出活动情况 | | |
|---|---|---|---|---|---|---|---|---|
| | 排练练功用房 | | 流动舞台车数量(辆) | 利用流动舞台车演出场次(万场次) | 利用流动舞台车演出观众人次(万人次) | 演出场次(万场次) | 演出观众人次(万人次) | 演出补贴收入(千元) |
| **141.39** | **33.59** | **80.09** | **365** | **2.42** | **1886.83** | **4.38** | **3376.96** | **441264** |
| | | | | | | | | |
| 4.03 | 0.25 | 4.03 | | | | 0.00 | 0.84 | 1566 |
| 49.31 | 11.43 | 34.87 | 38 | 0.19 | 163.96 | 0.93 | 534.84 | 184509 |
| 56.93 | 14.38 | 24.09 | 104 | 0.54 | 418.79 | 1.41 | 1153.06 | 167807 |
| 31.12 | 7.53 | 17.10 | 223 | 1.69 | 1304.09 | 2.04 | 1688.21 | 87382 |
| | | | | | | | | |
| 16.48 | 3.08 | 9.24 | 14 | 0.05 | 39.66 | 0.27 | 159.79 | 28788 |
| 1.93 | 0.26 | 0.81 | 1 | | | 0.05 | 21.45 | 3472 |
| 55.05 | 14.44 | 32.26 | 106 | 0.50 | 350.09 | 1.26 | 942.10 | 188200 |
| 9.97 | 1.00 | 5.02 | 9 | 0.06 | 29.15 | 0.21 | 80.17 | 17386 |
| 8.09 | 0.90 | 5.02 | 9 | 0.06 | 29.15 | 0.21 | 80.17 | 17386 |
| 27.83 | 6.20 | 15.86 | 170 | 1.46 | 1193.93 | 1.92 | 1648.50 | 107520 |
| 9.03 | 3.96 | 6.52 | 7 | 0.05 | 18.19 | 0.11 | 63.35 | 15876 |
| 3.26 | 0.74 | 2.27 | 2 | | | 0.11 | 59.74 | 13937 |
| | | | | | | | | |
| 19.77 | 4.18 | 8.93 | 57 | 0.30 | 255.81 | 0.51 | 423.32 | 69557 |

# 2017年非公有制艺术

| 指　　标 | 机构数（个） | 从业人员（人） | 专业技术人才 | 演员数 | 国内演出场次（万场次） |
|---|---|---|---|---|---|
| **总　　计** | | **282793** | **84462** | **193183** | **251.75** |
| **按剧种分** | | | | | |
| 话剧、儿童剧、滑稽剧类 | 2384 | 43187 | 15551 | 28105 | 54.20 |
| 其中：儿童剧团 | 61 | 969 | 372 | 506 | 0.58 |
| 歌舞、音乐类 | 1715 | 40826 | 11760 | 28506 | 19.73 |
| 京剧、昆曲类 | 82 | 2231 | 602 | 1808 | 1.45 |
| 其中：京剧 | 75 | 2079 | 547 | 1697 | 1.33 |
| 地方戏曲类 | 3123 | 83124 | 22912 | 53861 | 60.83 |
| 杂技、魔术、马戏类 | 341 | 7396 | 3726 | 5436 | 10.45 |
| 曲艺类 | 674 | 11312 | 3554 | 7494 | 12.82 |
| 乌兰牧骑 | 1 | 10 | 9 | 9 | 0.02 |
| 综合性艺术表演团体 | 5263 | 94707 | 26348 | 67964 | 92.26 |

续表

| 指　　标 | 城市演出收入 | 国外演出收入 | 营业成本 | 养老、医疗、失业等各种社会保险费 | 本年发放工资总额 |
|---|---|---|---|---|---|
| **总　　计** | **6649779** | **149070** | **9579449** | **348471** | **5050100** |
| **按剧种分** | | | | | |
| 话剧、儿童剧、滑稽剧类 | 475132 | 19780 | 975734 | 69631 | 570174 |
| 其中：儿童剧团 | 52920 | | 51930 | 3274 | 28202 |
| 歌舞、音乐类 | 1659728 | 84700 | 1747119 | 87733 | 801798 |
| 京剧、昆曲类 | 12656 | | 62822 | 1310 | 49564 |
| 其中：京剧 | 9530 | | 56121 | 820 | 45268 |
| 地方戏曲类 | 266212 | 12500 | 1961375 | 49149 | 1592315 |
| 杂技、魔术、马戏类 | 205474 | 7360 | 256306 | 8554 | 189877 |
| 曲艺类 | 98327 | 200 | 197751 | 9504 | 121007 |
| 乌兰牧骑 | | | 270 | | 270 |
| 综合性艺术表演团体 | 3932250 | 24530 | 4378072 | 122590 | 1725095 |

# 表演团体基本情况

| 农村演出场次 | 国外演出场次(万场次) | 国内演出观众人次(万人次) | 农村观众人次 | 经营情况(千元) | | | |
|---|---|---|---|---|---|---|---|
| | | | | 营业收入 | 企业赞助收入 | 演出收入 | 农村演出收入 |
| **157.91** | **12.14** | **88553.54** | **60058.98** | **13756415** | **198127** | **11808575** | **4198016** |
| 27.55 | 3.58 | 8786.35 | 5057.72 | 1300987 | 47362 | 1094827 | 502988 |
| 0.03 | | 236.73 | 10.19 | 72895 | 1270 | 55208 | 2189 |
| 9.25 | 1.74 | 8168.08 | 3452.54 | 3078243 | 76533 | 2522467 | 274375 |
| 1.33 | | 1221.51 | 1114.45 | 72195 | 140 | 71574 | 57296 |
| 1.24 | | 1170.94 | 1075.43 | 64951 | 140 | 64671 | 53521 |
| 51.18 | 4.69 | 28313.94 | 24455.14 | 2299847 | 23192 | 2214718 | 1914833 |
| 4.41 | 0.18 | 3558.25 | 1312.40 | 319790 | 7990 | 305972 | 92080 |
| 8.21 | 1.27 | 3269.13 | 2098.67 | 264106 | 5705 | 233760 | 123084 |
| 0.02 | | 2.00 | 2.00 | 300 | | 300 | 300 |
| 55.97 | 0.68 | 35234.27 | 22566.05 | 6420947 | 37205 | 5364957 | 1233060 |

| 本年应交税金总额 | 营业利润 | 国外演出利润 | 营业外收入 | 政府补贴 | 资产总计(千元) | 实际使用房屋建筑面积(万平方米) |
|---|---|---|---|---|---|---|
| **1079398** | **4178270** | **16480** | **684544** | **437655** | **35334845** | **412.33** |
| 43680 | 325268 | 8150 | 107770 | 38353 | 4215364 | 74.09 |
| 2889 | 20968 | | 5452 | 4434 | 2224543 | 2.25 |
| 283623 | 1331126 | 210 | 228197 | 184695 | 7973248 | 78.58 |
| 1030 | 9375 | 160 | 964 | 929 | 83438 | 1.24 |
| 762 | 8831 | 160 | 933 | 898 | 78298 | 1.11 |
| 29873 | 339726 | 870 | 104983 | 67509 | 2037815 | 88.69 |
| 11784 | 63486 | 3120 | 7713 | 1757 | 273566 | 15.48 |
| 8860 | 66357 | 10 | 20027 | 7094 | 1537092 | 15.19 |
| | 30 | | | | 250 | 0.01 |
| 700548 | 2042902 | 3960 | 214890 | 137318 | 19214072 | 139.06 |

# 2017年全国艺术表演

| 指　　标 | 机构数（个） | 从业人员（人） | 专业技术人才 | 座席数（个） | 演(映)出场次合计（万场次） | 艺术演出场次 | 惠民演出 |
|---|---|---|---|---|---|---|---|
| **总　　计** | **2455** | **53765** | **14370** | **1796055** | **141.99** | **21.18** | **3.42** |
| 其中：附属剧场 | 698 | 15601 | 4852 | 539998 | 26.00 | 7.14 | 0.96 |
| 儿童剧场 | 880 | 28230 | 7145 | 721148 | 34.86 | 12.34 | 1.37 |
| **按单位类型分** | | | | | | | |
| 公有制 | 1345 | 24987 | 7199 | 1033784 | 107.93 | 8.86 | 2.20 |
| 其中：文化部门 | 1253 | 21332 | 6271 | 909868 | 85.03 | 7.10 | 2.05 |
| 其他部门 | 92 | 3655 | 928 | 123916 | 22.90 | 1.76 | 0.15 |
| 非公有制 | 1110 | 28778 | 7171 | 762271 | 34.05 | 12.32 | 1.22 |
| **按机构类型分** | | | | | | | |
| 剧场 | 1084 | 25841 | 8061 | 728034 | 28.27 | 8.66 | 1.85 |
| 影剧院 | 627 | 9309 | 2179 | 451774 | 94.24 | 3.48 | 0.70 |
| 书场、曲艺场 | 29 | 589 | 226 | 4656 | 0.60 | 0.56 | 0.01 |
| 杂技、马戏场 | 8 | 474 | 195 | 11712 | 0.11 | 0.10 | 0.01 |
| 音乐厅 | 40 | 1556 | 394 | 24577 | 1.99 | 1.77 | 0.11 |
| 综合性 | 303 | 10590 | 2130 | 230499 | 10.37 | 4.20 | 0.45 |
| 其他艺术表演场馆 | 364 | 5406 | 1185 | 344803 | 6.41 | 2.40 | 0.29 |
| **按隶属关系分** | | | | | | | |
| 中央 | 7 | 238 | 19 | 6592 | 0.13 | 0.12 | 0.05 |
| 省、区、市 | 117 | 5010 | 1836 | 90644 | 13.64 | 1.42 | 0.39 |
| 地、市 | 372 | 9046 | 2413 | 261535 | 43.62 | 3.75 | 0.69 |
| 县、市、区 | 1959 | 39471 | 10102 | 1437284 | 84.61 | 15.89 | 2.29 |

# 场馆基本情况

| 观众人次合计(万人次) | 艺术演出观众 | 本年收入合计(千元) | 财政拨款 | 艺术演出收入 | 本年支出合计(千元) | 资产总计(千元) | 实际使用房屋建筑面积(万平方米) | 演(映)出业务用房 |
|---|---|---|---|---|---|---|---|---|
| **13453.80** | **3234.22** | **12430063** | **2542869** | **4327539** | **10298576** | **42334482** | **1247.72** | **568.02** |
| 3361.69 | 448.71 | 3160043 | 193653 | 1261442 | 2592972 | 13901508 | 310.37 | 98.26 |
| 6421.05 | 80.86 | 6795652 | 347677 | 3094026 | 4851446 | 15262936 | 404.00 | 161.81 |
| | | | | | | | | |
| 6792.66 | 3234.22 | 5679536 | 2243444 | 1237759 | 5492360 | 26941077 | 837.83 | 413.48 |
| 5637.06 | 2713.24 | 3578370 | 1448468 | 691504 | 3412096 | 16853436 | 665.51 | 344.62 |
| 1155.60 | 520.99 | 2101166 | 794976 | 546255 | 2080264 | 10087641 | 172.32 | 68.86 |
| 6661.14 | | 6750527 | 299425 | 3089780 | 4806216 | 15393405 | 409.89 | 154.54 |
| | | | | | | | | |
| 6252.63 | 1642.27 | 6449754 | 1577254 | 2799565 | 5212668 | 19092778 | 564.19 | 276.14 |
| 3366.73 | 692.12 | 1348773 | 331146 | 123949 | 1303387 | 4858949 | 240.77 | 124.63 |
| 51.05 | 10.08 | 45161 | 2648 | 37786 | 42667 | 44464 | 2.37 | 1.00 |
| 114.62 | 9.55 | 204834 | | 195787 | 92740 | 190189 | 2.91 | 1.10 |
| 370.49 | 258.21 | 530578 | 95019 | 292419 | 325830 | 839419 | 33.30 | 14.26 |
| 2256.21 | 533.60 | 3189801 | 509856 | 630281 | 2831325 | 16197700 | 317.93 | 107.04 |
| 1042.07 | 88.40 | 661162 | 26946 | 247752 | 489959 | 1110983 | 86.25 | 43.84 |
| | | | | | | | | |
| 86.40 | 67.30 | 98503 | 635 | 51676 | 90374 | 52347 | 8.24 | 4.53 |
| 1333.74 | 877.88 | 2052176 | 880177 | 531616 | 1853309 | 7452097 | 128.76 | 80.68 |
| 2291.64 | 1086.17 | 2071646 | 722518 | 403189 | 2155952 | 12288934 | 339.93 | 143.75 |
| 9742.02 | 1202.87 | 8207738 | 939539 | 3341058 | 6198941 | 22541104 | 770.79 | 339.06 |

## 2017年全国公有制艺术

| 指标 | 机构数(个) | 从业人员(人) | | | | | 座席数(个) |
|---|---|---|---|---|---|---|---|
| | | | 专业技术人才 | 正高级职称 | 副高级职称 | 中级职称 | |
| **总　计** | **1345** | **24987** | **7199** | **230** | **732** | **2673** | **1033784** |
| 其中:附属剧场 | 194 | 3679 | 1989 | 93 | 323 | 864 | 157668 |
| 儿童剧场 | 34 | 526 | 211 | 5 | 18 | 95 | 25411 |
| **按机构类型分** | | | | | | | |
| 剧场 | 595 | 11628 | 3968 | 146 | 475 | 1545 | 452382 |
| 影剧院 | 583 | 8602 | 2016 | 44 | 150 | 720 | 418814 |
| 书场、曲艺场 | 8 | 21 | | | | | 555 |
| 杂技、马戏场 | 2 | 45 | 18 | | 2 | 6 | 3462 |
| 音乐厅 | 13 | 527 | 152 | 4 | 15 | 35 | 17460 |
| 综合性 | 112 | 3716 | 805 | 25 | 54 | 306 | 124649 |
| 其他艺术表演场馆 | 32 | 448 | 240 | 11 | 36 | 61 | 16462 |
| **按隶属关系分** | | | | | | | |
| 中央 | 7 | 238 | 19 | 1 | 4 | 13 | 6592 |
| 省、区、市 | 117 | 5010 | 1836 | 82 | 321 | 701 | 90644 |
| 地、市 | 372 | 9046 | 2413 | 62 | 246 | 948 | 261535 |
| 县、市、区 | 849 | 10693 | 2931 | 85 | 161 | 1011 | 675013 |

## 2017年全国文化部门所属

| 指标 | 机构数(个) | 从业人员(人) | | | | | 座席数(个) |
|---|---|---|---|---|---|---|---|
| | | | 专业技术人才 | 正高级职称 | 副高级职称 | 中级职称 | |
| **总　计** | **1253** | **21332** | **6271** | **194** | **642** | **2328** | **909868** |
| 其中:附属剧场 | 171 | 2459 | 1628 | 68 | 267 | 677 | 115433 |
| 儿童剧场 | 32 | 510 | 198 | 5 | 17 | 88 | 24952 |
| **按机构类型分** | | | | | | | |
| 剧场 | 554 | 9781 | 3347 | 116 | 401 | 1277 | 388475 |
| 影剧院 | 556 | 8059 | 1940 | 41 | 149 | 703 | 389017 |
| 书场、曲艺场 | 8 | 21 | | | | | 555 |
| 杂技、马戏场 | 2 | 45 | 18 | | 2 | 6 | 3462 |
| 音乐厅 | 11 | 465 | 136 | 4 | 11 | 24 | 14636 |
| 综合性 | 92 | 2557 | 617 | 23 | 43 | 257 | 98421 |
| 其他艺术表演场馆 | 30 | 404 | 213 | 10 | 36 | 61 | 15302 |
| **按隶属关系分** | | | | | | | |
| 中央 | 4 | 94 | | | | | 3138 |
| 省、区、市 | 108 | 3887 | 1410 | 59 | 254 | 507 | 83245 |
| 地、市 | 344 | 7556 | 2112 | 57 | 231 | 884 | 220672 |
| 县、市、区 | 797 | 9795 | 2749 | 78 | 157 | 937 | 602813 |

# 表演场馆基本情况

| 演(映)出场次合计(万场次) | 艺术演出场次 | 惠民演出 | 观众人次合计(万人次) | 艺术演出观众 | 本年收入合计(千元) | 财政拨款 | 艺术演出收入 | 本年支出合计(千元) | 资产总计(千元) | 实际使用房屋建筑面积(万平方米) |
|---|---|---|---|---|---|---|---|---|---|---|
| **107.93** | **8.86** | **2.20** | **6792.66** | **3234.22** | **5679536** | **2243444** | **1237759** | **5492360** | **26941077** | **837.83** |
| 7.78 | 0.94 | 0.41 | 761.37 | 448.71 | 586522 | 108795 | 132379 | 693801 | 7658151 | 151.58 |
| 1.01 | 0.18 | 0.16 | 140.59 | 80.86 | 118078 | 48252 | 21999 | 116104 | 233324 | 28.39 |
| | | | | | | | | | | |
| 15.14 | 3.18 | 1.12 | 2395.38 | 1642.27 | 2828389 | 1322804 | 595101 | 2696960 | 10366462 | 366.14 |
| 85.55 | 3.23 | 0.67 | 3020.57 | 692.12 | 1168559 | 319889 | 116462 | 1168780 | 4538284 | 217.36 |
| 0.15 | 0.15 | | 10.08 | 10.08 | 12473 | 2648 | 9815 | 12287 | 10075 | 0.62 |
| 0.01 | 0.01 | 0.00 | 9.78 | 9.55 | 6392 | | 2728 | 6868 | 126458 | 1.43 |
| 0.32 | 0.28 | 0.09 | 274.41 | 258.21 | 387487 | 79219 | 217148 | 244282 | 719837 | 25.03 |
| 6.61 | 1.91 | 0.27 | 966.27 | 533.60 | 1227144 | 493098 | 283975 | 1311333 | 11050422 | 217.18 |
| 0.16 | 0.11 | 0.05 | 116.17 | 88.40 | 49092 | 25786 | 12530 | 51850 | 129539 | 10.07 |
| | | | | | | | | | | |
| 0.13 | 0.12 | 0.05 | 86.40 | 67.30 | 98503 | 635 | 51676 | 90374 | 52347 | 8.24 |
| 13.64 | 1.42 | 0.39 | 1333.74 | 877.88 | 2052176 | 880177 | 531616 | 1853309 | 7452097 | 128.76 |
| 43.62 | 3.75 | 0.69 | 2291.64 | 1086.17 | 2071646 | 722518 | 403189 | 2155952 | 12288934 | 339.93 |
| 50.55 | 3.57 | 1.07 | 3080.88 | 1202.87 | 1457211 | 640114 | 251278 | 1392725 | 7147699 | 360.90 |

# 艺术表演场馆基本情况

| 演(映)出场次合计(万场次) | 艺术演出场次 | 惠民演出 | 观众人次合计(万人次) | 艺术演出观众 | 本年收入合计(千元) | 财政拨款 | 艺术演出收入 | 本年支出合计(千元) | 资产总计(千元) | 实际使用房屋建筑面积(万平方米) |
|---|---|---|---|---|---|---|---|---|---|---|
| **85.03** | **7.10** | **2.05** | **5637.06** | **2713.24** | **3578370** | **1448468** | **691504** | **3412096** | **16853436** | **665.51** |
| 3.78 | 0.75 | 0.38 | 544.62 | 347.15 | 36671 | 22290 | 8108 | 38542 | 329923 | 67.21 |
| 1.00 | 0.18 | 0.16 | 138.30 | 80.63 | 113001 | 44956 | 21999 | 106709 | 227989 | 27.29 |
| | | | | | | | | | | |
| 14.77 | 2.86 | 1.07 | 2175.27 | 1450.03 | 1672701 | 692406 | 351830 | 1565538 | 7799627 | 313.08 |
| 67.14 | 3.15 | 0.65 | 2461.24 | 591.62 | 986469 | 300900 | 78583 | 974143 | 4291716 | 182.86 |
| 0.15 | 0.15 | | 10.08 | 10.08 | 12473 | 2648 | 9815 | 12287 | 10075 | 0.62 |
| 0.01 | 0.01 | 0.00 | 9.78 | 9.55 | 6392 | | 2728 | 6868 | 126458 | 1.43 |
| 0.26 | 0.23 | 0.08 | 210.83 | 199.13 | 254819 | 79219 | 107650 | 221794 | 707256 | 24.31 |
| 2.56 | 0.61 | 0.20 | 659.52 | 367.43 | 600220 | 349889 | 129447 | 584062 | 3789896 | 133.23 |
| 0.14 | 0.10 | 0.05 | 110.34 | 85.40 | 45296 | 23406 | 11451 | 47404 | 128408 | 9.99 |
| | | | | | | | | | | |
| 0.08 | 0.08 | 0.04 | 48.52 | 33.92 | 33699 | 610 | 16787 | 29848 | 23053 | 3.13 |
| 13.41 | 1.19 | 0.38 | 1188.00 | 732.75 | 1005412 | 350172 | 259768 | 914218 | 5631532 | 101.91 |
| 30.38 | 2.38 | 0.61 | 1679.41 | 836.05 | 1354133 | 560774 | 245303 | 1310179 | 4902632 | 246.62 |
| 41.17 | 3.45 | 1.02 | 2721.13 | 1110.52 | 1185126 | 536912 | 169646 | 1157851 | 6296219 | 313.86 |

# 2017年全国文化部门执行事业会计

| 指　　标 | 机构数(个) | 从业人员(人) | | | |
|---|---|---|---|---|---|
| | | | 专业技术人才 | 正高级职称 | 副高级职称 |
| **总　　计** | **909** | **13476** | **4212** | **132** | **415** |
| 其中:附属剧场 | 130 | 1968 | 1427 | 61 | 230 |
| 　　儿童剧场 | 19 | 155 | 50 | 1 | 2 |
| **按机构类型分** | | | | | |
| 剧场 | 399 | 6198 | 2365 | 79 | 272 |
| 影剧院 | 418 | 5767 | 1417 | 37 | 115 |
| 书场、曲艺场 | 4 | 11 | | | |
| 杂技、马戏场 | 1 | | | | |
| 音乐厅 | 7 | 253 | 61 | 1 | 6 |
| 综合性 | 58 | 1023 | 228 | 14 | 10 |
| 其他艺术表演场馆 | 22 | 224 | 141 | 1 | 12 |
| **按隶属关系分** | | | | | |
| 中央 | | | | | |
| 省、区、市 | 57 | 2444 | 1060 | 49 | 178 |
| 地、市 | 215 | 4005 | 1101 | 17 | 104 |
| 县、市、区 | 637 | 7027 | 2051 | 66 | 133 |

续表 1

| 指　　标 | 财政补贴收入 | 上级补助收入 | 事业收入 | | 经营收入 |
|---|---|---|---|---|---|
| | | | | 演出收入 | |
| **总　　计** | **1047866** | **67507** | **464803** | **242592** | **324676** |
| 其中:附属剧场 | 15418 | 239 | 196 | 36 | 266 |
| 　　儿童剧场 | 11620 | 80 | 3274 | 226 | 4739 |
| **按机构类型分** | | | | | |
| 剧场 | 512496 | 44941 | 245031 | 140080 | 173410 |
| 影剧院 | 254709 | 18284 | 97651 | 28778 | 130000 |
| 书场、曲艺场 | 2532 | | 9148 | 9148 | |
| 杂技、马戏场 | | | | | |
| 音乐厅 | 59819 | 2828 | 59916 | 27966 | |
| 综合性 | 207243 | 1135 | 50663 | 36556 | 20492 |
| 其他艺术表演场馆 | 11067 | 319 | 2394 | 64 | 774 |
| **按隶属关系分** | | | | | |
| 中央 | | | | | |
| 省、区、市 | 284800 | 36009 | 263795 | 167623 | 79922 |
| 地、市 | 364560 | 7330 | 104920 | 43144 | 124945 |
| 县、市、区 | 398506 | 24168 | 96088 | 31825 | 119809 |

# 制度的艺术表演场馆基本情况

| 中级职称 | 座席数(个) | 演(映)出场次合计(万场次) | 艺术演出场次 | 惠民演出 | 观众人次合计(万人次) | 艺术演出观众人次 | 本年收入合计(千元) |
|---|---|---|---|---|---|---|---|
| **1656** | **643879** | **48.73** | **4.68** | **1.43** | **3318.91** | **1722.70** | **2088385** |
| 610 | 89019 | 3.33 | 0.53 | 0.32 | 404.16 | 253.10 | 16148 |
| 24 | 12532 | 0.59 | 0.05 | 0.04 | 57.36 | 30.80 | 23146 |
| | | | | | | | |
| 980 | 280834 | 8.67 | 1.76 | 0.76 | 1375.99 | 919.31 | 1073529 |
| 512 | 291767 | 38.94 | 2.37 | 0.46 | 1422.82 | 457.15 | 572906 |
| | 270 | 0.05 | 0.05 | | 4.31 | 4.31 | 11680 |
| | 900 | | | | | | |
| 15 | 6357 | 0.16 | 0.15 | 0.06 | 113.78 | 104.93 | 127116 |
| 105 | 52827 | 0.83 | 0.30 | 0.12 | 320.71 | 170.53 | 288095 |
| 44 | 10924 | 0.08 | 0.06 | 0.04 | 81.29 | 66.47 | 15059 |
| | | | | | | | |
| | | | | | | | |
| 396 | 47336 | 8.33 | 0.77 | 0.27 | 715.73 | 465.60 | 723449 |
| 503 | 120611 | 14.26 | 1.38 | 0.34 | 762.09 | 394.49 | 651011 |
| 757 | 475932 | 26.14 | 2.54 | 0.82 | 1841.10 | 862.61 | 713925 |

| 附属单位上缴收入 | 其他收入 | 本年支出合计(千元) | 基本支出 | 项目支出 | 经营支出 | 在支出合计中：工资福利支出 | 商品和服务支出 |
|---|---|---|---|---|---|---|---|
| **12683** | **170850** | **1949827** | **1109218** | **509700** | **287422** | **576681** | **721219** |
| | 29 | 14725 | 3382 | 11075 | 266 | 2314 | 4427 |
| | 3433 | 21863 | 17264 | 1010 | 3424 | 8544 | 5674 |
| | | | | | | | |
| 10140 | 87511 | 973693 | 587073 | 233277 | 133215 | 272838 | 422248 |
| 2543 | 69719 | 556599 | 333076 | 87599 | 116639 | 212189 | 163897 |
| | | 11536 | 3203 | 1170 | 7162 | 2733 | 1262 |
| | | | | | | | |
| | 4553 | 98652 | 70581 | 27872 | | 25680 | 58218 |
| | 8562 | 294694 | 103975 | 158972 | 30074 | 56079 | 74289 |
| | 505 | 14653 | 11310 | 810 | 332 | 7162 | 1305 |
| | | | | | | | |
| | | | | | | | |
| | 58923 | 639975 | 398783 | 160007 | 80730 | 132729 | 305701 |
| 2359 | 46897 | 612002 | 284536 | 194471 | 118487 | 184048 | 205716 |
| 10324 | 65030 | 697850 | 425899 | 155222 | 88205 | 259904 | 209802 |

续表 2

| 指　　标 | 差旅费 | 劳务费 | 福利费 | 各种税金支出 | 对个人和家庭补助支出 |
|---|---|---|---|---|---|
| **总　　计** | **7163** | **55583** | **11156** | **42736** | **113391** |
| 其中:附属剧场 | 5 | | 447 | | 923 |
| 儿童剧场 | 51 | 595 | 150 | 1241 | 3176 |
| **按机构类型分** | | | | | |
| 剧场 | 4164 | 28364 | 5469 | 23909 | 52345 |
| 影剧院 | 1742 | 19491 | 4138 | 14052 | 42999 |
| 书场、曲艺场 | 15 | 96 | 39 | | 349 |
| 杂技、马戏场 | | | | | |
| 音乐厅 | 297 | 4734 | 671 | 1631 | 9237 |
| 综合性 | 817 | 2821 | 836 | 2771 | 6757 |
| 其他艺术表演场馆 | 128 | 77 | 3 | 373 | 1704 |
| **按隶属关系分** | | | | | |
| 中央 | | | | | |
| 省、区、市 | 1515 | 17605 | 3436 | 21096 | 18087 |
| 地、市 | 3156 | 15969 | 3674 | 11175 | 49525 |
| 县、市、区 | 2492 | 22009 | 4046 | 10465 | 45779 |

# 2017年全国文化部门执行企业会计

| 指　　标 | 机构数(个) | 从业人员(人) | 专业技术人才 | 正高级职称 | 副高级职称 | 中级职称 | 座席数(个) | 演(映)出场次合计(万场次) |
|---|---|---|---|---|---|---|---|---|
| **总　　计** | **344** | **7856** | **2059** | **62** | **227** | **672** | **265989** | **36.31** |
| 其中:附属剧场 | 41 | 491 | 201 | 7 | 37 | 67 | 26414 | 0.45 |
| 儿童剧场 | 13 | 355 | 148 | 4 | 15 | 64 | 12420 | 0.42 |
| **按机构类型分** | | | | | | | | |
| 剧场 | 155 | 3583 | 982 | 37 | 129 | 297 | 107641 | 6.10 |
| 影剧院 | 138 | 2292 | 523 | 4 | 34 | 191 | 97250 | 28.20 |
| 书场、曲艺场 | 4 | 10 | | | | | 285 | 0.10 |
| 杂技、马戏场 | 1 | 45 | 18 | | 2 | 6 | 2562 | 0.01 |
| 音乐厅 | 4 | 212 | 75 | 3 | 5 | 9 | 8279 | 0.10 |
| 综合性 | 34 | 1534 | 389 | 9 | 33 | 152 | 45594 | 1.73 |
| 其他艺术表演场馆 | 8 | 180 | 72 | 9 | 24 | 17 | 4378 | 0.06 |
| **按隶属关系分** | | | | | | | | |
| 中央 | 4 | 94 | | | | | 3138 | 0.08 |
| 省、区、市 | 51 | 1443 | 350 | 10 | 76 | 111 | 35909 | 5.08 |
| 地、市 | 129 | 3551 | 1011 | 40 | 127 | 381 | 100061 | 16.12 |
| 县、市、区 | 160 | 2768 | 698 | 12 | 24 | 180 | 126881 | 15.03 |

| 抚恤金和生活补助 | 其他资本性支出 | 各种设备、交通工具、图书购置费 | 资产总计(千元) | 固定资产原价 | 实际使用房屋建筑面积(万平方米) | 演(映)出业务用房 | 实际拥有产权面积(万平方米) |
|---|---|---|---|---|---|---|---|
| **8375** | **170027** | **30143** | **11677322** | **8896822** | **389.26** | **213.05** | **212.69** |
| 28 | | | 1794 | 221 | 46.14 | 27.10 | 18.01 |
| 416 | 959 | | 144254 | 86026 | 6.14 | 3.28 | 3.19 |
| | | | | | | | |
| 3214 | 49767 | 10040 | 5807206 | 4409519 | 191.60 | 101.08 | 105.14 |
| 4450 | 40683 | 11151 | 2989456 | 2504892 | 126.45 | 69.42 | 78.80 |
| 12 | 30 | | 9063 | 6072 | 0.40 | 0.10 | 0.08 |
| | | | | | 0.13 | 0.13 | 0.13 |
| 16 | 5516 | 5198 | 618879 | 445045 | 9.17 | 4.50 | 2.10 |
| 282 | 72560 | 2301 | 2222301 | 1501686 | 56.80 | 35.63 | 23.96 |
| 401 | 1471 | 1453 | 30417 | 29608 | 4.71 | 2.20 | 2.49 |
| | | | | | | | |
| -1831 | 86019 | 6765 | 4622407 | 2697166 | 56.76 | 39.93 | 31.57 |
| 2535 | 39964 | 11249 | 3017139 | 2616940 | 121.45 | 59.04 | 63.04 |
| 7671 | 44044 | 12129 | 4037776 | 3582716 | 211.05 | 114.08 | 118.08 |

# 制度的艺术表演场馆基本情况

| | | | | 资产、负债、所有者权益(千元) | | | | | | |
|---|---|---|---|---|---|---|---|---|---|---|
| 艺术演出场次 | 惠民演出 | 观众人次合计(万人次) | 艺术演出观众人次 | 资产总计 | 固定资产原价 | 当年提取的折旧总额 | 负债合计 | 所有者权益合计 | 实收资本(股本) | 国家资本 |
| **2.42** | **0.62** | **2318.15** | **990.54** | **5176114** | **3667848** | **190711** | **2375598** | **2800516** | **1311382** | **1121532** |
| 0.21 | 0.06 | 140.46 | 94.06 | 328129 | 259843 | 20385 | 80068 | 248061 | 76891 | 63353 |
| 0.13 | 0.12 | 80.94 | 49.83 | 83735 | 31121 | 1789 | 60362 | 23373 | 24258 | 17958 |
| | | | | | | | | | | |
| 1.10 | 0.32 | 799.28 | 530.72 | 1992421 | 1564006 | 77066 | 1107355 | 885066 | 601664 | 533733 |
| 0.78 | 0.19 | 1038.41 | 134.48 | 1302260 | 904811 | 83408 | 620808 | 681452 | 396729 | 362602 |
| 0.10 | | 5.77 | 5.77 | 1012 | 406 | | 113 | 899 | 676 | |
| 0.01 | 0.00 | 9.78 | 9.55 | 126458 | 39024 | 611 | 2244 | 124214 | 1350 | 1350 |
| 0.08 | 0.02 | 97.05 | 94.20 | 88377 | 14702 | 3959 | 59463 | 28914 | 6051 | 2501 |
| 0.31 | 0.08 | 338.80 | 196.90 | 1567595 | 1047084 | 21022 | 564101 | 1003494 | 250947 | 168381 |
| 0.04 | 0.01 | 29.05 | 18.93 | 97991 | 97815 | 4645 | 21514 | 76477 | 53965 | 52965 |
| | | | | | | | | | | |
| 0.08 | 0.04 | 48.52 | 33.92 | 23053 | 7442 | 419 | 7518 | 15535 | 10307 | 5307 |
| 0.42 | 0.10 | 472.28 | 267.16 | 1009125 | 825688 | 37000 | 477871 | 531254 | 290941 | 277596 |
| 1.00 | 0.28 | 917.32 | 441.56 | 1885493 | 976003 | 92775 | 813305 | 1072188 | 389496 | 300651 |
| 0.91 | 0.20 | 880.03 | 247.91 | 2258443 | 1858715 | 60517 | 1076904 | 1181539 | 620638 | 537978 |

续表

| 指　　标 | 损益(千元) | | | | | | | |
|---|---|---|---|---|---|---|---|---|
| | 营业收入 | 艺术演出收入 | 营业成本 | 养老、医疗、失业等保险费 | 住房公积金和住房补贴 | 差旅费 | 工会经费 | 营业利润 |
| **总　　计** | **1033929** | **448912** | **1438750** | **87505** | **31371** | **8780** | **4038** | **-404821** |
| 其中:附属剧场 | 13503 | 8072 | 23180 | 1321 | 422 | 87 | 123 | -9677 |
| 儿童剧场 | 56260 | 21773 | 80986 | 4417 | 1028 | 250 | 234 | -24726 |
| **按机构类型分** | | | | | | | | |
| 剧场 | 394025 | 211750 | 581846 | 33428 | 11474 | 2633 | 1632 | -187821 |
| 影剧院 | 346809 | 49805 | 410780 | 29619 | 11133 | 929 | 891 | -63971 |
| 书场、曲艺场 | 667 | 667 | 751 | | | | | -84 |
| 杂技、马戏场 | 5587 | 2728 | 6868 | 375 | 201 | 55 | 24 | -1281 |
| 音乐厅 | 108227 | 79684 | 122132 | 2761 | 1110 | 436 | 332 | -13905 |
| 综合性 | 160884 | 92891 | 285321 | 20280 | 6781 | 3575 | 1022 | -124437 |
| 其他艺术表演场馆 | 17730 | 11387 | 31052 | 1042 | 672 | 1152 | 137 | -13322 |
| **按隶属关系分** | | | | | | | | |
| 中央 | 33089 | 16787 | 29808 | 706 | 265 | 3 | | 3281 |
| 省、区、市 | 203290 | 92145 | 268642 | 13945 | 5851 | 1943 | 874 | -65352 |
| 地、市 | 480910 | 202159 | 690035 | 40931 | 15830 | 5197 | 1943 | -209125 |
| 县、市、区 | 316640 | 137821 | 450265 | 31923 | 9425 | 1637 | 1221 | -133625 |

# 2017年非公有制艺术表演

| 指　　标 | 机构数(个) | 从业人员(人) | 专业技术人才 | 座席数(个) | 演(映)出场次合计(万场次) | 艺术演出场次 | 惠民演出 | 观众人次合计(万人次) | 营业收入 |
|---|---|---|---|---|---|---|---|---|---|
| **总　　计** | **1110** | **28778** | **7171** | **762271** | **34.05** | **12.32** | **1.22** | **6661.14** | **6264794** |
| **按机构类型分** | | | | | | | | | |
| 剧场 | 489 | 14213 | 4093 | 275652 | 13.13 | 5.49 | 0.74 | 3857.25 | 3319710 |
| 影剧院 | 44 | 707 | 163 | 32960 | 8.69 | 0.25 | 0.03 | 346.16 | 148838 |
| 书场、曲艺场 | 21 | 568 | 226 | 4101 | 0.45 | 0.41 | 0.01 | 40.97 | 31936 |
| 杂技、马戏场 | 6 | 429 | 177 | 8250 | 0.10 | 0.09 | 0.01 | 104.84 | 198159 |
| 音乐厅 | 27 | 1029 | 242 | 7117 | 1.67 | 1.50 | 0.02 | 96.09 | 113556 |
| 综合性 | 191 | 6874 | 1325 | 105850 | 3.76 | 2.29 | 0.18 | 1289.95 | 1913831 |
| 其他艺术表演场馆 | 332 | 4958 | 945 | 328341 | 6.26 | 2.29 | 0.24 | 925.90 | 538764 |

| 营业外收入 | | 营业外支出 | 利润总额 | 工资、福利费、税金(千元) | | | 实际使用房屋建筑面积(万平方米) | | 实际拥有产权面积(万平方米) |
|---|---|---|---|---|---|---|---|---|---|
| | 政府补助(补贴收入) | | | 本年发放工资总额 | 本年发放福利费总额 | 本年应交税金 | | 演(映)出业务用房 | |
| **456056** | **400602** | **23519** | **27716** | **380019** | **27803** | **64768** | **276.25** | **131.57** | **138.84** |
| 7020 | 6872 | 637 | -3294 | 5915 | 160 | 480 | 21.07 | 11.93 | 7.57 |
| 33595 | 33336 | 3860 | 5009 | 20926 | 4541 | 1281 | 21.14 | 10.97 | 5.27 |
| | | | | | | | | | |
| 205147 | 179910 | 9999 | 7327 | 165534 | 11555 | 32006 | 121.48 | 53.96 | 45.52 |
| 66754 | 46191 | 6764 | -3981 | 104368 | 6088 | 17416 | 56.41 | 33.50 | 39.70 |
| 126 | 116 | | 42 | 274 | 1 | 28 | 0.22 | 0.10 | 0.01 |
| 805 | | | -476 | 2894 | | 377 | 1.31 | 0.62 | 1.31 |
| 19476 | 19400 | 1010 | 4561 | 21680 | 4553 | 6227 | 15.14 | 5.88 | 4.14 |
| 151241 | 142646 | 4047 | 22757 | 73378 | 5493 | 7810 | 76.43 | 34.51 | 45.18 |
| 12507 | 12339 | 1699 | -2514 | 11891 | 113 | 904 | 5.28 | 3.00 | 2.98 |
| | | | | | | | | | |
| 610 | 610 | 40 | 3851 | 3302 | 174 | 714 | 3.13 | 0.77 | 1.33 |
| 78673 | 65372 | 5601 | 7720 | 75022 | 4091 | 10682 | 45.15 | 17.65 | 28.57 |
| 222212 | 196214 | 8142 | 4945 | 188663 | 15739 | 27659 | 125.17 | 61.91 | 52.34 |
| 154561 | 138406 | 9736 | 11200 | 113032 | 7799 | 25713 | 102.81 | 51.24 | 56.61 |

# 场馆基本情况

| 经营情况(千元) | | | | | | | | 资产总计(千元) | 实际使用房屋建筑面积(万平方米) | |
|---|---|---|---|---|---|---|---|---|---|---|
| 艺术演出收入 | 营业成本 | 养老、医疗、失业等各种社会保险费 | 本年发放工资总额 | 本年应交税金总额 | 营业利润 | 营业外收入 | 政府补贴 | | | 演(映)出业务用房 |
| **3089780** | **4806216** | **193046** | **1295464** | **478793** | **1458591** | **485733** | **299425** | **15393405** | **409.89** | **154.54** |
| | | | | | | | | | | |
| 2204464 | 2515708 | 115231 | 693699 | 308414 | 804009 | 301655 | 254450 | 8726316 | 198.05 | 80.83 |
| 7487 | 134607 | 5574 | 32031 | 7762 | 14237 | 31376 | 11257 | 320665 | 23.40 | 8.96 |
| 27971 | 30380 | 1107 | 10909 | 1514 | 1556 | 752 | | 34389 | 1.75 | 0.80 |
| 193059 | 85872 | 1142 | 16577 | 1786 | 112287 | 283 | | 63731 | 1.48 | 0.36 |
| 75271 | 81548 | 2856 | 22494 | 4260 | 32009 | 29535 | 15800 | 119582 | 8.28 | 3.32 |
| 346306 | 1519992 | 51691 | 305309 | 133088 | 393837 | 48826 | 16758 | 5147278 | 100.75 | 21.73 |
| 235222 | 438109 | 15445 | 214445 | 21969 | 100656 | 73306 | 1160 | 981444 | 76.18 | 38.55 |

# 2017年各地区艺术表演团体

| 地　区 | 总计 | | | | | | |
|---|---|---|---|---|---|---|---|
| | 机构数(个) | 从业人员数(人) | 专业技术人才 | 正高级职称 | 副高级职称 | 中级职称 | 机构数(个) |
| **总　计** | **15742** | **402969** | **166781** | **4820** | **13239** | **29003** | **1544** |
| 北　京 | 451 | 11799 | 4617 | 146 | 257 | 636 | 11 |
| 天　津 | 103 | 3213 | 1772 | 212 | 405 | 631 | 15 |
| 河　北 | 735 | 16617 | 8577 | 169 | 480 | 1053 | 87 |
| 山　西 | 665 | 21055 | 8572 | 104 | 512 | 1329 | 93 |
| 内蒙古 | 206 | 7914 | 5478 | 219 | 675 | 1479 | 97 |
| 辽　宁 | 187 | 4993 | 2836 | 165 | 437 | 1009 | 18 |
| 吉　林 | 68 | 3199 | 2306 | 205 | 445 | 661 | 6 |
| 黑龙江 | 71 | 3682 | 2944 | 299 | 709 | 960 | 27 |
| 上　海 | 199 | 9956 | 4697 | 217 | 586 | 983 | 17 |
| 江　苏 | 628 | 13353 | 7353 | 282 | 840 | 1779 | 93 |
| 浙　江 | 1410 | 43276 | 13205 | 271 | 704 | 1065 | 45 |
| 安　徽 | 2639 | 46573 | 10770 | 92 | 316 | 1022 | 11 |
| 福　建 | 426 | 12788 | 4850 | 124 | 373 | 1093 | 69 |
| 江　西 | 425 | 9701 | 3696 | 26 | 159 | 719 | 41 |
| 山　东 | 772 | 16670 | 8611 | 195 | 844 | 1835 | 87 |
| 河　南 | 1671 | 49300 | 17028 | 182 | 590 | 1517 | 161 |
| 湖　北 | 473 | 11464 | 5564 | 266 | 563 | 1464 | 71 |
| 湖　南 | 534 | 12526 | 5968 | 98 | 345 | 1164 | 76 |
| 广　东 | 390 | 11983 | 5398 | 134 | 382 | 836 | 42 |
| 广　西 | 108 | 4747 | 2097 | 65 | 236 | 421 | 12 |
| 海　南 | 77 | 3827 | 1356 | 8 | 29 | 152 | 14 |
| 重　庆 | 1283 | 15300 | 6692 | 49 | 180 | 249 | 13 |
| 四　川 | 697 | 12945 | 6282 | 51 | 339 | 1066 | 41 |
| 贵　州 | 137 | 3776 | 1820 | 50 | 158 | 349 | 23 |
| 云　南 | 316 | 10093 | 4166 | 112 | 548 | 1114 | 74 |
| 西　藏 | 87 | 2377 | 778 | 24 | 104 | 265 | 85 |
| 陕　西 | 462 | 17981 | 7733 | 153 | 458 | 1250 | 56 |
| 甘　肃 | 286 | 8583 | 3533 | 49 | 270 | 793 | 19 |
| 青　海 | 48 | 1429 | 655 | 5 | 83 | 121 | 12 |
| 宁　夏 | 45 | 1666 | 704 | 28 | 56 | 138 | 3 |
| 新　疆 | 127 | 5284 | 3951 | 108 | 433 | 1119 | 110 |

# 机构数和从业人员数

| 按执行会计制度分类 | | | | | | | |
|---|---|---|---|---|---|---|---|
| 事业 | | | | | 企业 | | |
| 从业人员数（人） | 专业技术人才 | | | | 机构数（个） | 从业人员数（人） | 专业技术人才 |
| | | 正高级职称 | 副高级职称 | 中级职称 | | | |
| **82286** | **56913** | **3286** | **9334** | **20569** | **14198** | **320683** | **109868** |
| 1171 | 866 | 86 | 131 | 307 | 440 | 10628 | 3751 |
| 1915 | 1465 | 212 | 405 | 631 | 88 | 1298 | 307 |
| 3152 | 2043 | 81 | 293 | 739 | 648 | 13465 | 6534 |
| 4741 | 2959 | 53 | 340 | 957 | 572 | 16314 | 5613 |
| 5701 | 4612 | 219 | 675 | 1479 | 109 | 2213 | 866 |
| 1611 | 1209 | 111 | 272 | 520 | 169 | 3382 | 1627 |
| 907 | 770 | 119 | 219 | 284 | 62 | 2292 | 1536 |
| 2040 | 1722 | 182 | 469 | 624 | 44 | 1642 | 1222 |
| 2341 | 1943 | 167 | 473 | 709 | 182 | 7615 | 2754 |
| 3308 | 2638 | 116 | 446 | 1007 | 535 | 10045 | 4715 |
| 2856 | 2251 | 211 | 551 | 754 | 1365 | 40420 | 10954 |
| 586 | 483 | 16 | 75 | 178 | 2628 | 45987 | 10287 |
| 3645 | 2640 | 121 | 370 | 1071 | 357 | 9143 | 2210 |
| 1313 | 1015 | 9 | 76 | 370 | 384 | 8388 | 2681 |
| 4605 | 3798 | 161 | 713 | 1544 | 685 | 12065 | 4813 |
| 7739 | 3459 | 154 | 491 | 1296 | 1510 | 41561 | 13569 |
| 3707 | 2510 | 116 | 263 | 1076 | 402 | 7757 | 3054 |
| 2934 | 2209 | 81 | 274 | 895 | 458 | 9592 | 3759 |
| 2284 | 1287 | 62 | 183 | 469 | 348 | 9699 | 4111 |
| 806 | 727 | 33 | 127 | 222 | 96 | 3941 | 1370 |
| 737 | 418 | 7 | 20 | 89 | 63 | 3090 | 938 |
| 619 | 497 | 25 | 91 | 138 | 1270 | 14681 | 6195 |
| 2442 | 1955 | 43 | 303 | 963 | 656 | 10503 | 4327 |
| 620 | 350 | 12 | 32 | 74 | 114 | 3156 | 1470 |
| 3250 | 2405 | 109 | 476 | 995 | 242 | 6843 | 1761 |
| 2322 | 776 | 24 | 104 | 265 | 2 | 55 | 2 |
| 3432 | 2272 | 50 | 190 | 643 | 406 | 14549 | 5461 |
| 1424 | 964 | 17 | 168 | 422 | 267 | 7159 | 2569 |
| 471 | 375 | 5 | 67 | 95 | 36 | 958 | 280 |
| 42 | 37 | | 3 | 7 | 42 | 1624 | 667 |
| 5162 | 3880 | 108 | 433 | 1119 | 17 | 122 | 71 |

续表

| 地区 | | | | 按单位所属部门分 | | | |
|---|---|---|---|---|---|---|---|
| | | | | 文化部门 | | | |
| | | | | 机构数（个） | 从业人员数（人） | 专业技术人才 | |
| | 正高级职称 | 副高级职称 | 中级职称 | | | | 正高级职称 |
| **总　计** | **1534** | **3905** | **8434** | **2074** | **115593** | **80176** | **4715** |
| 北　京 | 60 | 126 | 329 | 20 | 2327 | 1740 | 146 |
| 天　津 | | | | 15 | 1915 | 1465 | 212 |
| 河　北 | 88 | 187 | 314 | 123 | 4704 | 2988 | 169 |
| 山　西 | 51 | 172 | 372 | 149 | 7694 | 4437 | 104 |
| 内蒙古 | | | | 98 | 5703 | 4612 | 219 |
| 辽　宁 | 54 | 165 | 489 | 34 | 2934 | 2264 | 165 |
| 吉　林 | 86 | 226 | 377 | 44 | 2416 | 1902 | 205 |
| 黑龙江 | 117 | 240 | 336 | 37 | 3303 | 2758 | 299 |
| 上　海 | 50 | 113 | 274 | 21 | 3014 | 2351 | 212 |
| 江　苏 | 166 | 394 | 772 | 126 | 5830 | 4758 | 282 |
| 浙　江 | 60 | 153 | 311 | 59 | 4055 | 3039 | 271 |
| 安　徽 | 76 | 241 | 844 | 45 | 2953 | 2371 | 90 |
| 福　建 | 3 | 3 | 22 | 70 | 3706 | 2653 | 124 |
| 江　西 | 17 | 83 | 349 | 70 | 2258 | 1748 | 15 |
| 山　东 | 34 | 131 | 291 | 103 | 5557 | 4564 | 193 |
| 河　南 | 28 | 99 | 221 | 174 | 8792 | 4092 | 182 |
| 湖　北 | 150 | 300 | 388 | 87 | 5482 | 3855 | 266 |
| 湖　南 | 17 | 71 | 269 | 99 | 3999 | 2947 | 98 |
| 广　东 | 72 | 199 | 367 | 69 | 4154 | 2408 | 134 |
| 广　西 | 32 | 109 | 199 | 21 | 1298 | 1066 | 38 |
| 海　南 | 1 | 9 | 63 | 19 | 1051 | 610 | 8 |
| 重　庆 | 24 | 89 | 111 | 22 | 1488 | 952 | 49 |
| 四　川 | 8 | 36 | 103 | 52 | 3253 | 2395 | 51 |
| 贵　州 | 38 | 126 | 275 | 40 | 1647 | 1022 | 50 |
| 云　南 | 3 | 72 | 119 | 88 | 3660 | 2627 | 112 |
| 西　藏 | | | | 85 | 2322 | 776 | 24 |
| 陕　西 | 103 | 268 | 607 | 89 | 6155 | 4042 | 141 |
| 甘　肃 | 32 | 102 | 371 | 65 | 3620 | 2317 | 49 |
| 青　海 | | 16 | 26 | 16 | 810 | 564 | 5 |
| 宁　夏 | 28 | 53 | 131 | 15 | 893 | 422 | 28 |
| 新　疆 | | | | 110 | 5162 | 3880 | 108 |

| | | 其他部门 | | | | | |
|---|---|---|---|---|---|---|---|
| | | 机构数(个) | 从业人员数(人) | 专业技术人才 | | | |
| 副高级职称 | 中级职称 | | | | 正高级职称 | 副高级职称 | 中级职称 |
| **12994** | **28319** | **13668** | **287376** | **86605** | **105** | **245** | **684** |
| 257 | 636 | 431 | 9472 | 2877 | | | |
| 405 | 631 | 88 | 1298 | 307 | | | |
| 480 | 1001 | 612 | 11913 | 5589 | | | 52 |
| 512 | 1329 | 516 | 13361 | 4135 | | | |
| 675 | 1479 | 108 | 2211 | 866 | | | |
| 437 | 1009 | 153 | 2059 | 572 | | | |
| 445 | 661 | 24 | 783 | 404 | | | |
| 709 | 960 | 34 | 379 | 186 | | | |
| 554 | 903 | 178 | 6942 | 2346 | 5 | 32 | 80 |
| 840 | 1779 | 502 | 7523 | 2595 | | | |
| 704 | 1063 | 1351 | 39221 | 10166 | | | 2 |
| 302 | 949 | 2594 | 43620 | 8399 | 2 | 14 | 73 |
| 372 | 1079 | 356 | 9082 | 2197 | | 1 | 14 |
| 126 | 587 | 355 | 7443 | 1948 | 11 | 33 | 132 |
| 826 | 1793 | 669 | 11113 | 4047 | 2 | 18 | 42 |
| 590 | 1517 | 1497 | 40508 | 12936 | | | |
| 563 | 1464 | 386 | 5982 | 1709 | | | |
| 345 | 1152 | 435 | 8527 | 3021 | | | 12 |
| 379 | 808 | 321 | 7829 | 2990 | | 3 | 28 |
| 174 | 332 | 87 | 3449 | 1031 | 27 | 62 | 89 |
| 29 | 152 | 58 | 2776 | 746 | | | |
| 180 | 249 | 1261 | 13812 | 5740 | | | |
| 339 | 1066 | 645 | 9692 | 3887 | | | |
| 149 | 317 | 97 | 2129 | 798 | | 9 | 32 |
| 539 | 1082 | 228 | 6433 | 1539 | | 9 | 32 |
| 104 | 265 | 2 | 55 | 2 | | | |
| 455 | 1244 | 373 | 11826 | 3691 | 12 | 3 | 6 |
| 270 | 793 | 221 | 4963 | 1216 | | | |
| 83 | 121 | 32 | 619 | 91 | | | |
| 56 | 138 | 30 | 773 | 282 | | | |
| 433 | 1119 | 17 | 122 | 71 | | | |

# 2017年各地区艺术表演团体分剧种机构数

| 地　区 | 总　计 | 话剧、儿童剧、滑稽剧类 | 其中：儿童剧团 | 歌舞、音乐类 | 京剧、昆曲类 | 其中：京剧 | 地方戏曲类 | 杂技、魔术、马戏类 | 曲艺类 | 乌兰牧骑 | 综合性艺术表演团体 |
|---|---|---|---|---|---|---|---|---|---|---|---|
| **总　计** | **15742** | **2444** | **70** | **2404** | **149** | **134** | **4056** | **403** | **738** | **108** | **5440** |
| 北　京 | | 33 | 7 | 24 | 9 | 8 | 23 | 6 | 12 | | 344 |
| 天　津 | 103 | 23 | 1 | 23 | 4 | 4 | 15 | 3 | 11 | | 24 |
| 河　北 | 735 | 90 | 1 | 105 | 14 | 13 | 192 | 97 | 41 | | 196 |
| 山　西 | 665 | 74 | 4 | 114 | 1 | 1 | 267 | 6 | 45 | | 158 |
| 内蒙古 | 206 | 10 | | 35 | | | 15 | | 2 | 71 | 73 |
| 辽　宁 | 187 | 37 | 4 | 29 | 5 | 5 | 10 | 4 | 8 | | 94 |
| 吉　林 | 68 | 10 | 2 | 17 | | | 15 | 1 | 1 | | 24 |
| 黑龙江 | 71 | 6 | 1 | 14 | 1 | 1 | 12 | 5 | 7 | | 26 |
| 上　海 | 199 | 55 | 12 | 48 | 5 | 3 | 34 | 5 | 6 | | 46 |
| 江　苏 | 628 | 121 | 1 | 91 | 16 | 10 | 153 | 52 | 25 | | 170 |
| 浙　江 | 1410 | 177 | 1 | 116 | 34 | 30 | 718 | 10 | 102 | | 253 |
| 安　徽 | 2639 | 428 | 6 | 84 | 4 | 4 | 526 | 46 | 71 | | 1480 |
| 福　建 | 426 | 30 | | 26 | 4 | 4 | 312 | 4 | 24 | | 26 |
| 江　西 | 425 | 120 | | 99 | 2 | 2 | 122 | 7 | 6 | | 69 |
| 山　东 | 772 | 165 | 4 | 66 | 24 | 24 | 204 | 32 | 53 | | 228 |
| 河　南 | 1671 | 396 | 10 | 127 | 3 | 3 | 643 | 79 | 149 | | 274 |
| 湖　北 | 473 | 85 | | 81 | 4 | 4 | 106 | 5 | 15 | | 177 |
| 湖　南 | 534 | 70 | | 130 | 4 | 3 | 139 | 4 | 13 | | 174 |
| 广　东 | 390 | 64 | 5 | 80 | 3 | 3 | 157 | 5 | 21 | | 60 |
| 广　西 | 108 | 14 | 1 | 47 | | | 7 | 2 | 2 | | 36 |
| 海　南 | 77 | 1 | 1 | 24 | | | 32 | 1 | 18 | | 1 |
| 重　庆 | 1283 | 108 | 2 | 251 | 4 | 4 | 11 | 2 | 63 | 1 | 843 |
| 四　川 | 697 | 156 | 1 | 163 | 1 | 1 | 47 | 11 | 11 | | 308 |
| 贵　州 | 137 | 19 | | 71 | 1 | 1 | 8 | 3 | | | 35 |
| 云　南 | 316 | 22 | 1 | 186 | 1 | 1 | 11 | 3 | 1 | | 92 |
| 西　藏 | 87 | 1 | | 48 | | | 1 | | | 32 | 5 |
| 陕　西 | 462 | 64 | 3 | 78 | 1 | 1 | 160 | 4 | 20 | | 135 |
| 甘　肃 | 286 | 42 | | 60 | 1 | 1 | 98 | 1 | 7 | 1 | 76 |
| 青　海 | 48 | 1 | | 36 | | | 3 | | 3 | 1 | 4 |
| 宁　夏 | 45 | 14 | | 13 | 1 | 1 | 11 | 1 | | | 5 |
| 新　疆 | 127 | 6 | 1 | 106 | 1 | 1 | 4 | 4 | 1 | 2 | 3 |

# 2017年各地区艺术表演团体分剧种原创首演剧目数

单位：个

| 地区 | 总计 | 话剧、儿童剧、滑稽剧类 | 其中：儿童剧团 | 歌舞、音乐类 | 京剧、昆曲类 | 其中：京剧 | 地方戏曲类 | 杂技、魔术、马戏类 | 曲艺类 | 乌兰牧骑 | 综合性艺术表演团体 |
|---|---|---|---|---|---|---|---|---|---|---|---|
| **总计** | **1637** | **117** | **20** | **550** | **50** | **44** | **588** | **23** | **64** | **132** | **113** |
| 北京 | | 5 | 2 | 6 | 6 | 3 | 4 | | 3 | | |
| 天津 | 17 | 9 | 5 | 1 | 1 | 1 | 2 | 1 | 3 | | |
| 河北 | 33 | 3 | | 3 | | | 24 | 1 | | | 2 |
| 山西 | 53 | 3 | 1 | 4 | | | 40 | | 5 | | 1 |
| 内蒙古 | 168 | 1 | | 16 | | | 1 | | | 127 | 23 |
| 辽宁 | 23 | 3 | | 14 | 2 | 2 | 2 | | | | 2 |
| 吉林 | 36 | 1 | | 5 | | | 25 | | | | 5 |
| 黑龙江 | 33 | 2 | | 13 | 1 | 1 | 4 | 5 | 2 | | 6 |
| 上海 | 68 | 17 | 3 | 36 | 2 | 2 | 11 | | 2 | | |
| 江苏 | 162 | 3 | | 60 | 5 | 4 | 59 | 5 | 23 | | 7 |
| 浙江 | 43 | 8 | | 9 | 3 | 1 | 20 | | 1 | | 2 |
| 安徽 | 41 | | | 6 | | | 27 | | | | 8 |
| 福建 | 70 | 1 | | 18 | 1 | 1 | 47 | 2 | 1 | | |
| 江西 | 82 | 1 | | 43 | 1 | 1 | 35 | | | | 2 |
| 山东 | 90 | 9 | 3 | 15 | 21 | 21 | 34 | 3 | 4 | | 4 |
| 河南 | 57 | | | 2 | 1 | 1 | 47 | 4 | 1 | | 2 |
| 湖北 | 89 | 8 | | 32 | 2 | 2 | 31 | 1 | 5 | | 10 |
| 湖南 | 57 | 1 | | 15 | | | 37 | | 2 | | 2 |
| 广东 | 63 | 10 | | 18 | | | 29 | | 3 | | 3 |
| 广西 | 8 | | | 3 | | | 1 | | 1 | | 3 |
| 海南 | 8 | | | 4 | | | 4 | | | | |
| 重庆 | 14 | 1 | | 3 | | | 4 | | 3 | | 3 |
| 四川 | 42 | 10 | | 9 | | | 13 | | 3 | | 7 |
| 贵州 | 16 | 1 | | 9 | | | 3 | | | | 3 |
| 云南 | 83 | 1 | | 71 | 1 | 1 | 9 | | | | 1 |
| 西藏 | 14 | | | 7 | | | | | | 5 | 2 |
| 陕西 | 75 | 6 | 2 | 13 | 1 | 1 | 50 | | 2 | | 3 |
| 甘肃 | 42 | 2 | | 14 | | | 23 | 1 | | | 2 |
| 青海 | 6 | | | 4 | | | | | | | 2 |
| 宁夏 | 8 | 1 | | 6 | | | 1 | | | | |
| 新疆 | 49 | 1 | | 43 | 1 | 1 | 1 | | | | 3 |

# 2017年各地区艺术表演团体分剧种国内演出场次

单位：万场次

| 地　区 | 总　计 | 话剧、儿童剧、滑稽剧类 | 其中：儿童剧团 | 歌舞、音乐类 | 京剧、昆曲类 | 其中：京剧 | 地方戏曲类 | 杂技、魔术、马戏类 | 曲艺类 | 乌兰牧骑 | 综合性艺术表演团体 |
|---|---|---|---|---|---|---|---|---|---|---|---|
| **总　计** | **292.15** | **55.49** | **0.87** | **28.84** | **2.65** | **2.39** | **80.29** | **12.14** | **16.44** | **1.09** | **95.21** |
| 北　京 | | 2.80 | 0.10 | 0.16 | 0.18 | 0.15 | 0.19 | 0.15 | 0.31 | | 2.24 |
| 天　津 | 0.90 | 0.09 | 0.03 | 0.12 | 0.04 | 0.04 | 0.19 | 0.04 | 0.32 | | 0.10 |
| 河　北 | 9.49 | 1.21 | 0.00 | 1.25 | 0.12 | 0.08 | 2.89 | 2.33 | 0.32 | | 1.37 |
| 山　西 | 10.16 | 1.04 | 0.14 | 0.99 | 0.02 | 0.02 | 4.91 | 0.10 | 0.55 | | 2.55 |
| 内蒙古 | 2.86 | 0.20 | | 0.36 | | | 0.22 | | 0.05 | 0.84 | 1.20 |
| 辽　宁 | 1.18 | 0.20 | 0.03 | 0.30 | 0.03 | 0.03 | 0.06 | 0.04 | 0.04 | | 0.52 |
| 吉　林 | 0.65 | 0.09 | 0.02 | 0.12 | | | 0.20 | | 0.03 | | 0.21 |
| 黑龙江 | 0.71 | 0.08 | 0.02 | 0.17 | 0.02 | 0.02 | 0.10 | 0.09 | 0.10 | | 0.15 |
| 上　海 | 2.61 | 0.48 | 0.12 | 0.49 | 0.06 | 0.03 | 0.87 | 0.11 | 0.15 | | 0.45 |
| 江　苏 | 10.36 | 0.73 | 0.00 | 1.46 | 0.16 | 0.06 | 2.22 | 1.77 | 2.42 | | 1.59 |
| 浙　江 | 37.02 | 2.34 | 0.00 | 1.78 | 1.25 | 1.20 | 17.09 | 0.05 | 1.68 | | 12.84 |
| 安　徽 | 58.17 | 9.51 | 0.03 | 0.87 | 0.04 | 0.04 | 7.08 | 1.41 | 0.70 | | 38.56 |
| 福　建 | 7.67 | 0.38 | | 0.32 | 0.02 | 0.02 | 6.28 | 0.10 | 0.30 | | 0.27 |
| 江　西 | 6.63 | 1.87 | | 1.39 | 0.02 | 0.02 | 2.14 | 0.08 | 0.13 | | 1.01 |
| 山　东 | 10.82 | 1.97 | 0.04 | 0.80 | 0.35 | 0.35 | 3.40 | 1.15 | 1.13 | | 2.03 |
| 河　南 | 64.66 | 25.16 | 0.05 | 1.05 | 0.02 | 0.02 | 18.58 | 4.08 | 5.99 | | 9.77 |
| 湖　北 | 6.43 | 0.51 | | 1.08 | 0.10 | 0.10 | 2.82 | 0.14 | 0.12 | | 1.68 |
| 湖　南 | 5.98 | 0.66 | | 1.58 | 0.05 | 0.04 | 1.84 | 0.02 | 0.12 | | 1.71 |
| 广　东 | 4.12 | 0.51 | 0.03 | 0.60 | 0.01 | 0.01 | 2.24 | 0.04 | 0.19 | | 0.54 |
| 广　西 | 1.43 | 0.09 | | 0.86 | | | 0.11 | 0.03 | 0.05 | | 0.30 |
| 海　南 | 1.07 | 0.04 | 0.04 | 0.56 | | | 0.33 | 0.00 | 0.14 | | 0.00 |
| 重　庆 | 15.15 | 1.10 | | 2.72 | 0.02 | 0.02 | 0.12 | 0.04 | 1.14 | 0.02 | 10.00 |
| 四　川 | 7.70 | 3.16 | | 0.98 | 0.01 | 0.01 | 0.61 | 0.17 | 0.17 | | 2.61 |
| 贵　州 | 1.46 | 0.09 | | 0.63 | 0.04 | 0.04 | 0.06 | 0.01 | | | 0.63 |
| 云　南 | 5.57 | 0.07 | 0.00 | 4.61 | 0.01 | 0.01 | 0.11 | 0.05 | | | 0.72 |
| 西　藏 | 0.56 | 0.01 | | 0.31 | | | 0.00 | | | 0.20 | 0.03 |
| 陕　西 | 5.91 | 0.71 | 0.15 | 0.75 | 0.01 | 0.01 | 2.83 | 0.08 | 0.13 | | 1.42 |
| 甘　肃 | 2.91 | 0.27 | | 0.47 | 0.01 | 0.01 | 1.47 | 0.01 | 0.12 | 0.00 | 0.57 |
| 青　海 | 0.35 | 0.01 | | 0.30 | | | 0.01 | | 0.01 | 0.00 | 0.02 |
| 宁　夏 | 1.74 | 0.04 | | 0.25 | 0.03 | 0.03 | 1.34 | 0.01 | | | 0.08 |
| 新　疆 | 1.61 | 0.03 | | 1.41 | 0.01 | 0.01 | 0.01 | 0.04 | 0.04 | 0.03 | 0.04 |

# 2017年各地区艺术表演团体分剧种国内演出观众人次

单位：万人次

| 地区 | 总计 | 话剧、儿童剧、滑稽剧类 | 其中：儿童剧团 | 歌舞、音乐类 | 京剧、昆曲类 | 其中：京剧 | 地方戏曲类 | 杂技、魔术、马戏类 | 曲艺类 | 乌兰牧骑 | 综合性艺术表演团体 |
|---|---|---|---|---|---|---|---|---|---|---|---|
| **总计** | **124739.06** | **9579.10** | **413.46** | **17571.01** | **2033.94** | **1914.39** | **47942.32** | **4670.96** | **4291.86** | **766.09** | **37883.78** |
| 北京 | | 188.47 | 65.18 | 51.22 | 75.40 | 59.08 | 176.40 | 84.29 | 65.26 | | 459.69 |
| 天津 | 465.08 | 52.67 | 20.94 | 70.47 | 43.56 | 43.56 | 149.44 | 49.08 | 31.39 | | 68.47 |
| 河北 | 5501.41 | 615.50 | 2.00 | 300.71 | 47.29 | 42.29 | 2058.05 | 1446.07 | 249.12 | | 784.69 |
| 山西 | 5692.74 | 389.38 | 2.63 | 394.40 | 15.21 | 15.21 | 3884.60 | 44.35 | 108.03 | | 856.78 |
| 内蒙古 | 1601.91 | 43.42 | | 136.37 | | | 51.61 | | 5.00 | 580.12 | 785.39 |
| 辽宁 | 517.93 | 52.28 | 12.89 | 122.76 | 17.19 | 17.19 | 30.99 | 33.35 | 5.42 | | 255.93 |
| 吉林 | 426.32 | 21.92 | 0.23 | 85.80 | | | 140.81 | | 20.00 | | 157.80 |
| 黑龙江 | 332.64 | 17.91 | 9.32 | 73.90 | 17.10 | 17.10 | 75.43 | 57.53 | 10.49 | | 80.29 |
| 上海 | 968.88 | 236.04 | 96.92 | 178.29 | 39.05 | 19.96 | 268.76 | 63.13 | 25.34 | | 158.27 |
| 江苏 | 3724.04 | 183.83 | 0.15 | 672.90 | 85.23 | 62.20 | 1316.96 | 362.24 | 383.90 | | 718.98 |
| 浙江 | 20973.18 | 1099.73 | 0.15 | 1023.21 | 1193.01 | 1144.89 | 13057.59 | 32.61 | 561.89 | | 4005.14 |
| 安徽 | 25330.65 | 1948.02 | 10.66 | 467.57 | 17.44 | 17.44 | 2743.49 | 263.20 | 369.14 | | 19521.78 |
| 福建 | 2661.40 | 155.15 | | 123.58 | 10.25 | 10.25 | 2116.98 | 26.98 | 144.22 | | 84.24 |
| 江西 | 3134.12 | 347.17 | | 687.98 | 8.88 | 8.88 | 1388.89 | 18.30 | 22.20 | | 660.70 |
| 山东 | 4838.18 | 426.30 | 38.25 | 567.91 | 277.69 | 277.69 | 2182.09 | 592.96 | 294.21 | | 497.03 |
| 河南 | 15047.97 | 1080.49 | 30.72 | 625.60 | 13.08 | 13.08 | 9372.09 | 1095.42 | 1042.62 | | 1818.67 |
| 湖北 | 4150.71 | 311.71 | | 818.99 | 50.77 | 50.77 | 1854.61 | 97.60 | 98.07 | | 918.95 |
| 湖南 | 2488.13 | 167.80 | | 742.46 | 28.36 | 20.36 | 879.01 | 11.50 | 144.95 | | 514.06 |
| 广东 | 2350.15 | 222.99 | 21.34 | 389.30 | 7.25 | 7.25 | 1425.72 | 51.20 | 78.94 | | 174.74 |
| 广西 | 973.20 | 79.29 | | 436.40 | | | 37.13 | 18.50 | 17.18 | | 384.71 |
| 海南 | 940.68 | 4.00 | 4.00 | 653.88 | | | 225.72 | 1.70 | 54.78 | | 0.60 |
| 重庆 | 3371.00 | 161.34 | | 942.56 | 12.51 | 12.51 | 40.53 | 17.82 | 75.12 | 2.00 | 2119.11 |
| 四川 | 2541.14 | 345.55 | 0.02 | 606.02 | 0.80 | 0.80 | 250.42 | 123.70 | 90.72 | | 1123.92 |
| 贵州 | 2712.61 | 29.89 | | 2350.42 | 21.00 | 21.00 | 93.63 | 7.30 | | | 210.37 |
| 云南 | 2854.58 | 59.74 | 0.36 | 2139.49 | 10.86 | 10.86 | 143.69 | 32.23 | | | 468.58 |
| 西藏 | 428.15 | 8.13 | | 225.05 | | | 2.00 | | | 169.07 | 23.91 |
| 陕西 | 4251.64 | 663.42 | 61.71 | 677.31 | 5.00 | 5.00 | 2266.84 | 90.35 | 25.03 | | 523.70 |
| 甘肃 | 3378.07 | 568.50 | | 462.27 | 4.10 | 4.10 | 1531.23 | 6.70 | 365.95 | 1.00 | 438.32 |
| 青海 | 244.78 | 3.50 | | 233.52 | | | 1.82 | | 0.36 | 4.50 | 1.08 |
| 宁夏 | 388.54 | 19.92 | | 173.88 | 7.03 | 7.03 | 168.60 | 4.00 | | | 15.10 |
| 新疆 | 1093.75 | 14.08 | | 979.24 | 1.88 | 1.88 | 7.20 | 38.85 | 2.56 | 9.40 | 40.53 |

# 2017年各地区艺术表演团体分剧种财政拨款收入

单位：万元

| 地区 | 总计 | 话剧、儿童剧、滑稽剧类 | 其中：儿童剧团 | 歌舞、音乐类 | 京剧、昆曲类 | 其中：京剧 | 地方戏曲类 | 杂技、魔术、马戏类 | 曲艺类 | 乌兰牧骑 | 综合性艺术表演团体 |
|---|---|---|---|---|---|---|---|---|---|---|---|
| **总计** | **1483423** | **99940** | **19225** | **542739** | **139792** | **115928** | **426768** | **50559** | **35584** | **30501** | **157540** |
| 北京 | | 13298 | 1326 | 8575 | 25325 | 16772 | 10215 | 3126 | 1591 | | 3203 |
| 天津 | 40524 | 5691 | 2573 | 11379 | 8699 | 8699 | 8781 | 4147 | 1659 | | 169 |
| 河北 | 36866 | 2324 | | 6680 | 3323 | 3323 | 17919 | 2204 | 319 | | 4097 |
| 山西 | 40741 | 2069 | 186 | 8761 | 1110 | 1110 | 25125 | 434 | 427 | | 2815 |
| 内蒙古 | 86208 | 1225 | | 22107 | | | 2334 | | 6 | 26288 | 34249 |
| 辽宁 | 39754 | 3290 | 2890 | 13049 | 12863 | 12863 | 3203 | 2107 | 32 | | 5211 |
| 吉林 | 27521 | 387 | | 10537 | | | 9236 | | | | 7361 |
| 黑龙江 | 48106 | 3224 | 50 | 12609 | 3511 | 3511 | 8592 | 4253 | 4415 | | 11501 |
| 上海 | 86630 | 10711 | 4338 | 31107 | 19297 | 15656 | 20574 | 3113 | 1486 | | 343 |
| 江苏 | 63976 | 3549 | | 13089 | 8626 | 2118 | 25375 | 3874 | 4981 | | 4483 |
| 浙江 | 73891 | 2685 | | 16649 | 7034 | 3326 | 40319 | 423 | 950 | | 5832 |
| 安徽 | 26661 | 1339 | | 8017 | 2379 | 2379 | 8798 | 1294 | 69 | | 4764 |
| 福建 | 49908 | 1852 | | 15378 | 2756 | 2756 | 22559 | 2280 | 4236 | | 848 |
| 江西 | 21772 | 731 | | 7416 | 1503 | 1503 | 10245 | 517 | 221 | | 1138 |
| 山东 | 76173 | 5076 | 743 | 20587 | 11244 | 11244 | 23132 | 6301 | 767 | | 9066 |
| 河南 | 58386 | 2110 | 348 | 6325 | 1616 | 1616 | 42197 | 1867 | 269 | | 4001 |
| 湖北 | 62864 | 4560 | | 18903 | 8577 | 8577 | 20977 | 2524 | 1129 | | 6194 |
| 湖南 | 47548 | 1713 | | 9540 | 3241 | 1786 | 23550 | 1434 | 1944 | | 6127 |
| 广东 | 71750 | 4081 | 7 | 39232 | 5 | 5 | 21263 | 1693 | 2870 | | 2607 |
| 广西 | 21728 | 20 | | 0 | | | 7923 | 961 | 835 | | 0 |
| 海南 | 10505 | | | 6480 | | | 3985 | | 40 | | |
| 重庆 | 16935 | 1225 | | 5891 | 1436 | 1436 | 4627 | 1074 | 1813 | | 871 |
| 四川 | 47967 | 1792 | | 14830 | | | 13301 | 1858 | 3159 | | 13028 |
| 贵州 | 16596 | 1254 | | 7501 | 1515 | 1515 | 3717 | 900 | | | 1708 |
| 云南 | 51550 | 1694 | | 32654 | 2442 | 2442 | 10734 | | | | 4026 |
| 西藏 | 23014 | 2424 | | 17029 | | | | | | 3163 | 398 |
| 陕西 | 46503 | 2674 | 895 | 13027 | 1119 | 1119 | 23462 | 1436 | 2127 | | 2658 |
| 甘肃 | 28088 | 694 | | 15063 | 415 | 415 | 9591 | 735 | 240 | 507 | 844 |
| 青海 | 7659 | 15 | | 7637 | | | 6 | | 1 | | 1 |
| 宁夏 | 9996 | 584 | | 3650 | 1310 | 1310 | 2187 | | | | 2264 |
| 新疆 | 64806 | 2300 | | 48208 | 1623 | 1623 | 2843 | 2007 | | 543 | 7282 |

# 2017年各地区艺术表演团体分剧种演出收入

单位：万元

| 地　区 | 总　计 | 话剧、儿童剧、滑稽剧类 | 其中：儿童剧团 | 歌舞、音乐类 | 京剧、昆曲类 | 其中：京剧 | 地方戏曲类 | 杂技、魔术、马戏类 | 曲艺类 | 乌兰牧骑 | 综合性艺术表演团体 |
|---|---|---|---|---|---|---|---|---|---|---|---|
| **总　计** | **1476786** | **138953** | **10802** | **374983** | **22053** | **18682** | **305012** | **45946** | **31674** | **327** | **557839** |
| 北　京 | | 6590 | 1908 | 5947 | 5087 | 3773 | 4651 | 2506 | 4414 | | 11668 |
| 天　津 | 5861 | 768 | 231 | 1504 | 913 | 913 | 1129 | 443 | 557 | | 548 |
| 河　北 | 39100 | 4557 | 4 | 4530 | 342 | 182 | 8649 | 10554 | 815 | | 9654 |
| 山　西 | 37032 | 2929 | 50 | 8048 | 481 | 481 | 18183 | 363 | 1229 | | 5800 |
| 内蒙古 | 7820 | 1163 | | 620 | | | 620 | | 40 | 168 | 5211 |
| 辽　宁 | 6157 | 873 | 312 | 2521 | 250 | 250 | 219 | 303 | 66 | | 1926 |
| 吉　林 | 6072 | 590 | 202 | 2704 | | | 1074 | | 600 | | 1104 |
| 黑龙江 | 4475 | 310 | 60 | 1025 | 27 | 27 | 74 | 675 | 1580 | | 784 |
| 上　海 | 56502 | 14362 | 1916 | 29846 | 1841 | 864 | 4891 | 2558 | 645 | | 2360 |
| 江　苏 | 63760 | 6319 | 11 | 33445 | 1201 | 682 | 7888 | 2986 | 1359 | | 10563 |
| 浙　江 | 455685 | 13833 | 200 | 32541 | 6027 | 5626 | 110031 | 645 | 3768 | | 288840 |
| 安　徽 | 119780 | 20225 | 89 | 8288 | 467 | 467 | 22452 | 2259 | 2051 | | 64038 |
| 福　建 | 41409 | 2895 | | 2934 | 128 | 128 | 32839 | 440 | 671 | | 1501 |
| 江　西 | 26030 | 5715 | | 5584 | 20 | 20 | 8339 | 186 | 221 | | 5966 |
| 山　东 | 28799 | 4287 | 309 | 3757 | 767 | 767 | 5490 | 5154 | 2655 | | 6690 |
| 河　南 | 65493 | 11109 | 1012 | 6273 | 109 | 109 | 28906 | 6144 | 3781 | | 9171 |
| 湖　北 | 31095 | 4010 | | 13185 | 217 | 217 | 4505 | 2396 | 986 | | 5796 |
| 湖　南 | 34772 | 2893 | | 20894 | 141 | 141 | 5170 | 321 | 611 | | 4742 |
| 广　东 | 59320 | 8268 | 1341 | 19267 | 199 | 199 | 15661 | 1224 | 1364 | | 13336 |
| 广　西 | 7255 | 1614 | | 2974 | | | 149 | 287 | 191 | | 2041 |
| 海　南 | 42881 | 30 | 30 | 39553 | | | 2511 | 18 | 763 | | 7 |
| 重　庆 | 59569 | 2748 | | 9804 | 466 | 466 | 493 | 492 | 1062 | 30 | 44475 |
| 四　川 | 58088 | 9213 | 0 | 10352 | 38 | 38 | 2287 | 768 | 1095 | | 34336 |
| 贵　州 | 14795 | 332 | | 5579 | 536 | 536 | 259 | 123 | | | 7965 |
| 云　南 | 80140 | 284 | 10 | 69517 | 36 | 36 | 141 | 4327 | | | 5835 |
| 西　藏 | 262 | | | 131 | | | 1 | | | 129 | 0 |
| 陕　西 | 31725 | 4839 | 811 | 6356 | 227 | 227 | 11396 | 661 | 535 | | 7711 |
| 甘　肃 | 19636 | 2081 | | 7700 | 216 | 216 | 6567 | 21 | 454 | | 2598 |
| 青　海 | 2395 | 10 | | 2282 | | | 26 | | 13 | | 64 |
| 宁　夏 | 3089 | 844 | | 1046 | 12 | 12 | 357 | 20 | | | 810 |
| 新　疆 | 1862 | 43 | | 1355 | | | 54 | 74 | 150 | | 185 |

# 2017年各地区艺术表演团体

| 地区 | 剧团数(个) | 从业人员(人) | 专业技术人才 | 演出场次(万场次) | 国内演出场次 | 农村演出场次 |
|---|---|---|---|---|---|---|
| **总计** | **15742** | **402969** | **166781** | **293.58** | **292.15** | **184.31** |
| 北京 | 451 | 11799 | 4617 | 6.08 | 6.02 | 1.10 |
| 天津 | 103 | 3213 | 1772 | 0.91 | 0.90 | 0.25 |
| 河北 | 735 | 16617 | 8577 | 9.58 | 9.49 | 6.16 |
| 山西 | 665 | 21055 | 8572 | 10.26 | 10.16 | 7.77 |
| 内蒙古 | 206 | 7914 | 5478 | 2.88 | 2.86 | 2.15 |
| 辽宁 | 187 | 4993 | 2836 | 1.30 | 1.18 | 0.30 |
| 吉林 | 68 | 3199 | 2306 | 0.70 | 0.65 | 0.31 |
| 黑龙江 | 71 | 3682 | 2944 | 0.78 | 0.71 | 0.22 |
| 上海 | 199 | 9956 | 4697 | 2.64 | 2.61 | 0.84 |
| 江苏 | 628 | 13353 | 7353 | 10.42 | 10.36 | 4.52 |
| 浙江 | 1410 | 43276 | 13205 | 37.05 | 37.02 | 22.91 |
| 安徽 | 2639 | 46573 | 10770 | 58.23 | 58.17 | 42.88 |
| 福建 | 426 | 12788 | 4850 | 7.72 | 7.67 | 6.78 |
| 江西 | 425 | 9701 | 3696 | 6.68 | 6.63 | 4.30 |
| 山东 | 772 | 16670 | 8611 | 10.89 | 10.82 | 7.45 |
| 河南 | 1671 | 49300 | 17028 | 64.68 | 64.66 | 36.72 |
| 湖北 | 473 | 11464 | 5564 | 6.46 | 6.43 | 4.12 |
| 湖南 | 534 | 12526 | 5968 | 6.02 | 5.98 | 4.08 |
| 广东 | 390 | 11983 | 5398 | 4.15 | 4.12 | 2.85 |
| 广西 | 108 | 4747 | 2097 | 1.44 | 1.43 | 0.40 |
| 海南 | 77 | 3827 | 1356 | 1.08 | 1.07 | 0.47 |
| 重庆 | 1283 | 15300 | 6692 | 15.16 | 15.15 | 11.82 |
| 四川 | 697 | 12945 | 6282 | 7.77 | 7.70 | 3.83 |
| 贵州 | 137 | 3776 | 1820 | 1.47 | 1.46 | 0.94 |
| 云南 | 316 | 10093 | 4166 | 5.60 | 5.57 | 1.40 |
| 西藏 | 87 | 2377 | 778 | 0.58 | 0.56 | 0.46 |
| 陕西 | 462 | 17981 | 7733 | 5.96 | 5.91 | 4.33 |
| 甘肃 | 286 | 8583 | 3533 | 2.93 | 2.91 | 2.13 |
| 青海 | 48 | 1429 | 655 | 0.39 | 0.35 | 0.19 |
| 宁夏 | 45 | 1666 | 704 | 1.78 | 1.74 | 1.40 |
| 新疆 | 127 | 5284 | 3951 | 1.67 | 1.61 | 1.27 |

# 演出及收支基本情况

| 国内演出观众人次（万人次） | | 总收入（千元） | | | 总支出（千元） | 资产总计（千元） | 实际使用房屋建筑面积（万平方米） |
|---|---|---|---|---|---|---|---|
| | 农村观众人次 | | 财政补贴收入 | 演出收入 | | | |
| **124739.06** | **82956.39** | **34196180** | **14834229** | **14767860** | **29424104** | **66863596** | **916.21** |
| | | | | | | | |
| 1100.73 | 376.45 | 1286426 | 653308 | 408636 | 1266457 | 2865199 | 28.13 |
| 465.08 | 190.99 | 503254 | 405235 | 58609 | 614813 | 559260 | 9.45 |
| 5501.41 | 3418.66 | 811076 | 368658 | 391003 | 732311 | 1576269 | 33.38 |
| 5692.74 | 3956.79 | 865055 | 407405 | 370323 | 848240 | 958169 | 35.76 |
| 1601.91 | 1026.25 | 986216 | 862079 | 78204 | 973402 | 1596451 | 30.33 |
| | | | | | | | |
| 517.93 | 130.84 | 507713 | 397544 | 61574 | 524464 | 2695718 | 19.31 |
| 426.32 | 183.05 | 385243 | 275205 | 60718 | 376247 | 381291 | 11.76 |
| 332.64 | 103.84 | 547071 | 481055 | 44749 | 537132 | 704919 | 20.85 |
| | | | | | | | |
| 968.88 | 217.79 | 1864526 | 866298 | 565023 | 1566746 | 2942194 | 16.06 |
| 3724.04 | 2021.84 | 1472938 | 639762 | 637598 | 1375878 | 1497555 | 46.36 |
| 20973.18 | 16258.88 | 5803108 | 738909 | 4556847 | 4198990 | 12042986 | 83.25 |
| 25330.65 | 18923.85 | 1592391 | 266605 | 1197797 | 1193591 | 2166904 | 58.94 |
| 2661.40 | 2240.05 | 1046771 | 499080 | 414085 | 1008780 | 1658395 | 37.73 |
| 3134.12 | 2107.38 | 536384 | 217717 | 260297 | 425481 | 3619275 | 18.78 |
| 4838.18 | 3665.71 | 1176445 | 761727 | 287993 | 1091716 | 1333323 | 38.96 |
| | | | | | | | |
| 15047.97 | 11467.26 | 1412770 | 583856 | 654934 | 1190508 | 3667877 | 61.21 |
| 4150.71 | 2544.04 | 1034134 | 628638 | 310947 | 935320 | 2608719 | 32.71 |
| 2488.13 | 1656.19 | 1079976 | 475484 | 347720 | 899760 | 1649139 | 37.46 |
| 2350.15 | 1408.25 | 1467555 | 717502 | 593198 | 1310438 | 4331174 | 40.95 |
| 973.20 | 278.80 | 613428 | 217284 | 72554 | 502944 | 1644701 | 12.31 |
| 940.68 | 292.19 | 686911 | 105050 | 428813 | 343747 | 1414841 | 7.45 |
| | | | | | | | |
| 3371.00 | 2232.18 | 851286 | 169350 | 595687 | 745479 | 1292685 | 22.51 |
| 2541.14 | 1057.43 | 1169493 | 479669 | 580884 | 1009644 | 1879180 | 32.30 |
| 2712.61 | 354.65 | 411640 | 165958 | 147948 | 370106 | 893366 | 14.99 |
| 2854.58 | 959.92 | 1708821 | 515500 | 801399 | 1249711 | 2479650 | 31.72 |
| 428.15 | 316.92 | 248980 | 230140 | 2615 | 229112 | 305481 | 11.06 |
| | | | | | | | |
| 4251.64 | 2628.82 | 889581 | 465029 | 317247 | 822072 | 1452320 | 35.35 |
| 3378.07 | 1815.22 | 532406 | 280879 | 196358 | 468303 | 1295895 | 19.47 |
| 244.78 | 90.12 | 120831 | 76591 | 23954 | 116924 | 323700 | 5.31 |
| 388.54 | 262.24 | 143813 | 99956 | 30886 | 136655 | 152761 | 6.72 |
| 1093.75 | 752.45 | 710587 | 648057 | 18617 | 706179 | 482528 | 27.98 |

# 2017年各地区省级艺术表演

| 地区 | 剧团数(个) | 从业人员(人) | 专业技术人才 | 演出场次(万场次) | 国内演出场次 | 农村演出场次 |
|---|---|---|---|---|---|---|
| **总计** | **214** | **29574** | **23194** | **5.84** | **5.56** | **2.01** |
| 北京 | 13 | 2240 | 1688 | 0.63 | 0.57 | 0.04 |
| 天津 | 11 | 1850 | 1411 | 0.25 | 0.24 | 0.02 |
| 河北 | 9 | 951 | 778 | 0.14 | 0.12 | 0.05 |
| 山西 | 9 | 1017 | 824 | 0.18 | 0.18 | 0.09 |
| 内蒙古 | 1 | 730 | 662 | 0.05 | 0.05 | 0.01 |
| 辽宁 | 5 | 808 | 517 | 0.08 | 0.08 | 0.01 |
| 吉林 | 4 | 618 | 529 | 0.09 | 0.09 | 0.04 |
| 黑龙江 | 6 | 1094 | 881 | 0.17 | 0.13 | 0.04 |
| 上海 | 18 | 3173 | 2465 | 0.97 | 0.95 | 0.44 |
| 江苏 | 12 | 1091 | 1056 | 0.54 | 0.53 | 0.28 |
| 浙江 | 9 | 980 | 730 | 0.38 | 0.38 | 0.16 |
| 安徽 | 7 | 846 | 670 | 0.19 | 0.16 | 0.01 |
| 福建 | 6 | 868 | 746 | 0.11 | 0.11 | 0.02 |
| 江西 | 6 | 431 | 363 | 0.12 | 0.12 | 0.10 |
| 山东 | 6 | 793 | 674 | 0.11 | 0.10 | 0.04 |
| 河南 | 6 | 1150 | 911 | 0.21 | 0.21 | 0.11 |
| 湖北 | 5 | 881 | 708 | 0.15 | 0.15 | 0.02 |
| 湖南 | 7 | 847 | 609 | 0.10 | 0.09 | 0.02 |
| 广东 | 10 | 1198 | 791 | 0.13 | 0.11 | 0.04 |
| 广西 | 5 | 798 | 670 | 0.19 | 0.19 | 0.05 |
| 海南 | 3 | 388 | 283 | 0.04 | 0.03 | 0.03 |
| 重庆 | 9 | 1155 | 721 | 0.16 | 0.15 | 0.09 |
| 四川 | 5 | 785 | 573 | 0.07 | 0.07 | 0.03 |
| 贵州 | 5 | 607 | 421 | 0.08 | 0.08 | 0.03 |
| 云南 | 4 | 447 | 398 | 0.06 | 0.06 | 0.03 |
| 西藏 | 3 | 345 | 285 | 0.03 | 0.03 | 0.02 |
| 陕西 | 6 | 1378 | 1130 | 0.20 | 0.20 | 0.02 |
| 甘肃 | 8 | 803 | 674 | 0.12 | 0.12 | 0.02 |
| 青海 | 2 | 188 | 161 | 0.09 | 0.07 | 0.03 |
| 宁夏 | 6 | 469 | 282 | 0.13 | 0.13 | 0.06 |
| 新疆 | 8 | 645 | 583 | 0.09 | 0.08 | 0.06 |

# 团体演出及收支基本情况

| 国内演出观众人次（万人次） | 农村观众人次 | 总收入（千元） | 财政补贴收入 | 演出收入 | 总支出（千元） | 资产总计（千元） | 实际使用房屋建筑面积（万平方米） |
|---|---|---|---|---|---|---|---|
| **3541.53** | **1213.31** | **7560482** | **5378301** | **1241159** | **7779070** | **13766572** | **140.79** |
| 274.60 | 7.06 | 924099 | 603585 | 219601 | 993461 | 2122350 | 11.36 |
| 143.18 | 13.28 | 464883 | 397772 | 37351 | 581580 | 432820 | 7.63 |
| 149.15 | 70.66 | 201053 | 144903 | 45134 | 197970 | 361369 | 2.77 |
| 137.87 | 78.29 | 165685 | 88288 | 47601 | 172683 | 228978 | 3.03 |
| 26.54 | 7.70 | 254642 | 243199 | 226 | 251617 | 898199 | 6.78 |
| 48.10 | 5.75 | 170547 | 142058 | 20125 | 222061 | 205482 | 5.48 |
| 54.63 | 21.30 | 122872 | 99093 | 16498 | 128616 | 136778 | 2.58 |
| 102.63 | 28.89 | 214070 | 201317 | 12024 | 207498 | 314294 | 3.67 |
| 339.88 | 45.19 | 1401362 | 839997 | 265584 | 1340012 | 2457648 | 10.72 |
| 112.09 | 59.15 | 189232 | 42190 | 129453 | 185486 | 234638 | 4.78 |
| 227.14 | 94.58 | 300495 | 224008 | 57413 | 333788 | 518286 | 4.30 |
| 199.61 | 16.28 | 154271 | 109171 | 28462 | 149387 | 293634 | 1.76 |
| 70.09 | 14.05 | 209906 | 161999 | 9361 | 217424 | 1065250 | 6.48 |
| 43.84 | 33.44 | 65325 | 56465 | 6802 | 68461 | 207084 | 3.55 |
| 58.73 | 22.37 | 196169 | 169125 | 5415 | 188102 | 269667 | 4.65 |
| 296.46 | 150.68 | 306118 | 211121 | 40069 | 272745 | 279147 | 3.32 |
| 64.92 | 12.02 | 139737 | 119489 | 12796 | 153374 | 166489 | 4.66 |
| 78.32 | 15.44 | 190371 | 148488 | 22087 | 195128 | 231935 | 5.89 |
| 118.26 | 42.59 | 339987 | 241006 | 75918 | 355688 | 558705 | 7.64 |
| 111.72 | 32.88 | 177906 | 116784 | 15447 | 181253 | 477415 | 3.48 |
| 57.65 | 51.00 | 91273 | 65124 | 8373 | 85867 | 77789 | 1.60 |
| 92.24 | 52.04 | 214197 | 129841 | 31325 | 209211 | 328756 | 4.75 |
| 46.77 | 21.84 | 148652 | 113748 | 24000 | 210759 | 443146 | 1.43 |
| 50.22 | 16.76 | 95241 | 80901 | 4132 | 83551 | 190702 | 0.79 |
| 69.47 | 37.58 | 98200 | 93671 | 787 | 98313 | 156534 | 1.79 |
| 40.93 | 34.20 | 114050 | 110497 |  | 100300 | 150319 | 4.17 |
| 161.78 | 62.33 | 201605 | 121296 | 45473 | 189603 | 285591 | 6.72 |
| 97.28 | 43.45 | 145639 | 79528 | 43682 | 137533 | 232889 | 3.81 |
| 85.94 | 23.59 | 16078 | 1028 | 6688 | 17674 | 242836 | 2.00 |
| 105.46 | 49.50 | 77616 | 66107 | 6012 | 80078 | 85448 | 1.41 |
| 76.05 | 49.43 | 169201 | 156502 | 3320 | 169847 | 112394 | 7.78 |

# 2017年各地区地市级艺术表演

| 地区 | 剧团数(个) | 从业人员(人) | 专业技术人才 | 演出场次(万场次) | 国内演出场次 | 农村演出场次 |
|---|---|---|---|---|---|---|
| **总计** | **506** | **38421** | **30205** | **10.19** | **9.59** | **4.20** |
| 北京 | | | | | | |
| 天津 | | | | | | |
| 河北 | 33 | 1886 | 1344 | 0.57 | 0.57 | 0.34 |
| 山西 | 34 | 2620 | 2064 | 0.71 | 0.62 | 0.44 |
| 内蒙古 | 17 | 1973 | 1498 | 0.22 | 0.20 | 0.10 |
| 辽宁 | 21 | 1858 | 1541 | 0.41 | 0.29 | 0.08 |
| 吉林 | 14 | 898 | 780 | 0.19 | 0.17 | 0.08 |
| 黑龙江 | 17 | 1752 | 1501 | 0.25 | 0.21 | 0.04 |
| 上海 | | | | | | |
| 江苏 | 40 | 2745 | 2211 | 1.64 | 1.62 | 0.21 |
| 浙江 | 14 | 1558 | 1164 | 0.30 | 0.28 | 0.09 |
| 安徽 | 21 | 1502 | 1257 | 0.45 | 0.44 | 0.20 |
| 福建 | 20 | 1455 | 1160 | 0.38 | 0.35 | 0.11 |
| 江西 | 15 | 674 | 564 | 0.16 | 0.14 | 0.10 |
| 山东 | 38 | 2774 | 2432 | 0.92 | 0.85 | 0.48 |
| 河南 | 26 | 2086 | 1442 | 0.70 | 0.70 | 0.51 |
| 湖北 | 19 | 1988 | 1527 | 0.67 | 0.65 | 0.14 |
| 湖南 | 22 | 1223 | 1026 | 0.34 | 0.33 | 0.21 |
| 广东 | 25 | 1654 | 1114 | 0.38 | 0.36 | 0.12 |
| 广西 | 8 | 740 | 592 | 0.19 | 0.18 | 0.09 |
| 海南 | 3 | 181 | 139 | 0.03 | 0.03 | 0.02 |
| 重庆 | | | | | | |
| 四川 | 30 | 2154 | 1605 | 0.50 | 0.44 | 0.14 |
| 贵州 | 9 | 580 | 420 | 0.15 | 0.14 | 0.02 |
| 云南 | 17 | 1572 | 1372 | 0.20 | 0.20 | 0.12 |
| 西藏 | 8 | 340 | 268 | 0.04 | 0.04 | 0.03 |
| 陕西 | 12 | 889 | 585 | 0.19 | 0.19 | 0.15 |
| 甘肃 | 14 | 1186 | 865 | 0.18 | 0.18 | 0.13 |
| 青海 | 7 | 482 | 349 | 0.09 | 0.09 | 0.04 |
| 宁夏 | 3 | 128 | 21 | 0.09 | 0.09 | 0.06 |
| 新疆 | 19 | 1523 | 1364 | 0.26 | 0.22 | 0.16 |

# 团体演出及收支基本情况

| 国内演出观众人次(万人次) | 农村观众人次 | 总收入(千元) | 财政补贴收入 | 演出收入 | 总支出(千元) | 资产总计(千元) | 实际使用房屋建筑面积(万平方米) |
|---|---|---|---|---|---|---|---|
| **8255.40** | **4224.93** | **6583758** | **5078675** | **786785** | **6570648** | **7372162** | **169.45** |
| | | | | | | | |
| 677.04 | 479.18 | 202341 | 164382 | 26519 | 198101 | 286951 | 7.05 |
| 577.73 | 432.58 | 290513 | 214594 | 59217 | 312145 | 243098 | 7.16 |
| 129.94 | 49.69 | 352021 | 320687 | 10503 | 348645 | 280158 | 5.30 |
| 223.50 | 47.11 | 290340 | 247113 | 18178 | 262908 | 374146 | 7.84 |
| 130.98 | 38.93 | 146809 | 117127 | 20429 | 145827 | 120594 | 3.82 |
| 120.99 | 15.42 | 248422 | 231660 | 8577 | 261468 | 212868 | 14.01 |
| | | | | | | | |
| 653.14 | 144.41 | 550268 | 378262 | 109678 | 536235 | 405491 | 13.29 |
| 328.68 | 112.04 | 440740 | 245964 | 81686 | 467325 | 527314 | 9.25 |
| 290.79 | 151.07 | 196221 | 93995 | 49498 | 183753 | 371144 | 4.25 |
| 183.75 | 91.93 | 298560 | 212791 | 26260 | 288352 | 312505 | 6.47 |
| 88.97 | 49.71 | 87949 | 73192 | 8131 | 88378 | 104175 | 4.32 |
| 751.36 | 463.04 | 520504 | 418956 | 43675 | 516801 | 396544 | 13.06 |
| 1040.22 | 809.15 | 263941 | 206651 | 29424 | 270389 | 247823 | 5.31 |
| 542.34 | 140.40 | 381855 | 303266 | 52582 | 379603 | 462125 | 6.61 |
| 286.24 | 199.70 | 219887 | 196259 | 8201 | 203650 | 159292 | 5.77 |
| 317.31 | 122.85 | 400704 | 274948 | 82632 | 406973 | 717986 | 10.40 |
| 217.99 | 63.78 | 123037 | 78959 | 11154 | 127725 | 90124 | 3.52 |
| 38.96 | 14.24 | 35736 | 17821 | 15192 | 36077 | 54691 | 0.35 |
| | | | | | | | |
| 339.32 | 97.23 | 400451 | 325942 | 46484 | 391088 | 388283 | 7.75 |
| 155.28 | 32.60 | 111542 | 56266 | 26192 | 133401 | 296879 | 4.01 |
| 301.46 | 164.54 | 273893 | 250563 | 5034 | 279547 | 203778 | 5.25 |
| 37.08 | 23.54 | 67593 | 65751 | | 64106 | 51555 | 4.09 |
| 196.02 | 157.64 | 137804 | 109267 | 15550 | 131529 | 167524 | 4.97 |
| 264.88 | 180.21 | 178851 | 157745 | 15602 | 177988 | 637325 | 5.30 |
| 78.59 | 25.11 | 86403 | 70763 | 9841 | 86330 | 59475 | 1.69 |
| 102.50 | 57.00 | 9040 | 1100 | 4203 | 8785 | 9182 | 2.09 |
| 180.35 | 61.87 | 268333 | 244651 | 2343 | 263519 | 191132 | 6.54 |

# 2017年各地区县级艺术表演

| 地区 | 剧团数（个） | 从业人员（人） | 专业技术人才 | 演出场次（万场次） | 国内演出场次 | 农村演出场次 |
|---|---|---|---|---|---|---|
| **总计** | **15006** | **330075** | **110610** | **277.23** | **276.72** | **178.09** |
| 北京 | 438 | 9559 | 2929 | 5.45 | 5.45 | 1.05 |
| 天津 | 92 | 1363 | 361 | 0.66 | 0.66 | 0.23 |
| 河北 | 693 | 13780 | 6455 | 8.87 | 8.80 | 5.77 |
| 山西 | 622 | 17418 | 5684 | 9.37 | 9.36 | 7.24 |
| 内蒙古 | 188 | 5211 | 3318 | 2.62 | 2.62 | 2.04 |
| 辽宁 | 161 | 2327 | 778 | 0.81 | 0.81 | 0.21 |
| 吉林 | 50 | 1683 | 997 | 0.42 | 0.39 | 0.18 |
| 黑龙江 | 48 | 836 | 562 | 0.37 | 0.37 | 0.14 |
| 上海 | 181 | 6783 | 2232 | 1.66 | 1.66 | 0.39 |
| 江苏 | 576 | 9517 | 4086 | 8.24 | 8.20 | 4.04 |
| 浙江 | 1387 | 40738 | 11311 | 36.37 | 36.37 | 22.67 |
| 安徽 | 2611 | 44225 | 8843 | 57.59 | 57.57 | 42.67 |
| 福建 | 400 | 10465 | 2944 | 7.23 | 7.21 | 6.65 |
| 江西 | 404 | 8596 | 2769 | 6.40 | 6.37 | 4.10 |
| 山东 | 728 | 13103 | 5505 | 9.86 | 9.86 | 6.93 |
| 河南 | 1639 | 46064 | 14675 | 63.77 | 63.75 | 36.11 |
| 湖北 | 449 | 8595 | 3329 | 5.65 | 5.63 | 3.96 |
| 湖南 | 505 | 10456 | 4333 | 5.58 | 5.56 | 3.85 |
| 广东 | 355 | 9131 | 3493 | 3.65 | 3.64 | 2.69 |
| 广西 | 95 | 3209 | 835 | 1.07 | 1.06 | 0.26 |
| 海南 | 71 | 3258 | 934 | 1.02 | 1.01 | 0.43 |
| 重庆 | 1274 | 14145 | 5971 | 15.00 | 15.00 | 11.74 |
| 四川 | 662 | 10006 | 4104 | 7.20 | 7.19 | 3.66 |
| 贵州 | 123 | 2589 | 979 | 1.25 | 1.24 | 0.89 |
| 云南 | 295 | 8074 | 2396 | 5.35 | 5.31 | 1.25 |
| 西藏 | 76 | 1692 | 225 | 0.51 | 0.49 | 0.41 |
| 陕西 | 444 | 15714 | 6018 | 5.56 | 5.52 | 4.17 |
| 甘肃 | 264 | 6594 | 1994 | 2.62 | 2.62 | 1.98 |
| 青海 | 39 | 759 | 145 | 0.21 | 0.19 | 0.11 |
| 宁夏 | 36 | 1069 | 401 | 1.56 | 1.53 | 1.28 |
| 新疆 | 100 | 3116 | 2004 | 1.33 | 1.31 | 1.04 |

# 团体演出及收支基本情况

| 国内演出观众人次（万人次） | 农村观众人次 | 总收入（千元） | 财政补贴收入 | 演出收入 | 总支出（千元） | 资产总计（千元） | 实际使用房屋建筑面积（万平方米） |
|---|---|---|---|---|---|---|---|
| **112687.32** | **77500.80** | **18322589** | **3242554** | **12489273** | **13421432** | **41333191** | **578.29** |
| 826.13 | 369.38 | 362327 | 49723 | 189035 | 272996 | 742849 | 16.77 |
| 321.90 | 177.71 | 38371 | 7463 | 21258 | 33233 | 126440 | 1.82 |
| 4675.22 | 2868.82 | 407682 | 59373 | 319350 | 336240 | 927949 | 23.55 |
| 4977.15 | 3445.93 | 408857 | 104523 | 263505 | 363412 | 486093 | 25.57 |
| 1445.44 | 968.87 | 379553 | 298193 | 67475 | 373140 | 418094 | 18.26 |
| 246.33 | 77.98 | 46826 | 8373 | 23271 | 39495 | 2116090 | 6.00 |
| 240.72 | 122.83 | 115562 | 58985 | 23791 | 101804 | 123919 | 5.36 |
| 109.03 | 59.53 | 84579 | 48078 | 24148 | 68166 | 177757 | 3.18 |
| 629.00 | 172.61 | 463164 | 26301 | 299439 | 226734 | 484546 | 5.34 |
| 2958.81 | 1818.28 | 733438 | 219310 | 398467 | 654157 | 857426 | 28.29 |
| 20417.36 | 16052.26 | 5061873 | 268937 | 4417748 | 3397877 | 10997386 | 69.71 |
| 24840.24 | 18756.50 | 1241899 | 63439 | 1119837 | 860451 | 1502126 | 52.94 |
| 2407.56 | 2134.07 | 538305 | 124290 | 378464 | 503004 | 280640 | 24.78 |
| 3001.31 | 2024.23 | 383110 | 88060 | 245364 | 268642 | 3308016 | 10.92 |
| 4028.10 | 3180.30 | 459772 | 173646 | 238903 | 386813 | 667112 | 21.25 |
| 13711.29 | 10507.44 | 842711 | 166084 | 585441 | 647374 | 3140907 | 52.58 |
| 3543.45 | 2391.62 | 512542 | 205883 | 245569 | 402343 | 1980105 | 21.43 |
| 2123.57 | 1441.05 | 669718 | 130737 | 317432 | 500982 | 1257912 | 25.80 |
| 1914.57 | 1242.80 | 726864 | 201548 | 434648 | 547777 | 3054483 | 22.91 |
| 643.48 | 182.14 | 312485 | 21541 | 45953 | 193966 | 1077162 | 5.32 |
| 844.07 | 226.95 | 559902 | 22105 | 405248 | 221803 | 1282361 | 5.49 |
| 3278.76 | 2180.14 | 637089 | 39509 | 564362 | 536268 | 963929 | 17.77 |
| 2155.06 | 938.36 | 620390 | 39979 | 510400 | 407797 | 1047751 | 23.12 |
| 2507.11 | 305.29 | 204857 | 28791 | 117624 | 153154 | 405785 | 10.19 |
| 2483.66 | 757.80 | 1336728 | 171266 | 795578 | 871851 | 2119338 | 24.67 |
| 350.14 | 259.18 | 67337 | 53892 | 2615 | 64706 | 103607 | 2.79 |
| 3893.84 | 2408.85 | 550172 | 234466 | 256224 | 500940 | 999205 | 23.66 |
| 3015.91 | 1591.56 | 207916 | 43606 | 137074 | 152782 | 425681 | 10.36 |
| 80.25 | 41.43 | 18350 | 4800 | 7425 | 12920 | 21389 | 1.62 |
| 180.58 | 155.74 | 57157 | 32749 | 20671 | 47792 | 58131 | 3.22 |
| 837.35 | 641.16 | 273053 | 246904 | 12954 | 272813 | 179002 | 13.66 |

# 2017年各地区公有制艺术

| 地区 | 剧团数(个) | 从业人员(人) | 专业技术人才 | 正高级职称 | 副高级职称 | 中级职称 |
|---|---|---|---|---|---|---|
| **总计** | **2159** | **120176** | **82319** | **4820** | **13239** | **29003** |
| 北京 | 20 | 2327 | 1740 | 146 | 257 | 636 |
| 天津 | 15 | 1915 | 1465 | 212 | 405 | 631 |
| 河北 | 127 | 4904 | 3074 | 169 | 480 | 1053 |
| 山西 | 149 | 7694 | 4437 | 104 | 512 | 1329 |
| 内蒙古 | 98 | 5703 | 4612 | 219 | 675 | 1479 |
| 辽宁 | 34 | 2934 | 2264 | 165 | 437 | 1009 |
| 吉林 | 44 | 2416 | 1902 | 205 | 445 | 661 |
| 黑龙江 | 37 | 3303 | 2758 | 299 | 709 | 960 |
| 上海 | 23 | 3280 | 2557 | 217 | 586 | 983 |
| 江苏 | 126 | 5830 | 4758 | 282 | 840 | 1779 |
| 浙江 | 65 | 4221 | 3139 | 271 | 704 | 1065 |
| 安徽 | 51 | 3258 | 2574 | 92 | 316 | 1022 |
| 福建 | 72 | 3777 | 2680 | 124 | 373 | 1093 |
| 江西 | 83 | 2583 | 2019 | 26 | 159 | 719 |
| 山东 | 105 | 5689 | 4686 | 195 | 844 | 1835 |
| 河南 | 174 | 8792 | 4092 | 182 | 590 | 1517 |
| 湖北 | 87 | 5482 | 3855 | 266 | 563 | 1464 |
| 湖南 | 100 | 4019 | 2963 | 98 | 345 | 1164 |
| 广东 | 74 | 4346 | 2503 | 134 | 382 | 836 |
| 广西 | 25 | 1848 | 1502 | 65 | 236 | 421 |
| 海南 | 20 | 1079 | 610 | 8 | 29 | 152 |
| 重庆 | 22 | 1488 | 952 | 49 | 180 | 249 |
| 四川 | 52 | 3253 | 2395 | 51 | 339 | 1066 |
| 贵州 | 41 | 1783 | 1126 | 50 | 158 | 349 |
| 云南 | 101 | 4079 | 2837 | 112 | 548 | 1114 |
| 西藏 | 85 | 2322 | 776 | 24 | 104 | 265 |
| 陕西 | 92 | 6247 | 4066 | 153 | 458 | 1250 |
| 甘肃 | 68 | 3722 | 2336 | 49 | 270 | 793 |
| 青海 | 28 | 928 | 567 | 5 | 83 | 121 |
| 宁夏 | 15 | 893 | 422 | 28 | 56 | 138 |
| 新疆 | 110 | 5162 | 3880 | 108 | 433 | 1119 |

# 表演团体基本情况

| 本团原创首演剧目(个) | 演出场次(万场次) | 国内演出场次 | 农村演出场次 | 国内演出观众人次(万人次) | 农村观众人次 | 本年收入合计(千元) |
|---|---|---|---|---|---|---|
| **1637** | **41.83** | **40.40** | **26.40** | **36185.52** | **22897.41** | **19755221** |
| 24 | 0.72 | 0.66 | 0.04 | 295.66 | 7.06 | 947812 |
| 17 | 0.28 | 0.27 | 0.04 | 185.93 | 46.28 | 472468 |
| 33 | 2.13 | 2.03 | 1.56 | 2023.13 | 1593.97 | 503303 |
| 53 | 3.16 | 3.06 | 2.61 | 2824.47 | 2318.10 | 630400 |
| 168 | 1.22 | 1.19 | 0.82 | 852.63 | 439.87 | 910654 |
| 23 | 0.55 | 0.43 | 0.11 | 298.94 | 67.26 | 475073 |
| 36 | 0.50 | 0.45 | 0.24 | 367.28 | 168.39 | 362283 |
| 33 | 0.55 | 0.47 | 0.16 | 310.72 | 96.94 | 510839 |
| 68 | 1.03 | 1.01 | 0.47 | 369.54 | 56.24 | 1439835 |
| 162 | 4.72 | 4.66 | 2.29 | 2169.41 | 1252.38 | 1043516 |
| 43 | 1.38 | 1.35 | 0.78 | 1440.95 | 880.81 | 1055129 |
| 41 | 1.25 | 1.19 | 0.70 | 1010.03 | 588.91 | 429792 |
| 70 | 1.14 | 1.08 | 0.62 | 736.85 | 489.51 | 664316 |
| 82 | 1.29 | 1.24 | 1.05 | 953.92 | 733.67 | 272723 |
| 90 | 2.67 | 2.59 | 1.98 | 2226.89 | 1719.10 | 911762 |
| 57 | 4.79 | 4.77 | 4.09 | 5420.62 | 4619.79 | 790944 |
| 89 | 2.32 | 2.29 | 1.27 | 2221.78 | 1344.75 | 788996 |
| 57 | 1.40 | 1.36 | 1.00 | 1089.54 | 758.79 | 575479 |
| 63 | 1.04 | 1.01 | 0.57 | 1024.92 | 653.93 | 859831 |
| 8 | 0.50 | 0.49 | 0.23 | 503.66 | 201.06 | 323468 |
| 8 | 0.21 | 0.20 | 0.16 | 231.32 | 159.29 | 169469 |
| 14 | 0.29 | 0.28 | 0.18 | 216.25 | 137.13 | 263190 |
| 42 | 0.69 | 0.62 | 0.24 | 477.46 | 170.49 | 584748 |
| 16 | 0.47 | 0.46 | 0.16 | 2347.39 | 153.94 | 244973 |
| 83 | 0.94 | 0.91 | 0.64 | 1161.61 | 692.61 | 539925 |
| 14 | 0.58 | 0.56 | 0.46 | 425.65 | 316.37 | 248810 |
| 75 | 2.17 | 2.12 | 1.42 | 1733.07 | 1116.31 | 654958 |
| 42 | 1.32 | 1.30 | 1.00 | 1481.34 | 1154.89 | 409063 |
| 6 | 0.29 | 0.25 | 0.13 | 215.99 | 76.51 | 111614 |
| 8 | 0.35 | 0.31 | 0.15 | 241.56 | 130.50 | 125963 |
| 49 | 1.58 | 1.52 | 1.22 | 1072.24 | 735.24 | 704534 |

续表

| 地　区 | | | 本年支出合计(千元) | 资产总计(千元) | 实际使用房屋建筑面积(万平方米) | |
|---|---|---|---|---|---|---|
| | 财政补贴收入 | 演出收入 | | | | 排练练功用房 |
| **总　计** | **14396574** | **2959285** | **19844655** | **31528751** | **503.88** | **112.43** |
| 北　京 | 616281 | 224905 | 1018312 | 2139331 | 11.99 | 0.97 |
| 天　津 | 401404 | 41304 | 588930 | 441045 | 7.63 | 1.92 |
| 河　北 | 352613 | 120683 | 487851 | 755620 | 17.35 | 4.29 |
| 山　西 | 398826 | 172464 | 660347 | 617539 | 18.23 | 3.88 |
| 内蒙古 | 858819 | 14229 | 911721 | 1355304 | 27.34 | 5.40 |
| 辽　宁 | 396828 | 38840 | 498682 | 597954 | 13.81 | 3.53 |
| 吉　林 | 274705 | 43370 | 365254 | 330898 | 10.15 | 2.68 |
| 黑龙江 | 480743 | 20811 | 517963 | 552825 | 19.18 | 4.90 |
| 上　海 | 858097 | 281960 | 1378621 | 2497471 | 10.95 | 1.20 |
| 江　苏 | 623515 | 298347 | 1019968 | 864616 | 29.03 | 4.53 |
| 浙　江 | 689104 | 202041 | 1111583 | 1267834 | 20.44 | 3.41 |
| 安　徽 | 249676 | 102130 | 410157 | 742092 | 8.06 | 2.23 |
| 福　建 | 490363 | 57350 | 662388 | 1487175 | 29.49 | 2.37 |
| 江　西 | 210244 | 36868 | 264741 | 2940484 | 11.48 | 1.65 |
| 山　东 | 744553 | 77821 | 902170 | 790490 | 23.01 | 7.68 |
| 河　南 | 561634 | 135009 | 762040 | 643025 | 18.07 | 5.08 |
| 湖　北 | 627977 | 95983 | 790982 | 890291 | 23.59 | 6.22 |
| 湖　南 | 467741 | 50792 | 559602 | 561653 | 20.33 | 4.42 |
| 广　东 | 585561 | 190043 | 880292 | 1369098 | 21.52 | 4.50 |
| 广　西 | 216474 | 27933 | 331258 | 579364 | 8.02 | 3.71 |
| 海　南 | 103235 | 41182 | 159768 | 171406 | 3.51 | 0.66 |
| 重　庆 | 167025 | 36939 | 257235 | 397210 | 6.95 | 2.02 |
| 四　川 | 471199 | 72085 | 638244 | 874475 | 11.41 | 2.27 |
| 贵　州 | 154876 | 47503 | 265594 | 598591 | 6.80 | 1.86 |
| 云　南 | 487254 | 16638 | 545937 | 473663 | 12.87 | 3.09 |
| 西　藏 | 230120 | 2515 | 228862 | 304531 | 11.01 | 3.83 |
| 陕　西 | 446192 | 120496 | 642749 | 1026559 | 24.34 | 4.37 |
| 甘　肃 | 276680 | 88716 | 396146 | 983937 | 13.60 | 2.85 |
| 青　海 | 76233 | 18822 | 113027 | 305860 | 4.70 | 1.93 |
| 宁　夏 | 95846 | 18226 | 121248 | 117681 | 3.67 | 1.05 |
| 新　疆 | 648057 | 12637 | 700029 | 459058 | 27.70 | 9.60 |

| 实际拥有产权面积（万平方米） | 流动舞台车演出情况 | | | 政府采购的公益演出活动情况 | | |
|---|---|---|---|---|---|---|
| | 流动舞台车数量（辆） | 利用流动舞台车演出场次（万场次） | 利用流动舞台车演出观众人次（万人次） | 演出场次（万场次） | 演出观众人次（万人次） | 演出补贴收入（千元） |
| **278.45** | **1543** | **11.80** | **10206.58** | **16.07** | **13229.67** | **1139218** |
| 3.75 | | | | 0.12 | 44.43 | 28492 |
| 3.20 | 2 | 0.02 | 33.00 | 0.02 | 13.63 | 279 |
| 12.26 | 70 | 0.53 | 523.47 | 0.42 | 454.07 | 19656 |
| 9.47 | 105 | 0.56 | 349.56 | 1.27 | 1066.23 | 89117 |
| 13.07 | 107 | 0.43 | 222.61 | 0.89 | 619.01 | 28939 |
| 7.28 | 15 | 0.02 | 13.70 | 0.13 | 83.56 | 5799 |
| 6.11 | 48 | 0.20 | 143.56 | 0.22 | 140.55 | 13257 |
| 5.14 | 24 | 0.10 | 72.86 | 0.16 | 96.40 | 29973 |
| 4.83 | | 0.00 | 0.50 | 0.15 | 33.68 | 14042 |
| 14.92 | 51 | 0.48 | 418.48 | 0.80 | 597.72 | 78732 |
| 8.66 | 15 | 0.07 | 59.54 | 0.43 | 350.98 | 39761 |
| 3.78 | 48 | 0.49 | 392.26 | 0.54 | 416.72 | 34471 |
| 19.71 | 35 | 0.09 | 44.48 | 0.43 | 213.51 | 35348 |
| 4.61 | 68 | 0.60 | 341.60 | 0.63 | 423.61 | 20125 |
| 10.92 | 116 | 1.68 | 1488.52 | 1.66 | 1394.41 | 75535 |
| 12.60 | 177 | 3.12 | 3238.49 | 2.15 | 2364.06 | 132397 |
| 17.90 | 91 | 0.86 | 916.80 | 1.01 | 863.32 | 45884 |
| 14.59 | 133 | 0.93 | 630.08 | 0.83 | 638.20 | 46371 |
| 10.97 | 8 | 0.00 | 1.67 | 0.14 | 152.93 | 42682 |
| 1.13 | 13 | 0.04 | 41.33 | 0.23 | 250.70 | 26737 |
| 1.81 | 15 | 0.06 | 38.28 | 0.09 | 103.81 | 7459 |
| 4.81 | 5 | 0.02 | 20.54 | 0.18 | 133.22 | 18802 |
| 8.30 | 17 | 0.03 | 27.09 | 0.29 | 248.85 | 34564 |
| 2.30 | 13 | 0.03 | 26.18 | 0.11 | 115.26 | 28312 |
| 7.81 | 74 | 0.20 | 213.10 | 0.47 | 501.22 | 18365 |
| 6.11 | 33 | 0.07 | 42.85 | 0.10 | 66.05 | 863 |
| 20.70 | 75 | 0.47 | 348.16 | 0.90 | 621.26 | 48172 |
| 5.63 | 55 | 0.19 | 200.05 | 0.39 | 364.53 | 35068 |
| 3.33 | 13 | 0.01 | 12.72 | 0.05 | 44.47 | 960 |
| 1.58 | 14 | 0.14 | 110.73 | 0.18 | 124.75 | 11038 |
| 7.71 | 103 | 0.37 | 234.38 | 1.04 | 618.59 | 60385 |

# 2017年各地区文化部门所属

| 地　区 | 剧团数（个） | 从业人员（人） | | | | |
|---|---|---|---|---|---|---|
| | | | 专业技术人才 | | | |
| | | | | 正高级职称 | 副高级职称 | 中级职称 |
| **总　计** | **2074** | **115593** | **80176** | **4715** | **12994** | **28319** |
| 北　京 | 20 | 2327 | 1740 | 146 | 257 | 636 |
| 天　津 | 15 | 1915 | 1465 | 212 | 405 | 631 |
| 河　北 | 123 | 4704 | 2988 | 169 | 480 | 1001 |
| 山　西 | 149 | 7694 | 4437 | 104 | 512 | 1329 |
| 内蒙古 | 98 | 5703 | 4612 | 219 | 675 | 1479 |
| 辽　宁 | 34 | 2934 | 2264 | 165 | 437 | 1009 |
| 吉　林 | 44 | 2416 | 1902 | 205 | 445 | 661 |
| 黑龙江 | 37 | 3303 | 2758 | 299 | 709 | 960 |
| 上　海 | 21 | 3014 | 2351 | 212 | 554 | 903 |
| 江　苏 | 126 | 5830 | 4758 | 282 | 840 | 1779 |
| 浙　江 | 59 | 4055 | 3039 | 271 | 704 | 1063 |
| 安　徽 | 45 | 2953 | 2371 | 90 | 302 | 949 |
| 福　建 | 70 | 3706 | 2653 | 124 | 372 | 1079 |
| 江　西 | 70 | 2258 | 1748 | 15 | 126 | 587 |
| 山　东 | 103 | 5557 | 4564 | 193 | 826 | 1793 |
| 河　南 | 174 | 8792 | 4092 | 182 | 590 | 1517 |
| 湖　北 | 87 | 5482 | 3855 | 266 | 563 | 1464 |
| 湖　南 | 99 | 3999 | 2947 | 98 | 345 | 1152 |
| 广　东 | 69 | 4154 | 2408 | 134 | 379 | 808 |
| 广　西 | 21 | 1298 | 1066 | 38 | 174 | 332 |
| 海　南 | 19 | 1051 | 610 | 8 | 29 | 152 |
| 重　庆 | 22 | 1488 | 952 | 49 | 180 | 249 |
| 四　川 | 52 | 3253 | 2395 | 51 | 339 | 1066 |
| 贵　州 | 40 | 1647 | 1022 | 50 | 149 | 317 |
| 云　南 | 88 | 3660 | 2627 | 112 | 539 | 1082 |
| 西　藏 | 85 | 2322 | 776 | 24 | 104 | 265 |
| 陕　西 | 89 | 6155 | 4042 | 141 | 455 | 1244 |
| 甘　肃 | 65 | 3620 | 2317 | 49 | 270 | 793 |
| 青　海 | 16 | 810 | 564 | 5 | 83 | 121 |
| 宁　夏 | 15 | 893 | 422 | 28 | 56 | 138 |
| 新　疆 | 110 | 5162 | 3880 | 108 | 433 | 1119 |

# 艺术表演团体基本情况

| 本团原创首演剧目(个) | 演出场次(万场次) | 国内演出场次 | 农村演出场次 | 国内演出观众人次(万人次) | 农村观众人次 | 本年收入合计(千元) |
|---|---|---|---|---|---|---|
| **1595** | **40.65** | **39.26** | **25.70** | **35209.33** | **22321.00** | **18846034** |
| 24 | 0.72 | 0.66 | 0.04 | 295.66 | 7.06 | 947812 |
| 17 | 0.28 | 0.27 | 0.04 | 185.93 | 46.28 | 472468 |
| 32 | 2.06 | 1.98 | 1.51 | 1988.23 | 1559.27 | 490904 |
| 53 | 3.16 | 3.06 | 2.61 | 2824.47 | 2318.10 | 630400 |
| 168 | 1.22 | 1.19 | 0.82 | 852.63 | 439.87 | 910654 |
| 23 | 0.55 | 0.43 | 0.11 | 298.94 | 67.26 | 475073 |
| 36 | 0.50 | 0.45 | 0.24 | 367.28 | 168.39 | 362283 |
| 33 | 0.55 | 0.47 | 0.16 | 310.72 | 96.94 | 510839 |
| 61 | 0.97 | 0.96 | 0.47 | 338.17 | 54.90 | 1337987 |
| 162 | 4.72 | 4.66 | 2.29 | 2169.41 | 1252.38 | 1043516 |
| 43 | 1.26 | 1.23 | 0.66 | 1348.53 | 788.39 | 1049283 |
| 38 | 1.07 | 1.01 | 0.58 | 859.37 | 482.60 | 399427 |
| 70 | 1.09 | 1.03 | 0.57 | 708.25 | 460.91 | 660926 |
| 79 | 1.18 | 1.15 | 0.99 | 883.35 | 694.23 | 263173 |
| 90 | 2.64 | 2.56 | 1.97 | 2206.89 | 1710.10 | 892902 |
| 57 | 4.79 | 4.77 | 4.09 | 5420.62 | 4619.79 | 790944 |
| 89 | 2.32 | 2.29 | 1.27 | 2221.78 | 1344.75 | 788996 |
| 57 | 1.39 | 1.35 | 1.00 | 1079.54 | 750.79 | 574452 |
| 63 | 0.99 | 0.96 | 0.54 | 945.62 | 602.37 | 833205 |
| 7 | 0.36 | 0.35 | 0.20 | 422.13 | 177.93 | 230552 |
| 8 | 0.20 | 0.19 | 0.16 | 223.32 | 153.29 | 168319 |
| 14 | 0.29 | 0.28 | 0.18 | 216.25 | 137.13 | 263190 |
| 42 | 0.69 | 0.62 | 0.24 | 477.46 | 170.49 | 584748 |
| 15 | 0.44 | 0.42 | 0.16 | 2308.79 | 151.94 | 226675 |
| 83 | 0.82 | 0.79 | 0.54 | 953.47 | 566.84 | 511658 |
| 14 | 0.58 | 0.56 | 0.46 | 425.65 | 316.37 | 248810 |
| 73 | 2.11 | 2.06 | 1.37 | 1708.03 | 1094.27 | 648635 |
| 42 | 1.29 | 1.28 | 0.97 | 1457.86 | 1136.16 | 402872 |
| 3 | 0.24 | 0.20 | 0.11 | 195.82 | 69.20 | 108268 |
| 8 | 0.35 | 0.31 | 0.15 | 241.56 | 130.50 | 125963 |
| 49 | 1.58 | 1.52 | 1.22 | 1072.24 | 735.24 | 704534 |

续表

| 地　区 | 财政补贴收入 | 演出收入 | 本年支出合计(千元) | 资产总计(千元) | 实际使用房屋建筑面积(万平方米) | 排练练功用房 |
|---|---|---|---|---|---|---|
| **总　计** | **13830588** | **2827155** | **19006920** | **29809405** | **493.52** | **109.51** |
| 北　京 | 616281 | 224905 | 1018312 | 2139331 | 11.99 | 0.97 |
| 天　津 | 401404 | 41304 | 588930 | 441045 | 7.63 | 1.92 |
| 河　北 | 352027 | 108924 | 479649 | 750407 | 17.00 | 4.18 |
| 山　西 | 398826 | 172464 | 660347 | 617539 | 18.23 | 3.88 |
| 内蒙古 | 858819 | 14229 | 911721 | 1355304 | 27.34 | 5.40 |
| 辽　宁 | 396828 | 38840 | 498682 | 597954 | 13.81 | 3.53 |
| 吉　林 | 274705 | 43370 | 365254 | 330898 | 10.15 | 2.68 |
| 黑龙江 | 480743 | 20811 | 517963 | 552825 | 19.18 | 4.90 |
| 上　海 | 814844 | 259657 | 1276194 | 2382351 | 10.42 | 1.12 |
| 江　苏 | 623515 | 298347 | 1019968 | 864616 | 29.03 | 4.53 |
| 浙　江 | 688875 | 196439 | 1106119 | 1265838 | 20.28 | 3.34 |
| 安　徽 | 232196 | 95888 | 382789 | 725759 | 7.41 | 2.08 |
| 福　建 | 489003 | 55320 | 658957 | 1486810 | 29.49 | 2.37 |
| 江　西 | 206954 | 33405 | 256293 | 2910279 | 11.33 | 1.58 |
| 山　东 | 728410 | 76710 | 886406 | 781874 | 23.01 | 7.68 |
| 河　南 | 561634 | 135009 | 762040 | 643025 | 18.07 | 5.08 |
| 湖　北 | 627977 | 95983 | 790982 | 890291 | 23.59 | 6.22 |
| 湖　南 | 466757 | 50789 | 557554 | 559144 | 20.27 | 4.42 |
| 广　东 | 563541 | 185667 | 856694 | 1345609 | 20.80 | 4.38 |
| 广　西 | 177104 | 12879 | 243762 | 180594 | 6.88 | 3.56 |
| 海　南 | 102085 | 41182 | 158618 | 170406 | 3.45 | 0.61 |
| 重　庆 | 167025 | 36939 | 257235 | 397210 | 6.95 | 2.02 |
| 四　川 | 471199 | 72085 | 638244 | 874475 | 11.41 | 2.27 |
| 贵　州 | 145705 | 46000 | 244519 | 488013 | 6.26 | 1.82 |
| 云　南 | 468305 | 12801 | 518847 | 436598 | 11.59 | 2.74 |
| 西　藏 | 230120 | 2515 | 228862 | 304531 | 11.01 | 3.83 |
| 陕　西 | 444008 | 118926 | 636721 | 1012939 | 24.17 | 4.28 |
| 甘　肃 | 272101 | 88252 | 391335 | 979337 | 13.40 | 2.82 |
| 青　海 | 75990 | 17564 | 110616 | 305131 | 4.63 | 1.90 |
| 宁　夏 | 95846 | 18226 | 121248 | 117681 | 3.67 | 1.05 |
| 新　疆 | 648057 | 12637 | 700029 | 459058 | 27.70 | 9.60 |

| 实际拥有产权面积（万平方米） | 流动舞台车演出情况 | | | 政府采购的公益演出活动情况 | | |
|---|---|---|---|---|---|---|
| | 流动舞台车数量（辆） | 利用流动舞台车演出场次（万场次） | 利用流动舞台车演出观众人次（万人次） | 演出场次（万场次） | 演出观众人次（万人次） | 演出补贴收入（千元） |
| **275.10** | **1508** | **11.61** | **10081.55** | **15.73** | **12981.99** | **1114955** |
| 3.75 | | | | 0.12 | 44.43 | 28492 |
| 3.20 | 2 | 0.02 | 33.00 | 0.02 | 13.63 | 279 |
| 11.91 | 67 | 0.52 | 520.47 | 0.41 | 450.43 | 19493 |
| 9.47 | 105 | 0.56 | 349.56 | 1.27 | 1066.23 | 89117 |
| 13.07 | 107 | 0.43 | 222.61 | 0.89 | 619.01 | 28939 |
| 7.28 | 15 | 0.02 | 13.70 | 0.13 | 83.56 | 5799 |
| 6.11 | 48 | 0.20 | 143.56 | 0.22 | 140.55 | 13257 |
| 5.14 | 24 | 0.10 | 72.86 | 0.16 | 96.40 | 29973 |
| 4.74 | | 0.00 | 0.50 | 0.15 | 30.98 | 13530 |
| 14.92 | 51 | 0.48 | 418.48 | 0.80 | 597.72 | 78732 |
| 8.63 | 15 | 0.07 | 59.54 | 0.42 | 341.27 | 39532 |
| 3.61 | 41 | 0.42 | 352.20 | 0.44 | 362.62 | 29523 |
| 19.71 | 35 | 0.09 | 44.48 | 0.43 | 213.51 | 35348 |
| 4.51 | 63 | 0.54 | 303.10 | 0.58 | 380.63 | 19333 |
| 10.92 | 115 | 1.68 | 1488.52 | 1.63 | 1380.41 | 72535 |
| 12.60 | 177 | 3.12 | 3238.49 | 2.15 | 2364.06 | 132397 |
| 17.90 | 91 | 0.86 | 916.80 | 1.01 | 863.32 | 45884 |
| 14.53 | 132 | 0.92 | 628.28 | 0.83 | 634.70 | 46361 |
| 10.80 | 8 | 0.00 | 1.67 | 0.13 | 145.81 | 41920 |
| 1.13 | 12 | 0.04 | 41.33 | 0.20 | 226.32 | 20737 |
| 1.81 | 14 | 0.05 | 35.28 | 0.08 | 101.81 | 6659 |
| 4.81 | 5 | 0.02 | 20.54 | 0.18 | 133.22 | 18802 |
| 8.30 | 17 | 0.03 | 27.09 | 0.29 | 248.85 | 34564 |
| 2.19 | 13 | 0.03 | 26.18 | 0.11 | 115.26 | 28312 |
| 7.17 | 66 | 0.18 | 187.04 | 0.40 | 438.98 | 17411 |
| 6.11 | 33 | 0.07 | 42.85 | 0.10 | 66.05 | 863 |
| 20.57 | 72 | 0.46 | 346.11 | 0.89 | 616.46 | 47702 |
| 5.57 | 52 | 0.19 | 190.51 | 0.38 | 361.06 | 35060 |
| 3.31 | 11 | 0.01 | 11.70 | 0.04 | 39.45 | 960 |
| 1.58 | 14 | 0.14 | 110.73 | 0.18 | 124.75 | 11038 |
| 7.71 | 103 | 0.37 | 234.38 | 1.04 | 618.59 | 60385 |

# 2017年各地区文化部门执行事业会计

| 地 区 | 剧团数(个) | 补贴团数 | 从业人员(人) | 专业技术人才 | 正高级职称 | 副高级职称 | 中级职称 |
|---|---|---|---|---|---|---|---|
| **总 计** | **1530** | **1462** | **80449** | **56447** | **3235** | **9241** | **20389** |
| 北 京 | 11 | 8 | 1171 | 866 | 86 | 131 | 307 |
| 天 津 | 15 | 15 | 1915 | 1465 | 212 | 405 | 631 |
| 河 北 | 87 | 71 | 3152 | 2043 | 81 | 293 | 739 |
| 山 西 | 93 | 84 | 4741 | 2959 | 53 | 340 | 957 |
| 内蒙古 | 97 | 97 | 5701 | 4612 | 219 | 675 | 1479 |
| 辽 宁 | 18 | 17 | 1611 | 1209 | 111 | 272 | 520 |
| 吉 林 | 6 | 6 | 907 | 770 | 119 | 219 | 284 |
| 黑龙江 | 27 | 27 | 2040 | 1722 | 182 | 469 | 624 |
| 上 海 | 15 | 13 | 2075 | 1737 | 162 | 441 | 629 |
| 江 苏 | 93 | 85 | 3308 | 2638 | 116 | 446 | 1007 |
| 浙 江 | 44 | 44 | 2826 | 2251 | 211 | 551 | 754 |
| 安 徽 | 10 | 10 | 550 | 449 | 16 | 75 | 168 |
| 福 建 | 69 | 69 | 3645 | 2640 | 121 | 370 | 1071 |
| 江 西 | 41 | 38 | 1313 | 1015 | 9 | 76 | 370 |
| 山 东 | 87 | 86 | 4605 | 3798 | 161 | 713 | 1544 |
| 河 南 | 161 | 156 | 7739 | 3459 | 154 | 491 | 1296 |
| 湖 北 | 71 | 71 | 3707 | 2510 | 116 | 263 | 1076 |
| 湖 南 | 76 | 73 | 2934 | 2209 | 81 | 274 | 895 |
| 广 东 | 41 | 40 | 2279 | 1282 | 62 | 183 | 469 |
| 广 西 | 12 | 12 | 806 | 727 | 33 | 127 | 222 |
| 海 南 | 13 | 13 | 709 | 418 | 7 | 20 | 89 |
| 重 庆 | 13 | 12 | 619 | 497 | 25 | 91 | 138 |
| 四 川 | 41 | 38 | 2442 | 1955 | 43 | 303 | 963 |
| 贵 州 | 23 | 22 | 620 | 350 | 12 | 32 | 74 |
| 云 南 | 74 | 74 | 3250 | 2405 | 109 | 476 | 995 |
| 西 藏 | 85 | 84 | 2322 | 776 | 24 | 104 | 265 |
| 陕 西 | 56 | 56 | 3432 | 2272 | 50 | 190 | 643 |
| 甘 肃 | 19 | 17 | 1424 | 964 | 17 | 168 | 422 |
| 青 海 | 11 | 8 | 460 | 375 | 5 | 67 | 95 |
| 宁 夏 | 3 | 1 | 42 | 37 | | 3 | 7 |
| 新 疆 | 110 | 107 | 5162 | 3880 | 108 | 433 | 1119 |

# 制度的艺术表演团体基本情况

| 本团原创首演剧目（个） | 本团拥有知识产权数量（个） | 演出场次（万场次） | 国内演出场次 | 农村演出场次 | 国内演出观众人次（万人次） | 农村观众人次 | 本年收入合计（千元） | 财政补助收入 |
|---|---|---|---|---|---|---|---|---|
| **1184** | **1355** | **28.43** | **27.64** | **19.26** | **25619.38** | **16738.04** | **13636064** | **10873887** |
| | | | | | | | | |
| 9 | | 0.25 | 0.25 | | 112.02 | 0.03 | 591846 | 440499 |
| 17 | | 0.28 | 0.27 | 0.04 | 185.93 | 46.28 | 472468 | 401404 |
| 22 | 8 | 1.42 | 1.36 | 1.10 | 1443.80 | 1191.25 | 289644 | 233026 |
| 29 | 8 | 1.87 | 1.78 | 1.54 | 1405.77 | 1198.30 | 413048 | 291000 |
| 168 | 117 | 1.22 | 1.19 | 0.82 | 851.16 | 439.87 | 904400 | 858818 |
| | | | | | | | | |
| 15 | | 0.19 | 0.17 | 0.04 | 107.68 | 20.81 | 368060 | 332283 |
| 12 | 13 | 0.09 | 0.08 | 0.04 | 71.27 | 27.98 | 167223 | 148620 |
| 17 | 21 | 0.30 | 0.25 | 0.11 | 169.90 | 71.83 | 327312 | 320974 |
| | | | | | | | | |
| 38 | | 0.70 | 0.68 | 0.47 | 188.00 | 53.60 | 1029583 | 656093 |
| 119 | 77 | 3.63 | 3.58 | 1.89 | 1617.70 | 1086.63 | 595186 | 426181 |
| 26 | 8 | 0.66 | 0.65 | 0.40 | 870.21 | 552.05 | 746152 | 584268 |
| 4 | 1 | 0.19 | 0.17 | 0.14 | 114.65 | 75.76 | 91968 | 60268 |
| 69 | 11 | 1.05 | 1.01 | 0.55 | 667.68 | 421.11 | 652604 | 484117 |
| 68 | 7 | 0.64 | 0.61 | 0.52 | 513.61 | 406.97 | 171539 | 153706 |
| 83 | 16 | 2.27 | 2.23 | 1.72 | 1977.62 | 1546.88 | 739371 | 608244 |
| | | | | | | | | |
| 53 | 47 | 4.43 | 4.41 | 3.81 | 5034.24 | 4307.53 | 690117 | 505710 |
| 70 | 48 | 1.71 | 1.69 | 1.07 | 1820.62 | 1178.99 | 472645 | 381241 |
| 45 | 221 | 1.05 | 1.02 | 0.78 | 862.22 | 624.77 | 406314 | 349228 |
| 32 | 9 | 0.57 | 0.56 | 0.39 | 630.89 | 447.88 | 490765 | 363037 |
| 3 | 4 | 0.23 | 0.23 | 0.12 | 251.89 | 91.85 | 159449 | 131242 |
| 5 | 16 | 0.14 | 0.14 | 0.12 | 178.04 | 126.30 | 96555 | 66005 |
| | | | | | | | | |
| 10 | 18 | 0.13 | 0.13 | 0.08 | 104.26 | 68.79 | 120155 | 96245 |
| 26 | 26 | 0.46 | 0.41 | 0.17 | 332.77 | 130.98 | 443185 | 402219 |
| 8 | 19 | 0.24 | 0.23 | 0.10 | 2124.19 | 87.24 | 57676 | 36575 |
| 78 | 28 | 0.70 | 0.67 | 0.45 | 793.62 | 446.12 | 472442 | 444856 |
| 14 | 10 | 0.58 | 0.56 | 0.46 | 425.65 | 316.37 | 248810 | 230120 |
| | | | | | | | | |
| 45 | 583 | 1.21 | 1.19 | 0.87 | 1091.56 | 760.82 | 351461 | 291457 |
| 11 | | 0.27 | 0.27 | 0.17 | 279.32 | 195.00 | 225991 | 198129 |
| 2 | 3 | 0.14 | 0.12 | 0.07 | 112.74 | 46.71 | 71219 | 60917 |
| | 2 | 0.02 | 0.02 | 0.01 | 19.00 | 17.00 | 720 | 500 |
| 49 | 8 | 1.58 | 1.52 | 1.22 | 1072.24 | 735.24 | 704534 | 648057 |

续表 1

| 地　区 | 上级补助收入 | 事业收入 | 演出收入 | 经营收入 | 附属单位上缴收入 | 其他收入 | 本年支出合计(千元) |
|---|---|---|---|---|---|---|---|
| **总　计** | **601447** | **1648797** | **1386445** | **36929** | **16435** | **458569** | **13872834** |
| 北　京 | 188 | 119710 | 100738 | | 14930 | 16519 | 684865 |
| 天　津 | 20329 | 43655 | 41304 | | | 7080 | 588930 |
| 河　北 | 5533 | 44761 | 42937 | 90 | | 6234 | 276875 |
| 山　西 | 21476 | 94340 | 91523 | 3508 | | 2724 | 439355 |
| 内蒙古 | 6818 | 8378 | 7994 | 921 | | 29465 | 905962 |
| 辽　宁 | 350 | 25038 | 24946 | | | 10389 | 396354 |
| 吉　林 | 2780 | 9292 | 9258 | | | 6531 | 163602 |
| 黑龙江 | 671 | 5000 | 4895 | | | 667 | 336461 |
| 上　海 | 192799 | 177059 | 152071 | | | 3632 | 992632 |
| 江　苏 | 30504 | 123736 | 83965 | 3397 | | 11368 | 577422 |
| 浙　江 | 25486 | 120533 | 98936 | 862 | 700 | 14303 | 802435 |
| 安　徽 | 18075 | 12397 | 12397 | 158 | | 1070 | 95560 |
| 福　建 | 61221 | 58663 | 51884 | 710 | 708 | 47185 | 650626 |
| 江　西 | 2467 | 14096 | 13767 | 331 | 1 | 938 | 163470 |
| 山　东 | 53697 | 65668 | 59773 | 5 | | 11757 | 731453 |
| 河　南 | 13521 | 119503 | 117311 | 2358 | 50 | 48975 | 658796 |
| 湖　北 | 31616 | 45814 | 42069 | 1609 | | 12365 | 474913 |
| 湖　南 | 14110 | 26632 | 22991 | 1499 | | 14845 | 397911 |
| 广　东 | 12138 | 102233 | 97725 | | | 13357 | 514351 |
| 广　西 | 17640 | 3259 | 3259 | | | 7308 | 175878 |
| 海　南 | 530 | 11000 | 10719 | 16410 | 20 | 2590 | 90732 |
| 重　庆 | 1185 | 9970 | 7321 | 784 | | 11971 | 118119 |
| 四　川 | 817 | 28983 | 18840 | 146 | | 11020 | 473707 |
| 贵　州 | 905 | 15110 | 15055 | 10 | 10 | 5066 | 66551 |
| 云　南 | 4377 | 4829 | 4058 | 2734 | | 15646 | 478649 |
| 西　藏 | 9843 | 3045 | 2515 | 1000 | | 4802 | 228862 |
| 陕　西 | 17462 | 35221 | 34710 | | 16 | 7305 | 345542 |
| 甘　肃 | 6855 | 18456 | 18456 | 397 | | 2154 | 223540 |
| 青　海 | 4920 | 4440 | 4440 | | | 942 | 72261 |
| 宁　夏 | 200 | 20 | 20 | | | | 775 |
| 新　疆 | 22934 | 13235 | 12637 | | | 20308 | 700029 |

| 基本支出 | 项目支出 | 经营支出 | 在支出合计中：<br>工资福利支出 | 商品和服务支出 | 差旅费 | 劳务费 | 福利费 | 各种税金支出 |
|---|---|---|---|---|---|---|---|---|
| **8908481** | **4549742** | **160381** | **6676962** | **3845999** | **273966** | **848267** | **59150** | **61983** |
| 363145 | 321719 | | 298021 | 171837 | 3205 | 39258 | 1566 | 1905 |
| 279602 | 268963 | | 246373 | 209639 | 5268 | 44486 | 2877 | 2039 |
| 238607 | 34093 | 2765 | 180538 | 47447 | 4647 | 6882 | 882 | 917 |
| 279138 | 124725 | 22319 | 223228 | 120636 | 9694 | 28511 | 1093 | 4845 |
| 647600 | 227239 | 19364 | 425718 | 233314 | 20770 | 71487 | 2483 | 394 |
| 243231 | 152712 | 411 | 119123 | 118098 | 4715 | 27175 | 69 | 385 |
| 145517 | 18085 | | 73338 | 27173 | 3467 | 6046 | 425 | 464 |
| 266296 | 59501 | | 139998 | 46463 | 3360 | 7772 | 155 | 71 |
| 623242 | 369390 | | 436618 | 403870 | 6099 | 22450 | 6350 | 5902 |
| 403372 | 148849 | 9592 | 280387 | 176968 | 12882 | 36161 | 2022 | 2100 |
| 477698 | 316011 | 265 | 386394 | 262792 | 22047 | 87602 | 9589 | 1251 |
| 89026 | 6105 | 252 | 38063 | 21966 | 968 | 4787 | 439 | 220 |
| 450311 | 188106 | 12013 | 326012 | 160945 | 9105 | 44632 | 1895 | 2241 |
| 137894 | 17631 | 5862 | 86342 | 18950 | 3020 | 3705 | 743 | 217 |
| 600386 | 102994 | 12118 | 405204 | 157630 | 6095 | 23628 | 2333 | 1903 |
| 454200 | 184195 | 14713 | 296174 | 186380 | 14796 | 40194 | 1790 | 2931 |
| 324431 | 123049 | 15912 | 228734 | 124628 | 7875 | 31847 | 1450 | 1701 |
| 299730 | 91899 | 5635 | 195452 | 115612 | 6226 | 21233 | 3669 | 1935 |
| 317067 | 183451 | 3556 | 176279 | 173778 | 16214 | 67248 | 2271 | 2081 |
| 98519 | 73713 | 1477 | 58358 | 88858 | 10080 | 18463 | 440 | 498 |
| 48516 | 23763 | 15946 | 43931 | 39505 | 1069 | 6019 | | 1863 |
| 78606 | 37635 | 1727 | 46740 | 42257 | 3678 | 16378 | 931 | 1361 |
| 299009 | 154211 | 139 | 240612 | 110655 | 7766 | 31848 | 1381 | 1147 |
| 41929 | 12299 | 431 | 30506 | 16526 | 711 | 1015 | 18 | 6238 |
| 376430 | 91753 | 2726 | 294683 | 86328 | 14004 | 17428 | 1593 | 469 |
| 201858 | 16923 | 3029 | 158284 | 32966 | 4729 | 1365 | 1 | |
| 266111 | 61576 | 8647 | 203478 | 57952 | 3383 | 16717 | 2472 | 871 |
| 187479 | 28903 | 641 | 91059 | 50502 | 8928 | 13944 | 831 | 306 |
| 57612 | 14636 | | 30702 | 12917 | 1661 | 682 | 152 | |
| 698 | | | 685 | 90 | 30 | 60 | | |
| 550595 | 123778 | 841 | 454702 | 120288 | 16114 | 21227 | 2080 | 1796 |

续表 2

| 地区 | 对个人和家庭补助支出 | 抚恤金和生活补助 | 其他资本性支出 | 各种设备购置费 | 资产总计（千元） | 固定资产原值 | 实际使用房屋建筑面积（万平方米） |
|---|---|---|---|---|---|---|---|
| **总　计** | **1678158** | **120622** | **821267** | **399172** | **21088569** | **11644103** | **352.13** |
| 北　京 | 70702 | 4993 | 16774 | 14229 | 1396434 | 394198 | 7.41 |
| 天　津 | 57010 | 1712 | 73634 | 35334 | 441045 | 289265 | 7.63 |
| 河　北 | 31011 | 3220 | 9561 | 7360 | 381337 | 209106 | 11.04 |
| 山　西 | 36453 | 5988 | 41676 | 30817 | 415677 | 243589 | 11.16 |
| 内蒙古 | 112392 | 3987 | 72953 | 32788 | 1353633 | 1129045 | 27.34 |
| 辽　宁 | 78255 | 9833 | 20539 | 17639 | 339381 | 241331 | 8.12 |
| 吉　林 | 60305 | 2138 | 2460 | 2460 | 184383 | 122469 | 4.02 |
| 黑龙江 | 111435 | 4605 | 30838 | 5107 | 230834 | 187682 | 11.06 |
| 上　海 | 37575 | 7381 | 79672 | 40143 | 1825496 | 1296047 | 7.11 |
| 江　苏 | 66691 | 3798 | 16029 | 6517 | 392064 | 218654 | 16.54 |
| 浙　江 | 57276 | 4962 | 82960 | 17196 | 856259 | 477490 | 15.28 |
| 安　徽 | 31772 | 270 | 3049 | 1583 | 47474 | 33947 | 1.15 |
| 福　建 | 66462 | 3539 | 52387 | 24867 | 1477185 | 482603 | 29.43 |
| 江　西 | 25706 | 1084 | 1537 | 888 | 2667223 | 125439 | 6.70 |
| 山　东 | 116552 | 5898 | 20816 | 8895 | 705787 | 498136 | 19.35 |
| 河　南 | 74778 | 5188 | 36372 | 13402 | 565768 | 349238 | 15.49 |
| 湖　北 | 71401 | 3083 | 27846 | 13117 | 490545 | 376439 | 17.20 |
| 湖　南 | 42351 | 5475 | 23707 | 14096 | 375960 | 294128 | 15.26 |
| 广　东 | 119169 | 7374 | 33142 | 19354 | 619235 | 539930 | 10.15 |
| 广　西 | 27557 | 1241 | 361 | 331 | 110108 | 100908 | 3.26 |
| 海　南 | 1750 | 380 | 4677 | 1348 | 86381 | 73028 | 2.54 |
| 重　庆 | 19907 | 3688 | 3778 | 3503 | 199209 | 156982 | 3.82 |
| 四　川 | 42160 | 7909 | 15918 | 1381 | 444283 | 309049 | 8.15 |
| 贵　州 | 3461 | 70 | 10622 | 2335 | 139218 | 107903 | 1.57 |
| 云　南 | 38185 | 3231 | 22378 | 11554 | 407291 | 279907 | 10.35 |
| 西　藏 | 16301 | 1783 | 6224 | 2376 | 304531 | 241658 | 11.01 |
| 陕　西 | 26787 | 2131 | 16924 | 7102 | 306593 | 178914 | 12.32 |
| 甘　肃 | 73928 | 2752 | 1842 | 967 | 676538 | 364821 | 6.25 |
| 青　海 | 8819 | 114 | 7704 | 87 | 35105 | 22969 | 2.45 |
| 宁　夏 |  |  |  |  | 172 | 172 | 1.93 |
| 新　疆 | 64097 | 7364 | 31468 | 10262 | 459058 | 337222 | 27.70 |

| | | 流动舞台车演出情况 | | | 政府采购的公益演出活动情况 | | |
|---|---|---|---|---|---|---|---|
| 排练练功用房 | 实际拥有产权面积（万平方米） | 流动舞台车数量（辆） | 利用流动舞台车演出场次（万场次） | 利用流动舞台车演出观众人次（万人次） | 演出场次（万场次） | 演出观众人次（万人次） | 演出补贴收入（千元） |
| **75.92** | **195.01** | **1143** | **9.19** | **8194.72** | **11.35** | **9605.04** | **673691** |
| | | | | | | | |
| 0.63 | 2.85 | | | | 0.00 | 3.10 | 4614 |
| 1.92 | 3.20 | 2 | 0.02 | 33.00 | 0.02 | 13.63 | 279 |
| 2.52 | 8.63 | 40 | 0.29 | 306.61 | 0.30 | 317.63 | 10578 |
| 1.91 | 5.79 | 68 | 0.33 | 150.81 | 0.80 | 605.45 | 46051 |
| 5.40 | 13.07 | 107 | 0.43 | 222.61 | 0.89 | 619.01 | 28939 |
| | | | | | | | |
| 1.99 | 3.10 | 7 | | 0.80 | 0.07 | 52.95 | 3596 |
| 1.26 | 3.59 | 6 | 0.03 | 27.15 | 0.05 | 34.50 | 4677 |
| 2.57 | 2.72 | 17 | 0.09 | 63.36 | 0.07 | 49.88 | 5230 |
| | | | | | | | |
| 0.59 | 2.41 | | | | 0.14 | 30.00 | 13530 |
| 2.88 | 8.80 | 45 | 0.44 | 386.50 | 0.51 | 448.63 | 32792 |
| 2.26 | 4.82 | 11 | 0.05 | 40.66 | 0.24 | 214.81 | 21384 |
| 0.28 | 0.79 | 8 | 0.09 | 45.77 | 0.11 | 62.81 | 5051 |
| 2.35 | 19.71 | 35 | 0.09 | 44.48 | 0.43 | 212.74 | 35184 |
| 0.82 | 2.21 | 36 | 0.33 | 188.60 | 0.28 | 196.49 | 7906 |
| 6.46 | 9.41 | 99 | 1.48 | 1369.08 | 1.37 | 1235.21 | 52464 |
| | | | | | | | |
| 4.14 | 11.05 | 162 | 2.95 | 3081.12 | 1.87 | 2070.34 | 105372 |
| 4.64 | 13.80 | 80 | 0.75 | 852.20 | 0.77 | 734.46 | 28394 |
| 2.98 | 11.09 | 103 | 0.72 | 521.57 | 0.63 | 504.04 | 30092 |
| 1.75 | 4.30 | 6 | | 1.25 | 0.07 | 70.25 | 20631 |
| 2.77 | 0.43 | 9 | 0.04 | 36.73 | 0.13 | 157.72 | 10510 |
| 0.51 | 1.53 | 8 | 0.02 | 22.88 | 0.06 | 85.90 | 4380 |
| | | | | | | | |
| 1.34 | 3.58 | 4 | 0.02 | 18.96 | 0.09 | 67.52 | 7351 |
| 1.41 | 5.96 | 15 | 0.03 | 14.94 | 0.20 | 159.27 | 21601 |
| 0.57 | 0.63 | 8 | 0.02 | 19.37 | 0.04 | 39.06 | 883 |
| 2.26 | 6.88 | 55 | 0.15 | 170.82 | 0.31 | 309.60 | 8165 |
| 3.83 | 6.11 | 33 | 0.07 | 42.85 | 0.10 | 66.05 | 863 |
| | | | | | | | |
| 2.05 | 8.69 | 51 | 0.34 | 265.56 | 0.55 | 398.57 | 29676 |
| 1.10 | 2.46 | 14 | 0.03 | 15.76 | 0.11 | 126.29 | 12661 |
| 0.53 | 1.66 | 9 | 0.01 | 11.70 | 0.03 | 37.95 | |
| 0.12 | 0.03 | 2 | 0.01 | 5.20 | | 1.50 | |
| 9.60 | 7.71 | 103 | 0.37 | 234.38 | 1.04 | 618.59 | 60385 |

# 2017年各地区文化部门执行企业会计

| 地区 | 剧团数（个） | 补贴团数 | 从业人员（人） | 专业技术人才 | 正高级职称 | 副高级职称 | 中级职称 |
|---|---|---|---|---|---|---|---|
| **总计** | **544** | **457** | **35144** | **23729** | **1480** | **3753** | **7930** |
| 北京 | 9 | 9 | 1156 | 874 | 60 | 126 | 329 |
| 天津 | | | | | | | |
| 河北 | 36 | 23 | 1552 | 945 | 88 | 187 | 262 |
| 山西 | 56 | 50 | 2953 | 1478 | 51 | 172 | 372 |
| 内蒙古 | 1 | 1 | 2 | | | | |
| 辽宁 | 16 | 9 | 1323 | 1055 | 54 | 165 | 489 |
| 吉林 | 38 | 34 | 1509 | 1132 | 86 | 226 | 377 |
| 黑龙江 | 10 | 9 | 1263 | 1036 | 117 | 240 | 336 |
| 上海 | 6 | 6 | 939 | 614 | 50 | 113 | 274 |
| 江苏 | 33 | 22 | 2522 | 2120 | 166 | 394 | 772 |
| 浙江 | 15 | 14 | 1229 | 788 | 60 | 153 | 309 |
| 安徽 | 35 | 34 | 2403 | 1922 | 74 | 227 | 781 |
| 福建 | 1 | 1 | 61 | 13 | 3 | 2 | 8 |
| 江西 | 29 | 22 | 945 | 733 | 6 | 50 | 217 |
| 山东 | 16 | 16 | 952 | 766 | 32 | 113 | 249 |
| 河南 | 13 | 12 | 1053 | 633 | 28 | 99 | 221 |
| 湖北 | 16 | 16 | 1775 | 1345 | 150 | 300 | 388 |
| 湖南 | 23 | 22 | 1065 | 738 | 17 | 71 | 257 |
| 广东 | 28 | 23 | 1875 | 1126 | 72 | 196 | 339 |
| 广西 | 9 | 8 | 492 | 339 | 5 | 47 | 110 |
| 海南 | 6 | 6 | 342 | 192 | 1 | 9 | 63 |
| 重庆 | 9 | 8 | 869 | 455 | 24 | 89 | 111 |
| 四川 | 11 | 8 | 811 | 440 | 8 | 36 | 103 |
| 贵州 | 17 | 15 | 1027 | 672 | 38 | 117 | 243 |
| 云南 | 14 | 9 | 410 | 222 | 3 | 63 | 87 |
| 西藏 | | | | | | | |
| 陕西 | 33 | 29 | 2723 | 1770 | 91 | 265 | 601 |
| 甘肃 | 46 | 39 | 2196 | 1353 | 32 | 102 | 371 |
| 青海 | 5 | 1 | 350 | 189 | | 16 | 26 |
| 宁夏 | 12 | 10 | 851 | 385 | 28 | 53 | 131 |
| 新疆 | | | | | | | |

## 制度的艺术表演团体基本情况

| 本团原创首演剧目（个） | 本团拥有知识产权数量（个） | 演出场次（万场次） | 国内演出场次 | 农村演出场次 | 国内演出观众人次（万人次） | 农村观众人次 | 资产总计 |
|---|---|---|---|---|---|---|---|
| **411** | **282** | **12.21** | **11.62** | **6.45** | **9589.95** | **5582.95** | **8720836** |
| | | | | | | | |
| 15 | 5 | 0.47 | 0.41 | 0.04 | 183.64 | 7.03 | 742897 |
| | | | | | | | |
| 10 | 4 | 0.64 | 0.61 | 0.40 | 544.43 | 368.02 | 369070 |
| 24 | 11 | 1.30 | 1.28 | 1.07 | 1418.70 | 1119.80 | 201862 |
| | | | | | 1.48 | | 1671 |
| | | | | | | | |
| 8 | 36 | 0.36 | 0.26 | 0.08 | 191.25 | 46.45 | 258573 |
| 24 | 5 | 0.42 | 0.37 | 0.20 | 296.01 | 140.41 | 146515 |
| 16 | 8 | 0.25 | 0.22 | 0.05 | 140.82 | 25.11 | 321991 |
| | | | | | | | |
| 23 | | 0.28 | 0.27 | | 150.17 | 1.30 | 556855 |
| 43 | 26 | 1.09 | 1.07 | 0.39 | 551.71 | 165.74 | 472552 |
| 17 | 1 | 0.59 | 0.58 | 0.26 | 478.32 | 236.34 | 409579 |
| 34 | 12 | 0.88 | 0.84 | 0.45 | 744.71 | 406.84 | 678285 |
| 1 | | 0.04 | 0.02 | 0.02 | 40.57 | 39.80 | 9625 |
| 11 | 4 | 0.54 | 0.54 | 0.47 | 369.74 | 287.26 | 243056 |
| 7 | 4 | 0.37 | 0.33 | 0.25 | 229.27 | 163.22 | 76087 |
| | | | | | | | |
| 4 | 1 | 0.36 | 0.36 | 0.29 | 386.38 | 312.26 | 77257 |
| 19 | 4 | 0.62 | 0.61 | 0.20 | 401.15 | 165.77 | 399746 |
| 12 | 9 | 0.34 | 0.33 | 0.22 | 217.32 | 126.02 | 183184 |
| 31 | 18 | 0.42 | 0.40 | 0.15 | 314.73 | 154.49 | 726374 |
| 4 | | 0.13 | 0.13 | 0.08 | 170.24 | 86.08 | 70486 |
| 3 | 46 | 0.06 | 0.06 | 0.04 | 45.28 | 26.99 | 84025 |
| | | | | | | | |
| 4 | 4 | 0.16 | 0.15 | 0.09 | 111.99 | 68.34 | 198001 |
| 16 | 15 | 0.23 | 0.21 | 0.06 | 144.69 | 39.51 | 430192 |
| 7 | 26 | 0.20 | 0.19 | 0.06 | 184.60 | 64.70 | 348795 |
| 5 | 7 | 0.12 | 0.12 | 0.09 | 159.85 | 120.72 | 29307 |
| | | | | | | | |
| | | | | | | | |
| 28 | 18 | 0.90 | 0.88 | 0.49 | 616.46 | 333.45 | 706346 |
| 31 | 11 | 1.02 | 1.01 | 0.81 | 1178.54 | 941.16 | 302799 |
| 1 | | 0.10 | 0.08 | 0.04 | 83.08 | 22.49 | 270026 |
| 8 | 7 | 0.33 | 0.29 | 0.14 | 222.56 | 113.50 | 117509 |

续表 1

| 地区 | 资产、负债、所有者权益(千元) | | | | | | |
|---|---|---|---|---|---|---|---|
| | 固定资产原值 | 当年提取的折旧总额 | 负债合计 | 所有者权益合计 | 实收资本(股本) | 国家资本金 | 营业收入 |
| **总　计** | **5188577** | **653257** | **2712871** | **6007965** | **3278487** | **3061306** | **2019140** |
| 北　京 | 164083 | 66791 | 184394 | 558503 | 588891 | 531891 | 175899 |
| 天　津 | | | | | | | |
| 河　北 | 118340 | 37248 | 159660 | 209410 | 195377 | 183757 | 80231 |
| 山　西 | 170806 | 19638 | 127522 | 74340 | 40978 | 36541 | 99522 |
| 内蒙古 | | | 1027 | 644 | 150 | 150 | 6253 |
| 辽　宁 | 171029 | 7203 | 54245 | 204328 | 125497 | 125497 | 41414 |
| 吉　林 | 125442 | 13330 | 48895 | 97620 | 43835 | 23437 | 56923 |
| 黑龙江 | 287093 | 27899 | 42405 | 279586 | 95464 | 94780 | 21425 |
| 上　海 | 265388 | 10540 | 144112 | 412743 | 16500 | 16500 | 149593 |
| 江　苏 | 232324 | 14524 | 169138 | 303414 | 50547 | 49735 | 233847 |
| 浙　江 | 203793 | 17263 | 100643 | 308936 | 158935 | 149710 | 182205 |
| 安　徽 | 244177 | 22422 | 267361 | 410924 | 227216 | 187455 | 110365 |
| 福　建 | 1934 | 173 | 3050 | 6575 | 5000 | 5000 | 3436 |
| 江　西 | 232381 | 34978 | 16712 | 226344 | 48058 | 44940 | 31806 |
| 山　东 | 50301 | 11173 | 46691 | 29396 | 19714 | 15112 | 33299 |
| 河　南 | 63816 | 33046 | 53843 | 23414 | 26014 | 21000 | 44902 |
| 湖　北 | 379283 | 37963 | 164825 | 234921 | 241794 | 240094 | 67871 |
| 湖　南 | 95354 | 16455 | 83368 | 99816 | 35977 | 33259 | 38527 |
| 广　东 | 678064 | 77643 | 196729 | 529645 | 159743 | 159255 | 133722 |
| 广　西 | 44130 | 9041 | 23684 | 46802 | 36765 | 36765 | 22015 |
| 海　南 | 62354 | 9643 | 31349 | 52676 | 30238 | 26893 | 33242 |
| 重　庆 | 120104 | 26322 | 78515 | 119486 | 19550 | 19550 | 45026 |
| 四　川 | 174110 | 93105 | 54166 | 376026 | 129131 | 129081 | 59804 |
| 贵　州 | 198309 | 6873 | 71580 | 277215 | 168885 | 168285 | 48814 |
| 云　南 | 16648 | 2366 | 11046 | 18261 | 7947 | 5847 | 10077 |
| 西　藏 | | | | | | | |
| 陕　西 | 445638 | 10669 | 225213 | 481133 | 241907 | 237487 | 111524 |
| 甘　肃 | 172314 | 14110 | 128263 | 174536 | 117750 | 79862 | 89016 |
| 青　海 | 134734 | 7854 | 138715 | 131311 | 40000 | 40000 | 19166 |
| 宁　夏 | 100925 | 14896 | 28402 | 89107 | 122884 | 115683 | 27271 |
| 新　疆 | | | | | | | |

| 损益(千元) | | | | | | | |
|---|---|---|---|---|---|---|---|
| 主营业务收入 | 营业成本 | 养老、医疗、失业等各种社会保险费 | 住房公积金和住房补贴 | 差旅费 | 工会经费 | 营业利润 | 营业外收入 |
| **1440710** | **4750738** | **378952** | **137741** | **90160** | **17494** | **-2731598** | **3190830** |
| 124167 | 333201 | 21482 | 8601 | 3405 | 2029 | -157302 | 180067 |
| 65987 | 184697 | 27689 | 5421 | 1256 | 788 | -104466 | 121029 |
| 80941 | 173312 | 14986 | 2555 | 3422 | 282 | -73790 | 117830 |
| 6235 | 5758 | 7 | | 1 | | 495 | 1 |
| 13894 | 94176 | 11531 | 3901 | 578 | 423 | -52762 | 65599 |
| 34112 | 180212 | 9560 | 4629 | 4236 | 165 | -123289 | 138137 |
| 15916 | 174200 | 18782 | 11244 | 1993 | 615 | -152775 | 162102 |
| 107586 | 283037 | 28243 | 5176 | 2303 | 2311 | -133444 | 158811 |
| 214382 | 434169 | 30024 | 19184 | 9286 | 555 | -200322 | 214483 |
| 97503 | 302298 | 14753 | 5944 | 6243 | 1639 | -120093 | 120926 |
| 83491 | 254774 | 23835 | 7585 | 5769 | 1245 | -144409 | 197094 |
| 3436 | 3445 | 369 | 170 | 74 | 62 | -9 | 4886 |
| 19638 | 81836 | 8866 | 1944 | 1243 | 243 | -50030 | 59828 |
| 16937 | 138440 | 20530 | 6468 | 718 | 209 | -105141 | 120232 |
| 17698 | 99322 | 7063 | 2224 | 2049 | 18 | -54420 | 55925 |
| 53914 | 304753 | 13193 | 8736 | 9301 | 1351 | -236882 | 248480 |
| 27798 | 155163 | 8015 | 2760 | 3391 | 323 | -116636 | 129611 |
| 87942 | 327564 | 12073 | 10002 | 8790 | 1726 | -193842 | 208718 |
| 9620 | 50091 | 6897 | 2161 | 412 | 165 | -28076 | 49088 |
| 30463 | 54965 | 3669 | 1090 | 1469 | 111 | -21723 | 38522 |
| 29618 | 106098 | 5702 | 2554 | 1388 | 883 | -61072 | 98009 |
| 53245 | 119613 | 6686 | 1975 | 4836 | 80 | -59809 | 81759 |
| 30945 | 161158 | 12225 | 1558 | 1030 | 704 | -112344 | 120185 |
| 8743 | 38245 | 3133 | 1505 | 222 | 189 | -28168 | 29139 |
| 84216 | 263152 | 30534 | 5222 | 3153 | 1043 | -151628 | 185650 |
| 69796 | 161411 | 14104 | 3462 | 4966 | 175 | -72395 | 87865 |
| 13124 | 38355 | 3648 | 896 | 6 | 70 | -19189 | 17883 |
| 18206 | 111514 | 8520 | 3021 | 4372 | 90 | -84243 | 97972 |

续表 2

| 地　区 | | | | 工资、福利费、税金(千元) | | | 实际使用房屋建筑面积(万平方米) |
|---|---|---|---|---|---|---|---|
| | 政府补助 | 营业外支出 | 利润总额 | 本年发放工资总额 | 本年支付的职工福利费 | 本年应交税金总额 | |
| **总　计** | **2956701** | **383348** | **75884** | **1915251** | **57874** | **98227** | **141.39** |
| 北　京 | 175782 | 246 | 22519 | 134859 | 4553 | 14349 | 4.57 |
| 天　津 | | | | | | | |
| 河　北 | 119001 | 18077 | -1514 | 61373 | 1575 | 6607 | 5.97 |
| 山　西 | 107826 | 47680 | -3640 | 83750 | 1156 | 4007 | 7.07 |
| 内蒙古 | 1 | 1 | 495 | 64 | | 259 | |
| 辽　宁 | 64545 | 8152 | 4685 | 44010 | 423 | 556 | 5.69 |
| 吉　林 | 126085 | 21440 | -6592 | 90002 | 1791 | 2197 | 6.13 |
| 黑龙江 | 159769 | 7302 | 2025 | 70147 | 2237 | 1644 | 8.13 |
| 上　海 | 158751 | 525 | 24842 | 83254 | 3551 | 4334 | 3.31 |
| 江　苏 | 197334 | 8377 | 5784 | 195410 | 6161 | 4382 | 12.49 |
| 浙　江 | 104607 | 1386 | -553 | 88186 | 6010 | 7840 | 5.01 |
| 安　徽 | 171928 | 32455 | 20230 | 115939 | 3227 | 2644 | 6.26 |
| 福　建 | 4886 | 4886 | -9 | | | 83 | 0.06 |
| 江　西 | 53248 | 10987 | -1189 | 37307 | 1040 | 1097 | 4.63 |
| 山　东 | 120166 | 16513 | -1422 | 49779 | 844 | 2036 | 3.66 |
| 河　南 | 55924 | 3922 | -2417 | 39095 | 782 | 1672 | 2.58 |
| 湖　北 | 246736 | 11316 | 282 | 122554 | 1039 | 4099 | 6.39 |
| 湖　南 | 117529 | 4480 | 8495 | 49211 | 2025 | 1214 | 5.01 |
| 广　东 | 200504 | 14779 | 97 | 142987 | 2584 | 7154 | 10.64 |
| 广　西 | 45862 | 17793 | 3219 | 20414 | 1069 | 1513 | 3.62 |
| 海　南 | 36080 | 12921 | 3878 | 20359 | 1594 | 1266 | 0.91 |
| 重　庆 | 70780 | 33018 | 3919 | 48116 | 873 | 3271 | 3.13 |
| 四　川 | 68980 | 44924 | -22974 | 30788 | 1021 | 3403 | 3.26 |
| 贵　州 | 109130 | 16810 | -8969 | 48195 | 1949 | 2129 | 4.69 |
| 云　南 | 23449 | 1953 | -982 | 23458 | 88 | 526 | 1.23 |
| 西　藏 | | | | | | | |
| 陕　西 | 152551 | 28027 | 5995 | 117565 | 3756 | 7234 | 11.85 |
| 甘　肃 | 73972 | 6384 | 9086 | 82590 | 2633 | 4639 | 7.16 |
| 青　海 | 15073 | | -1306 | 19735 | 10 | 527 | 2.18 |
| 宁　夏 | 95346 | 8959 | 4770 | 39485 | 2673 | 1936 | 1.74 |
| 新　疆 | | | | | | | |

| | | 流动舞台车演出情况 | | | 政府采购的公益演出活动情况 | | |
|---|---|---|---|---|---|---|---|
| 排练练功用房 | 实际拥有产权面积(万平方米) | 流动舞台车数量(辆) | 利用流动舞台车演出场次(万场次) | 利用流动舞台车演出观众人次(万人次) | 演出场次(万场次) | 演出观众人次(万人次) | 演出补贴收入(千元) |
| **33.59** | **80.09** | **365** | **2.42** | **1886.83** | **4.38** | **3376.96** | **441264** |
| 0.34 | 0.90 | | | | 0.12 | 41.33 | 23878 |
| 1.66 | 3.28 | 27 | 0.23 | 213.86 | 0.11 | 132.80 | 8915 |
| 1.97 | 3.68 | 37 | 0.23 | 198.74 | 0.47 | 460.78 | 43066 |
| 1.55 | 4.19 | 8 | 0.02 | 12.90 | 0.06 | 30.61 | 2203 |
| 1.42 | 2.52 | 42 | 0.16 | 116.41 | 0.17 | 106.06 | 8580 |
| 2.34 | 2.41 | 7 | 0.01 | 9.50 | 0.08 | 46.52 | 24743 |
| 0.53 | 2.33 | | 0.00 | 0.50 | 0.01 | 0.98 | |
| 1.66 | 6.12 | 6 | 0.04 | 31.98 | 0.29 | 149.09 | 45940 |
| 1.08 | 3.81 | 4 | 0.02 | 18.88 | 0.18 | 126.46 | 18148 |
| 1.80 | 2.82 | 33 | 0.33 | 306.43 | 0.33 | 299.81 | 24472 |
| 0.02 | | | | | | 0.77 | 164 |
| 0.76 | 2.30 | 27 | 0.21 | 114.50 | 0.30 | 184.14 | 11427 |
| 1.22 | 1.51 | 16 | 0.19 | 119.44 | 0.26 | 145.20 | 20071 |
| 0.95 | 1.55 | 15 | 0.17 | 157.38 | 0.28 | 293.72 | 27025 |
| 1.58 | 4.10 | 11 | 0.11 | 64.60 | 0.24 | 128.87 | 17490 |
| 1.43 | 3.45 | 29 | 0.20 | 106.70 | 0.20 | 130.66 | 16269 |
| 2.63 | 6.50 | 2 | | 0.42 | 0.07 | 75.57 | 21289 |
| 0.79 | 0.70 | 3 | 0.01 | 4.60 | 0.07 | 68.60 | 10227 |
| 0.10 | 0.29 | 6 | 0.03 | 12.40 | 0.02 | 15.91 | 2279 |
| 0.68 | 1.23 | 1 | 0.00 | 1.58 | 0.09 | 65.70 | 11451 |
| 0.85 | 2.34 | 2 | 0.01 | 12.15 | 0.09 | 89.58 | 12963 |
| 1.25 | 1.56 | 5 | 0.01 | 6.81 | 0.07 | 76.20 | 27429 |
| 0.48 | 0.29 | 11 | 0.03 | 16.22 | 0.09 | 129.38 | 9246 |
| 2.23 | 11.89 | 21 | 0.13 | 80.55 | 0.34 | 217.88 | 18026 |
| 1.73 | 3.11 | 38 | 0.16 | 174.75 | 0.27 | 234.77 | 22399 |
| 1.38 | 1.65 | 2 | | | 0.01 | 1.50 | 960 |
| 0.94 | 1.55 | 12 | 0.13 | 105.53 | 0.17 | 123.25 | 11038 |

# 2017年各地区非公有制

| 地区 | 机构数（个） | 从业人员（人） | 专业技术人才 | 演员数 | 国内演出场次（万场次） | 农村演出场次 |
|---|---|---|---|---|---|---|
| **总计** | **13583** | **282793** | **84462** | **193183** | **251.75** | **157.91** |
| 北京 | 431 | 9472 | 2877 | 7165 | 5.37 | 1.05 |
| 天津 | 88 | 1298 | 307 | 995 | 0.63 | 0.21 |
| 河北 | 608 | 11713 | 5503 | 8262 | 7.45 | 4.60 |
| 山西 | 516 | 13361 | 4135 | 9441 | 7.10 | 5.16 |
| 内蒙古 | 108 | 2211 | 866 | 1512 | 1.66 | 1.33 |
| 辽宁 | 153 | 2059 | 572 | 1398 | 0.75 | 0.19 |
| 吉林 | 24 | 783 | 404 | 500 | 0.20 | 0.06 |
| 黑龙江 | 34 | 379 | 186 | 250 | 0.24 | 0.06 |
| 上海 | 176 | 6676 | 2140 | 4480 | 1.61 | 0.37 |
| 江苏 | 502 | 7523 | 2595 | 5239 | 5.70 | 2.24 |
| 浙江 | 1345 | 39055 | 10066 | 27318 | 35.68 | 22.14 |
| 安徽 | 2588 | 43315 | 8196 | 31800 | 56.98 | 42.18 |
| 福建 | 354 | 9011 | 2170 | 6413 | 6.58 | 6.16 |
| 江西 | 342 | 7118 | 1677 | 5495 | 5.39 | 3.25 |
| 山东 | 667 | 10981 | 3925 | 6952 | 8.23 | 5.47 |
| 河南 | 1497 | 40508 | 12936 | 22702 | 59.89 | 32.63 |
| 湖北 | 386 | 5982 | 1709 | 4278 | 4.14 | 2.85 |
| 湖南 | 434 | 8507 | 3005 | 5458 | 4.62 | 3.07 |
| 广东 | 316 | 7637 | 2895 | 4865 | 3.11 | 2.28 |
| 广西 | 83 | 2899 | 595 | 1477 | 0.95 | 0.17 |
| 海南 | 57 | 2748 | 746 | 1037 | 0.87 | 0.31 |
| 重庆 | 1261 | 13812 | 5740 | 11127 | 14.87 | 11.65 |
| 四川 | 645 | 9692 | 3887 | 6568 | 7.08 | 3.59 |
| 贵州 | 96 | 1993 | 694 | 1375 | 1.00 | 0.78 |
| 云南 | 215 | 6014 | 1329 | 4033 | 4.66 | 0.76 |
| 西藏 | 2 | 55 | 2 | 48 | 0.00 | 0.00 |
| 陕西 | 370 | 11734 | 3667 | 8361 | 3.79 | 2.91 |
| 甘肃 | 218 | 4861 | 1197 | 3734 | 1.61 | 1.13 |
| 青海 | 20 | 501 | 88 | 428 | 0.10 | 0.06 |
| 宁夏 | 30 | 773 | 282 | 393 | 1.43 | 1.25 |
| 新疆 | 17 | 122 | 71 | 79 | 0.09 | 0.04 |

# 艺术表演团体基本情况

| 国外演出场次（万场次） | 国内演出观众人次（万人次） | 农村观众人次 | 经营情况（千元）营业收入 | 企业赞助收入 | 演出收入 | 农村演出收入 |
|---|---|---|---|---|---|---|
| **12.14** | **88553.54** | **60058.98** | **13756415** | **198127** | **11808575** | **4198016** |
| 0.05 | 805.07 | 369.38 | 293501 | 1550 | 183731 | 41418 |
| | 279.15 | 144.71 | 26840 | 188 | 17305 | 6070 |
| 0.11 | 3478.28 | 1824.70 | 285142 | 2109 | 270320 | 120692 |
| 0.00 | 2868.27 | 1638.69 | 219748 | 3085 | 197859 | 133742 |
| 0.01 | 749.28 | 586.38 | 69054 | 2490 | 63975 | 43333 |
| 0.01 | 218.99 | 63.58 | 28969 | 1403 | 22734 | 4470 |
| | 59.05 | 14.67 | 22458 | 2040 | 17348 | 2362 |
| | 21.93 | 6.90 | 30350 | 726 | 23938 | 1216 |
| 0.01 | 599.34 | 161.55 | 405092 | 51600 | 283063 | 22336 |
| 0.12 | 1554.63 | 769.46 | 403332 | 18067 | 339251 | 68560 |
| 4.95 | 19532.23 | 15378.07 | 4661415 | 7672 | 4354806 | 1238786 |
| 2.90 | 24320.62 | 18334.94 | 1133236 | 10125 | 1095667 | 765862 |
| 0.92 | 1924.54 | 1750.54 | 366562 | 2840 | 356735 | 315901 |
| 0.00 | 2180.20 | 1373.71 | 240850 | 7295 | 223429 | 118117 |
| 0.23 | 2611.30 | 1946.61 | 234069 | 8480 | 210172 | 108094 |
| 0.11 | 9627.35 | 6847.47 | 568929 | 19800 | 519925 | 330822 |
| 0.00 | 1928.93 | 1199.28 | 236189 | 4284 | 214964 | 60198 |
| 0.03 | 1398.59 | 897.41 | 478799 | 5730 | 296928 | 92993 |
| 0.12 | 1325.23 | 754.31 | 468215 | 16846 | 403155 | 100428 |
| | 469.54 | 77.74 | 287038 | 7442 | 44621 | 9728 |
| | 709.36 | 132.90 | 515131 | 100 | 387631 | 16312 |
| 0.86 | 3154.75 | 2095.05 | 578582 | 3479 | 558748 | 250417 |
| 1.55 | 2063.67 | 886.94 | 569315 | 10382 | 508799 | 136996 |
| 0.02 | 365.22 | 200.72 | 150852 | 3385 | 100445 | 17480 |
| 0.12 | 1692.97 | 267.31 | 1130236 | 1144 | 784761 | 17270 |
| | 2.50 | 0.55 | 150 | 50 | 100 | 40 |
| 0.00 | 2518.58 | 1512.52 | 211981 | 1507 | 196751 | 115902 |
| 0.02 | 1896.72 | 660.33 | 114434 | 3095 | 107642 | 44579 |
| | 28.79 | 13.61 | 6476 | 1143 | 5132 | 2112 |
| | 146.98 | 131.74 | 13420 | 70 | 12660 | 11270 |
| | 21.51 | 17.21 | 6050 | | 5980 | 510 |

续表

| 地　区 | 城市演出收入 | 国外演出收入 | 营业成本 | 养老、医疗、失业等各种社会保险费 | 本年发放工资总额 |
|---|---|---|---|---|---|
| **总　计** | **6649779** | **149070** | **9579449** | **348471** | **5050100** |
| 北　京 | 122443 | 11710 | 248145 | 15930 | 123022 |
| 天　津 | 10704 | | 25883 | 1314 | 12944 |
| 河　北 | 140107 | 7120 | 244460 | 9908 | 179497 |
| 山　西 | 58477 | 690 | 187893 | 7138 | 139759 |
| 内蒙古 | 9450 | 170 | 61681 | 1645 | 44482 |
| 辽　宁 | 15906 | 1100 | 25782 | 913 | 13111 |
| 吉　林 | 14986 | | 10993 | 1167 | 7576 |
| 黑龙江 | 22421 | 100 | 19169 | 336 | 6122 |
| 上　海 | 206741 | 370 | 188125 | 15265 | 55116 |
| 江　苏 | 260487 | 2320 | 355910 | 17977 | 141715 |
| 浙　江 | 3089601 | 8110 | 3087407 | 66177 | 1264945 |
| 安　徽 | 321132 | 2710 | 783434 | 21938 | 605368 |
| 福　建 | 32376 | | 346392 | 2964 | 308663 |
| 江　西 | 102191 | 1150 | 160740 | 9064 | 107650 |
| 山　东 | 79131 | 1000 | 189546 | 8165 | 113004 |
| 河　南 | 168627 | 9520 | 428468 | 24637 | 317553 |
| 湖　北 | 70784 | 75790 | 144338 | 11739 | 92970 |
| 湖　南 | 130792 | 2940 | 340158 | 13269 | 152743 |
| 广　东 | 280455 | 13930 | 430146 | 24458 | 235162 |
| 广　西 | 34642 | | 171686 | 7283 | 72861 |
| 海　南 | 351802 | | 183979 | 12080 | 72497 |
| 重　庆 | 305906 | 320 | 488244 | 9006 | 243000 |
| 四　川 | 216620 | 790 | 371400 | 22493 | 199070 |
| 贵　州 | 80243 | 880 | 104512 | 4940 | 49804 |
| 云　南 | 382414 | 540 | 703774 | 30715 | 292576 |
| 西　藏 | 60 | | 250 | | 100 |
| 陕　西 | 71460 | 7810 | 179323 | 4426 | 129440 |
| 甘　肃 | 60221 | | 72157 | 1419 | 57379 |
| 青　海 | 3020 | | 3897 | 652 | 2396 |
| 宁　夏 | 1260 | | 15407 | 123 | 6180 |
| 新　疆 | 5320 | | 6150 | 1330 | 3395 |

| 本年应交税金总额 | 营业利润 | 国外演出利润 | 营业外收入 | 政府补贴 | 资产总计（千元） | 实际使用房屋建筑面积（万平方米） |
|---|---|---|---|---|---|---|
| **1079398** | **4178270** | **16480** | **684544** | **437655** | **35334845** | **412.33** |
| | | | | | | |
| 13516 | 45361 | 2020 | 45113 | 37027 | 725868 | 16.15 |
| 989 | 957 | | 3946 | 3831 | 118215 | 1.82 |
| 8971 | 40682 | 5260 | 22631 | 16045 | 820649 | 16.02 |
| 7383 | 31861 | | 14907 | 8579 | 340630 | 17.53 |
| 3410 | 7373 | 2560 | 6508 | 3260 | 241147 | 2.99 |
| | | | | | | |
| 862 | 3187 | | 3671 | 716 | 2097764 | 5.50 |
| 418 | 11466 | | 502 | 500 | 50393 | 1.61 |
| 216 | 11181 | 100 | 5882 | 312 | 152094 | 1.67 |
| | | | | | | |
| 27132 | 216968 | -20 | 19599 | 8201 | 444723 | 5.11 |
| 7886 | 48675 | 300 | 26090 | 16247 | 632939 | 17.33 |
| 633261 | 1574015 | 1730 | 86564 | 49805 | 10775152 | 62.81 |
| 13348 | 349810 | 10 | 29363 | 16929 | 1424812 | 50.88 |
| 2985 | 20174 | 80 | 15893 | 8717 | 171220 | 8.24 |
| 9639 | 80110 | 200 | 22811 | 7473 | 678791 | 7.30 |
| 8333 | 44522 | 710 | 30614 | 17174 | 542833 | 15.95 |
| | | | | | | |
| 15734 | 140468 | 2510 | 52897 | 22222 | 3024852 | 43.14 |
| 11612 | 91853 | 20 | 8949 | 661 | 1718428 | 9.11 |
| 37891 | 138642 | | 25698 | 7743 | 1087486 | 17.13 |
| 13254 | 38068 | 270 | 139509 | 131941 | 2962076 | 19.44 |
| 33050 | 115352 | | 2922 | 810 | 1065337 | 4.29 |
| 72492 | 331151 | | 2311 | 1815 | 1243435 | 3.94 |
| | | | | | | |
| 4981 | 90347 | 250 | 9514 | 2325 | 895475 | 15.56 |
| 30861 | 197915 | 350 | 15430 | 8470 | 1004705 | 20.89 |
| 5465 | 46341 | | 15815 | 11082 | 294775 | 8.20 |
| 107916 | 426462 | 90 | 38660 | 28246 | 2005987 | 18.86 |
| | -100 | | 20 | 20 | 950 | 0.05 |
| | | | | | | |
| 4691 | 32659 | 40 | 22642 | 18837 | 425761 | 11.01 |
| 2372 | 42278 | | 8909 | 4199 | 311958 | 5.87 |
| 169 | 2579 | | 2741 | 358 | 17840 | 0.60 |
| 191 | -1987 | | 4430 | 4110 | 35080 | 3.05 |
| 370 | -100 | | 3 | | 23470 | 0.28 |

# 2017年各地区艺术表演

| 地区 | 机构数（个） | 从业人员（人） | 专业技术人才 | 座席数（个） | 演(映)出场次合计（万场次） | 艺术演出场次 |
|---|---|---|---|---|---|---|
| **总计** | **2455** | **53765** | **14370** | **1796055** | **141.99** | **21.18** |
| 北京 | 66 | 3051 | 644 | 48441 | 4.37 | 1.53 |
| 天津 | 57 | 708 | 121 | 29039 | 5.80 | 0.37 |
| 河北 | 96 | 1702 | 367 | 60319 | 6.10 | 0.44 |
| 山西 | 121 | 1673 | 445 | 145378 | 7.51 | 0.42 |
| 内蒙古 | 44 | 771 | 370 | 36991 | 2.58 | 0.25 |
| 辽宁 | 121 | 4440 | 805 | 53197 | 2.49 | 1.64 |
| 吉林 | 56 | 1126 | 484 | 24958 | 5.70 | 1.11 |
| 黑龙江 | 51 | 608 | 184 | 29842 | 0.44 | 0.27 |
| 上海 | 49 | 1619 | 462 | 59185 | 2.32 | 0.75 |
| 江苏 | 254 | 5669 | 1188 | 216938 | 42.44 | 2.48 |
| 浙江 | 365 | 6949 | 1671 | 170478 | 11.69 | 4.20 |
| 安徽 | 91 | 2249 | 831 | 62460 | 1.61 | 0.59 |
| 福建 | 59 | 911 | 246 | 183682 | 18.49 | 0.17 |
| 江西 | 61 | 1020 | 409 | 39527 | 1.94 | 0.35 |
| 山东 | 100 | 1821 | 471 | 73302 | 1.32 | 0.45 |
| 河南 | 157 | 3148 | 396 | 90374 | 0.62 | 0.38 |
| 湖北 | 65 | 1321 | 348 | 60845 | 5.35 | 0.31 |
| 湖南 | 92 | 2623 | 882 | 81966 | 3.33 | 0.92 |
| 广东 | 83 | 2949 | 779 | 90194 | 2.08 | 0.54 |
| 广西 | 38 | 633 | 92 | 16666 | 2.29 | 0.13 |
| 海南 | 17 | 1060 | 182 | 19283 | 0.37 | 0.23 |
| 重庆 | 24 | 325 | 70 | 8462 | 0.08 | 0.06 |
| 四川 | 101 | 1684 | 702 | 47656 | 1.20 | 0.84 |
| 贵州 | 9 | 200 | 37 | 610 | 0.05 | 0.03 |
| 云南 | 45 | 854 | 217 | 18385 | 0.61 | 0.34 |
| 西藏 | 15 | 64 | 24 | 3712 | 0.06 | 0.05 |
| 陕西 | 120 | 2647 | 1284 | 62208 | 2.02 | 1.22 |
| 甘肃 | 45 | 1140 | 415 | 18817 | 2.63 | 0.75 |
| 青海 | 19 | 112 | 11 | 7799 | 0.28 | 0.06 |
| 宁夏 | 3 | 25 | 15 | 2596 | 0.09 | 0.02 |
| 新疆 | 24 | 425 | 199 | 26153 | 6.01 | 0.17 |

# 场馆演出及收支基本情况

| 观众人次合计(万人次) | 艺术演出观众 | 本年收入合计(千元) | 财政拨款 | 艺术演出收入 | 本年支出合计(千元) | 资产总计(千元) | 实际使用房屋建筑面积(万平方米) |
|---|---|---|---|---|---|---|---|
| **13453.80** | **3234.22** | **12430063** | **2542869** | **4327539** | **10298576** | **42334482** | **1247.72** |
| 1060.80 | 157.19 | 1906543 | 489555 | 906639 | 1658130 | 4468488 | 62.18 |
| 445.97 | 105.80 | 154291 | 23559 | 8136 | 131410 | 358397 | 29.85 |
| 199.49 | 65.67 | 213245 | 120144 | 33289 | 204944 | 1250947 | 49.50 |
| 549.34 | 199.77 | 167874 | 62535 | 18752 | 162394 | 1030595 | 61.84 |
| 153.76 | 29.46 | 95002 | 28359 | 29940 | 73280 | 1138339 | 23.51 |
| 742.44 | 70.71 | 1097605 | 166714 | 425566 | 614803 | 1579498 | 74.34 |
| 254.72 | 85.31 | 155452 | 41409 | 71305 | 118217 | 411101 | 11.36 |
| 158.49 | 35.96 | 98202 | 58416 | 19741 | 67144 | 354497 | 20.70 |
| 586.82 | 291.66 | 1135629 | 168917 | 299533 | 749146 | 4028334 | 35.35 |
| 1735.93 | 394.88 | 1552468 | 284061 | 481669 | 1558805 | 9485749 | 223.38 |
| 1525.28 | 269.84 | 1690428 | 212087 | 263420 | 1456915 | 3727791 | 125.42 |
| 489.50 | 105.48 | 191607 | 50485 | 73871 | 181724 | 1423261 | 52.67 |
| 268.03 | 44.53 | 160966 | 58717 | 9875 | 141489 | 787247 | 30.35 |
| 232.82 | 69.63 | 115392 | 61046 | 17261 | 105754 | 925209 | 36.80 |
| 416.78 | 219.26 | 216028 | 114204 | 41485 | 221861 | 343195 | 60.89 |
| 319.84 | 98.91 | 168358 | 65665 | 35633 | 183231 | 849238 | 37.27 |
| 321.87 | 182.92 | 230798 | 66087 | 97786 | 229238 | 1201001 | 36.64 |
| 645.89 | 157.81 | 460657 | 42259 | 181588 | 297655 | 1305723 | 36.40 |
| 1246.37 | 210.32 | 954908 | 249058 | 520398 | 803823 | 2430690 | 81.55 |
| 97.63 | 13.82 | 57254 | 914 | 1838 | 48045 | 281077 | 7.15 |
| 624.36 | 12.81 | 373370 | 195 | 346612 | 123082 | 1188586 | 8.89 |
| 42.47 | 9.73 | 25801 | 10457 | 10622 | 29455 | 77525 | 9.65 |
| 257.99 | 81.46 | 158376 | 24144 | 51043 | 136576 | 1453669 | 39.31 |
| 3.35 | | 12614 | | 260 | 14637 | 134665 | 2.01 |
| 256.87 | 29.72 | 296007 | 38215 | 82095 | 290550 | 378795 | 11.19 |
| 7.37 | 4.91 | 3330 | 990 | 500 | 3330 | 24020 | 1.60 |
| 347.94 | 148.18 | 354690 | 81693 | 135269 | 303977 | 673676 | 37.10 |
| 200.38 | 38.83 | 189837 | 2600 | 99312 | 230298 | 403839 | 15.30 |
| 44.73 | 5.74 | 12323 | 2547 | 7175 | 9530 | 156280 | 4.00 |
| 23.71 | 18.50 | 2780 | 2148 | | 3059 | 19535 | 5.05 |
| 106.49 | 8.15 | 79725 | 15054 | 5250 | 55700 | 391168 | 8.26 |

# 2017年各地区省级艺术表演

| 地区 | 机构数（个） | 从业人员（人） | 专业技术人才 | 座席数（个） | 演(映)出场次合计（万场次） | 艺术演出场次 | 观众人次合计（万人次） |
|---|---|---|---|---|---|---|---|
| **总计** | **117** | **5010** | **1836** | **90644** | **13.64** | **1.42** | **1333.74** |
| 北京 | 6 | 770 | 173 | 6261 | 0.14 | 0.14 | 112.40 |
| 天津 | 13 | 189 | 51 | 6008 | 0.17 | 0.13 | 106.20 |
| 河北 | 6 | 52 | 3 | 4295 | 0.03 | 0.03 | 8.87 |
| 山西 | 6 | 200 | 51 | 6330 | 3.00 | 0.04 | 113.32 |
| 内蒙古 | 1 | 57 | 10 | 1292 | 0.01 | 0.00 | 12.50 |
| 辽宁 | 1 | 137 | 6 | 1305 | 0.04 | 0.02 | 22.00 |
| 吉林 | 3 | 108 | 38 | 913 | 0.04 | 0.03 | 23.16 |
| 黑龙江 | 2 | 25 | 5 | 750 | | | |
| 上海 | 12 | 681 | 312 | 12713 | 0.42 | 0.40 | 256.68 |
| 江苏 | 3 | 46 | 5 | 1961 | 0.02 | 0.01 | 7.78 |
| 浙江 | 5 | 137 | 64 | 5378 | 0.64 | 0.06 | 55.96 |
| 安徽 | 2 | 98 | 14 | 2311 | 0.06 | 0.05 | 33.27 |
| 福建 | 3 | 200 | 16 | 4042 | 2.13 | 0.01 | 53.22 |
| 江西 | 6 | 188 | 69 | 3800 | 0.06 | 0.05 | 21.85 |
| 山东 | 4 | 146 | 25 | 3505 | 0.07 | 0.07 | 53.17 |
| 河南 | 2 | 209 | 12 | 3975 | 0.08 | 0.04 | 102.75 |
| 湖北 | 2 | 61 | 22 | 2099 | 0.03 | 0.02 | 21.46 |
| 湖南 | 7 | 280 | 132 | 4875 | 0.15 | 0.13 | 87.73 |
| 广东 | 2 | 119 | 11 | 3185 | 0.06 | 0.05 | 58.96 |
| 广西 | 1 | 30 | 6 | 728 | 1.43 | | 37.66 |
| 海南 | 2 | 87 | 28 | 1579 | 0.02 | 0.01 | 12.90 |
| 重庆 | 6 | 40 | | 2681 | 0.03 | 0.02 | 9.42 |
| 四川 | 2 | 220 | 163 | 1900 | 0.02 | 0.02 | 17.88 |
| 贵州 | 4 | 54 | 19 | | | | |
| 云南 | 2 | | | 508 | 0.00 | 0.00 | 0.67 |
| 西藏 | | | | | | | |
| 陕西 | 4 | 630 | 515 | 1571 | 0.05 | 0.05 | 20.40 |
| 甘肃 | 5 | 122 | 58 | 2542 | 0.03 | 0.03 | 14.42 |
| 青海 | 1 | 12 | | | | | |
| 宁夏 | 1 | 15 | 10 | 1742 | 0.02 | 0.02 | 20.00 |
| 新疆 | 3 | 97 | 18 | 2395 | 4.91 | 0.01 | 49.11 |

# 场馆演出及收支基本情况

| 艺术演出观众 | 本年收入合计(千元) | 财政拨款 | 艺术演出收入 | 本年支出合计(千元) | 资产总计(千元) | 实际使用房屋建筑面积(万平方米) |
|---|---|---|---|---|---|---|
| **877.88** | **2052176** | **880177** | **531616** | **1853309** | **7452097** | **128.76** |
| | | | | | | |
| 112.40 | 979962 | 464694 | 271848 | 880405 | 1535549 | 23.73 |
| 77.43 | 21825 | 500 | 2084 | 20123 | 31341 | 5.47 |
| 8.17 | 69438 | 67912 | 1449 | 70284 | 391365 | 3.95 |
| 37.44 | 59056 | 22300 | 7535 | 55793 | 59389 | 9.90 |
| 3.80 | | | | | | 3.06 |
| | | | | | | |
| 10.00 | 108215 | 87560 | | 41029 | 14404 | 3.00 |
| 20.16 | 21589 | | 2404 | 22701 | 52723 | 0.46 |
| | 15 | | | 18 | 15329 | 0.01 |
| | | | | | | |
| 243.65 | 339221 | 119333 | 130047 | 268577 | 2733996 | 18.66 |
| 7.03 | 8964 | 245 | 3416 | 9065 | 62278 | 2.39 |
| 38.93 | 44538 | | 12556 | 44203 | 208620 | 3.24 |
| 29.49 | 22537 | 3611 | 8410 | 19397 | 58052 | 1.98 |
| 3.74 | 38987 | 10750 | 4164 | 43402 | 52906 | 4.49 |
| 21.85 | 37138 | 13313 | 3420 | 43283 | 625994 | 7.57 |
| 45.00 | 22736 | 1830 | 14367 | 23960 | 42441 | 4.18 |
| | | | | | | |
| 20.10 | 62935 | 33566 | 15250 | 72578 | 42857 | 1.73 |
| 10.35 | 17740 | 1700 | 9250 | 17845 | 83154 | 1.85 |
| 65.02 | 17901 | 5967 | 2196 | 16897 | 148476 | 5.28 |
| 45.22 | 46619 | 19713 | 12831 | 44952 | 358281 | 1.96 |
| | 13088 | 92 | | 10267 | 12492 | 0.24 |
| 3.86 | 4971 | | 1276 | 4811 | 1557 | 2.73 |
| | | | | | | |
| 3.59 | 13358 | 6872 | 6486 | 13933 | 2728 | 5.64 |
| 16.64 | 29093 | | 10605 | 56963 | 594853 | 3.01 |
| | 7743 | | | 9993 | 100365 | 0.76 |
| 0.67 | | | | | | 0.32 |
| | | | | | | |
| 20.40 | 18661 | 9396 | 9265 | 17219 | 73011 | 3.79 |
| 11.69 | 17319 | 1365 | 2757 | 18374 | 60963 | 2.67 |
| | 631 | | | 966 | 2929 | 0.00 |
| 18.50 | 2041 | 1978 | | 2272 | 14568 | 4.86 |
| 2.75 | 25855 | 7480 | | 23999 | 71476 | 1.85 |

# 2017年各地区地市级艺术表演

| 地区 | 机构数(个) | 从业人员(人) | 专业技术人才 | 座席数(个) | 演(映)出场次合计(万场次) | 艺术演出场次 |
|---|---|---|---|---|---|---|
| **总计** | **372** | **9046** | **2413** | **261535** | **43.62** | **3.75** |
| 北京 | | | | | | |
| 天津 | | | | | | |
| 河北 | 25 | 588 | 120 | 7954 | 1.95 | 0.23 |
| 山西 | 21 | 421 | 68 | 17118 | 2.87 | 0.07 |
| 内蒙古 | 9 | 115 | 51 | 7337 | 0.37 | 0.09 |
| 辽宁 | 15 | 287 | 52 | 9381 | 0.30 | 0.13 |
| 吉林 | 12 | 267 | 42 | 6055 | 1.90 | 0.51 |
| 黑龙江 | 15 | 191 | 15 | 8607 | 0.06 | 0.05 |
| 上海 | | | | | | |
| 江苏 | 41 | 1947 | 305 | 46630 | 23.04 | 1.62 |
| 浙江 | 17 | 523 | 109 | 17666 | 0.95 | 0.24 |
| 安徽 | 20 | 565 | 321 | 12767 | 0.75 | 0.08 |
| 福建 | 12 | 268 | 96 | 8536 | 1.48 | 0.03 |
| 江西 | 10 | 223 | 122 | 7633 | 1.02 | 0.08 |
| 山东 | 32 | 580 | 161 | 22734 | 0.22 | 0.13 |
| 河南 | 28 | 769 | 54 | 8497 | 0.08 | 0.05 |
| 湖北 | 16 | 361 | 115 | 17027 | 5.00 | 0.09 |
| 湖南 | 9 | 296 | 236 | 4485 | 1.30 | 0.04 |
| 广东 | 21 | 887 | 286 | 23905 | 0.59 | 0.16 |
| 广西 | 7 | 37 | 6 | 2866 | 0.47 | 0.05 |
| 海南 | 1 | 11 | 4 | 1586 | | |
| 重庆 | | | | | | |
| 四川 | 18 | 119 | 61 | 9668 | 0.06 | 0.05 |
| 贵州 | 2 | 25 | 13 | | | |
| 云南 | 10 | 80 | 16 | 6535 | 0.05 | 0.03 |
| 西藏 | 4 | 8 | | 850 | 0.01 | 0.01 |
| 陕西 | 14 | 243 | 83 | 4833 | 0.04 | 0.02 |
| 甘肃 | 7 | 124 | | 3921 | 0.68 | 0.01 |
| 青海 | 3 | 14 | | 1540 | 0.03 | |
| 宁夏 | | | | | | |
| 新疆 | 3 | 97 | 77 | 3404 | 0.43 | 0.01 |

# 场馆演出及收支基本情况

| 观众人次合计(万人次) | 艺术演出观众 | 本年收入合计(千元) | 财政拨款 | 艺术演出收入 | 本年支出合计(千元) | 资产总计(千元) | 实际使用房屋建筑面积(万平方米) |
|---|---|---|---|---|---|---|---|
| **2291.64** | **1086.17** | **2071646** | **722518** | **403189** | **2155952** | **12288934** | **339.93** |
| 79.99 | 35.89 | 70965 | 35293 | 11093 | 66313 | 109071 | 13.39 |
| 135.05 | 75.11 | 52761 | 8613 | 4068 | 54544 | 280582 | 13.79 |
| 34.57 | 20.52 | 23711 | 16898 | 170 | 22475 | 923857 | 10.40 |
| 75.89 | 46.81 | 69113 | 29385 | 23248 | 64910 | 86558 | 12.41 |
| 138.21 | 61.03 | 48435 | 27405 | 4292 | 49850 | 146406 | 5.12 |
| 30.88 | 30.38 | 79627 | 55927 | 15970 | 55879 | 43221 | 14.01 |
| 863.15 | 294.13 | 803431 | 140746 | 169101 | 921660 | 7901503 | 106.37 |
| 155.63 | 106.10 | 184915 | 80899 | 50097 | 188026 | 220335 | 25.91 |
| 65.78 | 51.01 | 77263 | 31929 | 22478 | 72822 | 632283 | 15.22 |
| 56.90 | 14.96 | 31168 | 6592 | 1592 | 32083 | 91023 | 7.98 |
| 28.90 | 14.65 | 38262 | 27978 | 4021 | 40201 | 71751 | 5.50 |
| 100.58 | 62.50 | 89911 | 48399 | 11200 | 91560 | 99071 | 26.78 |
| 42.06 | 22.30 | 31395 | 2004 | 3903 | 35962 | 102617 | 8.80 |
| 95.80 | 46.21 | 52616 | 7955 | 6570 | 55213 | 447272 | 8.64 |
| 68.49 | 15.94 | 3878 | 1167 |  | 4429 | 13221 | 3.00 |
| 168.86 | 107.53 | 258277 | 116921 | 65926 | 244770 | 412295 | 30.28 |
| 18.00 | 8.82 | 3942 | 100 |  | 4701 | 52931 | 2.51 |
|  |  |  |  |  |  |  | 0.70 |
| 31.11 | 26.03 | 19486 | 15036 | 828 | 18919 | 69243 | 8.33 |
|  |  | 1951 |  |  | 2214 | 26670 | 0.86 |
| 29.34 | 21.52 | 56987 | 36210 | 8498 | 57266 | 219686 | 5.97 |
| 4.23 | 4.23 | 327 | 327 |  | 327 |  | 1.22 |
| 15.15 | 11.73 | 39309 | 26201 | 134 | 44868 | 118188 | 6.17 |
| 34.76 | 6.30 | 26184 |  |  | 19757 | 124731 | 2.78 |
| 1.90 | 0.08 | 1937 | 1937 |  | 1937 | 10059 | 0.81 |
| 16.43 | 2.42 | 5795 | 4596 |  | 5266 | 86360 | 3.00 |

# 2017年各地区县级艺术表演

| 地区 | 机构数（个） | 从业人员（人） | 专业技术人才 | 座席数（个） | 演(映)出场次合计（万场次） | 艺术演出场次 |
|---|---|---|---|---|---|---|
| **总计** | **1959** | **39471** | **10102** | **1437284** | **84.61** | **15.89** |
| 北京 | 60 | 2281 | 471 | 42180 | 4.23 | 1.39 |
| 天津 | 44 | 519 | 70 | 23031 | 5.64 | 0.24 |
| 河北 | 65 | 1062 | 244 | 48070 | 4.12 | 0.19 |
| 山西 | 94 | 1052 | 326 | 121930 | 1.65 | 0.31 |
| 内蒙古 | 34 | 599 | 309 | 28362 | 2.20 | 0.16 |
| 辽宁 | 105 | 4016 | 747 | 42511 | 2.15 | 1.49 |
| 吉林 | 41 | 751 | 404 | 17990 | 3.75 | 0.57 |
| 黑龙江 | 34 | 392 | 164 | 20485 | 0.38 | 0.22 |
| 上海 | 37 | 938 | 150 | 46472 | 1.90 | 0.35 |
| 江苏 | 210 | 3676 | 878 | 168347 | 19.38 | 0.85 |
| 浙江 | 343 | 6289 | 1498 | 147434 | 10.11 | 3.91 |
| 安徽 | 69 | 1586 | 496 | 47382 | 0.81 | 0.46 |
| 福建 | 44 | 443 | 134 | 171104 | 14.89 | 0.13 |
| 江西 | 45 | 609 | 218 | 28094 | 0.87 | 0.22 |
| 山东 | 64 | 1095 | 285 | 47063 | 1.02 | 0.25 |
| 河南 | 127 | 2170 | 330 | 77902 | 0.46 | 0.30 |
| 湖北 | 47 | 899 | 211 | 41719 | 0.33 | 0.21 |
| 湖南 | 76 | 2047 | 514 | 72606 | 1.88 | 0.75 |
| 广东 | 60 | 1943 | 482 | 63104 | 1.43 | 0.33 |
| 广西 | 30 | 566 | 80 | 13072 | 0.39 | 0.08 |
| 海南 | 14 | 962 | 150 | 16118 | 0.35 | 0.23 |
| 重庆 | 18 | 285 | 70 | 5781 | 0.05 | 0.04 |
| 四川 | 81 | 1345 | 478 | 36088 | 1.12 | 0.77 |
| 贵州 | 3 | 121 | 5 | 610 | 0.05 | 0.03 |
| 云南 | 33 | 774 | 201 | 11342 | 0.56 | 0.30 |
| 西藏 | 11 | 56 | 24 | 2862 | 0.05 | 0.05 |
| 陕西 | 102 | 1774 | 686 | 55804 | 1.93 | 1.15 |
| 甘肃 | 33 | 894 | 357 | 12354 | 1.92 | 0.72 |
| 青海 | 15 | 86 | 11 | 6259 | 0.25 | 0.06 |
| 宁夏 | 2 | 10 | 5 | 854 | 0.07 | |
| 新疆 | 18 | 231 | 104 | 20354 | 0.67 | 0.16 |

# 场馆演出及收支基本情况

| 观众人次合计（万人次） | 艺术演出观众 | 本年收入合计（千元） | 财政拨款 | 艺术演出收入 | 本年支出合计（千元） | 资产总计（千元） | 实际使用房屋建筑面积（万平方米） |
|---|---|---|---|---|---|---|---|
| **9742.02** | **1202.87** | **8207738** | **939539** | **3341058** | **6198941** | **22541104** | **770.79** |
| | | | | | | | |
| 948.40 | 44.80 | 926581 | 24861 | 634791 | 777725 | 2932939 | 38.45 |
| 339.76 | 28.37 | 132466 | 23059 | 6052 | 111287 | 327056 | 24.38 |
| 110.64 | 21.61 | 72842 | 16939 | 20747 | 68347 | 750511 | 32.16 |
| 300.96 | 87.22 | 56057 | 31622 | 7149 | 52057 | 690624 | 38.15 |
| 106.70 | 5.14 | 71291 | 11461 | 29770 | 50805 | 214482 | 10.05 |
| | | | | | | | |
| 644.55 | 13.90 | 920277 | 49769 | 402318 | 508864 | 1478536 | 58.93 |
| 93.35 | 4.11 | 85428 | 14004 | 64609 | 45666 | 211972 | 5.78 |
| 127.61 | 5.58 | 18560 | 2489 | 3771 | 11247 | 295947 | 6.69 |
| | | | | | | | |
| 330.14 | 48.01 | 796408 | 49584 | 169486 | 480569 | 1294338 | 16.69 |
| 865.00 | 93.71 | 740073 | 143070 | 309152 | 628080 | 1521968 | 114.62 |
| 1313.70 | 124.81 | 1460975 | 131188 | 200767 | 1224686 | 3298836 | 96.27 |
| 390.46 | 24.98 | 91807 | 14945 | 42983 | 89505 | 732926 | 35.47 |
| 157.91 | 25.83 | 90811 | 41375 | 4119 | 66004 | 643318 | 17.88 |
| 182.06 | 33.14 | 39992 | 19755 | 9820 | 22270 | 227464 | 23.73 |
| 263.04 | 111.76 | 103381 | 63975 | 15918 | 106341 | 201683 | 29.93 |
| | | | | | | | |
| 175.04 | 56.51 | 74028 | 30095 | 16480 | 74691 | 703764 | 26.74 |
| 204.61 | 126.36 | 160442 | 56432 | 81966 | 156180 | 670575 | 26.15 |
| 489.67 | 76.85 | 438878 | 35125 | 179392 | 276329 | 1144026 | 28.12 |
| 1018.55 | 57.57 | 650012 | 112424 | 441641 | 514101 | 1660114 | 49.31 |
| 41.98 | 5.00 | 40224 | 722 | 1838 | 33077 | 215654 | 4.40 |
| 611.46 | 8.95 | 368399 | 195 | 345336 | 118271 | 1187029 | 5.46 |
| | | | | | | | |
| 33.05 | 6.14 | 12443 | 3585 | 4136 | 15522 | 74797 | 4.01 |
| 209.00 | 38.79 | 109797 | 9108 | 39610 | 60694 | 789573 | 27.97 |
| 3.35 | | 2920 | | 260 | 2430 | 7630 | 0.39 |
| 226.86 | 7.53 | 239020 | 2005 | 73597 | 233284 | 159109 | 4.90 |
| 3.14 | 0.68 | 3003 | 663 | 500 | 3003 | 24020 | 0.37 |
| | | | | | | | |
| 312.40 | 116.05 | 296720 | 46096 | 125870 | 241890 | 482477 | 27.14 |
| 151.19 | 20.84 | 146334 | 1235 | 96555 | 192167 | 218145 | 9.86 |
| 42.83 | 5.66 | 9755 | 610 | 7175 | 6627 | 143292 | 3.18 |
| 3.71 | | 739 | 170 | | 787 | 4967 | 0.19 |
| 40.95 | 2.98 | 48075 | 2978 | 5250 | 26435 | 233332 | 3.41 |

# 2017年各地区公有制艺术

| 地区 | 机构数(个) | 从业人员(人) | | | | | 座席数(个) | 演(映)出场次合计(万场次) | |
|---|---|---|---|---|---|---|---|---|---|
| | | | 专业技术人才 | | | | | | 艺术演出场次 |
| | | | | 正高级职称 | 副高级职称 | 中级职称 | | | |
| **总计** | **1345** | **24987** | **7199** | **230** | **732** | **2673** | **1033784** | **107.93** | **8.86** |
| 北京 | 14 | 988 | 209 | 3 | 24 | 76 | 13607 | 1.28 | 0.24 |
| 天津 | 28 | 341 | 63 | 1 | | 3 | 16751 | 1.95 | 0.18 |
| 河北 | 76 | 1069 | 242 | | 11 | 72 | 51570 | 4.23 | 0.31 |
| 山西 | 95 | 1255 | 290 | | 14 | 94 | 73945 | 7.29 | 0.27 |
| 内蒙古 | 21 | 291 | 109 | 1 | 4 | 43 | 18445 | 2.12 | 0.16 |
| 辽宁 | 33 | 575 | 96 | | 8 | 23 | 18206 | 0.47 | 0.17 |
| 吉林 | 26 | 513 | 142 | 3 | 36 | 42 | 13563 | 2.48 | 0.57 |
| 黑龙江 | 31 | 319 | 46 | 8 | 5 | 18 | 17808 | 0.12 | 0.07 |
| 上海 | 24 | 835 | 342 | 23 | 46 | 155 | 19524 | 1.26 | 0.50 |
| 江苏 | 117 | 3091 | 593 | 8 | 26 | 185 | 112611 | 41.20 | 1.77 |
| 浙江 | 75 | 1466 | 413 | 9 | 21 | 174 | 93790 | 6.09 | 0.53 |
| 安徽 | 48 | 1007 | 479 | 19 | 45 | 181 | 36837 | 1.09 | 0.19 |
| 福建 | 53 | 753 | 230 | 2 | 16 | 63 | 31969 | 15.72 | 0.14 |
| 江西 | 46 | 607 | 289 | 5 | 29 | 110 | 28215 | 1.31 | 0.19 |
| 山东 | 94 | 1659 | 439 | 5 | 41 | 191 | 70712 | 1.22 | 0.36 |
| 河南 | 137 | 2886 | 302 | 28 | 34 | 91 | 82073 | 0.41 | 0.20 |
| 湖北 | 51 | 1081 | 322 | 5 | 22 | 142 | 53099 | 5.28 | 0.26 |
| 湖南 | 63 | 1177 | 591 | 10 | 80 | 282 | 68241 | 2.40 | 0.33 |
| 广东 | 47 | 1477 | 362 | 22 | 60 | 102 | 55114 | 1.19 | 0.33 |
| 广西 | 15 | 102 | 17 | | | 4 | 10905 | 1.91 | 0.05 |
| 海南 | 8 | 235 | 62 | | 4 | 31 | 8201 | 0.08 | 0.02 |
| 重庆 | 16 | 83 | 8 | | | | 6402 | 0.05 | 0.04 |
| 四川 | 44 | 511 | 309 | 12 | 48 | 163 | 26102 | 0.27 | 0.22 |
| 贵州 | 6 | 79 | 32 | | 2 | 4 | | | |
| 云南 | 17 | 90 | 21 | | 2 | 9 | 10156 | 0.07 | 0.05 |
| 西藏 | 14 | 26 | 13 | 11 | | 1 | 3348 | 0.02 | 0.01 |
| 陕西 | 82 | 1529 | 871 | 43 | 116 | 315 | 50795 | 1.35 | 0.87 |
| 甘肃 | 23 | 396 | 158 | 3 | 16 | 35 | 13583 | 1.31 | 0.63 |
| 青海 | 16 | 53 | 8 | | | 3 | 7249 | 0.21 | 0.04 |
| 宁夏 | 3 | 25 | 15 | 2 | | 3 | 2596 | 0.09 | 0.02 |
| 新疆 | 15 | 230 | 107 | 6 | 18 | 45 | 11775 | 5.37 | 0.03 |

# 表演场馆基本情况

| 观众人次合计(万人次) | 艺术演出观众人次 | 总收入(千元) | 财政拨款 | 艺术演出收入 | 总支出(千元) | 资产总计(千元) | 实际使用房屋建筑面积(万平方米) | 演(映)出业务用房 | 实际拥有产权面积(万平方米) |
|---|---|---|---|---|---|---|---|---|---|
| **6792.66** | **3234.22** | **5679536** | **2243444** | **1237759** | **5492360** | **26941077** | **837.83** | **413.48** | **468.38** |
| 262.23 | 157.19 | 1006589 | 465294 | 272115 | 909660 | 1721721 | 30.68 | 26.60 | 27.89 |
| 172.38 | 105.80 | 64763 | 23399 | 3677 | 56019 | 224645 | 14.10 | 6.18 | 2.99 |
| 144.20 | 65.67 | 169415 | 115257 | 14838 | 171172 | 716614 | 35.87 | 23.95 | 15.99 |
| 387.84 | 199.77 | 156229 | 62535 | 13267 | 154309 | 981715 | 47.62 | 24.30 | 37.46 |
| 87.16 | 29.46 | 39156 | 25359 | 538 | 37716 | 946763 | 16.13 | 5.47 | 11.36 |
| 138.60 | 70.71 | 196807 | 131804 | 23348 | 126110 | 119617 | 19.95 | 14.35 | 13.96 |
| 171.12 | 85.31 | 84452 | 40602 | 6715 | 85224 | 215711 | 7.89 | 4.64 | 5.92 |
| 47.78 | 35.96 | 82992 | 58301 | 16050 | 59265 | 119685 | 17.24 | 9.15 | 2.79 |
| 333.08 | 291.66 | 402373 | 147459 | 143718 | 341447 | 2913375 | 25.33 | 17.35 | 11.19 |
| 1507.81 | 394.88 | 1110425 | 239161 | 223931 | 1213543 | 8655952 | 160.02 | 48.53 | 93.11 |
| 523.97 | 269.84 | 481348 | 186000 | 109171 | 456002 | 1808756 | 71.03 | 36.22 | 40.44 |
| 183.63 | 105.48 | 122568 | 45594 | 33447 | 112802 | 726153 | 23.76 | 11.55 | 11.42 |
| 210.94 | 44.53 | 137516 | 58717 | 9468 | 122981 | 773068 | 29.69 | 13.29 | 13.92 |
| 119.70 | 69.63 | 88732 | 49143 | 7721 | 95694 | 872547 | 33.10 | 14.26 | 15.18 |
| 390.20 | 219.26 | 202358 | 104646 | 38575 | 209547 | 322377 | 56.80 | 32.78 | 27.03 |
| 269.05 | 98.91 | 139690 | 59525 | 22433 | 153608 | 533774 | 33.68 | 15.43 | 18.13 |
| 280.22 | 182.92 | 180871 | 61287 | 61083 | 179607 | 895382 | 30.57 | 16.57 | 17.68 |
| 353.24 | 157.81 | 65727 | 27489 | 3803 | 66380 | 402894 | 21.81 | 12.42 | 17.35 |
| 355.60 | 210.32 | 359012 | 179603 | 82923 | 343077 | 1442994 | 52.48 | 23.16 | 37.26 |
| 61.63 | 13.82 | 19009 | 914 | 108 | 16917 | 70204 | 4.76 | 2.12 | 1.64 |
| 42.10 | 12.81 | 6046 | 115 | 1654 | 5629 | 103973 | 5.38 | 1.48 | 1.57 |
| 18.87 | 9.73 | 13898 | 7412 | 6486 | 14473 | 10488 | 8.33 | 3.82 | 2.10 |
| 115.47 | 81.46 | 60096 | 23794 | 11443 | 90716 | 777909 | 18.61 | 9.93 | 7.16 |
| | | 9694 | | | 12207 | 127035 | 1.62 | 0.86 | 1.29 |
| 38.79 | 29.72 | 58748 | 37328 | 8498 | 59488 | 227040 | 7.08 | 3.15 | 2.79 |
| 6.77 | 4.91 | 2430 | 990 | | 2430 | 14020 | 1.50 | 0.24 | 0.06 |
| 275.66 | 148.18 | 227173 | 69588 | 63173 | 217937 | 573968 | 30.66 | 15.79 | 15.34 |
| 74.15 | 38.83 | 50684 | 2300 | 5925 | 46975 | 260689 | 7.96 | 4.78 | 3.73 |
| 36.83 | 5.74 | 5153 | 2547 | 1975 | 6300 | 118180 | 3.75 | 2.14 | 0.95 |
| 23.71 | 18.50 | 2780 | 2148 | | 3059 | 19535 | 5.05 | 5.00 | 5.05 |
| 73.55 | 8.15 | 34299 | 14498 | | 31692 | 191946 | 7.17 | 3.45 | 3.64 |

# 2017年各地区文化部门

| 地　区 | 机构数（个） | 从业人员（人） | | | | | 座席数（个） | 演(映)出场次合计（万场次） | |
|---|---|---|---|---|---|---|---|---|---|
| | | | 专业技术人才 | | | | | | 艺术演出场次 |
| | | | | 正高级职称 | 副高级职称 | 中级职称 | | | |
| **总　计** | **1253** | **21332** | **6271** | **194** | **642** | **2328** | **909868** | **85.03** | **7.10** |
| 北　京 | 8 | 218 | 36 | | | 5 | 7346 | 1.14 | 0.10 |
| 天　津 | 28 | 341 | 63 | 1 | | 3 | 16751 | 1.95 | 0.18 |
| 河　北 | 72 | 1010 | 224 | | 11 | 69 | 46065 | 4.21 | 0.30 |
| 山　西 | 85 | 1178 | 274 | | 13 | 83 | 65194 | 7.25 | 0.25 |
| 内蒙古 | 21 | 291 | 109 | 1 | 4 | 43 | 18445 | 2.12 | 0.16 |
| 辽　宁 | 32 | 572 | 95 | | 8 | 23 | 17061 | 0.47 | 0.17 |
| 吉　林 | 25 | 462 | 142 | 3 | 36 | 42 | 11639 | 2.45 | 0.55 |
| 黑龙江 | 31 | 319 | 46 | 8 | 5 | 18 | 17808 | 0.12 | 0.07 |
| 上　海 | 21 | 482 | 89 | 3 | 3 | 32 | 18386 | 1.17 | 0.40 |
| 江　苏 | 92 | 1844 | 423 | 4 | 18 | 142 | 75241 | 19.29 | 0.47 |
| 浙　江 | 67 | 1353 | 369 | 5 | 20 | 155 | 63586 | 6.06 | 0.51 |
| 安　徽 | 44 | 823 | 437 | 18 | 43 | 172 | 31751 | 1.00 | 0.17 |
| 福　建 | 53 | 753 | 230 | 2 | 16 | 63 | 31969 | 15.72 | 0.14 |
| 江　西 | 42 | 525 | 214 | 4 | 28 | 97 | 24798 | 1.26 | 0.18 |
| 山　东 | 89 | 1526 | 390 | 4 | 37 | 173 | 63228 | 1.20 | 0.35 |
| 河　南 | 137 | 2886 | 302 | 28 | 34 | 91 | 82073 | 0.41 | 0.20 |
| 湖　北 | 48 | 843 | 314 | 5 | 21 | 139 | 50275 | 5.24 | 0.23 |
| 湖　南 | 62 | 1151 | 591 | 10 | 80 | 282 | 67441 | 2.37 | 0.33 |
| 广　东 | 43 | 1353 | 325 | 21 | 60 | 100 | 50505 | 0.89 | 0.30 |
| 广　西 | 14 | 102 | 17 | | | 4 | 9605 | 1.91 | 0.05 |
| 海　南 | 8 | 235 | 62 | | 4 | 31 | 8201 | 0.08 | 0.02 |
| 重　庆 | 16 | 83 | 8 | | | | 6402 | 0.05 | 0.04 |
| 四　川 | 44 | 511 | 309 | 12 | 48 | 163 | 26102 | 0.27 | 0.22 |
| 贵　州 | 6 | 79 | 32 | | 2 | 4 | | | |
| 云　南 | 17 | 90 | 21 | | 2 | 9 | 10156 | 0.07 | 0.05 |
| 西　藏 | 13 | 26 | 13 | 11 | | 1 | 3348 | 0.02 | 0.01 |
| 陕　西 | 80 | 1499 | 853 | 43 | 115 | 298 | 50295 | 1.34 | 0.86 |
| 甘　肃 | 23 | 396 | 158 | 3 | 16 | 35 | 13583 | 1.31 | 0.63 |
| 青　海 | 12 | 41 | 5 | | | 3 | 5795 | 0.15 | 0.04 |
| 宁　夏 | 3 | 25 | 15 | 2 | | 3 | 2596 | 0.09 | 0.02 |
| 新　疆 | 13 | 221 | 105 | 6 | 18 | 45 | 11085 | 5.37 | 0.03 |

# 所属艺术表演场馆基本情况

| 观众人次合计（万人次） | 艺术演出观众人次 | 总收入（千元） | 财政拨款 | 艺术演出收入 | 总支出（千元） | 资产总计（千元） | 实际使用房屋建筑面积（万平方米） | 排练练功用房 | 实际拥有产权面积（万平方米） |
|---|---|---|---|---|---|---|---|---|---|
| **5637.06** | **2713.24** | **3578370** | **1448468** | **691504** | **3412096** | **16853436** | **665.51** | **344.62** | **351.54** |
| 149.83 | 44.80 | 26627 | 600 | 267 | 29255 | 186172 | 6.95 | 4.82 | 4.17 |
| 172.38 | 105.80 | 64763 | 23399 | 3677 | 56019 | 224645 | 14.10 | 6.18 | 2.99 |
| 137.10 | 61.38 | 163046 | 113510 | 13727 | 163544 | 670405 | 33.18 | 21.96 | 15.13 |
| 363.11 | 185.64 | 154203 | 60991 | 13004 | 152293 | 915249 | 40.48 | 19.81 | 32.68 |
| 87.16 | 29.46 | 39156 | 25359 | 538 | 37716 | 946763 | 16.13 | 5.47 | 11.36 |
| 138.54 | 70.71 | 196491 | 131488 | 23348 | 125794 | 119208 | 19.52 | 13.92 | 13.66 |
| 137.67 | 56.89 | 69100 | 35602 | 3154 | 70272 | 208645 | 7.22 | 4.33 | 5.92 |
| 47.78 | 35.96 | 82992 | 58301 | 16050 | 59265 | 119685 | 17.24 | 9.15 | 2.79 |
| 299.74 | 258.93 | 335571 | 82148 | 143718 | 282761 | 2628359 | 22.21 | 16.04 | 9.18 |
| 799.16 | 199.78 | 393807 | 115480 | 61654 | 384853 | 1149391 | 74.29 | 31.92 | 23.91 |
| 505.93 | 262.07 | 406024 | 140238 | 96886 | 403769 | 1355871 | 64.94 | 33.20 | 35.34 |
| 129.98 | 72.76 | 82554 | 28594 | 17152 | 74191 | 714012 | 16.72 | 8.71 | 10.37 |
| 210.94 | 44.53 | 137516 | 58717 | 9468 | 122981 | 773068 | 29.69 | 13.29 | 13.92 |
| 102.68 | 63.69 | 69223 | 34623 | 4632 | 77904 | 861483 | 19.67 | 13.67 | 14.71 |
| 375.56 | 208.97 | 186971 | 94223 | 37595 | 187477 | 302157 | 53.33 | 30.54 | 24.84 |
| 269.05 | 98.91 | 139690 | 59525 | 22433 | 153608 | 533774 | 33.68 | 15.43 | 18.13 |
| 247.94 | 152.63 | 111549 | 29387 | 32089 | 111667 | 867454 | 23.60 | 13.28 | 17.38 |
| 352.04 | 157.16 | 65727 | 27489 | 3803 | 66380 | 394232 | 21.13 | 12.13 | 16.66 |
| 308.09 | 202.42 | 332227 | 166613 | 74373 | 316782 | 1393584 | 47.45 | 18.13 | 32.43 |
| 60.98 | 13.17 | 18986 | 891 | 108 | 16894 | 69854 | 4.47 | 1.86 | 1.64 |
| 42.10 | 12.81 | 6046 | 115 | 1654 | 5629 | 103973 | 5.38 | 1.48 | 1.57 |
| 18.87 | 9.73 | 13898 | 7412 | 6486 | 14473 | 10488 | 8.33 | 3.82 | 2.10 |
| 115.47 | 81.46 | 60096 | 23794 | 11443 | 90716 | 777909 | 18.61 | 9.93 | 7.16 |
| | | 9694 | | | 12207 | 127035 | 1.62 | 0.86 | 1.29 |
| 38.79 | 29.72 | 58748 | 37328 | 8498 | 59488 | 227040 | 7.08 | 3.15 | 2.79 |
| 6.77 | 4.91 | 2430 | 990 | | 2430 | 14020 | 1.50 | 0.24 | 0.06 |
| 270.74 | 145.18 | 226612 | 69548 | 63035 | 217325 | 570141 | 30.44 | 15.61 | 15.21 |
| 74.15 | 38.83 | 50684 | 2300 | 5925 | 46975 | 260689 | 7.96 | 4.78 | 3.73 |
| 29.09 | 4.41 | 3178 | 2547 | | 4864 | 95279 | 3.45 | 1.86 | 0.65 |
| 23.71 | 18.50 | 2780 | 2148 | | 3059 | 19535 | 5.05 | 5.00 | 5.05 |
| 73.21 | 8.15 | 34282 | 14498 | | 31657 | 190263 | 6.99 | 3.30 | 3.42 |

# 2017年各地区文化部门所属执行事业会

| 地区 | 机构数(个) | 从业人员(人) | | | | |
|---|---|---|---|---|---|---|
| | | | 专业技术人才 | | | |
| | | | | 正高级职称 | 副高级职称 | 中级职称 |
| **总计** | **909** | **13476** | **4212** | **132** | **415** | **1656** |
| 北京 | 8 | 218 | 36 | | | 5 |
| 天津 | 21 | 244 | 56 | 1 | | 2 |
| 河北 | 61 | 782 | 192 | | 9 | 59 |
| 山西 | 68 | 772 | 183 | | 6 | 62 |
| 内蒙古 | 21 | 291 | 109 | 1 | 4 | 43 |
| 辽宁 | 23 | 330 | 52 | | 7 | 20 |
| 吉林 | 20 | 434 | 134 | 3 | 30 | 40 |
| 黑龙江 | 29 | 289 | 40 | 6 | 4 | 17 |
| 上海 | 14 | 349 | 72 | 1 | 2 | 23 |
| 江苏 | 17 | 292 | 94 | | 1 | 25 |
| 浙江 | 40 | 515 | 201 | | 10 | 83 |
| 安徽 | 18 | 121 | 45 | | | 19 |
| 福建 | 45 | 525 | 178 | 1 | 12 | 50 |
| 江西 | 35 | 366 | 158 | 3 | 14 | 74 |
| 山东 | 46 | 652 | 200 | 2 | 12 | 93 |
| 河南 | 121 | 2571 | 281 | 28 | 34 | 87 |
| 湖北 | 40 | 607 | 237 | 5 | 15 | 111 |
| 湖南 | 55 | 915 | 541 | 10 | 75 | 262 |
| 广东 | 25 | 781 | 114 | 4 | 8 | 53 |
| 广西 | 12 | 72 | 11 | | | 4 |
| 海南 | 5 | 87 | 40 | | | 16 |
| 重庆 | 10 | 23 | 3 | | | |
| 四川 | 43 | 504 | 307 | 12 | 48 | 163 |
| 贵州 | | | | | | |
| 云南 | 14 | 33 | 11 | | 2 | 6 |
| 西藏 | 13 | 26 | 13 | 11 | | 1 |
| 陕西 | 64 | 1133 | 711 | 36 | 101 | 258 |
| 甘肃 | 16 | 274 | 69 | | 3 | 29 |
| 青海 | 11 | 29 | 5 | | | 3 |
| 宁夏 | 2 | 25 | 15 | 2 | | 3 |
| 新疆 | 12 | 216 | 104 | 6 | 18 | 45 |

# 计制度的艺术表演场馆基本情况

| 座席数（个） | 演出场次（万场次） | 国内演出场次 | 农村演出场次 | 国内演出观众人次（万人次） | 农村观众人次 | 本年收入合计（千元） |
|---|---|---|---|---|---|---|
| **643879** | **48.73** | **4.68** | **1.43** | **3318.91** | **1722.70** | **2088385** |
| 7346 | 1.14 | 0.10 | 0.05 | 149.83 | 44.80 | 26627 |
| 13721 | 0.81 | 0.16 | 0.10 | 140.84 | 100.64 | 49069 |
| 39653 | 4.08 | 0.23 | 0.05 | 106.63 | 38.45 | 135768 |
| 52345 | 1.47 | 0.18 | 0.06 | 174.30 | 130.30 | 63128 |
| 18445 | 2.12 | 0.16 | 0.05 | 87.16 | 29.46 | 39156 |
| 9026 | 0.28 | 0.09 | 0.06 | 66.63 | 30.85 | 147230 |
| 10166 | 2.39 | 0.53 | 0.03 | 120.85 | 46.96 | 66108 |
| 16178 | 0.11 | 0.07 | 0.02 | 42.28 | 33.86 | 82878 |
| 13797 | 1.01 | 0.31 | 0.07 | 238.17 | 198.93 | 292116 |
| 14907 | 0.12 | 0.08 | 0.04 | 89.58 | 62.58 | 72188 |
| 27967 | 2.49 | 0.25 | 0.07 | 254.84 | 120.17 | 176725 |
| 9754 | 0.10 | 0.04 | 0.02 | 17.76 | 8.88 | 20657 |
| 22622 | 14.86 | 0.11 | 0.04 | 159.13 | 33.66 | 75234 |
| 22197 | 1.16 | 0.17 | 0.02 | 92.24 | 59.00 | 61035 |
| 30512 | 0.28 | 0.15 | 0.09 | 188.71 | 106.33 | 45366 |
| 79125 | 0.36 | 0.20 | 0.07 | 258.29 | 96.55 | 128966 |
| 39801 | 4.96 | 0.16 | 0.06 | 174.17 | 94.84 | 44196 |
| 60927 | 2.14 | 0.30 | 0.15 | 262.39 | 121.10 | 41277 |
| 31482 | 0.56 | 0.14 | 0.06 | 160.51 | 111.07 | 198724 |
| 7695 | 0.44 | 0.02 | 0.01 | 16.83 | 6.77 | 5898 |
| 5981 | 0.03 | 0.02 | 0.01 | 30.38 | 10.34 | 187 |
| 4191 | 0.02 | 0.02 | 0.01 | 8.50 | 5.55 | 540 |
| 25302 | 0.27 | 0.22 | 0.15 | 115.23 | 81.46 | 60030 |
| 8387 | 0.04 | 0.03 | 0.01 | 23.61 | 16.07 | 40170 |
| 3348 | 0.02 | 0.01 | 0.01 | 6.77 | 4.91 | 2430 |
| 40208 | 0.56 | 0.25 | 0.06 | 149.93 | 71.18 | 133649 |
| 10320 | 1.29 | 0.61 | 0.02 | 57.85 | 26.96 | 39634 |
| 5795 | 0.15 | 0.04 | 0.02 | 29.09 | 4.41 | 2547 |
| 2596 | 0.09 | 0.02 | 0.01 | 23.71 | 18.50 | 2780 |
| 10085 | 5.37 | 0.03 | 0.01 | 72.71 | 8.15 | 34072 |

续表 1

| 地　区 | 财政补助收入 | 上级补助收入 | 事业收入 | 演出收入 | 经营收入 | 附属单位上缴收入 |
|---|---|---|---|---|---|---|
| **总　计** | **1047866** | **67507** | **464803** | **242592** | **324676** | **12683** |
| 北　京 | 600 | 1759 | 981 | 267 | 21574 | |
| 天　津 | 20466 | 1156 | 16119 | 2743 | 8392 | |
| 河　北 | 98244 | 100 | 14241 | 6562 | 15324 | 165 |
| 山　西 | 37268 | 463 | 5286 | 2052 | 13888 | |
| 内蒙古 | 25359 | 1879 | 1484 | 538 | 9476 | |
| 辽　宁 | 110908 | 1783 | 15623 | 35 | 14861 | |
| 吉　林 | 35602 | 10 | 8179 | 3028 | 2208 | |
| 黑龙江 | 58251 | | 20187 | 16020 | 3588 | |
| 上　海 | 81356 | 34789 | 167801 | 118445 | | |
| 江　苏 | 43473 | 10 | 15579 | 1732 | 6478 | |
| 浙　江 | 78827 | 9413 | 42500 | 19039 | 21141 | |
| 安　徽 | 8871 | 2169 | 5076 | 945 | 801 | 64 |
| 福　建 | 25891 | 3111 | 14460 | 2459 | 12552 | |
| 江　西 | 34623 | 210 | 7475 | 4588 | 17672 | |
| 山　东 | 28799 | 1750 | 2991 | 361 | 8545 | |
| 河　南 | 57883 | 1007 | 32691 | 22214 | 16356 | 60 |
| 湖　北 | 16951 | 699 | 6229 | 3337 | 19825 | |
| 湖　南 | 18579 | 2248 | 13000 | 1340 | 1963 | |
| 广　东 | 128701 | 119 | 43249 | 23402 | 18393 | 2254 |
| 广　西 | 799 | 110 | 898 | 108 | 3738 | 120 |
| 海　南 | 115 | | 33 | 29 | 39 | |
| 重　庆 | 540 | | | | | |
| 四　川 | 23794 | 1389 | 13866 | 11443 | 18139 | |
| 贵　州 | | | | | | |
| 云　南 | 36608 | | | | 3014 | |
| 西　藏 | 990 | | 1440 | | | |
| 陕　西 | 54240 | 1980 | 6139 | 640 | 44711 | 10000 |
| 甘　肃 | 935 | 870 | 9276 | 1265 | 24344 | 20 |
| 青　海 | 2547 | | | | | |
| 宁　夏 | 2148 | | | | 569 | |
| 新　疆 | 14498 | 483 | | | 17085 | |

| 其他收入 | 本年支出合计(千元) | 基本支出 | 项目支出 | 经营支出 | 在支出合计中： | |
|---|---|---|---|---|---|---|
| | | | | | 工资福利支出 | 商品和服务支出 |
| **170850** | **1949827** | **1109218** | **509700** | **287422** | **576681** | **721219** |
| 1713 | 29255 | 14271 | 32 | 14950 | 11365 | 9993 |
| 2936 | 39304 | 32226 | 3956 | 3122 | 15491 | 15465 |
| 7694 | 132427 | 40193 | 73487 | 16887 | 31743 | 23561 |
| 6223 | 64822 | 43112 | 4649 | 14954 | 28869 | 24698 |
| 958 | 37716 | 26356 | 2570 | 7775 | 13885 | 11611 |
| 4055 | 79411 | 54381 | 7084 | 15337 | 19825 | 35247 |
| 20109 | 67753 | 56020 | 3363 | 1664 | 18999 | 17172 |
| 852 | 59130 | 9576 | 39761 | 9793 | 11704 | 17558 |
| 8170 | 236678 | 161420 | 53269 | 21989 | 44678 | 147914 |
| 6648 | 63927 | 34801 | 21500 | 7427 | 23062 | 17880 |
| 24844 | 171614 | 99428 | 54278 | 17056 | 60266 | 65807 |
| 3676 | 17516 | 11314 | 5102 | 676 | 5145 | 4883 |
| 19220 | 78729 | 49554 | 12801 | 15885 | 27107 | 33155 |
| 1055 | 69321 | 39649 | 17390 | 12242 | 23155 | 37432 |
| 3281 | 44209 | 17031 | 16050 | 8803 | 18144 | 17204 |
| 20969 | 142206 | 94747 | 24974 | 19622 | 55578 | 17413 |
| 492 | 49364 | 30459 | 1846 | 17038 | 18975 | 24779 |
| 5487 | 42953 | 31214 | 2488 | 2700 | 19393 | 12134 |
| 6008 | 182695 | 84466 | 79991 | 17887 | 39828 | 83478 |
| 233 | 6627 | 3392 | 9 | 2582 | 2978 | 537 |
| | 162 | 132 | | 30 | 132 | 11 |
| | 540 | 540 | | | 540 | |
| 2842 | 90575 | 75190 | 5791 | 9494 | 22329 | 65193 |
| 548 | 40440 | 2905 | 35490 | 2016 | 1951 | 1391 |
| | 2430 | 2428 | | 2 | 1578 | |
| 16579 | 126956 | 60015 | 40040 | 14138 | 31076 | 8540 |
| 4189 | 34673 | 17831 | 50 | 16792 | 11202 | 14685 |
| | 3898 | 2447 | 150 | 250 | 2105 | 319 |
| 63 | 3059 | 2408 | 231 | 420 | 2003 | 152 |
| 2006 | 31437 | 11712 | 3348 | 15891 | 13575 | 13007 |

续表 2

| 地区 | 差旅费 | 劳务费 | 福利费 | 各种税金支出 | 对个人和家庭补助支出 | 抚恤金和生活补助 |
|---|---|---|---|---|---|---|
| **总计** | **7163** | **55583** | **11156** | **42736** | **113391** | **8375** |
| 北京 | 12 | 5181 | 658 | 585 | 75 | 75 |
| 天津 | 21 | 1077 | 214 | 2339 | 3040 | 260 |
| 河北 | 166 | 729 | 122 | 1300 | 2816 | 435 |
| 山西 | 154 | 6004 | 164 | 1084 | 1232 | 31 |
| 内蒙古 | 176 | 1899 | 63 | 512 | 4233 | 728 |
| 辽宁 | 363 | 1756 | 525 | 758 | 1202 | 35 |
| 吉林 | 196 | 1106 | 1 | 647 | 23787 | 430 |
| 黑龙江 | 434 | 2752 | 290 | 910 | 3080 | 40 |
| 上海 | 618 | 13220 | 1463 | 9762 | 3491 | 556 |
| 江苏 | 308 | 503 | 172 | 249 | 3342 | |
| 浙江 | 447 | 4358 | 2453 | 4615 | 12373 | 1744 |
| 安徽 | 74 | 26 | 142 | 739 | 1840 | 220 |
| 福建 | 195 | 772 | 753 | 3604 | 4587 | 898 |
| 江西 | 341 | 263 | 313 | 1926 | 4926 | 389 |
| 山东 | 139 | 236 | 400 | 428 | 2535 | 744 |
| 河南 | 213 | 1178 | 719 | 2711 | 6744 | 622 |
| 湖北 | 178 | 803 | 210 | 172 | 2385 | 108 |
| 湖南 | 450 | 2965 | 402 | 951 | 4506 | 715 |
| 广东 | 425 | 4653 | 1212 | 2067 | 10880 | 10 |
| 广西 | | | | 110 | 481 | |
| 海南 | 6 | 5 | | | 4 | |
| 重庆 | | | | | | |
| 四川 | 593 | 1330 | 214 | 3230 | 141 | -2027 |
| 贵州 | | | | | | |
| 云南 | 34 | 94 | 128 | 317 | 832 | 530 |
| 西藏 | | | | | | |
| 陕西 | 194 | 2225 | 125 | 504 | 10074 | 1289 |
| 甘肃 | 1296 | 284 | 287 | 2967 | 2368 | 407 |
| 青海 | 13 | 92 | | | 63 | 10 |
| 宁夏 | 1 | 1 | | 49 | 293 | |
| 新疆 | 116 | 2071 | 126 | 200 | 2061 | 126 |

| 其他资本性支出 | 各种设备购置费 | 资产总计(千元) | 固定资产原值 | 实际使用房屋建筑面积(万平方米) | 演(映)出业务用房 | 实际拥有产权面积(万平方米) |
|---|---|---|---|---|---|---|
| **170027** | **30143** | **11677322** | **8896822** | **389.26** | **213.05** | **212.69** |
| 34 | 34 | 186172 | 165819 | 6.95 | 4.82 | 4.17 |
| 519 | 426 | 118022 | 87348 | 11.23 | 4.28 | 1.20 |
| 67391 | 121 | 623321 | 434119 | 24.86 | 15.39 | 12.56 |
| 1681 | 424 | 790162 | 700599 | 27.29 | 15.12 | 16.39 |
| 4926 | 83 | 946763 | 934227 | 16.13 | 5.47 | 11.36 |
| 13824 | 1525 | 79444 | 71264 | 8.29 | 4.14 | 3.10 |
| 2891 | 30 | 202776 | 129619 | 6.16 | 3.33 | 5.29 |
| 12 | 10 | 104319 | 75168 | 16.91 | 8.83 | 2.79 |
| 4056 | 2854 | 2283567 | 1806375 | 16.87 | 12.34 | 8.35 |
| 3965 | 3321 | 348726 | 258530 | 16.80 | 8.04 | 5.48 |
| 8319 | 3453 | 550075 | 417414 | 22.42 | 12.15 | 13.91 |
| 4795 | | 76204 | 66630 | 4.18 | 1.67 | 2.99 |
| 6610 | 2309 | 206068 | 167278 | 17.43 | 10.66 | 6.69 |
| 711 | 259 | 792248 | 204110 | 17.30 | 12.80 | 12.78 |
| 2037 | 313 | 85961 | 80751 | 13.23 | 9.46 | 7.13 |
| 5187 | 2187 | 481166 | 418257 | 29.63 | 15.00 | 17.26 |
| 1158 | 1016 | 513482 | 492184 | 13.66 | 9.11 | 13.05 |
| 1826 | 296 | 199645 | 177259 | 16.14 | 10.25 | 10.95 |
| 24049 | 8871 | 1070688 | 962912 | 29.67 | 10.62 | 21.46 |
| | | 29759 | 27735 | 3.77 | 1.32 | 1.64 |
| 15 | | 90000 | 90000 | 2.56 | 1.33 | 1.22 |
| | | 1888 | 1745 | 3.11 | 1.62 | 1.14 |
| 1454 | 1154 | 774881 | 199681 | 18.41 | 9.78 | 6.96 |
| 384 | | 204021 | 200044 | 5.48 | 2.73 | 1.19 |
| 277 | 277 | 14020 | 13261 | 1.50 | 0.24 | 0.06 |
| 11003 | 763 | 369566 | 272127 | 18.60 | 9.77 | 12.47 |
| 679 | 69 | 232340 | 165471 | 5.44 | 2.87 | 2.02 |
| 31 | 31 | 92350 | 92350 | 3.44 | 1.86 | 0.65 |
| 240 | 231 | 19535 | 19266 | 5.05 | 5.00 | 5.05 |
| 1953 | 86 | 190153 | 165279 | 6.77 | 3.08 | 3.42 |

# 2017年各地区文化部门执行企业会计

| 地区 | 剧团数(个) | 从业人员(人) | 专业技术人才 | 正高级职称 | 副高级职称 | 中级职称 | 座席数(个) | 演(映)出场次合计(万场次) |
|---|---|---|---|---|---|---|---|---|
| **总计** | **344** | **7856** | **2059** | **62** | **227** | **672** | **265989** | **36.31** |
| 北京 | | | | | | | | |
| 天津 | 7 | 97 | 7 | | | 1 | 3030 | 1.14 |
| 河北 | 11 | 228 | 32 | | 2 | 10 | 6412 | 0.13 |
| 山西 | 17 | 406 | 91 | | 7 | 21 | 12849 | 5.79 |
| 内蒙古 | | | | | | | | |
| 辽宁 | 9 | 242 | 43 | | 1 | 3 | 8035 | 0.19 |
| 吉林 | 5 | 28 | 8 | | 6 | 2 | 1473 | 0.06 |
| 黑龙江 | 2 | 30 | 6 | 2 | 1 | 1 | 1630 | 0.00 |
| 上海 | 7 | 133 | 17 | 2 | 1 | 9 | 4589 | 0.15 |
| 江苏 | 75 | 1552 | 329 | 4 | 17 | 117 | 60334 | 19.16 |
| 浙江 | 27 | 838 | 168 | 5 | 10 | 72 | 35619 | 3.56 |
| 安徽 | 26 | 702 | 392 | 18 | 43 | 153 | 21997 | 0.90 |
| 福建 | 8 | 228 | 52 | 1 | 4 | 13 | 9347 | 0.85 |
| 江西 | 7 | 159 | 56 | 1 | 14 | 23 | 2601 | 0.11 |
| 山东 | 43 | 874 | 190 | 2 | 25 | 80 | 32716 | 0.92 |
| 河南 | 16 | 315 | 21 | | | 4 | 2948 | 0.05 |
| 湖北 | 8 | 236 | 77 | | 6 | 28 | 10474 | 0.29 |
| 湖南 | 7 | 236 | 50 | | 5 | 20 | 6514 | 0.23 |
| 广东 | 18 | 572 | 211 | 17 | 52 | 47 | 19023 | 0.33 |
| 广西 | 2 | 30 | 6 | | | | 1910 | 1.47 |
| 海南 | 3 | 148 | 22 | | 4 | 15 | 2220 | 0.05 |
| 重庆 | 6 | 60 | 5 | | | | 2211 | 0.03 |
| 四川 | 1 | 7 | 2 | | | | 800 | 0.00 |
| 贵州 | 6 | 79 | 32 | | 2 | 4 | | |
| 云南 | 3 | 57 | 10 | | | 3 | 1769 | 0.03 |
| 西藏 | | | | | | | | |
| 陕西 | 16 | 366 | 142 | 7 | 14 | 40 | 10087 | 0.78 |
| 甘肃 | 7 | 122 | 89 | 3 | 13 | 6 | 3263 | 0.03 |
| 青海 | 1 | 12 | | | | | | |
| 宁夏 | 1 | | | | | | | |
| 新疆 | 1 | 5 | 1 | | | | 1000 | |

## 制度的艺术表演场馆基本情况

| 艺术演出场次 | 观众人次合计(万人次) | 艺术演出观众人次 | 资产、负债、所有者权益(千元) | | | | | | |
|---|---|---|---|---|---|---|---|---|---|
| | | | 资产总计 | 固定资产原值 | 当年提取的折旧总额 | 负债合计 | 所有者权益合计 | 实收资本(股本) | 国家资本金 |
| **2.42** | **2318.15** | **990.54** | **5176114** | **3667848** | **190711** | **2375598** | **2800516** | **1311382** | **1121532** |
| | | | | | | | | | |
| 0.01 | 31.54 | 5.16 | 106623 | 8191 | 290 | 107542 | -919 | 2275 | 2275 |
| 0.07 | 30.47 | 22.92 | 47084 | 40838 | 20378 | 45510 | 1574 | 27332 | 24092 |
| 0.07 | 188.81 | 55.34 | 125087 | 74793 | 14720 | 76724 | 48363 | 37139 | 30539 |
| | | | | | | | | | |
| 0.08 | 71.90 | 39.86 | 39764 | 20115 | 127 | 49090 | -9326 | 24258 | 14112 |
| 0.03 | 16.82 | 9.93 | 5869 | 3788 | 1444 | 1060 | 4809 | 2651 | 2651 |
| 0.00 | 5.50 | 2.10 | 15366 | 2979 | 830 | 18201 | -2835 | 14459 | 14459 |
| | | | | | | | | | |
| 0.10 | 61.56 | 60.00 | 344792 | 260196 | 2528 | 189537 | 155255 | 27074 | 27074 |
| 0.39 | 709.58 | 137.19 | 800665 | 643602 | 36159 | 355187 | 445478 | 201881 | 172037 |
| 0.26 | 251.09 | 141.90 | 805796 | 729170 | 7476 | 579379 | 226417 | 246068 | 245488 |
| 0.14 | 112.22 | 63.88 | 637808 | 159132 | 15355 | 376290 | 261518 | 155848 | 85356 |
| 0.03 | 51.81 | 10.87 | 567000 | 570498 | 7171 | 21110 | 545890 | 15950 | 11740 |
| 0.01 | 10.44 | 4.69 | 69235 | 69829 | 2956 | 8781 | 60454 | 18889 | 18889 |
| 0.20 | 186.85 | 102.64 | 216196 | 152192 | 20898 | 96671 | 119525 | 124485 | 82647 |
| | | | | | | | | | |
| 0.01 | 10.76 | 2.36 | 52608 | 50007 | 773 | 12915 | 39693 | 27936 | 27793 |
| 0.07 | 73.76 | 57.80 | 353972 | 190452 | 9612 | 98577 | 255395 | 28373 | 27373 |
| 0.03 | 89.65 | 36.07 | 194587 | 168403 | -1229 | 72104 | 122483 | 88530 | 88530 |
| 0.15 | 147.58 | 91.36 | 322896 | 242145 | 27312 | 83582 | 239314 | 82566 | 78950 |
| 0.04 | 44.16 | 6.40 | 40095 | 22827 | 1942 | 14481 | 25614 | 14748 | 9748 |
| 0.01 | 11.73 | 2.47 | 13973 | 12868 | 2910 | 12002 | 1971 | 5870 | 2745 |
| | | | | | | | | | |
| 0.02 | 10.37 | 4.17 | 8600 | 14356 | 2186 | 12775 | -4175 | 100 | 50 |
| | 0.24 | | 3028 | 843 | | 3818 | -790 | 255 | |
| | | | 127035 | 19149 | 430 | 32200 | 94835 | 40006 | 40006 |
| 0.02 | 15.19 | 13.65 | 23019 | 19622 | 3672 | 6865 | 16154 | 12100 | 12100 |
| | | | | | | | | | |
| 0.61 | 120.81 | 74.00 | 200575 | 155611 | 12343 | 84275 | 116300 | 83358 | 79942 |
| 0.02 | 16.30 | 11.87 | 28349 | 28641 | 9 | 9275 | 19074 | 17372 | 16077 |
| | | | 2929 | 49 | | 126 | 2803 | 1552 | 1552 |
| | | | | | | | | | |
| | 0.50 | | 110 | 110 | | 3 | 107 | | |

续表

| 地区 | 损益(千元) | | | | | | | |
|---|---|---|---|---|---|---|---|---|
| | 营业收入 | 艺术演出收入 | 营业成本 | 养老、医疗、失业等各种社会保险费 | 住房公积金和住房补贴 | 差旅费 | 工会经费 | 营业利润 |
| **总　计** | **1033929** | **448912** | **1438750** | **87505** | **31371** | **8780** | **4038** | **-404821** |
| 北　京 | | | | | | | | |
| 天　津 | 12618 | 934 | 16620 | 1851 | 1409 | 6 | 13 | -4002 |
| 河　北 | 11999 | 7165 | 31117 | 1430 | 547 | 58 | 42 | -19118 |
| 山　西 | 64396 | 10952 | 87179 | 4002 | 1202 | 107 | 270 | -22783 |
| 内蒙古 | | | | | | | | |
| 辽　宁 | 28318 | 23313 | 46110 | 3407 | 792 | 82 | 104 | -17792 |
| 吉　林 | 2992 | 126 | 2519 | | | 39 | 6 | 473 |
| 黑龙江 | 49 | 30 | 135 | | | 1 | | -86 |
| 上　海 | 40705 | 25273 | 45951 | 2902 | 466 | 115 | 258 | -5246 |
| 江　苏 | 239337 | 59922 | 316253 | 21162 | 7707 | 1054 | 649 | -76916 |
| 浙　江 | 154209 | 77847 | 230084 | 10365 | 4389 | 725 | 812 | -75875 |
| 安　徽 | 35820 | 16207 | 53121 | 6391 | 2514 | 1356 | 254 | -17301 |
| 福　建 | 28157 | 7009 | 42654 | 2111 | 775 | 1545 | 194 | -14497 |
| 江　西 | 7780 | 44 | 8576 | 1298 | 739 | 94 | 33 | -796 |
| 山　东 | 73821 | 37234 | 142763 | 12321 | 2575 | 584 | 317 | -68942 |
| 河　南 | 8365 | 219 | 9868 | 2803 | 429 | 28 | 26 | -1503 |
| 湖　北 | 52436 | 28752 | 61414 | 3462 | 1142 | 155 | 194 | -8978 |
| 湖　南 | 12779 | 2463 | 21718 | 2933 | 453 | 87 | 135 | -8939 |
| 广　东 | 94778 | 50971 | 132642 | 3759 | 2827 | 2107 | 418 | -37864 |
| 广　西 | 12987 | | 10267 | 278 | 62 | 3 | | 2720 |
| 海　南 | 5616 | 1625 | 5466 | 588 | 294 | 1 | 6 | 150 |
| 重　庆 | 6486 | 6486 | 13297 | 299 | | 16 | 66 | -6811 |
| 四　川 | 66 | | 141 | | | | | -75 |
| 贵　州 | 2118 | | 12204 | 812 | 1282 | 9 | 27 | -10086 |
| 云　南 | 17778 | 8498 | 19038 | 919 | 366 | 72 | 43 | -1260 |
| 西　藏 | | | | | | | | |
| 陕　西 | 77516 | 62395 | 86317 | 3176 | 725 | 386 | 158 | -8801 |
| 甘　肃 | 9481 | 4660 | 12302 | 358 | 342 | 142 | 4 | -2821 |
| 青　海 | 23 | | 966 | 172 | 69 | | 9 | -943 |
| 宁　夏 | | | | | | | | |
| 新　疆 | 210 | | 220 | | | 5 | | -10 |

| | | | | 工资、福利费、税金(千元) | | | | | |
|---|---|---|---|---|---|---|---|---|---|
| 营业外收入 | 政府补助(补贴收入) | 营业外支出 | 利润总额 | 本年发放工资总额 | 本年支付的职工福利费 | 本年应交税金总额 | 实际使用房屋建筑面积(万平方米) | 演(映)出业务用房 | 实际拥有产权面积(万平方米) |
| **456056** | **400602** | **23519** | **27716** | **380019** | **27803** | **64768** | **276.25** | **131.57** | **138.84** |
| 3076 | 2933 | 95 | -1021 | 5965 | 213 | 757 | 2.87 | 1.90 | 1.79 |
| 15279 | 15266 | | -3839 | 8580 | 694 | 550 | 8.32 | 6.57 | 2.57 |
| 26679 | 23723 | 292 | 3604 | 20001 | 1124 | 2866 | 13.19 | 4.69 | 16.30 |
| 20943 | 20580 | 273 | 2878 | 10429 | 668 | 1188 | 11.23 | 9.78 | 10.56 |
| | | | 473 | 590 | 45 | 144 | 1.06 | 1.00 | 0.62 |
| 65 | 50 | | -21 | 70 | | | 0.33 | 0.32 | |
| 2750 | 792 | 132 | -2628 | 10398 | 817 | 2293 | 5.34 | 3.70 | 0.82 |
| 82282 | 72007 | 4673 | 693 | 80915 | 6338 | 12510 | 57.49 | 23.89 | 18.43 |
| 75090 | 61411 | 2071 | -2856 | 58314 | 6035 | 9422 | 42.52 | 21.05 | 21.44 |
| 26077 | 19723 | 3554 | 5222 | 22366 | 1392 | 2725 | 12.53 | 7.04 | 7.39 |
| 34125 | 32826 | 1598 | 18030 | 13585 | 569 | 1853 | 12.27 | 2.63 | 7.23 |
| 408 | | 7 | -395 | 3327 | 679 | 1034 | 2.36 | 0.87 | 1.93 |
| 67784 | 65424 | 505 | -1663 | 39727 | 1559 | 3650 | 40.10 | 21.08 | 17.72 |
| 2359 | 1642 | 1534 | -678 | 5074 | 80 | 463 | 4.05 | 0.44 | 0.87 |
| 14917 | 12436 | 889 | 5050 | 13549 | 417 | 3832 | 9.94 | 4.17 | 4.33 |
| 11671 | 8910 | 1709 | 1023 | 4903 | 675 | 760 | 4.99 | 1.89 | 5.71 |
| 38725 | 37912 | 1445 | -584 | 35866 | 4637 | 3173 | 17.78 | 7.51 | 10.96 |
| 101 | 92 | | 2821 | 1098 | 48 | 597 | 0.70 | 0.54 | |
| 243 | | 1 | 392 | 3916 | | 236 | 2.83 | 0.15 | 0.35 |
| 6872 | 6872 | 636 | -575 | 2894 | | 29 | 5.22 | 2.20 | 0.96 |
| | | | -75 | 130 | 10 | | 0.20 | 0.15 | 0.20 |
| 7576 | | 3 | -2513 | 3894 | 94 | 378 | 1.62 | 0.86 | 1.29 |
| 800 | 720 | 10 | -470 | 4122 | 232 | 1865 | 1.60 | 0.42 | 1.60 |
| 15447 | 15308 | 4052 | 2594 | 21228 | 1182 | 13525 | 11.84 | 5.84 | 2.74 |
| 1569 | 1365 | | -1252 | 4922 | 92 | 176 | 2.52 | 1.91 | 1.71 |
| 608 | | | -335 | 644 | 29 | 11 | 0.00 | | 0.00 |
| | | | -10 | 210 | | 17 | 0.22 | 0.22 | |

# 2017年各地区非公有制

| 地区 | 机构数(个) | 从业人员(人) | 专业技术人才 | 座席数(个) | 演(映)出场次合计(万场次) | 艺术演出场次 | 惠民演出 | 观众人次合计(万人次) | 营业收入 |
|---|---|---|---|---|---|---|---|---|---|
| **总计** | **1110** | **28778** | **7171** | **762271** | **34.05** | **12.32** | **1.22** | **6661.14** | **6264794** |
| 北京 | 52 | 2063 | 435 | 34834 | 3.09 | 1.29 | 0.13 | 798.57 | 858673 |
| 天津 | 29 | 367 | 58 | 12288 | 3.85 | 0.20 | 0.04 | 273.59 | 87970 |
| 河北 | 20 | 633 | 125 | 8749 | 1.87 | 0.13 | 0.07 | 55.30 | 37973 |
| 山西 | 26 | 418 | 155 | 71433 | 0.22 | 0.15 | 0.00 | 161.50 | 10070 |
| 内蒙古 | 23 | 480 | 261 | 18546 | 0.46 | 0.10 | 0.01 | 66.61 | 50686 |
| 辽宁 | 88 | 3865 | 709 | 34991 | 2.02 | 1.47 | 0.06 | 603.85 | 852633 |
| 吉林 | 30 | 613 | 342 | 11395 | 3.22 | 0.53 | 0.02 | 83.60 | 69410 |
| 黑龙江 | 20 | 289 | 138 | 12034 | 0.32 | 0.20 | 0.12 | 110.71 | 12676 |
| 上海 | 25 | 784 | 120 | 39661 | 1.06 | 0.26 | 0.09 | 253.74 | 700705 |
| 江苏 | 137 | 2578 | 595 | 104327 | 1.24 | 0.71 | 0.09 | 228.12 | 379519 |
| 浙江 | 290 | 5483 | 1258 | 76688 | 5.60 | 3.67 | 0.14 | 1001.31 | 1114225 |
| 安徽 | 43 | 1242 | 352 | 25623 | 0.52 | 0.40 | 0.06 | 305.87 | 61785 |
| 福建 | 6 | 158 | 16 | 151713 | 2.78 | 0.03 | | 57.09 | 21125 |
| 江西 | 15 | 413 | 120 | 11312 | 0.63 | 0.17 | 0.01 | 113.12 | 12950 |
| 山东 | 6 | 162 | 32 | 2590 | 0.09 | 0.08 | 0.01 | 26.59 | 3912 |
| 河南 | 20 | 262 | 94 | 8301 | 0.21 | 0.18 | 0.04 | 50.79 | 20268 |
| 湖北 | 14 | 240 | 26 | 7746 | 0.08 | 0.05 | 0.02 | 41.64 | 44427 |
| 湖南 | 29 | 1446 | 291 | 13725 | 0.93 | 0.59 | 0.03 | 292.65 | 368168 |
| 广东 | 36 | 1472 | 417 | 35080 | 0.90 | 0.21 | 0.05 | 890.77 | 522180 |
| 广西 | 23 | 531 | 75 | 5761 | 0.38 | 0.07 | 0.03 | 36.00 | 35309 |
| 海南 | 9 | 825 | 120 | 11082 | 0.29 | 0.21 | 0.01 | 582.26 | 367043 |
| 重庆 | 8 | 242 | 62 | 2060 | 0.03 | 0.03 | 0.01 | 23.60 | 8238 |
| 四川 | 57 | 1173 | 393 | 21554 | 0.93 | 0.62 | 0.02 | 142.52 | 83840 |
| 贵州 | 3 | 121 | 5 | 610 | 0.05 | 0.03 | 0.00 | 3.35 | 2920 |
| 云南 | 28 | 764 | 196 | 8229 | 0.54 | 0.29 | 0.02 | 218.08 | 235376 |
| 西藏 | 1 | 38 | 11 | 364 | 0.04 | 0.04 | | 0.60 | 700 |
| 陕西 | 38 | 1118 | 413 | 11413 | 0.66 | 0.35 | 0.05 | 72.28 | 111680 |
| 甘肃 | 22 | 744 | 257 | 5234 | 1.32 | 0.12 | 0.00 | 126.23 | 138453 |
| 青海 | 3 | 59 | 3 | 550 | 0.08 | 0.01 | 0.00 | 7.90 | 7070 |
| 宁夏 | | | | | | | | | |
| 新疆 | 9 | 195 | 92 | 14378 | 0.64 | 0.13 | 0.09 | 32.94 | 44810 |

# 艺术表演场馆基本情况

| 经营情况(千元) | | | | | | | | 资产总计(千元) | 实际使用房屋建筑面积(万平方米) | |
|---|---|---|---|---|---|---|---|---|---|---|
| 艺术演出收入 | 营业成本 | 养老、医疗、失业等各种社会保险费 | 本年发放工资总额 | 本年应交税金总额 | 营业利润 | 营业外收入 | 政府补贴 | | | 演(映)出业务用房 |
| **3089780** | **4806216** | **193046** | **1295464** | **478793** | **1458591** | **485733** | **299425** | **15393405** | **409.89** | **154.54** |
| 634524 | 748470 | 30970 | 138037 | 93030 | 110204 | 41281 | 24261 | 2746767 | 31.50 | 14.40 |
| 4459 | 75391 | 2027 | 11521 | 4010 | 12583 | 1558 | 160 | 133752 | 15.75 | 3.25 |
| 18451 | 33772 | 1740 | 14176 | 2038 | 4202 | 5857 | 4887 | 534333 | 13.63 | 3.15 |
| 5485 | 8085 | 550 | 5218 | 295 | 1985 | 1575 | | 48880 | 14.22 | 8.71 |
| 29402 | 35564 | 769 | 17624 | 2676 | 15122 | 5160 | 3000 | 191576 | 7.39 | 1.51 |
| 402218 | 488693 | 39828 | 123971 | 58582 | 363940 | 48165 | 34910 | 1459881 | 54.39 | 11.85 |
| 64590 | 32993 | 3234 | 17360 | 3943 | 36417 | 1590 | 807 | 195390 | 3.47 | 1.30 |
| 3691 | 7879 | 516 | 3672 | 701 | 4797 | 2534 | 115 | 234812 | 3.47 | 1.05 |
| 155815 | 407699 | 19037 | 93623 | 98802 | 293006 | 32551 | 21458 | 1114959 | 10.02 | 3.86 |
| 257738 | 345262 | 16641 | 192101 | 11374 | 34256 | 62524 | 44900 | 829797 | 63.36 | 22.32 |
| 154249 | 1000913 | 21679 | 194192 | 48258 | 113314 | 94855 | 26087 | 1919035 | 54.39 | 22.23 |
| 40424 | 68922 | 3857 | 20945 | 2045 | -7135 | 7254 | 4891 | 697108 | 28.91 | 20.39 |
| 407 | 18508 | 101 | 3750 | 959 | 2618 | 2325 | | 14179 | 0.66 | 0.26 |
| 9540 | 10060 | 1200 | 5510 | 758 | 2890 | 13710 | 11903 | 52662 | 3.70 | 2.82 |
| 2910 | 12314 | 692 | 3548 | 165 | -8402 | 9758 | 9558 | 20818 | 4.09 | 0.55 |
| 13200 | 29623 | 762 | 14544 | 1782 | -9355 | 8400 | 6140 | 315464 | 3.58 | 1.11 |
| 36703 | 49631 | 788 | 11485 | 2330 | -5203 | 5500 | 4800 | 305619 | 6.08 | 1.50 |
| 177785 | 231275 | 5537 | 79794 | 34062 | 136893 | 26762 | 14770 | 902829 | 14.59 | 7.30 |
| 437475 | 460746 | 13039 | 113345 | 19332 | 61435 | 73716 | 69455 | 987696 | 29.07 | 12.98 |
| 1730 | 31128 | 734 | 8524 | 740 | 4180 | 2936 | | 210873 | 2.39 | 0.71 |
| 344958 | 117453 | 4080 | 40105 | 61371 | 249591 | 281 | 80 | 1084613 | 3.50 | 2.62 |
| 4136 | 14982 | 902 | 5857 | 494 | -6744 | 3665 | 3045 | 67037 | 1.33 | 0.57 |
| 39600 | 45860 | 3520 | 23700 | 2831 | 37980 | 14440 | 350 | 675760 | 20.70 | 2.99 |
| 260 | 2430 | 190 | 2180 | 20 | 490 | | | 7630 | 0.39 | 0.14 |
| 73597 | 231062 | 14273 | 93340 | 16902 | 4314 | 1883 | 887 | 151755 | 4.11 | 2.62 |
| 500 | 900 | | 600 | | -200 | 200 | | 10000 | 0.10 | 0.03 |
| 72096 | 86040 | 2549 | 29597 | 4000 | 25641 | 15837 | 12105 | 99708 | 6.44 | 3.09 |
| 93387 | 183323 | 503 | 14888 | 2840 | -44870 | 700 | 300 | 143150 | 7.34 | 0.79 |
| 5200 | 3230 | 1500 | 720 | 130 | 3840 | 100 | | 38100 | 0.25 | 0.21 |
| 5250 | 24008 | 1828 | 11537 | 4323 | 20802 | 616 | 556 | 199222 | 1.09 | 0.25 |

# 2017年各地区执行事业会计

| 地区 | 机构数（个） | 从业人员（人） | 专业技术人才 | 正高级职称 | 副高级职称 | 中级职称 | 座席数（个） | 演(映)出场次合计（万场次） | 艺术演出场次 | 观众人次合计（万人次） |
|---|---|---|---|---|---|---|---|---|---|---|
| **总计** | **1084** | **25841** | **8061** | **146** | **475** | **1545** | **728034** | **28.27** | **8.66** | **6252.63** |
| 北京 | 48 | 2370 | 571 | 3 | 24 | 71 | 34190 | 1.34 | 1.31 | 576.85 |
| 天津 | 19 | 267 | 62 | 1 | | 1 | 10358 | 0.33 | 0.18 | 145.65 |
| 河北 | 36 | 865 | 156 | | 2 | 23 | 23894 | 1.64 | 0.18 | 99.17 |
| 山西 | 41 | 355 | 120 | | 1 | 30 | 25968 | 0.28 | 0.13 | 91.36 |
| 内蒙古 | 9 | 184 | 60 | | 1 | 15 | 8829 | 0.34 | 0.03 | 52.09 |
| 辽宁 | 52 | 1905 | 558 | | 6 | 14 | 26640 | 1.22 | 0.74 | 318.28 |
| 吉林 | 28 | 654 | 301 | | 11 | 17 | 11016 | 1.90 | 0.39 | 118.10 |
| 黑龙江 | 24 | 198 | 66 | 8 | 1 | 6 | 9795 | 0.19 | 0.04 | 28.95 |
| 上海 | 31 | 1116 | 395 | 22 | 46 | 148 | 24492 | 0.67 | 0.61 | 404.26 |
| 江苏 | 111 | 2144 | 495 | 2 | 10 | 43 | 67930 | 4.07 | 0.56 | 279.03 |
| 浙江 | 141 | 3021 | 913 | 8 | 11 | 101 | 106747 | 3.37 | 0.93 | 611.66 |
| 安徽 | 40 | 1196 | 470 | 9 | 21 | 87 | 27547 | 0.49 | 0.27 | 244.15 |
| 福建 | 17 | 320 | 93 | 1 | 7 | 22 | 10952 | 1.32 | 0.07 | 78.61 |
| 江西 | 36 | 648 | 289 | 4 | 18 | 66 | 26325 | 0.69 | 0.20 | 160.08 |
| 山东 | 65 | 1073 | 247 | 3 | 19 | 73 | 43335 | 0.46 | 0.34 | 241.41 |
| 河南 | 54 | 920 | 88 | 2 | 11 | 20 | 31181 | 0.19 | 0.17 | 87.18 |
| 湖北 | 34 | 684 | 136 | | 9 | 68 | 32904 | 0.47 | 0.17 | 158.28 |
| 湖南 | 43 | 1158 | 457 | 10 | 61 | 164 | 29872 | 0.55 | 0.50 | 344.29 |
| 广东 | 40 | 1511 | 495 | 11 | 36 | 53 | 44063 | 0.58 | 0.31 | 883.27 |
| 广西 | 11 | 101 | 22 | | | 3 | 6485 | 0.12 | 0.08 | 17.76 |
| 海南 | 11 | 883 | 144 | | 4 | 25 | 13247 | 0.30 | 0.21 | 594.66 |
| 重庆 | 14 | 142 | 23 | | | | 5922 | 0.06 | 0.04 | 25.65 |
| 四川 | 44 | 616 | 416 | 11 | 46 | 150 | 25870 | 0.33 | 0.27 | 145.57 |
| 贵州 | 5 | 136 | 15 | | | 1 | 560 | 0.01 | 0.00 | 2.15 |
| 云南 | 25 | 333 | 146 | | | 2 | 8797 | 0.28 | 0.14 | 83.79 |
| 西藏 | 3 | 46 | 11 | | | | 1214 | 0.05 | 0.05 | 4.83 |
| 陕西 | 54 | 1561 | 830 | 41 | 104 | 281 | 35381 | 0.50 | 0.34 | 130.89 |
| 甘肃 | 32 | 958 | 335 | 3 | 8 | 19 | 12263 | 1.42 | 0.20 | 171.92 |
| 青海 | 2 | 57 | 3 | | | | 500 | 0.02 | 0.01 | 6.10 |
| 宁夏 | | | | | | | | | | |
| 新疆 | 8 | 243 | 141 | 6 | 18 | 40 | 16189 | 5.01 | 0.10 | 80.75 |

# 制度的剧场基本情况

| 艺术演出观众人次 | 总收入(千元) | 财政拨款 | 艺术演出收入 | 总支出(千元) | 人员支出 | 资产总计(千元) | 年末固定资产原值 | 实际使用房屋建筑面积(万平方米) | 演(映)业务用房 | 实际拥有产权面积(万平方米) |
|---|---|---|---|---|---|---|---|---|---|---|
| **1642.27** | **6449754** | **1577254** | **2799565** | **5212668** | **1436764** | **19092778** | **6986973** | **564.19** | **276.14** | **188.42** |
| 69.32 | 1613671 | 488758 | 699649 | 1505275 | 297442 | 3417604 | 508164 | 50.01 | 32.73 | 23.73 |
| 77.93 | 29755 | 5890 | 4881 | 27043 | 11751 | 46200 | 13257 | 9.60 | 3.21 | 0.45 |
| 36.23 | 55019 | 21723 | 8947 | 60167 | 23268 | 111682 | 40807 | 17.79 | 12.70 | 3.55 |
| 49.91 | 34812 | 19062 | 4942 | 33695 | 15734 | 488005 | 441387 | 14.67 | 7.13 | 6.85 |
| 13.48 | 28085 | 8905 | 16393 | 19179 | 7750 | 990355 | 851049 | 12.38 | 3.02 | 7.94 |
| 27.21 | 619555 | 136798 | 320416 | 295343 | 101009 | 641132 | 66347 | 35.66 | 14.15 | 4.14 |
| 33.89 | 93892 | 9029 | 58815 | 64980 | 32549 | 252126 | 33214 | 4.63 | 2.40 | 1.25 |
| 0.87 | 11277 | 1236 | 1060 | 5837 | 3475 | 141959 | 19288 | 5.58 | 1.63 | 0.24 |
| 243.27 | 807654 | 162621 | 225355 | 549882 | 113953 | 2931017 | 1957567 | 25.73 | 17.51 | 9.08 |
| 84.49 | 336400 | 103202 | 133252 | 287150 | 114006 | 660490 | 245711 | 57.94 | 18.71 | 8.15 |
| 222.37 | 661415 | 187915 | 173552 | 557583 | 181600 | 2078617 | 1118632 | 83.14 | 38.83 | 31.70 |
| 34.54 | 76151 | 26265 | 26285 | 76294 | 29071 | 588013 | 57303 | 14.88 | 7.26 | 5.38 |
| 25.16 | 33888 | 5561 | 1292 | 33312 | 11306 | 105713 | 87976 | 10.92 | 6.28 | 6.30 |
| 32.52 | 66164 | 44085 | 13137 | 51806 | 23974 | 255168 | 153753 | 11.89 | 8.17 | 4.81 |
| 158.47 | 118819 | 66143 | 21460 | 127896 | 44956 | 207487 | 141083 | 28.79 | 14.79 | 12.64 |
| 34.04 | 48163 | 15437 | 13950 | 50954 | 33388 | 445826 | 137923 | 12.97 | 5.11 | 4.78 |
| 88.96 | 142584 | 48098 | 60454 | 140052 | 37478 | 479523 | 262616 | 19.23 | 11.68 | 9.35 |
| 66.94 | 231347 | 23982 | 171641 | 126299 | 44889 | 579353 | 42879 | 16.48 | 12.22 | 5.36 |
| 85.45 | 462312 | 130928 | 234913 | 454003 | 111575 | 1105625 | 164608 | 46.17 | 20.24 | 17.88 |
| 11.36 | 2704 | 123 | 108 | 2727 | 1975 | 212435 | 27935 | 3.28 | 1.04 | 1.00 |
| 3.86 | 372275 | 80 | 346214 | 117264 | 42303 | 1066170 | 37 | 6.76 | 3.36 | 0.25 |
| 8.65 | 18648 | 7082 | 8976 | 23093 | 5394 | 51540 | 14356 | 8.33 | 3.81 | 2.02 |
| 62.89 | 60332 | 16546 | 21555 | 85839 | 19276 | 1161248 | 128810 | 18.26 | 9.73 | 3.51 |
|  | 5216 |  | 260 | 6043 | 3229 | 27091 | 5000 | 1.09 | 0.14 | 0.75 |
| 15.40 | 59757 | 720 | 51321 | 55612 | 22646 | 36234 | 14485 | 5.69 | 2.97 | 1.33 |
| 4.23 | 1227 | 327 | 500 | 1227 | 792 | 10000 |  | 1.32 | 0.06 |  |
| 70.64 | 137603 | 37217 | 24681 | 127205 | 45148 | 370934 | 266715 | 18.09 | 8.49 | 11.06 |
| 25.86 | 174636 | 850 | 95780 | 215538 | 27301 | 324264 | 124085 | 11.77 | 3.23 | 1.56 |
|  | 7000 |  | 5200 | 3200 | 700 | 38000 |  | 0.23 | 0.20 |  |
| 3.05 | 64060 | 8036 | 2900 | 40284 | 17417 | 229201 | 50813 | 3.43 | 1.39 | 2.08 |

# 2017年各地区执行事业会计

| 地　区 | 机构数(个) | 从业人员(人) | | | | | 座席数(个) | 演(映)出场次合计(万场次) | |
|---|---|---|---|---|---|---|---|---|---|
| | | | 专业技术人才 | | | | | | 艺术演出场次 |
| | | | | 正高级职称 | 副高级职称 | 中级职称 | | | |
| **总　计** | **627** | **9309** | **2179** | **44** | **150** | **720** | **451774** | **94.24** | **3.48** |
| 北　京 | 11 | 269 | 40 | | | 5 | 9188 | 1.15 | 0.11 |
| 天　津 | 22 | 303 | 43 | | | 2 | 16805 | 5.33 | 0.15 |
| 河　北 | 43 | 551 | 154 | | 8 | 40 | 23403 | 4.35 | 0.20 |
| 山　西 | 42 | 551 | 110 | | 8 | 47 | 28561 | 7.00 | 0.12 |
| 内蒙古 | 19 | 247 | 88 | 1 | 3 | 28 | 16604 | 2.10 | 0.14 |
| 辽　宁 | 12 | 128 | 24 | | 1 | 4 | 5243 | 0.08 | 0.03 |
| 吉　林 | 16 | 270 | 99 | 3 | 25 | 25 | 10633 | 2.40 | 0.51 |
| 黑龙江 | 8 | 93 | 16 | | 1 | 5 | 4550 | 0.01 | 0.00 |
| 上　海 | 8 | 102 | 19 | 1 | | 5 | 5358 | 1.55 | 0.06 |
| 江　苏 | 63 | 1098 | 193 | 5 | 4 | 64 | 63492 | 33.71 | 0.15 |
| 浙　江 | 24 | 413 | 123 | | 7 | 48 | 16584 | 3.66 | 0.12 |
| 安　徽 | 12 | 244 | 60 | | | 11 | 12396 | 0.12 | 0.04 |
| 福　建 | 33 | 383 | 106 | | 5 | 34 | 17296 | 17.10 | 0.05 |
| 江　西 | 15 | 183 | 67 | | 8 | 26 | 7967 | 1.12 | 0.08 |
| 山　东 | 27 | 483 | 168 | 2 | 22 | 80 | 19089 | 0.77 | 0.06 |
| 河　南 | 85 | 1823 | 235 | 25 | 20 | 58 | 50324 | 0.28 | 0.10 |
| 湖　北 | 17 | 298 | 90 | 5 | 1 | 52 | 17120 | 4.77 | 0.06 |
| 湖　南 | 31 | 451 | 177 | | 15 | 106 | 44969 | 2.14 | 0.13 |
| 广　东 | 26 | 457 | 54 | 1 | 1 | 15 | 27033 | 1.15 | 0.06 |
| 广　西 | 5 | 57 | 12 | | | 1 | 3294 | 1.86 | 0.00 |
| 海　南 | 3 | 72 | 1 | | | | 2286 | 0.01 | 0.00 |
| 重　庆 | 2 | 7 | 3 | | | | 1250 | 0.01 | 0.01 |
| 四　川 | 10 | 117 | 44 | 1 | 2 | 13 | 5535 | 0.30 | 0.05 |
| 贵　州 | 3 | 54 | 22 | | 2 | 3 | | | |
| 云　南 | 9 | 54 | 13 | | 2 | 7 | 5148 | 0.04 | 0.03 |
| 西　藏 | 4 | | | | | | | | |
| 陕　西 | 44 | 402 | 154 | | 10 | 32 | 18597 | 1.30 | 0.70 |
| 甘　肃 | 7 | 99 | 34 | | 5 | 3 | 3980 | 1.19 | 0.53 |
| 青　海 | 14 | 47 | 5 | | | | 6829 | 0.18 | 0.02 |
| 宁　夏 | 2 | 10 | 5 | | | 1 | 854 | 0.07 | |
| 新　疆 | 10 | 43 | 20 | | | 5 | 7386 | 0.53 | 0.03 |

## 制度的影剧院基本情况

| 观众人次合计(万人次) | 艺术演出观众人次 | 总收入(千元) | 财政拨款 | 艺术演出收入 | 总支出(千元) | 人员支出 | 资产总计(千元) | 年末固定资产原值 | 实际使用房屋建筑面积(万平方米) | 演(映)业务用房 | 实际拥有产权面积(万平方米) |
|---|---|---|---|---|---|---|---|---|---|---|---|
| **3366.728** | **692.118** | **1348773** | **331146** | **123949** | **1303387** | **430658** | **4858949** | **3549682** | **240.77** | **124.63** | **128.32** |
| | | | | | | | | | | | |
| 150.531 | 44.795 | 43074 | 600 | 953 | 46924 | 14397 | 259172 | 165819 | 7.97 | 4.92 | 4.17 |
| 291.689 | 27.870 | 114498 | 17669 | 1658 | 96528 | 22484 | 302026 | 82203 | 12.49 | 5.84 | 2.54 |
| 72.099 | 23.929 | 53745 | 24989 | 6193 | 47355 | 24095 | 167406 | 126070 | 16.79 | 8.78 | 7.36 |
| 206.262 | 61.019 | 72174 | 9536 | 1678 | 73038 | 20998 | 272201 | 219765 | 10.70 | 6.65 | 8.71 |
| 68.161 | 15.378 | 31441 | 18328 | 1347 | 30875 | 16250 | 95614 | 80978 | 8.95 | 3.54 | 3.32 |
| | | | | | | | | | | | |
| 13.625 | 4.331 | 11872 | 7586 | 1535 | 11112 | 3527 | 29462 | 22197 | 1.95 | 1.21 | 1.02 |
| 96.369 | 22.996 | 34798 | 27380 | 399 | 32639 | 23322 | 129996 | 97380 | 5.31 | 2.77 | 4.67 |
| 4.800 | 1.245 | 1577 | 600 | | 1577 | 1555 | 47788 | 47552 | 1.72 | 1.23 | 1.50 |
| | | | | | | | | | | | |
| 71.854 | 22.801 | 50249 | 6296 | 5371 | 38823 | 11216 | 123571 | 36898 | 2.23 | 1.52 | 0.81 |
| 1021.926 | 112.962 | 310447 | 24505 | 29471 | 328206 | 62394 | 778420 | 531107 | 37.49 | 22.31 | 21.45 |
| 183.046 | 38.730 | 100769 | 12389 | 7867 | 82954 | 31315 | 151501 | 82980 | 13.56 | 7.71 | 5.08 |
| 45.570 | 33.420 | 49995 | 19980 | 17420 | 48454 | 15722 | 61861 | 46123 | 10.58 | 4.78 | 2.29 |
| 167.704 | 9.276 | 70382 | 11564 | 2049 | 70226 | 26339 | 162494 | 134645 | 9.78 | 5.30 | 4.63 |
| 48.706 | 19.138 | 19942 | 1868 | 375 | 21892 | 10409 | 149646 | 94403 | 17.80 | 2.97 | 3.86 |
| 107.543 | 35.092 | 25716 | 7819 | 1283 | 25587 | 12754 | 76291 | 86348 | 6.40 | 4.52 | 5.46 |
| | | | | | | | | | | | |
| 103.126 | 41.109 | 44236 | 10305 | 2859 | 46611 | 29773 | 330847 | 290653 | 19.20 | 9.54 | 11.57 |
| 66.463 | 20.808 | 30777 | 8079 | 1681 | 33877 | 12107 | 402000 | 386723 | 6.96 | 3.75 | 6.67 |
| 206.711 | 53.116 | 31854 | 10729 | 411 | 33501 | 17917 | 206334 | 158769 | 9.28 | 5.03 | 8.28 |
| 142.240 | 29.563 | 100931 | 30964 | 34443 | 82585 | 22630 | 197619 | 154483 | 12.89 | 7.24 | 9.18 |
| 46.208 | 0.250 | 17050 | 716 | | 14735 | 2946 | 28609 | 22921 | 1.26 | 0.77 | 0.43 |
| 5.986 | 1.876 | 618 | 115 | 29 | 364 | 338 | 92056 | 92268 | 1.28 | 0.51 | 0.59 |
| | | | | | | | | | | | |
| 3.425 | 1.074 | | | | | | | | 0.43 | 0.24 | |
| 27.160 | 17.940 | 13024 | 7448 | 378 | 13597 | 7514 | 104541 | 71714 | 3.02 | 1.53 | 3.59 |
| | | 5058 | | | 8254 | 2699 | 102574 | 14149 | 0.87 | 0.86 | 0.55 |
| 20.112 | 14.322 | 42792 | 36608 | | 43192 | 3998 | 207178 | 205181 | 3.76 | 1.66 | 1.46 |
| | | | | | | | | | | | |
| 130.582 | 22.536 | 47717 | 26971 | 1799 | 46402 | 21767 | 210717 | 155478 | 8.42 | 3.88 | 4.28 |
| 24.243 | 10.544 | 13124 | 1427 | 2725 | 13194 | 5265 | 72813 | 69625 | 3.07 | 2.14 | 2.17 |
| 29.029 | 2.842 | 5003 | 2397 | 1975 | 4739 | 3434 | 48180 | 37399 | 3.29 | 1.86 | 0.95 |
| 3.707 | | 739 | 170 | | 787 | 367 | 4967 | 4967 | 0.19 | 0.14 | 0.19 |
| 7.851 | 3.160 | 5171 | 4108 | 50 | 5359 | 3126 | 43065 | 30884 | 3.16 | 1.44 | 1.56 |

# 主要统计指标解释

1．**本团原创首演剧目：**指由戏曲、话剧、歌剧、舞剧、歌舞剧、木偶、皮影等艺术表演团体原生创作并首演且单个剧目演出时间超过一小时的表演剧目，但不包括音乐、舞蹈、曲艺、杂技等单个小节目的创作演出。

2．**演出场次：**指以场为计量单位的在国内和国外的艺术表演的次数。包括售票、包场等有演出收入的场次和政府采购的公益性演出场次及参加汇演、调演等无演出收入的公开演出场次，包括流动舞台车演出场次，不包括彩排和内部观摩等无演出收入的场次。

场数的计算，通常以售票、发票一次（或在其他地点进行一次艺术表演活动相当于剧场演出一场的时间）为一场。按时收费的，按日场、晚场或早场等一般习惯（约 1 至 2 小时）计算。评弹等曲艺演出计算场数，可按演出 1 至 2 小时为一场的原则进行折算。独幕剧或音乐、舞蹈、曲、杂、木、皮节目组成专场演出时，不论包括几个独幕剧或节目，一律按一场计算。

3．**农村演出场次及观众人次：**指本团到（乡镇及以下）农村和林区、牧区、渔区的演出。不论在本省或外省，凡到上述地区演出，均计入农村演出。

4．**演出收入：**指艺术表演团体通过售票或包场演出所取得的票房收入，不包括政府采购的公益性演出补贴收入。

5．**政府采购的公益性演出场次、观众人次：**指本团报告期内不进行售票、免费给社会公众演出并从财政部门获取一定场次补贴的公益性演出场次、观众人次。

6．**政府采购的公益性演出补贴收入：**指本团报告期内因进行公益性演出而取得的补贴收入，为财政拨款的其中项。

7．**座席数：**指公开营业艺术表演场馆可向观众售票的实际座席数。

8．**演（映）出业务用房：**指在艺术表演场馆中用于演（映）出服务的设施面积。多功能艺术表演的场所应包括观众厅、门厅、舞台部分（主台、侧台、后台）的建筑面积和辅助设施——休息室、化妆间、服装间、道具间、舞台设备控制间（灯控间、音控间、放映间等）的建筑面积以及配电设施、消防通道的建筑面积。若属非独立建筑的，则按使用面积计算。

# 5 文化市场

# 近年来全国文化市场经营机构基本情况

| 年份 | 机构数（个） | 从业人员（人） | 资产总计（万元） | 营业收入（万元） | 利润总额（万元） |
|---|---|---|---|---|---|
| 2006年 | 166406 | 945418 | 4515546 | 4148403 | 885730 |
| 2007年 | 217643 | 1197610 | 12956212 | 7089004 | 1749171 |
| 2008年 | 221253 | 1254641 | 12532138 | 7465936 | 1593758 |
| 2009年 | 223893 | 1288615 | 12074316 | 5736445 | 2939123 |
| 2010年 | 230659 | 1375660 | 13806937 | 8654903 | 3264805 |
| 2011年 | 238455 | 1415526 | 16540928 | 9766472 | 3620262 |
| 2012年 | 231132 | 1416028 | 18997555 | 10337954 | 3585366 |
| 2013年 | 226584 | 1451818 | 44258484 | 13665714 | 3930246 |
| 2014年 | 220164 | 1323902 | 25641255 | 16142494 | 4682893 |
| 2015年 | 231709 | 1564660 | 53671039 | 29656347 | 10020910 |
| 2016年 | 242686 | 1609329 | 66760690 | 44989191 | 10345244 |
| 2017年 | 257345 | 1733235 | 94634340 | 96723615 | 12241695 |

# 近年来全国娱乐场所基本情况

| 年份 | 机构数（个） | 从业人员（人） | 资产总计（万元） | 营业收入（万元） | 利润总额（万元） |
|---|---|---|---|---|---|
| 2006年 | 51742 | 490289 | 2990424 | 2101890 | 329557 |
| 2007年 | 82174 | 611108 | 5927457 | 3546201 | 583689 |
| 2008年 | 84356 | 639511 | 7048155 | 3709413 | 659403 |
| 2009年 | 82200 | 636800 | 6271305 | 4130085 | 1367846 |
| 2010年 | 85854 | 703520 | 7635552 | 4772099 | 1718734 |
| 2011年 | 92577 | 758377 | 9661392 | 5661798 | 1939320 |
| 2012年 | 90271 | 765250 | 11136779 | 6048764 | 1982344 |
| 2013年 | 89652 | 835658 | 34317748 | 8842052 | 2084672 |
| 2014年 | 84179 | 729516 | 16144969 | 11023662 | 2606315 |
| 2015年 | 79816 | 673640 | 11050577 | 5570354 | 1361661 |
| 2016年 | 77071 | 632527 | 10510102 | 5387254 | 1257926 |
| 2017年 | 78616 | 600106 | 10313538 | 5468701 | 1306909 |

# 近年来全国网吧基本情况

| 年　份 | 机构数（个） | 从业人员（人） | 资产总计（万元） | 营业收入（万元） | 利润总额（万元） |
|---|---|---|---|---|---|
| 2006年 | 114273 | 443745 | 2210843 | 2016913 | 329557 |
| 2007年 | 133163 | 539460 | 4304405 | 3434114 | 1036162 |
| 2008年 | 134267 | 565707 | 5307279 | 3645153 | 913361 |
| 2009年 | 138048 | 580749 | 5585437 | 3785362 | 1510735 |
| 2010年 | 140376 | 584912 | 5864306 | 3626809 | 1490620 |
| 2011年 | 141275 | 567170 | 6282208 | 3754922 | 1565375 |
| 2012年 | 135683 | 529362 | 8818719 | 3539807 | 1431362 |
| 2013年 | 131013 | 478242 | 8051486 | 3879399 | 1425890 |
| 2014年 | 129368 | 452368 | 7431831 | 4479929 | 1962960 |
| 2015年 | 134847 | 480260 | 6939291 | 4009643 | 1302975 |
| 2016年 | 141587 | 488209 | 7484979 | 4323160 | 1312916 |
| 2017年 | 143434 | 440853 | 6947788 | 3825868 | 1071760 |

# 2017年全国文化市场经营机构基本情况

| | 机构数（个） | 从业人员（人） | 资产总计（千元） | 损益(千元) | | | | | |
|---|---|---|---|---|---|---|---|---|---|
| | | | | 营业收入 | 营业成本 | 养老、医疗、失业等保险费 | 本年发放工资总额 | 本年应交税金总额 | 营业利润 |
| **总　计** | **257345** | **1733235** | **94634340** | **967236152** | **844823073** | **17242608** | **116260821** | **31195068** | **122416947** |
| **按城乡分** | | | | | | | | | |
| 城市 | 94317 | 809521 | 757982625 | 851409158 | 752289404 | 14109489 | 86707366 | 27480899 | 99120624 |
| 县城 | 103520 | 745655 | 146204709 | 67432006 | 50346867 | 1525530 | 18023258 | 2976731 | 17087171 |
| 县以下 | 59508 | 178059 | 42156068 | 48394988 | 42186802 | 1607589 | 11530197 | 737438 | 6209152 |
| **按经营范围分** | | | | | | | | | |
| 娱乐场所 | 78616 | 600106 | 103135375 | 54687017 | 41619062 | 1714740 | 16434598 | 2160721 | 13069087 |
| 互联网上网服务营业场所(网吧) | 143434 | 440853 | 69477879 | 38258680 | 27542423 | 943774 | 11008076 | 806896 | 10717598 |
| 非公有制艺术表演团体 | 13583 | 282793 | 35334845 | 13756415 | 9579449 | 348471 | 5050100 | 1079398 | 4178270 |
| 非公有制艺术表演场馆 | 1110 | 28778 | 15393405 | 6264794 | 4806216 | 193046 | 1295464 | 478793 | 1458591 |
| 经营性互联网文化单位 | 11356 | 294460 | 635042283 | 817102453 | 730330744 | 13326166 | 77663720 | 25089248 | 86771712 |
| 艺术品经营机构 | 6104 | 30066 | 25162182 | 5760950 | 4082229 | 154480 | 996386 | 200070 | 1678721 |
| 演出经纪机构 | 3142 | 56179 | 62797433 | 31405843 | 26862950 | 561931 | 3812477 | 1379942 | 4542968 |

# 2017年全国娱乐场所基本情况

| | 机构数(个) | 从业人员(人) | 资产总计(千元) | 损益(千元) | | | | | | 游戏游艺设备数量(个) | 游戏游艺设备进出口数量(个) |
|---|---|---|---|---|---|---|---|---|---|---|---|
| | | | | 营业收入 | 营业成本 | 养老、医疗、失业等保险费 | 本年发放工资总额 | 本年应交税金总额 | 营业利润 | | |
| **总　计** | **78616** | **600106** | **103135375** | **54687017** | **41619062** | **1714740** | **16434598** | **2160721** | **13069087** | **612240** | **74697** |
| **按城乡分** | | | | | | | | | | | |
| 城市 | 28458 | 273150 | 46825035 | 26221331 | 20580835 | 947424 | 7498607 | 1155920 | 5640996 | 309863 | 35893 |
| 县城 | 35601 | 253861 | 43023104 | 22409802 | 16380785 | 572467 | 6966648 | 776701 | 6029280 | 222222 | 31916 |
| 县以下 | 14557 | 73095 | 13287236 | 6055884 | 4657442 | 194849 | 1969343 | 228100 | 1398811 | 80155 | 6888 |
| **按经营类别分** | | | | | | | | | | | |
| 歌舞娱乐场所 | 54175 | 541639 | 89250532 | 49294341 | 37637457 | 1492754 | 14907081 | 1921390 | 11657491 | 90621 | 48718 |
| 游艺娱乐场所 | 23974 | 56270 | 12475256 | 4960217 | 3685700 | 194660 | 1414207 | 176014 | 1275043 | 518557 | 25864 |
| 其它 | 467 | 2197 | 1409587 | 432459 | 295905 | 27326 | 113310 | 63317 | 136553 | 3062 | 115 |

# 2017年全国互联网上网服务营业场所(网吧)基本情况

| | 机构数(个) | 从业人员(人) | 资产总计(千元) | 损益(千元) | | | | | | 经营面积(万平方米) | 终端数量(个) | 本年新增投入(千元) |
|---|---|---|---|---|---|---|---|---|---|---|---|---|
| | | | | 营业收入 | 营业成本 | 养老、医疗、失业等保险费 | 本年发放工资总额 | 本年应交税金总额 | 营业利润 | | | |
| **总　计** | **143434** | **440853** | **69477879** | **38258680** | **27542423** | **943774** | **11008076** | **806896** | **10717598** | **3420.401** | **11254099** | **3669980** |
| **按城乡分** | | | | | | | | | | | | |
| 城市 | 49303 | 186749 | 29393960 | 17504454 | 13173859 | 482093 | 4978343 | 360522 | 4330896 | 1443.586 | 4774038 | 1641930 |
| 县城 | 49996 | 155883 | 26164087 | 13329174 | 9134717 | 287687 | 3762976 | 283866 | 4194901 | 1229.445 | 3999979 | 1404030 |
| 县以下 | 44135 | 98221 | 13919832 | 7425052 | 5233847 | 173994 | 2266757 | 162508 | 2191801 | 747.370 | 2480082 | 624020 |

# 2017年全国经营性互联网

| | 机构数(个) | 从业人员(人) | 资产总计(千元) | | | |
|---|---|---|---|---|---|---|
| | | | | 营业收入 | 网络游戏 | 网络音乐 |
| **总　计** | **11356** | **294460** | **635042283** | **817102453** | **310993565** | **4965516** |
| **按城乡分** | | | | | | |
| 城市 | 10583 | 282838 | 603951547 | 774362787 | 292789746 | 4947268 |
| 县城 | 639 | 10064 | 20366841 | 9482770 | 7079731 | 16083 |
| 县以下 | 134 | 1558 | 10723895 | 33256896 | 11124088 | 2165 |
| **按经营类别分** | | | | | | |
| 网络游戏 | 9309 | 221336 | 447740641 | 413937828 | 298160375 | 139512 |
| 网络音乐 | 378 | 13110 | 13058253 | 253657995 | 66525 | 4578876 |
| 网络动漫 | 301 | 11579 | 33778667 | 13243205 | 143541 | 87090 |
| 网络表演 | 371 | 12682 | 43056976 | 43624515 | 480908 | 115710 |
| 其他 | 997 | 35753 | 97407745 | 92638909 | 12142216 | 44329 |

续表 1

| | | | | 工资、福利费、税金(千元) | | |
|---|---|---|---|---|---|---|
| | 营业利润 | 营业外收入 | 政府补助 | 本年发放工资总额 | 本年支付的职工福利费 | 本年应交税金总额 |
| **总　计** | **86771712** | **43354871** | **40489891** | **77663720** | **3937204** | **25089248** |
| **按城乡分** | | | | | | |
| 城市 | 84049357 | 43256957 | 40448355 | 70011714 | 3908508 | 24609132 |
| 县城 | 596770 | 78629 | 26760 | 563554 | 24957 | 282371 |
| 县以下 | 2125585 | 19285 | 14776 | 7088452 | 3739 | 197745 |
| **按经营类别分** | | | | | | |
| 网络游戏 | 52691478 | 41770820 | 39777232 | 64088635 | 2937405 | 20084300 |
| 网络音乐 | 23020430 | 103693 | 53844 | 2749076 | 74162 | 647940 |
| 网络动漫 | 142685 | 149892 | 114628 | 1825023 | 110256 | 928861 |
| 网络表演 | 4425613 | 325549 | 181900 | 2566567 | 671572 | 1745230 |
| 其他 | 6491505 | 1004917 | 362286 | 6434419 | 143809 | 1682917 |

# 文化单位基本情况

| 损益(千元) | | | | | | | |
|---|---|---|---|---|---|---|---|
| | | | | | | | |
| 网络动漫 | 网络表演 | 其他 | 营业成本 | 养老、医疗、失业等保险费 | 住房公积金和住房补贴 | 差旅费 | 工会经费 |
| **5078906** | **31969360** | **162396536** | **730330744** | **13326166** | **3192724** | **2549760** | **307915** |
| 5052134 | 31547440 | 139425306 | 690313432 | 12029993 | 3168906 | 1968547 | 284045 |
| 22772 | 421830 | 879908 | 8886001 | 83620 | 19364 | 37103 | 3363 |
| 4000 | 90 | 22091322 | 31131311 | 1212553 | 4454 | 544110 | 20507 |
| 395738 | 279400 | 73024058 | 361246352 | 10513323 | 2506872 | 1753072 | 233655 |
| 39334 | 3572500 | 2892745 | 230637565 | 499296 | 106033 | 388744 | 7508 |
| 4611273 | 6950 | 7469220 | 13100520 | 456357 | 95627 | 126304 | 18661 |
| 1312 | 26563920 | 15506528 | 39198903 | 572480 | 201796 | 54291 | 5784 |
| 31249 | 1546590 | 63503985 | 86147404 | 1284710 | 282395 | 227349 | 42307 |

| 经营面积(万平方米) | 知识产权(种) | | | | 注册用户数(个) | 运营网络文化产品数(个) | |
|---|---|---|---|---|---|---|---|
| | | 拥有自主知识产权网络游戏数 | 拥有自主知识产权网络音乐数 | 拥有自主知识产权网络动漫数 | | | 网络游戏数 |
| **391.348** | **5083132** | **150471** | **4578437** | **20121** | **77669449164** | **579384082** | **222889** |
| 373.789 | 5069250 | 148530 | 4577952 | 19755 | 74833156945 | 578541284 | 187952 |
| 14.993 | 13302 | 1482 | 484 | 349 | 2799580381 | 792103 | 6743 |
| 2.566 | 580 | 459 | 1 | 17 | 36711838 | 50695 | 28194 |
| 276.533 | 312583 | 149166 | 5265 | 6852 | 62612328830 | 1529678 | 197795 |
| 20.340 | 4717020 | 173 | 4568530 | 1001 | 2778446718 | 236980928 | 627 |
| 13.773 | 25839 | 177 | 1279 | 11855 | 3633028157 | 55404843 | 914 |
| 13.363 | 9506 | 188 | 3194 | 76 | 2283135355 | 38706699 | 3165 |
| 67.341 | 18184 | 767 | 169 | 337 | 6362510105 | 246761934 | 20388 |

续表 2

| | | | | | | |
|---|---|---|---|---|---|---|
| | 国产网络游戏数 | 进口网络游戏数量 | 网络音乐数 | 国产网络音乐数量 | 进口网络音乐数量 | 网络动漫数 |
| **总　计** | **193282** | **5822** | **89893536** | **49909647** | **39963424** | **55372036** |
| **按城乡分** | | | | | | |
| 城市 | 161529 | 5744 | 89668138 | 49688781 | 39958924 | 55368509 |
| 县城 | 3604 | 38 | 202957 | 198425 | 4500 | 3472 |
| 县以下 | 28149 | 40 | 22441 | 22441 | | 55 |
| **按经营类别分** | | | | | | |
| 网络游戏 | 177884 | 3913 | 489796 | 327931 | 161817 | 4602 |
| 网络音乐 | 465 | 157 | 53377404 | 23181543 | 30175596 | 44173 |
| 网络动漫 | 911 | 3 | 5502 | 5435 | | 55269145 |
| 网络表演 | 2135 | 1020 | 20665320 | 20525207 | 140032 | 560 |
| 其他 | 11887 | 729 | 15355514 | 5869531 | 9485979 | 53556 |

# 2017年全国艺术品经营

| | 机构数（个） | 从业人员（人） | 资产总计（千元） | 损益（千元） | | | | | |
|---|---|---|---|---|---|---|---|---|---|
| | | | | 营业收入 | 营业成本 | 养老、医疗、失业等保险费 | 住房公积金和住房补贴 | 差旅费 | 工会经费 |
| **总　计** | **6104** | **30066** | **25162182** | **5760950** | **4082229** | **154480** | **72695** | **80391** | **31012** |
| **按城乡分** | | | | | | | | | |
| 城市 | 3151 | 14900 | 19978724 | 3726066 | 2646885 | 118235 | 53951 | 50458 | 25230 |
| 县城 | 2333 | 10915 | 3789334 | 1444314 | 964666 | 21254 | 11913 | 22193 | 4835 |
| 县以下 | 620 | 4251 | 1394124 | 590570 | 470678 | 14991 | 6831 | 7740 | 947 |
| **按经营类别分** | | | | | | | | | |
| 画廊 | 2788 | 12933 | 7026907 | 2255013 | 1605530 | 53719 | 28284 | 27112 | 10964 |
| 画店 | 1414 | 3645 | 1029196 | 455945 | 342547 | 25568 | 18600 | 15559 | 11714 |
| 艺术品拍卖企业 | 192 | 2208 | 6744455 | 581568 | 282058 | 13465 | 5562 | 7944 | 802 |
| 艺术品展览机构 | 547 | 4467 | 3061968 | 1071920 | 776429 | 24900 | 5330 | 13120 | 2093 |
| 艺术品电商平台企业 | 807 | 3323 | 2979535 | 549105 | 489224 | 17723 | 8134 | 8846 | 2221 |
| 文化产权交易所 | 224 | 224 | 224 | 224 | 224 | 224 | 224 | 224 | 224 |
| 艺术品鉴定机构 | 46 | 46 | 46 | 46 | 46 | 46 | 46 | 46 | 46 |
| 艺术品评估机构 | 12 | 12 | 12 | 12 | 12 | 12 | 12 | 12 | 12 |
| 艺术品进出口经营单位 | 74 | 74 | 74 | 74 | 74 | 74 | 74 | 74 | 74 |

| 国产网络漫画数量 | 进口网络动画数量 | 网络表演主播数 | 国内网络主播数 | 国外网络主播数 | 出口情况：出口额（千元） | 出口情况：出口网络文化产品数量（个） |
|---|---|---|---|---|---|---|
| **55202190** | **49711** | **28257784** | **28245870** | **11686** | **8551607** | **25822** |
| 55198687 | 49688 | 27683189 | 27671280 | 11685 | 8420347 | 25768 |
| 3449 | 23 | 574594 | 574589 | 1 | 117710 | 51 |
| 54 | | 1 | 1 | | 13550 | 3 |
| 3666 | 908 | 131399 | 131348 | 50 | 8424332 | 24164 |
| 40229 | 3942 | 121472 | 121419 | 51 | 438 | 27 |
| 55142445 | 6600 | 30 | 30 | | 25996 | 1053 |
| 385 | 173 | 14122769 | 14111957 | 10637 | 2863 | 125 |
| 15465 | 173 | 13882114 | 13881116 | 948 | 97978 | 453 |

## 机构基本情况

| 营业利润 | 工资、福利费、税金（千元） | | | 经营面积（万平方米） | 拍卖情况 | | | | | |
|---|---|---|---|---|---|---|---|---|---|---|
| | 本年发放工资总额 | 本年支付的职工福利费 | 本年应交税金总额 | | 交易量（件） | 交易金额（千元） | 结算数量（件） | 结算金额（千元） | 展览/预展场次（次） | 艺术活动数量（次） |
| **1678721** | **996386** | **75285** | **200070** | **157.300** | **1126344** | **26164735** | **808895** | **10681571** | **25876** | **20216** |
| 1079174 | 617215 | 50007 | 145634 | 73.098 | 344489 | 25008623 | 198842 | 9493996 | 4969 | 10881 |
| 479653 | 264463 | 12078 | 41706 | 53.606 | 425935 | 738820 | 360760 | 696606 | 17495 | 6780 |
| 119894 | 114708 | 13200 | 12730 | 30.596 | 355920 | 417292 | 249293 | 490969 | 3412 | 2555 |
| 649486 | 408950 | 30905 | 73675 | 64.754 | 268669 | 5773774 | 190879 | 5725226 | 15028 | 6062 |
| 113398 | 98352 | 14138 | 19259 | 13.567 | 79388 | 170596 | 43811 | 152092 | 961 | 900 |
| 299510 | 86273 | 4517 | 18681 | 10.133 | 80452 | 6669435 | 58210 | 2644847 | 862 | 912 |
| 295486 | 172843 | 7115 | 30999 | 32.654 | 209498 | 7204178 | 166000 | 1722314 | 6229 | 3792 |
| 59882 | 117243 | 6124 | 18105 | 15.701 | 208278 | 238750 | 201568 | 194955 | 1156 | 2099 |
| 224 | 224 | 224 | 224 | 11.445 | 224 | 224 | 224 | 224 | 224 | 224 |
| 46 | 46 | 46 | 46 | 0.972 | 46 | 46 | 46 | 46 | 46 | 46 |
| 12 | 12 | 12 | 12 | 0.232 | 12 | 12 | 12 | 12 | 12 | 12 |
| 74 | 74 | 74 | 74 | 7.842 | 74 | 74 | 74 | 74 | 74 | 74 |

# 2017年全国演出

| | 机构数(个) | 从业人员(人) | 演出经纪人员 | 资产总计(千元) | 损益(千元) | | | |
|---|---|---|---|---|---|---|---|---|
| | | | | | 营业收入 | 营业成本 | 养老、医疗、失业等保险费 | 住房公积金和住房补贴 |
| **总　计** | **3142** | **56179** | **9586** | **62797433** | **31405843** | **26862950** | **561931** | |
| **按城乡分** | | | | | | | | |
| 城市 | 2822 | 51884 | 8527 | 57833359 | 29594520 | 25574393 | 531744 | |
| 县城 | 258 | 3361 | 788 | 2133093 | 744737 | 595033 | 18985 | |
| 县以下 | 62 | 934 | 271 | 2830981 | 1066586 | 693524 | 11202 | |

# 2017年全国非国有艺术

| | 机构数(个) | 从业人员(人) | 专业技术人才 | 国内演出场次(万场次) | 农村演出场次 | 国内演出观众人次(万人次) | 农村观众人次 | 营业收入 |
|---|---|---|---|---|---|---|---|---|
| **总　计** | **6617** | **142018** | **60721** | **132.74** | **89.36** | **56367.49** | **32943.82** | **6389034** |
| **按剧种分** | | | | | | | | |
| 话剧、儿童剧、滑稽剧类 | 747 | 13407 | 5827 | 10.59 | 4.23 | 4307.57 | 2166.07 | 612587 |
| 其中：儿童剧团 | 19 | 402 | 226 | 1.22 | 0.01 | 120.81 | 7.28 | 57085 |
| 歌舞、音乐类 | 1346 | 28629 | 11412 | 26.99 | 17.13 | 11429.27 | 3309.28 | 1420541 |
| 京剧、昆曲类 | 47 | 1548 | 657 | 1.18 | 1.06 | 880.39 | 805.55 | 55540 |
| 其中：京剧 | 42 | 1414 | 613 | 1.09 | 1.02 | 838.89 | 777.55 | 51426 |
| 地方戏曲类 | 1579 | 43633 | 16311 | 34.20 | 29.58 | 21084.27 | 16444.39 | 1294841 |
| 杂技、魔术、马戏类 | 492 | 11569 | 8527 | 24.42 | 15.70 | 6153.45 | 2875.70 | 539298 |
| 曲艺类 | 225 | 3182 | 1314 | 3.22 | 1.97 | 1364.08 | 658.32 | 80610 |
| 乌兰牧骑 | 5 | 129 | 83 | 0.07 | 0.06 | 9.06 | 5.59 | 1110 |
| 综合性艺术表演团体 | 2176 | 39921 | 16590 | 32.08 | 19.64 | 11139.41 | 6678.93 | 2384507 |

# 经纪机构基本情况

| | | | 工资、福利费、税金(千元) | | | | | |
|---|---|---|---|---|---|---|---|---|
| 差旅费 | 工会经费 | 营业利润 | 本年发放工资总额 | 本年支付的职工福利费 | 本年应交税金总额 | 演出场次(万场次) | 观众人次(万人次) | 经营面积(万平方米) |
| | | **4542968** | **3812477** | | **1379942** | **35** | **13160** | **613** |
| | | 4020201 | 3601487 | | 1209691 | 34 | 10533 | 582 |
| | | 149706 | 120053 | | 33896 | 1 | 1390 | 28 |
| | | 373061 | 90937 | | 136355 | | 1237 | 3 |

# 表演团体基本情况

| 经营情况(千元) | | | | | | | | 资产总计(千元) | 实际使用房屋建筑面积(万平方米) |
|---|---|---|---|---|---|---|---|---|---|
| 演出收入 | 营业成本 | 养老、医疗、失业等各种社会保险费 | 本年发放工资总额 | 本年应交税金总额 | 营业利润 | 营业外收入 | 政府补贴 | | |
| **5218705** | **5252854** | **182059** | **2599627** | **335350** | **1136179** | **913830** | **865253** | **20644547** | **231.83** |
| 540585 | 412874 | 17321 | 196353 | 29752 | 199713 | 52756 | 31790 | 686898 | 16.24 |
| 56948 | 40750 | 1058 | 8750 | 2073 | 16335 | 770 | 660 | 32194 | 0.94 |
| 1068678 | 1245942 | 43729 | 463167 | 143845 | 174600 | 169750 | 128843 | 7023107 | 42.96 |
| 54162 | 52730 | 1025 | 38099 | 860 | 2810 | 2517 | 2365 | 33574 | 0.97 |
| 51299 | 49139 | 899 | 35139 | 586 | 2287 | 2514 | 2362 | 32544 | 0.91 |
| 1213612 | 1110873 | 24625 | 852907 | 21915 | 183968 | 505731 | 590689 | 3730267 | 32.38 |
| 513369 | 420112 | 10334 | 309648 | 9069 | 119186 | 11809 | 8252 | 464654 | 12.18 |
| 58187 | 87018 | 3635 | 35751 | 1636 | -6409 | 8784 | 4844 | 59497 | 5.09 |
| 1060 | 1960 | 105 | 1775 | 15 | -850 | 1660 | 1060 | 751 | 0.14 |
| 1769051 | 1921346 | 81285 | 701927 | 128259 | 463161 | 160825 | 97411 | 8645800 | 121.89 |

# 2017年全国各地区文化市场经营机构基本情况

| 地区 | 机构数(个) | 从业人员(人) | 资产总计(千元) | 损益(千元) | | | | | |
|---|---|---|---|---|---|---|---|---|---|
| | | | | 营业收入 | 营业成本 | 养老、医疗、失业等保险费 | 本年发放工资总额 | 本年应交税金总额 | 营业利润 |
| **全国** | **257345** | **1733235** | **946343402** | **967236152** | **844823073** | **17242608** | **116260821** | **31195068** | **122416947** |
| 北京 | 3183 | 88498 | 212735646 | 119000328 | 103239513 | 2635247 | 13144868 | 4272138 | 15760825 |
| 天津 | 1762 | 13541 | 23818930 | 17622329 | 15969958 | 144637 | 953281 | 880273 | 1652381 |
| 河北 | 6952 | 36409 | 13344483 | 10560564 | 10300417 | 37329 | 7207885 | 1737694 | 260597 |
| 山西 | 5031 | 34955 | 3906195 | 1593313 | 1217300 | 30668 | 531695 | 40963 | 376029 |
| 内蒙古 | 6109 | 19700 | 4384771 | 1627286 | 1083609 | 32693 | 372970 | 34237 | 543680 |
| 辽宁 | 8489 | 37798 | 32319974 | 9979873 | 8627802 | 392565 | 1524185 | 779224 | 1352137 |
| 吉林 | 3800 | 14495 | 3378364 | 1361038 | 701810 | 23279 | 300571 | 61434 | 659248 |
| 黑龙江 | 6093 | 20767 | 15714714 | 12357646 | 11601545 | 1306900 | 6224736 | 1276967 | 756296 |
| 上海 | 4072 | 51360 | 72715011 | 46837013 | 33093634 | 851705 | 4629758 | 1499327 | 13743368 |
| 江苏 | 21852 | 119470 | 61796534 | 33235389 | 27003645 | 679061 | 5949059 | 1053999 | 6233103 |
| 浙江 | 17495 | 158097 | 71505658 | 72426565 | 57878402 | 1935881 | 12410445 | 2640690 | 14548179 |
| 安徽 | 14314 | 91790 | 13361021 | 9819377 | 8083413 | 155775 | 2055793 | 172481 | 1736005 |
| 福建 | 5311 | 67153 | 31606248 | 17332009 | 13642557 | 185954 | 3120257 | 853654 | 3689454 |
| 江西 | 10145 | 52404 | 21546058 | 14461160 | 10371935 | 207724 | 3247595 | 610741 | 4089359 |
| 山东 | 11216 | 51549 | 5711390 | 3312283 | 2367352 | 110073 | 905960 | 83805 | 944965 |
| 河南 | 15593 | 96231 | 12583554 | 5060050 | 3712675 | 122556 | 1531187 | 187531 | 1347979 |
| 湖北 | 11224 | 60069 | 15397496 | 7855901 | 6296867 | 187650 | 1769471 | 278149 | 1559355 |
| 湖南 | 15415 | 81152 | 29046681 | 14049215 | 11069798 | 289231 | 2555724 | 506113 | 2979417 |
| 广东 | 21478 | 227482 | 162557921 | 494868060 | 454749521 | 5485500 | 30562709 | 12121762 | 40118609 |
| 广西 | 5880 | 38589 | 7358842 | 3893732 | 2716242 | 79265 | 1004920 | 143199 | 1177505 |
| 海南 | 1750 | 17186 | 16988482 | 3395556 | 2317792 | 55117 | 538630 | 247371 | 1077775 |
| 重庆 | 7263 | 51303 | 12616607 | 16549084 | 14651345 | 181273 | 1619401 | 168717 | 1897764 |
| 四川 | 17078 | 91801 | 54474597 | 22369482 | 23662265 | 1382825 | 8594306 | 619944 | -1292878 |
| 贵州 | 7048 | 42000 | 11225451 | 6028978 | 4225960 | 90365 | 1297050 | 264987 | 1803348 |
| 云南 | 11901 | 56144 | 10775182 | 5461296 | 4090675 | 144781 | 1603672 | 276894 | 1370714 |
| 西藏 | 956 | 7996 | 1112464 | 590955 | 375615 | 4415 | 193487 | 12502 | 215340 |
| 陕西 | 6278 | 48172 | 7796791 | 6641786 | 6013332 | 394155 | 1178924 | 183565 | 628463 |
| 甘肃 | 4072 | 23853 | 4775193 | 1934095 | 1467458 | 17071 | 520341 | 34680 | 466639 |
| 青海 | 847 | 6326 | 1274432 | 557058 | 392609 | 18632 | 153008 | 14765 | 164449 |
| 宁夏 | 1786 | 12245 | 1638230 | 636280 | 417513 | 5971 | 113612 | 5548 | 218902 |
| 新疆 | 2952 | 14700 | 8876483 | 5818452 | 3480515 | 54310 | 445323 | 131718 | 2337940 |

# 2017年各地区娱乐场所基本情况

| 地区 | 机构数(个) | 从业人员(人) | 资产总计(千元) | 损益(千元) | | | | | |
|---|---|---|---|---|---|---|---|---|---|
| | | | | 营业收入 | 营业成本 | 养老、医疗、失业等保险费 | 本年发放工资总额 | 本年应交税金总额 | 营业利润 |
| **全国** | **78616** | **600106** | **103135375** | **54687017** | **41619062** | **1714740** | **16434598** | **2160721** | **13069087** |
| 北京 | 792 | 9318 | 2548910 | 973790 | 689060 | 33827 | 229112 | 38478 | 284740 |
| 天津 | 425 | 3521 | 1082915 | 402764 | 352976 | 13238 | 111862 | 10063 | 49794 |
| 河北 | 1899 | 11169 | 1638328 | 695775 | 502040 | 10446 | 246027 | 14408 | 194183 |
| 山西 | 1236 | 9328 | 1231032 | 471981 | 338829 | 8722 | 161319 | 16426 | 133152 |
| 内蒙古 | 2483 | 8092 | 1828306 | 695568 | 449817 | 14851 | 155386 | 13715 | 245753 |
| 辽宁 | 3646 | 16454 | 2742276 | 1012746 | 731443 | 27474 | 276334 | 31823 | 281317 |
| 吉林 | 1460 | 5805 | 1127134 | 470322 | 257489 | 8852 | 119799 | 13804 | 212841 |
| 黑龙江 | 2424 | 8940 | 1096033 | 521750 | 292523 | 11198 | 125995 | 15150 | 229246 |
| 上海 | 1882 | 16300 | 6633460 | 2496667 | 2098558 | 137244 | 610269 | 147032 | 398107 |
| 江苏 | 8525 | 48049 | 8712077 | 5863090 | 4368622 | 225446 | 1850499 | 193749 | 1494509 |
| 浙江 | 4787 | 53599 | 9376608 | 6530783 | 5466812 | 184583 | 1882339 | 281240 | 1063974 |
| 安徽 | 3659 | 19474 | 3535926 | 1547542 | 1176589 | 37766 | 503180 | 42130 | 370971 |
| 福建 | 2124 | 34444 | 5744939 | 3447321 | 2817041 | 55352 | 987414 | 134998 | 630284 |
| 江西 | 3665 | 21568 | 3519323 | 1809853 | 1155296 | 60945 | 575031 | 66848 | 654558 |
| 山东 | 2033 | 16922 | 1542511 | 897358 | 614843 | 34496 | 276045 | 28576 | 282517 |
| 河南 | 2198 | 18653 | 2397895 | 1267232 | 890601 | 30438 | 392608 | 65213 | 376633 |
| 湖北 | 2150 | 19317 | 3337972 | 1512063 | 1134330 | 56026 | 463559 | 49154 | 377731 |
| 湖南 | 2731 | 26054 | 4354321 | 2382538 | 1757731 | 81563 | 739224 | 136990 | 624806 |
| 广东 | 5893 | 80244 | 12417096 | 7340146 | 6079638 | 339865 | 2328375 | 389172 | 1260520 |
| 广西 | 2090 | 19773 | 2128582 | 1563859 | 1176081 | 39439 | 453769 | 58657 | 387781 |
| 海南 | 558 | 6644 | 793865 | 423344 | 319140 | 13502 | 144379 | 18384 | 104207 |
| 重庆 | 2029 | 15685 | 2517782 | 1585464 | 1240562 | 47471 | 513609 | 37244 | 344913 |
| 四川 | 5382 | 30316 | 5945377 | 3148556 | 2178889 | 113931 | 868745 | 120229 | 969669 |
| 贵州 | 2494 | 21071 | 3669647 | 2081528 | 1454159 | 28726 | 575011 | 68386 | 627688 |
| 云南 | 6079 | 32902 | 5417340 | 2328587 | 1700879 | 44600 | 791824 | 83657 | 627774 |
| 西藏 | 534 | 5218 | 635520 | 423424 | 265633 | 3027 | 137192 | 11239 | 157791 |
| 陕西 | 1611 | 15504 | 2578412 | 970878 | 823101 | 19337 | 389175 | 33639 | 147780 |
| 甘肃 | 1607 | 9469 | 2008150 | 800682 | 544849 | 5420 | 237019 | 14941 | 255835 |
| 青海 | 303 | 2696 | 531050 | 187942 | 129730 | 5746 | 60136 | 6920 | 58212 |
| 宁夏 | 847 | 7452 | 782097 | 355496 | 217877 | 3267 | 60859 | 677 | 137755 |
| 新疆 | 1070 | 6125 | 1260491 | 477968 | 393924 | 17942 | 168503 | 17779 | 84046 |

# 2017年各地区歌舞娱乐场所基本情况

| 地区 | 机构数(个) | 从业人员(人) | 资产总计(千元) | 损益(千元) | | | | | |
|---|---|---|---|---|---|---|---|---|---|
| | | | | 营业收入 | 营业成本 | 养老、医疗、失业等保险费 | 本年发放工资总额 | 本年应交税金总额 | 营业利润 |
| **全国** | **54175** | **541639** | **89250532** | **49294341** | **37637457** | **1492754** | **14907081** | **1921390** | **11657491** |
| 北京 | 529 | 7726 | 1830456 | 874426 | 610865 | 30091 | 197014 | 36382 | 263569 |
| 天津 | 276 | 2886 | 737685 | 360626 | 305224 | 10600 | 93861 | 9285 | 55406 |
| 河北 | 1513 | 10484 | 1501239 | 646368 | 464423 | 9144 | 228812 | 13635 | 181944 |
| 山西 | 1230 | 9313 | 1216932 | 471453 | 338569 | 8694 | 161135 | 16394 | 132884 |
| 内蒙古 | 1896 | 7408 | 1723324 | 655154 | 411931 | 13212 | 147365 | 11752 | 243225 |
| 辽宁 | 2981 | 14144 | 2015434 | 862785 | 617601 | 21929 | 242399 | 27073 | 245195 |
| 吉林 | 1113 | 4908 | 898784 | 390156 | 215282 | 8036 | 96286 | 11328 | 174880 |
| 黑龙江 | 1696 | 7166 | 898031 | 411914 | 226072 | 8982 | 102791 | 12522 | 185852 |
| 上海 | 1156 | 13386 | 4036827 | 1926606 | 1674628 | 98022 | 456150 | 98138 | 251978 |
| 江苏 | 4280 | 38811 | 6853279 | 4694337 | 3522361 | 179563 | 1577335 | 162603 | 1171986 |
| 浙江 | 3600 | 50941 | 8853482 | 6279182 | 5262800 | 176290 | 1807184 | 273425 | 1016380 |
| 安徽 | 1847 | 17132 | 3173980 | 1385350 | 1049529 | 32294 | 451060 | 38656 | 335826 |
| 福建 | 1790 | 33048 | 5284542 | 3323977 | 2707590 | 51447 | 942868 | 129784 | 616392 |
| 江西 | 1580 | 17359 | 2848647 | 1581206 | 1010104 | 52360 | 494175 | 52330 | 571103 |
| 山东 | 1689 | 15559 | 1361558 | 785959 | 534265 | 30658 | 247577 | 23246 | 251696 |
| 河南 | 1748 | 17484 | 2231089 | 1199456 | 843654 | 28742 | 369096 | 62455 | 355803 |
| 湖北 | 1489 | 16941 | 2970069 | 1334345 | 998665 | 44318 | 404121 | 44197 | 335685 |
| 湖南 | 1844 | 23317 | 3990489 | 2047038 | 1566011 | 65960 | 670174 | 93703 | 481025 |
| 广东 | 4294 | 75821 | 11749698 | 6884342 | 5683325 | 318738 | 2180083 | 370595 | 1201022 |
| 广西 | 1316 | 17647 | 1907396 | 1362537 | 1040015 | 28453 | 397475 | 46460 | 322524 |
| 海南 | 437 | 6354 | 763282 | 399004 | 301566 | 12465 | 138813 | 17761 | 97440 |
| 重庆 | 1434 | 14242 | 2301375 | 1459207 | 1139978 | 43281 | 473969 | 35199 | 319239 |
| 四川 | 4190 | 28111 | 5259316 | 2925673 | 2019860 | 104587 | 800381 | 112095 | 905813 |
| 贵州 | 1643 | 20494 | 3577873 | 2042141 | 1426887 | 27990 | 563294 | 67616 | 615574 |
| 云南 | 3919 | 30664 | 5056568 | 2206454 | 1616351 | 40378 | 755855 | 77341 | 590166 |
| 西藏 | 525 | 5153 | 612920 | 415864 | 262003 | 2702 | 134722 | 11034 | 153861 |
| 陕西 | 1125 | 12547 | 1853817 | 791136 | 664459 | 14049 | 303571 | 29468 | 126677 |
| 甘肃 | 1264 | 7990 | 1700243 | 701183 | 477721 | 4668 | 204195 | 13573 | 223464 |
| 青海 | 216 | 2373 | 462982 | 169153 | 118345 | 5058 | 55798 | 5916 | 50808 |
| 宁夏 | 680 | 6859 | 615887 | 274650 | 172562 | 3237 | 58957 | 677 | 102224 |
| 新疆 | 875 | 5371 | 963328 | 432659 | 354811 | 16806 | 150565 | 16747 | 77850 |

# 2017年各地区游艺娱乐场所基本情况

| 地区 | 机构数(个) | 从业人员(人) | 资产总计(千元) | 损益(千元) | | | | | |
|---|---|---|---|---|---|---|---|---|---|
| | | | | 营业收入 | 营业成本 | 养老、医疗、失业等保险费 | 本年发放工资总额 | 本年应交税金总额 | 营业利润 |
| **全国** | **23974** | **56270** | **12475256** | **4960217** | **3685700** | **194660** | **1414207** | **176014** | **1275043** |
| 北京 | 261 | 1544 | 591651 | 85674 | 70060 | 3327 | 30650 | 1629 | 15616 |
| 天津 | 149 | 635 | 345230 | 42138 | 47752 | 2638 | 18001 | 778 | -5612 |
| 河北 | 386 | 685 | 137089 | 49407 | 37617 | 1302 | 17215 | 773 | 12239 |
| 山西 | | | | | | | | | |
| 内蒙古 | 580 | 627 | 102132 | 38854 | 36856 | 1629 | 7671 | 1943 | 1998 |
| 辽宁 | 653 | 2203 | 708262 | 132473 | 98809 | 5256 | 31373 | 4609 | 33667 |
| 吉林 | 330 | 878 | 227360 | 79826 | 41907 | 816 | 23363 | 2471 | 37921 |
| 黑龙江 | 720 | 1761 | 197052 | 109318 | 66182 | 2216 | 22988 | 2625 | 43146 |
| 上海 | 701 | 2537 | 1556263 | 368719 | 257665 | 17729 | 81911 | 19886 | 111052 |
| 江苏 | 4197 | 9046 | 1823778 | 1149459 | 831252 | 45213 | 267859 | 30640 | 318238 |
| 浙江 | 1164 | 2562 | 516476 | 248571 | 201462 | 8263 | 74487 | 7791 | 47114 |
| 安徽 | 1762 | 2315 | 358016 | 160782 | 125890 | 5392 | 51710 | 3414 | 34905 |
| 福建 | 331 | 1393 | 460397 | 123344 | 109451 | 3905 | 44546 | 5214 | 13892 |
| 江西 | 2026 | 3864 | 639286 | 205707 | 134732 | 7949 | 75232 | 12925 | 70975 |
| 山东 | 343 | 1358 | 180753 | 111349 | 80528 | 3838 | 28418 | 5330 | 30821 |
| 河南 | 439 | 1155 | 160556 | 65776 | 46157 | 1616 | 23132 | 2638 | 19620 |
| 湖北 | 651 | 2354 | 357873 | 176663 | 134749 | 11648 | 58647 | 4954 | 41907 |
| 湖南 | 860 | 2321 | 321280 | 217360 | 137025 | 12917 | 53665 | 12772 | 80336 |
| 广东 | 1595 | 4391 | 666888 | 455114 | 395710 | 21077 | 147942 | 18497 | 59411 |
| 广西 | 741 | 2123 | 220686 | 201322 | 136066 | 10986 | 56294 | 12197 | 65257 |
| 海南 | 121 | 290 | 30583 | 24340 | 17574 | 1037 | 5566 | 623 | 6767 |
| 重庆 | 583 | 1400 | 207617 | 122367 | 97812 | 4030 | 37888 | 1955 | 24556 |
| 四川 | 1185 | 2194 | 685561 | 222378 | 158649 | 9264 | 68084 | 8114 | 63731 |
| 贵州 | 836 | 547 | 89794 | 38237 | 26482 | 651 | 11217 | 762 | 11754 |
| 云南 | 2138 | 2172 | 354732 | 118683 | 82508 | 3942 | 34593 | 6036 | 36178 |
| 西藏 | 6 | 50 | 18300 | 7160 | 3380 | 325 | 2386 | 195 | 3780 |
| 陕西 | 473 | 2904 | 690245 | 171222 | 151342 | 5138 | 84094 | 3963 | 19883 |
| 甘肃 | 327 | 1365 | 302435 | 96029 | 64503 | 702 | 31754 | 1244 | 31526 |
| 青海 | 65 | 275 | 63948 | 15500 | 10022 | 688 | 4088 | 1004 | 5478 |
| 宁夏 | 163 | 578 | 164900 | 77386 | 44595 | 30 | 1572 | | 32791 |
| 新疆 | 188 | 743 | 296113 | 45059 | 38963 | 1136 | 17861 | 1032 | 6096 |

# 2017年各地区按城乡分娱乐场所基本情况(城市)

| 地区 | 机构数(个) | 从业人员(人) | 资产总计(千元) | 损益(千元) | | | | | |
|---|---|---|---|---|---|---|---|---|---|
| | | | | 营业收入 | 营业成本 | 养老、医疗、失业等保险费 | 本年发放工资总额 | 本年应交税金总额 | 营业利润 |
| **全　国** | **28458** | **273150** | **46825035** | **26221331** | **20580835** | **947424** | **7498607** | **1155920** | **5640996** |
| 北　京 | 568 | 7574 | 2314396 | 831524 | 595687 | 29874 | 187579 | 34706 | 235846 |
| 天　津 | 295 | 2547 | 818325 | 339025 | 288749 | 8389 | 80087 | 7860 | 50280 |
| 河　北 | 575 | 4928 | 656304 | 330799 | 259280 | 4421 | 119982 | 8881 | 71965 |
| 山　西 | 463 | 4263 | 483184 | 223692 | 163010 | 3868 | 76505 | 9557 | 60683 |
| 内蒙古 | 520 | 2218 | 367990 | 173957 | 109184 | 3642 | 50673 | 1905 | 64773 |
| 辽　宁 | 1771 | 9174 | 1554043 | 554362 | 439434 | 18990 | 163222 | 22187 | 114937 |
| 吉　林 | 440 | 2540 | 510490 | 240082 | 129101 | 4681 | 59676 | 8089 | 110981 |
| 黑龙江 | 879 | 4828 | 538719 | 284988 | 166370 | 5827 | 64413 | 9794 | 118617 |
| 上　海 | 1331 | 12994 | 5722760 | 2231642 | 1873759 | 126324 | 535216 | 137913 | 357884 |
| 江　苏 | 3170 | 20659 | 3982238 | 2876437 | 2196561 | 120341 | 825501 | 76072 | 679883 |
| 浙　江 | 1594 | 16606 | 2905794 | 2270061 | 1912619 | 65104 | 554961 | 104963 | 357437 |
| 安　徽 | 1453 | 9181 | 1757448 | 777021 | 622046 | 21704 | 235436 | 24113 | 154980 |
| 福　建 | 681 | 14692 | 1962721 | 1416587 | 1214544 | 28639 | 379861 | 59169 | 202041 |
| 江　西 | 1271 | 9384 | 1613158 | 969145 | 583616 | 35345 | 259600 | 29677 | 385529 |
| 山　东 | 907 | 9617 | 706651 | 464742 | 336225 | 23987 | 135508 | 16468 | 128519 |
| 河　南 | 876 | 8918 | 1004112 | 700417 | 534461 | 21026 | 195142 | 48413 | 165957 |
| 湖　北 | 925 | 10743 | 1741377 | 859509 | 690005 | 30125 | 273102 | 28128 | 169507 |
| 湖　南 | 1129 | 13161 | 2024569 | 1282884 | 1009461 | 48314 | 397192 | 95947 | 273420 |
| 广　东 | 1907 | 33990 | 4695659 | 3341802 | 2741398 | 171073 | 951832 | 194435 | 600408 |
| 广　西 | 794 | 10686 | 1014534 | 937948 | 734311 | 27858 | 260731 | 37171 | 203638 |
| 海　南 | 176 | 3316 | 379949 | 218877 | 166985 | 8128 | 81767 | 11975 | 51895 |
| 重　庆 | 977 | 9546 | 1624453 | 977008 | 783888 | 32474 | 327756 | 26240 | 193129 |
| 四　川 | 1387 | 11258 | 1727100 | 1081377 | 794449 | 50086 | 374579 | 46834 | 286928 |
| 贵　州 | 315 | 4299 | 1014416 | 489846 | 406775 | 9840 | 131302 | 24822 | 83072 |
| 云　南 | 1425 | 10173 | 1765194 | 656916 | 501226 | 15588 | 211264 | 34222 | 155693 |
| 西　藏 | 130 | 2333 | 261110 | 231910 | 141469 | 1672 | 77132 | 7894 | 90441 |
| 陕　西 | 795 | 9441 | 1543138 | 569341 | 527117 | 12759 | 255305 | 23766 | 42223 |
| 甘　肃 | 596 | 3728 | 700717 | 312971 | 226398 | 2207 | 87787 | 8548 | 86574 |
| 青　海 | 47 | 819 | 187014 | 47296 | 33684 | 1297 | 26308 | 3100 | 13612 |
| 宁　夏 | 551 | 6047 | 517265 | 231149 | 138402 | 1783 | 17905 | 209 | 92747 |
| 新　疆 | 510 | 3487 | 730207 | 298016 | 260621 | 12058 | 101283 | 12862 | 37397 |

# 2017年各地区按城乡分娱乐场所基本情况(县城)

| 地区 | 机构数(个) | 从业人员(人) | 资产总计(千元) | 损益(千元) | | | | | |
|---|---|---|---|---|---|---|---|---|---|
| | | | | 营业收入 | 营业成本 | | | | 营业利润 |
| | | | | | | 养老、医疗、失业等保险费 | 本年发放工资总额 | 本年应交税金总额 | |
| **全国** | **35601** | **253861** | **43023104** | **22409802** | **16380785** | **572467** | **6966648** | **776701** | **6029280** |
| 北京 | 204 | 1586 | 208270 | 129907 | 84071 | 3400 | 37136 | 3475 | 45837 |
| 天津 | 70 | 687 | 192244 | 46865 | 50195 | 4168 | 25156 | 1838 | -3328 |
| 河北 | 1105 | 5530 | 884484 | 326535 | 217543 | 5650 | 111752 | 4972 | 108993 |
| 山西 | 629 | 4370 | 653438 | 215465 | 152711 | 4446 | 74888 | 6575 | 62753 |
| 内蒙古 | 1514 | 4721 | 1348106 | 468827 | 317594 | 10324 | 94095 | 11164 | 151235 |
| 辽宁 | 1269 | 5345 | 932697 | 352013 | 231539 | 7412 | 83879 | 8417 | 120482 |
| 吉林 | 783 | 2801 | 533718 | 205450 | 114685 | 3634 | 54037 | 4930 | 90772 |
| 黑龙江 | 1107 | 3113 | 468608 | 193501 | 102760 | 4966 | 47215 | 4780 | 90753 |
| 上海 | 345 | 2245 | 623751 | 168708 | 147389 | 8589 | 51349 | 6337 | 21314 |
| 江苏 | 3606 | 21415 | 3712831 | 2275216 | 1616394 | 77801 | 806713 | 87002 | 658849 |
| 浙江 | 1983 | 26706 | 4837584 | 3258263 | 2724854 | 92329 | 1007852 | 134248 | 533413 |
| 安徽 | 1436 | 8067 | 1434318 | 634700 | 457581 | 12344 | 216727 | 14749 | 177124 |
| 福建 | 957 | 14262 | 2684645 | 1428918 | 1152988 | 19567 | 416050 | 59586 | 275934 |
| 江西 | 1942 | 10535 | 1438687 | 755165 | 513321 | 21509 | 277071 | 33268 | 241845 |
| 山东 | 950 | 6358 | 755048 | 379769 | 244865 | 8861 | 122013 | 9918 | 134904 |
| 河南 | 1086 | 8478 | 1248253 | 511679 | 322782 | 8690 | 179131 | 15152 | 188898 |
| 湖北 | 1048 | 8020 | 1504435 | 598692 | 406870 | 24483 | 172350 | 19696 | 191817 |
| 湖南 | 1279 | 11603 | 2101871 | 985750 | 679085 | 28258 | 306094 | 36194 | 306667 |
| 广东 | 1946 | 24604 | 3206946 | 2136338 | 1743149 | 82408 | 728530 | 103411 | 393184 |
| 广西 | 1014 | 8316 | 1053188 | 584343 | 415131 | 11114 | 182258 | 20279 | 169214 |
| 海南 | 223 | 2525 | 346002 | 162206 | 122069 | 4074 | 50430 | 5420 | 40137 |
| 重庆 | 615 | 4895 | 701486 | 508363 | 387406 | 11074 | 153629 | 9992 | 120959 |
| 四川 | 3040 | 16293 | 3238893 | 1836649 | 1232568 | 55720 | 427799 | 64990 | 604082 |
| 贵州 | 1774 | 15169 | 2480715 | 1489938 | 984138 | 18023 | 413415 | 41547 | 505799 |
| 云南 | 2832 | 18176 | 2964430 | 1383867 | 1010543 | 24799 | 484530 | 43843 | 373380 |
| 西藏 | 374 | 2797 | 362620 | 184635 | 119868 | 1319 | 57480 | 3238 | 64767 |
| 陕西 | 676 | 5404 | 927028 | 360252 | 264296 | 6511 | 120090 | 9435 | 95961 |
| 甘肃 | 860 | 5136 | 1186382 | 448807 | 294206 | 3072 | 138458 | 5857 | 154602 |
| 青海 | 203 | 989 | 246810 | 92923 | 69172 | 1102 | 22550 | 1179 | 23751 |
| 宁夏 | 260 | 1304 | 248642 | 116943 | 74419 | 1114 | 40253 | 401 | 42660 |
| 新疆 | 471 | 2411 | 496974 | 169115 | 126593 | 5706 | 63718 | 4808 | 42522 |

# 2017年各地区按城乡分娱乐场所基本情况(县以下)

| 地区 | 机构数(个) | 从业人员(人) | 资产总计(千元) | 损益(千元) | | | | | |
|---|---|---|---|---|---|---|---|---|---|
| | | | | 营业收入 | 营业成本 | 养老、医疗、失业等保险费 | 本年发放工资总额 | 本年应交税金总额 | 营业利润 |
| **全国** | **14557** | **73095** | **13287236** | **6055884** | **4657442** | **194849** | **1969343** | **228100** | **1398811** |
| 北京 | 20 | 158 | 26244 | 12359 | 9302 | 553 | 4397 | 297 | 3057 |
| 天津 | 60 | 287 | 72346 | 16874 | 14032 | 681 | 6619 | 365 | 2842 |
| 河北 | 219 | 711 | 97540 | 38441 | 25217 | 375 | 14293 | 555 | 13225 |
| 山西 | 144 | 695 | 94410 | 32824 | 23108 | 408 | 9926 | 294 | 9716 |
| 内蒙古 | 449 | 1153 | 112210 | 52784 | 23039 | 885 | 10618 | 646 | 29745 |
| 辽宁 | 606 | 1935 | 255536 | 106371 | 60470 | 1072 | 29233 | 1219 | 45898 |
| 吉林 | 237 | 464 | 82926 | 24790 | 13703 | 537 | 6086 | 785 | 11088 |
| 黑龙江 | 438 | 999 | 88706 | 43261 | 23393 | 405 | 14367 | 576 | 19876 |
| 上海 | 206 | 1061 | 286949 | 96317 | 77410 | 2331 | 23704 | 2782 | 18909 |
| 江苏 | 1749 | 5975 | 1017008 | 711437 | 555667 | 27304 | 218285 | 30675 | 155777 |
| 浙江 | 1210 | 10287 | 1633230 | 1002459 | 829339 | 27150 | 319526 | 42029 | 173124 |
| 安徽 | 770 | 2226 | 344160 | 135821 | 96962 | 3718 | 51017 | 3268 | 38867 |
| 福建 | 486 | 5490 | 1097573 | 601816 | 449509 | 7146 | 191503 | 16243 | 152309 |
| 江西 | 452 | 1649 | 467478 | 85543 | 58359 | 4091 | 38360 | 3903 | 27184 |
| 山东 | 176 | 947 | 80812 | 52847 | 33753 | 1648 | 18524 | 2190 | 19094 |
| 河南 | 236 | 1257 | 145530 | 55136 | 33358 | 722 | 18335 | 1648 | 21778 |
| 湖北 | 177 | 554 | 92160 | 53862 | 37455 | 1418 | 18107 | 1330 | 16407 |
| 湖南 | 323 | 1290 | 227881 | 113904 | 69185 | 4991 | 35938 | 4849 | 44719 |
| 广东 | 2040 | 21650 | 4514491 | 1862006 | 1595091 | 86384 | 648013 | 91326 | 266928 |
| 广西 | 282 | 771 | 60860 | 41568 | 26639 | 467 | 10780 | 1207 | 14929 |
| 海南 | 159 | 803 | 67914 | 42261 | 30086 | 1300 | 12182 | 989 | 12175 |
| 重庆 | 437 | 1244 | 191843 | 100093 | 69268 | 3923 | 32224 | 1012 | 30825 |
| 四川 | 955 | 2765 | 979384 | 230530 | 151872 | 8125 | 66367 | 8405 | 78659 |
| 贵州 | 405 | 1603 | 174516 | 101744 | 63246 | 863 | 30294 | 2017 | 38817 |
| 云南 | 1822 | 4553 | 687716 | 287804 | 189110 | 4213 | 96030 | 5592 | 98701 |
| 西藏 | 30 | 88 | 11790 | 6879 | 4296 | 36 | 2580 | 107 | 2583 |
| 陕西 | 140 | 659 | 108246 | 41285 | 31688 | 67 | 13780 | 438 | 9596 |
| 甘肃 | 151 | 605 | 121051 | 38904 | 24245 | 141 | 10774 | 536 | 14659 |
| 青海 | 53 | 888 | 97226 | 47723 | 26874 | 3347 | 11278 | 2641 | 20849 |
| 宁夏 | 36 | 101 | 16190 | 7404 | 5056 | 370 | 2701 | 67 | 2348 |
| 新疆 | 89 | 227 | 33310 | 10837 | 6710 | 178 | 3502 | 109 | 4127 |

# 2017年各地区互联网上网服务营业场所(网吧)基本情况

| 地区 | 机构数(个) | 从业人员(人) | 资产总计(千元) | 损益(千元) | | | | | |
|---|---|---|---|---|---|---|---|---|---|
| | | | | 营业收入 | 营业成本 | | | | 营业利润 |
| | | | | | | 养老、医疗、失业等保险费 | 本年发放工资总额 | 本年应交税金总额 | |
| **全国** | **143434** | **440853** | **69477879** | **38258680** | **27542423** | **943774** | **11008076** | **806896** | **10717598** |
| 北京 | 753 | 3227 | 424286 | 205288 | 153065 | 4890 | 70557 | 4402 | 52220 |
| 天津 | 973 | 2960 | 439027 | 216882 | 176261 | 1057 | 63688 | 3007 | 40622 |
| 河北 | 4286 | 10964 | 1395530 | 591583 | 399557 | 7513 | 193647 | 8321 | 192028 |
| 山西 | 3050 | 9222 | 1351470 | 565925 | 395036 | 7925 | 155799 | 8656 | 170896 |
| 内蒙古 | 3370 | 8176 | 1649912 | 747490 | 458505 | 13889 | 139284 | 12238 | 288988 |
| 辽宁 | 4054 | 10334 | 1253554 | 721390 | 504457 | 11474 | 190952 | 9552 | 216933 |
| 吉林 | 2186 | 5838 | 869454 | 466372 | 258339 | 7256 | 108058 | 13570 | 208044 |
| 黑龙江 | 3491 | 9333 | 1260955 | 699300 | 435218 | 11405 | 128592 | 11384 | 264257 |
| 上海 | 1341 | 6114 | 851529 | 445667 | 376916 | 23009 | 171551 | 16569 | 68748 |
| 江苏 | 11124 | 29210 | 5660776 | 3485544 | 2432569 | 100929 | 808487 | 58790 | 1053030 |
| 浙江 | 8736 | 24790 | 4452855 | 2966339 | 2348775 | 72269 | 919656 | 77619 | 617568 |
| 安徽 | 7358 | 20132 | 3549708 | 1760151 | 1251294 | 24262 | 489663 | 17361 | 508872 |
| 福建 | 2248 | 7562 | 1065336 | 568377 | 485235 | 7080 | 219105 | 7627 | 83137 |
| 江西 | 5846 | 18230 | 3076863 | 1646477 | 976445 | 59167 | 444932 | 48508 | 670166 |
| 山东 | 7496 | 18964 | 2467186 | 1365720 | 827799 | 34601 | 337655 | 24359 | 537947 |
| 河南 | 10984 | 30717 | 4370591 | 2105555 | 1409715 | 41092 | 584063 | 44795 | 696432 |
| 湖北 | 8145 | 24635 | 4157352 | 2193605 | 1576392 | 48078 | 621341 | 52391 | 617530 |
| 湖南 | 11707 | 31280 | 5396614 | 2793744 | 2002399 | 65935 | 775802 | 64213 | 791348 |
| 广东 | 9071 | 36818 | 5647193 | 3577867 | 2895607 | 132238 | 1367442 | 101718 | 682307 |
| 广西 | 3544 | 12592 | 1349029 | 802789 | 575394 | 14966 | 252071 | 9847 | 227407 |
| 海南 | 840 | 2808 | 341870 | 158932 | 123896 | 5029 | 59887 | 4580 | 35044 |
| 重庆 | 3633 | 16132 | 2476051 | 1636642 | 1313144 | 34115 | 448814 | 13982 | 323502 |
| 四川 | 10328 | 35642 | 5258527 | 3196489 | 2238298 | 117442 | 949829 | 100319 | 958089 |
| 贵州 | 4324 | 15558 | 2482446 | 1397165 | 913509 | 21884 | 391854 | 17238 | 483668 |
| 云南 | 5455 | 15113 | 2377215 | 1432649 | 1128521 | 41894 | 348725 | 39692 | 304153 |
| 西藏 | 410 | 2451 | 389944 | 165957 | 106752 | 1388 | 54285 | 1263 | 59205 |
| 陕西 | 3931 | 14810 | 2202063 | 945757 | 749089 | 14242 | 322447 | 14894 | 196672 |
| 甘肃 | 1742 | 6251 | 1219239 | 562889 | 389946 | 2455 | 148525 | 4622 | 172943 |
| 青海 | 446 | 2130 | 428951 | 216200 | 169362 | 4675 | 67831 | 4669 | 46838 |
| 宁夏 | 872 | 3070 | 736682 | 229998 | 140163 | 2279 | 44601 | 450 | 89834 |
| 新疆 | 1690 | 5790 | 875671 | 389937 | 330765 | 9336 | 128933 | 10260 | 59170 |

# 2017年各地区按城乡分互联网上网服务营业场所(网吧)基本情况(城市)

| 地区 | 机构数(个) | 从业人员(人) | 资产总计(千元) | 损益(千元) | | | | | |
|---|---|---|---|---|---|---|---|---|---|
| | | | | 营业收入 | 营业成本 | 养老、医疗、失业等保险费 | 本年发放工资总额 | 本年应交税金总额 | 营业利润 |
| **全国** | **49303** | **186749** | **29393960** | **17504454** | **13173859** | **482093** | **4978343** | **360522** | **4330896** |
| 北京 | 525 | 2303 | 289177 | 137255 | 109895 | 3926 | 48264 | 3595 | 27357 |
| 天津 | 587 | 2018 | 269983 | 150977 | 123881 | 909 | 44198 | 2403 | 27097 |
| 河北 | 1056 | 3771 | 554838 | 233542 | 166120 | 2808 | 77182 | 3365 | 67425 |
| 山西 | 1059 | 3363 | 554530 | 250935 | 175993 | 1324 | 69957 | 1721 | 74942 |
| 内蒙古 | 921 | 2928 | 591376 | 335611 | 215492 | 6198 | 53341 | 3669 | 120122 |
| 辽宁 | 2092 | 5766 | 678040 | 403904 | 294171 | 7207 | 114812 | 6240 | 109735 |
| 吉林 | 872 | 2626 | 372155 | 264975 | 149167 | 4546 | 60927 | 8150 | 115809 |
| 黑龙江 | 1552 | 5272 | 681875 | 413600 | 289888 | 5792 | 67227 | 5465 | 123812 |
| 上海 | 1018 | 4674 | 645362 | 334910 | 280086 | 19128 | 129015 | 13835 | 54826 |
| 江苏 | 3970 | 11648 | 2403144 | 1488031 | 1006439 | 55803 | 369696 | 24959 | 481598 |
| 浙江 | 2452 | 6714 | 1196428 | 805526 | 660600 | 18143 | 252141 | 13246 | 144930 |
| 安徽 | 2889 | 8843 | 1656573 | 838645 | 655757 | 10370 | 233893 | 5695 | 182892 |
| 福建 | 702 | 2904 | 419491 | 220644 | 200763 | 3314 | 83882 | 2518 | 19876 |
| 江西 | 1721 | 8053 | 1182890 | 709133 | 385342 | 28107 | 177626 | 15886 | 323791 |
| 山东 | 2862 | 7754 | 968964 | 554864 | 361564 | 12602 | 135371 | 8398 | 193311 |
| 河南 | 3266 | 12254 | 1560759 | 866448 | 689729 | 20416 | 245877 | 18570 | 176722 |
| 湖北 | 3265 | 13327 | 2282717 | 1256313 | 957687 | 28930 | 368563 | 27061 | 298926 |
| 湖南 | 4114 | 14867 | 2771257 | 1601047 | 1166679 | 40826 | 432915 | 37397 | 434368 |
| 广东 | 2769 | 12434 | 2259817 | 1553532 | 1168731 | 63331 | 563577 | 42576 | 384808 |
| 广西 | 1027 | 5434 | 592972 | 370396 | 280860 | 7510 | 125695 | 2763 | 89542 |
| 海南 | 243 | 1233 | 175574 | 69546 | 56597 | 2590 | 29262 | 2523 | 12950 |
| 重庆 | 1911 | 9878 | 1572522 | 1161897 | 966145 | 27224 | 289649 | 11702 | 195757 |
| 四川 | 2503 | 13193 | 1499698 | 1211510 | 937189 | 58561 | 391061 | 45450 | 274154 |
| 贵州 | 623 | 3358 | 554537 | 294597 | 232643 | 7871 | 92746 | 4237 | 61957 |
| 云南 | 1393 | 4537 | 723221 | 710596 | 630388 | 28778 | 134152 | 27625 | 80224 |
| 西藏 | 189 | 1767 | 225264 | 103744 | 64414 | 653 | 36625 | 271 | 39330 |
| 陕西 | 1503 | 6686 | 846723 | 386897 | 345311 | 4207 | 147064 | 8300 | 41590 |
| 甘肃 | 585 | 2620 | 573312 | 274080 | 207112 | 868 | 65180 | 1139 | 66968 |
| 青海 | 149 | 1058 | 215402 | 111757 | 92632 | 3069 | 39299 | 3283 | 19125 |
| 宁夏 | 520 | 1971 | 544026 | 140909 | 79392 | 700 | 14572 | 227 | 61516 |
| 新疆 | 965 | 3495 | 531333 | 248633 | 223192 | 6382 | 84574 | 8253 | 25436 |

# 2017年各地区按城乡分互联网上网服务营业场所(网吧)基本情况(县城)

| 地区 | 机构数(个) | 从业人员(人) | 资产总计(千元) | 损益(千元) | | | | | |
|---|---|---|---|---|---|---|---|---|---|
| | | | | 营业收入 | 营业成本 | 养老、医疗、失业等保险费 | 本年发放工资总额 | 本年应交税金总额 | 营业利润 |
| **全国** | **49996** | **155883** | **26164087** | **13329174** | **9134717** | **287687** | **3762976** | **283866** | **4194901** |
| 北京 | 193 | 788 | 114360 | 53884 | 32776 | 830 | 18024 | 678 | 21109 |
| 天津 | 139 | 400 | 77921 | 25503 | 20881 | 59 | 8199 | 312 | 4622 |
| 河北 | 2148 | 5143 | 660486 | 277113 | 178195 | 4165 | 88581 | 3407 | 98918 |
| 山西 | 1419 | 4447 | 624837 | 250458 | 174075 | 5713 | 69021 | 6041 | 76388 |
| 内蒙古 | 2011 | 4498 | 957337 | 362310 | 221706 | 7261 | 77886 | 7942 | 140604 |
| 辽宁 | 1201 | 3064 | 416738 | 239168 | 157524 | 3243 | 56057 | 2234 | 81641 |
| 吉林 | 1011 | 2730 | 437799 | 174022 | 94432 | 2139 | 41775 | 4071 | 79600 |
| 黑龙江 | 1415 | 3030 | 472681 | 224760 | 112718 | 5054 | 45041 | 5196 | 112121 |
| 上海 | 195 | 831 | 141966 | 63815 | 56074 | 2088 | 25591 | 1541 | 7738 |
| 江苏 | 3990 | 10981 | 2225974 | 1386567 | 1007629 | 26077 | 277444 | 21054 | 378979 |
| 浙江 | 2975 | 9409 | 1775318 | 1140559 | 901577 | 30333 | 342350 | 32044 | 238974 |
| 安徽 | 2096 | 6343 | 1131495 | 561152 | 358759 | 7883 | 158080 | 7048 | 202402 |
| 福建 | 838 | 2865 | 419674 | 215800 | 174200 | 2412 | 79636 | 3466 | 41601 |
| 江西 | 2035 | 6384 | 1243185 | 620071 | 386461 | 19592 | 178859 | 22036 | 233616 |
| 山东 | 2972 | 7539 | 1071141 | 573487 | 333096 | 12838 | 142187 | 9869 | 240400 |
| 河南 | 3771 | 10531 | 1626299 | 726559 | 418287 | 12419 | 197988 | 15293 | 308454 |
| 湖北 | 2704 | 7436 | 1344793 | 669714 | 449882 | 14414 | 175233 | 17374 | 219838 |
| 湖南 | 3281 | 9707 | 1740103 | 772915 | 557646 | 16145 | 218493 | 17315 | 215272 |
| 广东 | 2201 | 10340 | 1362377 | 861847 | 720323 | 33551 | 379481 | 33839 | 141558 |
| 广西 | 931 | 3841 | 488057 | 257724 | 171501 | 4624 | 74873 | 5038 | 86226 |
| 海南 | 225 | 827 | 84238 | 48656 | 36941 | 945 | 17056 | 866 | 11718 |
| 重庆 | 786 | 3541 | 524539 | 274125 | 200436 | 3425 | 85286 | 1479 | 73688 |
| 四川 | 4007 | 13536 | 2464368 | 1266310 | 838288 | 38504 | 341796 | 34702 | 428079 |
| 贵州 | 1850 | 8012 | 1347310 | 814229 | 510547 | 10873 | 218812 | 10663 | 303684 |
| 云南 | 2206 | 6893 | 1123820 | 504933 | 349459 | 8669 | 148420 | 8206 | 155480 |
| 西藏 | 201 | 637 | 155380 | 58554 | 40279 | 725 | 16767 | 968 | 18275 |
| 陕西 | 1438 | 5852 | 1024810 | 415449 | 297731 | 7554 | 131780 | 5103 | 117720 |
| 甘肃 | 842 | 2915 | 527217 | 232305 | 148642 | 1352 | 69015 | 2951 | 83663 |
| 青海 | 217 | 765 | 159913 | 75936 | 52758 | 1159 | 19144 | 1071 | 23178 |
| 宁夏 | 220 | 766 | 135253 | 63815 | 42388 | 1122 | 22096 | 189 | 21427 |
| 新疆 | 478 | 1832 | 284698 | 117434 | 89506 | 2519 | 38005 | 1870 | 27928 |

# 2017年各地区按城乡分互联网上网

| 地　区 | 机构数（个） | 从业人员（人） | 资产总计（千元） | |
|---|---|---|---|---|
| | | | | 营业收入 |
| **全　国** | **44135** | **98221** | **13919832** | **7425052** |
| 北　京 | 35 | 136 | 20749 | 14149 |
| 天　津 | 247 | 542 | 91123 | 40402 |
| 河　北 | 1082 | 2050 | 180206 | 80928 |
| 山　西 | 572 | 1412 | 172103 | 64532 |
| 内蒙古 | 438 | 750 | 101199 | 49569 |
| 辽　宁 | 761 | 1504 | 158776 | 78318 |
| 吉　林 | 303 | 482 | 59500 | 27375 |
| 黑龙江 | 524 | 1031 | 106399 | 60940 |
| 上　海 | 128 | 609 | 64201 | 46942 |
| 江　苏 | 3164 | 6581 | 1031658 | 610946 |
| 浙　江 | 3309 | 8667 | 1481109 | 1020254 |
| 安　徽 | 2373 | 4946 | 761640 | 360354 |
| 福　建 | 708 | 1793 | 226171 | 131933 |
| 江　西 | 2090 | 3793 | 650788 | 317273 |
| 山　东 | 1662 | 3671 | 427081 | 237369 |
| 河　南 | 3947 | 7932 | 1183533 | 512548 |
| 湖　北 | 2176 | 3872 | 529842 | 267578 |
| 湖　南 | 4312 | 6706 | 885254 | 419782 |
| 广　东 | 4101 | 14044 | 2024999 | 1162488 |
| 广　西 | 1586 | 3317 | 268000 | 174669 |
| 海　南 | 372 | 748 | 82058 | 40730 |
| 重　庆 | 936 | 2713 | 378990 | 200620 |
| 四　川 | 3818 | 8913 | 1294461 | 718669 |
| 贵　州 | 1851 | 4188 | 580599 | 288339 |
| 云　南 | 1856 | 3683 | 530174 | 217120 |
| 西　藏 | 20 | 47 | 9300 | 3659 |
| 陕　西 | 990 | 2272 | 330530 | 143411 |
| 甘　肃 | 315 | 716 | 118710 | 56504 |
| 青　海 | 80 | 307 | 53636 | 28507 |
| 宁　夏 | 132 | 333 | 57403 | 25274 |
| 新　疆 | 247 | 463 | 59640 | 23870 |

# 服务营业场所(网吧)基本情况(县以下)

| 损益(千元) | | | | |
|---|---|---|---|---|
| 营业成本 | 养老、医疗、失业等保险费 | 本年发放工资总额 | 本年应交税金总额 | 营业利润 |
| **5233847** | **173994** | **2266757** | **162508** | **2191801** |
| 10394 | 134 | 4269 | 129 | 3754 |
| 31499 | 89 | 11291 | 292 | 8903 |
| 55242 | 540 | 27884 | 1549 | 25685 |
| 44968 | 888 | 16821 | 894 | 19566 |
| 21307 | 430 | 8057 | 627 | 28262 |
| 52762 | 1024 | 20083 | 1078 | 25557 |
| 14740 | 571 | 5356 | 1349 | 12635 |
| 32612 | 559 | 16324 | 723 | 28324 |
| 40756 | 1793 | 16945 | 1193 | 6184 |
| 418501 | 19049 | 161347 | 12777 | 192453 |
| 786598 | 23793 | 325165 | 32329 | 233664 |
| 236778 | 6009 | 97690 | 4618 | 123578 |
| 110272 | 1354 | 55587 | 1643 | 21660 |
| 204642 | 11468 | 88447 | 10586 | 112759 |
| 133139 | 9161 | 60097 | 6092 | 104236 |
| 301699 | 8257 | 140198 | 10932 | 211256 |
| 168823 | 4734 | 77545 | 7956 | 98766 |
| 278074 | 8964 | 124394 | 9501 | 141708 |
| 1006553 | 35356 | 424384 | 25303 | 155941 |
| 123033 | 2832 | 51503 | 2046 | 51639 |
| 30358 | 1494 | 13569 | 1191 | 10376 |
| 146563 | 3466 | 73879 | 801 | 54057 |
| 462821 | 20377 | 216972 | 20167 | 255856 |
| 170319 | 3140 | 80296 | 2338 | 118027 |
| 148674 | 4447 | 66153 | 3861 | 68449 |
| 2059 | 10 | 893 | 24 | 1600 |
| 106047 | 2481 | 43603 | 1491 | 37362 |
| 34192 | 235 | 14330 | 532 | 22312 |
| 23972 | 447 | 9388 | 315 | 4535 |
| 18383 | 457 | 7933 | 34 | 6891 |
| 18067 | 435 | 6354 | 137 | 5806 |

# 2017年各地区经营性互联网

| 地区 | 机构数（个） | 从业人员（人） | 资产总计（千元） | 营业收入 | | |
|---|---|---|---|---|---|---|
| | | | | | 网络游戏 | 网络音乐 |
| **全国** | **11356** | **294460** | **635042283** | **817102453** | **310993565** | **4965516** |
| 北京 | 947 | 59280 | 193737504 | 108641925 | 23097598 | 234207 |
| 天津 | 139 | 3711 | 17829488 | 15409177 | 6070479 | 113680 |
| 河北 | 53 | 800 | 8777637 | 8888440 | 8662949 | 42 |
| 山西 | 45 | 495 | 114208 | 12280 | 9549 | 233 |
| 内蒙古 | 14 | 256 | 65911 | 15296 | 4493 | 2530 |
| 辽宁 | 147 | 2165 | 22776041 | 6622397 | 205275 | 2007 |
| 吉林 | 40 | 475 | 522933 | 251919 | 248278 | |
| 黑龙江 | 78 | 1059 | 11486291 | 10977953 | 4979686 | 2020 |
| 上海 | 457 | 19741 | 58476481 | 41921759 | 24922839 | 3361 |
| 江苏 | 370 | 19867 | 34751443 | 19745477 | 11119155 | 30606 |
| 浙江 | 1402 | 29715 | 38000083 | 53829914 | 37715382 | 309031 |
| 安徽 | 403 | 5515 | 3233863 | 4833133 | 2090698 | 5310 |
| 福建 | 301 | 12629 | 13548930 | 11468694 | 7467566 | 1004 |
| 江西 | 66 | 3433 | 12955261 | 10296499 | 8840098 | 9321 |
| 山东 | 35 | 529 | 204416 | 161463 | 8683 | |
| 河南 | 158 | 3437 | 1692050 | 751388 | 149033 | 1673 |
| 湖北 | 323 | 7515 | 4425663 | 2756992 | 1816140 | 1421 |
| 湖南 | 192 | 7360 | 10480025 | 5161800 | 729458 | 1766 |
| 广东 | 5110 | 89896 | 134624969 | 478788348 | 156028195 | 1507203 |
| 广西 | 45 | 1243 | 970593 | 761530 | 646836 | |
| 海南 | 272 | 3686 | 13206768 | 1761644 | 1516373 | |
| 重庆 | 158 | 3655 | 4910348 | 12199847 | 1145865 | 3150 |
| 四川 | 332 | 11502 | 40428899 | 14180022 | 9829487 | 2706012 |
| 贵州 | 56 | 1852 | 2269006 | 596051 | 104935 | 29740 |
| 云南 | 24 | 511 | 179082 | 104183 | 10622 | |
| 西藏 | 6 | 195 | 70550 | 524 | 183 | 111 |
| 陕西 | 91 | 2226 | 843261 | 3010439 | 291314 | 379 |
| 甘肃 | 18 | 539 | 251816 | 140834 | | |
| 青海 | 8 | 6 | 500 | 350 | 350 | |
| 宁夏 | 12 | 81 | 37641 | 19566 | 16139 | |
| 新疆 | 54 | 1086 | 4170623 | 3792610 | 3265907 | 710 |

# 文化单位基本情况

| 损益(千元) | | | | | | | |
|---|---|---|---|---|---|---|---|
| | | | 营业成本 | | | | |
| 网络动漫 | 网络表演 | 其他 | | 养老、医疗、失业等保险费 | 住房公积金和住房补贴 | 差旅费 | 工会经费 |
| **5078906** | **31969360** | **162396536** | **730330744** | **13326166** | **3192724** | **2549760** | **307915** |
| 323778 | 4252430 | 64096402 | 93846381 | 2432116 | 922678 | 601027 | 47685 |
| 7971 | 7723090 | 1233798 | 13990773 | 95396 | 37264 | 21653 | 2503 |
| | | 42205 | 9060305 | 4033 | 760 | 351122 | 50099 |
| 169 | | 1719 | 36226 | 876 | 127 | 2134 | 336 |
| | | 2133 | 24581 | 844 | 252 | 443 | 60 |
| 3002250 | 2610 | 3370507 | 6473220 | 287999 | 33210 | 75996 | 12118 |
| | | 1660 | 85458 | 1270 | 187 | 819 | 117 |
| 600 | 620 | 5958426 | 10635979 | 1274228 | 1474 | 68629 | 31428 |
| 2411 | 1033280 | 14365951 | 29340282 | 634639 | 146747 | 110140 | 2349 |
| 39915 | 414750 | 5757613 | 16877173 | 225908 | 108782 | 65963 | 32139 |
| 329029 | 2743190 | 9704765 | 43166442 | 1542323 | 158894 | 362987 | 35129 |
| 3156 | 160 | 909225 | 4426304 | 55807 | 11201 | 26058 | 898 |
| 1045931 | 63560 | 1852041 | 8691135 | 97302 | 77734 | 47468 | 10488 |
| 23859 | 2310 | 1043489 | 7679407 | 50120 | 30555 | 32286 | 15106 |
| | | 135886 | 150860 | 4656 | 792 | 1397 | 200 |
| 9734 | 1300 | 572362 | 670627 | 19352 | 3380 | 13383 | 930 |
| 19688 | 40250 | 433082 | 2182615 | 50019 | 10199 | 20994 | 1245 |
| 74327 | 22530 | 4260301 | 4350571 | 85818 | 26057 | 46519 | 3786 |
| 170673 | 15599040 | 43472641 | 441945162 | 4902431 | 1187967 | 554246 | 43945 |
| | | 89745 | 397777 | 7748 | 1594 | 2479 | 3518 |
| 800 | 16410 | 79633 | 1404251 | 17341 | 7093 | 6292 | 1846 |
| 7414 | 2270 | 403480 | 11161014 | 72548 | 32866 | 12775 | 573 |
| 7866 | 2570 | 1312189 | 17807832 | 1108887 | 383738 | 105696 | 8821 |
| 2960 | | 287794 | 457118 | 6914 | 1777 | 3228 | 978 |
| | | 48865 | 136899 | 3805 | 372 | 1558 | 110 |
| 200 | | 30 | 1160 | | | | |
| 4776 | 7900 | 2496003 | 2993661 | 330279 | 3438 | 9703 | 736 |
| 450 | | 8071 | 140962 | 3515 | 1050 | 1706 | 316 |
| | | | 200 | 20 | | 20 | |
| | | 327 | 33366 | 302 | 32 | 178 | |
| 950 | 41090 | 456195 | 2163004 | 9670 | 2503 | 2862 | 457 |

续表 1

| 地区 | 营业利润 | 营业外收入 | 政府补助 | 工资、福利费、税金(千元) 本年发放工资总额 | 本年支付的职工福利费 | 本年应交税金总额 |
|---|---|---|---|---|---|---|
| **全国** | **86771712** | **43354871** | **40489891** | **77663720** | **3937204** | **25089248** |
| 北京 | 14795544 | 944072 | 372425 | 11849249 | 500770 | 3818381 |
| 天津 | 1418404 | 278958 | 187160 | 627945 | 18415 | 822911 |
| 河北 | -171866 | 51695 | 1503 | 6549532 | 131109 | 1701787 |
| 山西 | -23946 | 443 | 226 | 18223 | 1101 | 462 |
| 内蒙古 | -9286 | 3015 | 2620 | 3854 | 294 | 287 |
| 辽宁 | 149178 | 16754 | 7557 | 828684 | 56026 | 643119 |
| 吉林 | 166461 | 1160 | 1150 | 17295 | 339 | 27942 |
| 黑龙江 | 341974 | 8418 | 7380 | 5921919 | 501891 | 1240713 |
| 上海 | 12581478 | 475505 | 240174 | 3586754 | 150336 | 1162487 |
| 江苏 | 2868304 | 289870 | 150803 | 2269578 | 67117 | 669812 |
| 浙江 | 10663473 | 315461 | 212138 | 7738591 | 173507 | 1381421 |
| 安徽 | 406827 | 56201 | 45935 | 336637 | 18443 | 85016 |
| 福建 | 2777559 | 165063 | 145485 | 1431494 | 228699 | 645324 |
| 江西 | 2617093 | 32710 | 18865 | 2022187 | 33731 | 449071 |
| 山东 | 10603 | 1290 | 860 | 25070 | 1145 | 3578 |
| 河南 | 80760 | 102321 | 91877 | 155903 | 4339 | 42531 |
| 湖北 | 574377 | 47614 | 36169 | 452491 | 19807 | 120595 |
| 湖南 | 811229 | 83350 | 56805 | 500468 | 29006 | 114563 |
| 广东 | 36843188 | 39912272 | 38708823 | 25956509 | 1780704 | 11455893 |
| 广西 | 363754 | 9067 | 3252 | 84869 | 6877 | 27731 |
| 海南 | 357393 | 37072 | 20506 | 218003 | 11651 | 72496 |
| 重庆 | 1038833 | 57001 | 40644 | 312801 | 8725 | 89819 |
| 四川 | -3627810 | 397451 | 96672 | 6400062 | 176071 | 329486 |
| 贵州 | 138934 | 47082 | 26017 | 120316 | 5570 | 68866 |
| 云南 | -32716 | 3634 | 3371 | 26922 | 1075 | 7098 |
| 西藏 | -636 | | | 900 | | |
| 陕西 | 16778 | 7680 | 2920 | 116158 | 5293 | 28297 |
| 甘肃 | -128 | 1396 | 722 | 16802 | 2407 | 3807 |
| 青海 | 150 | | | 150 | 10 | |
| 宁夏 | -13800 | 4 | | 1972 | 45 | 4230 |
| 新疆 | 1629606 | 8309 | 7833 | 72384 | 2704 | 71529 |

| 经营面积（万平方米） | 知识产权（种） | | | | 注册用户数（个） | 运营网络文化产品数（个） | |
| --- | --- | --- | --- | --- | --- | --- | --- |
| | | 拥有自主知识产权网络游戏数 | 拥有自主知识产权网络音乐数 | 拥有自主知识产权网络动漫数 | | | 网络游戏数 |
| **391.348** | **5083132** | **150471** | **4578437** | **20121** | **77669449164** | **579384082** | **222889** |
| 69.996 | 261512 | 115932 | 6122 | 7498 | 33156779045 | 6373416 | 60987 |
| 6.227 | 1000 | 398 | | 35 | 864001591 | 20377182 | 7762 |
| 1.22 | 584 | 150 | 90 | | 10812683 | 1467 | 840 |
| 0.727 | 4510 | 24 | 4227 | 198 | 11336640 | 20310 | 34 |
| 0.36 | 3316 | 5 | 1834 | | 585346 | 60239 | 11 |
| 3.59 | 873 | 264 | 408 | 86 | 78659507 | 7156 | 473 |
| 0.802 | 223 | 191 | | | 10279677 | 337 | 303 |
| 1.676 | 395 | 297 | 4 | 6 | 7546017 | 2864 | 432 |
| 26.834 | 158919 | 3382 | 3021 | 303 | 4604483206 | 2216183 | 12794 |
| 18.523 | 4587 | 2176 | 6 | 1029 | 1247684717 | 10281622 | 19038 |
| 48.122 | 4538262 | 5504 | 4529924 | 610 | 11582953628 | 48045651 | 37352 |
| 10.317 | 2076 | 652 | 198 | 730 | 304779913 | 6403 | 987 |
| 18.19 | 8617 | 2095 | 549 | 4515 | 7746409126 | 219623921 | 9925 |
| 4.672 | 761 | 589 | 4 | 85 | 153912703 | 94339 | 1397 |
| 0.758 | 197 | 57 | | | 2898177 | 1066 | 66 |
| 13.395 | 1572 | 242 | 589 | 105 | 242190996 | 83834 | 461 |
| 12.969 | 13480 | 1207 | 26 | 211 | 532250300 | 46611 | 7054 |
| 7.556 | 4969 | 711 | 746 | 1091 | 899596645 | 3008471 | 2393 |
| 96.759 | 54226 | 13028 | 16896 | 2990 | 14476305425 | 258959937 | 45161 |
| 1.675 | 301 | 241 | 5 | 3 | 68221964 | 103 | 101 |
| 3.398 | 1130 | 623 | | 58 | 325523920 | 4481 | 590 |
| 5.039 | 9079 | 256 | 8701 | 17 | 135960550 | 110628 | 637 |
| 17.033 | 3743 | 1806 | 415 | 359 | 978094273 | 10035003 | 10481 |
| 13.585 | 247 | 88 | | 15 | 47754773 | 3983 | 764 |
| 1.479 | 785 | 45 | 620 | 5 | 7669820 | 716 | 35 |
| 0.134 | 2016 | 13 | 2001 | 2 | 13800 | 5004 | 2 |
| 2.861 | 1010 | 144 | 36 | 168 | 48701159 | 4822 | 2450 |
| 1.233 | 24 | 10 | 10 | | 418922 | 607 | 6 |
| 0.008 | 1 | 1 | | | 200 | 1 | 1 |
| 0.229 | 15 | 13 | | | 31048 | 41 | 41 |
| 1.98 | 4702 | 327 | 2005 | 2 | 123593393 | 7684 | 311 |

续表 2

| 地 区 | | | | | | |
|---|---|---|---|---|---|---|
| | | | | | | |
| | 国产网络游戏数 | 进口网络游戏数量 | 网络音乐数 | 国产网络音乐数量 | 进口网络音乐数量 | 网络动漫数 |
| **全 国** | **193282** | **5822** | **89893536** | **49909647** | **39963424** | **55372036** |
| 北 京 | 41698 | 3275 | 3491129 | 3181528 | 309391 | 177819 |
| 天 津 | 7714 | 34 | 20264034 | 20263934 | 100 | 1255 |
| 河 北 | 840 | | 340 | 239 | 20 | 53 |
| 山 西 | 29 | | 19949 | 19625 | 320 | 212 |
| 内蒙古 | 11 | | 54198 | 23245 | 30953 | |
| 辽 宁 | 454 | 11 | 1586 | 1576 | 10 | 231 |
| 吉 林 | 163 | 106 | 4 | | | |
| 黑龙江 | 431 | | 1865 | 1865 | | 532 |
| 上 海 | 12573 | 77 | 2091355 | 1061355 | 1030000 | 8612 |
| 江 苏 | 18255 | 714 | 7000137 | 5000134 | 2000000 | 4965 |
| 浙 江 | 36820 | 103 | 30973914 | 14487514 | 16466366 | 16909 |
| 安 徽 | 956 | | 150 | 150 | | 948 |
| 福 建 | 7783 | 31 | 7344 | 7344 | | 86907 |
| 江 西 | 1342 | 6 | 67 | 67 | | 204 |
| 山 东 | 66 | | | | | |
| 河 南 | 454 | | 81839 | 81788 | 48 | 174 |
| 湖 北 | 3991 | 3 | 19228 | 19227 | 1 | 6171 |
| 湖 南 | 1158 | 8 | 1294 | 1227 | | 1954 |
| 广 东 | 43395 | 1290 | 15837862 | 2711961 | 13125888 | 55060639 |
| 广 西 | 101 | | | | | |
| 海 南 | 533 | 1 | | | | 3255 |
| 重 庆 | 487 | 141 | 8701 | 8701 | | 22 |
| 四 川 | 10455 | 14 | 10022000 | 3021999 | 7000000 | 833 |
| 贵 州 | 763 | | 3160 | 3160 | | 35 |
| 云 南 | 35 | | 620 | 620 | | 5 |
| 西 藏 | 2 | | 5000 | 5000 | | 1 |
| 陕 西 | 2444 | 6 | 28 | 28 | | 136 |
| 甘 肃 | 6 | | 600 | 600 | | |
| 青 海 | 1 | | | | | |
| 宁 夏 | 39 | | | | | |
| 新 疆 | 283 | 2 | 7132 | 6760 | 327 | 164 |

| | | | | | 出口情况 | |
|---|---|---|---|---|---|---|
| 国产网络漫画数量 | 进口网络动画数量 | 网络表演主播数 | 国内网络主播数 | 国外网络主播数 | 出口额(千元) | 出口网络文化产品数量(个) |
| **55202190** | **49711** | **28257784** | **28245870** | **11686** | **8551607** | **25822** |
| | | | | | | |
| 24273 | 33541 | 1940944 | 1940462 | 482 | 1165411 | 146 |
| 1017 | 238 | 101948 | 101948 | | 354448 | 306 |
| 35 | 18 | 98 | 82 | | | |
| 205 | | 108 | 108 | | | |
| | | | | | | |
| | | | | | | |
| 214 | 17 | 2310 | 2298 | 10 | 59539 | 207 |
| | | | | | | |
| 72 | 460 | 26 | 24 | 1 | | |
| | | | | | | |
| 7405 | 1207 | 103339 | 103269 | 70 | 1642193 | 20153 |
| 4427 | 538 | 260159 | 260133 | 26 | 836616 | 38 |
| 16529 | 299 | 16996336 | 16996333 | 1 | 181458 | 3243 |
| 948 | | 4218 | 4218 | | 9247 | 10 |
| 82163 | 4733 | 5089719 | 5088777 | 942 | 721939 | 44 |
| 200 | 4 | 92662 | 92662 | | 70 | 1 |
| | | | | | | |
| | | | | | | |
| 173 | | 281 | 279 | | 21150 | 25 |
| 6169 | | 420 | 320 | | 8721 | 20 |
| 1723 | 231 | 3002691 | 2992689 | 10000 | 56035 | 1072 |
| 55052418 | 8193 | 660499 | 660244 | 152 | 2429218 | 451 |
| | | | | | 85 | 2 |
| 3255 | | 584 | 582 | 2 | 27340 | 43 |
| | | | | | | |
| 22 | | 5 | 5 | | 3266 | 2 |
| 737 | 96 | 168 | 168 | | 947765 | 52 |
| 35 | | 19 | 19 | | | |
| 5 | | 2 | 2 | | 1522 | 2 |
| 1 | | | | | | |
| | | | | | | |
| 136 | | 1200 | 1200 | | | 2 |
| | | | | | | |
| | | | | | | |
| | | | | | | |
| 28 | 136 | 48 | 48 | | 85586 | 3 |

# 2017年各地区艺术品

| 地区 | 机构数(个) | 从业人员(人) | 资产总计(千元) | 损益(千元) | | | | | |
| --- | --- | --- | --- | --- | --- | --- | --- | --- | --- |
| | | | | 营业收入 | 营业成本 | 养老、医疗、失业等保险费 | 住房公积金和住房补贴 | 差旅费 | 工会经费 |
| **全国** | **6104** | **30066** | **25162182** | **5760950** | **4082229** | **154480** | **72695** | **80391** | **31012** |
| 北京 | 123 | 1159 | 4464427 | 611992 | 372732 | 22981 | 9723 | 3956 | 1289 |
| 天津 | 33 | 231 | 101691 | 26178 | 25018 | 1512 | 209 | 217 | 51 |
| 河北 | 61 | 832 | 115306 | 33996 | 23686 | 1735 | 4 | 530 | 4 |
| 山西 | 64 | 1019 | 438033 | 152124 | 97270 | 830 | 311 | 1881 | 60 |
| 内蒙古 | 92 | 225 | 140417 | 18906 | 12398 | 311 | 80 | 532 | 173 |
| 辽宁 | 286 | 1321 | 500346 | 81661 | 46802 | 2752 | 872 | 409 | 201 |
| 吉林 | 16 | 58 | 32500 | 7750 | 2530 | 50 | 20 | 10 | 30 |
| 黑龙江 | 15 | 100 | 209308 | 3849 | 2242 | 13 | | 28 | 1 |
| 上海 | 152 | 1448 | 4847375 | 527743 | 416981 | 18375 | 4195 | 9524 | 1011 |
| 江苏 | 740 | 5707 | 6600249 | 1247912 | 824866 | 24635 | 16054 | 12337 | 5481 |
| 浙江 | 608 | 1893 | 1434324 | 501304 | 403658 | 11043 | 7183 | 4151 | 778 |
| 安徽 | 216 | 896 | 444965 | 185606 | 143918 | 2071 | 563 | 2161 | 983 |
| 福建 | 156 | 636 | 479416 | 186714 | 188618 | 3105 | 1216 | 1473 | 180 |
| 江西 | 141 | 658 | 417040 | 225493 | 164950 | 20001 | 19378 | 15414 | 14722 |
| 山东 | 914 | 2856 | 496771 | 327838 | 238172 | 12832 | 3550 | 4700 | 186 |
| 河南 | 663 | 1445 | 409397 | 116967 | 78893 | 1453 | 131 | 2117 | 505 |
| 湖北 | 101 | 370 | 311794 | 48968 | 44967 | 3379 | 221 | 582 | 64 |
| 湖南 | 241 | 2615 | 971130 | 209236 | 170506 | 4130 | 845 | 5763 | 1814 |
| 广东 | 400 | 1444 | 875959 | 393549 | 233125 | 10947 | 1861 | 1365 | 631 |
| 广西 | 48 | 163 | 109165 | 91765 | 61563 | 434 | 23 | 783 | 11 |
| 海南 | 8 | 14 | 14450 | 2230 | 1350 | | | | |
| 重庆 | 124 | 551 | 108652 | 196316 | 116116 | 3128 | 2251 | 2876 | 751 |
| 四川 | 207 | 1336 | 391044 | 189713 | 154162 | 3201 | 1170 | 3894 | 353 |
| 贵州 | 18 | 202 | 24246 | 38068 | 34210 | 35 | | 126 | 52 |
| 云南 | 69 | 216 | 45120 | 18349 | 13185 | 1363 | 1039 | 1105 | 801 |
| 西藏 | 1 | 4 | 500 | 200 | 120 | | | 10 | |
| 陕西 | 130 | 640 | 425080 | 73166 | 57831 | 1377 | 70 | 854 | 148 |
| 甘肃 | 413 | 1293 | 516517 | 122387 | 85385 | 785 | 496 | 2862 | 344 |
| 青海 | 57 | 722 | 235090 | 120680 | 66882 | 2002 | 1230 | 731 | 388 |
| 宁夏 | 2 | 2 | | | | | | | |
| 新疆 | 5 | 10 | 1870 | 290 | 93 | | | | |

# 经营机构基本情况

| 营业利润 | 工资、福利费、税金(千元) | | | 经营面积(万平方米) | 拍卖情况 | | | | | |
|---|---|---|---|---|---|---|---|---|---|---|
| | 本年发放工资总额 | 本年支付的职工福利费 | 本年应交税金总额 | | 交易量(件) | 交易金额(千元) | 结算数量(件) | 结算金额(千元) | 展览/预展场次(次) | 艺术活动数量(次) |
| **1678721** | **996386** | **75285** | **200070** | **157.30** | **1126344** | **26164735** | **808895** | **10681571** | **25876** | **20216** |
| | | | | | | | | | | |
| 239256 | 75758 | 4347 | 21077 | 7.74 | 51529 | 12504004 | 35487 | 3554957 | 183 | 634 |
| 1159 | 5813 | 313 | 1200 | 0.70 | 7324 | 207672 | 6677 | 85865 | 110 | 126 |
| 10310 | 14674 | 67 | 1014 | 2.20 | 33809 | 25722 | 33239 | 25472 | 158 | 149 |
| 54854 | 17732 | 2520 | 2072 | 8.59 | 5955 | 179079 | 6137 | 167315 | 112 | 103 |
| 6507 | 4372 | 257 | 239 | 1.55 | 4433 | 3980 | 4581 | 3790 | 191 | 925 |
| | | | | | | | | | | |
| 34859 | 15014 | 516 | 1437 | 7.41 | 24849 | 17463 | 3756 | 13733 | 70 | 119 |
| 5220 | 1450 | 50 | 430 | 0.31 | 1250 | 4530 | 1191 | 4330 | 6 | 681 |
| 1607 | 1979 | 12 | 10 | 0.38 | 51 | 130 | 1 | 50 | 1 | 2 |
| | | | | | | | | | | |
| 110758 | 88290 | 4356 | 33059 | 7.61 | 63570 | 919303 | 46024 | 506334 | 873 | 520 |
| 423049 | 259172 | 16615 | 39924 | 25.68 | 22855 | 467733 | 22252 | 430513 | 994 | 971 |
| 97645 | 64989 | 4422 | 16854 | 10.83 | 13763 | 5103496 | 7670 | 5073993 | 1144 | 693 |
| 41687 | 33088 | 1007 | 3391 | 4.17 | 20632 | 30226 | 13727 | 24876 | 181 | 582 |
| -1905 | 28726 | 970 | 3480 | 3.93 | 3907 | 3985 | 3893 | 4354 | 1079 | 960 |
| 60543 | 19573 | 14373 | 15375 | 1.52 | 12675 | 9605 | 12606 | 9335 | 710 | 466 |
| 89672 | 88346 | 8943 | 9369 | 14.41 | 151932 | 165953 | 151313 | 165243 | 896 | 981 |
| | | | | | | | | | | |
| 38077 | 26219 | 1526 | 9294 | 7.71 | 58692 | 120749 | 27418 | 20046 | 1283 | 6494 |
| 4001 | 11957 | 785 | 1785 | 1.79 | 1272 | 10385 | 1167 | 8030 | 554 | 92 |
| 38731 | 59753 | 3371 | 8600 | 12.18 | 116914 | 5675326 | 55570 | 53871 | 1004 | 626 |
| 160425 | 44953 | 2300 | 15397 | 6.60 | 129167 | 265835 | 23274 | 28172 | 154 | 279 |
| 30202 | 5789 | 661 | 1521 | 0.65 | 12956 | 2275 | 12956 | 2275 | 8 | 1014 |
| 880 | 577 | 76 | 184 | 0.02 | 2350 | 2230 | 2350 | 2230 | | |
| | | | | | | | | | | |
| 80200 | 17709 | 1958 | 1376 | 4.65 | 115882 | 184755 | 79182 | 172775 | 2197 | 1553 |
| 35551 | 50340 | 2476 | 5568 | 8.56 | 90788 | 73838 | 89751 | 71293 | 526 | 428 |
| 3857 | 4122 | 119 | 611 | 0.52 | 503 | 777 | 503 | 777 | 16 | 16 |
| 5164 | 2386 | 1040 | 1211 | 0.82 | 248 | 2071 | 100 | 1271 | 11 | 26 |
| 80 | 90 | | | 0.02 | | | | | | |
| | | | | | | | | | | |
| 15334 | 14484 | 655 | 1490 | 4.52 | 132526 | 75847 | 122227 | 138193 | 10755 | 403 |
| 37003 | 27720 | 760 | 2574 | 8.31 | 29346 | 78485 | 28108 | 75554 | 2057 | 967 |
| 53798 | 11251 | 790 | 1525 | 3.83 | 17166 | 29281 | 17735 | 36924 | 603 | 406 |
| | | | | 0.06 | | | | | | |
| 197 | 60 | | 3 | 0.03 | | | | | | |

# 2017年各地区演出

| 地区 | 机构数(个) | 从业人员(人) | | 资产总计(千元) | 损益(千元) | | |
|---|---|---|---|---|---|---|---|
| | | | 演出经纪人员 | | 营业收入 | 营业成本 | 养老、医疗、失业等保险费 |
| **全国** | **3142** | **56179** | **9586** | **62797433** | **31405843** | **26862950** | **561931** |
| 北京 | 85 | 3979 | 380 | 8087884 | 7415159 | 7181660 | 94533 |
| 天津 | 75 | 1453 | 237 | 4113842 | 1452518 | 1323656 | 30093 |
| 河北 | 25 | 298 | 85 | 62700 | 27655 | 36597 | 1954 |
| 山西 | 94 | 1112 | 311 | 381942 | 161185 | 153961 | 4627 |
| 内蒙古 | 19 | 260 | 49 | 267502 | 30286 | 41063 | 384 |
| 辽宁 | 115 | 1600 | 354 | 1490112 | 660077 | 357405 | 22125 |
| 吉林 | 44 | 923 | 186 | 580560 | 72807 | 54008 | 1450 |
| 黑龙江 | 31 | 667 | 99 | 1275221 | 111768 | 208535 | 9204 |
| 上海 | 39 | 297 | 112 | 346484 | 339380 | 265073 | 4136 |
| 江苏 | 454 | 6536 | 1157 | 4609253 | 2110515 | 1799243 | 67525 |
| 浙江 | 327 | 3562 | 738 | 5547601 | 2822585 | 2404395 | 37807 |
| 安徽 | 47 | 1216 | 173 | 474639 | 297924 | 232952 | 10074 |
| 福建 | 122 | 2713 | 383 | 10582228 | 1273216 | 1095628 | 20050 |
| 江西 | 70 | 984 | 265 | 846118 | 229038 | 225037 | 7227 |
| 山东 | 65 | 1135 | 204 | 436855 | 321923 | 333818 | 14631 |
| 河南 | 73 | 1209 | 524 | 373305 | 229711 | 204748 | 4822 |
| 湖北 | 105 | 2010 | 355 | 1140668 | 1063657 | 1164594 | 17621 |
| 湖南 | 81 | 3890 | 285 | 5854276 | 2654930 | 2217158 | 32979 |
| 广东 | 652 | 9971 | 1438 | 5042932 | 3777755 | 2705097 | 62522 |
| 广西 | 47 | 1388 | 175 | 1525263 | 351442 | 302613 | 8661 |
| 海南 | 6 | 461 | 19 | 303481 | 167232 | 167723 | 3085 |
| 重庆 | 50 | 1226 | 250 | 1641262 | 343995 | 317283 | 14103 |
| 四川 | 127 | 2140 | 439 | 770285 | 1001547 | 865824 | 13351 |
| 贵州 | 57 | 1203 | 150 | 2477701 | 1762394 | 1260022 | 27676 |
| 云南 | 31 | 624 | 96 | 598683 | 211916 | 176355 | 8131 |
| 西藏 | 2 | 35 | | 5000 | | 800 | |
| 陕西 | 107 | 2140 | 347 | 1222506 | 1317885 | 1124287 | 21945 |
| 甘肃 | 52 | 696 | 186 | 324363 | 54416 | 50836 | 2974 |
| 青海 | 10 | 212 | 28 | 22901 | 18340 | 19308 | 4037 |
| 宁夏 | 23 | 867 | 224 | 46730 | 17800 | 10700 | |
| 新疆 | 107 | 1372 | 337 | 2345136 | 1106787 | 562571 | 14204 |

# 经纪机构基本情况

| 营业利润 | 工资、福利费、税金(千元) | | 演出场次(万场次) | 观众人次(万人次) | 经营面积(万平方米) |
|---|---|---|---|---|---|
| | 本年发放工资总额 | 本年应交税金总额 | | | |
| **4542968** | **3812477** | **1379942** | **34.92** | **13160** | **613** |
| 233500 | 659133 | 283254 | 1.20 | 579 | 6 |
| 128862 | 119508 | 38093 | 0.76 | 457 | 9 |
| -8942 | 10332 | 1155 | 0.13 | 56 | 2 |
| 7227 | 33645 | 5669 | 0.53 | 314 | 76 |
| -10777 | 7968 | 1672 | 0.37 | 73 | 7 |
| 302723 | 76119 | 33849 | 0.79 | 339 | 20 |
| 18799 | 29033 | 1327 | 0.98 | 73 | 1 |
| -96766 | 36457 | 8793 | 0.17 | 75 | 2 |
| 74303 | 24155 | 14246 | 0.78 | 33 | 1 |
| 311280 | 427507 | 72464 | 2.25 | 986 | 87 |
| 418190 | 345733 | 202037 | 1.18 | 1379 | 44 |
| 64973 | 66912 | 9190 | 0.39 | 372 | 12 |
| 177587 | 141105 | 58281 | 0.67 | 404 | 31 |
| 3999 | 72712 | 20542 | 1.14 | 130 | 15 |
| -11894 | 62292 | 9425 | 0.36 | 212 | 31 |
| 24964 | 40297 | 8182 | 0.45 | 358 | 25 |
| -100934 | 115668 | 40282 | 0.68 | 454 | 11 |
| 437768 | 247940 | 109794 | 15.18 | 1495 | 58 |
| 1072666 | 516923 | 126996 | 3.95 | 2139 | 49 |
| 48829 | 127037 | 11653 | 0.36 | 213 | 34 |
| -491 | 3182 | 17864 | 0.01 | 5 | 10 |
| 26713 | 77611 | 20821 | 0.21 | 185 | 14 |
| 135728 | 102560 | 30650 | 0.57 | 921 | 7 |
| 502370 | 153763 | 104401 | 0.28 | 216 | 3 |
| 35563 | 47899 | 20418 | 0.25 | 158 | 14 |
| -800 | 320 | | | | |
| 193599 | 177623 | 96554 | 0.98 | 1202 | 18 |
| 3578 | 18008 | 3524 | 0.14 | 162 | 2 |
| -968 | 10524 | 1352 | 0.02 | 16 | 4 |
| 7100 | | | 0.05 | 46 | 5 |
| 544219 | 60511 | 27454 | 0.12 | 109 | 12 |

# 按年份各地区文物业藏品数

单位：件/套

| 地　区 | 1995年 | 2000年 | 2005年 | 2010年 | 2015年 | 2016年 | 2017年 |
|---|---|---|---|---|---|---|---|
| **总　计** | **11331575** | **12491531** | **19964963** | **28642200** | **41388558** | **44558807** | **48506647** |
| 北　京 | 167342 | 181864 | 1152341 | 3735879 | 3678397 | 3684368 | 4356056 |
| 天　津 | 546695 | 553684 | 598813 | 955735 | 1025328 | 986885 | 1055710 |
| 河　北 | 617098 | 668097 | 527123 | 554831 | 613234 | 558198 | 533944 |
| 山　西 | 394648 | 397373 | 897875 | 775959 | 1197673 | 1458367 | 1626580 |
| 内蒙古 | 352021 | 367847 | 442177 | 461499 | 572423 | 731444 | 754368 |
| 辽　宁 | 225092 | 214994 | 423106 | 724758 | 754521 | 827168 | 624845 |
| 吉　林 | 163694 | 168976 | 190796 | 299574 | 461091 | 482126 | 658898 |
| 黑龙江 | 162820 | 166115 | 168899 | 218877 | 773220 | 1013359 | 1018121 |
| 上　海 | 203424 | 268984 | 1496698 | 1444185 | 3850202 | 4005831 | 4608884 |
| 江　苏 | 771836 | 803066 | 1933152 | 2490474 | 2601976 | 2519959 | 2659818 |
| 浙　江 | 396543 | 494206 | 869053 | 896263 | 1331284 | 1446109 | 1532324 |
| 安　徽 | 328780 | 432385 | 446566 | 822095 | 1021742 | 1006694 | 1023988 |
| 福　建 | 218598 | 263587 | 419697 | 445866 | 561053 | 541462 | 648149 |
| 江　西 | 202575 | 241239 | 387165 | 643335 | 609512 | 517401 | 627413 |
| 山　东 | 591720 | 792763 | 811316 | 1448056 | 2090547 | 4306999 | 4506067 |
| 河　南 | 1021544 | 1260014 | 1435202 | 1833281 | 2101398 | 1963555 | 2001997 |
| 湖　北 | 560737 | 615162 | 983730 | 1464517 | 1947865 | 1980655 | 2076765 |
| 湖　南 | 278609 | 277841 | 532768 | 857677 | 985246 | 976723 | 1000353 |
| 广　东 | 456762 | 498102 | 988920 | 1121797 | 1283237 | 1290857 | 1362898 |
| 广　西 | 232666 | 211091 | 301908 | 347472 | 508649 | 342356 | 324351 |
| 海　南 | 24938 | 48731 | 30140 | 58398 | 45155 | 75795 | 80486 |
| 重　庆 |  | 237413 | 301849 | 754363 | 689914 | 603577 | 643174 |
| 四　川 | 675154 | 457941 | 752459 | 1147088 | 3679655 | 4455953 | 4301584 |
| 贵　州 | 36892 | 41579 | 54690 | 119594 | 139048 | 149523 | 192914 |
| 云　南 | 214693 | 244475 | 299465 | 453712 | 1301043 | 1345420 | 1394886 |
| 西　藏 | 127026 | 68650 | 212691 | 143071 | 262984 | 278587 | 276213 |
| 陕　西 | 502005 | 533192 | 883408 | 946083 | 2885836 | 2617470 | 4004127 |
| 甘　肃 | 249723 | 280812 | 429726 | 546332 | 609895 | 573857 | 537364 |
| 青　海 | 75233 | 97052 | 141121 | 186276 | 179008 | 189988 | 103128 |
| 宁　夏 | 37881 | 48620 | 77025 | 84093 | 103783 | 75362 | 387188 |
| 新　疆 | 72457 | 94477 | 107777 | 150646 | 241046 | 228185 | 246548 |

# 按年份各地区博物馆机构数

单位：个

| 地区 | 1995年 | 2000年 | 2005年 | 2010年 | 2015年 | 2016年 | 2017年 |
|---|---|---|---|---|---|---|---|
| **总计** | **1194** | **1384** | **1581** | **2435** | **3852** | **4109** | **4721** |
| 北京 | 17 | 25 | 34 | 41 | 40 | 41 | 71 |
| 天津 | 14 | 14 | 18 | 18 | 22 | 22 | 62 |
| 河北 | 31 | 43 | 46 | 65 | 107 | 111 | 122 |
| 山西 | 69 | 76 | 86 | 89 | 100 | 105 | 138 |
| 内蒙古 | 17 | 25 | 33 | 54 | 84 | 87 | 93 |
| 辽宁 | 26 | 30 | 39 | 61 | 64 | 65 | 65 |
| 吉林 | 16 | 16 | 18 | 57 | 76 | 77 | 107 |
| 黑龙江 | 29 | 41 | 46 | 76 | 158 | 176 | 183 |
| 上海 | 12 | 11 | 25 | 27 | 99 | 99 | 98 |
| 江苏 | 72 | 86 | 99 | 213 | 312 | 317 | 322 |
| 浙江 | 59 | 68 | 80 | 100 | 224 | 275 | 308 |
| 安徽 | 30 | 37 | 43 | 120 | 171 | 171 | 196 |
| 福建 | 64 | 81 | 82 | 94 | 98 | 98 | 123 |
| 江西 | 82 | 81 | 82 | 108 | 137 | 138 | 139 |
| 山东 | 56 | 59 | 75 | 114 | 312 | 393 | 485 |
| 河南 | 66 | 70 | 79 | 111 | 248 | 270 | 334 |
| 湖北 | 88 | 94 | 91 | 120 | 175 | 183 | 199 |
| 湖南 | 57 | 66 | 73 | 81 | 113 | 115 | 120 |
| 广东 | 114 | 128 | 146 | 169 | 177 | 177 | 184 |
| 广西 | 37 | 39 | 49 | 64 | 124 | 125 | 132 |
| 海南 | 17 | 15 | 16 | 16 | 18 | 18 | 19 |
| 重庆 |  | 14 | 18 | 37 | 78 | 82 | 94 |
| 四川 | 54 | 50 | 55 | 108 | 225 | 239 | 255 |
| 贵州 | 4 | 8 | 11 | 59 | 73 | 73 | 84 |
| 云南 | 22 | 30 | 32 | 120 | 86 | 90 | 125 |
| 西藏 | 2 | 2 | 2 | 2 | 7 | 7 | 7 |
| 陕西 | 59 | 67 | 82 | 106 | 249 | 274 | 282 |
| 甘肃 | 52 | 65 | 69 | 102 | 150 | 152 | 204 |
| 青海 | 8 | 14 | 15 | 18 | 23 | 23 | 23 |
| 宁夏 | 3 | 4 | 6 | 6 | 12 | 13 | 54 |
| 新疆 | 12 | 23 | 28 | 71 | 86 | 90 | 90 |

# 2017年全国

| 指　　标 | 机构数（个） | 从业人员（人） | | | | | |
|---|---|---|---|---|---|---|---|
| | | | 专业技术人才 | | | | 安全保卫人员 |
| | | | | 正高级职称 | 副高级职称 | 中级职称 | |
| **总　　计** | **9931** | **161577** | **50893** | **2476** | **6745** | **20136** | **31951** |
| **按单位类型分** | | | | | | | |
| 文物科研机构 | 121 | 3995 | 2592 | 310 | 548 | 946 | 316 |
| 文物保护管理机构 | 3518 | 33400 | 9140 | 170 | 964 | 3781 | 5685 |
| 博物馆 | 4721 | 105079 | 37333 | 1909 | 5029 | 14674 | 25728 |
| 文物商店 | 66 | 1203 | 511 | 4 | 41 | 238 | |
| 其他文物机构 | 1505 | 17900 | 1317 | 83 | 163 | 497 | 222 |
| **按隶属关系分** | | | | | | | |
| 中　央 | 12 | 3615 | 1912 | 183 | 487 | 723 | 551 |
| 省、区、市 | 311 | 19237 | 9119 | 715 | 1637 | 3461 | 3106 |
| 地、市 | 1725 | 47995 | 16523 | 738 | 2445 | 7009 | 9084 |
| 县、市、区 | 7883 | 90730 | 23339 | 840 | 2176 | 8943 | 19210 |
| **按部门分** | | | | | | | |
| 文物部门 | 8334 | 135856 | 43580 | 1750 | 5684 | 17449 | 26454 |
| 其他部门 | 1597 | 25721 | 7313 | 726 | 1061 | 2687 | 5497 |

续表 1

| 指　　标 | | | 基本陈列（个） | 临时展览（个） | 参观人次（万人次） | | 门票销售总额（千元） |
|---|---|---|---|---|---|---|---|
| | 二级品 | 三级品 | | | | 未成年人参观人次 | |
| **总　　计** | **2176** | **14859** | **13025** | **13020** | **114772.57** | **28908.92** | **13134375** |
| **按单位类型分** | | | | | | | |
| 文物科研机构 | 327 | 2213 | 13 | 27 | 296.82 | 28.01 | 136403 |
| 文物保护管理机构 | 87 | 329 | 823 | 571 | 17303.60 | 2688.56 | 3092848 |
| 博物馆 | 1687 | 11031 | 12189 | 12422 | 97172.15 | 26192.35 | 9905124 |
| 文物商店 | | | | | | | |
| 其他文物机构 | 75 | 1286 | | | | | |
| **按隶属关系分** | | | | | | | |
| 中　央 | 103 | 88 | 30 | 176 | 2840.45 | 451.87 | 833984 |
| 省、区、市 | 1145 | 7391 | 505 | 982 | 10900.89 | 2638.17 | 1350979 |
| 地、市 | 406 | 3527 | 3110 | 4493 | 37877.68 | 8697.30 | 2624114 |
| 县、市、区 | 522 | 3853 | 9380 | 7369 | 63153.56 | 17121.58 | 8325298 |
| **按部门分** | | | | | | | |
| 文物部门 | 1964 | 14278 | 9195 | 10798 | 92238.58 | 23698.09 | 5912465 |
| 其他部门 | 212 | 581 | 3830 | 2222 | 22534.00 | 5210.82 | 7221910 |

# 文物业基本情况

| 登记注册志愿者(人) | 文物藏品(件/套) | 在藏品数中(件/套) | | | | | | 本年修复藏品数(件/套) | |
|---|---|---|---|---|---|---|---|---|---|
| | | 一级品 | 二级品 | 三级品 | 本年新增藏品 | 本年从有关部门接收文物数 | 本年藏品征集数 | | 一级品 |
| **147145** | **48506647** | **100650** | **746846** | **3548583** | **2039381** | **44418** | **425739** | **92718** | **461** |
| | | | | | | | | | |
| 316 | 1230188 | 1550 | 3828 | 28826 | 37233 | | 8 | 23900 | 64 |
| 12531 | 2473352 | 7211 | 22579 | 141300 | 44807 | 6593 | 24966 | 6821 | 9 |
| 134124 | 36623080 | 89921 | 710522 | 3321280 | 1917712 | 33780 | 399071 | 60012 | 369 |
| | 7391751 | 52 | 72 | 2570 | | | | | |
| 174 | 788276 | 1916 | 9845 | 54607 | 39629 | 4045 | 1694 | 1985 | 19 |
| | | | | | | | | | |
| 832 | 3337506 | 22630 | 428340 | 957872 | 4195 | 1179 | 2314 | 1676 | 28 |
| 21406 | 16816727 | 31122 | 157031 | 1413610 | 1408950 | 4670 | 62135 | 24091 | 282 |
| 51288 | 9561239 | 23243 | 80020 | 623907 | 209736 | 16847 | 115662 | 29623 | 65 |
| 73619 | 18791175 | 23655 | 81455 | 553194 | 416500 | 21722 | 245628 | 37328 | 86 |
| | | | | | | | | | |
| 110412 | 36163112 | 95626 | 730240 | 3479413 | 1827437 | 39802 | 260614 | 78820 | 413 |
| 36733 | 12343535 | 5024 | 16606 | 69170 | 211944 | 4616 | 165125 | 13898 | 48 |

| 本年收入合计(千元) | | | | | | 本年支出合计(千元) | | |
|---|---|---|---|---|---|---|---|---|
| 本年收入合计(千元) | 财政补助收入 | 上级补助收入 | 事业收入 | 经营收入 | 附属单位上缴收入 | 其他收入 | 本年支出合计(千元) | 基本支出 | 项目支出 |
| **55941990** | **42972981** | **1391874** | **4445577** | **2369067** | **32008** | **4730483** | **54695233** | **22294662** | **27379135** |
| | | | | | | | | | |
| 2888579 | 1514541 | 47523 | 1160386 | 57487 | | 108642 | 2349746 | 752113 | 1538494 |
| 9898129 | 6967183 | 534341 | 1409570 | 475718 | 25012 | 486305 | 9563619 | 3905581 | 5107164 |
| 32555584 | 25686493 | 798796 | 1703184 | 1832022 | 6996 | 2528093 | 33068127 | 15519248 | 14711667 |
| 594754 | 16430 | | | | | 578324 | 546585 | | |
| 10004944 | 8788334 | 11214 | 172437 | 3840 | | 1029119 | 9167156 | 2117720 | 6021810 |
| | | | | | | | | | |
| 2432012 | 1762728 | | 468758 | 17807 | | 182719 | 2443166 | 1014190 | 1337108 |
| 11226538 | 8761781 | 69240 | 1530077 | 97496 | | 767944 | 10191888 | 3003513 | 6517966 |
| 19655147 | 14943606 | 280598 | 1387757 | 727693 | 401 | 2315092 | 18799307 | 8946739 | 8828106 |
| 22628293 | 17504866 | 1042036 | 1058985 | 1526071 | 31607 | 1464728 | 23260872 | 9330220 | 10695955 |
| | | | | | | | | | |
| 49103830 | 38663547 | 1132805 | 4106955 | 1618508 | 29086 | 3552929 | 46228073 | 18982076 | 24519533 |
| 6838160 | 4309434 | 259069 | 338622 | 750559 | 2922 | 1177554 | 8467160 | 3312586 | 2859602 |

续表 2

| 指　标 | 经营支出 | 在支出合计中：工资福利支出 | 商品和服务支出 | 差旅费 | 劳务费 | 福利费 | 各种税金支出 |
|---|---|---|---|---|---|---|---|
| **总　计** | **1532325** | **12854381** | **18795753** | **497761** | **2185366** | **184008** | **211455** |
| **按单位类型分** | | | | | | | |
| 文物科研机构 | 51677 | 405325 | 1543271 | 83216 | 456494 | 5187 | 34411 |
| 文物保护管理机构 | 244001 | 2292834 | 3005158 | 42775 | 260364 | 33069 | 50351 |
| 博物馆 | 1232970 | 8997548 | 11134344 | 299259 | 1272902 | 135991 | 118219 |
| 文物商店 | | | | | | | |
| 其他文物机构 | 3677 | 1158674 | 3112980 | 72511 | 195606 | 9761 | 8474 |
| **按隶属关系分** | | | | | | | |
| 中　央 | 555 | 427338 | 1187876 | 26482 | 82429 | 2909 | 13800 |
| 省、区、市 | 77361 | 1814031 | 4422595 | 171012 | 547409 | 26640 | 43125 |
| 地、市 | 482332 | 4658036 | 6928068 | 155170 | 1049070 | 40912 | 63884 |
| 县、市、区 | 972077 | 5954976 | 6257214 | 145097 | 506458 | 113547 | 90646 |
| **按部门分** | | | | | | | |
| 文物部门 | 696383 | 10703319 | 16987412 | 420511 | 2074504 | 128115 | 136445 |
| 其他部门 | 835942 | 2151062 | 1808341 | 77250 | 110862 | 55893 | 75010 |

# 2017年全国文物保护

| | 机构数(个) | 从业人员(人) | 专业技术人才 | 正高级职称 | 副高级职称 | 中级职称 | 安全保卫人员 |
|---|---|---|---|---|---|---|---|
| **总　计** | **3518** | **33400** | **9140** | **170** | **964** | **3781** | **5685** |
| 按隶属关系分 | | | | | | | |
| 中　央 | 1 | 136 | 40 | 3 | 8 | 19 | 18 |
| 省、区、市 | 12 | 676 | 138 | 4 | 27 | 43 | 155 |
| 地、市 | 305 | 11016 | 2851 | 118 | 463 | 1236 | 1413 |
| 县、市、区 | 3200 | 21572 | 6111 | 45 | 466 | 2483 | 4099 |
| 按部门分类 | | | | | | | |
| 文物部门 | 3445 | 30313 | 8738 | 159 | 870 | 3560 | 5401 |
| 其他部门 | 73 | 3087 | 402 | 11 | 94 | 221 | 284 |
| 按机构类型分 | | | | | | | |
| 区域性文物保护管理机构 | 1925 | 17860 | 6298 | 129 | 654 | 2636 | 2915 |
| 专门为一处或几处文物保护单位设立的保护管理机构 | 1593 | 15540 | 2842 | 41 | 310 | 1145 | 2770 |

| 对个人和家庭补助支出 | 抚恤金和生活补助 | 其他资本性支出 | 各种设备、交通工具、图书购置费 | 资产总计(千元) | 固定资产原值 | 实际使用房屋建筑面积(万平方米) | 展览用房 | 文物库房 | 实际拥有产权面积(万平方米) |
|---|---|---|---|---|---|---|---|---|---|
| **2753314** | **112897** | **7925864** | **1089384** | **175977981** | **93431644** | **4331.70** | **1360.66** | **254.15** | **3466.22** |
| 128750 | 6154 | 196782 | 98944 | 4746233 | 1371884 | 79.09 | | 8.63 | 16.12 |
| 440616 | 26175 | 1180303 | 69213 | 22796564 | 9129543 | 1480.91 | 137.75 | 20.33 | 534.35 |
| 1887379 | 64244 | 4890748 | 861672 | 132756995 | 76789129 | 2668.44 | 1221.68 | 217.06 | 2101.66 |
| | | | | 2184097 | 348089 | 14.57 | | 6.56 | 10.75 |
| 296569 | 16324 | 1658031 | 59555 | 13494092 | 5792999 | 88.71 | 1.23 | 1.56 | 803.34 |
| 308551 | 4534 | 311310 | 50127 | 7859174 | 3283599 | 54.04 | 9.82 | 4.17 | 30.67 |
| 529013 | 24345 | 1715912 | 379918 | 34676678 | 17866177 | 322.59 | 102.76 | 51.81 | 191.49 |
| 1150297 | 45642 | 2590906 | 452292 | 47524213 | 28340206 | 990.34 | 401.07 | 66.39 | 1399.39 |
| 765453 | 38376 | 3307736 | 207047 | 85917916 | 43941662 | 2964.74 | 847.02 | 131.79 | 1844.67 |
| 2467175 | 96321 | 6813688 | 988331 | 125525769 | 68148141 | 3530.64 | 1000.36 | 188.23 | 2940.26 |
| 286139 | 16576 | 1112176 | 101053 | 50452212 | 25283503 | 801.06 | 360.31 | 65.93 | 525.96 |

## 管理机构基本情况

| 登记注册志愿者人数(人) | 藏品数(件/套) | | | | | 在藏品数中(件/套) | | | 本年修复文物数(件/套) |
|---|---|---|---|---|---|---|---|---|---|
| | | 文物藏品 | 一级品 | 二级品 | 三级品 | 本年新增藏品 | 本年从有关部门接收文物数 | 本年藏品征集数 | |
| **12531** | **2473352** | **527061** | **7211** | **22579** | **141300** | **44807** | **6593** | **24966** | **6821** |
| 125 | 15887 | | | | | 961 | | 561 | |
| | 111987 | 438 | 373 | 1152 | 7761 | | | | 100 |
| 1948 | 246460 | 70109 | 954 | 2430 | 13207 | 8147 | 5488 | 2403 | 1266 |
| 10458 | 2099018 | 456514 | 5884 | 18997 | 120332 | 35699 | 1105 | 22002 | 5455 |
| 12328 | 2456340 | 526012 | 7167 | 22466 | 141004 | 43684 | 6593 | 24243 | 6096 |
| 203 | 17012 | 1049 | 44 | 113 | 296 | 1123 | | 723 | 725 |
| 10387 | 2061266 | 457081 | 4566 | 15153 | 107289 | 42312 | 6402 | 23581 | 5617 |
| 2144 | 412086 | 69980 | 2645 | 7426 | 34011 | 2495 | 191 | 1385 | 1204 |

续表 1

| | | | | | | | |
|---|---|---|---|---|---|---|---|
| | 一级品 | 二级品 | 三级品 | 基本陈列<br>(个) | 临时展览<br>(个) | 参观人次<br>(万人次) | 未成年人<br>参观人次 |
| **总　计** | **9** | **87** | **329** | **823** | **571** | **17303.60** | **2688.56** |
| 按隶属关系分 | | | | | | | |
| 中　央 | | | | 4 | 46 | 341.98 | 20.00 |
| 省、区、市 | 7 | 27 | 37 | 4 | 5 | 226.71 | 11.72 |
| 地、市 | | 16 | 61 | 176 | 106 | 6186.40 | 700.35 |
| 县、市、区 | 2 | 44 | 231 | 639 | 414 | 10548.52 | 1956.49 |
| 按部门分类 | | | | | | | |
| 文物部门 | 9 | 87 | 329 | 808 | 522 | 14480.81 | 2565.30 |
| 其他部门 | | | | 15 | 49 | 2822.80 | 123.26 |
| 按机构类型分 | | | | | | | |
| 区域性文物保护管理机构 | 2 | 60 | 290 | 583 | 392 | 7555.19 | 1373.74 |
| 专门为一处或几处文物保护单位设立的保护管理机构 | 7 | 27 | 39 | 240 | 179 | 9748.41 | 1314.82 |

续表 2

| | | | | | | | |
|---|---|---|---|---|---|---|---|
| | 古建维修、<br>考古发掘<br>报告<br>(册) | 获国家奖<br>(个) | 获省、部奖<br>(个) | 本年收入<br>合计<br>(千元) | 财政补助<br>收入 | 上级补助<br>收入 | 事业收入 |
| **总　计** | **430** | **5** | **31** | **9898129** | **6967183** | **534341** | **1409570** |
| 按隶属关系分 | | | | | | | |
| 中　央 | | | | 141430 | 36606 | | 87598 |
| 省、区、市 | | | | 254172 | 149303 | 4590 | 98880 |
| 地、市 | 407 | 5 | 10 | 3726541 | 2451323 | 94908 | 839502 |
| 县、市、区 | 23 | | 21 | 5775986 | 4329951 | 434843 | 383590 |
| 按部门分类 | | | | | | | |
| 文物部门 | 430 | 5 | 31 | 8954174 | 6199185 | 515050 | 1319735 |
| 其他部门 | | | | 943955 | 767998 | 19291 | 89835 |
| 按机构类型分 | | | | | | | |
| 区域性文物保护管理机构 | 425 | 5 | 28 | 6034520 | 4520717 | 401236 | 628016 |
| 专门为一处或几处文物保护单位设立的保护管理机构 | 5 | | 3 | 3863609 | 2446466 | 133105 | 781554 |

| | | | | | | 本年完成科研成果 | | | |
|---|---|---|---|---|---|---|---|---|---|
| 本地居民参观人次 | 境外观众参观人次 | 举办社会教育活动（次） | 参加活动人次（万人次） | 未成年人参加人次 | 门票销售总额（千元） | 省部级及以上科研课题数（个） | 专利（个） | 专著或图录（册） | 论文数（篇） |
| **4491.03** | **225.80** | **112287** | **221.07** | **70.80** | **3092848** | **32** | **3** | **85** | **329** |
| | | | | | | | | | |
| | | 20 | 0.15 | 0.15 | 76993 | | | | 12 |
| 85.16 | 16.48 | 18 | 1.00 | 0.77 | 177166 | 2 | | | 8 |
| 1049.13 | 43.89 | 1109 | 32.77 | 19.76 | 1615826 | 11 | 3 | 39 | 162 |
| 3356.74 | 165.43 | 111140 | 187.15 | 50.12 | 1222863 | 19 | | 46 | 147 |
| | | | | | | | | | |
| 4130.19 | 212.40 | 112155 | 217.65 | 67.51 | 2345217 | 32 | 3 | 84 | 314 |
| 360.84 | 13.41 | 132 | 3.42 | 3.29 | 747631 | | | 1 | 15 |
| | | | | | | | | | |
| 2039.17 | 129.93 | 14979 | 146.05 | 40.89 | 1229608 | 20 | 3 | 52 | 263 |
| 2451.87 | 95.87 | 97308 | 75.01 | 29.91 | 1863240 | 12 | | 33 | 66 |

| | | | | | | | 在支出合计中： | |
|---|---|---|---|---|---|---|---|---|
| 经营收入 | 附属单位上缴收入 | 其他收入 | 本年支出合计（千元） | 基本支出 | 项目支出 | 经营支出 | 工资福利支出 | 商品和服务支出 |
| **475718** | **25012** | **486305** | **9563619** | **3905581** | **5107164** | **244001** | **2292834** | **3005158** |
| | | | | | | | | |
| | | 17226 | 133860 | 92797 | 28908 | | 22509 | 55001 |
| | | 1399 | 165903 | 106573 | 43145 | | 53957 | 79273 |
| 26779 | 154 | 313875 | 3574254 | 1555048 | 1973701 | 18070 | 866640 | 1430605 |
| 448939 | 24858 | 153805 | 5689602 | 2151163 | 3061410 | 225931 | 1349728 | 1440279 |
| | | | | | | | | |
| 474518 | 25012 | 420674 | 8645792 | 3621804 | 4487181 | 242091 | 2117161 | 2538167 |
| 1200 | | 65631 | 917827 | 283777 | 619983 | 1910 | 175673 | 466991 |
| | | | | | | | | |
| 339207 | 237 | 145107 | 5822088 | 2251707 | 3270284 | 193649 | 1374406 | 1949012 |
| 136511 | 24775 | 341198 | 3741531 | 1653874 | 1836880 | 50352 | 918428 | 1056146 |

续表 3

| | 差旅费 | 劳务费 | 福利费 | 各种税金支出 | 对个人和家庭补助支出 | 抚恤金和生活补贴 | 其他资本性支出 |
|---|---|---|---|---|---|---|---|
| **总　计** | **42775** | **260364** | **33069** | **50351** | **440616** | **26175** | **1180303** |
| 按隶属关系分 | | | | | | | |
| 中　央 | 521 | 434 | 2373 | 5632 | 4311 | 993 | 2570 |
| 省、区、市 | 1806 | 3163 | 306 | 188 | 10886 | 912 | 1286 |
| 地、市 | 16748 | 149446 | 13587 | 34570 | 253697 | 11726 | 285946 |
| 县、市、区 | 23700 | 107321 | 16803 | 9961 | 171722 | 12544 | 890501 |
| 按部门分类 | | | | | | | |
| 文物部门 | 39245 | 252667 | 28683 | 25287 | 389578 | 16229 | 1072026 |
| 其他部门 | 3530 | 7697 | 4386 | 25064 | 51038 | 9946 | 108277 |
| 按机构类型分 | | | | | | | |
| 区域性文物保护管理机构 | 28125 | 177603 | 23201 | 37139 | 252420 | 10925 | 772337 |
| 专门为一处或几处文物保护单位设立的保护管理机构 | 14650 | 82761 | 9868 | 13212 | 188196 | 15250 | 407966 |

续表 4

| | | | | 进行考古发掘情况 | | | |
|---|---|---|---|---|---|---|---|
| | 保护维修面积(平方米) | 省保单位保护维项修目数(个) | 市、县保单位保护维修项目数(个) | 考古发掘面积(万平方米) | 出土器物(件/套) | 原址保护展示面积(万平方米) | 异地保护展示面积(万平方米) |
| **总　计** | **99207803** | **529** | **681** | **389.90** | **41293** | **41.18** | **0.69** |
| 按隶属关系分 | | | | | | | |
| 中　央 | | | | | | | |
| 省、区、市 | 55 | | | 0.38 | 317 | | |
| 地、市 | 65009479 | 68 | 40 | 257.07 | 7387 | 0.59 | |
| 县、市、区 | 34198269 | 461 | 641 | 132.45 | 33589 | 40.58 | 0.69 |
| 按部门分类 | | | | | | | |
| 文物部门 | 99184582 | 529 | 680 | 389.90 | 41293 | 41.18 | 0.69 |
| 其他部门 | 23221 | | 1 | | | | |
| 按机构类型分 | | | | | | | |
| 区域性文物保护管理机构 | 94684365 | 491 | 658 | 389.35 | 40387 | 13.10 | 0.08 |
| 专门为一处或几处文物保护单位设立的保护管理机构 | 4523438 | 38 | 23 | 0.56 | 906 | 28.07 | 0.61 |

| | 资产总计（千元） | 固定资产原值 | 实际使用房屋建筑面积（万平方米） | 展览用房 | 文物库房（含标本室） | 实际拥有产权面积（万平方米） | 文物保护规划和方案设计（个） | 文物保护维修情况 |
|---|---|---|---|---|---|---|---|---|
| 各种设备、交通工具、图书购置费 | | | | | | | | 国保单位保护维修项目数（个） |
| **69213** | **22796564** | **9129543** | **1480.91** | **137.75** | **20.33** | **534.35** | **1043** | **701** |
| | | | | | | | | |
| 2295 | 500434 | 37005 | 1.60 | 0.47 | 0.05 | | 1 | |
| 862 | 344536 | 67565 | 1.83 | 0.63 | 0.04 | 4.20 | | 6 |
| 22317 | 10221775 | 3912939 | 99.05 | 24.43 | 2.80 | 112.23 | 118 | 129 |
| 43739 | 11729819 | 5112034 | 1378.44 | 112.23 | 17.44 | 417.92 | 924 | 566 |
| | | | | | | | | |
| 53431 | 19670739 | 8279676 | 1456.03 | 135.77 | 20.14 | 527.39 | 1033 | 686 |
| 15782 | 3125825 | 849867 | 24.88 | 1.99 | 0.19 | 6.97 | 10 | 15 |
| | | | | | | | | |
| 40673 | 10410647 | 5043639 | 180.84 | 50.22 | 10.69 | 212.51 | 920 | 468 |
| 28540 | 12385917 | 4085904 | 1300.07 | 87.54 | 9.64 | 321.84 | 123 | 233 |

| 主办刊物（种） | 国际合作项目数（个） | 文化创意产品情况 | | | 文博单位举办新媒体情况 | | | |
|---|---|---|---|---|---|---|---|---|
| | | 文化创意产品种类（个） | 文化创意产品销售收入（千元） | 文化创意产品销售利润（千元） | 举办网站（个） | 网站年访问量（次） | 举办微信公众号、微博（个） | 举办微信公众号、微博关注人数（人） |
| **34** | **7** | **1458** | **67607** | **15215** | **70** | **29212280** | **172** | **4817111** |
| | | | | | | | | |
| | 4 | 1360 | 65930 | 14696 | 2 | 2268841 | 3 | 77370 |
| 1 | | | | | | | 2 | 920 |
| 18 | 3 | 24 | 124 | 68 | 29 | 25648931 | 68 | 3201941 |
| 15 | | 74 | 1553 | 451 | 39 | 1294508 | 99 | 1536880 |
| | | | | | | | | |
| 34 | 3 | 97 | 1677 | 519 | 67 | 25848439 | 164 | 3487258 |
| | 4 | 1361 | 65930 | 14696 | 3 | 3363841 | 8 | 1329853 |
| | | | | | | | | |
| 22 | | 68 | 647 | 264 | 40 | 23949962 | 93 | 1397125 |
| 12 | 7 | 1390 | 66960 | 14951 | 30 | 5262318 | 79 | 3419986 |

# 2017年全国

| | 机构数（个） | 从业人员（人） | 专业技术人才 | 正高级职称 | 副高级职称 | 中级职称 | 安全保卫人员 |
|---|---|---|---|---|---|---|---|
| **总　计** | **4721** | **105079** | **37333** | **1909** | **5029** | **14674** | **25728** |
| 其中：免费开放 | 3952 | 77849 | 29926 | 1537 | 4006 | 11790 | 19568 |
| 按机构类型分 | | | | | | | |
| 综合性 | 1713 | 43588 | 18123 | 754 | 2512 | 7520 | 10748 |
| 历史类 | 1665 | 40121 | 11939 | 479 | 1498 | 4517 | 9896 |
| 艺术类 | 461 | 6235 | 2401 | 274 | 322 | 854 | 1527 |
| 自然科技类 | 172 | 4062 | 1844 | 144 | 286 | 696 | 721 |
| 其他 | 710 | 11073 | 3026 | 258 | 411 | 1087 | 2836 |
| 按隶属关系分 | | | | | | | |
| 中央 | 3 | 2895 | 1525 | 129 | 374 | 603 | 528 |
| 省、区、市 | 134 | 14152 | 6736 | 467 | 1198 | 2526 | 2834 |
| 地、市 | 1053 | 31204 | 12378 | 547 | 1792 | 5272 | 7445 |
| 县、市、区 | 3531 | 56828 | 16694 | 766 | 1665 | 6273 | 14921 |
| 按系统分类 | | | | | | | |
| 文物部门 | 3260 | 83512 | 30897 | 1236 | 4105 | 12413 | 20515 |
| 其他部门 | 544 | 11662 | 3690 | 229 | 505 | 1478 | 2552 |
| 民办 | 917 | 9905 | 2746 | 444 | 419 | 783 | 2661 |

续表 1

| | 一级品 | 二级品 | 三级品 | 基本陈列（个） | 临时展览（个） | 参观人次（万人次） | 未成年人参观人次 |
|---|---|---|---|---|---|---|---|
| **总　计** | **369** | **1687** | **11031** | **12189** | **12422** | **97172.15** | **26192.35** |
| 其中：免费开放 | 308 | 1510 | 10137 | 10493 | 11135 | 77791.03 | 22723.49 |
| 按机构类型分 | | | | | | | |
| 综合性 | 257 | 1253 | 7893 | 4919 | 6529 | 31987.12 | 9648.04 |
| 历史类 | 66 | 303 | 2324 | 3637 | 3171 | 47711.31 | 11849.91 |
| 艺术类 | 5 | 26 | 348 | 1206 | 1365 | 4838.43 | 1374.23 |
| 自然科技类 | 30 | 80 | 135 | 590 | 278 | 4383.64 | 1388.78 |
| 其他 | 11 | 25 | 331 | 1837 | 1079 | 8251.65 | 1931.39 |
| 按隶属关系分 | | | | | | | |
| 中央 | 26 | 85 | 17 | 26 | 130 | 2498.47 | 431.87 |
| 省、区、市 | 195 | 842 | 4823 | 493 | 960 | 10585.99 | 2621.91 |
| 地、市 | 64 | 299 | 3131 | 2930 | 4378 | 31482.64 | 7973.48 |
| 县、市、区 | 84 | 461 | 3060 | 8740 | 6954 | 52605.04 | 15165.09 |
| 按系统分类 | | | | | | | |
| 文物部门 | 321 | 1475 | 10450 | 8374 | 10249 | 77460.95 | 21104.78 |
| 其他部门 | 34 | 61 | 226 | 1362 | 863 | 12970.91 | 3441.70 |
| 民办 | 14 | 151 | 355 | 2453 | 1310 | 6740.29 | 1645.87 |

# 博物馆基本情况

| 登记注册志愿者人数(人) | 藏品数(件/套) | 在藏品数中(件/套) | | | | | | | 本年修复文物数(件/套) |
|---|---|---|---|---|---|---|---|---|---|
| | | 文物藏品 | 一级品 | 二级品 | 三级品 | 本年新增藏品 | 本年从有关部门接收文物数 | 本年藏品征集数 | |
| **134124** | **36623080** | **18274452** | **89921** | **710522** | **3321280** | **1917712** | **33780** | **399071** | **60012** |
| 111242 | 28580580 | 13301508 | 69389 | 425626 | 2604090 | 1808568 | 32015 | 314423 | 54216 |
| 52212 | 15525628 | 9808589 | 55951 | 316672 | 2175292 | 211284 | 22394 | 115064 | 33369 |
| 45723 | 8599133 | 5522991 | 24749 | 302050 | 859846 | 1472146 | 6544 | 88498 | 20884 |
| 9790 | 2390623 | 91386 | 2580 | 46028 | 134563 | 13697 | 131 | 7982 | 1179 |
| 14803 | 3708443 | 196889 | 2873 | 12715 | 22421 | 52679 | 324 | 42392 | 1193 |
| 11596 | 6399253 | 2654597 | 3768 | 33057 | 129158 | 167906 | 4387 | 145135 | 3387 |
| 707 | 3259655 | 2982794 | 22630 | 428340 | 957872 | 2967 | 1179 | 1753 | 1329 |
| 21256 | 9665787 | 6622663 | 29272 | 148621 | 1385466 | 1405422 | 4670 | 62135 | 13635 |
| 49074 | 7402412 | 3579093 | 21776 | 74518 | 571474 | 166955 | 11359 | 112611 | 17027 |
| 63087 | 16295226 | 5089902 | 16243 | 59043 | 406468 | 342368 | 16572 | 222572 | 28021 |
| 97594 | 26660802 | 15469720 | 84944 | 694072 | 3253117 | 1706891 | 29164 | 234669 | 46839 |
| 25271 | 2647480 | 382713 | 2343 | 8480 | 23593 | 55753 | 3960 | 37111 | 9027 |
| 11259 | 7314798 | 2422019 | 2634 | 7970 | 44570 | 155068 | 656 | 127291 | 4146 |

| 本地居民参观人次 | 境外观众参观人次 | 举办社会教育活动(次) | 参加活动人次(万人次) | 未成年人参加人次 | 门票销售总额(千元) | 本年完成科研成果 | | | |
|---|---|---|---|---|---|---|---|---|---|
| | | | | | | 省部级及以上科研课题数(个) | 专利(个) | 专著或图录(册) | 论文数(篇) |
| **38497.19** | **1761.29** | **2288324** | **5835.29** | **2615.03** | **9905124** | **561** | **4560** | **7401** | **6394** |
| 32573.14 | 1325.11 | 2070867 | 5079.43 | 2213.96 | 104280 | 439 | 169 | 1162 | 5112 |
| 13367.23 | 627.49 | 1162013 | 2551.22 | 1116.54 | 491301 | 206 | 70 | 485 | 3228 |
| 18186.31 | 791.23 | 824007 | 2238.98 | 943.34 | 8315748 | 135 | 24 | 356 | 2076 |
| 2121.29 | 139.45 | 91900 | 215.95 | 100.20 | 27352 | 61 | 90 | 176 | 375 |
| 1624.05 | 44.70 | 93750 | 288.79 | 191.11 | 242192 | 96 | 18 | 79 | 352 |
| 3198.31 | 158.42 | 116654 | 540.34 | 263.84 | 828531 | 63 | 4358 | 6305 | 363 |
| 407.72 | 201.76 | 475782 | 39.22 | 13.28 | 756991 | 15 | 1 | 70 | 444 |
| 4741.10 | 225.50 | 338376 | 754.18 | 250.25 | 1146132 | 202 | 61 | 271 | 2636 |
| 15253.07 | 496.72 | 308442 | 1985.10 | 904.81 | 899566 | 110 | 4360 | 6605 | 2019 |
| 18095.31 | 837.31 | 1165724 | 3056.80 | 1446.69 | 7102435 | 234 | 138 | 455 | 1295 |
| 30045.57 | 1397.27 | 2052200 | 4680.75 | 2053.49 | 3430845 | 392 | 4444 | 6861 | 5656 |
| 5980.10 | 151.72 | 83970 | 862.10 | 402.55 | 6417703 | 127 | 15 | 160 | 562 |
| 2471.53 | 212.30 | 152154 | 292.44 | 158.99 | 56576 | 42 | 101 | 380 | 176 |

续表 2

| | 古建维修、考古发掘报告(册) | 获国家奖(个) | 获省、部奖(个) | 本年收入合计(千元) | 财政补助收入 | 上级补助收入 | 事业收入 |
|---|---|---|---|---|---|---|---|
| **总　计** | **141** | **116** | **455** | **32555584** | **25686493** | **798796** | **1703184** |
| 其中：免费开放 | 127 | 104 | 398 | 24375141 | 20600944 | 637227 | 586031 |
| 按机构类型分 | | | | | | | |
| 综合性 | 116 | 50 | 175 | 12203568 | 10734567 | 384290 | 662825 |
| 历史类 | 15 | 31 | 101 | 13635577 | 10149053 | 315895 | 758886 |
| 艺术类 | | 33 | 87 | 1692155 | 1460622 | 30855 | 28104 |
| 自然科技类 | 1 | | 49 | 1516329 | 1078847 | 14923 | 203467 |
| 其他 | 9 | 2 | 43 | 3507955 | 2263404 | 52833 | 49902 |
| 按隶属关系分 | | | | | | | |
| 中央 | 2 | 1 | 5 | 1694275 | 1381970 | | 225124 |
| 省、区、市 | 37 | 21 | 77 | 7329602 | 6741105 | 43857 | 366489 |
| 地、市 | 35 | 41 | 157 | 11878540 | 9197287 | 153419 | 440921 |
| 县、市、区 | 67 | 53 | 216 | 11653167 | 8366131 | 601520 | 670650 |
| 按系统分类 | | | | | | | |
| 文物部门 | 131 | 81 | 303 | 26976526 | 22148153 | 559018 | 1454397 |
| 其他部门 | 7 | 3 | 59 | 4252933 | 3153637 | 157513 | 229569 |
| 民办 | 3 | 32 | 93 | 1326125 | 384703 | 82265 | 19218 |

续表 3

| | 差旅费 | 劳务费 | 福利费 | 各种税金支出 | 对个人和家庭补助支出 | 抚恤金和生活补贴 | 其他资本性支出 |
|---|---|---|---|---|---|---|---|
| **总　计** | **299259** | **1272902** | **135991** | **118219** | **1887379** | **64244** | **4890748** |
| 其中：免费开放 | 230104 | 1062250 | 62759 | 24290 | 1417711 | 47229 | 3681975 |
| 按机构类型分 | | | | | | | |
| 综合性 | 122854 | 463909 | 39137 | 19391 | 779858 | 28758 | 1830924 |
| 历史类 | 102699 | 665593 | 42606 | 66955 | 804289 | 26601 | 1645999 |
| 艺术类 | 30282 | 39067 | 33980 | 11167 | 72200 | 2825 | 631792 |
| 自然科技类 | 10091 | 29345 | 5703 | 1782 | 46519 | 1886 | 371597 |
| 其他 | 33333 | 74988 | 14565 | 18924 | 184513 | 4174 | 410436 |
| 按隶属关系分 | | | | | | | |
| 中央 | 8322 | 57739 | 395 | 6543 | 269744 | 2923 | 290526 |
| 省、区、市 | 85392 | 219488 | 21119 | 8766 | 377158 | 13376 | 1438039 |
| 地、市 | 103740 | 683461 | 23514 | 26761 | 755083 | 29526 | 1645003 |
| 县、市、区 | 101805 | 312214 | 90963 | 76149 | 485394 | 18419 | 1517180 |
| 按系统分类 | | | | | | | |
| 文物部门 | 225539 | 1169737 | 84484 | 68273 | 1652278 | 57614 | 3886849 |
| 其他部门 | 36292 | 72367 | 14068 | 31378 | 223139 | 3606 | 752540 |
| 民办 | 37428 | 30798 | 37439 | 18568 | 11962 | 3024 | 251359 |

| 经营收入 | 附属单位上缴收入 | 其他收入 | 捐赠收入 | 本年支出合计(千元) | 基本支出 | 项目支出 | 经营支出 | 在支出合计中：工资福利支出 | 商品和服务支出 |
|---|---|---|---|---|---|---|---|---|---|
| **1832022** | **6996** | **2528093** | **73313** | **33068127** | **15519248** | **14711667** | **1232970** | **8997548** | **11134344** |
| 233621 | 5112 | 2312206 | 56022 | 24857360 | 11864686 | 11464054 | 542183 | 6936673 | 8224332 |
| | | | | | | | | | |
| 130431 | 3888 | 287567 | 22516 | 12115178 | 5166001 | 6600862 | 118925 | 3070866 | 4320681 |
| 824878 | 1161 | 1585704 | 16047 | 13537173 | 7184231 | 5248091 | 497899 | 4008684 | 5059634 |
| 55334 | 1496 | 115744 | 5001 | 2223265 | 744551 | 957036 | 83145 | 348841 | 435431 |
| 144302 | | 74790 | 643 | 1546245 | 645662 | 802513 | 54231 | 340445 | 524031 |
| 677077 | 451 | 464288 | 29106 | 3646266 | 1778803 | 1103165 | 478770 | 1228712 | 794567 |
| | | | | | | | | | |
| 17807 | | 69374 | | 1726593 | 703038 | 1022999 | 555 | 335693 | 765017 |
| 76574 | | 101577 | 6029 | 7026746 | 2219471 | 4694128 | 60325 | 1347759 | 2776555 |
| 665720 | 247 | 1420946 | 26693 | 11607406 | 6525621 | 4532444 | 427631 | 3352993 | 4215741 |
| 1071921 | 6749 | 936196 | 40591 | 12707382 | 6071118 | 4462096 | 744459 | 3961103 | 3377031 |
| | | | | | | | | | |
| 1082663 | 4074 | 1728221 | 25723 | 25779875 | 12490439 | 12472048 | 398938 | 7022159 | 9792994 |
| 531031 | 196 | 180987 | 25781 | 4241899 | 2386271 | 1445368 | 304080 | 1515662 | 1117981 |
| 218328 | 2726 | 618885 | 21809 | 3046353 | 642538 | 794251 | 529952 | 459727 | 223369 |

| 各种设备、交通工具、图书购置费 | 资产总计(千元) | 固定资产原值 | 实际使用房屋建筑面积(万平方米) | 展览用房 | 文物库房(含标本室)面积 | 实际拥有产权面积(万平方米) | 文物保护规划和方案设计(个) | 国保单位保护维修项目数(个) |
|---|---|---|---|---|---|---|---|---|
| **861672** | **132756995** | **76789129** | **2668.44** | **1221.68** | **217.06** | **2101.66** | **1413** | **515** |
| 719275 | 101833502 | 58242781 | 2137.74 | 988.91 | 181.67 | 1563.60 | 1216 | 374 |
| | | | | | | | | |
| 425938 | 48927460 | 29287622 | 1281.77 | 521.61 | 123.88 | 712.73 | 828 | 260 |
| 277343 | 47594490 | 22844238 | 789.93 | 383.03 | 41.18 | 857.97 | 366 | 206 |
| 68733 | 10545529 | 6953326 | 157.35 | 81.17 | 15.87 | 82.84 | 87 | 10 |
| 54140 | 11129912 | 7592821 | 121.96 | 65.59 | 9.46 | 90.26 | 18 | 3 |
| 35518 | 14559604 | 10111122 | 317.42 | 170.28 | 26.67 | 357.86 | 114 | 36 |
| | | | | | | | | |
| 40814 | 5283569 | 2118554 | 48.45 | 9.35 | 3.77 | 25.96 | 22 | 9 |
| 279367 | 27611144 | 16286402 | 282.74 | 101.32 | 40.25 | 165.57 | 241 | 36 |
| 402605 | 30308947 | 21820313 | 801.54 | 376.64 | 59.01 | 513.54 | 222 | 133 |
| 138886 | 69553335 | 36563860 | 1535.71 | 734.37 | 114.03 | 1396.58 | 928 | 337 |
| | | | | | | | | |
| 776401 | 86656937 | 52641866 | 1898.45 | 863.36 | 152.82 | 1586.34 | 1191 | 491 |
| 53731 | 19588550 | 14395876 | 313.68 | 168.19 | 14.41 | 245.06 | 74 | 20 |
| 31540 | 26511508 | 9751387 | 456.30 | 190.14 | 49.84 | 270.26 | 148 | 4 |

续表 4

| | 文物保护单位保护维修情况 | | | 进行考古发掘情况 | | | |
|---|---|---|---|---|---|---|---|
| | 保护维修面积(平方米) | 省保单位保护维修项目数(个) | 市、县保单位保护维修项目数(个) | 考古发掘面积(万平方米) | 出土器物(件/套) | 原址保护展示面积(万平方米) | 异地保护展示面积(万平方米) |
| **总　计** | **13696119** | **423** | **471** | **89.19** | **160158** | **7.91** | **0.65** |
| 其中：免费开放 | 10418923 | 378 | 411 | 81.71 | 142244 | 5.27 | 0.65 |
| 按机构类型分 | | | | | | | |
| 综合性 | 9832678 | 301 | 366 | 84.97 | 112678 | 3.57 | 0.45 |
| 历史类 | 3611838 | 96 | 72 | 2.54 | 6128 | 3.60 | |
| 艺术类 | 16462 | 6 | 3 | 0.26 | 317 | 0.53 | |
| 自然科技类 | 11690 | 3 | 9 | | | | |
| 其他 | 223451 | 17 | 21 | 1.42 | 41035 | 0.20 | 0.20 |
| 按隶属关系分 | | | | | | | |
| 中　央 | 18517 | | | 0.27 | 88 | 0.10 | |
| 省、区、市 | 58707 | 3 | 1 | 29.34 | 52075 | 0.70 | 0.42 |
| 地、市 | 413250 | 42 | 45 | 15.69 | 27937 | 2.79 | 0.20 |
| 县、市、区 | 13205645 | 378 | 425 | 43.89 | 80058 | 4.31 | 0.03 |
| 按系统分类 | | | | | | | |
| 文物部门 | 13562558 | 408 | 458 | 89.17 | 160077 | 6.48 | 0.45 |
| 其他部门 | 128911 | 11 | 8 | | | 1.28 | |
| 民办 | 4650 | 4 | 5 | 0.02 | 81 | 0.15 | 0.20 |

## 2017年全国文物

| | 机构数(个) | 从业人员(人) | 专业技术人才 | 正高级职称 | 副高级职称 | 中级职称 | 库存文物数(件/套) | 一级品 |
|---|---|---|---|---|---|---|---|---|
| **总　计** | **66** | **1203** | **511** | **4** | **41** | **238** | **7391751** | **52** |
| **按隶属关系分** | | | | | | | | |
| 中　央 | | | | | | | | |
| 省、区、市 | 20 | 629 | 286 | 3 | 25 | 122 | 6232294 | 26 |
| 地、市 | 40 | 521 | 206 | 1 | 12 | 106 | 1086694 | 26 |
| 县、市、区 | 6 | 53 | 19 | | 4 | 10 | 72763 | |
| **按系统分类** | | | | | | | | |
| 文物部门 | 60 | 967 | 433 | 4 | 37 | 191 | 5027506 | 49 |
| 其他部门 | 6 | 236 | 78 | | 4 | 47 | 2364245 | 3 |

| 主办刊物 | 国际合作项目数 | 文化创意产品情况 | | | 文博单位举办新媒体情况 | | | |
|---|---|---|---|---|---|---|---|---|
| | | 文化创意产品种类(个) | 文化创意产品销售收入(千元) | 文化创意产品销售利润(千元) | 举办网站(个) | 网站年访问量(次) | 举办微信公众号、微博(个) | 举办微信公众号、微博关注人数(人) |
| **271** | **388** | **41472** | **3545757** | **830839** | **7202** | **294674999** | **6184** | **94816586** |
| 204 | 323 | 32139 | 595547 | 153242 | 7028 | 199144524 | 5430 | 72152229 |
| | | | | | | | | |
| 60 | 131 | 15659 | 325791 | 73105 | 505 | 101971373 | 2598 | 17417236 |
| 80 | 144 | 10378 | 2493398 | 535964 | 1344 | 118720214 | 2097 | 66344059 |
| 45 | 48 | 11864 | 125243 | 6729 | 5140 | 31466260 | 736 | 4937202 |
| 29 | 14 | 1666 | 21159 | 1751 | 69 | 16730302 | 181 | 2139567 |
| 57 | 51 | 1905 | 580166 | 213290 | 144 | 25786850 | 572 | 3978522 |
| | | | | | | | | |
| 11 | 4 | 3251 | 500368 | 69644 | 3 | 34065621 | 8 | 12593410 |
| 59 | 39 | 19835 | 103711 | 18704 | 1084 | 70232086 | 301 | 7779644 |
| 47 | 118 | 10430 | 2072786 | 371076 | 5367 | 87371422 | 2327 | 11871233 |
| 154 | 227 | 7956 | 868892 | 371415 | 748 | 103005870 | 3548 | 62572299 |
| | | | | | | | | |
| 163 | 249 | 35473 | 2854191 | 604840 | 861 | 251255053 | 4958 | 83298259 |
| 22 | 56 | 2731 | 69878 | 19724 | 1148 | 30418821 | 549 | 5152798 |
| 86 | 83 | 3268 | 621688 | 206275 | 5193 | 13001125 | 677 | 6365529 |

# 商店基本情况

| | | 资产、负债、所有者权益(千元) | | | | | | | 损益(千元) |
|---|---|---|---|---|---|---|---|---|---|
| 二级品 | 三级品 | 资产总计 | 固定资产原价 | 当年提取的折旧总额 | 负债合计 | 所有者权益合计 | 实收资本 | 国家资本金 | 营业收入 |
| **72** | **2570** | **2184097** | **348089** | **11522** | **492025** | **1692072** | **214673** | **191595** | **561669** |
| | | | | | | | | | |
| 12 | 483 | 1471444 | 209450 | 7125 | 249204 | 1222240 | 121868 | 121868 | 293953 |
| 60 | 2087 | 673933 | 127450 | 4319 | 236214 | 437719 | 79459 | 56600 | 256856 |
| | | 38720 | 11189 | 78 | 6607 | 32113 | 13346 | 13127 | 10860 |
| | | | | | | | | | |
| 29 | 1859 | 1729360 | 209769 | 6746 | 469982 | 1259378 | 191313 | 183595 | 453199 |
| 43 | 711 | 454737 | 138320 | 4776 | 22043 | 432694 | 23360 | 8000 | 108470 |

续表

| | 损益(千元) | | | | | | | |
|---|---|---|---|---|---|---|---|---|
| | 主营业务收入 | 营业成本 | 养老、医疗、失业等各种社会保险费 | 住房公积金和住房补贴 | 差旅费 | 工会经费 | 营业利润 | 营业外收入 |
| **总　计** | **509452** | **541028** | **30267** | **14609** | **4642** | **2217** | **20641** | **33085** |
| **按隶属关系分** | | | | | | | | |
| 中　央 | | | | | | | | |
| 省、区、市 | 263058 | 277535 | 19723 | 10441 | 2256 | 1544 | 16418 | 25192 |
| 地、市 | 235582 | 253301 | 10348 | 4143 | 2341 | 673 | 3555 | 7680 |
| 县、市、区 | 10812 | 10192 | 196 | 25 | 45 | | 668 | 213 |
| **按系统分类** | | | | | | | | |
| 文物部门 | 404079 | 458794 | 22086 | 11317 | 4480 | 1546 | -5595 | 23035 |
| 其他部门 | 105373 | 82234 | 8181 | 3292 | 162 | 671 | 26236 | 10050 |

# 2017年文物保护科学研究

| 指　标 | 机构数(个) | 从业人员(人) | 专业技术人才 | 正高级职称 | 副高级职称 | 中级职称 | 安全保卫人员 | 登记注册志愿者人数(人) | 藏品数(件/套) |
|---|---|---|---|---|---|---|---|---|---|
| **总　计** | **121** | **3995** | **2592** | **310** | **548** | **946** | **316** | **316** | **1230188** |
| 按性质分类 | | | | | | | | | |
| 考古研究 | 79 | 2760 | 1779 | 237 | 371 | 670 | 176 | 264 | 828585 |
| 古建研究 | 13 | 494 | 371 | 22 | 63 | 139 | 50 | | 394230 |
| 其他研究 | 29 | 741 | 442 | 51 | 114 | 137 | 90 | 52 | 7373 |
| 按隶属关系分类 | | | | | | | | | |
| 中　央 | 1 | 129 | 122 | 19 | 56 | 35 | 4 | | |
| 省、区、市 | 43 | 2187 | 1502 | 216 | 316 | 577 | 102 | 150 | 575646 |
| 地、市 | 66 | 1564 | 887 | 65 | 162 | 312 | 185 | 166 | 648987 |
| 县、市、区 | 11 | 115 | 81 | 10 | 14 | 22 | 25 | | 5555 |
| 按经费来源分类 | | | | | | | | | |
| 文物经费 | 102 | 3409 | 2161 | 249 | 469 | 783 | 278 | 316 | 963232 |
| 科研经费 | 11 | 486 | 371 | 57 | 67 | 143 | 31 | | 265497 |
| 其它经费 | 8 | 100 | 60 | 4 | 12 | 20 | 7 | | 1459 |

| | | | 工资、福利费、税金(千元) | | | | | | |
|---|---|---|---|---|---|---|---|---|---|
| 政府补助(补贴收入) | 营业外支出 | 利润总额 | 本年发放工资总额 | 本年支付的职工福利费 | 本年应交税金总额 | 实际使用房屋建筑面积(万平方米) | 营业用房 | 库房 | 实际拥有产权面积(万平方米) |
| **16430** | **5557** | **48169** | **131833** | **5701** | **29675** | **14.57** | **6.64** | **6.56** | **10.75** |
| | | | | | | | | | |
| 12414 | 5154 | 36456 | 82147 | 4126 | 16177 | 8.88 | 2.94 | 5.00 | 6.66 |
| 3805 | 403 | 10832 | 47700 | 1555 | 13098 | 5.35 | 3.55 | 1.46 | 3.83 |
| 211 | | 881 | 1986 | 20 | 400 | 0.34 | 0.16 | 0.10 | 0.26 |
| | | | | | | | | | |
| 16429 | 3551 | 13889 | 97786 | 4058 | 23101 | 12.05 | 5.62 | 5.07 | 9.02 |
| 1 | 2006 | 34280 | 34047 | 1643 | 6574 | 2.52 | 1.02 | 1.49 | 1.73 |

## 机构基本情况综合年报

| | | | | 在藏品数中(件/套) | | | | | |
|---|---|---|---|---|---|---|---|---|---|
| 文物藏品 | 一级品 | 二级品 | 三级品 | 本年新增藏品 | 本年藏品征集数 | 本年修复文物数(件/套) | 一级品 | 二级品 | 三级品 |
| **257920** | **1550** | **3828** | **28826** | **37233** | **8** | **23900** | **64** | **327** | **2213** |
| | | | | | | | | | |
| 251851 | 1509 | 3073 | 23448 | 35753 | 8 | 17522 | 3 | 167 | 928 |
| | 34 | 696 | 4685 | 1480 | | 375 | | 1 | 14 |
| 6069 | 7 | 59 | 693 | | | 6003 | 61 | 159 | 1271 |
| | | | | | | | | | |
| | | | | | | 334 | 2 | 16 | 62 |
| 121651 | 1257 | 2210 | 15836 | 3395 | | 9537 | 61 | 220 | 1837 |
| 131040 | 227 | 1534 | 12016 | 33830 | | 11158 | 1 | 91 | 205 |
| 5229 | 66 | 84 | 974 | 8 | 8 | 2871 | | | 109 |
| | | | | | | | | | |
| 257919 | 1295 | 3427 | 27074 | 36551 | 8 | 20275 | 63 | 315 | 2205 |
| 1 | 246 | 360 | 1384 | 682 | | 3625 | 1 | 12 | 8 |
| | 9 | 41 | 368 | | | | | | |

续表 1

| 指标 | 基本陈列(个) | 临时展览(个) | 参观人次(万人次) | 未成年人参观人次 | 本地居民参观人次 | 境外观众参观人次 | 举办社会教育活动(次) | 参加活动人次(万人次) | 未成年人参加人次 |
|---|---|---|---|---|---|---|---|---|---|
| **总计** | **13** | **27** | **296.82** | **28.01** | **76.55** | **0.61** | **27** | **0.59** | **0.26** |
| 按性质分类 | | | | | | | | | |
| 考古研究 | 13 | 16 | 129.53 | 24.16 | 74.57 | 0.31 | 27 | 0.59 | 0.26 |
| 古建研究 | | 8 | 2.80 | 0.50 | | | | | |
| 其他研究 | | 3 | 164.50 | 3.35 | 1.99 | 0.30 | | | |
| 按隶属关系分类 | | | | | | | | | |
| 中央 | | | | | | | | | |
| 省、区、市 | 8 | 17 | 88.19 | 4.54 | 75.17 | 0.61 | 24 | 0.58 | 0.26 |
| 地、市 | 4 | 9 | 208.64 | 23.47 | 1.38 | 0.00 | | | |
| 县、市、区 | 1 | 1 | | | | | 3 | 0.01 | 0.00 |
| 按经费来源分类 | | | | | | | | | |
| 文物经费 | 12 | 23 | 283.07 | 24.91 | 76.55 | 0.61 | 27 | 0.59 | 0.26 |
| 科研经费 | 1 | 1 | | | | | | | |
| 其它经费 | | 3 | 13.75 | 3.10 | | | | | |

续表 2

| 指标 | 本年收入合计(千元) | | | | 本年支出合计(千元) | | | | |
|---|---|---|---|---|---|---|---|---|---|
| | 事业收入 | 经营收入 | 附属单位上缴收入 | 其他收入 | | 基本支出 | 项目支出 | 经营支出 | 工资福利支出 |
| **总计** | **1160386** | **57487** | | **108642** | **2349746** | **752113** | **1538494** | **51677** | **405325** |
| 按性质分类 | | | | | | | | | |
| 考古研究 | 1020114 | 30298 | | 100007 | 1774744 | 535685 | 1205350 | 26521 | 280462 |
| 古建研究 | 60960 | 15325 | | 390 | 223103 | 61628 | 148131 | 13072 | 43193 |
| 其他研究 | 79312 | 11864 | | 8245 | 351899 | 154800 | 185013 | 12084 | 81670 |
| 按隶属关系分类 | | | | | | | | | |
| 中央 | 67054 | | | 7004 | 106907 | 88986 | 17921 | | 23254 |
| 省、区、市 | 1016048 | 18914 | | 18210 | 1585447 | 401438 | 1168841 | 15168 | 246562 |
| 地、市 | 77284 | 33362 | | 83128 | 632651 | 248639 | 341330 | 35222 | 126122 |
| 县、市、区 | | 5211 | | 300 | 24741 | 13050 | 10402 | 1287 | 9387 |
| 按经费来源分类 | | | | | | | | | |
| 文物经费 | 1053977 | 45623 | | 34995 | 1996879 | 673327 | 1276498 | 39593 | 344525 |
| 科研经费 | 101024 | 11864 | | 67727 | 334235 | 68280 | 253871 | 12084 | 52590 |
| 其它经费 | 5385 | | | 5920 | 18632 | 10506 | 8125 | | 8210 |

| 门票销售总额（千元） | 本年完成科研成果 | | | | | | | 本年收入合计（千元） | | |
|---|---|---|---|---|---|---|---|---|---|---|
| | 省部级及以上科研课题数（个） | 专利（个） | 专著或图录（册） | 论文数（篇） | 古建维修、考古发掘报告（册） | 获国家奖（个） | 获省、部奖（个） | | 财政补助收入 | 上级补助收入 |
| **136403** | **117** | **7** | **85** | **831** | **184** | **11** | **34** | **2888579** | **1514541** | **47523** |
| | | | | | | | | | | |
| 25253 | 76 | | 54 | 657 | 126 | 10 | 27 | 2273193 | 1100986 | 21788 |
| 260 | 19 | 4 | 11 | 81 | 57 | | 3 | 241313 | 164638 | |
| 110890 | 22 | 3 | 20 | 93 | 1 | 1 | 4 | 374073 | 248917 | 25735 |
| | | | | | | | | | | |
| | 17 | 1 | 15 | 43 | 1 | | | 113512 | 39454 | |
| 27681 | 87 | 6 | 49 | 571 | 125 | 9 | 20 | 2011013 | 942254 | 15587 |
| 108722 | 10 | | 19 | 202 | 56 | 2 | 14 | 741074 | 516779 | 30521 |
| | 3 | | 2 | 15 | 2 | | | 22980 | 16054 | 1415 |
| | | | | | | | | | | |
| 135258 | 90 | 6 | 70 | 657 | 171 | 8 | 25 | 2428257 | 1269785 | 23877 |
| 260 | 27 | 1 | 14 | 168 | 13 | 3 | 8 | 426826 | 222565 | 23646 |
| 885 | | | 1 | 6 | | | 1 | 33496 | 22191 | |

| 在支出合计中： | | | | | | | | | 资产总计（千元） |
|---|---|---|---|---|---|---|---|---|---|
| 商品和服务支出 | 差旅费 | 劳务费 | 福利费 | 税金支出 | 对个人和家庭补助支出 | 抚恤金和生活补贴 | 其他资本性支出 | 各种设备购置费 | |
| **1543271** | **83216** | **456494** | **5187** | **34411** | **128750** | **6154** | **196782** | **98944** | **4746233** |
| | | | | | | | | | |
| 1222023 | 66644 | 374551 | 4101 | 32556 | 91908 | 5187 | 142928 | 83354 | 3412480 |
| 138363 | 3984 | 52356 | 704 | 648 | 11822 | 305 | 4787 | 3822 | 374001 |
| 182885 | 12588 | 29587 | 382 | 1207 | 25020 | 662 | 49067 | 11768 | 959752 |
| | | | | | | | | | |
| 66659 | 7888 | 14126 | | 680 | 15496 | 44 | 1498 | 1498 | 593073 |
| 1088787 | 68397 | 282636 | 3707 | 31957 | 71527 | 5799 | 138435 | 81671 | 3635759 |
| 381216 | 6422 | 158071 | 1391 | 1327 | 40035 | 301 | 56033 | 15419 | 506701 |
| 6609 | 509 | 1661 | 89 | 447 | 1692 | 10 | 816 | 356 | 10700 |
| | | | | | | | | | |
| 1286962 | 72158 | 366615 | 4205 | 30180 | 114101 | 2695 | 179565 | 87184 | 3991216 |
| 248181 | 10066 | 86740 | 925 | 4034 | 13952 | 3459 | 16810 | 11760 | 729146 |
| 8128 | 992 | 3139 | 57 | 197 | 697 | | 407 | | 25871 |

续表 3

| 指　　标 | 固定资产原值 | 公用房屋建筑面积（万平方米） | 文物库房（含标本室）面积 | 实验室面积 | 实际拥有产权面积（万平方米） | 文物保护规划和方案设计（个） | 进行考古发掘情况 | | |
|---|---|---|---|---|---|---|---|---|---|
| | | | | | | | 考古发掘面积（万平方米） | 出土器物（件/套） | 原址保护展示面积（万平方米） |
| **总　　计** | **1371884** | **79.09** | **8.63** | **1.57** | **16.12** | **375** | **97.92** | **189195** | **5.31** |
| 按性质分类 | | | | | | | | | |
| 考古研究 | 833341 | 23.20 | 6.85 | 0.83 | 10.36 | 212 | 96.15 | 186879 | 5.31 |
| 古建研究 | 90259 | 46.18 | 0.64 | 0.03 | 0.82 | 96 | 1.76 | 2316 | |
| 其他研究 | 448284 | 9.71 | 1.13 | 0.71 | 4.95 | 67 | | | |
| 按隶属关系分类 | | | | | | | | | |
| 中　央 | 209436 | 1.32 | 0.28 | 0.13 | 3.15 | 45 | | | |
| 省、区、市 | 856720 | 20.92 | 5.17 | 0.75 | 10.59 | 241 | 78.65 | 138229 | 4.68 |
| 地、市 | 296099 | 56.13 | 3.04 | 0.60 | 2.17 | 19 | 18.10 | 47590 | 0.62 |
| 县、市、区 | 9629 | 0.72 | 0.13 | 0.08 | 0.21 | 70 | 1.18 | 3376 | 0.01 |
| 按经费来源分类 | | | | | | | | | |
| 文物经费 | 1149870 | 29.13 | 7.66 | 1.33 | 14.86 | 350 | 84.77 | 167193 | 1.37 |
| 科研经费 | 216274 | 6.41 | 0.97 | 0.24 | 1.27 | 24 | 12.87 | 21969 | 3.94 |
| 其它经费 | 5740 | 43.55 | 0.00 | | | 1 | 0.27 | 33 | |

| 异地保护展示面积（万平方米） | 国际合作项目数（个） | 主办刊物（种） | 文化创意产品情况 | | | 文博单位举办新媒体情况 | | | |
|---|---|---|---|---|---|---|---|---|---|
| | | | 文化创意产品种类（个） | 文化创意产品销售收入（千元） | 文化创意产品销售利润（千元） | 举办网站（个） | 网站年访问量（次） | 举办微信公众号、微博（个） | 举办微信公众号、微博关注人数（人） |
| **0.09** | **18** | **18** | **34** | **6** | **2** | **24** | **519797** | **31** | **625057** |
| | | | | | | | | | |
| 0.09 | 11 | 12 | 34 | 6 | 2 | 12 | 447743 | 23 | 616662 |
| | 2 | 2 | | | | 3 | 17054 | 4 | 1660 |
| | 5 | 4 | | | | 9 | 55000 | 4 | 6735 |
| | | | | | | | | | |
| | 5 | | | | | 7 | 30000 | 1 | 600 |
| 0.05 | 11 | 14 | 34 | 6 | 2 | 14 | 447422 | 21 | 575777 |
| 0.04 | 2 | 4 | | | | 3 | 42375 | 9 | 48680 |
| | | | | | | | | | |
| | | | | | | | | | |
| 0.09 | 12 | 15 | 34 | 6 | 2 | 20 | 441543 | 26 | 167411 |
| | 4 | 2 | | | | 4 | 78254 | 3 | 456000 |
| | 2 | 1 | | | | | | 2 | 1646 |

# 2017年全国各地区

| 地　区 | 机构数(个) | 从业人员(人) | 专业技术人才 | 正高级职称 | 副高级职称 | 中级职称 | 安全保卫人员 | 登记注册志愿者(人) |
|---|---|---|---|---|---|---|---|---|
| **总　计** | **9931** | **161577** | **50893** | **2476** | **6745** | **20136** | **31951** | **147145** |
| 北　京 | 143 | 7979 | 1332 | 35 | 134 | 500 | 1147 | 8255 |
| 天　津 | 81 | 1591 | 703 | 23 | 114 | 284 | 276 | 1596 |
| 河　北 | 458 | 9009 | 2248 | 101 | 362 | 832 | 1829 | 2045 |
| 山　西 | 388 | 8403 | 1990 | 33 | 214 | 710 | 1561 | 3603 |
| 内蒙古 | 194 | 2528 | 1274 | 63 | 204 | 539 | 421 | 1197 |
| 辽　宁 | 143 | 3617 | 1538 | 78 | 246 | 798 | 561 | 2930 |
| 吉　林 | 170 | 1933 | 994 | 73 | 193 | 372 | 365 | 2444 |
| 黑龙江 | 275 | 3212 | 1457 | 102 | 291 | 619 | 679 | 5033 |
| 上　海 | 108 | 3104 | 1763 | 60 | 150 | 726 | 489 | 9620 |
| 江　苏 | 432 | 7823 | 2643 | 162 | 354 | 1058 | 1793 | 11538 |
| 浙　江 | 476 | 9318 | 2757 | 220 | 454 | 1063 | 1698 | 15168 |
| 安　徽 | 301 | 3586 | 1460 | 56 | 156 | 539 | 900 | 5003 |
| 福　建 | 180 | 2843 | 1058 | 78 | 142 | 398 | 766 | 3672 |
| 江　西 | 240 | 4032 | 1325 | 64 | 140 | 543 | 974 | 4593 |
| 山　东 | 678 | 12762 | 4385 | 228 | 627 | 1826 | 2137 | 10841 |
| 河　南 | 632 | 12267 | 2977 | 158 | 396 | 1234 | 2525 | 8775 |
| 湖　北 | 325 | 5428 | 2384 | 121 | 254 | 1086 | 1187 | 4435 |
| 湖　南 | 276 | 5037 | 1340 | 36 | 127 | 503 | 813 | 7781 |
| 广　东 | 278 | 4673 | 2056 | 47 | 184 | 862 | 844 | 6330 |
| 广　西 | 216 | 2830 | 1141 | 46 | 98 | 461 | 711 | 2781 |
| 海　南 | 46 | 562 | 147 | 1 | 14 | 50 | 160 | 107 |
| 重　庆 | 140 | 3102 | 979 | 63 | 146 | 334 | 631 | 8071 |
| 四　川 | 491 | 8926 | 2461 | 105 | 202 | 766 | 2100 | 7517 |
| 贵　州 | 198 | 2663 | 663 | 21 | 68 | 229 | 402 | 496 |
| 云　南 | 266 | 2520 | 1519 | 51 | 282 | 726 | 535 | 1265 |
| 西　藏 | 1379 | 2086 | 192 | 3 | 19 | 51 | 403 | 5 |
| 陕　西 | 658 | 15085 | 3377 | 164 | 358 | 1277 | 2987 | 5763 |
| 甘　肃 | 367 | 6909 | 1649 | 50 | 177 | 582 | 1426 | 3581 |
| 青　海 | 107 | 636 | 227 | 6 | 38 | 92 | 99 | 89 |
| 宁　夏 | 80 | 1220 | 399 | 23 | 67 | 150 | 318 | 564 |
| 新　疆 | 193 | 2278 | 543 | 22 | 47 | 203 | 663 | 1215 |

# 文物业基本情况

| 文物藏品(件/套) | 一级品 | 二级品 | 三级品 | 在藏品数中(件/套) 本年新增藏品数 | 本年从有关部门接收文物数 | 本年藏品征集数 | 本年修复藏品数(件/套) | 一级品 |
|---|---|---|---|---|---|---|---|---|
| **48506647** | **100650** | **746846** | **3548583** | **2039381** | **44418** | **425739** | **92718** | **461** |
| 4356056 | 1477 | 12037 | 77155 | 40499 | 4505 | 33583 | 1166 | 3 |
| 1055710 | 1049 | 5385 | 134336 | 3297 | 1146 | 1562 | 594 | |
| 533944 | 1392 | 13624 | 47258 | 27848 | 264 | 2367 | 728 | 8 |
| 1626580 | 3868 | 8834 | 58727 | 41110 | 226 | 1475 | 10336 | 133 |
| 754368 | 2283 | 7582 | 12223 | 13136 | 79 | 10121 | 646 | 14 |
| 624845 | 2266 | 14720 | 161561 | 7083 | 362 | 5235 | 1442 | |
| 658898 | 564 | 6011 | 31459 | 11051 | 914 | 8643 | 1211 | 4 |
| 1018121 | 2763 | 6318 | 48415 | 37328 | 997 | 18205 | 711 | 1 |
| 4608884 | 2165 | 49589 | 171940 | 8444 | 234 | 3842 | 773 | 23 |
| 2659818 | 3500 | 18243 | 444302 | 43646 | 4510 | 21277 | 3269 | 33 |
| 1532324 | 2373 | 10897 | 79566 | 30662 | 938 | 14536 | 4013 | 10 |
| 1023988 | 2694 | 6111 | 61616 | 11184 | 2761 | 5782 | 1304 | 6 |
| 648149 | 1099 | 3046 | 103644 | 43027 | 434 | 41732 | 155 | |
| 627413 | 1873 | 5939 | 47738 | 2302 | 813 | 929 | 884 | 10 |
| 4506067 | 12322 | 15662 | 106342 | 55547 | 653 | 42890 | 17530 | 16 |
| 2001997 | 2620 | 17254 | 262297 | 21651 | 189 | 9486 | 6468 | 10 |
| 2076765 | 3032 | 8773 | 117915 | 30353 | 66 | 23929 | 6579 | 14 |
| 1000353 | 1979 | 7341 | 67270 | 20179 | 981 | 14412 | 8698 | 1 |
| 1362898 | 1446 | 15706 | 67569 | 47085 | 9849 | 21769 | 4971 | |
| 324351 | 331 | 5352 | 38991 | 19672 | 41 | 14796 | 390 | 1 |
| 80486 | 138 | 459 | 2293 | 7559 | | 7555 | | |
| 643174 | 1143 | 2440 | 27058 | 8816 | 2219 | 5410 | 3983 | 9 |
| 4301584 | 5524 | 15491 | 130802 | 100516 | 1692 | 85901 | 1608 | 2 |
| 192914 | 727 | 2117 | 6695 | 13786 | 1812 | 3672 | 636 | 30 |
| 1394886 | 1021 | 2253 | 19206 | 9499 | 354 | 6283 | 3280 | 3 |
| 276213 | 3802 | 22860 | 58403 | 200 | 94 | 106 | 14 | |
| 4004127 | 7312 | 14802 | 84310 | 1350062 | 6465 | 5612 | 4672 | 61 |
| 537364 | 4723 | 12363 | 105317 | 3928 | 638 | 2086 | 2943 | 20 |
| 103128 | 1433 | 1982 | 2771 | 130 | 3 | 73 | 987 | 14 |
| 387188 | 367 | 3846 | 8798 | 13625 | | 7210 | 415 | 2 |
| 246548 | 734 | 1469 | 4734 | 11961 | | 2946 | 636 | 5 |

续表 1

| 地区 | 二级品 | 三级品 | 基本陈列(个) | 临时展览(个) | 参观人次(万人次) | 未成年人参观人次(万人次) | 门票销售总额(千元) | 本年收入合计(千元) |
|---|---|---|---|---|---|---|---|---|
| **总计** | **2176** | **14859** | **13025** | **13020** | **114772.57** | **28908.92** | **13134375** | **55941990** |
| 北京 | 16 | 95 | 217 | 238 | 3174.27 | 552.71 | 1246098 | 4738334 |
| 天津 | 31 | 23 | 211 | 228 | 1291.92 | 368.33 | 38881 | 458723 |
| 河北 | 23 | 367 | 334 | 463 | 4075.18 | 1077.39 | 365561 | 1687752 |
| 山西 | 402 | 3791 | 265 | 168 | 3325.47 | 608.94 | 502040 | 1937990 |
| 内蒙古 | 32 | 15 | 331 | 193 | 1323.58 | 470.59 | 6098 | 801922 |
| 辽宁 | 11 | 244 | 257 | 252 | 1992.18 | 410.48 | 176041 | 823729 |
| 吉林 | | 323 | 185 | 272 | 1132.20 | 307.66 | 43563 | 508925 |
| 黑龙江 | 145 | 82 | 411 | 472 | 2354.11 | 644.79 | 17034 | 571924 |
| 上海 | 53 | 96 | 256 | 371 | 2284.98 | 401.42 | 5557577 | 2957804 |
| 江苏 | 39 | 208 | 869 | 1151 | 9362.84 | 2352.00 | 241438 | 2254341 |
| 浙江 | 30 | 272 | 981 | 1393 | 9833.18 | 2012.61 | 358673 | 3575784 |
| 安徽 | 20 | 407 | 568 | 451 | 3390.82 | 947.76 | 21773 | 869421 |
| 福建 | | 92 | 353 | 688 | 3016.93 | 987.02 | 3006 | 835697 |
| 江西 | 41 | 117 | 325 | 295 | 3499.22 | 1151.88 | 5017 | 988978 |
| 山东 | 141 | 924 | 1782 | 971 | 8088.21 | 2405.71 | 691934 | 4452612 |
| 河南 | 175 | 1442 | 670 | 642 | 6738.26 | 1878.13 | 426322 | 2517272 |
| 湖北 | 64 | 705 | 588 | 508 | 4004.22 | 1076.52 | 175943 | 1919225 |
| 湖南 | 403 | 862 | 259 | 249 | 6148.30 | 2037.14 | 26888 | 1795903 |
| 广东 | 30 | 829 | 548 | 1041 | 5442.71 | 1439.40 | 89358 | 2595216 |
| 广西 | 49 | 109 | 303 | 318 | 2039.56 | 585.60 | 2945 | 701627 |
| 海南 | | | 49 | 59 | 259.21 | 46.15 | 2649 | 1030613 |
| 重庆 | 36 | 395 | 233 | 252 | 3234.94 | 981.68 | 108972 | 859496 |
| 四川 | 53 | 678 | 705 | 544 | 7471.61 | 1783.66 | 590626 | 2319669 |
| 贵州 | 3 | 322 | 179 | 91 | 2006.66 | 496.56 | 510 | 1087176 |
| 云南 | 15 | 206 | 457 | 324 | 2819.65 | 768.82 | 17081 | 587749 |
| 西藏 | | 11 | 4 | 6 | 818.84 | 72.59 | 240645 | 817896 |
| 陕西 | 110 | 1730 | 795 | 491 | 7764.01 | 1351.02 | 1196933 | 6875671 |
| 甘肃 | 126 | 347 | 495 | 452 | 3156.41 | 832.00 | 92290 | 1540640 |
| 青海 | 8 | 2 | 40 | 33 | 150.05 | 44.27 | 69 | 340305 |
| 宁夏 | 4 | 49 | 153 | 94 | 960.68 | 177.38 | 47740 | 328032 |
| 新疆 | 13 | 28 | 172 | 134 | 771.97 | 186.87 | 6686 | 729552 |

| 财政补助收入 | 上级补助收入 | 事业收入 | 经营收入 | 附属单位上缴收入 | 其他收入 | 本年支出合计(千元) | 基本支出 | 项目支出 |
|---|---|---|---|---|---|---|---|---|
| **42972981** | **1391874** | **4445577** | **2369067** | **32008** | **4730483** | **54695233** | **22294662** | **27379135** |
| 3509570 | 1718 | 684544 | 327531 | | 214971 | 4759090 | 1371997 | 2952889 |
| 339585 | 449 | 29132 | 33857 | | 55700 | 509804 | 301365 | 124165 |
| 1137129 | 21472 | 423005 | 16661 | | 89485 | 1610700 | 818873 | 756731 |
| 1582471 | 48773 | 174618 | 37163 | | 94965 | 2100763 | 682045 | 1366269 |
| 786255 | 3716 | 7992 | 3 | 1 | 3955 | 704781 | 314984 | 369671 |
| 790482 | 919 | 26027 | | | 6301 | 760762 | 431351 | 316057 |
| 437405 | 5698 | 26729 | 1062 | | 38031 | 510879 | 184727 | 301787 |
| 405996 | 44431 | 280 | 4284 | | 116933 | 580289 | 235795 | 319564 |
| 2359961 | 25187 | 354824 | 78030 | | 139802 | 2530091 | 779566 | 1617107 |
| 1764835 | 76135 | 90765 | 111840 | 196 | 210570 | 2720154 | 1116362 | 1031114 |
| 2329453 | 147693 | 601025 | 48846 | 153 | 448614 | 3596821 | 1453765 | 1891116 |
| 673640 | 76989 | 51536 | 3413 | 300 | 63543 | 921102 | 326431 | 526703 |
| 676589 | 25403 | 25741 | 5135 | | 102829 | 835661 | 235217 | 542781 |
| 773070 | 127447 | 18618 | 10254 | | 59589 | 780486 | 331598 | 379207 |
| 3150530 | 101841 | 84448 | 389416 | 3420 | 722957 | 4500488 | 2114356 | 1338049 |
| 2057703 | 31910 | 291501 | 44109 | | 92049 | 2137285 | 1074488 | 965198 |
| 1470625 | 136173 | 133060 | 59836 | 7902 | 111629 | 1986922 | 593482 | 1343980 |
| 1534452 | 62942 | 93942 | 14991 | 250 | 89326 | 1751527 | 532065 | 1147445 |
| 2374910 | 23103 | 74123 | 9303 | | 113777 | 2592713 | 877714 | 1464358 |
| 631957 | 2866 | 33614 | 18165 | 5 | 15020 | 626013 | 164222 | 435104 |
| 1015867 | 6240 | 4886 | 737 | | 2883 | 928591 | 45647 | 870424 |
| 730560 | 35753 | 39638 | 10281 | | 43264 | 933223 | 280607 | 597718 |
| 1805041 | 53243 | 362097 | 45244 | 50 | 53994 | 2234042 | 645200 | 1503265 |
| 566706 | 25118 | 18240 | 455807 | 1 | 21304 | 646215 | 169439 | 444138 |
| 500568 | 13349 | 21676 | 4672 | 77 | 47407 | 585370 | 256137 | 292833 |
| 501102 | 119338 | 78839 | 86229 | 50 | 32338 | 693236 | 257556 | 263335 |
| 4857213 | 67342 | 142767 | 438307 | 2376 | 1367666 | 6956789 | 4553963 | 1525830 |
| 1338831 | 60634 | 47205 | 23900 | 1 | 70069 | 1541001 | 752592 | 670519 |
| 318242 | 1974 | 7415 | | | 12674 | 235530 | 67591 | 162150 |
| 195045 | 16097 | 21681 | 72114 | 17226 | 5869 | 423110 | 109758 | 192008 |
| 594460 | 27921 | 6851 | 70 | | 100250 | 558629 | 201579 | 330512 |

续表 2

| 地区 | 经营支出 | 在支出合计中： | | | | | | |
|---|---|---|---|---|---|---|---|---|
| | | 工资福利支出 | 商品和服务支出 | 差旅费 | 劳务费 | 福利费 | 各种税金支出 | 对个人和家庭补助支出 |
| **总　计** | **1532325** | **12854381** | **18795753** | **497761** | **2185366** | **184008** | **211455** | **2753314** |
| 北　京 | 180993 | 836496 | 1768525 | 7151 | 62966 | 21976 | 25924 | 157233 |
| 天　津 | 27267 | 163613 | 169090 | 2067 | 8893 | 4485 | 1249 | 58380 |
| 河　北 | 22584 | 529319 | 555978 | 8330 | 87892 | 3743 | 5107 | 115308 |
| 山　西 | 25255 | 442942 | 740337 | 17766 | 92178 | 3900 | 7005 | 87677 |
| 内蒙古 | 697 | 167457 | 226426 | 10326 | 40071 | 886 | 142 | 38581 |
| 辽　宁 | 870 | 237463 | 319313 | 9782 | 57491 | 446 | 83 | 95505 |
| 吉　林 | 1296 | 118220 | 209231 | 4855 | 34288 | 1094 | 1420 | 44726 |
| 黑龙江 | 18278 | 148566 | 143175 | 5403 | 24828 | 1424 | 108 | 54809 |
| 上　海 | 56433 | 450877 | 988004 | 7517 | 12441 | 5817 | 3612 | 23473 |
| 江　苏 | 393840 | 613372 | 931119 | 42967 | 84262 | 5811 | 3294 | 170515 |
| 浙　江 | 42580 | 773974 | 1374399 | 22995 | 124048 | 25920 | 19293 | 178260 |
| 安　徽 | 27416 | 190824 | 337437 | 14108 | 38435 | 7670 | 2052 | 61513 |
| 福　建 | 5586 | 165891 | 257277 | 8620 | 38152 | 643 | 425 | 23846 |
| 江　西 | 10752 | 210652 | 263152 | 11509 | 22912 | 4966 | 1608 | 49314 |
| 山　东 | 156316 | 1480862 | 1106899 | 16047 | 67510 | 7806 | 36956 | 222708 |
| 河　南 | 44779 | 590817 | 766444 | 23746 | 210916 | 5887 | 9518 | 78513 |
| 湖　北 | 39302 | 359403 | 551258 | 18233 | 77780 | 3033 | 1904 | 70175 |
| 湖　南 | 10559 | 346807 | 494676 | 18780 | 66850 | 4903 | 4723 | 57175 |
| 广　东 | 4279 | 488857 | 927386 | 17630 | 58987 | 5485 | 2384 | 283179 |
| 广　西 | 15481 | 141460 | 192938 | 24320 | 11579 | 249 | 1215 | 16265 |
| 海　南 | 1367 | 42274 | 110580 | 2609 | 6364 | 1 | 1040 | 4179 |
| 重　庆 | 14236 | 192520 | 440195 | 21709 | 66152 | 2721 | 1590 | 33056 |
| 四　川 | 19925 | 553779 | 913296 | 32047 | 140921 | 8280 | 19054 | 66344 |
| 贵　州 | 8034 | 131511 | 165488 | 8989 | 20971 | 820 | 10611 | 19387 |
| 云　南 | 2813 | 184864 | 172483 | 8951 | 25431 | 1187 | 699 | 23288 |
| 西　藏 | 11761 | 136287 | 109401 | 2663 | 841 | 210 | 218 | 7745 |
| 陕　西 | 317392 | 2115214 | 2611372 | 62046 | 514928 | 46306 | 33144 | 263474 |
| 甘　肃 | 21742 | 368264 | 485296 | 23728 | 62572 | 4396 | 1790 | 94081 |
| 青　海 | 35 | 38102 | 37448 | 2520 | 5008 | 35 | 175 | 14586 |
| 宁　夏 | 48917 | 74001 | 71787 | 3097 | 16010 | 144 | 294 | 14512 |
| 新　疆 | 985 | 132355 | 167467 | 10768 | 21260 | 855 | 1018 | 16956 |

| | | | | | | | | |
|---|---|---|---|---|---|---|---|---|
| | | | 资产总计（千元） | | 实际使用房屋建筑面积（万平方米） | | | 实际拥有产权面积（万平方米） |
| 抚恤金和生活补助 | 其他资本性支出 | 各种设备购置费 | | 固定资产原值 | | 展览用房 | 文物库房 | |
| **112897** | **7925864** | **1089384** | **175977981** | **93431644** | **4331.70** | **1360.66** | **254.15** | **3466.22** |
| 10326 | 504520 | 29084 | 8980850 | 4771318 | 88.54 | 32.29 | 5.70 | 48.54 |
| 571 | 20911 | 10341 | 3651598 | 2178524 | 37.04 | 15.94 | 4.32 | 64.42 |
| 3052 | 384763 | 17597 | 4343063 | 2848301 | 93.45 | 46.87 | 6.29 | 75.64 |
| 3702 | 461335 | 40778 | 4958351 | 2046376 | 102.66 | 37.01 | 7.35 | 126.96 |
| 1097 | 140249 | 10120 | 3650030 | 3029572 | 71.29 | 34.05 | 4.88 | 32.19 |
| 13857 | 66139 | 9826 | 2238734 | 1794741 | 62.59 | 29.25 | 5.41 | 101.49 |
| 1099 | 91505 | 6772 | 1271007 | 756474 | 43.83 | 23.56 | 3.16 | 18.16 |
| 906 | 91837 | 31954 | 2836803 | 2348557 | 67.10 | 40.04 | 5.11 | 25.26 |
| 1279 | 759173 | 55787 | 11646409 | 7280409 | 89.83 | 34.92 | 8.25 | 44.58 |
| 1624 | 325076 | 27765 | 9484742 | 7336503 | 245.04 | 115.74 | 15.11 | 176.32 |
| 3060 | 500926 | 36992 | 10752512 | 5763677 | 187.89 | 81.83 | 13.35 | 96.29 |
| 5059 | 126313 | 11863 | 3369953 | 2210954 | 89.06 | 43.18 | 6.66 | 66.66 |
| 664 | 204266 | 91702 | 1676014 | 724981 | 94.91 | 30.61 | 5.66 | 60.59 |
| 2706 | 118420 | 16788 | 3335957 | 2068114 | 119.78 | 36.93 | 5.75 | 168.13 |
| 12065 | 376185 | 78819 | 23408956 | 7692179 | 292.69 | 146.13 | 26.98 | 388.20 |
| 3436 | 362301 | 48952 | 6833033 | 3077771 | 147.14 | 70.00 | 15.96 | 87.04 |
| 2241 | 569960 | 31308 | 3433989 | 1907099 | 247.70 | 59.29 | 25.73 | 79.96 |
| 2881 | 419218 | 74973 | 6482240 | 1843545 | 80.66 | 32.29 | 8.36 | 67.69 |
| 6570 | 181934 | 45119 | 4888210 | 3880311 | 145.47 | 54.25 | 9.35 | 138.85 |
| 1014 | 94077 | 11786 | 2047786 | 1253757 | 71.79 | 33.91 | 4.83 | 30.92 |
| 350 | 175437 | 25213 | 1229599 | 291136 | 15.98 | 4.01 | 1.61 | 10.60 |
| 808 | 146747 | 14042 | 2524781 | 1329197 | 67.86 | 31.64 | 5.35 | 35.96 |
| 5187 | 356025 | 39660 | 11281034 | 5360697 | 170.49 | 74.12 | 12.06 | 135.88 |
| 1607 | 64786 | 21010 | 1885886 | 844958 | 43.47 | 19.25 | 4.15 | 40.42 |
| 3483 | 106739 | 17506 | 2621344 | 1053488 | 75.65 | 28.46 | 5.79 | 48.61 |
| 882 | 51342 | 90 | 4880240 | 1624017 | 1192.61 | 45.96 | 6.98 | 947.86 |
| 10008 | 463368 | 150302 | 14120738 | 8292298 | 170.00 | 68.80 | 13.49 | 172.64 |
| 6316 | 193060 | 48470 | 5661827 | 4399271 | 90.52 | 39.91 | 7.89 | 104.44 |
| 586 | 61833 | 10373 | 288277 | 231977 | 9.60 | 4.26 | 0.79 | 9.24 |
| 265 | 65822 | 6448 | 2609694 | 1114300 | 27.68 | 16.68 | 1.38 | 17.69 |
| 1662 | 130287 | 17817 | 1725150 | 793543 | 35.35 | 19.69 | 2.29 | 14.33 |

# 2017年全国各地区省级

| 地区 | 机构数(个) | 从业人员(人) | 专业技术人才 | 正高级职称 | 副高级职称 | 中级职称 | 安全保卫人员 | 登记注册志愿者(人) |
|---|---|---|---|---|---|---|---|---|
| **总计** | **311** | **19237** | **9119** | **715** | **1637** | **3461** | **3106** | **21406** |
| 北京 | 50 | 1484 | 496 | 9 | 68 | 214 | 224 | 408 |
| 天津 | 15 | 789 | 496 | 14 | 76 | 215 | 92 | 617 |
| 河北 | 16 | 1026 | 407 | 41 | 105 | 153 | 275 | 497 |
| 山西 | 17 | 998 | 325 | 15 | 51 | 97 | 206 | 2330 |
| 内蒙古 | 5 | 186 | 150 | 30 | 32 | 58 | 12 | 124 |
| 辽宁 | 5 | 235 | 176 | 17 | 44 | 82 | 15 | 144 |
| 吉林 | 7 | 231 | 177 | 26 | 51 | 65 | 15 | 363 |
| 黑龙江 | 13 | 452 | 256 | 28 | 87 | 77 | 94 | 669 |
| 上海 | 10 | 680 | 541 | 33 | 68 | 211 | 38 | 1606 |
| 江苏 | 8 | 986 | 306 | 21 | 44 | 96 | 276 | 400 |
| 浙江 | 10 | 643 | 340 | 65 | 89 | 127 | 48 | 2158 |
| 安徽 | 8 | 372 | 313 | 16 | 48 | 97 | 36 | 195 |
| 福建 | 8 | 547 | 218 | 19 | 39 | 82 | 155 | 1040 |
| 江西 | 9 | 789 | 351 | 19 | 44 | 163 | 175 | 497 |
| 山东 | 9 | 493 | 267 | 17 | 36 | 116 | 78 | 272 |
| 河南 | 8 | 769 | 344 | 41 | 77 | 141 | 149 | 499 |
| 湖北 | 8 | 588 | 309 | 41 | 52 | 120 | 44 | 483 |
| 湖南 | 13 | 708 | 310 | 20 | 46 | 115 | 132 | 859 |
| 广东 | 7 | 274 | 179 | 11 | 27 | 76 | 11 | 181 |
| 广西 | 7 | 416 | 304 | 24 | 33 | 124 | 47 | 793 |
| 海南 | 5 | 197 | 105 | 1 | 13 | 44 | 63 | 80 |
| 重庆 | 6 | 797 | 371 | 32 | 61 | 110 | 64 | 3320 |
| 四川 | 6 | 529 | 267 | 11 | 29 | 69 | 91 | 556 |
| 贵州 | 5 | 278 | 147 | 9 | 25 | 63 | 30 | 75 |
| 云南 | 6 | 286 | 220 | 26 | 54 | 79 | 25 | 165 |
| 西藏 | 7 | 675 | 146 | 3 | 19 | 40 | 109 | |
| 陕西 | 8 | 1382 | 616 | 55 | 136 | 217 | 147 | 1455 |
| 甘肃 | 15 | 1585 | 536 | 41 | 100 | 224 | 340 | 1033 |
| 青海 | 7 | 224 | 105 | 5 | 26 | 42 | 27 | 65 |
| 宁夏 | 6 | 233 | 135 | 10 | 27 | 63 | 39 | 367 |
| 新疆 | 7 | 385 | 206 | 15 | 30 | 81 | 49 | 155 |

# 文物业基本情况

| 文物藏品(件/套) | 在藏品数中(件/套) | | | | | | 本年修复藏品数(件/套) | | |
|---|---|---|---|---|---|---|---|---|---|
| | 一级品 | 二级品 | 三级品 | 本年新增藏品数 | 本年从有关部门接收文物数 | 本年藏品征集数 | | 一级品 | 二级品 |
| **16816727** | **31122** | **157031** | **1413610** | **1408950** | **4670** | **62135** | **24091** | **282** | **1145** |
| | | | | | | | | | |
| 3585330 | 673 | 10228 | 69569 | 4561 | 4140 | 266 | 138 | 3 | 15 |
| 970607 | 1042 | 5349 | 134055 | 571 | 4 | 541 | 578 | | 31 |
| 184685 | 537 | 2941 | 24205 | 808 | 38 | 720 | 290 | 6 | 9 |
| 604672 | 2128 | 1473 | 36274 | 433 | | 398 | 6884 | 132 | 368 |
| 166064 | 856 | 2284 | 3071 | 2842 | | 458 | 534 | 1 | |
| | | | | | | | | | |
| 116226 | 891 | 5052 | 58551 | 133 | | 133 | 958 | | 6 |
| 245640 | 295 | 3404 | 14445 | 1423 | | 1356 | 300 | | |
| 386844 | 2268 | 3588 | 22064 | 1102 | 189 | 730 | 88 | | 9 |
| | | | | | | | | | |
| 3772865 | 1096 | 43558 | 158708 | 488 | 1 | 456 | 234 | | 3 |
| 434026 | 1062 | 9379 | 360591 | 1637 | | 128 | 600 | 26 | 15 |
| 310634 | 596 | 4915 | 34942 | 4882 | | 3767 | 258 | 4 | 7 |
| 486569 | 996 | 2806 | 13827 | 1022 | 74 | 452 | 212 | 5 | 1 |
| 255390 | 572 | 502 | 42857 | 36381 | | 35962 | 19 | | |
| 207685 | 549 | 1775 | 13169 | 213 | | 150 | 235 | 4 | 16 |
| 208592 | 3423 | 3768 | 46042 | 559 | | 449 | 1865 | | 47 |
| | | | | | | | | | |
| 333164 | 619 | 3214 | 80189 | 401 | | 401 | 72 | 3 | 12 |
| 491061 | 1027 | 2566 | 36039 | 150 | | 150 | 1843 | | 8 |
| 409902 | 617 | 2089 | 25975 | 53 | | 53 | 1903 | | 350 |
| 355028 | 421 | 6624 | 13201 | 422 | | 381 | 738 | | |
| 127224 | 166 | 2353 | 9543 | 1447 | | 1447 | 134 | 1 | 6 |
| 61719 | 75 | 233 | 1534 | 7423 | | 7423 | | | |
| | | | | | | | | | |
| 251625 | 907 | 1693 | 18497 | 616 | | 229 | 1888 | 7 | 14 |
| 255125 | 750 | 2186 | 42669 | 37 | | 37 | 260 | | 25 |
| 57941 | 472 | 1000 | 4002 | 1381 | | 1081 | 432 | 2 | |
| 249384 | 509 | 1389 | 12414 | 454 | | 454 | 106 | | 2 |
| 177125 | 1407 | 16868 | 34502 | | | | 14 | | |
| | | | | | | | | | |
| 1768807 | 3344 | 5307 | 18494 | 1335123 | 168 | 393 | 1136 | 57 | 98 |
| 187894 | 2634 | 6248 | 76327 | 122 | 56 | 56 | 1971 | 14 | 89 |
| 51788 | 465 | 689 | 615 | 11 | | | 77 | 14 | 8 |
| 45009 | 281 | 2838 | 5621 | 4064 | | 4064 | 149 | 1 | 3 |
| 58102 | 444 | 712 | 1618 | 191 | | | 175 | 2 | 3 |

续表 1

| 地区 | 三级品 | 基本陈列(个) | 临时展览(个) | 参观人次(万人次) | 未成年人参观人次(万人次) | 门票销售总额(千元) | 本年收入合计(千元) | 财政补助收入 |
|---|---|---|---|---|---|---|---|---|
| **总计** | **7391** | **505** | **982** | **10900.89** | **2638.17** | **1350979** | **11226538** | **8761781** |
| 北京 | 95 | 46 | 73 | 385.99 | 46.61 | 21293 | 1339558 | 799469 |
| 天津 | 23 | 37 | 86 | 893.01 | 273.26 | 5098 | 319095 | 246065 |
| 河北 | 272 | 38 | 58 | 395.28 | 122.98 | 580 | 295452 | 216620 |
| 山西 | 3367 | 21 | 38 | 268.54 | 119.71 | 82793 | 253240 | 162546 |
| 内蒙古 | | 11 | 15 | 150.23 | 54.04 | | 201702 | 197944 |
| 辽宁 | 56 | 6 | 15 | 58.00 | 17.40 | | 142631 | 140858 |
| 吉林 | 300 | 11 | 16 | 135.25 | 9.64 | 772 | 145902 | 104080 |
| 黑龙江 | 11 | 33 | 56 | 292.83 | 115.69 | | 107674 | 106356 |
| 上海 | 74 | 20 | 31 | 382.87 | 53.90 | 125 | 1510481 | 1315785 |
| 江苏 | 56 | 26 | 34 | 763.54 | 87.31 | 92857 | 289315 | 158841 |
| 浙江 | 183 | 21 | 55 | 582.73 | 262.99 | 641 | 382086 | 263875 |
| 安徽 | 15 | 15 | 14 | 137.60 | 21.12 | | 197230 | 141210 |
| 福建 | 11 | 14 | 62 | 351.37 | 89.59 | | 130712 | 111813 |
| 江西 | 79 | 20 | 8 | 633.65 | 165.59 | 747 | 277002 | 217896 |
| 山东 | 418 | 10 | 30 | 148.65 | 53.30 | | 287126 | 165875 |
| 河南 | 53 | 10 | 25 | 378.30 | 106.10 | | 248928 | 163516 |
| 湖北 | 383 | 25 | 38 | 310.75 | 44.60 | | 352790 | 227119 |
| 湖南 | 507 | 11 | 11 | 791.08 | 225.09 | 409 | 577073 | 467046 |
| 广东 | | 10 | 18 | 256.91 | 67.06 | | 316713 | 255523 |
| 广西 | 39 | 15 | 47 | 286.86 | 82.89 | | 126864 | 73809 |
| 海南 | | 3 | 28 | 54.21 | 7.86 | | 841758 | 838932 |
| 重庆 | 153 | 20 | 40 | 1223.99 | 418.86 | 470 | 330115 | 290120 |
| 四川 | 208 | 9 | 6 | 71.25 | 10.94 | | 202088 | 75658 |
| 贵州 | 302 | 6 | 9 | 36.00 | 8.00 | | 215736 | 207794 |
| 云南 | 48 | 15 | 26 | 184.00 | 61.00 | | 112261 | 71306 |
| 西藏 | 11 | | | 199.17 | 10.00 | 171236 | 370162 | 262305 |
| 陕西 | 479 | 14 | 32 | 964.04 | 57.37 | 919845 | 761275 | 714923 |
| 甘肃 | 194 | 17 | 30 | 370.67 | 33.01 | 51692 | 421391 | 377709 |
| 青海 | 2 | 6 | 5 | 24.06 | 1.39 | | 65502 | 53809 |
| 宁夏 | 33 | 8 | 58 | 69.42 | 5.70 | 221 | 74371 | 69022 |
| 新疆 | 19 | 7 | 18 | 100.63 | 5.20 | 2200 | 330305 | 263957 |

| 基建拨款 | 上级补助收入 | 事业收入 | 经营收入 | 其他收入 | 本年支出合计(千元) | 基本支出 | 项目支出 |
|---|---|---|---|---|---|---|---|
| **1957371** | **69240** | **1530077** | **97496** | **767944** | **10191888** | **3003513** | **6517966** |
| | | | | | | | |
| | | 369532 | | 170557 | 1019991 | 300457 | 586338 |
| | 346 | 24651 | | 48033 | 340593 | 203930 | 92154 |
| | 1996 | 74359 | 1520 | 957 | 283038 | 118570 | 163950 |
| | 1306 | 75246 | 1686 | 12456 | 307701 | 61682 | 236910 |
| 19365 | | 3177 | | 581 | 129860 | 35931 | 93929 |
| | | | | | | | |
| | | 145 | | 1628 | 124166 | 53186 | 70979 |
| | | 25994 | | 15828 | 140702 | 34433 | 92508 |
| | | 280 | | 1038 | 115090 | 47592 | 67450 |
| | | | | | | | |
| 903510 | 604 | 115436 | | 78656 | 1208799 | 178719 | 965462 |
| | 27461 | 49120 | 40653 | 13240 | 269620 | 112768 | 107293 |
| | | 62119 | | 56092 | 479434 | 160987 | 280964 |
| | 760 | 41293 | | 13967 | 190555 | 69226 | 107547 |
| | 5706 | 7096 | 1938 | 4159 | 154111 | 41014 | 110075 |
| | 870 | 1981 | 9158 | 47097 | 205567 | 50767 | 109576 |
| | | 57018 | | 64233 | 271886 | 68178 | 142883 |
| | | | | | | | |
| 14078 | 158 | 74067 | 4690 | 6497 | 233943 | 74113 | 157160 |
| 51577 | 6854 | 102902 | 7465 | 8450 | 453682 | 108860 | 343166 |
| 55590 | 500 | 87922 | 1499 | 20106 | 524142 | 73816 | 426438 |
| | | 25836 | 7694 | 27660 | 342595 | 131294 | 188650 |
| | | 29861 | 15325 | 7869 | 137712 | 16994 | 105897 |
| 611659 | | 2179 | | 647 | 733339 | 18007 | 715332 |
| | | | | | | | |
| 5500 | | 32661 | 1206 | 6128 | 372812 | 97706 | 268869 |
| 1192 | 160 | 117499 | | 8771 | 137636 | 41514 | 88093 |
| 128900 | | 7704 | | 238 | 258004 | 26357 | 231646 |
| | | 20477 | | 20478 | 118608 | 53276 | 54413 |
| 2000 | 3070 | 78148 | | 26639 | 219061 | 109230 | 88642 |
| | | | | | | | |
| | | 1558 | | 44794 | 638477 | 319639 | 279304 |
| 13000 | 1300 | 30810 | | 11572 | 490283 | 290321 | 167047 |
| 1000 | | 5964 | | 5729 | 60554 | 29598 | 29155 |
| | | 146 | 4662 | 541 | 78214 | 35489 | 39555 |
| 150000 | 18149 | 4896 | | 43303 | 151713 | 39859 | 106581 |

续表 2

| 地区 | 经营支出 | 在支出合计中： | | | | | | |
|---|---|---|---|---|---|---|---|---|
| | | 工资福利支出 | 商品和服务支出 | 差旅费 | 劳务费 | 福利费 | 各种税金支出 | 对个人和家庭补助支出 |
| **总　计** | **77361** | **1814031** | **4422595** | **171012** | **547409** | **26640** | **43125** | **529013** |
| 北　京 | | 163765 | 543362 | 2499 | 36353 | 2238 | 23295 | 39875 |
| 天　津 | | 91081 | 130833 | 1688 | 2781 | 1778 | 539 | 37790 |
| 河　北 | 518 | 78433 | 144069 | 4387 | 33247 | 615 | 1578 | 28124 |
| 山　西 | 1647 | 51545 | 182607 | 4701 | 45344 | 668 | 2400 | 21631 |
| 内蒙古 | | 19961 | 86032 | 4327 | 21930 | 260 | 78 | 7333 |
| 辽　宁 | | 18674 | 91735 | 4945 | 11717 | | | 7723 |
| 吉　林 | | 17760 | 81111 | 1513 | 21254 | 184 | 934 | 10941 |
| 黑龙江 | 23 | 22374 | 37998 | 1104 | 12457 | 58 | | 23773 |
| 上　海 | | 124989 | 479426 | 3753 | 5712 | 2130 | 662 | 7580 |
| 江　苏 | 40095 | 76645 | 141774 | 19034 | 11289 | 54 | | 28215 |
| 浙　江 | | 73494 | 162766 | 6893 | 30203 | 3168 | 1839 | 11526 |
| 安　徽 | | 29835 | 78875 | 3490 | 20662 | 709 | 33 | 28732 |
| 福　建 | 3020 | 37835 | 73035 | 4412 | 5165 | 2 | 97 | 7412 |
| 江　西 | 7732 | 59190 | 82608 | 6105 | 7948 | 1427 | 1064 | 15032 |
| 山　东 | | 37624 | 125590 | 4051 | 16822 | 278 | 344 | 22784 |
| 河　南 | 2670 | 56994 | 149530 | 6942 | 36079 | 1037 | 4550 | 8911 |
| 湖　北 | 1656 | 67207 | 221202 | 9029 | 44237 | 462 | 666 | 13318 |
| 湖　南 | 1402 | 57029 | 120206 | 7550 | 20476 | 404 | 176 | 10642 |
| 广　东 | 2347 | 55948 | 180747 | 6570 | 5087 | 163 | 286 | 66261 |
| 广　西 | 13072 | 35537 | 59722 | 5210 | 5532 | 2 | 1106 | 4932 |
| 海　南 | | 16887 | 67355 | 1354 | 1852 | | 165 | 1924 |
| 重　庆 | | 71989 | 242668 | 11661 | 31225 | 847 | 862 | 14958 |
| 四　川 | | 41639 | 73735 | 9843 | 8755 | 322 | 361 | 6865 |
| 贵　州 | | 22153 | 66921 | 4109 | 9118 | | 573 | 3434 |
| 云　南 | | 28954 | 42407 | 2955 | 7649 | 544 | 287 | 6902 |
| 西　藏 | | 65928 | 98756 | 2415 | 47 | 3 | | 7367 |
| 陕　西 | | 189290 | 320780 | 7434 | 51981 | 6372 | 135 | 30693 |
| 甘　肃 | 10 | 119422 | 223374 | 14992 | 25933 | 2537 | 589 | 34796 |
| 青　海 | | 20716 | 17195 | 1983 | 3398 | | 173 | 9475 |
| 宁　夏 | 3169 | 25559 | 31110 | 1406 | 5629 | 1 | 40 | 4643 |
| 新　疆 | | 35574 | 65066 | 4657 | 7527 | 377 | 293 | 5421 |

| 抚恤金和生活补助 | 其他资本性支出 | 各种设备购置费 | 资产总计（千元） | 固定资产原值 | 实际使用房屋建筑面积（万平方米） | 展览用房 | 文物库房 | 实际拥有产权面积（万平方米） |
|---|---|---|---|---|---|---|---|---|
| **24345** | **1715912** | **379918** | **34676678** | **17866177** | **322.59** | **102.76** | **51.81** | **191.49** |
| 2737 | 90996 | 7389 | 3177187 | 1738798 | 25.91 | 10.52 | 3.50 | 5.62 |
| 179 | 12456 | 7805 | 1057444 | 590576 | 16.80 | 6.33 | 3.41 | 2.47 |
| 501 | 31467 | 8648 | 934392 | 750216 | 15.72 | 8.31 | 1.97 | 10.81 |
| 699 | 41799 | 26741 | 858264 | 753755 | 9.20 | 3.56 | 1.36 | 20.61 |
| 131 | 16535 | 4352 | 914964 | 799515 | 7.45 | 2.00 | 1.20 | 7.42 |
| 1709 | 6034 | 3260 | 502162 | 333798 | 10.63 | 2.41 | 1.00 | 0.31 |
| 88 | 17128 | 3825 | 199085 | 154979 | 8.63 | 2.37 | 1.06 | 2.06 |
| 482 | 20939 | 9584 | 437073 | 341982 | 6.37 | 3.97 | 0.74 | 4.18 |
| 466 | 508522 | 48243 | 4476008 | 1676709 | 22.89 | 4.29 | 5.43 | 10.78 |
| 129 | 13522 | 554 | 1295242 | 1173589 | 14.93 | 5.23 | 1.61 | 5.28 |
| 1377 | 192553 | 7269 | 1324346 | 758998 | 9.98 | 4.41 | 1.65 | 1.45 |
| 3626 | 6141 | 20 | 708874 | 379569 | 7.63 | 2.86 | 0.55 | 5.16 |
| 231 | 28242 | 14129 | 172765 | 81033 | 7.81 | 2.51 | 0.80 | 15.50 |
| 93 | 2174 | 1566 | 761526 | 456969 | 9.66 | 4.17 | 1.33 | 12.98 |
| 330 | 24763 | 21820 | 2074720 | 397599 | 9.44 | 2.18 | 1.08 | 1.64 |
| 472 | 16913 | 8911 | 682976 | 477833 | 9.70 | 2.84 | 2.13 | 6.42 |
| 608 | 134761 | 9130 | 1073879 | 415377 | 11.32 | 3.60 | 3.93 | 4.91 |
| 183 | 162150 | 44975 | 1886837 | 613627 | 13.16 | 3.29 | 2.35 | 3.77 |
| 1453 | 16989 | 10476 | 1654160 | 1347613 | 8.77 | 2.36 | 1.05 | 0.91 |
| 190 | 18765 | 7539 | 582668 | 340794 | 4.95 | 1.60 | 0.60 | 0.37 |
| 73 | 101964 | 24241 | 827451 | 114047 | 11.93 | 2.65 | 1.52 | 7.06 |
| 406 | 26327 | 8697 | 818592 | 437300 | 14.38 | 4.81 | 1.10 | 1.90 |
| 998 | 6679 | 1547 | 340913 | 106438 | 3.89 | 1.00 | 0.67 | 1.16 |
| 151 | 19905 | 18974 | 971869 | 262892 | 6.84 | 1.64 | 1.35 | 1.31 |
| 1336 | 15215 | 9844 | 806155 | 119173 | 9.87 | 2.25 | 1.60 | 9.85 |
| 882 | 13831 | 50 | 410397 | 66289 | 0.75 |  | 0.01 | 7.04 |
| 1337 | 54438 | 19436 | 3262144 | 1559494 | 17.33 | 3.91 | 4.74 | 13.02 |
| 2133 | 61648 | 34700 | 1565456 | 1218431 | 12.46 | 3.59 | 2.28 | 13.73 |
| 556 | 11154 | 10146 | 219347 | 174410 | 3.68 | 1.37 | 0.50 | 5.09 |
| 170 | 13627 | 1162 | 187990 | 103448 | 5.76 | 1.83 | 0.65 | 5.55 |
| 619 | 28275 | 4885 | 491792 | 120926 | 4.77 | 0.89 | 0.66 | 3.17 |

# 2017年全国各地区地市级

| 地区 | 机构数（个） | 从业人员（人） | 专业技术人才 | 正高级职称 | 副高级职称 | 中级职称 | 安全保卫人员 | 登记注册志愿者（人） |
|---|---|---|---|---|---|---|---|---|
| **总计** | **1725** | **47995** | **16523** | **738** | **2445** | **7009** | **9084** | **51288** |
| 北京 | | | | | | | | |
| 天津 | | | | | | | | |
| 河北 | 65 | 3195 | 960 | 48 | 168 | 358 | 485 | 721 |
| 山西 | 79 | 2676 | 748 | 11 | 80 | 262 | 495 | 800 |
| 内蒙古 | 28 | 922 | 485 | 29 | 100 | 221 | 146 | 788 |
| 辽宁 | 47 | 2032 | 812 | 57 | 175 | 358 | 315 | 2058 |
| 吉林 | 42 | 777 | 372 | 35 | 87 | 126 | 155 | 1874 |
| 黑龙江 | 59 | 954 | 390 | 30 | 94 | 190 | 149 | 1595 |
| 上海 | | | | | | | | |
| 江苏 | 163 | 3878 | 1569 | 111 | 232 | 655 | 743 | 6366 |
| 浙江 | 104 | 4302 | 1169 | 81 | 186 | 457 | 711 | 3556 |
| 安徽 | 69 | 1143 | 401 | 12 | 47 | 159 | 313 | 2865 |
| 福建 | 50 | 973 | 359 | 26 | 48 | 145 | 237 | 970 |
| 江西 | 65 | 1310 | 440 | 33 | 60 | 185 | 271 | 3030 |
| 山东 | 124 | 3741 | 1312 | 45 | 256 | 644 | 509 | 3863 |
| 河南 | 153 | 4114 | 1625 | 67 | 234 | 656 | 902 | 6256 |
| 湖北 | 44 | 1413 | 741 | 25 | 101 | 375 | 274 | 2275 |
| 湖南 | 49 | 1159 | 385 | 7 | 61 | 189 | 174 | 2059 |
| 广东 | 83 | 2317 | 1219 | 31 | 129 | 554 | 340 | 4610 |
| 广西 | 79 | 1511 | 489 | 22 | 51 | 212 | 439 | 1817 |
| 海南 | 13 | 191 | 25 | | 1 | 2 | 68 | 3 |
| 重庆 | | | | | | | | |
| 四川 | 74 | 3602 | 867 | 22 | 79 | 290 | 770 | 1738 |
| 贵州 | 27 | 897 | 148 | 7 | 17 | 78 | 96 | 154 |
| 云南 | 42 | 678 | 428 | 9 | 82 | 208 | 111 | 451 |
| 西藏 | 40 | 64 | 1 | | | | 1 | |
| 陕西 | 98 | 3458 | 883 | 20 | 80 | 388 | 734 | 1506 |
| 甘肃 | 65 | 1456 | 451 | 6 | 51 | 188 | 362 | 977 |
| 青海 | 20 | 127 | 51 | 1 | 6 | 16 | 27 | 10 |
| 宁夏 | 12 | 258 | 46 | | 8 | 18 | 57 | 11 |
| 新疆 | 31 | 847 | 147 | 3 | 12 | 75 | 200 | 935 |

# 文物业基本情况

| 文物藏品(件/套) | | | | 在藏品数中(件/套) | | | 本年修复藏品数(件/套) | | |
|---|---|---|---|---|---|---|---|---|---|
| | 一级品 | 二级品 | 三级品 | 本年新增藏品数 | 本年从有关部门接收文物数 | 本年藏品征集数 | | 一级品 | 二级品 |
| **9561239** | **23243** | **80020** | **623907** | **209736** | **16847** | **115662** | **29623** | **65** | **406** |
| 132078 | 359 | 8414 | 9378 | 21052 | | 1258 | 27 | | |
| 267371 | 488 | 1755 | 7850 | 1657 | 102 | 606 | 2010 | | |
| 353446 | 702 | 2178 | 3392 | 5324 | | 5324 | 94 | 13 | 31 |
| 373839 | 978 | 7884 | 84652 | 5989 | 354 | 4279 | 200 | | 5 |
| 220847 | 201 | 2362 | 15696 | 6443 | 914 | 5249 | 384 | 4 | |
| 298915 | 193 | 1093 | 10838 | 16547 | 94 | 7696 | 338 | | 3 |
| 1856756 | 1861 | 7180 | 75062 | 23753 | 4149 | 14686 | 1860 | 1 | 6 |
| 383277 | 1035 | 2996 | 18061 | 17719 | 886 | 5678 | 2023 | 4 | 13 |
| 284652 | 446 | 1188 | 21384 | 5033 | 2547 | 1471 | 482 | | 12 |
| 148475 | 315 | 611 | 16984 | 2655 | 304 | 2217 | 114 | | |
| 168182 | 400 | 1159 | 9265 | 783 | 1 | 527 | 99 | 3 | 19 |
| 897737 | 7245 | 6167 | 33670 | 3506 | 443 | 2157 | 1329 | 1 | 68 |
| 1103578 | 1405 | 8914 | 95961 | 19513 | 99 | 8753 | 5509 | 5 | 141 |
| 690915 | 1381 | 3996 | 67917 | 9437 | 53 | 5200 | 4292 | 2 | 24 |
| 309810 | 745 | 2682 | 22083 | 5516 | 697 | 4021 | 4953 | | 28 |
| 602219 | 869 | 7393 | 35397 | 18720 | 340 | 10770 | 2062 | | 4 |
| 116652 | 70 | 1801 | 18124 | 12786 | 41 | 11391 | 55 | | 13 |
| 5303 | 21 | 83 | 134 | 10 | | 10 | | | |
| 421680 | 1367 | 2531 | 19390 | 15912 | 25 | 14485 | 228 | 2 | 25 |
| 64849 | 76 | 507 | 1199 | 1587 | 65 | 1514 | 77 | 28 | 3 |
| 108057 | 156 | 219 | 2746 | 4087 | 332 | 3537 | 109 | | 1 |
| 9008 | 83 | 819 | 4649 | | | | | | |
| 396712 | 1747 | 5335 | 38849 | 6742 | 5401 | 984 | 2455 | | 3 |
| 181094 | 789 | 1893 | 8482 | 2281 | | 1167 | 461 | | 1 |
| 10107 | 29 | 76 | 190 | 36 | | 36 | 17 | | |
| 14459 | 44 | 223 | 648 | 403 | | 403 | | | |
| 141221 | 238 | 561 | 1906 | 2245 | | 2243 | 445 | 2 | 6 |

续表 1

| 地区 | 三级品 | 基本陈列(个) | 临时展览(个) | 参观人次(万人次) | 未成年人参观人次(万人次) | 门票销售总额(千元) | 本年收入合计(千元) | 财政补助收入 |
|---|---|---|---|---|---|---|---|---|
| **总计** | **3527** | **3110** | **4493** | **37877.68** | **8697.30** | **2624114** | **19655147** | **14943606** |
| 北京 | | | | | | | | |
| 天津 | | | | | | | | |
| 河北 | 9 | 103 | 205 | 1356.36 | 265.49 | 281119 | 694273 | 318612 |
| 山西 | | 71 | 61 | 994.79 | 180.46 | 195293 | 860966 | 728293 |
| 内蒙古 | 7 | 70 | 75 | 478.18 | 188.37 | 1662 | 327648 | 325483 |
| 辽宁 | 182 | 130 | 162 | 1532.29 | 288.22 | 154277 | 507527 | 502116 |
| 吉林 | 9 | 63 | 86 | 534.69 | 134.03 | 41403 | 199551 | 185754 |
| 黑龙江 | 11 | 105 | 174 | 803.62 | 206.85 | 13417 | 159961 | 122093 |
| 上海 | | | | | | | | |
| 江苏 | 52 | 375 | 558 | 5458.60 | 1315.21 | 90044 | 1336457 | 1065375 |
| 浙江 | 28 | 224 | 345 | 3760.72 | 578.58 | 339661 | 1900164 | 954664 |
| 安徽 | 307 | 136 | 200 | 923.41 | 296.92 | 6047 | 304229 | 287370 |
| 福建 | 78 | 107 | 235 | 1139.28 | 369.32 | 79 | 321643 | 245952 |
| 江西 | 16 | 100 | 108 | 959.53 | 384.06 | 1599 | 294052 | 277311 |
| 山东 | 64 | 330 | 310 | 2399.64 | 561.97 | 415727 | 935262 | 777681 |
| 河南 | 809 | 206 | 287 | 2624.10 | 714.44 | 350299 | 1562798 | 1331783 |
| 湖北 | 296 | 109 | 190 | 1188.01 | 291.63 | 1336 | 855706 | 674278 |
| 湖南 | 199 | 67 | 143 | 1526.49 | 505.71 | 20 | 380611 | 358589 |
| 广东 | 9 | 182 | 466 | 3290.29 | 708.73 | 56623 | 1407914 | 1335127 |
| 广西 | 32 | 116 | 177 | 1032.18 | 278.01 | 596 | 284290 | 274778 |
| 海南 | | 18 | 16 | 126.60 | 13.26 | | 51180 | 49034 |
| 重庆 | | | | | | | | |
| 四川 | 103 | 128 | 186 | 2439.95 | 453.39 | 529314 | 1278522 | 1023025 |
| 贵州 | 20 | 23 | 32 | 543.75 | 147.09 | 110 | 568051 | 105283 |
| 云南 | 23 | 92 | 142 | 904.44 | 242.68 | 13681 | 192925 | 185485 |
| 西藏 | | 1 | | 1.00 | | | 78408 | 78348 |
| 陕西 | 1251 | 141 | 112 | 2619.15 | 237.63 | 92899 | 4367170 | 3078770 |
| 甘肃 | 13 | 132 | 145 | 651.54 | 186.80 | 3487 | 430443 | 378887 |
| 青海 | | 18 | 5 | 65.04 | 25.45 | | 29096 | 26021 |
| 宁夏 | | 22 | 10 | 217.17 | 37.32 | 35421 | 99868 | 68801 |
| 新疆 | 9 | 41 | 63 | 306.87 | 85.69 | | 226432 | 184693 |

| | | | | | | 本年支出合计(千元) | | |
|---|---|---|---|---|---|---|---|---|
| 基建拨款 | 上级补助收入 | 事业收入 | 经营收入 | 附属单位上缴收入 | 其他收入 | | 基本支出 | 项目支出 |
| **558987** | **280598** | **1387757** | **727693** | **401** | **2315092** | **18799307** | **8946739** | **8828106** |
| 12000 | 1650 | 281051 | 11117 | | 81843 | 656448 | 411187 | 213439 |
| 26071 | 16773 | 38652 | 14185 | | 63063 | 933438 | 273871 | 639549 |
| 4791 | | | | 1 | 2164 | 309452 | 147780 | 159466 |
| 620 | 600 | 1080 | | | 3731 | 494492 | 275251 | 207999 |
| | 1766 | | | | 12031 | 206225 | 77571 | 127076 |
| 660 | 21900 | | 994 | | 14974 | 172150 | 76686 | 80052 |
| 5000 | 22737 | 29715 | 36976 | 196 | 181458 | 1844493 | 660339 | 697929 |
| 39078 | 95669 | 529043 | 17346 | 153 | 303289 | 1801840 | 892521 | 868094 |
| | 6366 | 4857 | 1069 | | 4567 | 349932 | 89650 | 251856 |
| 8000 | 3147 | 15704 | 238 | | 56602 | 343356 | 84424 | 233082 |
| 27760 | 340 | 8018 | 296 | | 8087 | 248306 | 117586 | 124003 |
| | 3660 | 10921 | 117071 | | 25929 | 890302 | 410941 | 421712 |
| 101324 | 15423 | 156294 | 37278 | | 22020 | 1208341 | 601121 | 544675 |
| 92595 | 59931 | 14099 | 20725 | | 86673 | 817760 | 201081 | 596726 |
| 28001 | 369 | 2180 | 3974 | 50 | 15449 | 382428 | 157105 | 210153 |
| 9912 | 4763 | 22161 | | | 45863 | 1391769 | 492020 | 810915 |
| 1786 | 1016 | 633 | 970 | | 6893 | 296720 | 87896 | 201916 |
| 28454 | | 2138 | | | 8 | 51460 | 11994 | 39464 |
| 117140 | 2216 | 240164 | 5152 | | 7965 | 1228293 | 296340 | 920148 |
| | 1344 | | 455506 | | 5918 | 142991 | 43800 | 81512 |
| 4710 | 144 | | 384 | | 6912 | 199420 | 80353 | 112701 |
| | | | | | 60 | 51774 | 11970 | 39604 |
| | 8893 | 5408 | 475 | | 1273624 | 3999433 | 3194072 | 751012 |
| 42260 | 3831 | 3966 | 337 | 1 | 43421 | 400784 | 124995 | 248883 |
| | 1839 | 1100 | | | 136 | 24248 | 17186 | 5459 |
| | 6221 | 19468 | 3600 | | 1778 | 124226 | 14159 | 106835 |
| 8825 | | 1105 | | | 40634 | 229226 | 94840 | 133846 |

续表 2

| 地区 | 经营支出 | 在支出合计中： | | | | | | |
|---|---|---|---|---|---|---|---|---|
| | | 工资福利支出 | 商品和服务支出 | 差旅费 | 劳务费 | 福利费 | 各种税金支出 | 对个人和家庭补助支出 |
| **总计** | **482332** | **4658036** | **6928068** | **155170** | **1049070** | **40912** | **63884** | **1150297** |
| 北京 | | | | | | | | |
| 天津 | | | | | | | | |
| 河北 | 19681 | 232794 | 202064 | 2119 | 33878 | 1893 | 2910 | 65810 |
| 山西 | 13824 | 164313 | 346097 | 6903 | 25102 | 1563 | 465 | 42647 |
| 内蒙古 | | 70737 | 83407 | 3893 | 10289 | 505 | 61 | 19339 |
| 辽宁 | 100 | 157631 | 176917 | 3738 | 39585 | 391 | 46 | 75280 |
| 吉林 | | 57512 | 92016 | 1137 | 6974 | 315 | 31 | 24792 |
| 黑龙江 | 14677 | 55487 | 53264 | 2181 | 8245 | 943 | 7 | 14199 |
| 上海 | | | | | | | | |
| 江苏 | 323742 | 355827 | 510384 | 19233 | 55560 | 3770 | 2655 | 106916 |
| 浙江 | 11856 | 399532 | 751724 | 5917 | 54123 | 14279 | 16236 | 122432 |
| 安徽 | 3514 | 72018 | 136797 | 3881 | 4815 | 848 | 921 | 17732 |
| 福建 | 1371 | 59901 | 61570 | 2237 | 17440 | 196 | 197 | 7830 |
| 江西 | 1052 | 67249 | 88426 | 2555 | 7590 | 706 | 172 | 20576 |
| 山东 | 18522 | 209243 | 417913 | 4365 | 19739 | 1054 | 4821 | 65129 |
| 河南 | 31652 | 267179 | 395400 | 9322 | 141654 | 2620 | 3407 | 50963 |
| 湖北 | 18491 | 119086 | 191897 | 4565 | 17347 | 777 | 875 | 31095 |
| 湖南 | 2687 | 105822 | 136710 | 3051 | 19113 | 1005 | 2015 | 24102 |
| 广东 | | 292164 | 524500 | 8978 | 34192 | 2022 | 488 | 163951 |
| 广西 | 1989 | 67890 | 104052 | 17185 | 3783 | 167 | 40 | 7564 |
| 海南 | | 12596 | 8846 | 77 | 1225 | | | 1174 |
| 重庆 | | | | | | | | |
| 四川 | 2667 | 284133 | 587378 | 10178 | 88178 | 4461 | 17765 | 32261 |
| 贵州 | 6935 | 44966 | 47459 | 1896 | 4543 | 124 | 9851 | 10129 |
| 云南 | 384 | 62851 | 54736 | 3958 | 8575 | 354 | 168 | 7814 |
| 西藏 | | 5848 | 1577 | 137 | | | | |
| 陕西 | 288 | 1369652 | 1736554 | 29163 | 410547 | 1743 | 466 | 198976 |
| 甘肃 | 6209 | 56392 | 121772 | 3038 | 18553 | 923 | 234 | 24913 |
| 青海 | | 5898 | 6122 | 299 | 1542 | 5 | 2 | 2623 |
| 宁夏 | 2691 | 11361 | 19809 | 334 | 7654 | 22 | 13 | 7015 |
| 新疆 | | 49954 | 70677 | 4830 | 8824 | 226 | 38 | 5035 |

| 抚恤金和生活补助 | 其他资本性支出 | 各种设备购置费 | 资产总计(千元) | 固定资产原值 | 实际使用房屋建筑面积(万平方米) | 展览用房 | 文物库房 | 实际拥有产权面积(万平方米) |
|---|---|---|---|---|---|---|---|---|
| **45642** | **2590906** | **452292** | **47524213** | **28340206** | **990.34** | **401.07** | **66.39** | **1399.39** |
| 1462 | 143323 | 5928 | 1237604 | 955165 | 32.44 | 14.44 | 1.81 | 21.48 |
| 1837 | 157061 | 10437 | 2748366 | 487107 | 42.05 | 16.29 | 3.42 | 58.16 |
| 613 | 95077 | 4263 | 1990800 | 1633039 | 29.58 | 11.23 | 2.01 | 11.80 |
| 11336 | 50955 | 5317 | 1273335 | 1074587 | 27.61 | 15.23 | 1.65 | 5.46 |
| 521 | 24555 | 1384 | 505618 | 276027 | 16.03 | 10.14 | 0.97 | 9.50 |
| 352 | 27100 | 2711 | 849893 | 813868 | 25.07 | 11.09 | 1.46 | 7.35 |
| 853 | 243130 | 18563 | 5495877 | 4077614 | 106.19 | 50.95 | 6.50 | 57.79 |
| 943 | 102676 | 19226 | 5897817 | 3460520 | 62.98 | 24.69 | 4.08 | 32.43 |
| 140 | 70235 | 5036 | 735594 | 537580 | 35.07 | 14.95 | 2.85 | 18.51 |
| 211 | 125667 | 70720 | 707904 | 213347 | 50.69 | 11.50 | 1.93 | 7.71 |
| 992 | 62857 | 1945 | 1252415 | 890944 | 75.48 | 13.54 | 2.04 | 19.29 |
| 8965 | 114854 | 43129 | 2972604 | 1577800 | 72.09 | 31.13 | 4.12 | 47.37 |
| 1923 | 303878 | 30950 | 4102537 | 1523089 | 67.45 | 30.41 | 7.96 | 36.83 |
| 220 | 263378 | 15938 | 612256 | 399636 | 24.37 | 10.21 | 3.50 | 13.80 |
| 1393 | 51667 | 22093 | 685605 | 408916 | 22.07 | 9.98 | 3.08 | 13.40 |
| 4546 | 128394 | 28580 | 2002182 | 1566486 | 72.93 | 25.48 | 4.20 | 101.82 |
| 537 | 51718 | 3683 | 992870 | 640394 | 38.51 | 23.44 | 3.03 | 19.50 |
| 1 | 27699 | 20 | 234492 | 75946 | 1.80 | 0.51 | 0.02 | 0.60 |
| 2812 | 190566 | 29924 | 3361187 | 1651417 | 55.25 | 19.14 | 3.09 | 35.63 |
| 878 | 13725 | 512 | 262132 | 116379 | 11.53 | 4.74 | 0.67 | 1.67 |
| 496 | 43937 | 2842 | 660015 | 372589 | 20.29 | 8.62 | 1.49 | 18.49 |
|  | 29778 |  | 27710 | 27710 | 3.30 | 0.06 |  | 757.42 |
| 2628 | 199232 | 109148 | 5439153 | 3112924 | 51.75 | 20.58 | 2.63 | 55.44 |
| 1161 | 21137 | 7572 | 2470318 | 1988184 | 26.86 | 13.13 | 2.58 | 38.12 |
| 6 | 4234 | 12 | 33172 | 25361 | 4.73 | 2.31 | 0.21 | 3.50 |
| 8 | 355 | 255 | 151829 | 25672 | 4.03 | 1.98 | 0.10 | 1.03 |
| 808 | 43718 | 12104 | 820928 | 407905 | 10.19 | 5.31 | 0.98 | 5.30 |

# 2017年全国各地区

| 地　区 | 机构数（个） | 从业人员（人） | 专业技术人才 | 正高级职称 | 副高级职称 | 中级职称 | 安全保卫人员 | 登记注册志愿者（人） |
|---|---|---|---|---|---|---|---|---|
| **总　计** | **7883** | **90730** | **23339** | **840** | **2176** | **8943** | **19210** | **73619** |
| 北　京 | 93 | 6495 | 836 | 26 | 66 | 286 | 923 | 7847 |
| 天　津 | 66 | 802 | 207 | 9 | 38 | 69 | 184 | 979 |
| 河　北 | 377 | 4788 | 881 | 12 | 89 | 321 | 1069 | 827 |
| 山　西 | 292 | 4729 | 917 | 7 | 83 | 351 | 860 | 473 |
| 内蒙古 | 161 | 1420 | 639 | 4 | 72 | 260 | 263 | 285 |
| 辽　宁 | 91 | 1350 | 550 | 4 | 27 | 358 | 231 | 728 |
| 吉　林 | 121 | 925 | 445 | 12 | 55 | 181 | 195 | 207 |
| 黑龙江 | 203 | 1806 | 811 | 44 | 110 | 352 | 436 | 2769 |
| 上　海 | 98 | 2424 | 1222 | 27 | 82 | 515 | 451 | 8014 |
| 江　苏 | 261 | 2959 | 768 | 30 | 78 | 307 | 774 | 4772 |
| 浙　江 | 362 | 4373 | 1248 | 74 | 179 | 479 | 939 | 9454 |
| 安　徽 | 224 | 2071 | 746 | 28 | 61 | 283 | 551 | 1943 |
| 福　建 | 122 | 1323 | 481 | 33 | 55 | 171 | 374 | 1662 |
| 江　西 | 166 | 1933 | 534 | 12 | 36 | 195 | 528 | 1066 |
| 山　东 | 545 | 8528 | 2806 | 166 | 335 | 1066 | 1550 | 6706 |
| 河　南 | 471 | 7384 | 1008 | 50 | 85 | 437 | 1474 | 2020 |
| 湖　北 | 273 | 3427 | 1334 | 55 | 101 | 591 | 869 | 1677 |
| 湖　南 | 214 | 3170 | 645 | 9 | 20 | 199 | 507 | 4863 |
| 广　东 | 188 | 2082 | 658 | 5 | 28 | 232 | 493 | 1539 |
| 广　西 | 130 | 903 | 348 |  | 14 | 125 | 225 | 171 |
| 海　南 | 28 | 174 | 17 |  |  | 4 | 29 | 24 |
| 重　庆 | 134 | 2305 | 608 | 31 | 85 | 224 | 567 | 4751 |
| 四　川 | 411 | 4795 | 1327 | 72 | 94 | 407 | 1239 | 5223 |
| 贵　州 | 166 | 1488 | 368 | 5 | 26 | 88 | 276 | 267 |
| 云　南 | 218 | 1556 | 871 | 16 | 146 | 439 | 399 | 649 |
| 西　藏 | 1332 | 1347 | 45 |  |  | 11 | 293 | 5 |
| 陕　西 | 552 | 10245 | 1878 | 89 | 142 | 672 | 2106 | 2802 |
| 甘　肃 | 287 | 3868 | 662 | 3 | 26 | 170 | 724 | 1571 |
| 青　海 | 80 | 285 | 71 |  | 6 | 34 | 45 | 14 |
| 宁　夏 | 62 | 729 | 218 | 13 | 32 | 69 | 222 | 186 |
| 新　疆 | 155 | 1046 | 190 | 4 | 5 | 47 | 414 | 125 |

# 县级文物业基本情况

| 文物藏品(件/套) | 在藏品数中(件/套) | | | | | | 本年修复藏品数(件/套) | |
|---|---|---|---|---|---|---|---|---|
| | 一级品 | 二级品 | 三级品 | 本年新增藏品数 | 本年从有关部门接收文物数 | 本年藏品征集数 | | 一级品 |
| **18791175** | **23655** | **81455** | **553194** | **416500** | **21722** | **245628** | **37328** | **86** |
| 770726 | 804 | 1809 | 7586 | 35938 | 365 | 33317 | 1028 | |
| 85103 | 7 | 36 | 281 | 2726 | 1142 | 1021 | 16 | |
| 217181 | 496 | 2269 | 13675 | 5988 | 226 | 389 | 411 | 2 |
| 754537 | 1252 | 5606 | 14603 | 39020 | 124 | 471 | 1442 | 1 |
| 234858 | 725 | 3120 | 5760 | 4970 | 79 | 4339 | 18 | |
| 134780 | 397 | 1784 | 18358 | 961 | 8 | 823 | 284 | |
| 192411 | 68 | 245 | 1318 | 3185 | | 2038 | 527 | |
| 332362 | 302 | 1637 | 15513 | 19679 | 714 | 9779 | 285 | 1 |
| 836019 | 1069 | 6031 | 13232 | 7956 | 233 | 3386 | 539 | 23 |
| 369036 | 577 | 1684 | 8649 | 18256 | 361 | 6463 | 809 | 6 |
| 838413 | 742 | 2986 | 26563 | 8061 | 52 | 5091 | 1732 | 2 |
| 252767 | 1252 | 2117 | 26405 | 5129 | 140 | 3859 | 610 | 1 |
| 244284 | 212 | 1933 | 43803 | 3991 | 130 | 3553 | 22 | |
| 251546 | 924 | 3005 | 25304 | 1306 | 812 | 252 | 550 | 3 |
| 3399738 | 1654 | 5727 | 26630 | 51482 | 210 | 40284 | 14336 | 15 |
| 565255 | 596 | 5126 | 86147 | 1737 | 90 | 332 | 887 | 2 |
| 894789 | 624 | 2211 | 13959 | 20766 | 13 | 18579 | 444 | 12 |
| 280641 | 617 | 2570 | 19212 | 14610 | 284 | 10338 | 1842 | 1 |
| 405651 | 156 | 1689 | 18971 | 27943 | 9509 | 10618 | 2171 | |
| 80475 | 95 | 1198 | 11324 | 5439 | | 1958 | 201 | |
| 13464 | 42 | 143 | 625 | 126 | | 122 | | |
| 391549 | 236 | 747 | 8561 | 8200 | 2219 | 5181 | 2095 | 2 |
| 3624779 | 3407 | 10774 | 68743 | 84567 | 1667 | 71379 | 1120 | |
| 70124 | 179 | 610 | 1494 | 10818 | 1747 | 1077 | 127 | |
| 1037445 | 356 | 645 | 4046 | 4958 | 22 | 2292 | 3065 | 3 |
| 90080 | 2312 | 5173 | 19252 | 200 | 94 | 106 | | |
| 1838608 | 2221 | 4160 | 26967 | 8197 | 896 | 4235 | 1081 | 4 |
| 168376 | 1300 | 4222 | 20508 | 1525 | 582 | 863 | 511 | 6 |
| 41233 | 939 | 1217 | 1966 | 83 | 3 | 37 | 893 | |
| 327720 | 42 | 785 | 2529 | 9158 | | 2743 | 266 | 1 |
| 47225 | 52 | 196 | 1210 | 9525 | | 703 | 16 | 1 |

续表 1

| 地区 | 二级品 | 三级品 | 基本陈列（个） | 临时展览（个） | 参观人次（万人次） | 未成年人参观人次（万人次） | 门票销售总额（千元） | 本年收入合计（千元） |
|---|---|---|---|---|---|---|---|---|
| **总计** | **522** | **3853** | **9380** | **7369** | **63153.56** | **17121.58** | **8325298** | **22628293** |
| 北京 | 1 | | 171 | 165 | 2788.28 | 506.10 | 1224805 | 3398776 |
| 天津 | | | 174 | 142 | 398.91 | 95.07 | 33783 | 139628 |
| 河北 | 14 | 86 | 193 | 200 | 2323.53 | 688.91 | 83862 | 698027 |
| 山西 | 34 | 424 | 173 | 69 | 2062.15 | 308.77 | 223954 | 823784 |
| 内蒙古 | 1 | 8 | 250 | 103 | 695.17 | 228.19 | 4436 | 272572 |
| 辽宁 | | 6 | 121 | 75 | 401.89 | 104.86 | 21764 | 173571 |
| 吉林 | | 14 | 111 | 170 | 462.26 | 163.99 | 1388 | 163472 |
| 黑龙江 | 133 | 60 | 273 | 242 | 1257.65 | 322.25 | 3617 | 304289 |
| 上海 | 50 | 22 | 236 | 340 | 1902.11 | 347.52 | 5557452 | 1447323 |
| 江苏 | 18 | 100 | 468 | 559 | 3140.70 | 949.48 | 58537 | 628569 |
| 浙江 | 10 | 61 | 736 | 993 | 5489.73 | 1171.04 | 18371 | 1293534 |
| 安徽 | 7 | 85 | 417 | 237 | 2329.82 | 629.72 | 15726 | 367962 |
| 福建 | | 3 | 232 | 391 | 1526.28 | 528.11 | 2927 | 383342 |
| 江西 | 6 | 22 | 205 | 179 | 1906.04 | 602.23 | 2671 | 417924 |
| 山东 | 26 | 442 | 1442 | 631 | 5539.92 | 1790.44 | 276207 | 3230224 |
| 河南 | 22 | 580 | 454 | 330 | 3735.87 | 1057.59 | 76023 | 705546 |
| 湖北 | 32 | 26 | 454 | 280 | 2505.46 | 740.29 | 174607 | 710729 |
| 湖南 | 25 | 156 | 181 | 95 | 3830.73 | 1306.34 | 26459 | 838219 |
| 广东 | 26 | 820 | 356 | 557 | 1895.51 | 663.61 | 32735 | 870589 |
| 广西 | 30 | 38 | 172 | 94 | 720.52 | 224.69 | 2349 | 290473 |
| 海南 | | | 28 | 15 | 78.39 | 25.04 | 2649 | 137675 |
| 重庆 | 22 | 242 | 213 | 212 | 2010.95 | 562.82 | 108502 | 529381 |
| 四川 | 3 | 367 | 568 | 352 | 4960.41 | 1319.34 | 61312 | 839059 |
| 贵州 | | | 150 | 50 | 1426.91 | 341.47 | 400 | 303389 |
| 云南 | 12 | 135 | 350 | 156 | 1731.21 | 465.14 | 3400 | 282563 |
| 西藏 | | | 3 | 6 | 618.67 | 62.59 | 69409 | 369326 |
| 陕西 | 9 | | 640 | 347 | 4180.82 | 1056.02 | 184189 | 1747226 |
| 甘肃 | 36 | 140 | 346 | 277 | 2134.19 | 612.18 | 37111 | 688806 |
| 青海 | | | 16 | 23 | 60.94 | 17.43 | 69 | 245707 |
| 宁夏 | 1 | 16 | 123 | 26 | 674.09 | 134.36 | 12098 | 153793 |
| 新疆 | 4 | | 124 | 53 | 364.47 | 95.98 | 4486 | 172815 |

| 财政补助收入 | 上级补助收入 | 事业收入 | 经营收入 | 附属单位上缴收入 | 其他收入 | 本年支出合计(千元) | 基本支出 | 项目支出 |
|---|---|---|---|---|---|---|---|---|
| **17504866** | **1042036** | **1058985** | **1526071** | **31607** | **1464728** | **23260872** | **9330220** | **10695955** |
| 2710101 | 1718 | 315012 | 327531 | | 44414 | 3739099 | 1071540 | 2366551 |
| 93520 | 103 | 4481 | 33857 | | 7667 | 169211 | 97435 | 32011 |
| 601897 | 17826 | 67595 | 4024 | | 6685 | 671214 | 289116 | 379342 |
| 691632 | 30694 | 60720 | 21292 | | 19446 | 859624 | 346492 | 489810 |
| 262828 | 3716 | 4815 | 3 | | 1210 | 265469 | 131273 | 116276 |
| 147508 | 319 | 24802 | | | 942 | 142104 | 102914 | 37079 |
| 147571 | 3932 | 735 | 1062 | | 10172 | 163952 | 72723 | 82203 |
| 177547 | 22531 | | 3290 | | 100921 | 293049 | 111517 | 172062 |
| 1044176 | 24583 | 239388 | 78030 | | 61146 | 1321292 | 600847 | 651645 |
| 540619 | 25937 | 11930 | 34211 | | 15872 | 606041 | 343255 | 225892 |
| 1110914 | 52024 | 9863 | 31500 | | 89233 | 1315547 | 400257 | 742058 |
| 245060 | 69863 | 5386 | 2344 | 300 | 45009 | 380615 | 167555 | 167300 |
| 318824 | 16550 | 2941 | 2959 | | 42068 | 338194 | 109779 | 199624 |
| 277863 | 126237 | 8619 | 800 | | 4405 | 326613 | 163245 | 145628 |
| 2206974 | 98181 | 16509 | 272345 | 3420 | 632795 | 3338300 | 1635237 | 773454 |
| 562404 | 16329 | 61140 | 2141 | | 63532 | 695001 | 399254 | 263363 |
| 569228 | 69388 | 16059 | 31646 | 7902 | 16506 | 715480 | 283541 | 404088 |
| 708817 | 62073 | 3840 | 9518 | 200 | 53771 | 844957 | 301144 | 510854 |
| 784260 | 18340 | 26126 | 1609 | | 40254 | 858349 | 254400 | 464793 |
| 283370 | 1850 | 3120 | 1870 | 5 | 258 | 191581 | 59332 | 127291 |
| 127901 | 6240 | 569 | 737 | | 2228 | 143792 | 15646 | 115628 |
| 440440 | 35753 | 6977 | 9075 | | 37136 | 560411 | 182901 | 328849 |
| 706358 | 50867 | 4434 | 40092 | 50 | 37258 | 868113 | 307346 | 495024 |
| 253629 | 23774 | 10536 | 301 | 1 | 15148 | 245220 | 99282 | 130980 |
| 243777 | 13205 | 1199 | 4288 | 77 | 20017 | 267342 | 122508 | 125719 |
| 160449 | 116268 | 691 | 86229 | 50 | 5639 | 422401 | 136356 | 135089 |
| 1063520 | 58449 | 135801 | 437832 | 2376 | 49248 | 2318879 | 1040252 | 495514 |
| 582235 | 55503 | 12429 | 23563 | | 15076 | 649934 | 337276 | 254589 |
| 238412 | 135 | 351 | | | 6809 | 150728 | 20807 | 127536 |
| 57222 | 9876 | 2067 | 63852 | 17226 | 3550 | 220670 | 60110 | 45618 |
| 145810 | 9772 | 850 | 70 | | 16313 | 177690 | 66880 | 90085 |

续表 2

| 地区 | 经营支出 | 在支出合计中： | | | | | | |
|---|---|---|---|---|---|---|---|---|
| | | 工资福利支出 | 商品和服务支出 | 差旅费 | 劳务费 | 福利费 | 各种税金支出 | 对个人和家庭补助支出 |
| **总　计** | **972077** | **5954976** | **6257214** | **145097** | **506458** | **113547** | **90646** | **765453** |
| 北　京 | 180993 | 672731 | 1225163 | 4652 | 26613 | 19738 | 2629 | 117358 |
| 天　津 | 27267 | 72532 | 38257 | 379 | 6112 | 2707 | 710 | 20590 |
| 河　北 | 2385 | 218092 | 209845 | 1824 | 20767 | 1235 | 619 | 21374 |
| 山　西 | 9784 | 227084 | 211633 | 6162 | 21732 | 1669 | 4140 | 23399 |
| 内蒙古 | 697 | 76759 | 56987 | 2106 | 7852 | 121 | 3 | 11909 |
| 辽　宁 | 770 | 61158 | 50661 | 1099 | 6189 | 55 | 37 | 12502 |
| 吉　林 | 1296 | 42948 | 36104 | 2205 | 6060 | 595 | 455 | 8993 |
| 黑龙江 | 3578 | 70705 | 51913 | 2118 | 4126 | 423 | 101 | 16837 |
| 上　海 | 56433 | 325888 | 508578 | 3764 | 6729 | 3687 | 2950 | 15893 |
| 江　苏 | 30003 | 180900 | 278961 | 4700 | 17413 | 1987 | 639 | 35384 |
| 浙　江 | 30724 | 300948 | 459909 | 10185 | 39722 | 8473 | 1218 | 44302 |
| 安　徽 | 23902 | 88971 | 121765 | 6737 | 12958 | 6113 | 1098 | 15049 |
| 福　建 | 1195 | 68155 | 122672 | 1971 | 15547 | 445 | 131 | 8604 |
| 江　西 | 1968 | 84213 | 92118 | 2849 | 7374 | 2833 | 372 | 13706 |
| 山　东 | 137794 | 1233995 | 563396 | 7631 | 30949 | 6474 | 31791 | 134795 |
| 河　南 | 10457 | 266644 | 221514 | 7482 | 33183 | 2230 | 1561 | 18639 |
| 湖　北 | 19155 | 173110 | 138159 | 4639 | 16196 | 1794 | 363 | 25762 |
| 湖　南 | 6470 | 183956 | 237760 | 8179 | 27261 | 3494 | 2532 | 22431 |
| 广　东 | 1932 | 140745 | 222139 | 2082 | 19708 | 3300 | 1610 | 52967 |
| 广　西 | 420 | 38033 | 29164 | 1925 | 2264 | 80 | 69 | 3769 |
| 海　南 | 1367 | 12791 | 34379 | 1178 | 3287 | 1 | 875 | 1081 |
| 重　庆 | 14236 | 120531 | 197527 | 10048 | 34927 | 1874 | 728 | 18098 |
| 四　川 | 17258 | 228007 | 252183 | 12026 | 43988 | 3497 | 928 | 27218 |
| 贵　州 | 1099 | 64392 | 51108 | 2984 | 7310 | 696 | 187 | 5824 |
| 云　南 | 2429 | 93059 | 75340 | 2038 | 9207 | 289 | 244 | 8572 |
| 西　藏 | 11761 | 64511 | 9068 | 111 | 794 | 207 | 218 | 378 |
| 陕　西 | 317104 | 556272 | 554038 | 25449 | 52400 | 38191 | 32543 | 33805 |
| 甘　肃 | 15523 | 192450 | 140150 | 5698 | 18086 | 936 | 967 | 34372 |
| 青　海 | 35 | 11488 | 14131 | 238 | 68 | 30 | | 2488 |
| 宁　夏 | 43057 | 37081 | 20868 | 1357 | 2727 | 121 | 241 | 2854 |
| 新　疆 | 985 | 46827 | 31724 | 1281 | 4909 | 252 | 687 | 6500 |

| 抚恤金和生活补助 | 其他资本性支出 | 各种设备购置费 | 资产总计(千元) | 固定资产原值 | 实际使用房屋建筑面积(万平方米) | 展览用房 | 文物库房 | 实际拥有产权面积(万平方米) |
|---|---|---|---|---|---|---|---|---|
| **38376** | **3307736** | **207047** | **85917916** | **43941662** | **2964.74** | **847.02** | **131.79** | **1844.67** |
| 7589 | 413524 | 21695 | 5803663 | 3032520 | 62.63 | 21.77 | 2.20 | 42.92 |
| 392 | 8455 | 2536 | 2594154 | 1587948 | 20.24 | 9.60 | 0.90 | 61.95 |
| 1089 | 209973 | 3021 | 2171067 | 1142920 | 45.30 | 24.12 | 2.51 | 43.35 |
| 1166 | 262475 | 3600 | 1351721 | 805514 | 51.41 | 17.17 | 2.57 | 48.19 |
| 353 | 28637 | 1505 | 744266 | 597018 | 34.27 | 20.82 | 1.68 | 12.97 |
| 812 | 9150 | 1249 | 463237 | 386356 | 24.35 | 11.61 | 2.75 | 95.72 |
| 490 | 49822 | 1563 | 566304 | 325468 | 19.17 | 11.05 | 1.13 | 6.60 |
| 72 | 43798 | 19659 | 1549837 | 1192707 | 35.66 | 24.98 | 2.91 | 13.73 |
| 813 | 250651 | 7544 | 7170401 | 5603700 | 66.94 | 30.63 | 2.83 | 33.81 |
| 642 | 68424 | 8648 | 2693623 | 2085300 | 123.92 | 59.56 | 7.00 | 113.25 |
| 740 | 205697 | 10497 | 3530349 | 1544159 | 114.94 | 52.73 | 7.62 | 62.41 |
| 1293 | 49937 | 6807 | 1925485 | 1293805 | 46.36 | 25.37 | 3.26 | 42.99 |
| 222 | 50357 | 6853 | 795345 | 430601 | 36.41 | 16.60 | 2.93 | 37.38 |
| 1621 | 53389 | 13277 | 1322016 | 720201 | 34.64 | 19.22 | 2.38 | 135.86 |
| 2770 | 236568 | 13870 | 18361632 | 5716780 | 211.17 | 112.82 | 21.78 | 339.20 |
| 1041 | 41510 | 9091 | 2047520 | 1076849 | 69.99 | 36.75 | 5.87 | 43.80 |
| 1413 | 171821 | 6240 | 1747854 | 1092086 | 212.02 | 45.48 | 18.31 | 61.25 |
| 1305 | 205401 | 7905 | 3909798 | 821002 | 45.42 | 19.03 | 2.93 | 50.52 |
| 571 | 36551 | 6063 | 1231868 | 966212 | 63.77 | 26.41 | 4.11 | 36.12 |
| 287 | 23594 | 564 | 472248 | 272569 | 28.32 | 8.87 | 1.19 | 11.05 |
| 276 | 45774 | 952 | 167656 | 101143 | 2.24 | 0.85 | 0.07 | 2.94 |
| 402 | 120420 | 5345 | 1706189 | 891897 | 53.48 | 26.83 | 4.26 | 34.06 |
| 1377 | 158780 | 8189 | 7578934 | 3602842 | 111.35 | 53.98 | 8.30 | 99.09 |
| 578 | 31156 | 1524 | 651885 | 465687 | 25.10 | 12.87 | 2.14 | 37.44 |
| 1651 | 47587 | 4820 | 1155174 | 561726 | 45.49 | 17.59 | 2.69 | 20.27 |
|  | 7733 | 40 | 4442133 | 1530018 | 1188.57 | 45.91 | 6.97 | 183.41 |
| 6043 | 209698 | 21718 | 5419441 | 3619880 | 100.91 | 44.31 | 6.12 | 104.18 |
| 3022 | 110275 | 6198 | 1626053 | 1192656 | 51.20 | 23.19 | 3.03 | 52.60 |
| 24 | 46445 | 215 | 35758 | 32206 | 1.19 | 0.58 | 0.08 | 0.66 |
| 87 | 51840 | 5031 | 2269875 | 985180 | 17.89 | 12.87 | 0.64 | 11.11 |
| 235 | 58294 | 828 | 412430 | 264712 | 20.40 | 13.49 | 0.65 | 5.86 |

# 2017年全国各地区文物

| 地　区 | 机构数(个) | 从业人员(人) | 专业技术人才 | 正高级职称 | 副高级职称 | 中级职称 | 安全保卫人员 | 登记注册志愿者(人) |
|---|---|---|---|---|---|---|---|---|
| **总　计** | **3518** | **33400** | **9140** | **170** | **964** | **3781** | **5685** | **12531** |
| 北　京 | 26 | 2814 | 206 | | 4 | 91 | 353 | 43 |
| 天　津 | 8 | 111 | 61 | 2 | 16 | 26 | 18 | |
| 河　北 | 164 | 3861 | 829 | 25 | 117 | 331 | 898 | 198 |
| 山　西 | 144 | 1977 | 563 | 1 | 24 | 175 | 444 | 107 |
| 内蒙古 | 91 | 717 | 401 | 6 | 54 | 160 | 70 | 65 |
| 辽　宁 | 60 | 1187 | 365 | 4 | 41 | 206 | 133 | 94 |
| 吉　林 | 52 | 180 | 124 | 7 | 23 | 63 | 7 | 6 |
| 黑龙江 | 87 | 259 | 206 | 20 | 41 | 92 | 23 | 56 |
| 上　海 | 5 | 56 | 43 | | | 14 | 3 | 20 |
| 江　苏 | 51 | 380 | 160 | 1 | 13 | 69 | 51 | 146 |
| 浙　江 | 94 | 2777 | 828 | 52 | 128 | 302 | 292 | 2931 |
| 安　徽 | 93 | 488 | 274 | 3 | 30 | 110 | 66 | 352 |
| 福　建 | 44 | 257 | 96 | 5 | 11 | 42 | 65 | 442 |
| 江　西 | 67 | 417 | 114 | 2 | 8 | 39 | 91 | 312 |
| 山　东 | 110 | 2615 | 870 | 6 | 117 | 431 | 119 | 162 |
| 河　南 | 125 | 2831 | 543 | 8 | 63 | 268 | 439 | 999 |
| 湖　北 | 47 | 726 | 290 | 1 | 13 | 168 | 252 | 93 |
| 湖　南 | 84 | 953 | 235 | 3 | 16 | 87 | 125 | 487 |
| 广　东 | 34 | 305 | 82 | 1 | | 24 | 52 | 157 |
| 广　西 | 70 | 375 | 181 | | 6 | 69 | 80 | 90 |
| 海　南 | 10 | 183 | 22 | | 1 | 1 | 64 | 3 |
| 重　庆 | 39 | 238 | 86 | | 10 | 35 | 51 | 1420 |
| 四　川 | 173 | 1882 | 543 | 7 | 30 | 154 | 312 | 3215 |
| 贵　州 | 68 | 347 | 157 | | 8 | 43 | 47 | 19 |
| 云　南 | 131 | 768 | 539 | 5 | 102 | 287 | 108 | 173 |
| 西　藏 | 1239 | 1529 | 107 | | 8 | 31 | 384 | 5 |
| 陕　西 | 210 | 3409 | 761 | 4 | 40 | 332 | 682 | 684 |
| 甘　肃 | 57 | 774 | 207 | 2 | 10 | 44 | 166 | 63 |
| 青　海 | 28 | 62 | 27 | 1 | 4 | 12 | 14 | 7 |
| 宁　夏 | 22 | 300 | 107 | | 18 | 40 | 68 | 30 |
| 新　疆 | 84 | 486 | 73 | 1 | | 16 | 190 | 27 |

# 保护管理机构基本情况

| 藏品数(件/套) | 文物藏品 | 一级品 | 二级品 | 三级品 | 在藏品数中(件/套) 本年新增藏品数 | 本年从有关部门接收文物数 | 本年藏品征集数 | 本年修复藏品数(件/套) |
|---|---|---|---|---|---|---|---|---|
| **2473352** | **527061** | **7211** | **22579** | **141300** | **44807** | **6593** | **24966** | **6821** |
| 30162 | 13355 | 216 | 505 | 1581 | 220 | 29 | 160 | 9 |
| 2277 | 44 | | 2 | 75 | | | | |
| 89236 | 85776 | 240 | 1625 | 9409 | 868 | 211 | 154 | 22 |
| 137052 | 4394 | 346 | 672 | 2866 | 109 | 62 | | |
| 79549 | 1423 | 95 | 474 | 1200 | 4047 | 24 | 3879 | 3 |
| 41602 | 5165 | 111 | 725 | 9426 | 671 | 193 | 451 | 34 |
| 5459 | 453 | 4 | 18 | 127 | 82 | | 82 | 290 |
| 13962 | 9338 | 25 | 216 | 867 | 704 | | 690 | |
| 2970 | | | | 10 | | | | |
| 28774 | 11020 | 76 | 178 | 862 | 28 | | 24 | |
| 92216 | 52170 | 211 | 558 | 4471 | 1919 | 178 | 942 | 144 |
| 48944 | 9169 | 297 | 611 | 9655 | 3285 | 91 | 2867 | 145 |
| 4887 | 13 | 2 | 1 | 384 | 10 | 10 | | |
| 53563 | 1105 | 66 | 403 | 2976 | 112 | | 32 | 269 |
| 817242 | 43103 | 425 | 2762 | 6614 | 598 | | 575 | 447 |
| 217635 | 16506 | 303 | 1807 | 24168 | 333 | | | 314 |
| 33069 | 13299 | 85 | 227 | 1264 | 77 | 5 | 5 | 10 |
| 99901 | 35910 | 235 | 848 | 8279 | 9680 | 254 | 8535 | 1470 |
| 21500 | 9761 | | 37 | 583 | 1371 | | 980 | 62 |
| 19986 | 3937 | 24 | 341 | 3036 | 895 | | 372 | 118 |
| 120 | 33 | | | | 8 | | 8 | |
| 30296 | 7109 | 10 | 220 | 1747 | 2500 | | 2497 | 120 |
| 162982 | 104062 | 891 | 2482 | 17437 | 882 | 169 | 504 | 457 |
| 8372 | 4641 | 43 | 176 | 338 | 248 | 8 | 14 | 21 |
| 96101 | 38019 | 181 | 156 | 2223 | 2485 | 7 | 758 | 2690 |
| 186154 | 20124 | 2525 | 5661 | 22845 | | | | 3 |
| 99020 | 17275 | 275 | 828 | 6265 | 5907 | 5349 | 518 | |
| 2080 | 1439 | 33 | 64 | 107 | 3 | 3 | | 193 |
| 3371 | 1536 | 436 | 558 | 659 | 34 | | 34 | |
| 26240 | 15578 | 52 | 414 | 1780 | 6695 | | 324 | |
| 2743 | 1304 | 4 | 10 | 46 | 75 | | | |

续表 1

| 地区 | | | | 基本陈列(个) | 临时展览(个) | 参观人次(万人次) | | |
|---|---|---|---|---|---|---|---|---|
| | 一级品 | 二级品 | 三级品 | | | | 未成年人参观人次 | 本地居民参观人次 |
| **总计** | **9** | **87** | **329** | **823** | **571** | **17303.60** | **2688.56** | **4491.03** |
| 北京 | | | | 20 | 20 | 1340.98 | 303.38 | 642.03 |
| 天津 | | | | 1 | | 12.55 | 1.12 | |
| 河北 | | | | 40 | 12 | 1083.01 | 167.93 | 1072.04 |
| 山西 | | | | 12 | 6 | 711.91 | 87.73 | 208.56 |
| 内蒙古 | | | | 38 | 15 | 83.19 | 22.48 | 12.38 |
| 辽宁 | | | 2 | 33 | 21 | 453.70 | 33.54 | 20.61 |
| 吉林 | | | | 3 | 3 | 3.80 | 1.20 | |
| 黑龙江 | | | | 7 | 10 | 22.46 | 6.17 | 7.30 |
| 上海 | | | | 1 | 9 | 14.91 | 1.51 | |
| 江苏 | | | | 23 | 17 | 254.35 | 37.18 | 227.38 |
| 浙江 | | 1 | 15 | 135 | 88 | 3295.63 | 282.34 | 271.47 |
| 安徽 | | | | 51 | 28 | 207.94 | 68.28 | 47.92 |
| 福建 | | | | 7 | 12 | 83.75 | 8.57 | 17.27 |
| 江西 | | 1 | 4 | 27 | 33 | 266.17 | 99.15 | 40.70 |
| 山东 | 2 | 3 | 102 | 36 | 9 | 1324.22 | 104.41 | 79.29 |
| 河南 | | | | 20 | 7 | 1192.66 | 229.74 | 186.68 |
| 湖北 | | | | 13 | 14 | 533.37 | 123.61 | 53.96 |
| 湖南 | | 9 | 52 | 41 | 25 | 635.15 | 232.89 | 143.85 |
| 广东 | | | | 46 | 46 | 331.01 | 68.57 | 119.65 |
| 广西 | | 30 | 38 | 31 | 18 | 211.30 | 64.32 | 210.13 |
| 海南 | | | | 14 | 3 | 113.16 | 21.88 | 14.04 |
| 重庆 | | | | 8 | 10 | 139.04 | 10.88 | 21.73 |
| 四川 | | 16 | 77 | 45 | 38 | 712.17 | 100.14 | 94.70 |
| 贵州 | | | | 16 | 5 | 155.54 | 50.52 | 4.68 |
| 云南 | | | 2 | 44 | 53 | 477.34 | 137.60 | 135.91 |
| 西藏 | | | 3 | 2 | | 808.36 | 72.34 | 97.69 |
| 陕西 | | | | 83 | 16 | 1973.15 | 245.93 | 562.46 |
| 甘肃 | 7 | 27 | 34 | 9 | 2 | 247.23 | 34.40 | 101.63 |
| 青海 | | | | | | 0.05 | | |
| 宁夏 | | | | 9 | 4 | 207.25 | 39.55 | 93.10 |
| 新疆 | | | | 4 | 1 | 66.29 | 11.23 | 3.91 |

| 境外观众参观人次 | 举办社会教育活动（次） | 参加活动人次（万人次） | | 门票销售总额（千元） | 本年完成科研成果 | | | |
|---|---|---|---|---|---|---|---|---|
| | | | 未成年人参加人次 | | 省部级及以上科研课题数（个） | 专利（个） | 专著或图录（册） | 论文数（篇） |
| **225.80** | **112287** | **221.07** | **70.80** | **3092848** | **32** | **3** | **85** | **329** |
| 41.46 | 27476 | 4.65 | 2.60 | 432321 | 8 | | 5 | 2 |
| | | | | 4090 | 1 | | | 6 |
| 10.97 | 47 | 9.84 | 6.00 | 268833 | 2 | | 6 | 12 |
| 2.26 | 33 | 0.59 | 0.08 | 96279 | | | | 2 |
| 7.03 | 37 | 3.89 | 1.07 | 3508 | | | 1 | 9 |
| 1.92 | 3020 | 4.42 | 1.40 | 48998 | | | 3 | 5 |
| | | | | | | | | 4 |
| 0.46 | 14 | 1.80 | 1.29 | | 1 | | | 3 |
| | 5 | 0.35 | 0.35 | | | | | |
| 0.07 | 162 | 1.87 | 1.06 | 1305 | 1 | 3 | 5 | 17 |
| 27.55 | 7869 | 69.48 | 7.82 | 324526 | 6 | | 19 | 28 |
| 3.35 | 43 | 4.72 | 2.23 | 14000 | | | 1 | 22 |
| 5.43 | 36 | 0.76 | 0.54 | 931 | 1 | | 1 | 5 |
| 1.93 | 19 | 2.72 | 1.41 | 4110 | | | 2 | 23 |
| 3.22 | 223 | 6.71 | 5.10 | 556528 | | | | 12 |
| 0.88 | 28 | 10.12 | 1.11 | 354178 | | | | 3 |
| 11.17 | 32 | 5.38 | 3.58 | 169628 | | | | |
| 33.27 | 181 | 12.45 | 7.75 | 25991 | | | 2 | 10 |
| 6.27 | 58431 | 14.14 | 9.48 | 30498 | | | 1 | 2 |
| 0.31 | 139 | 1.91 | 1.05 | 743 | 4 | | 5 | 12 |
| 0.50 | 23 | 4.50 | 2.20 | 2649 | | | | |
| 0.03 | 82 | 0.88 | 0.36 | 3972 | | | 2 | 4 |
| 19.00 | 142 | 4.80 | 1.86 | 265570 | | | 9 | 88 |
| 0.06 | 30 | 1.48 | 0.83 | 110 | 1 | | 1 | 1 |
| 8.15 | 587 | 9.94 | 2.85 | 13868 | 1 | | 2 | 8 |
| 21.68 | 51 | 0.14 | 0.02 | 240645 | | | | 1 |
| 4.52 | 13304 | 21.20 | 4.31 | 87563 | 3 | | 6 | 16 |
| 11.46 | 41 | 3.00 | 1.33 | 22129 | 2 | | | 13 |
| | 5 | 0.11 | | 69 | | | | |
| 2.84 | 21 | 1.46 | 0.59 | 38343 | 1 | | 14 | 7 |
| 0.03 | 186 | 17.61 | 2.41 | 4470 | | | | 2 |

续表 2

| 地区 | | | | | | | |
|---|---|---|---|---|---|---|---|
| | 古建维修、考古发掘报告（册） | 获国家奖（个） | 获省、部奖（个） | 本年收入合计（千元） | 财政补助收入 | 上级补助收入 | 事业收入 |
| **总计** | **430** | **5** | **31** | **9898129** | **6967183** | **534341** | **1409570** |
| 北京 | 1 | | | 1552204 | 1086935 | 416 | 144375 |
| 天津 | | | 1 | 46558 | 26367 | 160 | 18822 |
| 河北 | | | | 607970 | 315903 | 17241 | 255140 |
| 山西 | | | | 331620 | 259314 | 17302 | 43720 |
| 内蒙古 | | | 2 | 225611 | 221055 | 1706 | 2215 |
| 辽宁 | | | | 186304 | 160636 | 319 | 25172 |
| 吉林 | | | | 32612 | 29446 | 240 | |
| 黑龙江 | | 2 | | 69419 | 68652 | 762 | |
| 上海 | | | | 28384 | 27598 | | 592 |
| 江苏 | | 1 | | 186432 | 182266 | 994 | 768 |
| 浙江 | | | 7 | 1538062 | 653346 | 98235 | 480789 |
| 安徽 | 1 | | | 193183 | 145491 | 45851 | 289 |
| 福建 | 3 | | | 84905 | 62321 | 7588 | 427 |
| 江西 | | | 1 | 137840 | 80256 | 54456 | 2743 |
| 山东 | 1 | | 1 | 618031 | 563392 | 20490 | 16044 |
| 河南 | 400 | | | 465812 | 335262 | 5879 | 96914 |
| 湖北 | | | 1 | 178905 | 107195 | 40713 | 13488 |
| 湖南 | 4 | | | 347257 | 298159 | 26936 | 3743 |
| 广东 | | | | 92001 | 64506 | 2240 | 22823 |
| 广西 | 5 | | 1 | 102213 | 96112 | 1600 | 2394 |
| 海南 | | | | 20850 | 14556 | 40 | 2707 |
| 重庆 | 3 | | 1 | 97406 | 94139 | 2720 | 375 |
| 四川 | 8 | 2 | 5 | 652124 | 637058 | 10812 | 1329 |
| 贵州 | | | | 79306 | 61574 | 7033 | 9964 |
| 云南 | 2 | | 6 | 223057 | 195915 | 10521 | 692 |
| 西藏 | | | | 494303 | 206803 | 119338 | 78639 |
| 陕西 | 1 | | 1 | 744503 | 618600 | 12276 | 68118 |
| 甘肃 | | | 2 | 156006 | 126644 | 12493 | 10155 |
| 青海 | 1 | | | 40521 | 38735 | 70 | |
| 宁夏 | | | 2 | 132937 | 82378 | 11368 | 19535 |
| 新疆 | | | | 90363 | 69963 | 4542 | |

| 经营收入 | 附属单位上缴收入 | 其他收入 | 本年支出合计(千元) | 基本支出 | 项目支出 | 经营支出 | 在支出合计中： | |
|---|---|---|---|---|---|---|---|---|
| | | | | | | | 工资福利支出 | 商品和服务支出 |
| **475718** | **25012** | **486305** | **9563619** | **3905581** | **5107164** | **244001** | **2292834** | **3005158** |
| 313592 | | 6886 | 1688955 | 481530 | 1015637 | 175252 | 297074 | 400590 |
| | | 1209 | 43312 | 28090 | 15222 | | 15972 | 16306 |
| 1624 | | 18062 | 600403 | 396884 | 202498 | 1021 | 267621 | 177804 |
| 8578 | | 2706 | 366463 | 156914 | 200775 | 3325 | 98769 | 106897 |
| | 1 | 634 | 194211 | 77286 | 103451 | 681 | 50746 | 48805 |
| | | 177 | 173156 | 125090 | 46255 | 570 | 70589 | 28300 |
| | | 2926 | 42781 | 17496 | 25284 | | 11841 | 23595 |
| | | 5 | 78815 | 26671 | 51623 | | 17135 | 26175 |
| | | 194 | 28906 | 15912 | 12994 | | 10104 | 17524 |
| 1839 | | 565 | 173859 | 98619 | 74011 | 1227 | 39249 | 113929 |
| 1982 | 153 | 303557 | 1404660 | 693824 | 693263 | 3111 | 308727 | 505302 |
| 1200 | | 352 | 178717 | 58699 | 112492 | 2515 | 33384 | 48127 |
| | | 14569 | 81237 | 23619 | 56627 | 53 | 13164 | 19472 |
| | | 385 | 95845 | 33467 | 58292 | 70 | 17904 | 17302 |
| 13290 | | 4815 | 613422 | 230515 | 366475 | 9400 | 124012 | 412114 |
| 23468 | | 4289 | 389146 | 223085 | 138373 | 15979 | 142483 | 133346 |
| 6242 | 7346 | 3921 | 164721 | 61168 | 101708 | 1729 | 38525 | 27178 |
| 8260 | | 10159 | 322892 | 104043 | 206103 | 4859 | 60887 | 81479 |
| | | 2432 | 97038 | 49657 | 46355 | | 20352 | 45388 |
| 1870 | | 237 | 88402 | 25747 | 61380 | 418 | 18759 | 16733 |
| 737 | | 2810 | 22495 | 12020 | 9106 | 1367 | 12215 | 5987 |
| | | 172 | 82473 | 26749 | 53642 | 200 | 12076 | 41351 |
| | | 2925 | 654394 | 126374 | 523378 | 95 | 160739 | 255258 |
| 1 | 1 | 733 | 63425 | 29809 | 26774 | 31 | 19955 | 11748 |
| | 77 | 15852 | 204379 | 85928 | 107060 | 61 | 66120 | 62817 |
| 85579 | 50 | 3894 | 474238 | 175759 | 132752 | 11561 | 75279 | 63744 |
| 2710 | 158 | 42641 | 701671 | 298175 | 391178 | 6106 | 189721 | 178101 |
| 4676 | | 2038 | 132213 | 69645 | 44756 | 4171 | 33726 | 28219 |
| | | 1716 | 27739 | 4688 | 22951 | 10 | 3511 | 947 |
| | 17226 | 2430 | 145009 | 24566 | 119314 | | 18441 | 25489 |
| 70 | | 15788 | 94782 | 30755 | 58527 | 189 | 21245 | 10130 |

续表 3

| 地 区 | 差旅费 | 劳务费 | 福利费 | 各种税金支出 | 对个人和家庭补助支出 | 抚恤金和生活补贴 | 其他资本性支出 |
|---|---|---|---|---|---|---|---|
| **总 计** | **42775** | **260364** | **33069** | **50351** | **440616** | **26175** | **1180303** |
| 北 京 | 485 | 11111 | 9380 | 896 | 44881 | 4890 | 171768 |
| 天 津 | 502 | 2661 | 577 | 138 | 7998 | 150 | 1152 |
| 河 北 | 1264 | 25594 | 1832 | 967 | 40970 | 1304 | 109414 |
| 山 西 | 2820 | 7350 | 408 | 621 | 13269 | 739 | 53834 |
| 内蒙古 | 1442 | 4767 | 198 | 1 | 10998 | 199 | 17337 |
| 辽 宁 | 1733 | 5119 | 401 | 83 | 31424 | 530 | 36616 |
| 吉 林 | 562 | 815 | 20 | 18 | 3705 | 153 | 2470 |
| 黑龙江 | 398 | 3366 | 14 | | 7516 | 141 | 16033 |
| 上 海 | 72 | 883 | 221 | | 650 | 83 | 279 |
| 江 苏 | 1085 | 3590 | 394 | 31 | 15358 | 54 | 3508 |
| 浙 江 | 3090 | 32566 | 10737 | 13209 | 101252 | 379 | 97572 |
| 安 徽 | 2603 | 5183 | 371 | 569 | 8362 | 226 | 24952 |
| 福 建 | 448 | 2669 | 136 | 49 | 1884 | 100 | 19112 |
| 江 西 | 550 | 970 | 380 | 18 | 3138 | 566 | 41241 |
| 山 东 | 2164 | 2361 | 237 | 5779 | 23731 | 8765 | 34886 |
| 河 南 | 2000 | 23715 | 391 | 1922 | 22506 | 743 | 37112 |
| 湖 北 | 867 | 1974 | 414 | 151 | 8346 | 106 | 40822 |
| 湖 南 | 3520 | 9287 | 1223 | 1997 | 6673 | 440 | 118096 |
| 广 东 | 105 | 4316 | 261 | 165 | 7351 | 16 | 810 |
| 广 西 | 820 | 857 | 84 | 56 | 1782 | 108 | 4146 |
| 海 南 | 83 | 706 | | 134 | 1072 | | 77 |
| 重 庆 | 1588 | 8649 | 91 | | 2246 | 8 | 16168 |
| 四 川 | 5031 | 62243 | 1891 | 17063 | 18207 | 666 | 94105 |
| 贵 州 | 777 | 555 | 75 | 9 | 1810 | 156 | 10849 |
| 云 南 | 2532 | 4577 | 156 | 61 | 6120 | 543 | 43830 |
| 西 藏 | 950 | 699 | | | 4052 | 770 | |
| 陕 西 | 1946 | 16260 | 500 | 251 | 20804 | 1545 | 81473 |
| 甘 肃 | 1257 | 4984 | 181 | 62 | 8577 | 1557 | 21461 |
| 青 海 | 122 | 301 | 35 | 52 | 599 | 19 | 20883 |
| 宁 夏 | 597 | 8554 | 41 | 1 | 7866 | 23 | 8115 |
| 新 疆 | 841 | 3248 | 47 | 416 | 3158 | 203 | 49612 |

| 各种设备购置费 | 资产总计（千元） | 固定资产原值 | 实际使用房屋建筑面积（万平方米） | 展览用房 | 文物库房（含标本室） | 实际拥有产权面积（万平方米） | 文物保护规划和方案设计（个） | 国保单位保护维修项目数（个） |
|---|---|---|---|---|---|---|---|---|
| **69213** | **22796564** | **9129543** | **1480.91** | **137.75** | **20.33** | **534.35** | **1043** | **701** |
| 5361 | 1159724 | 321237 | 11.70 | 2.31 | 0.19 | 4.87 | 7 | 16 |
| 898 | 53311 | 9335 | 0.70 | 0.56 | 0.03 | | 2 | |
| 1695 | 1014163 | 339052 | 13.55 | 4.83 | 1.09 | 7.40 | 49 | 94 |
| 759 | 500368 | 193233 | 16.19 | 5.89 | 0.88 | 46.49 | 26 | 30 |
| 1012 | 464853 | 359238 | 7.38 | 2.45 | 0.50 | 2.85 | 29 | 22 |
| 1082 | 157497 | 101605 | 11.38 | 2.36 | 0.32 | 91.75 | 13 | 11 |
| 130 | 17289 | 6957 | 0.38 | 0.09 | 0.03 | 0.01 | 15 | 12 |
| 172 | 31612 | 18121 | 2.03 | 0.96 | 0.18 | 0.37 | 6 | 7 |
| | 42062 | 31217 | 1.06 | 0.65 | 0.05 | 0.17 | | |
| 271 | 208807 | 89030 | 3.88 | 2.03 | 0.29 | 2.50 | 17 | 19 |
| 2950 | 3549083 | 2069641 | 26.66 | 9.52 | 0.60 | 10.25 | 142 | 67 |
| 2217 | 633720 | 573190 | 6.76 | 2.42 | 0.44 | 2.10 | 62 | 15 |
| 117 | 88387 | 10018 | 2.73 | 0.75 | 0.09 | 0.63 | 84 | 16 |
| 10763 | 189396 | 88997 | 9.28 | 4.61 | 0.31 | 2.99 | 72 | 45 |
| 3202 | 1530033 | 596469 | 32.16 | 10.57 | 0.71 | 7.84 | 38 | 46 |
| 4449 | 2242967 | 450946 | 22.20 | 8.49 | 1.67 | 14.34 | 37 | 40 |
| 3057 | 226270 | 94433 | 12.15 | 1.43 | 0.23 | 2.69 | 18 | 26 |
| 14531 | 776670 | 190410 | 11.94 | 4.99 | 1.00 | 17.44 | 109 | 38 |
| 82 | 112996 | 61340 | 8.69 | 3.73 | 0.19 | 0.13 | 18 | 10 |
| 436 | 158001 | 24919 | 5.84 | 1.72 | 0.26 | 1.43 | 22 | 21 |
| 4 | 86239 | 67286 | 0.91 | 0.39 | 0.02 | 1.95 | 2 | |
| 842 | 146319 | 50530 | 3.84 | 1.43 | 0.75 | 0.86 | 35 | 14 |
| 1657 | 1766907 | 666590 | 22.40 | 3.52 | 1.61 | 37.78 | 76 | 30 |
| 50 | 78002 | 48236 | 3.72 | 2.08 | 0.32 | 18.00 | 20 | 10 |
| 443 | 328311 | 192658 | 18.86 | 3.61 | 0.48 | 8.98 | 54 | 40 |
| | 4631259 | 1521513 | 1186.87 | 45.23 | 6.91 | 182.24 | 4 | |
| 9601 | 1481790 | 610432 | 25.23 | 6.42 | 0.86 | 54.21 | 33 | 19 |
| 207 | 274942 | 176525 | 4.78 | 1.74 | 0.07 | 9.23 | 11 | 21 |
| 15 | 5251 | 3887 | 0.69 | 0.34 | 0.02 | 3.00 | 7 | 10 |
| 339 | 161416 | 34118 | 3.40 | 1.64 | 0.15 | 1.51 | 22 | 13 |
| 576 | 178485 | 91375 | 1.98 | 0.54 | 0.05 | 0.36 | 12 | 9 |

续表 4

| 地　区 | 文物保护维修情况 | | | 进行考古发掘情况 | | | |
|---|---|---|---|---|---|---|---|
| | 保护维修面积（平方米） | 省保单位保护维项修目数（个） | 市、县保单位保护维修项目数（个） | 考古发掘面积（万平方米） | 出土器物（件/套） | 原址保护展示面积（万平方米） | 异地保护展示面积（万平方米） |
| **总　计** | **99207803** | **529** | **681** | **389.90** | **41293** | **41.18** | **0.69** |
| 北　京 | 37395 | 4 | 42 | 0.03 | 1 | | |
| 天　津 | | 2 | | 8.38 | 317 | | |
| 河　北 | 1209519 | 25 | 7 | 1.17 | 800 | | |
| 山　西 | 51928 | 27 | 39 | | | | |
| 内蒙古 | 2097866 | 12 | 10 | 0.10 | 35 | | |
| 辽　宁 | 37244 | 9 | 1 | 0.15 | | | |
| 吉　林 | 4185874 | 2 | | | | | |
| 黑龙江 | 130967 | 3 | | 0.05 | 66 | | |
| 上　海 | | | | | | | |
| 江　苏 | 5024159 | 5 | 15 | 1.57 | 2050 | | |
| 浙　江 | 317267 | 71 | 141 | 3.56 | 5134 | 2.00 | 0.01 |
| 安　徽 | 15016092 | 30 | 31 | 0.10 | 1630 | 0.65 | 0.04 |
| 福　建 | 7132 | 35 | 30 | 0.25 | 200 | 0.20 | |
| 江　西 | 1162576 | 10 | 46 | 29.48 | 360 | 6.02 | 0.03 |
| 山　东 | 1856134 | 29 | 9 | 52.90 | 104 | | |
| 河　南 | 1290623 | 25 | 5 | 41.61 | 1344 | 0.04 | |
| 湖　北 | 1381426 | 13 | 12 | 0.33 | 511 | 0.28 | 0.61 |
| 湖　南 | 808584 | 36 | 52 | 2.10 | 285 | 27.91 | |
| 广　东 | 11726 | 9 | 51 | 0.06 | 608 | 0.03 | |
| 广　西 | 243610 | 10 | 34 | 25.30 | 4621 | 0.30 | |
| 海　南 | | | | | | | |
| 重　庆 | 30487 | 14 | 9 | 0.77 | 360 | | |
| 四　川 | 63302464 | 66 | 37 | 10.99 | 6444 | | 0.00 |
| 贵　州 | 26422 | 8 | 13 | | | | |
| 云　南 | 162358 | 47 | 87 | 210.35 | 824 | | |
| 西　藏 | | | | | | | |
| 陕　西 | 397138 | 16 | 6 | 0.21 | 358 | | |
| 甘　肃 | 72052 | | 1 | 0.08 | 420 | | |
| 青　海 | 15365 | 12 | 1 | | | | |
| 宁　夏 | 319335 | 3 | 1 | 0.11 | 9724 | 3.75 | |
| 新　疆 | 12060 | 6 | 1 | 0.25 | 5097 | | |

| 主办刊物（种） | 国际合作项目数（个） | 文化创意产品情况 | 文博单位举办新媒体情况 | | | |
|---|---|---|---|---|---|---|
| | | 文化创意产品销售利润（千元） | 举办网站（个） | 网站年访问量（次） | 举办微信公众号、微博（个） | 举办微信公众号、微博关注人数（人） |
| **34** | **7** | **15215** | **70** | **29212280** | **172** | **4817111** |
| | | | | | | |
| 1 | | 220 | 4 | 417778 | 9 | 157818 |
| | | | | | 2 | 2060 |
| | | | 1 | 200 | 3 | 7614 |
| 1 | 1 | | 4 | 129564 | 7 | 1689357 |
| 1 | | | | | 4 | 23138 |
| | | | | | | |
| | | | 3 | 37000 | 7 | 12375 |
| | | | | | 1 | |
| | | | 1 | | | |
| | | | | | | |
| | | | | | 1 | |
| 1 | 1 | | 1 | 200000 | 6 | 9332 |
| 6 | | | 13 | 294500 | 30 | 972745 |
| 2 | | | 5 | 92656 | 5 | 1201 |
| | | | 3 | 30000 | 5 | 16750 |
| 1 | | 69 | 5 | 23001606 | 8 | 6213 |
| | | | 5 | 1335332 | 7 | 1225655 |
| | | | | | | |
| 1 | | | 1 | 235983 | 2 | 547 |
| | | | 2 | 8000 | 3 | 15951 |
| 2 | | 230 | 1 | | 6 | 145377 |
| | | | 4 | 12200 | 7 | 30303 |
| 1 | | | 2 | 393100 | 6 | 16603 |
| | | | | | 1 | 456 |
| | | | | | | |
| | | | 1 | | 1 | 300 |
| 7 | | | 4 | 155000 | 8 | 1704 |
| 5 | | | | | 2 | 70102 |
| 1 | | | | | 5 | 6100 |
| | | | | | | |
| | | | | | | |
| 1 | | | 3 | 301900 | 21 | 204229 |
| 2 | | | 2 | 240800 | 5 | 18327 |
| | | | 1 | | | |
| 1 | 1 | | 2 | 57820 | 7 | 105484 |

# 2017年全国各地区

| 地区 | 机构数(个) | 从业人员(人) | 专业技术人才 | 正高级职称 | 副高级职称 | 中级职称 | 安全保卫人员 | 登记注册志愿者(人) |
|---|---|---|---|---|---|---|---|---|
| **总计** | **4721** | **105079** | **37333** | **1909** | **5029** | **14674** | **25728** | **134124** |
| 北京 | 71 | 4000 | 940 | 32 | 103 | 316 | 790 | 8212 |
| 天津 | 62 | 1406 | 599 | 21 | 89 | 238 | 258 | 1596 |
| 河北 | 122 | 3925 | 1269 | 59 | 208 | 443 | 910 | 1847 |
| 山西 | 138 | 3995 | 1130 | 18 | 140 | 441 | 1081 | 3406 |
| 内蒙古 | 93 | 1705 | 810 | 40 | 143 | 354 | 348 | 1132 |
| 辽宁 | 65 | 2163 | 1073 | 62 | 183 | 550 | 419 | 2836 |
| 吉林 | 107 | 1583 | 817 | 62 | 156 | 291 | 358 | 2438 |
| 黑龙江 | 183 | 2893 | 1210 | 75 | 235 | 514 | 655 | 4977 |
| 上海 | 98 | 2940 | 1655 | 59 | 150 | 691 | 486 | 9600 |
| 江苏 | 322 | 6633 | 2379 | 156 | 326 | 945 | 1731 | 11312 |
| 浙江 | 308 | 5236 | 1746 | 142 | 289 | 689 | 1395 | 12237 |
| 安徽 | 196 | 2948 | 1119 | 47 | 116 | 404 | 832 | 4651 |
| 福建 | 123 | 2503 | 919 | 62 | 125 | 340 | 698 | 3230 |
| 江西 | 139 | 3101 | 1128 | 55 | 116 | 476 | 872 | 4281 |
| 山东 | 485 | 7976 | 2995 | 190 | 461 | 1189 | 2015 | 10679 |
| 河南 | 334 | 6782 | 1924 | 110 | 248 | 788 | 1981 | 7685 |
| 湖北 | 199 | 3956 | 1912 | 101 | 214 | 855 | 903 | 4326 |
| 湖南 | 120 | 3204 | 968 | 24 | 90 | 363 | 672 | 7294 |
| 广东 | 184 | 3651 | 1826 | 36 | 162 | 782 | 787 | 6158 |
| 广西 | 132 | 2212 | 858 | 35 | 82 | 346 | 626 | 2691 |
| 海南 | 19 | 311 | 125 | 1 | 13 | 49 | 96 | 104 |
| 重庆 | 94 | 2652 | 832 | 54 | 124 | 274 | 568 | 6501 |
| 四川 | 255 | 6688 | 1815 | 91 | 155 | 570 | 1765 | 4266 |
| 贵州 | 84 | 1892 | 480 | 16 | 56 | 175 | 355 | 477 |
| 云南 | 125 | 1656 | 921 | 36 | 164 | 421 | 427 | 1092 |
| 西藏 | 7 | 181 | 56 | 1 | 9 | 14 | 19 | |
| 陕西 | 282 | 8732 | 2205 | 124 | 254 | 783 | 2114 | 5067 |
| 甘肃 | 204 | 4791 | 1329 | 40 | 149 | 475 | 1254 | 3518 |
| 青海 | 23 | 294 | 163 | 3 | 27 | 66 | 81 | 82 |
| 宁夏 | 54 | 847 | 247 | 18 | 36 | 88 | 250 | 534 |
| 新疆 | 90 | 1328 | 358 | 10 | 32 | 141 | 454 | 1188 |

# 博物馆基本情况

| 藏品数(件/套) | | | | | 在藏品数中(件/套) | | | 本年修复藏品数(件/套) |
|---|---|---|---|---|---|---|---|---|
| | 文物藏品 | 一级品 | 二级品 | 三级品 | 本年新增藏品数 | 本年从有关部门接收文物数 | 本年藏品征集数 | |
| **36623080** | **18274452** | **89921** | **710522** | **3321280** | **1917712** | **33780** | **399071** | **60012** |
| | | | | | | | | |
| 1940011 | 1092819 | 1067 | 6502 | 72198 | 40062 | 4476 | 33339 | 1157 |
| 707276 | 242668 | 1049 | 5383 | 134261 | 3297 | 1146 | 1562 | 594 |
| 369705 | 260444 | 985 | 10918 | 30568 | 7678 | 53 | 2213 | 419 |
| 1206352 | 573378 | 2993 | 7808 | 53402 | 9636 | 102 | 1475 | 6975 |
| 656358 | 340518 | 1984 | 7040 | 10729 | 6790 | 55 | 6242 | 643 |
| | | | | | | | | |
| 529269 | 178963 | 2091 | 13646 | 151054 | 6412 | 169 | 4784 | 402 |
| 628707 | 264397 | 560 | 5968 | 31184 | 10969 | 914 | 8561 | 921 |
| 998973 | 322665 | 2727 | 6061 | 44291 | 36624 | 997 | 17515 | 661 |
| | | | | | | | | |
| 2103805 | 229837 | 2165 | 49589 | 171930 | 8444 | 234 | 3842 | 773 |
| 1830926 | 878609 | 3424 | 18063 | 443375 | 43531 | 4510 | 21166 | 2852 |
| 1403205 | 545597 | 2136 | 10156 | 72966 | 28689 | 756 | 13584 | 1786 |
| 755266 | 451937 | 2354 | 5469 | 51032 | 7403 | 2670 | 2915 | 1159 |
| 606176 | 369248 | 1097 | 3045 | 103260 | 43017 | 424 | 41732 | 155 |
| 418234 | 169632 | 1770 | 5435 | 42993 | 2156 | 813 | 897 | 489 |
| 3567077 | 944183 | 11897 | 12895 | 99614 | 54689 | 653 | 42315 | 12775 |
| | | | | | | | | |
| 966764 | 256675 | 2064 | 14094 | 223447 | 10210 | 189 | 9486 | 3606 |
| 1686427 | 1141840 | 2755 | 7717 | 94940 | 29854 | 58 | 23517 | 2859 |
| 591210 | 237494 | 1545 | 5946 | 54617 | 10212 | 727 | 5850 | 5854 |
| 1004848 | 520377 | 1414 | 15595 | 65643 | 36362 | 5879 | 20302 | 3908 |
| 254298 | 68731 | 298 | 4960 | 34013 | 18560 | 41 | 14207 | 215 |
| 77738 | 33173 | 119 | 434 | 2108 | 7526 | | 7522 | |
| | | | | | | | | |
| 560457 | 314155 | 1133 | 2220 | 25311 | 6316 | 2219 | 2913 | 2190 |
| 4058627 | 2836814 | 4580 | 12920 | 111471 | 99634 | 1523 | 85397 | 1038 |
| 148955 | 40163 | 677 | 1847 | 6101 | 12883 | 1801 | 3326 | 315 |
| 1296332 | 451257 | 840 | 2097 | 16976 | 7014 | 347 | 5525 | 590 |
| 66050 | | 1127 | 15808 | 26928 | 200 | 94 | 106 | 11 |
| | | | | | | | | |
| 3792154 | 2025347 | 6482 | 13060 | 72041 | 1343945 | 1116 | 5080 | 3134 |
| 490705 | 375036 | 4539 | 11974 | 104289 | 3925 | 635 | 2086 | 1211 |
| 78590 | 44313 | 412 | 668 | 1036 | 81 | | 27 | 940 |
| 358000 | 34380 | 315 | 3432 | 6997 | 6930 | | 6886 | 415 |
| 210930 | 47008 | 692 | 1432 | 4633 | 11696 | | 2946 | 636 |

续表 1

| 地　区 | | | | 基本陈列(个) | 临时展览(个) | 参观人次(万人次) | |
|---|---|---|---|---|---|---|---|
| | 一级品 | 二级品 | 三级品 | | | | 未成年人参观人次 |
| **总　计** | **369** | **1687** | **11031** | **12189** | **12422** | **97172.15** | **26192.35** |
| 北　京 | 3 | 16 | 95 | 197 | 218 | 1833.29 | 249.33 |
| 天　津 | | 31 | 23 | 210 | 228 | 1279.37 | 367.21 |
| 河　北 | 2 | 14 | 95 | 292 | 451 | 2991.49 | 909.35 |
| 山　西 | 114 | 271 | 2909 | 252 | 162 | 2467.54 | 521.21 |
| 内蒙古 | 14 | 32 | 15 | 291 | 172 | 1240.39 | 448.12 |
| 辽　宁 | | 11 | 240 | 224 | 231 | 1538.48 | 376.94 |
| 吉　林 | 4 | | 323 | 182 | 269 | 1128.40 | 306.46 |
| 黑龙江 | 1 | 145 | 82 | 404 | 462 | 2331.64 | 638.62 |
| 上　海 | 23 | 53 | 96 | 255 | 362 | 2270.07 | 399.91 |
| 江　苏 | 33 | 39 | 208 | 846 | 1134 | 9108.49 | 2314.82 |
| 浙　江 | 10 | 29 | 256 | 845 | 1304 | 6485.45 | 1708.77 |
| 安　徽 | 6 | 20 | 407 | 517 | 423 | 3182.88 | 879.47 |
| 福　建 | | | 92 | 345 | 675 | 2933.18 | 978.45 |
| 江　西 | 10 | 40 | 113 | 298 | 262 | 3233.06 | 1052.73 |
| 山　东 | 14 | 106 | 342 | 1745 | 962 | 6763.66 | 2301.27 |
| 河　南 | 10 | 96 | 1145 | 650 | 627 | 5542.81 | 1647.88 |
| 湖　北 | 13 | 52 | 667 | 575 | 494 | 3470.85 | 952.91 |
| 湖　南 | 1 | 390 | 770 | 218 | 224 | 5513.15 | 1804.26 |
| 广　东 | | 17 | 419 | 501 | 995 | 5111.70 | 1370.83 |
| 广　西 | 1 | 18 | 66 | 271 | 299 | 1827.86 | 521.25 |
| 海　南 | | | | 35 | 56 | 146.05 | 24.27 |
| 重　庆 | 6 | 23 | 257 | 225 | 242 | 3095.90 | 970.80 |
| 四　川 | 2 | 37 | 501 | 660 | 505 | 6751.63 | 1681.79 |
| 贵　州 | 30 | 3 | 22 | 163 | 86 | 1851.12 | 446.04 |
| 云　南 | 3 | 15 | 204 | 413 | 271 | 2342.31 | 631.22 |
| 西　藏 | | | 8 | 2 | 6 | 10.48 | 0.25 |
| 陕　西 | 9 | 20 | 1267 | 712 | 475 | 5790.86 | 1105.09 |
| 甘　肃 | 13 | 99 | 313 | 486 | 449 | 2837.18 | 795.59 |
| 青　海 | 14 | 8 | 2 | 40 | 33 | 150.00 | 44.27 |
| 宁　夏 | 2 | 4 | 49 | 144 | 87 | 743.12 | 135.94 |
| 新　疆 | 5 | 13 | 28 | 165 | 128 | 701.29 | 175.41 |

| 本地居民参观人次 | 境外观众参观人次 | 举办社会教育活动（次） | 参加活动人次（万人次） | 未成年人参加人次 | 门票销售总额（千元） | 本年完成科研成果 | | |
|---|---|---|---|---|---|---|---|---|
| | | | | | | 省部级及以上科研课题数（个） | 专利（个） | 专著或图录（册） |
| **38497.19** | **1761.29** | **2288324** | **5835.29** | **2615.03** | **9905124** | **561** | **4560** | **7401** |
| 548.54 | 37.34 | 372975 | 202.34 | 91.65 | 813777 | 42 | 6 | 45 |
| 1025.66 | 29.93 | 5050 | 85.14 | 41.32 | 34791 | 6 | 3 | 16 |
| 2963.98 | 27.51 | 6121 | 232.41 | 120.49 | 96696 | 5 | | 21 |
| 1237.48 | 37.50 | 46140 | 201.26 | 49.29 | 297706 | 5 | 3 | 19 |
| 302.93 | 33.52 | 18971 | 55.29 | 38.60 | 2590 | 1 | | 10 |
| 185.03 | 16.47 | 21975 | 40.68 | 23.18 | 127043 | 4 | | 46 |
| 345.60 | 12.69 | 3517 | 123.10 | 51.52 | 43563 | 15 | 1 | 8 |
| 1262.63 | 61.02 | 1185 | 105.55 | 49.08 | 17034 | 14 | 8 | 22 |
| 262.49 | 41.43 | 18109 | 316.31 | 107.74 | 5557577 | 44 | 4 | 78 |
| 8940.41 | 166.96 | 113725 | 255.33 | 154.55 | 240133 | 57 | 16 | 114 |
| 1635.93 | 93.94 | 304151 | 226.87 | 134.36 | 34147 | 17 | 14 | 144 |
| 1107.78 | 106.99 | 22874 | 173.86 | 78.11 | 7773 | 3 | 2 | 13 |
| 1221.34 | 64.77 | 136676 | 315.63 | 104.10 | 2075 | 11 | 1 | 32 |
| 607.44 | 32.87 | 93357 | 85.17 | 56.85 | 907 | 4 | 5 | 13 |
| 1722.61 | 108.89 | 96106 | 380.12 | 178.94 | 135406 | 52 | 24 | 283 |
| 1410.30 | 57.10 | 3551 | 528.92 | 227.70 | 72144 | 34 | 20 | 55 |
| 1091.86 | 52.87 | 101582 | 382.19 | 190.20 | 6315 | 16 | | 33 |
| 1098.97 | 78.52 | 707 | 107.21 | 66.59 | 897 | 15 | 11 | 27 |
| 1654.66 | 79.26 | 140286 | 486.73 | 174.48 | 58860 | 8 | 1 | 71 |
| 1742.36 | 37.41 | 8266 | 336.33 | 96.27 | 2192 | 6 | | 10 |
| 26.68 | 0.59 | 115 | 3.79 | 1.53 | | 1 | | 8 |
| 997.24 | 49.14 | 4246 | 292.95 | 152.30 | 105000 | 26 | 10 | 29 |
| 1961.76 | 95.37 | 99756 | 267.12 | 124.09 | 324171 | 55 | 56 | 88 |
| 365.62 | 26.70 | 25622 | 30.28 | 14.45 | 400 | 3 | 4330 | 6009 |
| 823.92 | 51.74 | 5100 | 55.89 | 34.95 | 3213 | 24 | 1 | 17 |
| | | 2 | 2.36 | 1.78 | | 1 | | 2 |
| 1586.75 | 83.51 | 67919 | 143.89 | 81.99 | 1109370 | 33 | 12 | 70 |
| 1154.56 | 38.43 | 90387 | 284.00 | 124.81 | 45161 | 31 | 22 | 36 |
| 26.28 | 0.79 | 107 | 7.26 | 2.35 | | | | |
| 392.91 | 16.12 | 785 | 14.86 | 6.30 | 9176 | 4 | 9 | 6 |
| 385.76 | 20.17 | 3177 | 53.14 | 22.16 | 16 | 9 | | 6 |

续表 2

| 地　　区 | 论文数（篇） | 古建维修、考古发掘报告（册） | 获国家奖（个） | 获省、部奖（个） | 本年收入合计（千元） | 财政补助收入 | 上级补助收入 |
|---|---|---|---|---|---|---|---|
| **总　　计** | **6394** | **141** | **116** | **455** | **32555584** | **25686493** | **798796** |
| 北　　京 | 283 | 1 | 4 | 29 | 1424944 | 1170918 | 1302 |
| 天　　津 | 17 | | | 1 | 365798 | 312358 | 289 |
| 河　　北 | 168 | 2 | 1 | 14 | 653927 | 491678 | 4231 |
| 山　　西 | 27 | | | | 591886 | 464052 | 31175 |
| 内 蒙 古 | 51 | 1 | 4 | 17 | 506844 | 496907 | 2010 |
| 辽　　宁 | 179 | | 3 | 3 | 514492 | 512978 | 600 |
| 吉　　林 | 119 | | | 3 | 354958 | 329372 | 5458 |
| 黑 龙 江 | 116 | | 2 | 29 | 483705 | 318612 | 43669 |
| 上　　海 | 431 | 11 | 3 | 26 | 2835712 | 2287591 | 25187 |
| 江　　苏 | 594 | 24 | 10 | 65 | 1675373 | 1364670 | 75141 |
| 浙　　江 | 227 | 3 | 14 | 32 | 1233975 | 1037034 | 47880 |
| 安　　徽 | 181 | 7 | 10 | 20 | 552941 | 460429 | 31138 |
| 福　　建 | 132 | 5 | 8 | 25 | 611283 | 507950 | 17455 |
| 江　　西 | 117 | 9 | 6 | 4 | 630370 | 534944 | 72991 |
| 山　　东 | 376 | 12 | 12 | 54 | 3086097 | 2182662 | 80988 |
| 河　　南 | 289 | 5 | 8 | 19 | 836995 | 702072 | 18160 |
| 湖　　北 | 246 | 20 | 3 | 22 | 950606 | 746374 | 68343 |
| 湖　　南 | 265 | 9 | 5 | 11 | 1025363 | 935210 | 36006 |
| 广　　东 | 275 | 1 | 5 | 3 | 1450766 | 1373929 | 20863 |
| 广　　西 | 208 | 4 | 2 | 6 | 448807 | 430114 | 1266 |
| 海　　南 | 55 | 8 | | | 746625 | 738999 | 6200 |
| 重　　庆 | 430 | 3 | | 11 | 685038 | 574019 | 33033 |
| 四　　川 | 301 | 1 | 2 | 28 | 1456859 | 1087465 | 42271 |
| 贵　　州 | 99 | 1 | | | 810233 | 321546 | 18085 |
| 云　　南 | 64 | 4 | 5 | 11 | 315793 | 286485 | 2828 |
| 西　　藏 | 18 | | | 1 | 52000 | 51150 | |
| 陕　　西 | 253 | 3 | 3 | 5 | 4935585 | 3208813 | 50505 |
| 甘　　肃 | 306 | 5 | 5 | 7 | 945558 | 827882 | 48102 |
| 青　　海 | 6 | | | 1 | 118428 | 110411 | 1904 |
| 宁　　夏 | 70 | | | 3 | 169637 | 91262 | 4729 |
| 新　　疆 | 47 | | | | 390711 | 346637 | 6987 |

| 事业收入 | 经营收入 | 附属单位上缴收入 | 其他收入 | 捐赠收入 | 本年支出合计(千元) | 基本支出 | 项目支出 | 经营支出 |
|---|---|---|---|---|---|---|---|---|
| **1703184** | **1832022** | **6996** | **2528093** | **73313** | **33068127** | **15519248** | **14711667** | **1232970** |
| | | | | | | | | |
| 195179 | 13939 | | 43606 | 1622 | 1411066 | 710620 | 673432 | 5741 |
| 10310 | 33857 | | 8984 | 1543 | 421983 | 273275 | 108943 | 27267 |
| 91207 | 15037 | | 51774 | 459 | 620084 | 326635 | 271514 | 21563 |
| 69274 | 15575 | | 11810 | 20 | 624923 | 250678 | 357040 | 10017 |
| 5777 | 3 | | 2147 | 242 | 443964 | 222566 | 215863 | 16 |
| | | | | | | | | |
| 855 | | | 59 | | 483969 | 272459 | 211075 | 300 |
| 3594 | 1062 | | 15472 | | 349215 | 157309 | 186674 | 1296 |
| 280 | 4284 | | 116860 | 20 | 482674 | 199435 | 258830 | 18278 |
| | | | | | | | | |
| 354232 | 78030 | | 90672 | 15459 | 2406932 | 763654 | 1559551 | 56433 |
| 89997 | 110001 | 196 | 35368 | 296 | 2193786 | 974772 | 814751 | 392613 |
| 49319 | 46815 | | 52927 | 348 | 1437383 | 593150 | 708914 | 39445 |
| 17619 | 2213 | 300 | 41242 | 37 | 648560 | 248767 | 354931 | 24901 |
| 22952 | 5135 | | 57791 | 4076 | 634488 | 186191 | 417971 | 5533 |
| 6231 | 10248 | | 5956 | 708 | 525435 | 252670 | 246444 | 10571 |
| 9672 | 376126 | 3420 | 433229 | 2524 | 3244127 | 1766348 | 723096 | 146916 |
| | | | | | | | | |
| 63551 | 8641 | | 44571 | 1081 | 951762 | 573672 | 329796 | 14630 |
| 72098 | 41408 | 556 | 21827 | 2936 | 1037653 | 401396 | 603619 | 25268 |
| 4875 | 6731 | 250 | 42291 | 100 | 1054702 | 309482 | 726264 | 5700 |
| 29119 | 9303 | | 17552 | 7834 | 1471401 | 615649 | 843174 | 4279 |
| 5657 | 970 | 5 | 10795 | | 416290 | 128529 | 278428 | 1991 |
| 2179 | | | -753 | | 747942 | 23780 | 723446 | |
| | | | | | | | | |
| 33102 | 10281 | | 34603 | 10977 | 758599 | 244521 | 467812 | 14036 |
| 239083 | 45244 | 50 | 42746 | 2149 | 1435999 | 479205 | 885472 | 19830 |
| 572 | 455806 | | 14224 | 2 | 419530 | 97503 | 301925 | 8003 |
| 4233 | 4672 | | 17575 | | 332568 | 149062 | 169626 | 2752 |
| 200 | 650 | | | | 52000 | 21552 | 30248 | 200 |
| | | | | | | | | |
| 72332 | 430435 | 2218 | 1171282 | 2085 | 5135638 | 3832732 | 571935 | 309623 |
| 16657 | 19224 | 1 | 33692 | 18155 | 985118 | 507221 | 404302 | 17571 |
| 2614 | | | 3499 | | 113067 | 41408 | 68231 | 25 |
| 2146 | 68525 | | 2975 | 40 | 248813 | 72819 | 57875 | 46821 |
| 3144 | | | 33943 | 600 | 251863 | 119150 | 117486 | 796 |

续表 3

| 地　区 | 在支出合计中： | | | | | | |
|---|---|---|---|---|---|---|---|
| | 工资福利支出 | 商品和服务支出 | 差旅费 | 劳务费 | 福利费 | 各种税金支出 | 对个人和家庭补助支出 |
| **总　计** | **8997548** | **11134344** | **299259** | **1272902** | **135991** | **118219** | **1887379** |
| 北　京 | 406688 | 605612 | 5463 | 42257 | 11173 | 3094 | 86732 |
| 天　津 | 147641 | 152784 | 1565 | 6232 | 3908 | 1111 | 50382 |
| 河　北 | 205636 | 230587 | 3255 | 29304 | 1358 | 2649 | 54548 |
| 山　西 | 186982 | 210803 | 6525 | 26701 | 2225 | 4602 | 25141 |
| 内蒙古 | 107385 | 130422 | 5392 | 19634 | 659 | 141 | 24647 |
| 辽　宁 | 148010 | 230327 | 3791 | 36097 | 42 | | 56826 |
| 吉　林 | 101050 | 145679 | 3511 | 15764 | 897 | 559 | 38207 |
| 黑龙江 | 127394 | 108866 | 4875 | 16481 | 1410 | 108 | 42216 |
| 上　海 | 440773 | 925918 | 7445 | 11558 | 5596 | 3612 | 22823 |
| 江　苏 | 546285 | 714144 | 40216 | 67645 | 5390 | 3263 | 148675 |
| 浙　江 | 374677 | 502835 | 14881 | 61867 | 12079 | 4077 | 63287 |
| 安　徽 | 147290 | 235153 | 9198 | 17133 | 7213 | 1483 | 43474 |
| 福　建 | 149503 | 220445 | 7457 | 33419 | 505 | 374 | 20827 |
| 江　西 | 169902 | 183258 | 5622 | 12905 | 4310 | 1556 | 38585 |
| 山　东 | 1294319 | 505807 | 8888 | 45862 | 7182 | 30586 | 184016 |
| 河　南 | 309938 | 297276 | 10869 | 37719 | 4228 | 1874 | 31683 |
| 湖　北 | 250981 | 377216 | 10666 | 49903 | 2228 | 1005 | 50491 |
| 湖　南 | 210438 | 313678 | 7585 | 31174 | 2650 | 717 | 33848 |
| 广　东 | 365582 | 593582 | 8913 | 28672 | 3781 | 1719 | 185408 |
| 广　西 | 111484 | 144067 | 8454 | 5573 | 165 | 1026 | 12843 |
| 海　南 | 21870 | 70745 | 1589 | 2389 | | 166 | 2222 |
| 重　庆 | 171313 | 348315 | 16681 | 41891 | 2412 | 1590 | 30105 |
| 四　川 | 362639 | 583431 | 17994 | 66137 | 6104 | 1704 | 43165 |
| 贵　州 | 79554 | 102845 | 4036 | 11377 | 593 | 9988 | 11794 |
| 云　南 | 110967 | 96249 | 4535 | 16101 | 957 | 638 | 16192 |
| 西　藏 | 18392 | 4773 | 880 | 106 | 207 | 218 | 2143 |
| 陕　西 | 1707018 | 1852298 | 46970 | 420915 | 43969 | 31944 | 218173 |
| 甘　肃 | 252673 | 328811 | 15911 | 43577 | 3835 | 1162 | 57097 |
| 青　海 | 21321 | 18293 | 901 | 2616 | | 66 | 8112 |
| 宁　夏 | 45574 | 31804 | 1931 | 3085 | 103 | 253 | 5128 |
| 新　疆 | 68576 | 103304 | 4938 | 11069 | 417 | 391 | 8845 |

| 抚恤金和生活补贴 | 其他资本性支出 | 各种设备、交通工具、图书购置费 | 资产总计(千元) | 固定资产原值 | 实际使用房屋建筑面积(万平方米) | 展览用房 | 库房 | 实际拥有产权面积(万平方米) |
|---|---|---|---|---|---|---|---|---|
| **64244** | **4890748** | **861672** | **132756995** | **76789129** | **2668.44** | **1221.68** | **217.06** | **2101.66** |
| 3440 | 43918 | 11385 | 5091836 | 3445659 | 70.51 | 29.98 | 4.01 | 39.95 |
| 421 | 19759 | 9443 | 3316724 | 2159783 | 34.85 | 15.38 | 3.48 | 64.42 |
| 1149 | 125810 | 12502 | 2666551 | 2378847 | 76.76 | 42.05 | 4.01 | 66.83 |
| 667 | 156658 | 26132 | 2500760 | 1574081 | 74.72 | 31.13 | 5.70 | 75.87 |
| 865 | 117606 | 8579 | 3112868 | 2630875 | 62.72 | 31.61 | 3.97 | 28.34 |
| 12870 | 24761 | 6332 | 1634643 | 1352221 | 49.80 | 26.89 | 5.03 | 9.17 |
| 938 | 41636 | 3847 | 1180444 | 709486 | 42.27 | 23.47 | 3.03 | 17.29 |
| 567 | 74252 | 31380 | 2768648 | 2317153 | 64.76 | 39.08 | 4.88 | 24.78 |
| 1196 | 758894 | 55787 | 11229908 | 7245202 | 86.92 | 34.27 | 6.68 | 42.85 |
| 1570 | 297239 | 26537 | 8774451 | 7159066 | 236.14 | 113.71 | 14.00 | 170.87 |
| 1561 | 337163 | 28796 | 6622172 | 3388851 | 151.34 | 72.32 | 12.11 | 83.92 |
| 1659 | 99877 | 9606 | 2502811 | 1580841 | 79.19 | 40.76 | 6.10 | 64.52 |
| 564 | 185108 | 91573 | 1524876 | 686570 | 91.51 | 29.86 | 5.50 | 59.73 |
| 2070 | 72035 | 5392 | 2942511 | 1927426 | 61.82 | 32.32 | 4.98 | 159.45 |
| 3244 | 264190 | 57841 | 20714078 | 6908495 | 255.26 | 135.55 | 25.83 | 377.75 |
| 1509 | 194112 | 24198 | 3274099 | 2279891 | 111.43 | 61.38 | 12.10 | 67.85 |
| 1649 | 216342 | 19402 | 2643737 | 1661175 | 224.44 | 56.80 | 23.18 | 67.77 |
| 1391 | 233904 | 34368 | 5255741 | 1489066 | 63.61 | 27.30 | 6.86 | 46.96 |
| 4803 | 166445 | 43338 | 3990180 | 3527779 | 128.24 | 50.52 | 8.63 | 137.06 |
| 791 | 76152 | 11176 | 1643073 | 1199312 | 64.87 | 32.19 | 4.54 | 28.60 |
| 73 | 102345 | 23638 | 906445 | 190313 | 14.31 | 3.63 | 1.59 | 8.63 |
| 800 | 121702 | 13018 | 2241481 | 1232904 | 62.78 | 30.21 | 4.58 | 34.99 |
| 3927 | 251348 | 36648 | 9223063 | 4636324 | 146.20 | 70.61 | 10.43 | 96.53 |
| 1017 | 46875 | 17861 | 1386959 | 504802 | 35.80 | 17.16 | 3.62 | 19.51 |
| 2936 | 61994 | 17063 | 2129978 | 848132 | 56.48 | 24.85 | 5.28 | 39.30 |
|  | 11367 |  | 24323 | 23323 | 1.55 | 0.74 | 0.06 | 7.68 |
| 4392 | 277946 | 130205 | 9950705 | 6014765 | 133.92 | 62.35 | 12.02 | 112.03 |
| 4143 | 104014 | 40847 | 4713331 | 3855384 | 75.66 | 38.16 | 7.34 | 87.66 |
| 191 | 34308 | 9862 | 237092 | 198658 | 8.07 | 3.91 | 0.61 | 6.17 |
| 108 | 56617 | 5057 | 2404794 | 1074450 | 24.06 | 15.04 | 1.22 | 16.18 |
| 810 | 25845 | 9045 | 865144 | 469741 | 30.00 | 19.15 | 1.95 | 13.06 |

续表 4

| 地　区 | 文物保护规划和方案设计(个) | 文物保护单位保护维修情况 | | | | 进行考古发掘情况 | |
|---|---|---|---|---|---|---|---|
| | | 国保单位保护维修项目数(个) | 保护维修面积(平方米) | 省保单位保护维项修目数(个) | 市、县保单位保护维修项目数(个) | 考古发掘面积(万平方米) | 出土器物(件/套) |
| **总　计** | **1413** | **515** | **13696119** | **423** | **471** | **89.19** | **160158** |
| 北　京 | 16 | 12 | 45341 | | | | |
| 天　津 | 14 | 6 | 4200 | 3 | 2 | | |
| 河　北 | 19 | 5 | 7053 | 4 | | 1.04 | 2 |
| 山　西 | 74 | 17 | 22545 | 14 | 4 | 0.15 | |
| 内蒙古 | 16 | 3 | 19100 | 3 | | 0.24 | 222 |
| 辽　宁 | 5 | 17 | 38831 | 3 | 3 | | |
| 吉　林 | 13 | 4 | 10052 | 2 | | 0.23 | 3876 |
| 黑龙江 | 38 | 14 | 121627 | 2 | 2 | 0.57 | 80 |
| 上　海 | 56 | 3 | 1315 | 2 | 9 | 0.26 | 316 |
| 江　苏 | 55 | 13 | 7569987 | 12 | 8 | 38.67 | 10563 |
| 浙　江 | 60 | 21 | 160305 | 41 | 50 | 2.35 | 1249 |
| 安　徽 | 47 | 20 | 77541 | 15 | 35 | 3.37 | 381 |
| 福　建 | 76 | 32 | 63224 | 39 | 31 | 1.21 | 7034 |
| 江　西 | 113 | 63 | 459730 | 29 | 95 | 0.77 | 60455 |
| 山　东 | 151 | 27 | 207974 | 29 | 15 | 0.90 | 2236 |
| 河　南 | 38 | 30 | 26500 | 20 | 4 | | |
| 湖　北 | 111 | 14 | 84256 | 32 | 23 | 32.82 | 33495 |
| 湖　南 | 55 | 28 | 254656 | 27 | 20 | 2.53 | 1566 |
| 广　东 | 70 | 17 | 35399 | 36 | 35 | 0.74 | 14382 |
| 广　西 | 13 | 14 | 49451 | 7 | 10 | 0.81 | 20010 |
| 海　南 | 57 | 3 | 118 | 18 | 46 | 0.11 | 45 |
| 重　庆 | 75 | 25 | 3075355 | 11 | 30 | 0.80 | 2716 |
| 四　川 | 73 | 30 | 93368 | 15 | 18 | 0.28 | 203 |
| 贵　州 | 15 | 7 | 8813 | 4 | 3 | 0.03 | 140 |
| 云　南 | 19 | 9 | 31008 | 14 | 15 | 0.18 | 293 |
| 西　藏 | | | | | | | |
| 陕　西 | 37 | 25 | 79002 | 13 | 4 | 0.06 | 315 |
| 甘　肃 | 55 | 34 | 1008834 | 10 | 8 | 0.00 | 154 |
| 青　海 | 11 | 8 | 21300 | 16 | | | |
| 宁　夏 | 5 | 3 | 100439 | | | | |
| 新　疆 | 4 | 2 | 278 | 2 | 1 | 0.82 | 337 |

| 国际合作项目数（个） | 主办刊物（种） | 文化创意产品情况 | | | 文博单位举办新媒体情况 | | | |
|---|---|---|---|---|---|---|---|---|
| | | 文化创意产品种类（个） | 文化创意产品销售收入（千元） | 文化创意产品销售利润（千元） | 举办网站（个） | 网站年访问量（次） | 举办微信公众号、微博（个） | 举办微信公众号、微博关注人数（人） |
| **271** | **388** | **41472** | **3545757** | **830839** | **7202** | **294674999** | **6184** | **94816586** |
| | | | | | | | | |
| 38 | 13 | 1015 | 10191 | 98777 | 36 | 25786990 | 214 | 2359970 |
| 17 | 7 | 313 | 216 | 35 | 24 | 1917909 | 56 | 190299 |
| 4 | 4 | 699 | 967 | 460 | 31 | 6752235 | 205 | 3169179 |
| | 3 | 111 | 2258 | 158 | 12 | 3567776 | 35 | 864427 |
| | 1 | 126 | 121592 | 7256 | 8 | 2267430 | 19 | 65166 |
| | | | | | | | | |
| 2 | 8 | 943 | 6385 | | 18 | 7387012 | 33 | 759843 |
| 1 | 6 | 180 | 113 | 20 | 27 | 1570580 | 28 | 340669 |
| 2 | 11 | 533 | 602 | 136 | 1028 | 5587076 | 71 | 1762852 |
| | | | | | | | | |
| 25 | 28 | 11440 | 130620 | 42296 | 60 | 16287806 | 106 | 42498125 |
| 10 | 32 | 8081 | 82341 | 22137 | 81 | 65979274 | 600 | 2673454 |
| 7 | 33 | 1164 | 17430 | 5271 | 102 | 24915687 | 509 | 4141072 |
| 2 | 13 | 250 | 8668 | 1969 | 39 | 6571581 | 47 | 742045 |
| 12 | 17 | 718 | 3507 | 557 | 5054 | 10204297 | 99 | 983077 |
| 5 | 13 | 181 | 2314 | 511 | 26 | 4952574 | 37 | 1635393 |
| 29 | 35 | 1428 | 170179 | 51676 | 176 | 5353022 | 456 | 962305 |
| | | | | | | | | |
| 1 | 13 | 253 | 1620 | 769 | 57 | 13184906 | 249 | 1914094 |
| 8 | 14 | 313 | 8409 | 118 | 52 | 4027333 | 80 | 395482 |
| 9 | 13 | 762 | 13940 | 7302 | 22 | 10553894 | 38 | 1156497 |
| 10 | 12 | 1224 | 7324 | 670 | 56 | 7462905 | 2636 | 1557681 |
| 3 | 6 | 140 | 10595 | 3142 | 23 | 744341 | 49 | 721300 |
| | 2 | 2 | | | 3 | 1393122 | 4 | 20655 |
| | | | | | | | | |
| 3 | 10 | 452 | 84824 | 4511 | 35 | 4078386 | 42 | 1487324 |
| 42 | 26 | 5076 | 2299245 | 499077 | 60 | 7576087 | 108 | 7192573 |
| 1 | 4 | 539 | 46923 | 12385 | 8 | 347519 | 19 | 114269 |
| 4 | 9 | 180 | 719 | 239 | 18 | 2549974 | 36 | 88952 |
| | 1 | 400 | 203 | | | | 1 | 830 |
| | | | | | | | | |
| 22 | 29 | 1045 | 5148 | 1572 | 55 | 12326682 | 142 | 1776145 |
| 3 | 17 | 295 | 7759 | 75 | 75 | 6690767 | 215 | 1434205 |
| | | 18 | | | 2 | | 5 | 20288 |
| | 2 | 154 | 1085 | 20 | 8 | 465032 | 13 | 137000 |
| | 2 | 186 | 212 | 56 | 3 | 107181 | 24 | 1058005 |

# 2017年全国各地区文物

| 地区 | 机构数（个） | 从业人员（人） | 专业技术人才 | 正高级职称 | 副高级职称 | 中级职称 | 安全保卫人员 |
|---|---|---|---|---|---|---|---|
| **总计** | **3260** | **83512** | **30897** | **1236** | **4105** | **12413** | **20515** |
| 北京 | 58 | 3595 | 745 | 20 | 86 | 260 | 718 |
| 天津 | 62 | 1406 | 599 | 21 | 89 | 238 | 258 |
| 河北 | 81 | 2911 | 922 | 41 | 143 | 306 | 706 |
| 山西 | 125 | 3819 | 1065 | 13 | 132 | 422 | 1036 |
| 内蒙古 | 91 | 1626 | 804 | 40 | 142 | 349 | 337 |
| 辽宁 | 62 | 2118 | 1066 | 62 | 182 | 546 | 410 |
| 吉林 | 77 | 1238 | 689 | 48 | 135 | 252 | 245 |
| 黑龙江 | 97 | 1638 | 742 | 37 | 153 | 314 | 377 |
| 上海 | 40 | 1244 | 810 | 35 | 85 | 324 | 180 |
| 江苏 | 206 | 4938 | 1942 | 95 | 256 | 786 | 1369 |
| 浙江 | 117 | 3532 | 1379 | 98 | 241 | 584 | 946 |
| 安徽 | 135 | 2014 | 840 | 23 | 87 | 329 | 555 |
| 福建 | 107 | 2344 | 876 | 48 | 119 | 327 | 653 |
| 江西 | 122 | 2949 | 1079 | 39 | 107 | 458 | 840 |
| 山东 | 231 | 4574 | 2138 | 94 | 318 | 916 | 1189 |
| 河南 | 207 | 5309 | 1519 | 48 | 180 | 652 | 1596 |
| 湖北 | 139 | 3335 | 1631 | 53 | 170 | 783 | 760 |
| 湖南 | 110 | 2512 | 797 | 18 | 80 | 310 | 499 |
| 广东 | 172 | 3490 | 1783 | 33 | 161 | 769 | 743 |
| 广西 | 96 | 2011 | 801 | 31 | 72 | 328 | 569 |
| 海南 | 19 | 311 | 125 | 1 | 13 | 49 | 96 |
| 重庆 | 54 | 1764 | 604 | 30 | 87 | 185 | 391 |
| 四川 | 187 | 5666 | 1504 | 32 | 104 | 448 | 1452 |
| 贵州 | 79 | 1840 | 469 | 13 | 54 | 171 | 332 |
| 云南 | 95 | 1206 | 750 | 21 | 135 | 346 | 318 |
| 西藏 | 7 | 181 | 56 | 1 | 9 | 14 | 19 |
| 陕西 | 189 | 6976 | 1773 | 61 | 181 | 634 | 1674 |
| 甘肃 | 155 | 4046 | 1206 | 35 | 132 | 441 | 1057 |
| 青海 | 23 | 294 | 163 | 3 | 27 | 66 | 81 |
| 宁夏 | 25 | 413 | 146 | 5 | 20 | 62 | 129 |
| 新疆 | 89 | 1317 | 349 | 8 | 31 | 141 | 452 |

# 系统博物馆基本情况

| 登记注册志愿者(人) | 藏品数(件/套) | | | | | 在藏品数中(件/套) | | | 本年修复藏品数(件/套) |
|---|---|---|---|---|---|---|---|---|---|
| | | 文物藏品 | 一级品 | 二级品 | 三级品 | 本年新增藏品数 | 本年从有关部门接收文物数 | 本年藏品征集数 | |
| **97594** | **26660802** | **15469720** | **84944** | **694072** | **3253117** | **1706891** | **29164** | **234669** | **46839** |
| | | | | | | | | | |
| 1503 | 1838316 | 1081844 | 1059 | 6443 | 71828 | 25468 | 4462 | 19992 | 1155 |
| 1596 | 707276 | 242668 | 1049 | 5383 | 134261 | 3297 | 1146 | 1562 | 594 |
| 1269 | 293622 | 218952 | 894 | 10806 | 28876 | 6828 | 15 | 1792 | 327 |
| 2992 | 1108136 | 573033 | 2990 | 7804 | 53102 | 9317 | 102 | 1287 | 6965 |
| 1122 | 656098 | 340518 | 1984 | 7040 | 10729 | 6790 | 55 | 6242 | 643 |
| | | | | | | | | | |
| 2783 | 518783 | 178963 | 2071 | 13616 | 151004 | 5982 | 169 | 4784 | 402 |
| 2314 | 448309 | 255482 | 556 | 5953 | 30976 | 9376 | 914 | 7315 | 698 |
| 1955 | 569120 | 237212 | 2526 | 5125 | 36705 | 27655 | 658 | 14644 | 207 |
| | | | | | | | | | |
| 5283 | 1364951 | 116128 | 1174 | 44720 | 165647 | 1891 | 2 | 1563 | 346 |
| 7528 | 1152343 | 830328 | 2851 | 16544 | 436770 | 25003 | 2045 | 8693 | 2784 |
| 8280 | 957357 | 498425 | 1878 | 9893 | 71810 | 22993 | 753 | 10990 | 1405 |
| 3489 | 549507 | 401657 | 1998 | 4956 | 47973 | 5198 | 2670 | 1359 | 929 |
| 3085 | 566566 | 361041 | 1086 | 3007 | 102366 | 42851 | 424 | 41588 | 95 |
| 4206 | 393808 | 169322 | 1518 | 5433 | 42678 | 2056 | 813 | 797 | 446 |
| 8066 | 2373201 | 897209 | 11690 | 12640 | 97068 | 12191 | 612 | 5793 | 3804 |
| | | | | | | | | | |
| 6777 | 794282 | 244778 | 2002 | 13816 | 221849 | 9590 | 189 | 8866 | 3298 |
| 3631 | 1324220 | 1041657 | 2740 | 7628 | 94351 | 18544 | 58 | 13120 | 2727 |
| 6293 | 545624 | 236377 | 1478 | 5740 | 53510 | 9505 | 723 | 5147 | 5278 |
| 6125 | 938025 | 513320 | 1414 | 15590 | 65558 | 34902 | 5879 | 19872 | 3782 |
| 2317 | 241902 | 68731 | 298 | 4960 | 34013 | 17062 | 41 | 13744 | 213 |
| 104 | 77738 | 33173 | 119 | 434 | 2108 | 7526 | | 7522 | |
| | | | | | | | | | |
| 4235 | 446658 | 310342 | 1080 | 2069 | 23950 | 4800 | 2217 | 1547 | 1945 |
| 2954 | 969574 | 702021 | 3093 | 6492 | 82058 | 17744 | 112 | 15075 | 717 |
| 450 | 144244 | 40163 | 580 | 1612 | 6011 | 12880 | 1801 | 3323 | 315 |
| 944 | 1215369 | 413303 | 826 | 2070 | 16798 | 5632 | 347 | 4272 | 512 |
| | 66050 | | 1127 | 15808 | 26928 | 200 | 94 | 106 | 11 |
| | | | | | | | | | |
| 2885 | 2380666 | 1997494 | 6386 | 12830 | 71219 | 1338752 | 1051 | 1855 | 2992 |
| 3044 | 410300 | 359298 | 4428 | 11792 | 102442 | 1735 | 633 | 714 | 1010 |
| 82 | 78590 | 44313 | 412 | 668 | 1036 | 81 | | 27 | 940 |
| 392 | 61586 | 32166 | 315 | 3428 | 6988 | 6379 | | 6379 | 335 |
| 1183 | 208926 | 47008 | 692 | 1432 | 4633 | 11696 | | 2946 | 635 |

续表 1

| 地　区 | 一级品 | 二级品 | 三级品 | 基本陈列（个） | 临时展览（个） | 参观人次（万人次） | 未成年人参观人次 | 本地居民参观人次 |
|---|---|---|---|---|---|---|---|---|
| **总　计** | **321** | **1475** | **10450** | **8374** | **10249** | **77460.95** | **21104.78** | **30045.57** |
| 北　京 | 3 | 15 | 95 | 173 | 194 | 1440.63 | 210.86 | 425.82 |
| 天　津 | | 31 | 23 | 210 | 228 | 1279.37 | 367.21 | 1025.66 |
| 河　北 | 2 | 14 | 9 | 191 | 361 | 2437.92 | 727.11 | 2415.35 |
| 山　西 | 114 | 271 | 2909 | 226 | 133 | 2346.25 | 489.74 | 1186.88 |
| 内蒙古 | 14 | 32 | 15 | 286 | 168 | 1212.24 | 436.01 | 289.71 |
| 辽　宁 | | 11 | 240 | 219 | 230 | 1515.68 | 367.86 | 177.33 |
| 吉　林 | 4 | | 323 | 115 | 233 | 968.88 | 258.52 | 284.99 |
| 黑龙江 | | 10 | 11 | 225 | 380 | 1417.16 | 394.48 | 816.28 |
| 上　海 | | 9 | 96 | 92 | 208 | 1046.35 | 142.73 | 93.09 |
| 江　苏 | 33 | 35 | 198 | 608 | 906 | 5344.78 | 1396.45 | 5241.14 |
| 浙　江 | 4 | 9 | 212 | 357 | 992 | 4730.65 | 1270.92 | 1304.10 |
| 安　徽 | 1 | 18 | 397 | 359 | 350 | 2439.78 | 678.19 | 977.36 |
| 福　建 | | | 42 | 301 | 632 | 2820.59 | 955.15 | 1186.04 |
| 江　西 | 10 | 40 | 113 | 277 | 252 | 3079.70 | 1010.74 | 606.29 |
| 山　东 | 1 | 104 | 340 | 815 | 706 | 4519.04 | 1662.12 | 1123.37 |
| 河　南 | 10 | 96 | 945 | 407 | 466 | 4655.80 | 1381.52 | 973.42 |
| 湖　北 | 13 | 50 | 667 | 438 | 415 | 3088.53 | 846.42 | 972.00 |
| 湖　南 | 1 | 390 | 770 | 198 | 215 | 3766.39 | 1286.90 | 927.47 |
| 广　东 | | 17 | 419 | 467 | 976 | 4992.40 | 1335.14 | 1639.46 |
| 广　西 | 1 | 18 | 66 | 229 | 283 | 1699.72 | 471.84 | 1616.73 |
| 海　南 | | | | 35 | 56 | 146.05 | 24.27 | 26.68 |
| 重　庆 | 6 | 23 | 257 | 124 | 129 | 2035.54 | 640.34 | 731.19 |
| 四　川 | 2 | 37 | 398 | 459 | 383 | 5754.99 | 1482.41 | 1759.07 |
| 贵　州 | 30 | 3 | 22 | 157 | 86 | 1815.68 | 440.38 | 354.89 |
| 云　南 | 3 | 14 | 204 | 288 | 250 | 2015.99 | 542.46 | 746.19 |
| 西　藏 | | | 8 | 2 | 6 | 10.48 | 0.25 | |
| 陕　西 | 9 | 20 | 1267 | 472 | 280 | 4897.11 | 880.93 | 1289.10 |
| 甘　肃 | 13 | 99 | 308 | 352 | 375 | 2239.82 | 657.35 | 792.12 |
| 青　海 | 14 | 8 | 2 | 40 | 33 | 150.00 | 44.27 | 26.28 |
| 宁　夏 | 2 | 4 | 49 | 62 | 66 | 395.01 | 95.85 | 245.19 |
| 新　疆 | 5 | 12 | 28 | 164 | 127 | 699.99 | 174.51 | 384.66 |

| 境外观众参观人次 | 举办社会教育活动（次） | 参加活动人次（万人次） | 未成年人参加人次 | 门票销售总额（千元） | 本年完成科研成果 省部级及以上科研课题数（个） | 专利（个） | 专著或图录（册） | 论文数（篇） |
|---|---|---|---|---|---|---|---|---|
| **1397.27** | **2052200** | **4680.75** | **2053.49** | **3430845** | **392** | **4444** | **6861** | **5656** |
| 33.60 | 354330 | 188.86 | 86.40 | 171807 | 35 | 5 | 28 | 243 |
| 29.93 | 5050 | 85.14 | 41.32 | 34791 | 6 | 3 | 16 | 17 |
| 22.57 | 1000 | 93.70 | 46.48 | 93408 | 3 | | 16 | 144 |
| 34.08 | 46113 | 188.48 | 42.25 | 297526 | 3 | 1 | 19 | 25 |
| 33.50 | 18927 | 47.72 | 32.32 | 2590 | 1 | | 8 | 51 |
| 16.37 | 21974 | 40.53 | 23.13 | 127043 | 4 | | 46 | 179 |
| 8.91 | 741 | 91.55 | 31.50 | 41403 | 5 | | 7 | 97 |
| 41.37 | 798 | 82.14 | 34.67 | | 7 | | 16 | 92 |
| 24.95 | 1426 | 151.68 | 27.15 | 38775 | 17 | 1 | 37 | 259 |
| 102.52 | 105444 | 176.33 | 117.42 | 111035 | 50 | 7 | 52 | 507 |
| 47.72 | 240253 | 194.52 | 112.85 | 18223 | 16 | 7 | 134 | 209 |
| 101.91 | 2665 | 149.68 | 73.08 | 5422 | 1 | 2 | 10 | 174 |
| 61.74 | 136326 | 305.13 | 95.60 | 79 | 10 | | 18 | 125 |
| 32.76 | 93357 | 85.17 | 56.85 | 907 | 4 | 5 | 13 | 117 |
| 72.83 | 13498 | 169.27 | 108.21 | 53021 | 49 | 5 | 58 | 342 |
| 39.14 | 3080 | 453.75 | 190.39 | 71772 | 24 | 20 | 43 | 260 |
| 47.44 | 94508 | 364.52 | 179.86 | 3966 | 11 | | 27 | 239 |
| 59.43 | 674 | 103.51 | 63.44 | 897 | 15 | 11 | 23 | 226 |
| 76.90 | 140167 | 483.03 | 172.36 | 58400 | 8 | 1 | 66 | 275 |
| 34.90 | 7910 | 320.50 | 86.22 | 1392 | 5 | | 9 | 208 |
| 0.59 | 115 | 3.79 | 1.53 | | 1 | | 8 | 55 |
| 37.59 | 2013 | 178.03 | 82.04 | 97706 | 13 | 9 | 11 | 390 |
| 72.94 | 99442 | 242.59 | 116.06 | 315004 | 18 | 10 | 25 | 187 |
| 26.54 | 25611 | 30.13 | 14.38 | | 3 | 4330 | 6009 | 99 |
| 32.03 | 4789 | 34.51 | 21.82 | 705 | 11 | | 8 | 59 |
| | 2 | 2.36 | 1.78 | | 1 | | 2 | 18 |
| 52.03 | 64837 | 86.74 | 55.91 | 1093658 | 18 | 1 | 39 | 196 |
| 28.24 | 87986 | 223.47 | 98.39 | 34308 | 31 | 22 | 33 | 301 |
| 0.79 | 107 | 7.26 | 2.35 | | | | | 6 |
| 2.22 | 102 | 4.24 | 2.26 | | | 3 | 4 | 66 |
| 19.97 | 3171 | 53.11 | 22.15 | 16 | 7 | | 6 | 46 |

续表 2

| 地　　区 | 古建维修、考古发掘报告（册） | 获国家奖（个） | 获省、部奖（个） | 本年收入合计（千元） | 财政补助收入 | 基建拨款 | 上级补助收入 |
|---|---|---|---|---|---|---|---|
| **总　　计** | **131** | **81** | **303** | **26976526** | **22148153** | **2357715** | **559018** |
| 北　　京 | 1 | 4 | 20 | 1254709 | 1030041 | 46500 | 928 |
| 天　　津 | | | 1 | 365798 | 312358 | 1583 | 289 |
| 河　　北 | 2 | 1 | 8 | 450706 | 355271 | 106 | 100 |
| 山　　西 | | | | 572087 | 456310 | 3343 | 30675 |
| 内 蒙 古 | 1 | 4 | 17 | 503198 | 493261 | 14923 | 2010 |
| 辽　　宁 | | 3 | 3 | 505169 | 503655 | | 600 |
| 吉　　林 | | | | 319917 | 307346 | | 1708 |
| 黑 龙 江 | | 2 | 19 | 267574 | 254770 | 7760 | 4680 |
| 上　　海 | 9 | 1 | 12 | 1730151 | 1518908 | 903510 | 3515 |
| 江　　苏 | 24 | 9 | 43 | 1303844 | 1144571 | | 29511 |
| 浙　　江 | 1 | 4 | 20 | 1094832 | 959478 | 42998 | 40874 |
| 安　　徽 | 5 | 2 | 4 | 442199 | 384828 | | 27171 |
| 福　　建 | 5 | 1 | 10 | 605999 | 507900 | 8000 | 17455 |
| 江　　西 | 9 | 6 | 4 | 618357 | 524841 | 10156 | 72991 |
| 山　　东 | 11 | 8 | 35 | 818094 | 727399 | 8305 | 19310 |
| 河　　南 | 5 | 7 | 17 | 766761 | 666760 | 24741 | 18010 |
| 湖　　北 | 20 | 3 | 21 | 882243 | 707941 | 101577 | 66874 |
| 湖　　南 | 9 | 5 | 10 | 840106 | 776829 | 42612 | 30955 |
| 广　　东 | 1 | 5 | 3 | 1435709 | 1362534 | 34054 | 18151 |
| 广　　西 | 3 | 2 | 5 | 445693 | 428341 | 17959 | 1266 |
| 海　　南 | 8 | | | 746625 | 738999 | 504059 | 6200 |
| 重　　庆 | 3 | | 6 | 497494 | 432140 | 15176 | 17313 |
| 四　　川 | 1 | 1 | 18 | 1411941 | 1074151 | 143133 | 34387 |
| 贵　　州 | 1 | | | 807503 | 320966 | 130150 | 16335 |
| 云　　南 | 4 | 5 | 11 | 277095 | 265068 | 4710 | 2518 |
| 西　　藏 | | | 1 | 52000 | 51150 | 2000 | |
| 陕　　西 | 1 | 3 | 3 | 4821153 | 3153790 | 10157 | 38032 |
| 甘　　肃 | 5 | 4 | 6 | 866533 | 784229 | 62172 | 46620 |
| 青　　海 | | | 1 | 118428 | 110411 | 22800 | 1904 |
| 宁　　夏 | | | | 69930 | 65348 | | 1909 |
| 新　　疆 | | | | 390403 | 346589 | 150000 | 6727 |

| 事业收入 | 经营收入 | 附属单位上缴收入 | 其他收入 | 捐赠收入 | 本年支出合计(千元) | 基本支出 | 项目支出 | 经营支出 |
|---|---|---|---|---|---|---|---|---|
| **1454397** | **1082663** | **4074** | **1728221** | **25723** | **25779875** | **12490439** | **12472048** | **398938** |
| | | | | | | | | |
| 182843 | 13911 | | 26986 | 1022 | 1225177 | 629429 | 577563 | 5202 |
| 10310 | 33857 | | 8984 | 1543 | 421983 | 273275 | 108943 | 27267 |
| 90837 | 1615 | | 2883 | 337 | 394815 | 232235 | 160862 | 1486 |
| 69274 | 4205 | | 11623 | 20 | 595477 | 236607 | 347827 | 5707 |
| 5777 | 3 | | 2147 | 242 | 440318 | 218920 | 215863 | 16 |
| | | | | | | | | |
| 855 | | | 59 | | 474244 | 264788 | 209221 | 100 |
| 2006 | | | 8857 | | 303334 | 120546 | 182151 | 100 |
| | | | 8124 | | 261890 | 109714 | 148632 | 1137 |
| | | | | | | | | |
| 156942 | 780 | | 50006 | 2 | 1436044 | 368620 | 1046902 | 268 |
| 83789 | 30134 | | 15839 | 132 | 1395490 | 816601 | 552772 | 19749 |
| 48254 | 7415 | | 38811 | 15 | 1234143 | 524034 | 661197 | 2920 |
| 15493 | 462 | 80 | 14165 | | 452165 | 202118 | 228223 | 8036 |
| 22270 | 2132 | | 56242 | 3113 | 623242 | 180024 | 417041 | 3758 |
| 6031 | 10108 | | 4386 | 708 | 514836 | 245844 | 243221 | 10165 |
| 8512 | 18527 | 2520 | 41826 | 1595 | 799743 | 449321 | 315938 | 15717 |
| | | | | | | | | |
| 63551 | 926 | | 17514 | | 836728 | 516446 | 286839 | 2770 |
| 71838 | 18096 | | 17494 | 1600 | 962540 | 360400 | 587294 | 8645 |
| 4089 | 5232 | 250 | 22751 | 100 | 885388 | 257731 | 612261 | 4298 |
| 29119 | 8418 | | 17487 | 7834 | 1452564 | 606161 | 835222 | 3067 |
| 5657 | 950 | 5 | 9474 | | 409183 | 124970 | 277794 | 1056 |
| 2179 | | | -753 | | 747942 | 23780 | 723446 | |
| | | | | | | | | |
| 30310 | 7532 | | 10199 | 285 | 523987 | 167479 | 322996 | 5867 |
| 236494 | 29656 | | 37253 | 595 | 1364630 | 454948 | 859601 | 5114 |
| 572 | 455506 | | 14124 | 2 | 416383 | 95526 | 301325 | 7613 |
| 3883 | 464 | | 5162 | | 283242 | 119249 | 157129 | 476 |
| 200 | 650 | | | | 52000 | 21552 | 30248 | 200 |
| | | | | | | | | |
| 55962 | 412795 | 1218 | 1159356 | 3 | 4300192 | 3517700 | 510682 | 253063 |
| 16322 | 409 | 1 | 18952 | 5975 | 809207 | 454897 | 306843 | 2414 |
| 2614 | | | 3499 | | 113067 | 41408 | 68231 | 25 |
| 146 | 1073 | | 1454 | | 72195 | 34449 | 35405 | 1451 |
| 3144 | | | 33943 | 600 | 251133 | 118629 | 117377 | 696 |

续表 3

| 地区 | 在支出合计中： | | | | | | |
|---|---|---|---|---|---|---|---|
| | 工资福利支出 | 商品和服务支出 | 差旅费 | 劳务费 | 福利费 | 各种税金支出 | 对个人和家庭补助支出 |
| **总　计** | **7022159** | **9792994** | **225539** | **1169737** | **84484** | **68273** | **1652278** |
| 北　京 | 361667 | 518746 | 4232 | 40804 | 10690 | 2776 | 69940 |
| 天　津 | 147641 | 152784 | 1565 | 6232 | 3908 | 1111 | 50382 |
| 河　北 | 145178 | 166231 | 2277 | 21342 | 862 | 138 | 32019 |
| 山　西 | 182821 | 199095 | 4513 | 23111 | 1567 | 4091 | 25090 |
| 内蒙古 | 104982 | 129539 | 5332 | 19604 | 659 | 121 | 24647 |
| 辽　宁 | 145296 | 226456 | 3726 | 35852 | 39 | | 54274 |
| 吉　林 | 83990 | 131876 | 2258 | 13159 | 33 | 114 | 34759 |
| 黑龙江 | 72974 | 79969 | 2652 | 13362 | 113 | 6 | 30293 |
| 上　海 | 214580 | 603047 | 5252 | 9177 | 3454 | 869 | 13226 |
| 江　苏 | 426317 | 549770 | 21050 | 61418 | 2661 | 2105 | 133704 |
| 浙　江 | 319932 | 459518 | 8434 | 57697 | 9991 | 2866 | 51949 |
| 安　徽 | 109937 | 213086 | 6444 | 11284 | 5894 | 204 | 35814 |
| 福　建 | 144668 | 219506 | 7208 | 33274 | 291 | 343 | 20762 |
| 江　西 | 164717 | 180134 | 5317 | 12736 | 4207 | 1456 | 37143 |
| 山　东 | 275719 | 255695 | 4762 | 32695 | 2725 | 892 | 78684 |
| 河　南 | 265366 | 264797 | 8413 | 32423 | 3162 | 1338 | 29069 |
| 湖　北 | 229728 | 363691 | 9869 | 48452 | 1632 | 808 | 49954 |
| 湖　南 | 175911 | 255396 | 6146 | 23193 | 2215 | 498 | 28931 |
| 广　东 | 357395 | 591418 | 8810 | 27331 | 3417 | 1680 | 184144 |
| 广　西 | 107899 | 143130 | 8328 | 5054 | 131 | 1023 | 12843 |
| 海　南 | 21870 | 70745 | 1589 | 2389 | | 166 | 2222 |
| 重　庆 | 118192 | 289774 | 12566 | 31599 | 1364 | 960 | 22725 |
| 四　川 | 336539 | 572725 | 16595 | 63876 | 5547 | 1023 | 42325 |
| 贵　州 | 77975 | 102277 | 3956 | 11134 | 481 | 9958 | 11584 |
| 云　南 | 90400 | 86784 | 3653 | 14984 | 577 | 492 | 12899 |
| 西　藏 | 18392 | 4773 | 880 | 106 | 207 | 218 | 2143 |
| 陕　西 | 1650964 | 1749062 | 30892 | 404446 | 15343 | 25546 | 215245 |
| 甘　肃 | 220762 | 303873 | 13547 | 39858 | 2605 | 471 | 55266 |
| 青　海 | 21321 | 18293 | 901 | 2616 | | 66 | 8112 |
| 宁　夏 | 25278 | 22692 | 1117 | 1821 | 1 | | 3541 |
| 新　疆 | 68055 | 103095 | 4933 | 10969 | 313 | 391 | 8845 |

| 抚恤金和生活补贴 | 其他资本性支出 | 各种设备、交通工具、图书购置费 | 资产总计（千元） | 固定资产原值 | 实际使用房屋建筑面积（万平方米） | 展览用房 | 库房 | 实际拥有产权面积（万平方米） |
|---|---|---|---|---|---|---|---|---|
| **57614** | **3886849** | **776401** | **86656937** | **52641866** | **1898.45** | **863.36** | **152.82** | **1586.34** |
| 2138 | 38515 | 8483 | 4138595 | 2634742 | 59.95 | 25.25 | 3.50 | 29.48 |
| 421 | 19759 | 9443 | 3316724 | 2159783 | 34.85 | 15.38 | 3.48 | 64.42 |
| 479 | 48900 | 10768 | 1542478 | 1454353 | 54.75 | 31.16 | 3.31 | 43.63 |
| 667 | 155162 | 25790 | 2319791 | 1469508 | 69.03 | 26.24 | 5.42 | 74.20 |
| 865 | 117246 | 8529 | 2964525 | 2515875 | 61.35 | 30.78 | 3.95 | 27.92 |
| 12672 | 24429 | 6000 | 1595277 | 1341478 | 49.17 | 26.72 | 5.01 | 9.17 |
| 538 | 40531 | 3247 | 603952 | 370283 | 30.28 | 16.44 | 2.10 | 12.09 |
| 556 | 60825 | 30375 | 1029138 | 952741 | 29.98 | 19.93 | 2.49 | 12.96 |
| 854 | 521668 | 52482 | 5218923 | 2249948 | 32.85 | 10.62 | 4.78 | 12.39 |
| 1549 | 108720 | 23084 | 5671893 | 4794057 | 181.77 | 81.36 | 10.91 | 117.48 |
| 1460 | 300538 | 27370 | 4001671 | 2372884 | 93.44 | 40.27 | 8.18 | 55.20 |
| 1244 | 26193 | 4816 | 946913 | 624285 | 53.69 | 26.41 | 4.01 | 27.58 |
| 563 | 183853 | 90447 | 1444179 | 640992 | 87.62 | 27.55 | 5.03 | 58.32 |
| 1920 | 71355 | 4942 | 2845182 | 1842250 | 59.67 | 30.66 | 4.83 | 158.99 |
| 2803 | 111670 | 23314 | 5677992 | 3586219 | 127.18 | 68.73 | 10.16 | 220.21 |
| 1188 | 180610 | 16761 | 2251920 | 1797235 | 83.59 | 44.25 | 8.79 | 51.52 |
| 1467 | 209512 | 18378 | 1835824 | 1033880 | 68.19 | 34.01 | 7.49 | 59.53 |
| 1235 | 193752 | 32059 | 4369074 | 772265 | 52.69 | 23.50 | 5.96 | 38.74 |
| 4762 | 165817 | 42939 | 3927269 | 3476479 | 123.86 | 47.84 | 8.14 | 136.29 |
| 791 | 75751 | 11130 | 1560281 | 1128053 | 46.22 | 24.46 | 4.22 | 20.69 |
| 73 | 102345 | 23638 | 906445 | 190313 | 14.31 | 3.63 | 1.59 | 8.63 |
| 575 | 46982 | 9563 | 1337876 | 663910 | 42.55 | 17.47 | 2.73 | 20.41 |
| 3476 | 244942 | 34116 | 7344875 | 3865507 | 110.02 | 48.82 | 7.07 | 77.54 |
| 897 | 46475 | 17501 | 1315311 | 453466 | 33.62 | 15.92 | 3.31 | 16.60 |
| 2936 | 55163 | 15318 | 1198682 | 574327 | 42.23 | 19.21 | 4.00 | 33.74 |
|  | 11367 |  | 24323 | 23323 | 1.55 | 0.74 | 0.06 | 7.68 |
| 3989 | 259070 | 126831 | 7781744 | 4350223 | 92.56 | 38.82 | 9.78 | 78.99 |
| 3536 | 97612 | 38646 | 2880623 | 2371521 | 61.31 | 28.24 | 5.36 | 56.94 |
| 191 | 34308 | 9862 | 237092 | 198658 | 8.07 | 3.91 | 0.61 | 6.17 |
| 36 | 17408 | 710 | 299652 | 225013 | 14.66 | 7.57 | 0.84 | 12.19 |
| 810 | 25845 | 9045 | 785144 | 389741 | 29.00 | 18.16 | 1.94 | 10.72 |

续表 4

| 地区 | 文物保护规划和方案设计(个) | 文物保护单位保护维修情况 | | | | 考古发掘面积(万平方米) | 出土器物(件/套) |
|---|---|---|---|---|---|---|---|
| | | 国保单位保护维修项目数(个) | 保护维修面积(平方米) | 省保单位保护维修项目数(个) | 市、县保单位保护维修项目数(个) | | |
| **总　计** | **1191** | **491** | **13562558** | **408** | **458** | **89.17** | **160077** |
| 北　京 | 12 | 12 | 45341 | | | | |
| 天　津 | 14 | 6 | 4200 | 3 | 2 | | |
| 河　北 | 12 | 5 | 7053 | 4 | | 1.04 | 2 |
| 山　西 | 74 | 17 | 22545 | 14 | 4 | 0.15 | |
| 内蒙古 | 15 | 3 | 19100 | 3 | | 0.24 | 222 |
| 辽　宁 | 5 | 17 | 38831 | 3 | 3 | | |
| 吉　林 | 11 | 4 | 10052 | 2 | | 0.23 | 3876 |
| 黑龙江 | 10 | 12 | 107227 | 2 | | 0.55 | |
| 上　海 | 40 | 1 | 130 | 1 | 9 | 0.26 | 316 |
| 江　苏 | 53 | 11 | 7560637 | 11 | 8 | 38.67 | 10563 |
| 浙　江 | 53 | 20 | 159609 | 40 | 50 | 2.35 | 1249 |
| 安　徽 | 41 | 18 | 76173 | 15 | 35 | 3.37 | 381 |
| 福　建 | 72 | 32 | 63224 | 39 | 31 | 1.21 | 7033 |
| 江　西 | 109 | 63 | 459730 | 29 | 92 | 0.77 | 60455 |
| 山　东 | 94 | 24 | 196698 | 28 | 12 | 0.90 | 2236 |
| 河　南 | 28 | 28 | 25400 | 16 | 3 | | |
| 湖　北 | 94 | 14 | 84256 | 30 | 21 | 32.82 | 33495 |
| 湖　南 | 51 | 28 | 254656 | 27 | 20 | 2.53 | 1566 |
| 广　东 | 67 | 16 | 35201 | 36 | 35 | 0.74 | 14382 |
| 广　西 | 13 | 14 | 49451 | 7 | 10 | 0.81 | 20010 |
| 海　南 | 57 | 3 | 118 | 18 | 46 | 0.11 | 45 |
| 重　庆 | 71 | 18 | 2982097 | 9 | 29 | 0.80 | 2716 |
| 四　川 | 57 | 30 | 93368 | 15 | 18 | 0.28 | 203 |
| 贵　州 | 15 | 7 | 8813 | 4 | 3 | 0.03 | 140 |
| 云　南 | 18 | 8 | 30328 | 14 | 15 | 0.18 | 293 |
| 西　藏 | | | | | | | |
| 陕　西 | 29 | 25 | 79002 | 12 | 4 | 0.06 | 315 |
| 甘　肃 | 35 | 34 | 1008834 | 9 | 8 | 0.00 | 154 |
| 青　海 | 11 | 8 | 21300 | 16 | | | |
| 宁　夏 | 5 | 3 | 100439 | | | | |
| 新　疆 | 3 | 1 | 228 | 1 | | 0.82 | 337 |

| 国际合作项目数（个） | 主办刊物（种） | 文化创意产品情况 | | | 文博单位举办新媒体情况 | | | |
|---|---|---|---|---|---|---|---|---|
| | | 文化创意产品种类（个） | 文化创意产品销售收入（千元） | 文化创意产品销售利润（千元） | 举办网站（个） | 网站年访问量（次） | 举办微信公众号、微博（个） | 举办微信公众号、微博关注人数（人） |
| **163** | **249** | **35473** | **2854191** | **604840** | **861** | **251255053** | **4958** | **83298259** |
| | | | | | | | | |
| 19 | 8 | 624 | 1428 | 98777 | 26 | 21484746 | 198 | 1521175 |
| 17 | 7 | 313 | 216 | 35 | 24 | 1917909 | 56 | 190299 |
| 4 | 4 | 686 | 940 | 452 | 22 | 6402435 | 27 | 3149400 |
| | 3 | 111 | 2258 | 158 | 10 | 3546376 | 31 | 858878 |
| | 1 | 126 | 121592 | 7256 | 7 | 2258430 | 17 | 63835 |
| | | | | | | | | |
| 2 | 8 | 943 | 6385 | | 18 | 7387012 | 33 | 759843 |
| | 4 | 159 | 63 | | 17 | 1279654 | 18 | 277164 |
| | 6 | 451 | 478 | 126 | 16 | 4776176 | 27 | 840527 |
| | | | | | | | | |
| 3 | 9 | 10129 | 123900 | 41600 | 22 | 9327902 | 48 | 41182096 |
| 8 | 23 | 7648 | 73094 | 20888 | 55 | 62404241 | 550 | 1174102 |
| 4 | 23 | 695 | 12481 | 4037 | 51 | 20147929 | 377 | 2184340 |
| 1 | 8 | 120 | 574 | 174 | 30 | 5530876 | 32 | 652813 |
| 2 | 11 | 167 | 2585 | 311 | 46 | 9633331 | 80 | 546464 |
| 5 | 13 | 181 | 2314 | 511 | 26 | 4952574 | 37 | 1635393 |
| 8 | 18 | 713 | 63056 | 21059 | 137 | 4518963 | 261 | 349763 |
| | | | | | | | | |
| 1 | 6 | 184 | 1348 | 651 | 35 | 10644139 | 60 | 1435662 |
| 7 | 8 | 299 | 8176 | 81 | 36 | 3876358 | 54 | 263565 |
| 9 | 10 | 628 | 1636 | 358 | 17 | 7976418 | 33 | 793730 |
| 10 | 11 | 1222 | 7324 | 670 | 55 | 7423197 | 2633 | 1550788 |
| 3 | 3 | 99 | 5593 | 1141 | 18 | 724241 | 32 | 679531 |
| | 2 | 2 | | | 3 | 1393122 | 4 | 20655 |
| | | | | | | | | |
| 1 | 5 | 301 | 16081 | 1986 | 21 | 1924798 | 26 | 436587 |
| 28 | 15 | 4678 | 1852226 | 321552 | 45 | 6044264 | 71 | 6426378 |
| 1 | 3 | 539 | 46923 | 12385 | 8 | 197519 | 16 | 46269 |
| 3 | 9 | 133 | 478 | 231 | 15 | 2309051 | 16 | 83253 |
| | 1 | 400 | 203 | | | | 1 | 830 |
| | | | | | | | | |
| 13 | 13 | 208 | 2025 | 665 | 28 | 3531459 | 84 | 1452161 |
| 3 | 11 | 119 | 149 | 16 | 62 | 5169131 | 94 | 928585 |
| | | 18 | | | 2 | | 5 | 20288 |
| | 1 | 140 | 85 | 20 | 3 | 300000 | 5 | 122470 |
| | 1 | 186 | 212 | 56 | 3 | 107181 | 24 | 1058005 |

# 2017年全国各地区

| 地　区 | 机构数（个） | 从业人员（人） | 专业技术人才 | | | | 库存文物数（件/套） | |
|---|---|---|---|---|---|---|---|---|
| | | | | 正高级职称 | 副高级职称 | 中级职称 | | 一级品 |
| **总　计** | **66** | **1203** | **511** | **4** | **41** | **238** | **7391751** | **52** |
| 北　京 | 2 | 209 | 58 | | 3 | 32 | 2362702 | |
| 天　津 | 1 | 71 | 43 | | 9 | 20 | 346157 | |
| 河　北 | 2 | 11 | 6 | | | 6 | | |
| 山　西 | 1 | 17 | 11 | | 2 | 4 | 130585 | |
| 内蒙古 | 1 | 5 | 3 | | 1 | 2 | 1383 | |
| 辽　宁 | 2 | 19 | 9 | | | 1 | 44153 | 4 |
| 吉　林 | 1 | 8 | | | | | 16532 | |
| 黑龙江 | | | | | | | | |
| 上　海 | 1 | 61 | 52 | 1 | | 17 | 2502109 | |
| 江　苏 | 8 | 180 | 65 | | 4 | 33 | 790746 | |
| 浙　江 | 9 | 78 | 23 | | 1 | 11 | 20253 | |
| 安　徽 | 1 | 36 | 19 | | 2 | 7 | 204921 | 12 |
| 福　建 | 1 | 23 | 12 | | 1 | 7 | 37086 | |
| 江　西 | 4 | 55 | 25 | | 1 | 9 | 142672 | |
| 山　东 | 6 | 64 | 28 | | 4 | 15 | 89109 | |
| 河　南 | 5 | 74 | 42 | 1 | 4 | 23 | 59638 | 12 |
| 湖　北 | | | | | | | | |
| 湖　南 | 2 | 41 | 33 | | 3 | 16 | 216924 | 11 |
| 广　东 | 3 | 67 | 31 | | 1 | 13 | 227514 | 10 |
| 广　西 | 4 | 34 | 10 | | | 6 | 37076 | 1 |
| 海　南 | | | | | | | | |
| 重　庆 | 2 | 18 | | | | | 37034 | |
| 四　川 | 2 | 32 | 1 | | | | 64590 | |
| 贵　州 | 1 | 11 | 1 | | | | 19395 | |
| 云　南 | 2 | 35 | 23 | 2 | 4 | 8 | | |
| 西　藏 | 1 | 8 | 3 | | | 1 | 5654 | |
| 陕　西 | 1 | 6 | | | | | 750 | |
| 甘　肃 | 1 | 9 | 2 | | | | 6500 | 2 |
| 青　海 | 1 | 10 | 4 | | | 1 | 7133 | |
| 宁　夏 | | | | | | | | |
| 新　疆 | 1 | 21 | 7 | | 1 | 6 | 21135 | |

# 文物商店基本情况

| | | 资产、负债、所有者权益(千元) | | | | | | | 损益(千元) |
|---|---|---|---|---|---|---|---|---|---|
| 二级品 | 三级品 | 资产总计 | 固定资产原价 | 当年提取的折旧总额 | 负债合计 | 所有者权益合计 | 实收资本 | 国家资本金 | 营业收入 |
| **72** | **2570** | **2184097** | **348089** | **11522** | **492025** | **1692072** | **214673** | **191595** | **561669** |
| | | 486702 | 135970 | 5394 | 58246 | 428456 | 16870 | 16870 | 117958 |
| | | 281329 | 9243 | 227 | 33593 | 247736 | 25188 | 25188 | 45156 |
| | | 4691 | 18 | 6 | 209 | 4482 | 5080 | | 38 |
| | | 8775 | 1976 | 26 | 936 | 7839 | 424 | 424 | 6732 |
| | | 3717 | 703 | 146 | 453 | 3264 | 3264 | 3264 | 81 |
| | | 12362 | 2387 | 39 | 9189 | 3173 | 2190 | 2190 | 3730 |
| | | 6790 | 513 | 4 | 8555 | -1765 | 1931 | 1931 | 13977 |
| | | 310265 | | | 187 | 310078 | 14990 | 14990 | 18024 |
| | | 396663 | 52340 | 2473 | 151652 | 245011 | 14260 | 14260 | 161586 |
| 13 | 400 | 89427 | 21354 | 376 | 25780 | 63647 | 13258 | 12178 | 22123 |
| | 439 | 23878 | 7119 | | 2639 | 21239 | 996 | 996 | 11949 |
| | | 13443 | 6518 | 352 | 4303 | 9140 | 2552 | 2552 | 23975 |
| | | 11413 | 7880 | 209 | 5721 | 5692 | 7368 | 7368 | 11646 |
| | | 131241 | 14495 | 324 | 100808 | 30433 | 7193 | 6374 | 4284 |
| 47 | 937 | 25141 | 7877 | 79 | 4655 | 20486 | 16004 | 945 | 4603 |
| 7 | 2 | 125939 | 17501 | 436 | 29863 | 96076 | 12269 | 12269 | 25302 |
| | | 98278 | 20385 | 365 | 9080 | 89198 | 18911 | 18911 | 52802 |
| | | 9892 | 1720 | 152 | 5217 | 4675 | 5798 | 4758 | 908 |
| | | 15876 | 6564 | 55 | 2333 | 13543 | 9883 | 9883 | 3329 |
| | | 42291 | 3906 | 144 | 19563 | 22728 | 6669 | 6669 | 8036 |
| | | 21701 | 20590 | 471 | 1576 | 20125 | 6000 | 6000 | 1587 |
| | | 39231 | 1160 | 41 | 6306 | 32925 | 14486 | 14486 | 11423 |
| 2 | 5 | 3157 | 3157 | | 1831 | 1326 | 1326 | 1326 | 2798 |
| | 750 | 3538 | 382 | | 1160 | 2378 | 2105 | 2105 | 1008 |
| 3 | 37 | 9154 | 828 | | 5855 | 3299 | 1500 | 1500 | 1201 |
| | | 2068 | 782 | 40 | 854 | 1214 | 400 | 400 | 1591 |
| | | 7135 | 2721 | 163 | 1461 | 5674 | 3758 | 3758 | 5822 |

续表

| 地区 | 损益(千元) | | | | | | | |
|---|---|---|---|---|---|---|---|---|
| | 主营业务收入 | 营业成本 | 养老、医疗、失业等各种社会保险费 | 住房公积金和住房补贴 | 差旅费 | 工会经费 | 营业利润 | 营业外收入 |
| **总　计** | **509452** | **541028** | **30267** | **14609** | **4642** | **2217** | **20641** | **33085** |
| 北　京 | 105589 | 91888 | 8338 | 3323 | 140 | 683 | 26070 | 10049 |
| 天　津 | 45156 | 44223 | 3633 | 3761 | 192 | 326 | 933 | 860 |
| 河　北 | 38 | 226 | 20 | | | | -188 | 1 |
| 山　西 | 6010 | 7034 | -83 | 179 | 224 | 24 | -302 | |
| 内蒙古 | 81 | 43 | | | | | 38 | |
| 辽　宁 | 3730 | 3922 | 572 | 403 | 90 | 28 | -192 | |
| 吉　林 | 12911 | 13740 | 212 | 51 | 566 | 9 | 237 | 129 |
| 黑龙江 | | | | | | | | |
| 上　海 | 16443 | 22012 | 3361 | 970 | 38 | 171 | -3988 | |
| 江　苏 | 153534 | 155899 | 5111 | 2190 | 1049 | 324 | 5687 | 2771 |
| 浙　江 | 18980 | 19500 | 826 | 296 | 219 | 43 | 2623 | 284 |
| 安　徽 | 10821 | 13762 | 248 | 362 | 187 | 86 | -1813 | 2200 |
| 福　建 | 23975 | 22846 | 194 | 291 | 244 | 39 | 1129 | 270 |
| 江　西 | 11335 | 11255 | 869 | 547 | 67 | 74 | 391 | 36 |
| 山　东 | 2760 | 8898 | 1322 | 106 | 49 | 22 | -4614 | 2712 |
| 河　南 | 4492 | 6476 | 348 | 285 | 301 | 18 | -1873 | 400 |
| 湖　北 | | | | | | | | |
| 湖　南 | 23162 | 30140 | 538 | 258 | 204 | 7 | -4838 | 6106 |
| 广　东 | 42736 | 50305 | 1359 | 724 | 455 | 216 | 2497 | 166 |
| 广　西 | 776 | 2873 | 256 | 80 | 56 | | -1965 | 739 |
| 海　南 | | | | | | | | |
| 重　庆 | 3329 | 3313 | 39 | 3 | 20 | | 16 | 213 |
| 四　川 | 4275 | 8033 | 449 | 170 | 7 | 45 | 3 | 72 |
| 贵　州 | 426 | 2627 | 1130 | 46 | 24 | 14 | -1040 | 611 |
| 云　南 | 9218 | 10714 | 529 | 166 | 265 | 43 | 709 | 1761 |
| 西　藏 | 1378 | 2203 | | | | | 595 | 2803 |
| 陕　西 | 1008 | 722 | 87 | 36 | 2 | | 286 | 11 |
| 甘　肃 | 1201 | 1300 | 126 | 19 | 21 | | -99 | 132 |
| 青　海 | 1398 | 1801 | 286 | 144 | 28 | 16 | -210 | 14 |
| 宁　夏 | | | | | | | | |
| 新　疆 | 4690 | 5273 | 497 | 199 | 194 | 29 | 549 | 745 |

| | | | 工资、福利费、税金(千元) | | | | | | |
|---|---|---|---|---|---|---|---|---|---|
| 政府补助(补贴收入) | 营业外支出 | 利润总额 | 本年发放工资总额 | 本年支付的职工福利费 | 本年应交税金总额 | 实际使用房屋建筑面积(万平方米) | 营业用房 | 库房 | 实际拥有产权面积(万平方米) |
| **16430** | **5557** | **48169** | **131833** | **5701** | **29675** | **14.57** | **6.64** | **6.56** | **10.75** |
| | | | | | | | | | |
| | 2006 | 34113 | 34873 | 1658 | 7307 | 2.38 | 0.92 | 1.46 | 1.73 |
| 860 | | 1793 | 17219 | 160 | 1536 | 1.46 | 0.43 | 0.80 | |
| 1 | | -187 | 166 | | | 0.10 | 0.08 | 0.02 | |
| | | -302 | 1727 | | 249 | 0.40 | 0.04 | 0.24 | 0.40 |
| | | 38 | | | | 0.01 | | | |
| | | | | | | | | | |
| | | -192 | 2215 | 50 | 136 | 0.10 | 0.03 | 0.04 | 0.10 |
| | 20 | 346 | 818 | 74 | 142 | 0.01 | 0.01 | 0.01 | 0.07 |
| | | | | | | | | | |
| | | | | | | | | | |
| | | -3988 | 8531 | 953 | 1523 | 1.82 | 0.10 | 1.53 | 1.57 |
| 1210 | 31 | 8427 | 22593 | 532 | 6958 | 2.69 | 1.71 | 0.75 | 2.40 |
| 50 | 185 | 2722 | 4765 | 477 | 1043 | 0.46 | 0.34 | 0.09 | 0.17 |
| 1777 | | 387 | 2052 | | 421 | 0.22 | 0.06 | 0.12 | |
| 170 | | 1399 | 1928 | 58 | 892 | 0.31 | 0.26 | 0.05 | 0.22 |
| | 70 | 357 | 1390 | 275 | 546 | 0.75 | 0.27 | 0.47 | 0.73 |
| 2000 | 50 | -1952 | 3384 | 31 | 575 | 0.71 | 0.40 | 0.16 | 0.71 |
| | | | | | | | | | |
| | | -1473 | 2657 | 36 | 73 | 0.39 | 0.14 | 0.25 | |
| | | | | | | | | | |
| 6103 | 3 | 1265 | 3707 | 239 | 882 | 0.66 | 0.41 | 0.11 | 0.63 |
| 158 | 2 | 2661 | 11224 | 635 | 4993 | 1.03 | 0.79 | 0.24 | 0.92 |
| 287 | 134 | -1360 | 1505 | | 77 | 0.12 | 0.04 | 0.02 | 0.02 |
| | | | | | | | | | |
| | | | | | | | | | |
| 211 | | 229 | 853 | 9 | 217 | 0.15 | 0.05 | 0.03 | 0.11 |
| | | 75 | 2230 | 148 | 639 | 0.10 | 0.05 | 0.03 | 0.57 |
| | | -429 | 688 | | 251 | 0.16 | 0.09 | 0.06 | |
| 100 | 253 | 2217 | 2529 | 69 | 693 | 0.06 | 0.03 | 0.03 | 0.05 |
| 2803 | 2803 | 595 | 1420 | | | 0.07 | 0.07 | | 0.03 |
| | | | | | | | | | |
| | | 297 | 338 | 5 | 33 | 0.04 | 0.02 | 0.02 | |
| | | 33 | 257 | 9 | 51 | 0.05 | 0.03 | 0.02 | |
| | | -196 | 836 | 65 | 88 | 0.03 | 0.01 | 0.00 | 0.03 |
| | | | | | | | | | |
| 700 | | 1294 | 1928 | 218 | 350 | 0.30 | 0.27 | 0.04 | 0.30 |

# 主要统计指标解释

1. **藏品**：藏品是文博机构根据收藏品的文化属性、自然属性等情况所划分的文物藏品、标本藏品、模型藏品（含具有收藏、展示价值的雕塑、绘画等艺术作品）和复制品藏品的总和。本指标所统计的藏品是指报告期末，该机构已经整理并登记入账的藏品数。尚未整理或正在整理的藏品，应在整理造册入账后列入下年统计。一级品、二级品、三级品均根据入账情况如实填写。

**藏品数**：指按历年来以件、套为计量单位统计的藏品数量。即单件藏品编一个号者按一件计算，成套藏品按整体编一个号者，也按一件计算（其组成部分即使有分号，也按一件计）。不易计数的藏品，如粮食、药材及液体等，不论数量多少，均按一件计算。

2. **本年新增藏品数**：指本年从各种渠道获得的新增入库藏品总数。

3. **本年从有关部门接收文物数**：指本年从公安、工商、海关等司法及检查部门移交接收的文物。

4. **本年藏品征集数**：本年从社会上征集为馆藏的文物数量（包括标本数）。

5. **本年修复文物数**：本年运用技术手段进行修复保养的馆藏文物数量（包括标本）。

6. **基本陈列**：指由本馆设计布陈、地点固定、时间较长的展出。

7. **举办展览**：展览指在本机构内设置，由本馆设计布陈、形式比较多样的展出。同一内容的巡回展览，均按一个计算。展览的计量单位不是指每次展出的文物藏品件数。与系统外机构合办的展览，由本馆统计；与系统内机构合办的，由主办馆统计。基本陈列不作为展览统计。

8. **参观人次和未成年人参观人次**：参观人次指本报告期末，向社会开放的文物保护管理机构当年接待的所有参观人次的累计数。

未成年人参观人次是指接待有组织的集体参观人次与零散观众中能够确切统计的未成年人参观人次的总和。

9. **本年承担课题、项目数**：指本机构报告期内承担的课题和项目数量。

10. **专利数**：向中央及地方专利局申请并得到承认的专利数量。

11. **专著或图录**：由本单位人员完成，经过正式出版部门编印出版的科技专著、高等院校教科书、科普著作和论文集。

12. **论文数**：是指由本机构的人员完成，并在省级以上刊物公开发表的论文数之和。

13. **古建维修报告**：地上不可移动文物维修保护工程全过程记录及应用技术研究介绍的综合性技术报告。

# 教育、科技、动漫及其他

7

# 2017年文化部门教育

| | 机构数(个) | 从业人员(人) | | | | | | 毕业生数(人) |
|---|---|---|---|---|---|---|---|---|
| | | | 双师型 | 专业技术人才 | 正高级职称 | 副高级职称 | 中级职称 | |
| **总　计** | **120** | **12784** | **2042** | **8771** | **384** | **1949** | **3691** | **19626** |
| 高等职业学院 | 17 | 6034 | 1397 | 4091 | 248 | 957 | 1603 | 11058 |
| 中等专业学校 | 86 | 5984 | 538 | 4204 | 122 | 928 | 1887 | 7822 |
| 文化干部院校 | 2 | 426 | 65 | 179 | 3 | 22 | 60 | 171 |
| 其他教育机构 | 15 | 340 | 42 | 297 | 11 | 42 | 141 | 575 |

续表 1

| | 影视类 | 戏剧戏曲类 | 音乐类 | 舞蹈类 | 美术设计类 | 杂技曲艺类 | 其他 |
|---|---|---|---|---|---|---|---|
| **总　计** | **4474** | **8567** | **19367** | **20802** | **15360** | **2487** | **17624** |
| 高等职业学院 | 3575 | 3972 | 10428 | 8214 | 10750 | 302 | 12261 |
| 中等专业学校 | 745 | 4129 | 8303 | 11563 | 4466 | 2038 | 5007 |
| 文化干部院校 | 154 | 56 | 266 | 389 | 51 | 35 | |
| 其他教育机构 | | 410 | 370 | 636 | 93 | 112 | 356 |

续表 2

| | 项目支出 | 经营支出 | 在支出合计中： | | | | | |
|---|---|---|---|---|---|---|---|---|
| | | | 工资福利支出 | 商品和服务支出 | 差旅费 | 劳务费 | 福利费 | 各种税金支出 |
| **总　计** | **1432391** | **12646** | **1497119** | **1011612** | **37742** | **174685** | **17371** | **2419** |
| 高等职业学院 | 759729 | 4145 | 751807 | 562981 | 17863 | 88389 | 9659 | 1919 |
| 中等专业学校 | 505074 | 8501 | 642974 | 347727 | 17494 | 77249 | 7077 | 436 |
| 文化干部院校 | 117078 | | 69203 | 71683 | 1572 | 5665 | 416 | 36 |
| 其他教育机构 | 50510 | | 33135 | 29221 | 813 | 3382 | 219 | 28 |

# 机构基本情况

| 中职生人数 | 升学人数 | 就业人数 | 高职生人数 | 升学人数 | 就业人数 | 招生数（人） | 中职生 | 高职生 | 在校生数（人） |
|---|---|---|---|---|---|---|---|---|---|
| **8318** | **3807** | **2831** | **9439** | **753** | **7341** | **27920** | **9344** | **10177** | **88681** |
| 1901 | 1286 | 180 | 8902 | 632 | 7031 | 15958 | 2021 | 9566 | 49502 |
| 6192 | 2345 | 2602 | 472 | 121 | 245 | 11168 | 6976 | 561 | 36251 |
| 171 | 155 | 16 | | | | 216 | 216 | | 951 |
| 54 | 21 | 33 | 65 | | 65 | 578 | 131 | 50 | 1977 |

| 在校生中高职生人数（人） | 本年收入合计（千元） | 财政补贴收入 | 上级补助收入 | 事业收入 | 经营收入 | 附属单位上缴收入 | 其他收入 | 本年支出合计（千元） | 基本支出 |
|---|---|---|---|---|---|---|---|---|---|
| **29258** | **3764236** | **2964000** | **15578** | **606253** | **14101** | | **164304** | **3890219** | **2442243** |
| 26275 | 1870009 | 1358938 | 1352 | 411047 | 4145 | | 94527 | 2012383 | 1248509 |
| 2857 | 1539268 | 1384767 | 13707 | 82720 | 9956 | | 48118 | 1503491 | 986978 |
| | 236243 | 105499 | | 109203 | | | 21541 | 269004 | 151926 |
| 126 | 118716 | 114796 | 519 | 3283 | | | 118 | 105341 | 54830 |

| 对个人和家庭补助支出 | 抚恤金和生活补助 | 其他资本性支出 | 各种设备、交通工具、图书购置费 | 资产总计（千元） | 固定资产原值 | 实际使用房屋建筑面积（万平方米） | 教学用房面积 | 实际拥有产权面积（万平方米） |
|---|---|---|---|---|---|---|---|---|
| **557595** | **19541** | **740168** | **215004** | **8199947** | **4037850** | **283.68** | **182.96** | **203.20** |
| 284124 | 9249 | 383494 | 152652 | 4833315 | 2250494 | 142.10 | 85.09 | 119.46 |
| 237855 | 9933 | 221292 | 54089 | 2660720 | 1582627 | 124.62 | 86.32 | 76.52 |
| 23822 | 301 | 104296 | 5464 | 579348 | 154300 | 5.46 | 3.64 | 1.39 |
| 11794 | 58 | 31086 | 2799 | 126564 | 50429 | 11.50 | 7.91 | 5.84 |

# 2017年各地区文化部门

| 地区 | 机构数（个） | 从业人员（人） | | | | | | 毕业生数（人） |
|---|---|---|---|---|---|---|---|---|
| | | | 双师型 | 专业技术人才 | 正高级职称 | 副高级职称 | 中级职称 | |
| **总计** | **120** | **12784** | **2042** | **8771** | **384** | **1949** | **3691** | **19626** |
| 北京 | 2 | 510 | 10 | 392 | 20 | 62 | 175 | 363 |
| 天津 | 3 | 341 | 98 | 287 | 20 | 101 | 129 | 908 |
| 河北 | 4 | 513 | 121 | 431 | 19 | 100 | 189 | 765 |
| 山西 | 19 | 1463 | 258 | 1113 | 24 | 264 | 474 | 2604 |
| 内蒙古 | 4 | 390 | 22 | 324 | 9 | 72 | 121 | 648 |
| 辽宁 | 4 | 197 | | 152 | 7 | 28 | 81 | 240 |
| 吉林 | 1 | 5 | | 4 | 1 | | 3 | |
| 黑龙江 | 6 | 605 | 20 | 506 | 33 | 150 | 267 | 520 |
| 上海 | 1 | 79 | | 25 | 1 | 5 | 12 | 49 |
| 江苏 | 13 | 789 | 40 | 659 | 28 | 137 | 302 | 1072 |
| 浙江 | 6 | 1269 | 310 | 839 | 85 | 208 | 330 | 2033 |
| 安徽 | 4 | 139 | 4 | 50 | | 9 | 31 | 221 |
| 福建 | 10 | 661 | 25 | 365 | 16 | 70 | 140 | 1080 |
| 江西 | 2 | 281 | 35 | 211 | 11 | 58 | 86 | 622 |
| 山东 | 3 | 294 | 27 | 238 | 5 | 54 | 139 | 593 |
| 河南 | 9 | 361 | 3 | 220 | 4 | 47 | 116 | 957 |
| 湖北 | 6 | 705 | 158 | 388 | 13 | 87 | 161 | 1100 |
| 湖南 | 4 | 706 | 158 | 385 | 26 | 98 | 205 | 1180 |
| 广东 | 4 | 771 | 303 | 412 | 7 | 103 | 157 | 769 |
| 广西 | 2 | 190 | | 104 | 7 | 19 | 46 | 329 |
| 海南 | 1 | 162 | 32 | 104 | | 17 | 45 | 171 |
| 重庆 | 2 | 537 | 119 | 357 | | 27 | 101 | 417 |
| 四川 | 2 | 907 | 168 | 607 | 23 | 82 | 182 | 1395 |
| 贵州 | | | | | | | | |
| 云南 | 1 | 252 | 116 | 232 | 16 | 71 | 88 | 783 |
| 西藏 | | | | | | | | |
| 陕西 | 3 | 130 | | 99 | | 18 | 17 | 112 |
| 甘肃 | | | | | | | | |
| 青海 | 1 | 145 | | 79 | 3 | 23 | 22 | 140 |
| 宁夏 | 1 | 110 | 15 | 83 | 3 | 21 | 35 | 526 |
| 新疆 | 1 | 68 | | 53 | | 6 | 11 | 29 |

## 教育机构基本情况

| 中职生人数 | 升学人数 | 就业人数 | 高职生人数 | 升学人数 | 就业人数 | 招生数（人） | 中职生 | 高职生 | 在校生数（人） |
|---|---|---|---|---|---|---|---|---|---|
| **8318** | **3807** | **2831** | **9439** | **753** | **7341** | **27920** | **9344** | **10177** | **88681** |
| 216 | 182 | 34 | 147 | 3 | 144 | 451 | 317 | 134 | 2048 |
| 119 | 100 | | 789 | | 759 | 1221 | 169 | 641 | 3138 |
| 271 | 173 | 68 | 494 | 53 | 387 | 1505 | 278 | 1166 | 3929 |
| 955 | 366 | 498 | 1124 | 210 | 914 | 3024 | 1296 | 310 | 9593 |
| 146 | 64 | 64 | | | | 538 | 25 | | 1605 |
| 240 | 185 | 50 | | | | 424 | 407 | | 1294 |
| 185 | 33 | 3 | 334 | 31 | 279 | 508 | 198 | 286 | 1507 |
| 49 | | 49 | | | | 22 | 22 | | 75 |
| 487 | 78 | 409 | 399 | 90 | 233 | 1589 | 709 | 359 | 6030 |
| 733 | 415 | 109 | 1045 | 86 | 911 | 2685 | 645 | 1045 | 8475 |
| 126 | 2 | 28 | 5 | 5 | | 152 | 68 | | 641 |
| 408 | 87 | 97 | 672 | | 21 | 1135 | 254 | | 4522 |
| 187 | 160 | 26 | 435 | | 435 | 1149 | 377 | 772 | 3062 |
| 593 | 253 | 340 | | | | 977 | 857 | | 2757 |
| 647 | 22 | 19 | | | | 1053 | 239 | | 3320 |
| 460 | 318 | 22 | 640 | 6 | 593 | 1513 | 691 | 822 | 4549 |
| 269 | 125 | 144 | 911 | | 838 | 1728 | 424 | 1089 | 6677 |
| 455 | 192 | 189 | 314 | 8 | 279 | 1203 | 447 | 731 | 4501 |
| 329 | 206 | 123 | | | | 551 | 382 | | 1337 |
| 171 | 57 | 114 | | | | 272 | 272 | | 762 |
| 171 | 155 | 16 | 246 | | | 1810 | 216 | 1594 | 4901 |
| 322 | 312 | 10 | 1073 | 56 | 948 | 1986 | 65 | | 6966 |
| 54 | | 54 | 729 | 179 | 544 | 1015 | 39 | 976 | 2920 |
| 112 | 44 | 44 | | | | 240 | 30 | | 546 |
| 140 | 92 | 34 | | | | 245 | 245 | | 681 |
| 444 | 175 | 269 | 82 | 26 | 56 | 620 | 368 | 252 | 2221 |
| 29 | 11 | 18 | | | | 304 | 304 | | 624 |

续表 1

| 地　区 | 影视类 | 戏剧戏曲类 | 音乐类 | 舞蹈类 | 美术设计类 | 杂技曲艺类 | 其他 | 在校生中高职生人数(人) |
|---|---|---|---|---|---|---|---|---|
| **总　计** | **4474** | **8567** | **19367** | **20802** | **15360** | **2487** | **17624** | **29258** |
| 北　京 | 47 | 578 | 274 | 624 | 212 | 160 | 153 | 412 |
| 天　津 | 25 | 158 | 450 | 300 | 1025 | 108 | 1072 | 1677 |
| 河　北 | 225 | 260 | 682 | 990 | 384 | 282 | 1106 | 2490 |
| 山　西 | 679 | 1280 | 2505 | 2977 | 962 | 76 | 1114 | 2547 |
| 内蒙古 | 45 | 44 | 698 | 532 | 209 |  | 77 |  |
| 辽　宁 | 138 | 98 | 325 | 625 | 42 | 66 |  |  |
| 吉　林 |  |  |  |  |  |  |  |  |
| 黑龙江 | 69 | 19 | 461 | 354 | 330 | 38 | 236 | 1015 |
| 上　海 |  |  |  | 75 |  |  |  |  |
| 江　苏 | 98 | 681 | 1270 | 1564 | 1531 | 136 | 750 | 2141 |
| 浙　江 | 436 | 516 | 3972 | 1300 | 940 | 15 | 1296 | 2654 |
| 安　徽 |  |  | 70 | 285 | 50 |  | 236 |  |
| 福　建 |  | 366 | 900 | 1105 | 1059 | 82 | 1010 | 30 |
| 江　西 | 860 | 418 | 479 | 1190 | 115 |  |  | 1875 |
| 山　东 |  | 616 | 506 | 931 | 220 |  | 484 |  |
| 河　南 | 38 | 485 | 635 | 394 | 37 | 1138 | 593 |  |
| 湖　北 | 361 | 902 | 1010 | 1085 | 639 | 79 | 473 | 2047 |
| 湖　南 | 1032 | 550 | 937 | 1051 | 922 |  | 2185 |  |
| 广　东 | 92 | 265 | 986 | 1196 | 605 |  | 1357 | 2361 |
| 广　西 |  | 113 | 314 | 522 | 143 | 172 | 73 |  |
| 海　南 | 58 | 124 | 169 | 281 | 130 |  |  |  |
| 重　庆 | 232 | 56 | 660 | 649 | 823 | 35 | 2446 | 1594 |
| 四　川 | 7 | 452 | 709 | 1058 | 3549 | 26 | 1165 | 5725 |
| 贵　州 |  |  |  |  |  |  |  |  |
| 云　南 | 21 | 383 | 427 | 379 | 615 | 22 | 1073 | 1944 |
| 西　藏 |  |  |  |  |  |  |  |  |
| 陕　西 |  | 144 | 159 | 110 | 76 |  | 57 |  |
| 甘　肃 |  |  |  |  |  |  |  |  |
| 青　海 |  |  | 117 | 372 | 46 |  | 146 |  |
| 宁　夏 | 11 | 59 | 478 | 473 | 626 | 52 | 522 | 746 |
| 新　疆 |  |  | 174 | 380 | 70 |  |  |  |

| 本年收入合计(千元) | 财政补贴收入 | 上级补助收入 | 事业收入 | 经营收入 | 附属单位上缴收入 | 其他收入 | 本年支出合计(千元) | 基本支出 |
|---|---|---|---|---|---|---|---|---|
| **3764236** | **2964000** | **15578** | **606253** | **14101** | | **164304** | **3890219** | **2442243** |
| 212303 | 186783 | | 17067 | 3196 | | 5257 | 202289 | 161355 |
| 162235 | 126065 | | 31147 | | | 5023 | 160357 | 122886 |
| 127022 | 96622 | 6710 | 21056 | | | 2634 | 133318 | 101573 |
| 279014 | 231700 | 730 | 37272 | | | 9312 | 283197 | 200153 |
| 75666 | 73514 | | 2017 | | | 135 | 71711 | 52155 |
| 39787 | 35584 | | 4203 | | | | 50944 | 38921 |
| 483 | | 483 | | | | | 496 | 496 |
| 88018 | 75748 | | 12267 | | | 3 | 89339 | 73200 |
| 35050 | 13366 | 300 | 1250 | | | 20134 | 28914 | 8303 |
| 417878 | 396001 | 300 | 17252 | 1178 | | 3147 | 365901 | 182511 |
| 504635 | 408337 | | 80992 | 367 | | 14939 | 564591 | 354154 |
| 7063 | 4938 | 120 | 1790 | | | 215 | 7814 | 6309 |
| 169579 | 121457 | 2794 | 19792 | 6465 | | 19071 | 165572 | 94166 |
| 72447 | 59017 | | 13430 | | | | 63555 | 45521 |
| 69088 | 63765 | | 4922 | | | 401 | 71343 | 57674 |
| 51692 | 48108 | 654 | 1185 | 160 | | 1585 | 53041 | 47319 |
| 213963 | 198277 | 2054 | 12019 | | | 1613 | 215076 | 110391 |
| 148235 | 85378 | 202 | 49149 | 8 | | 13498 | 198855 | 103909 |
| 265704 | 227622 | 1195 | 31383 | 2727 | | 2777 | 265485 | 203683 |
| 30879 | 27534 | 36 | 2619 | | | 690 | 37638 | 12121 |
| 62039 | 61291 | | 253 | | | 495 | 66505 | 24878 |
| 304464 | 152262 | | 110002 | | | 42200 | 375926 | 167370 |
| 150839 | 94640 | | 47366 | | | 8833 | 161904 | 84669 |
| 64638 | 39947 | | 21000 | | | 3691 | 64051 | 46992 |
| 19850 | 17786 | | 818 | | | 1246 | 20130 | 18721 |
| 41331 | 35710 | | 2800 | | | 2821 | 30542 | 21159 |
| 45705 | 34955 | | 9000 | | | 1750 | 38575 | 21465 |
| 20618 | 18225 | | | | | 2393 | 22109 | 11948 |

续表 2

| 地区 | 项目支出 | 经营支出 | 在支出合计中: | | | | | |
|---|---|---|---|---|---|---|---|---|
| | | | 工资福利支出 | 商品和服务支出 | 差旅费 | 劳务费 | 福利费 | 各种税金支出 |
| **总　计** | **1432391** | **12646** | **1497119** | **1011612** | **37742** | **174685** | **17371** | **2419** |
| 北　京 | 38205 | 2729 | 97452 | 60622 | 1285 | 15489 | 995 | 136 |
| 天　津 | 37471 | | 55160 | 35494 | 296 | 4898 | 478 | 520 |
| 河　北 | 31745 | | 57001 | 34520 | 1807 | 1547 | 104 | 253 |
| 山　西 | 83044 | | 144523 | 72880 | 3624 | 7906 | 1731 | 117 |
| 内蒙古 | 19555 | | 32948 | 19146 | 705 | 3306 | 173 | |
| 辽　宁 | 12022 | | 20992 | 9504 | 445 | 3181 | 35 | |
| 吉　林 | | | 444 | 1 | | | | |
| 黑龙江 | 16139 | | 37537 | 13891 | 308 | 2906 | | |
| 上　海 | 18895 | | 7311 | 3650 | 212 | 723 | 115 | |
| 江　苏 | 182211 | 1178 | 101689 | 68743 | 3150 | 18653 | 2813 | 28 |
| 浙　江 | 210123 | 50 | 213273 | 192047 | 5887 | 37551 | 7909 | 12 |
| 安　徽 | 850 | | 5459 | 1081 | 81 | 33 | | |
| 福　建 | 65612 | 5794 | 61322 | 44926 | 1575 | 4383 | 103 | 401 |
| 江　西 | 18034 | | 27517 | 12271 | 890 | 1122 | 198 | |
| 山　东 | 13669 | | 31305 | 17214 | 508 | 10271 | 51 | 12 |
| 河　南 | 5561 | 160 | 31869 | 9724 | 160 | 882 | 404 | 2 |
| 湖　北 | 104385 | | 70427 | 110067 | 1782 | 19449 | 650 | 662 |
| 湖　南 | 94938 | 8 | 70860 | 29488 | 1136 | 2948 | 302 | 33 |
| 广　东 | 59075 | 2727 | 124698 | 48484 | 2279 | 7172 | 90 | 104 |
| 广　西 | 25517 | | 20248 | 12289 | 536 | 1181 | | 40 |
| 海　南 | 41627 | | 17684 | 13032 | 1251 | 3204 | | 3 |
| 重　庆 | 208556 | | 87636 | 69246 | 3144 | 11330 | 832 | 72 |
| 四　川 | 77235 | | 69569 | 59941 | 5235 | 7085 | 333 | 8 |
| 贵　州 | | | | | | | | |
| 云　南 | 17059 | | 36445 | 11774 | 457 | 4533 | | |
| 西　藏 | | | | | | | | |
| 陕　西 | 1409 | | 12303 | 5168 | 62 | 1820 | | |
| 甘　肃 | | | | | | | | |
| 青　海 | 9383 | | 14317 | 2696 | 455 | 315 | 2 | 16 |
| 宁　夏 | 17110 | | 14515 | 10644 | 277 | 1806 | | |
| 新　疆 | 10161 | | 7230 | 6009 | 195 | 991 | 53 | |

| 对个人和家庭补助支出 | 抚恤金和生活补助 | 其他资本性支出 | 各种设备、交通工具、图书购置费 | 资产总计（千元） | 固定资产原值 | 实际使用房屋建筑面积（万平方米） | 教学用房面积 | 实际拥有产权面积（万平方米） |
|---|---|---|---|---|---|---|---|---|
| **557595** | **19541** | **740168** | **215004** | **8199947** | **4037850** | **283.68** | **182.96** | **203.20** |
| 26720 | 797 | 14767 | 11217 | 494295 | 349803 | 9.94 | 3.85 | 5.34 |
| 45173 | 1144 | 24425 | 10271 | 519044 | 382554 | 7.31 | 4.10 | 4.05 |
| 20565 | 2984 | 16684 | 14913 | 178314 | 143940 | 6.28 | 4.53 | 6.11 |
| 47131 | 972 | 14445 | 7857 | 300786 | 231657 | 21.22 | 13.42 | 10.41 |
| 14822 | 2846 | 2102 | 2102 | 129599 | 66691 | 6.31 | 4.27 | 2.64 |
| 8559 | 673 | 6317 | 353 | 74852 | 73876 | 3.70 | 1.78 | 1.62 |
| 48 | | 3 | | 175 | 157 | 0.01 | 0.01 | |
| 34466 | 1415 | 3444 | 1423 | 60287 | 57326 | 4.52 | 3.87 | 3.03 |
| 2378 | 66 | 774 | 774 | 80612 | 30279 | 0.58 | 0.26 | 0.58 |
| 68066 | 913 | 123325 | 6639 | 380506 | 201665 | 23.74 | 16.96 | 10.50 |
| 49404 | 1626 | 108952 | 93452 | 786308 | 635395 | 64.38 | 38.45 | 55.55 |
| 631 | 10 | 633 | | 15032 | 9224 | 1.92 | 1.21 | 1.11 |
| 17810 | 220 | 19565 | 2958 | 433638 | 343886 | 9.85 | 4.65 | 10.87 |
| 20656 | 207 | 3111 | 1310 | 99418 | 70488 | 5.97 | 4.24 | 5.36 |
| 16120 | 229 | 6704 | 1466 | 70747 | 62117 | 4.99 | 3.48 | 4.12 |
| 4942 | 207 | 2812 | 1427 | 47679 | 46677 | 12.95 | 7.45 | 2.41 |
| 21736 | 432 | 12808 | 9869 | 499950 | 374738 | 16.83 | 14.03 | 10.44 |
| 16848 | 401 | 81574 | 4288 | 1501119 | 103150 | 9.39 | 8.35 | 9.12 |
| 62076 | 415 | 27499 | 17427 | 251265 | 186393 | 14.83 | 8.56 | 13.03 |
| 2981 | | 2120 | 1507 | 112454 | 85448 | 3.07 | 2.94 | 2.25 |
| 1875 | 107 | 25356 | 7024 | 261959 | 73265 | 10.87 | 8.98 | 10.87 |
| 16980 | 602 | 202064 | 4400 | 839272 | 98930 | 12.72 | 6.27 | 7.16 |
| 14394 | 2171 | 16399 | 2434 | 260841 | 155277 | 16.41 | 9.05 | 15.75 |
| 8173 | 581 | 7659 | 3751 | 218655 | 57666 | 2.66 | 2.52 | 2.62 |
| 2525 | 33 | 115 | | 44172 | 39836 | 3.38 | 1.96 | 3.43 |
| 9547 | 90 | 3980 | 1660 | 55437 | 11794 | 2.10 | 2.07 | 1.18 |
| 3970 | 271 | 9255 | 3206 | 281994 | 32192 | 4.08 | 2.58 | 1.43 |
| 3667 | 129 | 12 | 12 | 41825 | 8591 | 0.87 | 0.83 | 0.87 |

# 2017年各地区文化部门

| 地　区 | 机构数（个） | 从业人员（人） | | | | | | 毕业生数（人） |
|---|---|---|---|---|---|---|---|---|
| | | | 双师型 | 专业技术人才 | | | | |
| | | | | | 正高级职称 | 副高级职称 | 中级职称 | |
| **总　计** | **86** | **5984** | **538** | **4204** | **122** | **928** | **1887** | **7822** |
| 北　京 | 1 | 146 | 10 | 111 | 6 | 19 | 45 | 103 |
| 天　津 | | | | | | | | |
| 河　北 | 3 | 196 | 4 | 150 | 1 | 28 | 60 | 131 |
| 山　西 | 16 | 909 | 128 | 673 | 12 | 160 | 313 | 1342 |
| 内蒙古 | 4 | 390 | 22 | 324 | 9 | 72 | 121 | 648 |
| 辽　宁 | 4 | 197 | | 152 | 7 | 28 | 81 | 240 |
| 吉　林 | | | | | | | | |
| 黑龙江 | 5 | 375 | 2 | 286 | 13 | 84 | 184 | 12 |
| 上　海 | 1 | 79 | | 25 | 1 | 5 | 12 | 49 |
| 江　苏 | 7 | 587 | | 464 | 19 | 114 | 214 | 937 |
| 浙　江 | 4 | 325 | 36 | 223 | 15 | 41 | 93 | 510 |
| 安　徽 | 3 | 125 | 2 | 43 | | 9 | 28 | 131 |
| 福　建 | 9 | 396 | 25 | 180 | 7 | 37 | 67 | 259 |
| 江　西 | 1 | 28 | 16 | 27 | | 6 | 7 | 98 |
| 山　东 | 3 | 294 | 27 | 238 | 5 | 54 | 139 | 593 |
| 河　南 | 6 | 338 | 3 | 209 | 4 | 46 | 108 | 667 |
| 湖　北 | 4 | 288 | 31 | 180 | 5 | 35 | 78 | 295 |
| 湖　南 | 3 | 152 | 13 | 118 | 1 | 21 | 40 | 171 |
| 广　东 | 3 | 259 | 149 | 206 | 5 | 63 | 82 | 242 |
| 广　西 | 1 | 183 | | 97 | 6 | 17 | 43 | 329 |
| 海　南 | 1 | 162 | 32 | 104 | | 17 | 45 | 171 |
| 重　庆 | | | | | | | | |
| 四　川 | 1 | 102 | 23 | 80 | | 4 | 42 | 87 |
| 贵　州 | | | | | | | | |
| 云　南 | | | | | | | | |
| 西　藏 | | | | | | | | |
| 陕　西 | 3 | 130 | | 99 | | 18 | 17 | 112 |
| 甘　肃 | | | | | | | | |
| 青　海 | 1 | 145 | | 79 | 3 | 23 | 22 | 140 |
| 宁　夏 | 1 | 110 | 15 | 83 | 3 | 21 | 35 | 526 |
| 新　疆 | 1 | 68 | | 53 | | 6 | 11 | 29 |

# 中等专业学校基本情况

| 中职生人数 | 升学人数 | 就业人数 | 高职生人数 | 升学人数 | 就业人数 | 招生数(人) | 中职生 | 高职生 | 在校生数(人) |
|---|---|---|---|---|---|---|---|---|---|
| **6192** | **2345** | **2602** | **472** | **121** | **245** | **11168** | **6976** | **561** | **36251** |
| 103 | 90 | 13 | | | | 178 | 178 | | 802 |
| 131 | 63 | 68 | | | | 200 | 139 | | 709 |
| 877 | 338 | 448 | | | | 2043 | 1259 | | 6212 |
| 146 | 64 | 64 | | | | 538 | 25 | | 1605 |
| 240 | 185 | 50 | | | | 424 | 407 | | 1294 |
| 11 | 1 | 3 | | | | 27 | 3 | | 51 |
| 49 | | 49 | | | | 22 | 22 | | 75 |
| 433 | 57 | 376 | 334 | 90 | 168 | 1321 | 578 | 309 | 5003 |
| 480 | 164 | 107 | 30 | | | 587 | 316 | | 2302 |
| 126 | 2 | 28 | 5 | 5 | | 113 | 68 | | 425 |
| 238 | 87 | 97 | 21 | | 21 | 248 | 108 | | 1220 |
| 98 | 71 | 26 | | | | 133 | 133 | | 467 |
| 593 | 253 | 340 | | | | 977 | 857 | | 2757 |
| 647 | 22 | 19 | | | | 1008 | 239 | | 3195 |
| 295 | 153 | 22 | | | | 579 | 579 | | 1608 |
| 171 | 27 | 144 | | | | 263 | 48 | | 1069 |
| 242 | 96 | 146 | | | | 376 | 351 | | 1261 |
| 329 | 206 | 123 | | | | 385 | 382 | | 1073 |
| 171 | 57 | 114 | | | | 272 | 272 | | 762 |
| 87 | 87 | | | | | 65 | 65 | | 289 |
| 112 | 44 | 44 | | | | 240 | 30 | | 546 |
| 140 | 92 | 34 | | | | 245 | 245 | | 681 |
| 444 | 175 | 269 | 82 | 26 | 56 | 620 | 368 | 252 | 2221 |
| 29 | 11 | 18 | | | | 304 | 304 | | 624 |

续表 1

| 地区 | 影视类 | 戏剧戏曲类 | 音乐类 | 舞蹈类 | 美术设计类 | 杂技曲艺类 | 其他 | 在校生中高职生人数(人) |
|---|---|---|---|---|---|---|---|---|
| **总计** | **745** | **4129** | **8303** | **11563** | **4466** | **2038** | **5007** | **2857** |
| 北京 | | 62 | | 310 | 143 | 134 | 153 | |
| 天津 | | | | | | | | |
| 河北 | | 42 | 108 | 189 | | 282 | 88 | |
| 山西 | 62 | 1133 | 1721 | 2270 | 250 | 76 | 700 | |
| 内蒙古 | 45 | 44 | 698 | 532 | 209 | | 77 | |
| 辽宁 | 138 | 98 | 325 | 625 | 42 | 66 | | |
| 吉林 | | | | | | | | |
| 黑龙江 | | | 8 | 41 | | | 2 | |
| 上海 | | | | 75 | | | | |
| 江苏 | 98 | 376 | 1073 | 1204 | 1478 | 24 | 750 | 2015 |
| 浙江 | 62 | 342 | 701 | 525 | 254 | | 418 | 66 |
| 安徽 | | | 70 | 285 | 50 | | 20 | |
| 福建 | | 187 | 194 | 538 | 55 | 68 | 178 | 30 |
| 江西 | | | 38 | 314 | 115 | | | |
| 山东 | | 616 | 506 | 931 | 220 | | 484 | |
| 河南 | 38 | 380 | 615 | 394 | 37 | 1138 | 593 | |
| 湖北 | 198 | 301 | 331 | 312 | 332 | | 134 | |
| 湖南 | | | 120 | 401 | 22 | | 526 | |
| 广东 | 28 | 107 | 487 | 433 | 120 | | 86 | |
| 广西 | | 113 | 211 | 361 | 143 | 172 | 73 | |
| 海南 | 58 | 124 | 169 | 281 | 130 | | | |
| 重庆 | | | | | | | | |
| 四川 | 7 | 1 | | 207 | 48 | 26 | | |
| 贵州 | | | | | | | | |
| 云南 | | | | | | | | |
| 西藏 | | | | | | | | |
| 陕西 | | 144 | 159 | 110 | 76 | | 57 | |
| 甘肃 | | | | | | | | |
| 青海 | | | 117 | 372 | 46 | | 146 | |
| 宁夏 | 11 | 59 | 478 | 473 | 626 | 52 | 522 | 746 |
| 新疆 | | | 174 | 380 | 70 | | | |

| 本年收入合计(千元) | 财政补贴收入 | 上级补助收入 | 事业收入 | 经营收入 | 其他收入 | 本年支出合计(千元) | 基本支出 |
|---|---|---|---|---|---|---|---|
| **1539268** | **1384767** | **13707** | **82720** | **9956** | **48118** | **1503491** | **986978** |
| 57908 | 51799 | | 4144 | 1786 | 179 | 56048 | 45179 |
| 39623 | 32723 | 6710 | 190 | | | 42664 | 32648 |
| 146297 | 143454 | 730 | 1539 | | 574 | 147989 | 111804 |
| 75666 | 73514 | | 2017 | | 135 | 71711 | 52155 |
| 39787 | 35584 | | 4203 | | | 50944 | 38921 |
| 30187 | 30116 | | 71 | | | 30801 | 30052 |
| 35050 | 13366 | 300 | 1250 | | 20134 | 28914 | 8303 |
| 313308 | 294454 | 300 | 14347 | 1178 | 3029 | 274801 | 140314 |
| 82491 | 72861 | | 8450 | 367 | 813 | 82714 | 57613 |
| 6440 | 4655 | 120 | 1450 | | 215 | 7064 | 5559 |
| 83417 | 66169 | 2294 | 2288 | 6465 | 6201 | 81727 | 51130 |
| 8272 | 5767 | | 2505 | | | 10058 | 7186 |
| 69088 | 63765 | | 4922 | | 401 | 71343 | 57674 |
| 50315 | 46731 | 654 | 1185 | 160 | 1585 | 51667 | 45945 |
| 83482 | 71093 | 2054 | 8876 | | 1459 | 84066 | 46789 |
| 25287 | 22594 | 202 | 1251 | | 1240 | 25520 | 21898 |
| 142823 | 138857 | 343 | 883 | | 2740 | 141714 | 105519 |
| 30126 | 26817 | | 2619 | | 690 | 36893 | 11476 |
| 62039 | 61291 | | 253 | | 495 | 66505 | 24878 |
| 30158 | 22481 | | 7659 | | 18 | 28992 | 18642 |
| 19850 | 17786 | | 818 | | 1246 | 20130 | 18721 |
| 41331 | 35710 | | 2800 | | 2821 | 30542 | 21159 |
| 45705 | 34955 | | 9000 | | 1750 | 38575 | 21465 |
| 20618 | 18225 | | | | 2393 | 22109 | 11948 |

续表 2

| 地区 | 项目支出 | 经营支出 | 在支出合计中： | | | | | |
|---|---|---|---|---|---|---|---|---|
| | | | 工资福利支出 | 商品和服务支出 | 差旅费 | 劳务费 | 福利费 | 各种税金支出 |
| **总　计** | **505074** | **8501** | **642974** | **347727** | **17494** | **77249** | **7077** | **436** |
| 北　京 | 9550 | 1319 | 27090 | 17881 | 337 | 2045 | 259 | 6 |
| 天　津 | | | | | | | | |
| 河　北 | 10016 | | 19479 | 11683 | 561 | 400 | 104 | 11 |
| 山　西 | 36185 | | 78354 | 31782 | 1696 | 5608 | 847 | 6 |
| 内蒙古 | 19555 | | 32948 | 19146 | 705 | 3306 | 173 | |
| 辽　宁 | 12022 | | 20992 | 9504 | 445 | 3181 | 35 | |
| 吉　林 | | | | | | | | |
| 黑龙江 | 749 | | 18110 | 1767 | 86 | 92 | | |
| 上　海 | 18895 | | 7311 | 3650 | 212 | 723 | 115 | |
| 江　苏 | 133309 | 1178 | 77597 | 42054 | 2372 | 15374 | 2630 | |
| 浙　江 | 24787 | 50 | 42998 | 25143 | 798 | 6828 | 1507 | |
| 安　徽 | 850 | | 5009 | 781 | 81 | 33 | | |
| 福　建 | 24803 | 5794 | 34144 | 17582 | 632 | 1964 | 103 | 309 |
| 江　西 | 2872 | | 2799 | 4528 | 94 | 1067 | 42 | |
| 山　东 | 13669 | | 31305 | 17214 | 508 | 10271 | 51 | 12 |
| 河　南 | 5561 | 160 | 30873 | 9578 | 159 | 882 | 404 | 2 |
| 湖　北 | 36977 | | 28093 | 35010 | 959 | 7915 | 360 | 23 |
| 湖　南 | 3622 | | 14284 | 4078 | 222 | 8 | 302 | |
| 广　东 | 36195 | | 73830 | 30989 | 1624 | 6538 | 90 | |
| 广　西 | 25417 | | 19636 | 12205 | 509 | 1150 | | 40 |
| 海　南 | 41627 | | 17684 | 13032 | 1251 | 3204 | | 3 |
| 重　庆 | | | | | | | | |
| 四　川 | 10350 | | 12073 | 15603 | 3254 | 1728 | | 8 |
| 贵　州 | | | | | | | | |
| 云　南 | | | | | | | | |
| 西　藏 | | | | | | | | |
| 陕　西 | 1409 | | 12303 | 5168 | 62 | 1820 | | |
| 甘　肃 | | | | | | | | |
| 青　海 | 9383 | | 14317 | 2696 | 455 | 315 | 2 | 16 |
| 宁　夏 | 17110 | | 14515 | 10644 | 277 | 1806 | | |
| 新　疆 | 10161 | | 7230 | 6009 | 195 | 991 | 53 | |

| 对个人和家庭补助支出 | 抚恤金和生活补助 | 其他资本性支出 | 各种设备、交通工具、图书购置费 | 资产总计(千元) | 固定资产原值 | 实际使用房屋建筑面积(万平方米) | 教学用房面积 | 实际拥有产权面积(万平方米) |
|---|---|---|---|---|---|---|---|---|
| **237855** | **9933** | **221292** | **54089** | **2660720** | **1582627** | **124.62** | **86.32** | **76.52** |
| 5202 | | 4557 | 1007 | 212974 | 117061 | 4.60 | 2.23 | |
| 7195 | 2656 | 4305 | 4238 | 46446 | 34546 | 2.47 | 2.01 | 2.30 |
| 26199 | 470 | 7480 | 2746 | 110926 | 84718 | 9.48 | 6.62 | 6.16 |
| 14822 | 2846 | 2102 | 2102 | 129599 | 66691 | 6.31 | 4.27 | 2.64 |
| 8559 | 673 | 6317 | 353 | 74852 | 73876 | 3.70 | 1.78 | 1.62 |
| 10902 | 582 | 21 | | 9477 | 7916 | 0.68 | 0.43 | 0.50 |
| 2378 | 66 | 774 | 774 | 80612 | 30279 | 0.58 | 0.26 | 0.58 |
| 58817 | 858 | 92255 | 3840 | 275170 | 165913 | 13.85 | 10.44 | 5.87 |
| 8306 | 31 | 5352 | 3013 | 155017 | 59384 | 16.22 | 11.61 | 10.88 |
| 631 | 10 | 633 | | 14132 | 9224 | 1.88 | 1.17 | 1.07 |
| 8126 | 92 | 19565 | 2958 | 122356 | 106118 | 3.10 | 1.48 | 4.12 |
| 2285 | | 446 | | 10267 | 6969 | 0.62 | 0.62 | |
| 16120 | 229 | 6704 | 1466 | 70747 | 62117 | 4.99 | 3.48 | 4.12 |
| 4710 | 204 | 2812 | 1427 | 46313 | 45311 | 12.77 | 7.31 | 2.31 |
| 11938 | 291 | 8987 | 6061 | 296143 | 273909 | 10.70 | 8.09 | 6.76 |
| 3719 | 100 | 3364 | 286 | 26099 | 23019 | 2.08 | 1.48 | 2.08 |
| 22409 | 163 | 14485 | 10114 | 125683 | 114741 | 4.79 | 2.67 | 4.01 |
| 2932 | | 2120 | 1507 | 112160 | 85182 | 3.03 | 2.91 | 2.25 |
| 1875 | 107 | 25356 | 7024 | 261959 | 73265 | 10.87 | 8.98 | 10.87 |
| 1021 | 32 | 295 | 295 | 56360 | 49975 | 1.49 | 1.06 | 1.49 |
| 2525 | 33 | 115 | | 44172 | 39836 | 3.38 | 1.96 | 3.43 |
| 9547 | 90 | 3980 | 1660 | 55437 | 11794 | 2.10 | 2.07 | 1.18 |
| 3970 | 271 | 9255 | 3206 | 281994 | 32192 | 4.08 | 2.58 | 1.43 |
| 3667 | 129 | 12 | 12 | 41825 | 8591 | 0.87 | 0.83 | 0.87 |

# 2017年文化艺术科研

| 指　　标 | 机构数（个） | 从业人员（人） | 专业技术人才 | 正高级职称 | 副高级职称 | 中级职称 | 本年完成科研项目（个） |
|---|---|---|---|---|---|---|---|
| **总　　计** | **228** | **5326** | **4207** | **441** | **904** | **1827** | **270** |
| **按行业分类** | | | | | | | |
| 文化科技研究 | 74 | 1910 | 1530 | 116 | 274 | 721 | 77 |
| 综合性艺术研究 | 106 | 2548 | 2094 | 290 | 538 | 834 | 181 |
| 地方戏艺术研究 | 37 | 494 | 400 | 27 | 64 | 167 | 12 |
| 其他科研机构 | 11 | 374 | 183 | 8 | 28 | 105 | |
| **按经费来源分类** | | | | | | | |
| 科研经费 | 15 | 1038 | 801 | 126 | 206 | 341 | 39 |
| 文化经费 | 205 | 3756 | 2957 | 284 | 619 | 1215 | 230 |
| 其他经费 | 8 | 532 | 449 | 31 | 79 | 271 | 1 |
| **按隶属关系分类** | | | | | | | |
| 中央 | 2 | 747 | 574 | 108 | 167 | 244 | 23 |
| 省、区、市 | 34 | 1168 | 963 | 127 | 232 | 375 | 139 |
| 地、市 | 143 | 2798 | 2371 | 204 | 482 | 1063 | 103 |
| 县、市、区 | 49 | 613 | 299 | 2 | 23 | 145 | 5 |

# 机构基本情况

| | | | | | | | |
|---|---|---|---|---|---|---|---|
| 国家级 | 省级 | 文化科研项目 | 本年度科研项目获奖情况（个） | 获国家级奖 | 获省部级奖 | 本单位拥有知识产权数量（个） | 主导技术标准数量（个） |
| **30** | **100** | **108** | **122** | **30** | **83** | **52** | **4** |
| | | | | | | | |
| 5 | 38 | 18 | 34 | 7 | 27 | 14 | 2 |
| 23 | 60 | 83 | 73 | 19 | 45 | 38 | 2 |
| 2 | 2 | 7 | 11 | 2 | 9 | | |
| | | | 4 | 2 | 2 | | |
| | | | | | | | |
| 9 | 22 | 7 | 4 | 4 | | 14 | 2 |
| 21 | 78 | 100 | 118 | 26 | 83 | 38 | 2 |
| | | 1 | | | | | |
| | | | | | | | |
| 9 | 7 | 7 | 2 | 2 | | 12 | 2 |
| 12 | 63 | 63 | 42 | 13 | 29 | 7 | 2 |
| 9 | 29 | 37 | 69 | 13 | 51 | 33 | |
| | 1 | 1 | 9 | 2 | 3 | | |

续表 1

| 指标 | 所办刊物(种) | 申请专利数(个) | 论文及资料 | | 本年收入合计(千元) | | |
|---|---|---|---|---|---|---|---|
| | | | 专著数(册) | 论文数(省级及以上刊物公开发表)(篇) | | 财政补贴收入 | 上级补助收入 |
| **总计** | **89** | **7** | **168** | **1472** | **1300219** | **1131907** | **14987** |
| **按行业分类** | | | | | | | |
| 文化科技研究 | 26 | 4 | 44 | 221 | 437116 | 355552 | 1081 |
| 综合性艺术研究 | 45 | 3 | 109 | 1203 | 734168 | 666222 | 7985 |
| 地方戏艺术研究 | 9 | | 4 | 29 | 75787 | 68165 | 4146 |
| 其他科研机构 | 9 | | 11 | 19 | 53148 | 41968 | 1775 |
| **按经费来源分类** | | | | | | | |
| 科研经费 | 9 | 4 | 58 | 667 | 412051 | 350088 | 138 |
| 文化经费 | 79 | 3 | 109 | 801 | 802448 | 744038 | 14836 |
| 其他经费 | 1 | | 1 | 4 | 85720 | 37781 | 13 |
| **按隶属关系分类** | | | | | | | |
| 中央 | 6 | 4 | 56 | 617 | 343158 | 285471 | |
| 省、区、市 | 31 | 1 | 49 | 549 | 381652 | 296649 | 8156 |
| 地、市 | 42 | 1 | 50 | 289 | 524781 | 502367 | 5958 |
| 县、市、区 | 10 | 1 | 13 | 17 | 50628 | 47420 | 873 |

| 事业收入 | 经营收入 | 附属单位上缴收入 | 其他收入 | 本年支出合计(千元) | 基本支出 | 项目支出 | 经营支出 |
|---|---|---|---|---|---|---|---|
| **71983** | **51032** | | **30310** | **1312228** | **901399** | **355216** | **50767** |
| 19794 | 48757 | | 11932 | 437489 | 274315 | 112336 | 49024 |
| 42068 | 142 | | 17751 | 744507 | 539290 | 203873 | 142 |
| 2410 | 543 | | 523 | 75287 | 46809 | 25938 | 711 |
| 7711 | 1590 | | 104 | 54945 | 40985 | 13069 | 890 |
| 48462 | 1578 | | 11785 | 420974 | 284036 | 135312 | 1625 |
| 23521 | 2275 | | 17778 | 805358 | 580846 | 217960 | 1743 |
| | 47179 | | 747 | 85896 | 36517 | 1944 | 47399 |
| 48284 | | | 9403 | 336925 | 233417 | 103507 | |
| 18654 | 48899 | | 9294 | 391296 | 230922 | 111207 | 49166 |
| 4854 | | | 11602 | 534167 | 399258 | 131610 | |
| 191 | 2133 | | 11 | 49840 | 37802 | 8892 | 1601 |

续表 2

| 指　　标 | | | | | | | |
|---|---|---|---|---|---|---|---|
| | 在支出合计中 | | | | | | |
| | 工资福利支出 | 商品和服务支出 | 差旅费 | 劳务费 | 福利费 | 各种税金支出 | 对个人和家庭补助支出 |
| **总　　计** | **489874** | **419787** | **19672** | **63955** | **4513** | **2869** | **309126** |
| **按行业分类** | | | | | | | |
| 文化科技研究 | 158140 | 153617 | 6073 | 15908 | 969 | 2511 | 85356 |
| 综合性艺术研究 | 267421 | 236928 | 11897 | 42059 | 2960 | 260 | 210345 |
| 地方戏艺术研究 | 32148 | 15680 | 1022 | 4907 | 459 | 6 | 10430 |
| 其他科研机构 | 32165 | 13562 | 680 | 1081 | 125 | 92 | 2995 |
| **按经费来源分类** | | | | | | | |
| 科研经费 | 113058 | 157327 | 5401 | 24872 | 1664 | 188 | 114195 |
| 文化经费 | 359362 | 218770 | 13071 | 37688 | 2849 | 378 | 175293 |
| 其他经费 | 17454 | 43690 | 1200 | 1395 | | 2303 | 19638 |
| **按隶属关系分类** | | | | | | | |
| 中央 | 85001 | 140849 | 4892 | 22626 | 1337 | 188 | 96926 |
| 省、区、市 | 138018 | 158604 | 8051 | 22560 | 1311 | 2572 | 81373 |
| 地、市 | 243062 | 105062 | 5939 | 13168 | 1859 | 108 | 127244 |
| 县、市、区 | 23793 | 15272 | 790 | 5601 | 6 | 1 | 3583 |

| 抚恤金和生活补助 | 其他资本性支出 | 各种设备、交通工具、图书购置费 | 资产总计（千元） | 固定资产原值 | 实际使用房屋建筑面积（万平方米） | 科研房屋面积 | 实际拥有产权面积（万平方米） |
|---|---|---|---|---|---|---|---|
| **11236** | **42430** | **16358** | **1843615** | **897869** | **24.79** | **6.09** | **20.64** |
| 2080 | 16983 | 5681 | 558156 | 184356 | 5.01 | 1.43 | 4.99 |
| 7728 | 17846 | 9516 | 1225228 | 676176 | 17.93 | 3.67 | 14.59 |
| 807 | 6906 | 473 | 36477 | 24245 | 1.19 | 0.67 | 0.88 |
| 621 | 695 | 688 | 23754 | 13092 | 0.67 | 0.32 | 0.18 |
| 624 | 28848 | 8541 | 1100612 | 611210 | 11.39 | 0.93 | 11.18 |
| 10535 | 12138 | 6375 | 572368 | 230238 | 12.68 | 5.16 | 6.67 |
| 77 | 1444 | 1442 | 170635 | 56421 | 0.72 | 0.00 | 2.79 |
| 72 | 11818 | 8476 | 1053913 | 578369 | 10.80 | 0.62 | 10.80 |
| 4825 | 7795 | 4815 | 403032 | 197043 | 6.88 | 4.30 | 5.39 |
| 5929 | 22697 | 3067 | 368183 | 106762 | 6.29 | 0.83 | 4.16 |
| 410 | 120 | | 18487 | 15695 | 0.82 | 0.33 | 0.30 |

# 2017年各地区文化艺术

| 地区 | 机构数（个） | 从业人员（人） | | | | | 本年完成科研项目（个） |
|---|---|---|---|---|---|---|---|
| | | | 专业技术人才 | | | | |
| | | | | 正高级职称 | 副高级职称 | 中级职称 | |
| **总计** | **228** | **5326** | **4207** | **441** | **904** | **1827** | **270** |
| 北京 | | | | | | | |
| 天津 | 1 | 23 | 19 | 3 | 4 | 5 | |
| 河北 | 12 | 167 | 157 | 15 | 25 | 56 | 4 |
| 山西 | 35 | 1436 | 1018 | 63 | 185 | 505 | 12 |
| 内蒙古 | 11 | 136 | 120 | 15 | 33 | 46 | 3 |
| 辽宁 | 8 | 107 | 91 | 9 | 14 | 47 | 16 |
| 吉林 | 7 | 219 | 197 | 32 | 76 | 61 | 6 |
| 黑龙江 | 3 | 72 | 64 | 14 | 17 | 19 | 5 |
| 上海 | 2 | 37 | 31 | 1 | 9 | 17 | 9 |
| 江苏 | 7 | 90 | 79 | 14 | 19 | 25 | 22 |
| 浙江 | 7 | 153 | 108 | 23 | 19 | 28 | 9 |
| 安徽 | 11 | 142 | 102 | 5 | 16 | 44 | 1 |
| 福建 | 10 | 140 | 116 | 9 | 32 | 48 | 7 |
| 江西 | 14 | 319 | 288 | 10 | 44 | 151 | 17 |
| 山东 | 7 | 154 | 131 | 13 | 27 | 68 | 17 |
| 河南 | 17 | 181 | 154 | 15 | 31 | 57 | 21 |
| 湖北 | 11 | 143 | 112 | 18 | 26 | 38 | 4 |
| 湖南 | 8 | 98 | 68 | 9 | 13 | 36 | 11 |
| 广东 | 7 | 97 | 68 | 10 | 18 | 30 | 1 |
| 广西 | 9 | 174 | 155 | 11 | 33 | 72 | 20 |
| 海南 | 1 | 10 | 6 | 4 | | 1 | |
| 重庆 | 1 | 38 | 31 | 2 | 7 | 15 | 11 |
| 四川 | 6 | 211 | 149 | 10 | 26 | 65 | 20 |
| 贵州 | 3 | 25 | 25 | 2 | 4 | 7 | 2 |
| 云南 | 11 | 99 | 90 | 7 | 16 | 37 | 4 |
| 西藏 | 1 | 15 | 8 | | 2 | 3 | |
| 陕西 | 8 | 101 | 81 | 2 | 17 | 36 | 20 |
| 甘肃 | 3 | 91 | 82 | 6 | 11 | 31 | 3 |
| 青海 | 1 | 16 | 11 | 1 | 3 | 4 | |
| 宁夏 | 2 | 30 | 26 | 7 | 5 | 8 | 2 |
| 新疆 | 2 | 55 | 46 | 3 | 5 | 23 | |

# 科研机构基本情况

| 国家级 | 省级 | 文化科研项目 | 本年度科研项目获奖情况(个) | 获国家级奖 | 获省部级奖 | 本单位拥有知识产权数量(个) | 主导技术标准数量(个) |
|---|---|---|---|---|---|---|---|
| **30** | **100** | **108** | **122** | **30** | **83** | **52** | **4** |
| | | 4 | | | | | |
| | 10 | 2 | 5 | 3 | 2 | | |
| 1 | | 2 | | | | | |
| 2 | 6 | 3 | 9 | 1 | 3 | | |
| 1 | 5 | | 1 | 1 | | 2 | |
| 1 | 4 | | 5 | | 5 | | |
| 1 | | 8 | | | | | |
| 2 | 16 | 1 | 16 | 2 | 14 | 33 | |
| | 3 | 6 | 2 | | 2 | | |
| | 1 | | 1 | 1 | | | |
| 1 | 2 | 3 | | | | | |
| 3 | 14 | | 17 | 2 | 15 | | |
| | 2 | 15 | 16 | 6 | 10 | | 2 |
| | 1 | 8 | 9 | | 5 | | |
| 2 | 1 | 1 | 3 | 1 | 2 | | |
| 1 | | 7 | 8 | 2 | 6 | | |
| | 1 | | 2 | | 2 | | |
| 3 | 3 | 14 | 5 | 3 | 2 | | |
| 1 | 6 | 4 | | | | | |
| | 8 | 12 | 4 | 1 | 3 | 5 | |
| | 1 | | | | | | |
| | 2 | 2 | 1 | 1 | | | |
| 1 | 5 | 7 | 16 | 4 | 12 | | |
| 1 | 1 | 1 | | | | | |
| | 1 | 1 | | | | | |

续表 1

| 地区 | 所办刊物(种) | 申请专利数(个) | 论文及资料 专著数(册) | 论文数(省级及以上刊物公开发表)(篇) | 本年收入合计(千元) | 财政补贴收入 | 上级补助收入 |
|---|---|---|---|---|---|---|---|
| **总计** | **89** | **7** | **168** | **1472** | **1300219** | **1131907** | **14987** |
| 北京 | | | | | | | |
| 天津 | | | | | 6822 | 6620 | 196 |
| 河北 | 5 | | 6 | 30 | 32362 | 31924 | 40 |
| 山西 | 14 | | 14 | 64 | 145120 | 133033 | 2172 |
| 内蒙古 | 4 | | 3 | 36 | 31912 | 31503 | 310 |
| 辽宁 | 1 | | 4 | 32 | 18508 | 18508 | |
| 吉林 | 1 | | | 22 | 56099 | 55820 | |
| 黑龙江 | 1 | | 3 | 72 | 20622 | 20620 | |
| 上海 | 1 | | | 32 | 20084 | 11684 | 1761 |
| 江苏 | 2 | 1 | 8 | 32 | 32969 | 27941 | 100 |
| 浙江 | 6 | | 7 | 23 | 107528 | 55197 | 1460 |
| 安徽 | 2 | | 1 | 6 | 28827 | 27156 | 917 |
| 福建 | 4 | | 2 | 60 | 36328 | 31116 | 4553 |
| 江西 | 1 | | | | 49160 | 48365 | 10 |
| 山东 | 1 | | 3 | 35 | 39621 | 38458 | |
| 河南 | 5 | | 19 | 38 | 36020 | 35728 | 60 |
| 湖北 | 5 | | 4 | 43 | 36236 | 31988 | 659 |
| 湖南 | 2 | | 15 | 96 | 35111 | 33782 | 356 |
| 广东 | 3 | | 6 | 40 | 50143 | 49188 | 603 |
| 广西 | 7 | | | 34 | 20709 | 18573 | 323 |
| 海南 | | | | | 4422 | 4422 | |
| 重庆 | 1 | | 4 | 11 | 17798 | 15857 | |
| 四川 | 3 | 1 | 5 | 22 | 43784 | 36724 | |
| 贵州 | 3 | | 2 | 31 | 5817 | 5184 | |
| 云南 | 4 | 1 | 1 | 8 | 19601 | 18386 | 5 |
| 西藏 | 2 | | | | 4719 | 4719 | |
| 陕西 | 2 | | 5 | 37 | 14744 | 14379 | |
| 甘肃 | 1 | | | 25 | 13601 | 13140 | 320 |
| 青海 | 1 | | | 10 | 10040 | 10039 | |
| 宁夏 | 1 | | | 6 | 7637 | 7065 | |
| 新疆 | | | | 10 | 10717 | 9317 | 1142 |

| 事业收入 | 经营收入 | 其他收入 | 本年支出合计(千元) | 基本支出 | 项目支出 | 经营支出 |
|---|---|---|---|---|---|---|
| **71983** | **51032** | **30310** | **1312228** | **901399** | **355216** | **50767** |
| | | | | | | |
| | | 6 | 8850 | 6722 | 2128 | |
| | | 398 | 32304 | 29302 | 3001 | |
| | 2778 | 7137 | 145914 | 104508 | 37792 | 2425 |
| | | 99 | 33845 | 23989 | 9823 | |
| | | | | | | |
| | | | 19142 | 17111 | 831 | |
| 35 | | 244 | 59895 | 50350 | 9544 | |
| | | 2 | 20357 | 15159 | 5198 | |
| | | | | | | |
| 6629 | | 10 | 22946 | 13522 | 9424 | |
| 4114 | 390 | 424 | 31374 | 27549 | 3435 | 390 |
| 2410 | 47179 | 1282 | 105376 | 32618 | 25359 | 47399 |
| 178 | 543 | 33 | 28730 | 24121 | 4066 | 411 |
| 85 | | 574 | 32327 | 18928 | 13345 | |
| 785 | | | 47544 | 37559 | 9984 | |
| | | 1163 | 50021 | 34885 | 15136 | |
| | | | | | | |
| | | 232 | 35849 | 30720 | 4669 | |
| 202 | | 3387 | 36810 | 27004 | 9383 | |
| 865 | 25 | 83 | 37111 | 23358 | 12834 | 25 |
| | | 352 | 51708 | 39044 | 12491 | |
| 110 | | 1703 | 20590 | 11660 | 8840 | |
| | | | 4165 | 2053 | 2112 | |
| | | | | | | |
| 1360 | | 581 | 23983 | 4779 | 19204 | |
| 6783 | | 277 | 44272 | 28137 | 16135 | |
| | | 633 | 5835 | 3589 | 2052 | |
| | | 1210 | 18388 | 14236 | 4152 | |
| | | | 4361 | 4135 | 226 | |
| | | | | | | |
| 40 | | 325 | 13792 | 12608 | 1184 | |
| | | 141 | 12866 | 11266 | 1600 | |
| | | 1 | 8584 | 3723 | 4861 | |
| | | 572 | 7373 | 6609 | 764 | |
| 103 | 117 | 38 | 10991 | 8738 | 2136 | 117 |

续表 2

| 地 区 | 在支出合计中 | | | | | | |
|---|---|---|---|---|---|---|---|
| | 工资福利支出 | 商品和服务支出 | | | | | 对个人和家庭补助支出 |
| | | | 差旅费 | 劳务费 | 福利费 | 各种税金支出 | |
| **总 计** | **489874** | **419787** | **19672** | **63955** | **4513** | **2869** | **309126** |
| 北 京 | | | | | | | |
| 天 津 | 3470 | 2697 | 10 | 89 | 71 | | 468 |
| 河 北 | 17306 | 4698 | 445 | 906 | 256 | | 9729 |
| 山 西 | 72266 | 32382 | 1220 | 4777 | 520 | | 33450 |
| 内蒙古 | 14484 | 6324 | 619 | 1508 | 85 | | 8216 |
| 辽 宁 | 10002 | 1300 | 154 | 78 | 4 | | 5634 |
| 吉 林 | 19037 | 10435 | 839 | 2869 | 58 | | 28186 |
| 黑龙江 | 6084 | 5190 | 317 | 692 | 19 | | 9071 |
| 上 海 | 7686 | 13782 | 134 | 732 | 115 | 59 | 1404 |
| 江 苏 | 10256 | 7025 | 307 | 1127 | 29 | 103 | 10791 |
| 浙 江 | 24567 | 56248 | 1304 | 5161 | 404 | 2315 | 10527 |
| 安 徽 | 10998 | 2753 | 163 | 601 | 106 | | 12349 |
| 福 建 | 13459 | 7244 | 463 | 1223 | 241 | 12 | 3284 |
| 江 西 | 24574 | 10978 | 1138 | 1488 | 138 | 51 | 7499 |
| 山 东 | 20535 | 9755 | 214 | 569 | 1 | | 9093 |
| 河 南 | 21620 | 5877 | 307 | 550 | 63 | 3 | 7244 |
| 湖 北 | 17076 | 8681 | 229 | 381 | 280 | 10 | 9874 |
| 湖 南 | 10262 | 20491 | 1025 | 6773 | 79 | 62 | 3546 |
| 广 东 | 18571 | 12753 | 947 | 1035 | 122 | 14 | 19451 |
| 广 西 | 10682 | 5864 | 1198 | 1454 | 37 | 1 | 2944 |
| 海 南 | 161 | 2149 | 47 | 10 | | | 384 |
| 重 庆 | 3106 | 18609 | 863 | 4763 | 90 | | 762 |
| 四 川 | 22208 | 15035 | 1264 | 1992 | 146 | 37 | 5336 |
| 贵 州 | 2322 | 2296 | 264 | 556 | | 1 | 598 |
| 云 南 | 11787 | 4711 | 643 | 810 | 13 | 7 | 1521 |
| 西 藏 | 2963 | 554 | 124 | 1 | 2 | | 617 |
| 陕 西 | 10195 | 2050 | 184 | 244 | 76 | 6 | 1399 |
| 甘 肃 | 5741 | 1537 | 40 | 32 | 21 | | 3098 |
| 青 海 | 2205 | 2942 | 38 | 105 | | | 3402 |
| 宁 夏 | 4728 | 1225 | 162 | 381 | | | 1365 |
| 新 疆 | 6522 | 3353 | 118 | 422 | 200 | | 958 |

| 抚恤金和生活补助 | 其他资本性支出 | 各种设备、交通工具、图书购置费 | 资产总计（千元） | 固定资产原值 | 实际使用房屋建筑面积（万平方米） | 科研房屋面积 | 实际拥有产权面积（万平方米） |
|---|---|---|---|---|---|---|---|
| **11236** | **42430** | **16358** | **1843615** | **897869** | **24.79** | **6.09** | **20.64** |
| | | | | | | | |
| 119 | 215 | 215 | 5004 | 1077 | 0.13 | 0.11 | |
| 255 | 285 | 14 | 13207 | 6595 | 0.28 | 0.16 | |
| 1181 | 1667 | 106 | 115509 | 69177 | 3.86 | 0.84 | 3.96 |
| 1110 | 938 | | 12551 | 8351 | 0.53 | 0.38 | 0.33 |
| | | | | | | | |
| 267 | 94 | 77 | 7199 | 3989 | 0.19 | 0.07 | |
| 695 | 883 | 658 | 22652 | 13983 | 0.54 | 0.22 | 0.50 |
| 163 | 11 | 9 | 5919 | 4843 | 0.17 | | 0.13 |
| | | | | | | | |
| 294 | 74 | | 8542 | 5063 | 0.29 | 0.25 | |
| 547 | 235 | 67 | 10685 | 3828 | 0.31 | 0.02 | 0.04 |
| 412 | 1982 | 1444 | 324692 | 54789 | 0.92 | 0.17 | 2.79 |
| 306 | 59 | 9 | 8105 | 3435 | 0.33 | 0.07 | 0.27 |
| 169 | 6750 | 827 | 26453 | 9222 | 0.20 | 0.08 | |
| 674 | 948 | 948 | 21766 | 9407 | 0.67 | 0.15 | 0.28 |
| 372 | 10387 | 136 | 14499 | 11326 | 0.34 | 0.13 | 0.05 |
| | | | | | | | |
| 497 | 690 | 241 | 20888 | 16058 | 0.41 | 0.38 | |
| 553 | 976 | 183 | 14348 | 6925 | 0.56 | 0.17 | 0.23 |
| 397 | 129 | 96 | 6406 | 5676 | 0.26 | 0.00 | 0.24 |
| 165 | 931 | 396 | 15347 | 7211 | 0.38 | 0.01 | 0.08 |
| 295 | 457 | 426 | 7309 | 2542 | 0.26 | 0.03 | |
| | 15 | | 1267 | 11 | | | |
| | | | | | | | |
| 65 | 1506 | 991 | 44477 | 28690 | 1.55 | 1.55 | |
| 1299 | 842 | 707 | 20223 | 10459 | 0.29 | 0.09 | 0.07 |
| 6 | | | 1068 | 874 | 0.01 | | |
| 63 | 334 | 254 | 6103 | 4455 | 0.03 | | 0.05 |
| 184 | | | 901 | 901 | 0.27 | 0.27 | |
| | | | | | | | |
| | 77 | 77 | 15064 | 9532 | 0.86 | 0.36 | 0.82 |
| 391 | | | 11039 | 11039 | | | |
| | 33 | | 10294 | 834 | | | |
| 409 | 54 | 1 | 3739 | 1652 | 0.07 | | 0.02 |
| 276 | 40 | | 14446 | 7556 | 0.26 | | |

# 2017年全国认定动漫

| 指　　标 | 机构数(个) | 从业人员(人) | 具有大专以上学历人员 | 资产、负债、所有者权益(千元) | | | |
|---|---|---|---|---|---|---|---|
| | | | | 资产总计 | 固定资产原值 | 当年提取的折旧总额 | 负债合计 |
| **总　　计** | **545** | **24466** | **21034** | **23054135** | **2910818** | **346982** | **8594943** |
| **按城乡分** | | | | | | | |
| 城市 | 522 | 23735 | 20376 | 22183852 | 2755742 | 325880 | 8096375 |
| 县城 | 22 | 728 | 655 | 860527 | 145571 | 21102 | 494724 |
| 县以下 | 1 | 3 | 3 | 9756 | 9505 | | 3844 |
| **按登记注册类型分** | | | | | | | |
| 内资企业 | 539 | 24161 | 20768 | 22430692 | 2638301 | 346591 | 8447062 |
| 港澳台商投资企业 | 2 | 248 | 213 | 616292 | 264929 | 116 | 141633 |
| 外商投资企业 | 4 | 57 | 53 | 7151 | 7588 | 275 | 6248 |
| **按部门分** | | | | | | | |
| 文化部门 | 202 | 7327 | 6662 | 7267997 | 720285 | 98400 | 2310984 |
| 其他部门 | 343 | 17139 | 14372 | 15786138 | 2190533 | 248582 | 6283959 |
| **按机构类型分** | | | | | | | |
| 漫画创作企业 | 50 | 1045 | 962 | 2057293 | 63109 | 9184 | 426816 |
| 动画创作、制作企业 | 397 | 18451 | 15613 | 16585966 | 2130664 | 238971 | 6220019 |
| 网络动漫(含手机动漫)创作制作企业 | 31 | 1133 | 1022 | 1091314 | 39555 | 5544 | 290509 |
| 动漫舞台剧(节)目创作演出企业 | 3 | 76 | 56 | 16287 | 1480 | 2 | 33194 |
| 动漫软件开发企业 | 36 | 2215 | 2094 | 2629798 | 541679 | 71946 | 1293142 |
| 动漫衍生产品研发设计企业 | 28 | 1546 | 1287 | 673477 | 134331 | 21335 | 331263 |

# 企业基本情况

| | | | 损益(千元) | | | | | | |
|---|---|---|---|---|---|---|---|---|---|
| 所有者权益合计 | 实收资本(股本) | 国家资本金 | 营业总收入 | 主营业务收入 | 自主开发生产动漫产品收入 | 营业总成本 | 养老、失业等保险费 | 住房公积金和住房补贴 | 差旅费 |
| **14459192** | **18071869** | **1175468** | **9585345** | **9398987** | **5784769** | **8976134** | **235708** | **66382** | **115798** |
| 14087477 | 17869103 | 1145468 | 9074754 | 8909018 | 5530748 | 8500177 | 233482 | 65705 | 112936 |
| 365803 | 195766 | 30000 | 510526 | 489904 | 254021 | 475892 | 2226 | 677 | 2862 |
| 5912 | 7000 | | 65 | 65 | | 65 | | | |
| 13983630 | 17785818 | 1175468 | 9533324 | 9347140 | 5777305 | 8907437 | 233222 | 65773 | 114798 |
| 474659 | 281051 | | 43153 | 43153 | | 58939 | 2221 | 517 | 839 |
| 903 | 5000 | | 8868 | 8694 | 7464 | 9758 | 265 | 92 | 161 |
| 4957013 | 3001011 | 675544 | 2502085 | 2464748 | 1267061 | 2312112 | 63353 | 16106 | 26505 |
| 9502179 | 15070858 | 499924 | 7083260 | 6934239 | 4517708 | 6664022 | 172355 | 50276 | 89293 |
| 1630477 | 973300 | 497500 | 609690 | 593581 | 326052 | 498709 | 16997 | 5620 | 4479 |
| 10365947 | 15734045 | 210568 | 6552097 | 6411581 | 3644788 | 5941931 | 164294 | 43510 | 77521 |
| 800805 | 351648 | 10000 | 394524 | 394524 | 189640 | 446655 | 12930 | 5042 | 4201 |
| -16907 | 4433 | | 1132 | 1132 | | 4582 | 247 | 21 | 59 |
| 1336656 | 796049 | 457400 | 1188537 | 1160869 | 1077743 | 1321378 | 31623 | 10068 | 20222 |
| 342214 | 212394 | | 839365 | 837300 | 546546 | 762879 | 9617 | 2121 | 9316 |

续表

| 指标 | 损益(千元) | | | | | | |
|---|---|---|---|---|---|---|---|
| | | | 营业利润 | 营业外收入 | | 营业外支出 | 利润总额 |
| | 工会经费 | 动漫产品研究开发经费 | | | 政府补助(补贴收入) | | |
| **总　计** | **14197** | **1089334** | **609211** | **391608** | **248250** | **66837** | **933982** |
| **按城乡分** | | | | | | | |
| 城市 | 13758 | 1047433 | 574577 | 360054 | 225463 | 66323 | 868308 |
| 县城 | 439 | 41901 | 34634 | 31554 | 22787 | 514 | 65674 |
| 县以下 | | | | | | | |
| **按登记注册类型分** | | | | | | | |
| 内资企业 | 14154 | 1087572 | 625887 | 383763 | 240424 | 66835 | 942815 |
| 港澳台商投资企业 | | 1128 | -15786 | 7690 | 7673 | 2 | -8098 |
| 外商投资企业 | 43 | 634 | -890 | 155 | 153 | | -735 |
| **按部门分** | | | | | | | |
| 文化部门 | 3294 | 405847 | 189973 | 109161 | 85036 | 18998 | 280136 |
| 其他部门 | 10903 | 683487 | 419238 | 282447 | 163214 | 47839 | 653846 |
| **按机构类型分** | | | | | | | |
| 漫画创作企业 | 514 | 155757 | 110981 | 22317 | 16480 | 1514 | 131784 |
| 动画创作、制作企业 | 9707 | 695022 | 610166 | 297908 | 175015 | 57689 | 850385 |
| 网络动漫(含手机动漫)创作制作企业 | 356 | 52798 | -52131 | 13752 | 11696 | 374 | -38753 |
| 动漫舞台剧(节)目创作演出企业 | 80 | 462 | -3450 | 10 | | 152 | -3592 |
| 动漫软件开发企业 | 1941 | 58504 | -132841 | 47374 | 37276 | 6833 | -92300 |
| 动漫衍生产品研发设计企业 | 1599 | 126791 | 76486 | 10247 | 7783 | 275 | 86458 |

| 工资、福利费、税金(千元) | | | 经营面积(万平方米) | 本单位拥有知识产权数量(个) | | 原创漫画作品(部) | 原创动画作品(部) | 网络动漫(含手机动漫)下载次数(次) | 动漫舞台剧演出场次(次) |
|---|---|---|---|---|---|---|---|---|---|
| 本年发放工资总额 | 本年支付的职工福利费 | 本年应缴税金总额 | | | 自主知识产权动漫软件 | | | | |
| **2134461** | **80064** | **501170** | **182.47** | **61529** | **6815** | **10588** | **4979** | **40904087538** | **2597** |
| 2041742 | 74467 | 469183 | 178.11 | 57424 | 6703 | 10538 | 4943 | 38400013881 | 2592 |
| 92654 | 5597 | 31987 | 2.17 | 4105 | 112 | 50 | 36 | 2504073657 | 5 |
| 65 | | | 2.19 | | | | | | |
| 2103210 | 78165 | 492088 | 181.94 | 61438 | 6739 | 10516 | 4874 | 40904087450 | 2501 |
| 26457 | 1899 | 8861 | 0.48 | 91 | 76 | 68 | 75 | 88 | 56 |
| 4794 | | 221 | 0.05 | | | 4 | 30 | | 40 |
| 470869 | 21942 | 100541 | 141.04 | 10532 | 1120 | 2237 | 1156 | 17181313630 | 955 |
| 1663592 | 58122 | 400629 | 41.43 | 50997 | 5695 | 8351 | 3823 | 23722773908 | 1642 |
| 116197 | 5095 | 17479 | 2.55 | 3150 | 1171 | 851 | 120 | 4360638115 | |
| 1607461 | 54338 | 389512 | 168.28 | 52432 | 4425 | 5736 | 4355 | 26633118434 | 2474 |
| 82155 | 3220 | 16353 | 1.73 | 1521 | 613 | 647 | 196 | 5382892891 | |
| 3600 | 96 | 337 | 0.12 | 65 | 50 | 68 | 72 | 88 | 56 |
| 236539 | 12582 | 34235 | 4.55 | 1101 | 501 | 3229 | 117 | 61828079 | 22 |
| 88509 | 4733 | 43254 | 5.23 | 3260 | 55 | 57 | 119 | 4465609931 | 45 |

# 2017年各地区认定

| 地区 | 机构数(个) | 从业人员(人) | 具有大专以上学历人员 | 资产、负债、所有者权益(千元) | | | | |
|---|---|---|---|---|---|---|---|---|
| | | | | 资产总计 | 固定资产原值 | 当年提取的折旧总额 | 负债合计 | 所有者权益合计 |
| **总计** | **545** | **24466** | **21034** | **23054135** | **2910818** | **346982** | **8594943** | **14459192** |
| 北京 | 66 | 1661 | 1447 | 1601358 | 62855 | 7677 | 553871 | 1047487 |
| 天津 | 11 | 315 | 303 | 378548 | 105714 | 6969 | 121471 | 257077 |
| 河北 | 11 | 379 | 338 | 166579 | 23040 | 3131 | 52613 | 113966 |
| 山西 | 19 | 146 | 136 | 153770 | 2445 | 1829 | 68574 | 85196 |
| 内蒙古 | 6 | 114 | 85 | 219237 | 27399 | 1435 | 49538 | 169699 |
| 辽宁 | 14 | 619 | 515 | 440360 | 23764 | 4941 | 170047 | 270313 |
| 吉林 | 8 | 227 | 214 | 480688 | 113174 | 21180 | 412738 | 67950 |
| 黑龙江 | 12 | 487 | 429 | 251298 | 50962 | 7186 | 110646 | 140652 |
| 上海 | 26 | 1526 | 1354 | 2187172 | 202288 | 25165 | 634257 | 1552915 |
| 江苏 | 77 | 1638 | 1472 | 1224675 | 292702 | 19370 | 562883 | 661792 |
| 浙江 | 24 | 991 | 819 | 2231064 | 95291 | 13643 | 1056529 | 1174535 |
| 安徽 | 21 | 1604 | 1510 | 711200 | 76078 | 18253 | 176258 | 534942 |
| 福建 | 40 | 1803 | 1576 | 2815109 | 403293 | 72834 | 1540172 | 1274937 |
| 江西 | 19 | 647 | 548 | 320255 | 89808 | 7004 | 85037 | 235218 |
| 山东 | 13 | 432 | 341 | 138140 | 20912 | 7030 | 30302 | 107838 |
| 河南 | 21 | 105 | 97 | 23098 | 752 | 1546 | 2013 | 21085 |
| 湖北 | 13 | 1363 | 1167 | 1099486 | 78103 | 10826 | 276894 | 822592 |
| 湖南 | 24 | 1303 | 1222 | 1162113 | 94878 | 21112 | 526813 | 635300 |
| 广东 | 55 | 7095 | 5648 | 6087619 | 816853 | 61391 | 1800547 | 4287072 |
| 广西 | 9 | 246 | 240 | 137664 | 5379 | 2283 | 16507 | 121157 |
| 海南 | 1 | 27 | 27 | 36533 | 444 | 234 | -452 | 36985 |
| 重庆 | 5 | 286 | 253 | 159689 | 18753 | 1416 | 47029 | 112660 |
| 四川 | 5 | 181 | 151 | 72488 | 17695 | 1003 | 41781 | 30707 |
| 贵州 | 4 | 26 | 20 | 40652 | 8255 | 1354 | 3183 | 37469 |
| 云南 | 9 | 184 | 180 | 75104 | 14303 | 1289 | 31590 | 43514 |
| 西藏 | 2 | 5 | 4 | 7129 | 360 | 70 | 776 | 6353 |
| 陕西 | 8 | 230 | 213 | 101882 | 29311 | 4580 | 31696 | 70186 |
| 甘肃 | 7 | 191 | 145 | 205181 | 22532 | 2083 | 124779 | 80402 |
| 青海 | 1 | 6 | 6 | 2578 | 1238 | | 194 | 2384 |
| 宁夏 | 5 | 287 | 272 | 119250 | 47994 | 3700 | 27217 | 92033 |
| 新疆 | 8 | 268 | 231 | 101474 | 10807 | 1499 | 23941 | 77533 |

# 动漫企业基本情况

| 实收资本(股本) | 国家资本金 | 损益(千元) 营业总收入 | 主营业务收入 | 自主开发生产动漫产品收入 | 营业总成本 | 养老、失业等保险费 | 住房公积金和住房补贴 | 差旅费 |
|---|---|---|---|---|---|---|---|---|
| **18071869** | **1175468** | **9585345** | **9398987** | **5784769** | **8976134** | **235708** | **66382** | **115798** |
| 555733 | 30000 | 497402 | 456307 | 308863 | 492611 | 33434 | 11307 | 6588 |
| 259242 | | 128902 | 128902 | 110484 | 116893 | 7577 | 2625 | 981 |
| 369940 | 1900 | 48979 | 48911 | 23842 | 42850 | 1661 | 444 | 1281 |
| 91183 | | 8481 | 8481 | 4458 | 10721 | 533 | 25 | 369 |
| 158272 | | 12924 | 11648 | 3041 | 14801 | 443 | 167 | 348 |
| 10166949 | | 196261 | 196166 | 110697 | 165940 | 8046 | 1918 | 2340 |
| 158700 | 31800 | 49581 | 48343 | 14501 | 57706 | 2631 | 814 | 271 |
| 100105 | 6056 | 108254 | 106118 | 60955 | 147299 | 4259 | 483 | 1013 |
| 915746 | 536460 | 770962 | 764389 | 358150 | 737585 | 38453 | 9534 | 5211 |
| 656343 | 3000 | 313053 | 309952 | 172456 | 337862 | 9997 | 3570 | 6521 |
| 373946 | | 482636 | 474496 | 272132 | 444723 | 10279 | 2273 | 2778 |
| 209571 | 10000 | 482930 | 467803 | 213451 | 461893 | 7886 | 1801 | 2895 |
| 1128821 | 400000 | 1491143 | 1487059 | 885547 | 1439601 | 17126 | 6411 | 11058 |
| 116884 | 3000 | 293999 | 286929 | 11987 | 251840 | 2463 | 1135 | 2278 |
| 69805 | 7918 | 64311 | 62391 | 51262 | 66256 | 5505 | 426 | 2057 |
| 4500 | | 5550 | 3294 | 3101 | 6872 | 69 | 32 | 67 |
| 325963 | | 598039 | 596138 | 538563 | 539452 | 6650 | 933 | 5295 |
| 295420 | 68000 | 833668 | 822198 | 393847 | 748285 | 5769 | 1230 | 7136 |
| 1541670 | 8000 | 2795574 | 2737460 | 1987115 | 2512961 | 57295 | 18652 | 48413 |
| 86600 | | 34728 | 30928 | 20896 | 28279 | 1115 | 188 | 844 |
| 10000 | | 9950 | 5065 | 5065 | 7998 | 162 | 47 | 96 |
| 64500 | 14950 | 89560 | 78727 | 58966 | 65033 | 1791 | 244 | 417 |
| 20422 | | 72915 | 72915 | 52160 | 70459 | 1577 | 127 | 909 |
| 26301 | | 5259 | 4651 | 608 | 4405 | 127 | 35 | 93 |
| 35298 | | 79342 | 79342 | 64045 | 64702 | 1842 | 207 | 2977 |
| 600 | | 2342 | 2342 | | 2201 | 40 | | |
| 40000 | | 26960 | 26870 | 13160 | 28526 | 1952 | 109 | 470 |
| 95000 | | 4889 | 4831 | 3224 | 6587 | 1374 | | 96 |
| 2384 | 2384 | 2540 | 2540 | | 1580 | 238 | 161 | 9 |
| 71346 | 2000 | 32852 | 32432 | 22342 | 33611 | 2097 | 590 | 1730 |
| 70625 | | 28754 | 28754 | 19851 | 41151 | 1086 | 46 | 1155 |

续表

| 地区 | 损益(千元) | | | | | | | |
|---|---|---|---|---|---|---|---|---|
| | 工会经费 | 动漫产品研究开发经费 | 营业利润 | 营业外收入 | 政府补助(补贴收入) | 营业外支出 | 利润总额 | 本年发放工资总额 |
| **总　　计** | **14197** | **1089334** | **609211** | **391608** | **248250** | **66837** | **933982** | **2134461** |
| 北　京 | 1363 | 54059 | 4791 | 9182 | 4337 | 12811 | 1162 | 158657 |
| 天　津 | 192 | 44442 | 12009 | 5716 | 3837 | 420 | 17305 | 35543 |
| 河　北 | 143 | 11073 | 6129 | 3259 | 3010 | 9305 | 83 | 16537 |
| 山　西 | 150 | 1974 | -2240 | 2308 | 1121 | 622 | -554 | 4954 |
| 内蒙古 | 115 | 1210 | -1877 | 5916 | 5041 | 890 | 3149 | 3171 |
| 辽　宁 | 189 | 17358 | 30321 | 7331 | 7002 | 2818 | 34834 | 43883 |
| 吉　林 | 130 | 5862 | -8125 | 1968 | 1400 | 566 | -6723 | 10701 |
| 黑龙江 | 193 | 8120 | -39045 | 9517 | 4248 | 10293 | -39821 | 19660 |
| 上　海 | 2871 | 187920 | 33377 | 35115 | 32768 | 396 | 68096 | 231432 |
| 江　苏 | 569 | 52215 | -24809 | 30089 | 13646 | 615 | 4665 | 113317 |
| 浙　江 | 367 | 52053 | 37913 | 19960 | 15838 | -2507 | 60380 | 69027 |
| 安　徽 | 41 | 22618 | 21037 | 29747 | 20779 | 7545 | 43239 | 105536 |
| 福　建 | 1672 | 103830 | 51542 | 107125 | 34477 | 737 | 157930 | 183698 |
| 江　西 | 420 | 35887 | 42159 | 1136 | 1128 | 226 | 43069 | 26197 |
| 山　东 | 2 | 8796 | -1945 | 5919 | 4676 | 527 | 3447 | 18385 |
| 河　南 | | 263 | -1322 | 1482 | 1461 | 8 | 152 | 690 |
| 湖　北 | 1729 | 46274 | 58587 | 6069 | 5032 | 403 | 64253 | 129035 |
| 湖　南 | 820 | 100147 | 85383 | 17251 | 16185 | 1347 | 101287 | 114587 |
| 广　东 | 2294 | 277219 | 282613 | 59357 | 47822 | 4763 | 337207 | 747580 |
| 广　西 | 95 | 8627 | 6449 | 5499 | 4349 | 733 | 11215 | 11331 |
| 海　南 | 56 | 3564 | 1952 | 8374 | 8210 | 242 | 10084 | 3730 |
| 重　庆 | 110 | 14181 | 24527 | 2764 | 1910 | 12687 | 14604 | 11736 |
| 四　川 | 47 | 1620 | 2456 | 1433 | 1411 | 104 | 3785 | 11269 |
| 贵　州 | 23 | 578 | 854 | 6 | | 41 | 819 | 1717 |
| 云　南 | 120 | 10467 | 14640 | 5906 | 1999 | 193 | 20353 | 21114 |
| 西　藏 | | | 141 | | | | 141 | 719 |
| 陕　西 | 51 | 3520 | -1566 | 655 | 602 | 4 | -915 | 7864 |
| 甘　肃 | 9 | 2141 | -1698 | 1151 | 32 | 769 | -1316 | 2035 |
| 青　海 | 16 | | 960 | | | | 960 | 943 |
| 宁　夏 | 216 | 8985 | -759 | 943 | 943 | 94 | 90 | 11982 |
| 新　疆 | 57 | 4331 | -12397 | 5720 | 4276 | 185 | -6862 | 9106 |

| 工资、福利费、税金(千元) | | 经营面积(万平方米) | 本单位拥有知识产权数量(个) | | 原创漫画作品(部) | 原创动画作品(部) | 网络动漫(含手机动漫)下载次数(次) | 动漫舞台剧演出场次(次) |
|---|---|---|---|---|---|---|---|---|
| 本年支付的职工福利费 | 本年应缴税金总额 | | | 自主知识产权动漫软件 | | | | |
| **80064** | **501170** | **182.47** | **61529** | **6815** | **10588** | **4979** | **40904087538** | **2597** |
| 10053 | 31850 | 1.97 | 19151 | 176 | 331 | 150 | 4391351531 | 4 |
| 888 | 6281 | 0.71 | 121 | 66 | 202 | 36 | 3677675531 | 2 |
| 451 | 2060 | 2.93 | 156 | 9 | 44 | 12 | 3000420000 | 220 |
| 35 | 931 | 0.37 | 92 | 2 | 37 | 13 | 105950 | |
| 119 | 672 | 0.32 | 25 | 12 | 5 | 10 | 95777601 | 27 |
| 597 | 35107 | 1.10 | 1413 | 1360 | 43 | 63 | 25000000 | 1 |
| 543 | 823 | 1.28 | 240 | 22 | 41 | 36 | 535831115 | 32 |
| 90 | 1505 | 2.61 | 3634 | 36 | 457 | 481 | 13105147 | 8 |
| 7157 | 46381 | 1.98 | 1188 | 103 | 322 | 74 | 112126367 | 119 |
| 2011 | 18491 | 9.86 | 7886 | 312 | 44 | 218 | 200102000 | 64 |
| 1853 | 25977 | 2.80 | 1100 | 263 | 458 | 128 | 6967699518 | 180 |
| 4167 | 21333 | 4.83 | 546 | 254 | 86 | 276 | 7828074 | 63 |
| 11752 | 38049 | 3.95 | 5234 | 2364 | 4681 | 163 | 2803285638 | 64 |
| 2624 | 4417 | 121.61 | 130 | 85 | 6 | 41 | 15222828 | 7 |
| 843 | 4767 | 1.62 | 656 | 60 | 15 | 79 | 22051200 | 132 |
| 37 | 26 | 0.42 | 271 | 1 | 450 | 8 | 20000 | 235 |
| 6635 | 28447 | 1.01 | 8150 | 812 | 20 | 81 | 9282015890 | 53 |
| 7103 | 37316 | 2.00 | 3327 | 48 | 469 | 359 | 1778122840 | 220 |
| 19347 | 175869 | 13.57 | 6497 | 500 | 2538 | 2454 | 3456820129 | 1066 |
| 277 | 1509 | 0.38 | 164 | 22 | 10 | 20 | 4510000000 | |
| 42 | 223 | 0.21 | 107 | 107 | | | | |
| 153 | 2187 | 0.38 | 226 | 61 | 9 | 7 | 50000 | |
| 307 | 1108 | 0.50 | 167 | 7 | 34 | 41 | | |
| 196 | 92 | 0.86 | 11 | 1 | 5 | 3 | | |
| 1494 | 4567 | 0.33 | 228 | 38 | 33 | 95 | 4316223 | |
| | 128 | | 2 | | 7 | | | |
| 368 | 723 | 0.47 | 487 | 24 | 192 | 61 | 77696 | 53 |
| 47 | 224 | 2.04 | 95 | 8 | 39 | 45 | 500001 | 2 |
| | | 0.08 | | | | | | |
| 611 | 962 | 1.27 | 106 | 23 | | 10 | | 2 |
| 264 | 2535 | 0.78 | 119 | 39 | 10 | 15 | 4582259 | 43 |

# 2017年文化行政主管

| | 机构数(个) | 从业人员(人) | 事业编制人员 | 本年收入合计(千元) | 财政补贴收入 | 文化类经费 | 在文化类经费中 | | |
|---|---|---|---|---|---|---|---|---|---|
| | | | | | | | 行政运行 | 一般行政管理事务 | 文化活动等经费 |
| **总　计** | **3255** | **81610** | **32505** | **58931495** | **56032110** | **37805051** | **8914619** | **2511982** | **17143676** |
| 中央 | 1 | 814 | 814 | 1523608 | 1414730 | 893101 | 100393 | 37700 | 45650 |
| 省、区、市 | 31 | 2461 | 130 | 4263243 | 3748313 | 3202983 | 535962 | 87683 | 1933547 |
| 地、市 | 337 | 13206 | 2217 | 12364117 | 11893531 | 8229749 | 2264802 | 439638 | 3638646 |
| 县、市、区 | 2886 | 65129 | 29344 | 40780527 | 38975536 | 25479218 | 6013462 | 1946961 | 11525833 |

续表 1

| | 其他资本性支出 | 各种设备购置费 | 资产总计(千元) | 固定资产原价 | 实际使用房屋建筑面积(万平方米) | 实际拥有产权面积(万平方米) | 本辖区内非物质文化遗产名录(个) | | |
|---|---|---|---|---|---|---|---|---|---|
| | | | | | | | 国家级项目 | 保护单位 | 省级项目 |
| **总　计** | **8140748** | **1256698** | **67217964** | **32169011** | **680.12** | **1418.19** | **1372** | | **15550** |
| 中央 | 83512 | 2955 | 3518217 | 2195317 | 9.34 | | 1372 | | |
| 省、区、市 | 364713 | 216318 | 6963334 | 2627558 | 57.81 | 49.74 | 2467 | 2220 | 15550 |
| 地、市 | 1103880 | 135441 | 15619512 | 6992208 | 132.47 | 118.22 | 1576 | 1370 | 7899 |
| 县、市、区 | 6588643 | 901984 | 41116901 | 20353928 | 480.50 | 1250.23 | 1838 | 1578 | 8764 |

# 部门基本情况

| 本年支出合计(千元) | 基本支出 | 项目支出 | 在支出合计中： | | | | | | | |
|---|---|---|---|---|---|---|---|---|---|---|
| | | | 工资福利支出 | 商品和服务支出 | | | | | 对个人和家庭补助支出 | |
| | | | | | 差旅费 | 劳务费 | 福利费 | 税金支出 | | 抚恤金和生活补助 |
| **56592334** | **17689086** | **36851761** | **8604131** | **22432134** | **483284** | **1387417** | **118983** | **29985** | **4413331** | **549437** |
| 1459671 | 340465 | 1119205 | 146994 | 701019 | 21747 | 21137 | | 1808 | 152123 | 3307 |
| 4317803 | 717328 | 3589860 | 397803 | 2263097 | 54936 | 60324 | 3425 | 192 | 315395 | 16600 |
| 11614295 | 3333882 | 8045104 | 1729768 | 5380995 | 100610 | 215307 | 46770 | 1514 | 1011200 | 70772 |
| 39200565 | 13297411 | 24097592 | 6329566 | 14087023 | 305991 | 1090649 | 68788 | 26471 | 2934613 | 458758 |

| | | | | | 本辖区内非物质文化遗产代表性传承人（人） | | | | |
|---|---|---|---|---|---|---|---|---|---|
| | 市级项目 | | 县级项目 | | 国家级代表性传承人 | | 省级代表性传承人 | | 市级代表性传承人 |
| 保护单位 | | 保护单位 | | 保护单位 | | 学徒人数 | | 学徒人数 | |
| **10137** | **43787** | **12792** | **101625** | **30333** | **3068** | | **16432** | **72356** | **47855** |
| | | | | | 3068 | | | | |
| 10137 | | | | | 1709 | 8601 | 16432 | 72356 | |
| 5251 | 43787 | 12792 | | | 916 | 29281 | 7286 | 111377 | 47855 |
| 5635 | 23722 | 12435 | 101625 | 30333 | 1044 | 52987 | 8236 | 135832 | 26280 |

续表 2

| | | | | 辖区内非物质文化遗产生态保护区（个） | | | | | |
|---|---|---|---|---|---|---|---|---|---|
| | 学徒人数 | 县级代表性传承人 | 学徒人数 | 国家级 | 省级 | 市级 | 县级 | 非物质文化遗产保护专项经费投入（千元） | 中央财政投入 |
| **总　计** | **261269** | **89744** | **293173** | **21** | **165** | **189** | **715** | **4622643** | **1746595** |
| 中央 | | | | 21 | | | | 662980 | 662980 |
| 省、区、市 | | | | 23 | 165 | | | 1059518 | 557187 |
| 地、市 | 261269 | | | 17 | 129 | 189 | | 389623 | 138037 |
| 县、市、区 | 209748 | 89744 | 293173 | 110 | 259 | 333 | 715 | 2510522 | 388391 |

续表 3

| | | 辖区内宣传展示培训活动 | | | | | | | |
|---|---|---|---|---|---|---|---|---|---|
| | 培训学徒（人） | 举办展览 | 参观人次（万人次） | 举办演出 | 观众人次（万人次） | 举办民俗活动 | 参与人次（万人次） | 开展非遗工作人员培训班 | 培训人次（万人次） |
| **总　计** | **605079** | **17625** | **3367.36** | **50178** | **4558.13** | **15133** | **6211.31** | **7861** | **42.14** |
| 中央 | | | | | | | | | |
| 省、区、市 | 116525 | 2590 | 773.98 | 6257 | 1296.82 | 3342 | 1391.68 | 1418 | 13.67 |
| 地、市 | 134325 | 3275 | 952.12 | 13100 | 879.97 | 2899 | 1125.79 | 886 | 4.07 |
| 县、市、区 | 354229 | 11760 | 1641.25 | 30821 | 2381.34 | 8892 | 3693.85 | 5557 | 24.39 |

| | | | | 辖区内展示传习场所 | | | | | |
|---|---|---|---|---|---|---|---|---|---|
| 省级财政投入 | 市级财政投入 | 县级财政投入 | 其他投入 | 非物质文化遗产博物馆（个） | 收藏实物数（件） | 展示及演出面积（万平方米） | 培训学徒（人） | 传习所（个） | 使用面积（万平方米） |
| **1104533** | **308675** | **1381656** | **81184** | **88941** | **800716** | **2441.71** | **178075** | **11972** | **399.78** |
| 406130 | 46115 | 35309 | 14777 | 56696 | 98085 | 12.77 | 43691 | 2497 | 36.55 |
| 78500 | 114572 | 42026 | 16488 | 8409 | 274858 | 2343.63 | 36649 | 3261 | 96.52 |
| 619903 | 147988 | 1304321 | 49919 | 23836 | 427773 | 85.31 | 97735 | 6214 | 266.72 |

| | | 调查成果 | | | | | | | |
|---|---|---|---|---|---|---|---|---|---|
| 开展传承人培训班 | 培训人次（万人次） | 项目资源总量（累计） | 征集实物（件/套） | 征集文本资料（册） | 录音资料（小时） | 录像资料（小时） | 调查报告（篇） | 出版成果（册） | 资源清单（册） |
| **13762** | **58.76** | **529384** | **218486** | **256676** | **61071** | **72262** | **14920** | **370648** | **12947** |
| 849 | 4.06 | 85867 | 55387 | 109841 | 16009 | 15300 | 2587 | 34750 | 804 |
| 2788 | 10.37 | 54463 | 50419 | 110830 | 14197 | 18682 | 2740 | 49915 | 1336 |
| 10125 | 44.33 | 389054 | 112680 | 36005 | 30865 | 38280 | 9593 | 285983 | 10807 |

# 2017年全国文化行政

| 地区 | 机构数（个） | 从业人员（人） | | 本年收入合计（千元） | | | | | |
|---|---|---|---|---|---|---|---|---|---|
| | | | 事业编制人员 | | 财政补贴收入 | | | | |
| | | | | | | 文化类经费 | 在文化类经费中 | | |
| | | | | | | | 行政运行 | 一般行政管理事务 | 文化活动等经费 |
| **总计** | **3255** | **81610** | **32505** | **58931495** | **56032110** | **37805051** | **8914619** | **2511982** | **17143676** |
| 北京 | 18 | 717 | 7 | 1866098 | 1803331 | 1458821 | 178919 | 7959 | 1193059 |
| 天津 | 17 | 462 | 34 | 891023 | 880566 | 844012 | 158760 | 2485 | 446878 |
| 河北 | 187 | 4859 | 2292 | 2369451 | 2340370 | 1640462 | 414116 | 101337 | 802021 |
| 山西 | 131 | 2067 | 682 | 1194057 | 1162716 | 869341 | 204829 | 96450 | 473472 |
| 内蒙古 | 119 | 2159 | 645 | 1371359 | 1319343 | 912987 | 198099 | 39871 | 425476 |
| 辽宁 | 99 | 1674 | 299 | 3294437 | 3285531 | 853527 | 173575 | 62183 | 488152 |
| 吉林 | 71 | 1088 | 186 | 1214761 | 1191435 | 913031 | 177556 | 58744 | 401195 |
| 黑龙江 | 141 | 2151 | 803 | 1047959 | 1022080 | 634543 | 184138 | 39781 | 308868 |
| 上海 | 17 | 440 | 54 | 1411053 | 1267483 | 779725 | 107341 | 138400 | 470333 |
| 江苏 | 113 | 2972 | 676 | 2643353 | 2597654 | 2206047 | 655713 | 164906 | 1229016 |
| 浙江 | 102 | 2456 | 558 | 2697465 | 2569643 | 1929559 | 467543 | 73809 | 997220 |
| 安徽 | 124 | 2622 | 1007 | 1564069 | 1498995 | 1088873 | 260149 | 82955 | 339144 |
| 福建 | 94 | 1768 | 591 | 2490373 | 2377159 | 1188806 | 217116 | 47892 | 558619 |
| 江西 | 115 | 2540 | 1080 | 850858 | 758025 | 551466 | 200542 | 74186 | 212448 |
| 山东 | 160 | 3525 | 1583 | 2021816 | 1911005 | 1693534 | 441857 | 88938 | 961208 |
| 河南 | 173 | 4591 | 2391 | 1530702 | 1486004 | 1253362 | 344835 | 112619 | 486102 |
| 湖北 | 126 | 2747 | 876 | 2311299 | 2170256 | 1671571 | 436647 | 188767 | 850139 |
| 湖南 | 141 | 4126 | 1899 | 1698397 | 1634826 | 1224364 | 355299 | 130686 | 393597 |
| 广东 | 151 | 4752 | 995 | 4687820 | 4539976 | 2721654 | 620460 | 175695 | 1186744 |
| 广西 | 124 | 3305 | 1109 | 2224840 | 2081763 | 1369296 | 283005 | 83783 | 458851 |
| 海南 | 29 | 616 | 130 | 1280233 | 1194404 | 524260 | 73012 | 13058 | 360808 |
| 重庆 | 40 | 1055 | 258 | 1341208 | 1311482 | 905694 | 186240 | 65655 | 540574 |
| 四川 | 207 | 6934 | 3144 | 4148382 | 3959094 | 2568484 | 713382 | 196562 | 1001111 |
| 贵州 | 101 | 4976 | 3333 | 2119974 | 1886044 | 1232083 | 370220 | 139877 | 484404 |
| 云南 | 149 | 3830 | 1425 | 1867005 | 1736709 | 1007256 | 392261 | 33358 | 369655 |
| 西藏 | 82 | 921 | 303 | 502242 | 495075 | 387689 | 128236 | 10214 | 89948 |
| 陕西 | 126 | 2797 | 995 | 1719322 | 1628889 | 1255097 | 213795 | 60662 | 464641 |
| 甘肃 | 103 | 4042 | 2260 | 1655438 | 1558648 | 1125480 | 303936 | 128376 | 363062 |
| 青海 | 55 | 728 | 244 | 1042118 | 801935 | 675341 | 76114 | 8083 | 367596 |
| 宁夏 | 28 | 759 | 323 | 775629 | 660412 | 444987 | 61873 | 4813 | 191016 |
| 新疆 | 111 | 3117 | 1509 | 1575146 | 1486527 | 980598 | 214658 | 42178 | 182669 |

# 主管部门基本情况

| 本年支出合计(千元) | 基本支出 | 项目支出 | 在支出合计中： | | | | | | | |
|---|---|---|---|---|---|---|---|---|---|---|
| | | | 工资福利支出 | 商品和服务支出 | 差旅费 | 劳务费 | 福利费 | 税金支出 | 对个人和家庭补助支出 | 抚恤金和生活补助 |
| **56592334** | **17689086** | **36851761** | **8604131** | **22432134** | **483284** | **1387417** | **118983** | **29985** | **4413331** | **549437** |
| 1963195 | 204190 | 1759004 | 149094 | 1156675 | 895 | 12222 | 1621 | | 32039 | 1869 |
| 903688 | 170155 | 733533 | 84400 | 411620 | 2177 | 13922 | 2076 | 96 | 48457 | 2852 |
| 2229688 | 799220 | 1396667 | 353681 | 883276 | 9671 | 49413 | 2754 | 530 | 296747 | 26490 |
| 1199920 | 322743 | 833072 | 158368 | 483120 | 10536 | 45170 | 782 | 107 | 64824 | 6123 |
| 1234639 | 551195 | 669113 | 179475 | 459660 | 20128 | 56626 | 1363 | 10198 | 101635 | 13951 |
| 3349023 | 1790782 | 1537144 | 770927 | 1196785 | 19921 | 128785 | 4758 | 151 | 847351 | 225643 |
| 1092630 | 252612 | 822265 | 86527 | 358562 | 8703 | 10349 | 132 | 178 | 84381 | 6037 |
| 948048 | 378148 | 565472 | 198158 | 350419 | 12928 | 12022 | 1499 | 1466 | 150521 | 11661 |
| 1344280 | 160618 | 1179217 | 100452 | 965053 | 2150 | 5744 | 1320 | 315 | 39353 | 2601 |
| 2563677 | 901591 | 1604902 | 426883 | 1314889 | 17423 | 82510 | 4369 | 1180 | 270054 | 10687 |
| 3001434 | 693568 | 1964304 | 477230 | 1072510 | 13773 | 67959 | 14412 | 638 | 125769 | 12217 |
| 1413549 | 615925 | 755003 | 236170 | 418315 | 13166 | 21813 | 3118 | 485 | 178883 | 10786 |
| 2352089 | 441518 | 1764058 | 197722 | 989477 | 9029 | 19653 | 541 | 105 | 61300 | 6552 |
| 736238 | 436060 | 284527 | 208623 | 204942 | 9671 | 9609 | 6200 | 323 | 67701 | 9026 |
| 1770758 | 614521 | 1019667 | 336181 | 658199 | 8437 | 33307 | 2643 | 41 | 118570 | 12744 |
| 1481812 | 703481 | 748356 | 330786 | 365958 | 16925 | 42574 | 3568 | 193 | 97385 | 17629 |
| 2263913 | 659826 | 1551695 | 306783 | 698810 | 10724 | 38244 | 7574 | 2086 | 164772 | 8466 |
| 1664560 | 695943 | 933465 | 349661 | 665425 | 22950 | 44920 | 3900 | 1257 | 123289 | 14563 |
| 4602292 | 1228189 | 3310192 | 607035 | 2225487 | 23415 | 74948 | 8172 | 1291 | 462537 | 17755 |
| 2206556 | 525304 | 1494011 | 273095 | 779138 | 28005 | 34809 | 547 | 915 | 78097 | 9045 |
| 998673 | 102698 | 826479 | 72826 | 385371 | 7878 | 42867 | 22 | 850 | 23639 | 4087 |
| 1298387 | 285269 | 998856 | 122246 | 486936 | 23439 | 66563 | 1051 | 467 | 57043 | 7309 |
| 4072626 | 1249782 | 2763164 | 707522 | 1911411 | 55950 | 138340 | 35085 | 256 | 205922 | 32610 |
| 1903432 | 757287 | 1048949 | 377895 | 769203 | 31800 | 86729 | 3953 | 1144 | 135325 | 12892 |
| 1770702 | 689598 | 966177 | 404198 | 661376 | 22374 | 53927 | 1802 | 316 | 91397 | 16134 |
| 442974 | 229347 | 181952 | 100350 | 91641 | 6241 | 7734 | 3 | | 13694 | 2720 |
| 1751555 | 492902 | 1091014 | 202232 | 638464 | 14405 | 82761 | 2997 | 766 | 63430 | 11240 |
| 1576300 | 619272 | 874481 | 278808 | 435813 | 13819 | 26571 | 872 | 110 | 148182 | 15998 |
| 959412 | 202221 | 699795 | 70720 | 269311 | 5604 | 13219 | 115 | 672 | 27360 | 1325 |
| 643399 | 109181 | 480957 | 63463 | 141256 | 2625 | 13119 | 68 | 3 | 19060 | 1508 |
| 1393214 | 465475 | 875065 | 225626 | 282013 | 16775 | 29851 | 1666 | 2038 | 62491 | 13610 |

续表 1

| 地　　区 | 其他资本性支出 | 各种设备购置费 | 资产总计（千元） | 固定资产原价 | 实际使用房屋建筑面积（万平方米） | 实际拥有产权面积（万平方米） | 国家级项目 | 省级项目 |
|---|---|---|---|---|---|---|---|---|
| **总　　计** | **8140748** | **1256698** | **67217964** | **32169011** | **680.12** | **1418.19** | **1372** | **15550** |
| 北　　京 | 323876 | 32168 | 3898489 | 1976142 | 6.07 | 6.20 | | 251 |
| 天　　津 | 62092 | 19400 | 522433 | 154160 | 5.74 | 0.02 | | 250 |
| 河　　北 | 229207 | 33143 | 1700476 | 943542 | 26.28 | 15.96 | | 832 |
| 山　　西 | 303956 | 30423 | 956342 | 763501 | 19.15 | 14.88 | | 942 |
| 内 蒙 古 | 164954 | 25682 | 2005913 | 1228367 | 24.58 | 16.61 | | 499 |
| 辽　　宁 | 378739 | 20880 | 2398770 | 1095113 | 20.72 | 13.73 | | 248 |
| 吉　　林 | 141923 | 19882 | 2136786 | 681608 | 4.89 | 7.96 | | 343 |
| 黑 龙 江 | 164990 | 59772 | 887386 | 431467 | 13.41 | 6.66 | | 317 |
| 上　　海 | 138334 | 4568 | 2276204 | 470823 | 6.37 | 5.92 | | 220 |
| 江　　苏 | 169280 | 19650 | 2092268 | 980301 | 29.71 | 22.76 | | 757 |
| 浙　　江 | 244720 | 34649 | 1392963 | 667796 | 16.84 | 10.08 | | 1076 |
| 安　　徽 | 178182 | 14357 | 1199449 | 690653 | 14.85 | 907.84 | | 478 |
| 福　　建 | 297805 | 29057 | 2616232 | 1099300 | 15.65 | 8.07 | | 490 |
| 江　　西 | 114980 | 17250 | 1012368 | 445547 | 21.18 | 13.19 | | 560 |
| 山　　东 | 230167 | 76986 | 1352926 | 776000 | 24.67 | 9.12 | | 751 |
| 河　　南 | 206300 | 64677 | 1493808 | 864066 | 22.94 | 25.20 | | 728 |
| 湖　　北 | 362305 | 41943 | 1484431 | 815314 | 27.73 | 19.28 | | 546 |
| 湖　　南 | 260261 | 36681 | 1207717 | 662008 | 17.69 | 16.07 | | 442 |
| 广　　东 | 372499 | 43066 | 8023675 | 3140487 | 49.65 | 35.85 | | 608 |
| 广　　西 | 661896 | 73032 | 1854873 | 857507 | 25.95 | 39.26 | | 626 |
| 海　　南 | 240599 | 17850 | 2416339 | 1116621 | 32.99 | 31.92 | | 82 |
| 重　　庆 | 164555 | 15080 | 1153488 | 438031 | 12.87 | 6.73 | | 511 |
| 四　　川 | 601134 | 189131 | 7232668 | 3449142 | 49.72 | 48.63 | | 522 |
| 贵　　州 | 174736 | 73620 | 2109188 | 1024309 | 27.00 | 19.40 | | 709 |
| 云　　南 | 277926 | 27444 | 2660480 | 1304444 | 45.37 | 33.93 | | 732 |
| 西　　藏 | 99058 | 3549 | 594395 | 231808 | 8.58 | 5.17 | | 323 |
| 陕　　西 | 491548 | 102559 | 1287221 | 639678 | 19.81 | 13.56 | | 599 |
| 甘　　肃 | 298490 | 32497 | 1496989 | 808669 | 24.67 | 18.84 | | 493 |
| 青　　海 | 195229 | 40680 | 533294 | 130451 | 5.77 | 2.50 | | 209 |
| 宁　　夏 | 214873 | 27973 | 968591 | 342400 | 7.71 | 3.59 | | 83 |
| 新　　疆 | 292622 | 26094 | 2733585 | 1744439 | 42.22 | 39.27 | | 293 |

| 本辖区内非物质文化遗产名录(个) | | | | | 本辖区内非物质文化遗产代表性传承人(人) | | | |
|---|---|---|---|---|---|---|---|---|
| 保护单位 | 市级项目 | 保护单位 | 县级项目 | 保护单位 | 国家级代表性传承人 | 省级代表性传承人 | 学徒人数 | 市级代表性传承人 |
| **10137** | **43787** | **12792** | **101625** | **30333** | **3068** | **16432** | **72356** | **47855** |
| | | | | | | | | |
| | 909 | | | 491 | | 280 | | 731 |
| 276 | 693 | | | | | 221 | | 774 |
| | 2373 | 743 | 5545 | 1152 | | 619 | | 2114 |
| 942 | 1534 | 1529 | 4016 | 1608 | | 815 | | 1855 |
| 9 | 1124 | 532 | 2095 | 640 | | 556 | | 2202 |
| | | | | | | | | |
| 88 | 858 | 151 | 1472 | 65 | | 233 | 540 | 1145 |
| 10 | 775 | 162 | 899 | 142 | | 236 | 49 | 459 |
| 205 | 921 | 301 | 1284 | 98 | | 443 | 1300 | 1113 |
| | | | | | | | | |
| 303 | 398 | | | 146 | | 647 | | 853 |
| 5 | 1757 | 551 | 4506 | 1555 | | 532 | 98 | 2905 |
| 1076 | 3223 | 684 | 8162 | 5608 | | 1215 | 23000 | 2123 |
| 532 | 1321 | 582 | 3828 | 1402 | | 576 | 2238 | 2222 |
| 490 | 1050 | 495 | 2032 | 641 | | 735 | 3413 | 1953 |
| 578 | 985 | 232 | 2335 | 341 | | 478 | | 1493 |
| 451 | 2778 | 2032 | 7513 | 3147 | | 333 | 1033 | 1820 |
| | | | | | | | | |
| 728 | 2596 | 613 | 9021 | 2093 | | 832 | | 3013 |
| 546 | 1349 | 368 | 7343 | 619 | | 571 | 2613 | 2092 |
| 324 | 1336 | 663 | 4042 | 920 | | 323 | 2259 | 1293 |
| 608 | 1353 | 406 | 2135 | 811 | | 729 | 19658 | 1579 |
| 110 | 1039 | 242 | 2561 | 1064 | | 555 | 1000 | 1026 |
| 126 | 132 | 2 | 141 | 107 | | 111 | 450 | 180 |
| | | | | | | | | |
| | 2350 | | | 1124 | | 711 | | 2379 |
| 711 | 1432 | 948 | 5076 | 1865 | | 764 | 2312 | 1478 |
| 92 | 1455 | 312 | 4151 | 959 | | 402 | 6505 | 1046 |
| 610 | 3510 | 407 | 8932 | 1174 | | 1085 | | 2881 |
| 234 | 487 | | 1364 | 8 | | 350 | | 604 |
| | | | | | | | | |
| 529 | 2014 | 263 | 6164 | 798 | | 455 | 2200 | 1736 |
| 9 | 1543 | 92 | 3657 | 625 | | 617 | 30 | 1681 |
| 55 | 736 | 286 | 1976 | 159 | | 297 | 253 | 867 |
| 95 | 261 | 56 | 341 | 130 | | 176 | 1055 | 343 |
| 395 | 1495 | 140 | 4640 | 841 | | 529 | 2350 | 1895 |

续表 2

| 地区 | | | | 辖区内非物质文化遗产生态保护区(个) | | | | 非物质文化遗产保护专项经费投入(千元) | |
|---|---|---|---|---|---|---|---|---|---|
| | 学徒人数 | 县级代表性传承人 | 学徒人数 | 国家级 | 省级 | 市级 | 县级 | | 中央财政投入 |
| **总　计** | **261269** | **89744** | **293173** | **21** | **165** | **189** | **715** | **4622643** | **1746595** |
| 北　京 | | | 3525 | | | | | 26748 | 6100 |
| 天　津 | | | 150 | | | | | 19608 | 7220 |
| 河　北 | 154430 | 4375 | 27223 | | | | 39 | 76439 | 36498 |
| 山　西 | 7330 | 3502 | 10327 | | 3 | | 3 | 74408 | 59331 |
| 内蒙古 | 5760 | 3154 | 5100 | | | 7 | 8 | 34345 | 12450 |
| 辽　宁 | 2394 | 2012 | 2331 | | | 1 | | 83072 | 1000 |
| 吉　林 | 1354 | 631 | 2992 | | | | | 12909 | 7030 |
| 黑龙江 | 1634 | 1344 | 1474 | | 4 | | 24 | 30049 | 11236 |
| 上　海 | | | 284 | | | | | 26827 | 7117 |
| 江　苏 | 1363 | 4713 | 14650 | | 10 | 1 | 4 | 84411 | 31264 |
| 浙　江 | 2263 | 3855 | 26357 | | 10 | 20 | 17 | 1790118 | 74919 |
| 安　徽 | 5338 | 4402 | 5778 | | | | 47 | 58456 | 38504 |
| 福　建 | 729 | 2150 | 4638 | | 1 | | 10 | 117053 | 35780 |
| 江　西 | 6480 | 1825 | 3352 | | 2 | 1 | 32 | 66918 | 39461 |
| 山　东 | 29207 | 4339 | 25803 | | 9 | | 10 | 110134 | 49331 |
| 河　南 | 6850 | 8515 | 13043 | | 5 | | 41 | 31854 | 14909 |
| 湖　北 | 1346 | 5689 | 8102 | | 13 | 21 | 16 | 68264 | 32538 |
| 湖　南 | 9675 | 3739 | 9456 | | | 1 | 32 | 132333 | 47340 |
| 广　东 | 3638 | 2224 | 10681 | | 9 | | 12 | 144528 | 24897 |
| 广　西 | 3221 | 1227 | 7698 | | 7 | 2 | 13 | 137901 | 44689 |
| 海　南 | 375 | 255 | 2003 | | | | 6 | 25816 | 8848 |
| 重　庆 | | | 32244 | | | | 2 | 35841 | 19896 |
| 四　川 | 1760 | 4326 | 10636 | | | | 206 | 165997 | 58768 |
| 贵　州 | 1498 | 5149 | 16791 | | 2 | 1 | 14 | 291994 | 245184 |
| 云　南 | 5120 | 3689 | 18020 | | 85 | 134 | 84 | 103742 | 69193 |
| 西　藏 | | 1029 | 147 | | | | | 368 | |
| 陕　西 | 1175 | 5713 | 12104 | | | | 19 | 84193 | 22649 |
| 甘　肃 | 4662 | 2979 | 6111 | | | | | 22762 | 11501 |
| 青　海 | | 2553 | 1020 | | | | 5 | 47978 | 34311 |
| 宁　夏 | 524 | 692 | 1337 | | 1 | | 64 | 16766 | 5860 |
| 新　疆 | 3143 | 5654 | 9796 | | 4 | | 7 | 37831 | 25791 |

| | | | | 辖区内展示传习场所 | | | | | |
|---|---|---|---|---|---|---|---|---|---|
| 省级财政投入 | 市级财政投入 | 县级财政投入 | 其他投入 | 非物质文化遗产博物馆（个） | 收藏实物数（件） | 展示及演出面积（万平方米） | 培训学徒（人） | 传习所（个） | 使用面积（万平方米） |
| **1104533** | **308675** | **1381656** | **81184** | **88941** | **800716** | **2441.71** | **178075** | **11972** | **399.78** |
| 6740 | 12668 | 1240 | | 26 | 5810 | 2.18 | 505 | 100 | 8.52 |
| 8398 | 3840 | 150 | | 7 | 4657 | 0.33 | 9200 | 64 | 0.91 |
| 30707 | 7262 | 1920 | 52 | 703 | 6402 | 2.85 | 4273 | 512 | 3.91 |
| 5805 | 5527 | 3565 | 180 | 902 | 35636 | 4.19 | 2676 | 819 | 11.33 |
| 12363 | 5805 | 3667 | 60 | 129 | 20857 | 3.65 | 1638 | 216 | 71.10 |
| 6601 | 74130 | 1341 | | 105 | 14311 | 2.00 | 3000 | 445 | 1.91 |
| 4599 | 933 | 347 | | 1092 | 13727 | 2.00 | 229 | 78 | 55.34 |
| 5467 | 1088 | 5848 | 6410 | 70 | 33638 | 3.54 | 990 | 165 | 10.24 |
| 5072 | 3809 | 8825 | 2004 | 8 | 2580 | 0.81 | 557 | 66 | 2.45 |
| 20576 | 4463 | 16053 | 12055 | 1415 | 49653 | 13.47 | 7781 | 561 | 25.51 |
| 500536 | 31291 | 1170103 | 13269 | 4006 | 157673 | 39.10 | 20299 | 969 | 34.89 |
| 11760 | 3809 | 2798 | 1585 | 802 | 29015 | 10.58 | 1733 | 231 | 7.23 |
| 71249 | 5728 | 3996 | 300 | 59216 | 10645 | 5.19 | 632 | 242 | 39.82 |
| 9636 | 6245 | 11384 | 192 | 249 | 8835 | 1.92 | 2407 | 251 | 5.26 |
| 31207 | 15071 | 12755 | 1770 | 1521 | 89469 | 13.81 | 37437 | 1095 | 22.27 |
| 9189 | 2044 | 5680 | 32 | 1681 | 60779 | 2304.02 | 8103 | 324 | 8.76 |
| 25023 | 5212 | 5046 | 445 | 2342 | 8386 | 1.51 | 4806 | 207 | 3.09 |
| 30435 | 15171 | 30006 | 9381 | 564 | 41598 | 5.56 | 12058 | 905 | 20.23 |
| 44990 | 34891 | 28516 | 11234 | 3213 | 20138 | 8.15 | 23736 | 1123 | 22.23 |
| 46310 | 11653 | 33283 | 1966 | 786 | 44020 | 1.33 | 5718 | 562 | 3.13 |
| 13543 | 655 | 2670 | 100 | 1351 | 51 | 0.28 | | 94 | 1.46 |
| 10509 | 1619 | 3523 | 294 | 42 | 6036 | 1.32 | 1450 | 161 | 3.33 |
| 74992 | 12398 | 10281 | 9558 | 106 | 26622 | 5.79 | 6273 | 457 | 15.02 |
| 37394 | 2440 | 6663 | 313 | 683 | 7319 | 1.33 | 1368 | 843 | 4.93 |
| 20633 | 6325 | 5574 | 2017 | 4753 | 17184 | 1.57 | 5396 | 587 | 6.77 |
| 110 | 108 | 150 | | 1 | 100 | 0.01 | | | |
| 30085 | 28950 | 2429 | 80 | 936 | 52926 | 1.86 | 5554 | 421 | 4.97 |
| 8746 | 1909 | 595 | 11 | 647 | 14808 | 0.65 | 1237 | 223 | 2.64 |
| 5785 | 57 | 5 | 7820 | 584 | 106 | 0.03 | 128 | 39 | 0.04 |
| 5554 | 2874 | 2440 | 38 | 71 | 12071 | 1.35 | 5804 | 130 | 1.13 |
| 10519 | 700 | 803 | 18 | 930 | 5664 | 1.34 | 3087 | 82 | 1.37 |

续表 3

| 地区 | 培训学徒(人) | 辖区内宣传展示培训活动 | | | | | | | |
|---|---|---|---|---|---|---|---|---|---|
| | | 举办展览 | 参观人次(万人次) | 举办演出 | 观众人次(万人次) | 举办民俗活动 | 参与人次(万人次) | 开展非遗工作人员培训班 | 培训人次(万人次) |
| **总　计** | **605079** | **17625** | **3367.36** | **50178** | **4558.13** | **15133** | **6211.31** | **7861** | **42.14** |
| 北　京 | 13635 | 125 | 40.95 | 169 | 42.79 | 91 | 15.27 | 27 | 0.13 |
| 天　津 | 2975 | 86 | 18.40 | 185 | 15.59 | 73 | 16.92 | 26 | 0.14 |
| 河　北 | 50242 | 847 | 76.07 | 5473 | 357.16 | 683 | 59.92 | 440 | 1.47 |
| 山　西 | 13830 | 925 | 131.35 | 1498 | 162.13 | 302 | 43.62 | 180 | 1.05 |
| 内蒙古 | 29534 | 315 | 71.51 | 810 | 70.40 | 379 | 112.36 | 333 | 1.89 |
| 辽　宁 | 18841 | 1807 | 45.24 | 840 | 28.21 | 261 | 16.06 | 97 | 0.33 |
| 吉　林 | 6218 | 119 | 15.63 | 437 | 37.50 | 58 | 22.92 | 34 | 0.16 |
| 黑龙江 | 4260 | 214 | 19.46 | 326 | 76.40 | 110 | 6.74 | 147 | 0.79 |
| 上　海 | 2525 | 99 | 31.54 | 360 | 10.64 | 299 | 15.19 | 263 | 0.15 |
| 江　苏 | 37424 | 1121 | 114.13 | 3918 | 145.70 | 434 | 822.45 | 354 | 2.15 |
| 浙　江 | 66490 | 1934 | 368.86 | 6225 | 342.22 | 1120 | 414.66 | 497 | 2.55 |
| 安　徽 | 9492 | 303 | 80.59 | 1100 | 53.79 | 343 | 135.30 | 162 | 0.78 |
| 福　建 | 8301 | 364 | 46.68 | 1693 | 105.91 | 336 | 97.35 | 263 | 0.95 |
| 江　西 | 7743 | 338 | 34.29 | 455 | 53.67 | 250 | 29.61 | 83 | 0.39 |
| 山　东 | 106797 | 2287 | 735.40 | 6271 | 949.13 | 3796 | 1062.96 | 1532 | 13.83 |
| 河　南 | 29003 | 536 | 62.27 | 3171 | 118.76 | 554 | 83.79 | 307 | 1.42 |
| 湖　北 | 7183 | 420 | 68.51 | 1548 | 139.02 | 525 | 36.62 | 213 | 0.85 |
| 湖　南 | 28042 | 828 | 265.35 | 5002 | 446.35 | 850 | 322.88 | 280 | 1.20 |
| 广　东 | 49392 | 1032 | 198.43 | 3090 | 459.23 | 1379 | 1530.52 | 989 | 4.55 |
| 广　西 | 11773 | 569 | 121.31 | 1512 | 126.87 | 798 | 390.44 | 211 | 0.78 |
| 海　南 | 3228 | 65 | 27.70 | 213 | 18.54 | 70 | 150.04 | 119 | 0.14 |
| 重　庆 | 4582 | 351 | 65.94 | 473 | 78.04 | 150 | 115.52 | 150 | 1.22 |
| 四　川 | 15026 | 1223 | 278.03 | 1854 | 216.38 | 750 | 207.62 | 425 | 1.45 |
| 贵　州 | 14316 | 135 | 51.24 | 306 | 58.02 | 156 | 71.22 | 84 | 0.57 |
| 云　南 | 26187 | 439 | 175.42 | 759 | 110.00 | 429 | 260.61 | 173 | 0.71 |
| 西　藏 | | 11 | 0.48 | 5 | 0.23 | | | 5 | 0.00 |
| 陕　西 | 10891 | 389 | 134.69 | 886 | 134.30 | 269 | 67.73 | 223 | 1.16 |
| 甘　肃 | 16381 | 196 | 32.05 | 740 | 132.11 | 126 | 13.67 | 66 | 0.59 |
| 青　海 | 635 | 36 | 16.49 | 144 | 15.81 | 27 | 11.24 | 16 | 0.03 |
| 宁　夏 | 7221 | 220 | 21.38 | 189 | 31.18 | 120 | 57.51 | 53 | 0.28 |
| 新　疆 | 2912 | 291 | 17.98 | 526 | 22.07 | 395 | 20.59 | 109 | 0.47 |

| | | 调查成果 | | | | | | | |
|---|---|---|---|---|---|---|---|---|---|
| 开展传承人培训班 | 培训人次（万人次） | 项目资源总量（累计） | 征集实物（件/套） | 征集文本资料（册） | 录音资料（小时） | 录像资料（小时） | 调查报告（篇） | 出版成果（册） | 资源清单（册） |
| **13762** | **58.76** | **529384** | **218486** | **256676** | **61071** | **72262** | **14920** | **370648** | **12947** |
| | | | | | | | | | |
| 69 | 0.10 | 16550 | 146 | 82 | 227 | 141 | 46 | 10011 | |
| 233 | 1.10 | 213 | 192 | 160 | 656 | 436 | 11 | 11 | 10 |
| 344 | 1.53 | 3456 | 3618 | 2279 | 2048 | 3481 | 513 | 6077 | 75 |
| 223 | 1.12 | 8319 | 15562 | 1368 | 1370 | 1638 | 390 | 10063 | 330 |
| 211 | 0.80 | 4962 | 5187 | 1483 | 1491 | 2622 | 180 | 5418 | 2116 |
| | | | | | | | | | |
| 1357 | 2.59 | 11401 | 1532 | 486 | 1475 | 2559 | 91 | 8047 | 83 |
| 98 | 0.33 | 7297 | 242 | 340 | 2239 | 435 | 31 | 6914 | 139 |
| 172 | 1.62 | 1096 | 1866 | 186 | 460 | 253 | 43 | 84 | 84 |
| | | | | | | | | | |
| 59 | 0.09 | 2093 | 770 | 575 | 204 | 347 | 51 | 1155 | 8 |
| 677 | 2.64 | 12163 | 4871 | 2149 | 2530 | 2131 | 246 | 108875 | 82 |
| 2306 | 8.58 | 193710 | 8360 | 4480 | 3442 | 3878 | 365 | 31361 | 448 |
| 442 | 0.95 | 1851 | 2639 | 852 | 600 | 606 | 223 | 1527 | 37 |
| 311 | 3.83 | 8287 | 2935 | 317 | 139 | 240 | 69 | 414 | 17 |
| 132 | 0.48 | 5267 | 2162 | 465 | 1026 | 1877 | 263 | 66 | 53 |
| 963 | 4.97 | 93381 | 69777 | 7943 | 10941 | 10416 | 3470 | 3424 | 1157 |
| | | | | | | | | | |
| 1445 | 3.76 | 75936 | 25392 | 2824 | 2350 | 4395 | 2832 | 18256 | 432 |
| 159 | 0.88 | 10777 | 7400 | 6400 | 1585 | 2460 | 393 | 552 | 1364 |
| 358 | 1.91 | 15831 | 19355 | 208731 | 12447 | 14531 | 954 | 16598 | 910 |
| 1525 | 5.58 | 6939 | 5825 | 2906 | 2297 | 3319 | 715 | 39678 | 1121 |
| 150 | 0.72 | 12416 | 3361 | 1205 | 1369 | 1503 | 295 | 9036 | 2732 |
| 289 | 3.19 | 150 | 27 | 163 | 23 | 22 | 1 | 5002 | 1 |
| | | | | | | | | | |
| 150 | 0.78 | 3887 | 2040 | 460 | 1760 | 761 | 133 | 10302 | 112 |
| 647 | 2.18 | 6400 | 5829 | 2162 | 1470 | 2041 | 257 | 22456 | 997 |
| 251 | 1.68 | 1560 | 1081 | 1333 | 867 | 1359 | 389 | 10562 | 29 |
| 367 | 1.63 | 6579 | 4862 | 3017 | 1815 | 3592 | 1884 | 38073 | 185 |
| 8 | 0.01 | | | 6 | | 120 | 1 | | |
| | | | | | | | | | |
| 218 | 2.26 | 8225 | 10296 | 1573 | 1807 | 3378 | 630 | 927 | 118 |
| 72 | 0.47 | 5437 | 3790 | 423 | 2397 | 1967 | 126 | 5088 | 23 |
| 55 | 0.27 | 2135 | 741 | 187 | 228 | 334 | 106 | 18 | 7 |
| 136 | 0.60 | 1193 | 3728 | 1091 | 726 | 704 | 115 | 104 | 198 |
| 335 | 2.15 | 1873 | 4900 | 1030 | 1082 | 716 | 97 | 549 | 79 |

# 2017文物行政主管

| | 机构数(个) | 从业人员(人) | 在编文物从业人员数 | 其他文物从业人员数 | 藏品数(件/套) | 文物藏品 | 一级品 |
|---|---|---|---|---|---|---|---|
| **总　计** | **1294** | **13983** | **4950** | **1421** | **502395** | **198794** | **1665** |
| 中央 | 1 | 84 | | | 61697 | 61652 | |
| 省、区、市 | 32 | 687 | 500 | 52 | | | |
| 独立编制文物局 | 18 | 630 | 478 | 51 | | | |
| 行政部门内设机构(不挂牌) | 13 | 57 | 22 | 1 | | | |
| 合署办公(挂牌) | 1 | | | | | | |
| 地、市 | 211 | 2892 | 1157 | 238 | 129445 | 75083 | 259 |
| 独立编制文物局 | 85 | 1406 | 779 | 174 | 96876 | 64854 | 164 |
| 行政部门内设机构(不挂牌) | 118 | 1397 | 332 | 53 | 32569 | 10229 | 95 |
| 合署办公(挂牌) | 8 | 89 | 46 | 11 | | | |
| 县、市、区 | 1050 | 10320 | 3293 | 1131 | 311253 | 62059 | 1406 |
| 独立编制文物局 | 283 | 4884 | 2090 | 776 | 172035 | 35544 | 442 |
| 行政部门内设机构(不挂牌) | 755 | 5372 | 1173 | 344 | 139218 | 26515 | 964 |
| 合署办公(挂牌) | 12 | 64 | 30 | 11 | | | |

续表 1

| | 本年收入合计(千元) | 财政补助收入 | 文物类经费 | 在文物类经费中:行政运行 | 一般行政管理事务 | 文物保护等经费 |
|---|---|---|---|---|---|---|
| **总　计** | **8886489** | **8479567** | **4099062** | **482812** | **175261** | **1596749** |
| 中央 | 255970 | 255775 | 216017 | 21812 | 31695 | 136596 |
| 省、区、市 | 864265 | 811165 | 622768 | 137113 | 27011 | 223667 |
| 独立编制文物局 | 645584 | 594160 | 456276 | 137113 | 25911 | 188162 |
| 行政部门内设机构(不挂牌) | 218681 | 217005 | 166492 | | 1100 | 35505 |
| 合署办公(挂牌) | | | | | | |
| 地、市 | 2887520 | 2669243 | 1105668 | 148764 | 49882 | 348018 |
| 独立编制文物局 | 1357589 | 1235938 | 615346 | 103177 | 19308 | 209103 |
| 行政部门内设机构(不挂牌) | 1500075 | 1405078 | 485866 | 45587 | 30574 | 135569 |
| 合署办公(挂牌) | 29856 | 28227 | 4456 | | | 3346 |
| 县、市、区 | 4878734 | 4743384 | 2154609 | 175123 | 66673 | 888468 |
| 独立编制文物局 | 1637722 | 1581414 | 991786 | 119073 | 31919 | 428270 |
| 行政部门内设机构(不挂牌) | 3180770 | 3104170 | 1122747 | 55306 | 34744 | 443036 |
| 合署办公(挂牌) | 60242 | 57800 | 40076 | 744 | 10 | 17162 |

# 部门基本情况

| 在藏品数中(件/套) | | | | | | | |
|---|---|---|---|---|---|---|---|
| 二级品 | 三级品 | 本年新增藏品 | 本年从有关部门接收文物数 | 本年藏品征集数 | 本年修复文物数(件/套) | 二级品 | 三级品 |
| **4652** | **49509** | **39223** | **4045** | **1688** | **1153** | **17** | **583** |
| 1475 | 25097 | 804 | | 648 | 172 | | 130 |
| 623 | 20134 | 621 | | 621 | 171 | | 130 |
| 852 | 4963 | 183 | | 27 | 1 | | |
| 3177 | 24412 | 38419 | 4045 | 1040 | 981 | 17 | 453 |
| 1253 | 12033 | 32542 | 69 | 46 | 331 | 4 | 31 |
| 1924 | 12379 | 5877 | 3976 | 994 | 650 | 13 | 422 |

| 本年支出合计(千元) | 基本支出 | 项目支出 | 在支出合计中: | | | | | | |
|---|---|---|---|---|---|---|---|---|---|
| | | | 工资福利支出 | 商品和服务支出 | 差旅费 | 劳务费 | 福利费 | 各种税金支出 | 对个人和家庭补助支出 |
| **8042810** | **1840730** | **5736108** | **1018112** | **2854345** | **62259** | **132170** | **8390** | **4287** | **269847** |
| 247894 | 38125 | 209768 | 15505 | 206416 | 4191 | 1605 | | | 13198 |
| 679081 | 194327 | 484751 | 112464 | 387201 | 12441 | 13867 | 668 | 14 | 56827 |
| 576361 | 190767 | 385592 | 111316 | 293720 | 10213 | 6647 | 668 | 14 | 54031 |
| 102720 | 3560 | 99159 | 1148 | 93481 | 2228 | 7220 | | | 2796 |
| 2557185 | 540846 | 1907894 | 276727 | 840860 | 26908 | 35809 | 2110 | 358 | 94111 |
| 1078720 | 227334 | 819007 | 135347 | 296685 | 19002 | 15588 | 1442 | 52 | 39236 |
| 1442528 | 302721 | 1073881 | 135520 | 519819 | 5875 | 19045 | 628 | 306 | 53562 |
| 35937 | 10791 | 15006 | 5860 | 24356 | 2031 | 1176 | 40 | | 1313 |
| 4558650 | 1067432 | 3133695 | 613416 | 1419868 | 18719 | 80889 | 5612 | 3915 | 105711 |
| 1722857 | 483808 | 1121030 | 284956 | 486634 | 10110 | 45220 | 1540 | 2960 | 39354 |
| 2790613 | 572940 | 1982010 | 324303 | 923241 | 8297 | 32194 | 3874 | 955 | 65861 |
| 45180 | 10684 | 30655 | 4157 | 9993 | 312 | 3475 | 198 | | 496 |

续表 2

| | 在支出合计中： | | | 资产总计(千元) | | 实际使用房屋建筑面积(万平方米) | 实际拥有产权面积(万平方米) |
|---|---|---|---|---|---|---|---|
| | 抚恤金和生活补贴 | 其他资本性支出 | 各种设备购置费 | | 固定资产原值 | | |
| **总　计** | **16050** | **1584038** | **42841** | **9575162** | **3792231** | **72.68** | **793.68** |
| 中央 | 574 | 10675 | 608 | 446841 | 324723 | 0.75 | 0.75 |
| 省、区、市 | 4252 | 96372 | 6487 | 968661 | 287034 | 3.48 | 2.37 |
| 独立编制文物局 | 4252 | 92777 | 4916 | 931845 | 270033 | 3.45 | 2.35 |
| 行政部门内设机构(不挂牌) | | 3595 | 1571 | 36816 | 17001 | 0.03 | 0.02 |
| 合署办公(挂牌) | | | | | | | |
| 地、市 | 3955 | 592857 | 11694 | 4112782 | 983512 | 22.94 | 762.79 |
| 独立编制文物局 | 1897 | 276420 | 4223 | 3374855 | 622467 | 9.44 | 2.57 |
| 行政部门内设机构(不挂牌) | 1958 | 316283 | 7429 | 729481 | 356586 | 13.46 | 760.22 |
| 合署办公(挂牌) | 100 | 154 | 42 | 8446 | 4459 | 0.03 | |
| 县、市、区 | 7269 | 884134 | 24052 | 4046878 | 2196962 | 45.52 | 27.77 |
| 独立编制文物局 | 2659 | 341201 | 10732 | 1919936 | 1117758 | 21.58 | 13.44 |
| 行政部门内设机构(不挂牌) | 4610 | 536664 | 13320 | 2115081 | 1067987 | 23.88 | 14.34 |
| 合署办公(挂牌) | | 6269 | | 11861 | 11217 | 0.07 | |

续表 3

| | 省级重点文物保护单位 | 市县级文物保护单位 | 本辖区对外开放的省级及以上文物保护单位数(个) | 本级财政专项安排文物保护经费(千元) | 本级出台地方性文物业法规、规章(部) | 出入境文物审核数(件/套) |
|---|---|---|---|---|---|---|
| **总　计** | **18746** | **108862** | **8781** | **1548626** | **59** | **173047** |
| 中央 | | | | | | 135900 |
| 省、区、市 | 18746 | 108862 | 7865 | 851509 | 9 | 37139 |
| 独立编制文物局 | 12192 | 76981 | 5513 | 671071 | 4 | 30125 |
| 行政部门内设机构(不挂牌) | 6342 | 31731 | 2352 | 160438 | 5 | 7014 |
| 合署办公(挂牌) | 212 | 150 | | 20000 | | |
| 地、市 | | | 355 | 314273 | 21 | 8 |
| 独立编制文物局 | | | 83 | 111577 | 12 | 8 |
| 行政部门内设机构(不挂牌) | | | 272 | 202096 | 9 | |
| 合署办公(挂牌) | | | | 600 | | |
| 县、市、区 | | | 561 | 382844 | 29 | |
| 独立编制文物局 | | | 177 | 90892 | 12 | |
| 行政部门内设机构(不挂牌) | | | 379 | 278380 | 16 | |
| 合署办公(挂牌) | | | 5 | 13572 | 1 | |

| | 对外交流情况 | | | | | 本级举办业务培训情况 | | | |
|---|---|---|---|---|---|---|---|---|---|
| | 与国外文博机构合作项目数（个） | 与国外文博机构签署协议或备忘录数（个） | 赴港澳台人员数（人次） | 对港澳台交流项目数（个） | 参加国际组织活动数（个） | 举办业务培训班（个） | 培训业务人员数（人） | 本辖区文物点（处） | 全国重点文物保护单位 |
| | **126** | **16** | **86** | **29** | **29** | **1122** | **54789** | **576391** | **4296** |
| | 98 | 4 | 13 | 4 | 6 | 48 | 3300 | | |
| | 25 | 11 | 63 | 21 | 11 | 136 | 10062 | 576391 | 4296 |
| | 21 | 11 | 60 | 21 | 8 | 110 | 8173 | 426621 | 3012 |
| | 4 | | 3 | | 3 | 26 | 1889 | 147688 | 1257 |
| | | | | | | | | 2082 | 27 |
| | 1 | 1 | 7 | 4 | 11 | 224 | 12711 | | |
| | 1 | 1 | 7 | 4 | 10 | 114 | 6336 | | |
| | | | | | 1 | 107 | 6165 | | |
| | | | | | | 3 | 210 | | |
| | 2 | | 3 | | 1 | 714 | 28716 | | |
| | | | 1 | | | 242 | 8322 | | |
| | 2 | | 2 | | 1 | 468 | 20008 | | |
| | | | | | | 4 | 386 | | |

| | | | | | | 文物保护单位保护维修情况 | | | |
|---|---|---|---|---|---|---|---|---|---|
| | 禁止出境文物数 | 临时入境文物审核数 | 临时出境文物审核数 | 文物拍卖标的审核数（个） | 禁止上拍文物标的数 | 国保单位保护维修项目数（个） | 保护维修面积（万平方米） | 省保单位保护维修项目数（个） | 市、县保单位保护维修项目数（个） |
| | **850** | **17064** | **9466** | **739762** | **2130** | **340** | **14221367** | **453** | **245** |
| | 356 | 10477 | 5126 | 235368 | 884 | | | | |
| | 494 | 6587 | 4330 | 504147 | 999 | 12 | 6670 | 11 | |
| | 393 | 5146 | 3289 | 307402 | 639 | 11 | | 2 | |
| | 101 | 1441 | 1041 | 196745 | 360 | 1 | 6670 | 4 | |
| | | | | | | | | 5 | |
| | | | 10 | | | 135 | 5817847 | 45 | 25 |
| | | | | | | 122 | 5548791 | 11 | 12 |
| | | | 10 | | | 13 | 269056 | 34 | 13 |
| | | | | | | | | | |
| | | | | 247 | 247 | 193 | 8396850 | 397 | 220 |
| | | | | 247 | 247 | 103 | 1654202 | 91 | 140 |
| | | | | | | 70 | 6611417 | 305 | 80 |
| | | | | | | 20 | 131231 | 1 | |

# 2017年各地区文物

| 地　区 | 机构数（个） | 从业人员（人） | 在编文物从业人员数 | 其他文物从业人员数 | 藏品数（件/套） | 文物藏品 | 一级品 |
|---|---|---|---|---|---|---|---|
| **总　计** | **1294** | **13983** | **4950** | **1421** | **502395** | **198794** | **1665** |
| 北　京 | 17 | 647 | 251 | 4 | 2581 | | 11 |
| 天　津 | 9 | 1 | | 1 | | | |
| 河　北 | 162 | 870 | 477 | 79 | 7486 | 6719 | 17 |
| 山　西 | 78 | 1756 | 481 | 172 | 83021 | | 230 |
| 内蒙古 | 5 | 25 | 19 | 1 | | | |
| 辽　宁 | 11 | 122 | 32 | | 3979 | | 42 |
| 吉　林 | 5 | 8 | 8 | | | | |
| 黑龙江 | 3 | 12 | 2 | | | | |
| 上　海 | 1 | | | | | | |
| 江　苏 | 41 | 517 | 106 | 25 | 1802 | 511 | |
| 浙　江 | 53 | 902 | 271 | 82 | 16489 | 7231 | 26 |
| 安　徽 | 9 | 59 | 35 | 18 | 2317 | 1490 | 4 |
| 福　建 | 9 | 26 | 12 | 5 | | | |
| 江　西 | 26 | 221 | 26 | 9 | 6505 | | 28 |
| 山　东 | 55 | 582 | 321 | 11 | 5340 | 1945 | |
| 河　南 | 145 | 1772 | 712 | 316 | 19025 | 4302 | 129 |
| 湖　北 | 66 | 439 | 214 | 61 | 125070 | 74460 | 176 |
| 湖　南 | 59 | 684 | 423 | 107 | 40458 | 7386 | 104 |
| 广　东 | 50 | 429 | 91 | 36 | 53948 | 8237 | 22 |
| 广　西 | 6 | 98 | 50 | 48 | 823 | 823 | |
| 海　南 | 16 | 68 | 9 | 8 | 2628 | 1353 | 19 |
| 重　庆 | 1 | 25 | 21 | 4 | | | |
| 四　川 | 53 | 117 | 58 | 5 | 15385 | 1023 | 53 |
| 贵　州 | 43 | 386 | 223 | 30 | 13533 | 2429 | 7 |
| 云　南 | 3 | 14 | 13 | 1 | | | |
| 西　藏 | 75 | 332 | 63 | 12 | 18355 | 16523 | 150 |
| 陕　西 | 122 | 2094 | 603 | 226 | 13650 | | 225 |
| 甘　肃 | 100 | 1186 | 242 | 74 | 1122 | 805 | 2 |
| 青　海 | 54 | 223 | 39 | 14 | 7181 | 1905 | 420 |
| 宁　夏 | 1 | 11 | 9 | 2 | | | |
| 新　疆 | 15 | 273 | 139 | 70 | | | |

# 主管部门基本情况

| | | 在藏品数中(件/套) | | | 本年修复文物数(件/套) | | |
|---|---|---|---|---|---|---|---|
| 二级品 | 三级品 | 本年新增藏品 | 本年从有关部门接收文物数 | 本年藏品征集数 | | 二级品 | 三级品 |
| **4652** | **49509** | **39223** | **4045** | **1688** | **1153** | **17** | **583** |
| | | | | | | | |
| 47 | 449 | 84 | | 84 | | | |
| | | | | | | | |
| 67 | 490 | 242 | | | | | |
| 220 | 980 | 31365 | 62 | | 83 | | |
| | | | | | | | |
| | | | | | | | |
| 153 | 581 | | | | 206 | | 2 |
| | | | | | | | |
| | | | | | | | |
| | | | | | | | |
| | | | | | | | |
| 2 | 65 | 87 | | 87 | 11 | | |
| 170 | 1729 | 54 | 4 | 10 | 163 | | 1 |
| 9 | 337 | | | | | | |
| | | | | | | | |
| 60 | 1422 | 34 | | | | | |
| 5 | 114 | | | | | | |
| | | | | | | | |
| 220 | 5090 | 613 | | | 100 | | 100 |
| 749 | 20431 | 419 | 3 | 404 | 74 | | 30 |
| 387 | 3467 | 274 | | 27 | 78 | 4 | 40 |
| 74 | 1343 | 5426 | 3970 | 487 | 425 | 13 | 410 |
| | | 217 | | 217 | | | |
| 25 | 185 | 25 | | 25 | | | |
| | | | | | | | |
| | | | | | | | |
| 89 | 1894 | | | | 13 | | |
| 94 | 256 | 355 | 3 | 332 | | | |
| | | | | | | | |
| 1389 | 8625 | | | | | | |
| | | | | | | | |
| 302 | 1033 | 13 | | 3 | | | |
| 41 | 96 | | | | | | |
| 549 | 922 | 15 | 3 | 12 | | | |

续表 1

| 地　区 | 本年收入合计(千元) | 财政补助收入 | 文物类经费 | 在文物类经费中 | | | 本年支出合计(千元) |
|---|---|---|---|---|---|---|---|
| | | | | 行政运行 | 一般行政管理事务 | 文物保护等经费 | |
| **总　计** | **8886489** | **8479567** | **4099062** | **482812** | **175261** | **1596749** | **8042810** |
| 北　京 | 1118459 | 1117938 | 300540 | 24157 | 260 | 223058 | 1235961 |
| 天　津 | | | | | | | |
| 河　北 | 296355 | 284397 | 161297 | 29064 | 7126 | 116092 | 267387 |
| 山　西 | 764300 | 694038 | 315543 | 61400 | 10904 | 105390 | 819491 |
| 内蒙古 | 37368 | 36598 | 33175 | 440 | 50 | 12900 | 35780 |
| 辽　宁 | 47795 | 47031 | 31731 | 42 | 23007 | 6885 | 28867 |
| 吉　林 | 48141 | 48127 | 47176 | 624 | 274 | 44778 | 54155 |
| 黑龙江 | 985 | 985 | 985 | 985 | | | 985 |
| 上　海 | 44562 | 44562 | | | | | 44562 |
| 江　苏 | 165744 | 166223 | 144206 | 18239 | 12222 | 59625 | 151103 |
| 浙　江 | 588064 | 575821 | 358142 | 34743 | 7867 | 67466 | 567381 |
| 安　徽 | 51524 | 42832 | 37685 | 473 | 194 | 29568 | 31932 |
| 福　建 | 108847 | 102759 | 53544 | 18527 | 12367 | 2379 | 91089 |
| 江　西 | 82105 | 76903 | 41261 | 10241 | 550 | 28430 | 77725 |
| 山　东 | 354650 | 365323 | 264405 | 30207 | 10477 | 114388 | 274084 |
| 河　南 | 861510 | 825645 | 424045 | 50298 | 13710 | 193787 | 455580 |
| 湖　北 | 624358 | 545465 | 226974 | 27466 | 4470 | 50960 | 618790 |
| 湖　南 | 227362 | 219646 | 146080 | 32210 | 6194 | 42359 | 248970 |
| 广　东 | 876156 | 836139 | 255395 | 8787 | 3350 | 36014 | 851247 |
| 广　西 | 73982 | 71523 | 38321 | 494 | 167 | 29968 | 55172 |
| 海　南 | 263138 | 262312 | 144593 | 621 | 395 | 5086 | 158154 |
| 重　庆 | 21126 | 21075 | 14016 | 3254 | 2051 | 8030 | 29685 |
| 四　川 | 38115 | 38260 | 32018 | 2806 | 307 | 3940 | 35227 |
| 贵　州 | 173907 | 169839 | 99928 | 11168 | 992 | 23552 | 130926 |
| 云　南 | 3120 | 3120 | 2550 | | | 2550 | 3550 |
| 西　藏 | 252096 | 231815 | 165384 | 17280 | 11528 | 37820 | 153098 |
| 陕　西 | 844526 | 801233 | 271599 | 41699 | 10244 | 150431 | 830746 |
| 甘　肃 | 355858 | 323121 | 74918 | 23975 | 2667 | 19020 | 332358 |
| 青　海 | 165646 | 159799 | 114221 | 2901 | 543 | 23557 | 79141 |
| 宁　夏 | 4710 | 4710 | 4710 | 104 | 1100 | 3506 | 4710 |
| 新　疆 | 136010 | 106553 | 78603 | 8795 | 550 | 18614 | 127060 |

| 基本支出 | 项目支出 | 在支出合计中： | | | | | | 对个人和家庭补助支出 |
|---|---|---|---|---|---|---|---|---|
| | | 工资福利支出 | 商品和服务支出 | 差旅费 | 劳务费 | 福利费 | 各种税金支出 | |
| **1840730** | **5736108** | **1018112** | **2854345** | **62259** | **132170** | **8390** | **4287** | **269847** |
| | | | | | | | | |
| 137286 | 1016467 | 103385 | 512862 | 617 | 5310 | 1023 | | 19114 |
| | | | | | | | | |
| 54233 | 213154 | 34290 | 71107 | 1145 | 7628 | 210 | 64 | 11611 |
| 212400 | 602070 | 109495 | 261855 | 5594 | 16582 | 686 | 16 | 36833 |
| 4457 | 31323 | 1406 | 31387 | 1526 | 6337 | | | 133 |
| | | | | | | | | |
| 14941 | 13925 | 7722 | 15626 | 541 | 2812 | 3 | | 2454 |
| 951 | 53204 | 612 | 4625 | 91 | | | | 64 |
| 985 | | 120 | 424 | | | | | 441 |
| | | | | | | | | |
| | 44562 | | 44562 | | | | | |
| 32575 | 117291 | 19061 | 78835 | 1255 | 1357 | 18 | | 4447 |
| 85464 | 445959 | 65860 | 273952 | 1708 | 6856 | 2076 | 103 | 9979 |
| 4561 | 25553 | 2771 | 24061 | 257 | 728 | 19 | | 1049 |
| 22169 | 65420 | 1384 | 14686 | 503 | 701 | 2 | 2 | 159 |
| 34127 | 43474 | 14838 | 36247 | 746 | 1085 | 123 | | 4089 |
| 92134 | 178506 | 49784 | 129563 | 1830 | 4439 | 109 | 6 | 9320 |
| | | | | | | | | |
| 136100 | 318780 | 86254 | 108867 | 3669 | 11951 | 438 | 600 | 13531 |
| 83318 | 532800 | 37119 | 51474 | 2095 | 3935 | 136 | 27 | 9300 |
| 92428 | 148381 | 55501 | 63357 | 2080 | 8890 | 786 | 2009 | 12298 |
| 152792 | 511728 | 74029 | 223461 | 4644 | 7038 | 1069 | 228 | 70593 |
| 4923 | 50249 | 3230 | 20592 | 12852 | 764 | | | 829 |
| 9847 | 137872 | 8189 | 33848 | 937 | 3269 | 1 | 740 | 885 |
| | | | | | | | | |
| 4100 | 25585 | 2717 | 10203 | 733 | 1373 | | | 211 |
| 10769 | 22878 | 7606 | 9058 | 353 | 175 | 40 | | 1609 |
| 36425 | 91434 | 27953 | 27840 | 1223 | 3538 | 152 | 89 | 5279 |
| 570 | 2980 | 500 | 1280 | 15 | 10 | | | 70 |
| 52027 | 99659 | 35965 | 39344 | 401 | 17 | 3 | | 846 |
| | | | | | | | | |
| 330692 | 408329 | 149514 | 434027 | 8326 | 31590 | 1218 | 354 | 15315 |
| 142393 | 164782 | 69531 | 75886 | 2555 | 2501 | 152 | 11 | 20054 |
| 13197 | 65484 | 8127 | 12490 | 417 | 454 | | | 3250 |
| 1150 | 3560 | 1046 | 3560 | 210 | 300 | | | |
| 35591 | 90931 | 24598 | 32850 | 1745 | 925 | 126 | 38 | 2886 |

续表 2

| 地　区 | 抚恤金和生活补贴 | 其他资本性支出 | 各种设备购置费 | 资产总计（千元） | 固定资产原值 | 实际使用房屋建筑面积（万平方米） | 实际拥有产权面积（万平方米） |
|---|---|---|---|---|---|---|---|
| **总　计** | **16050** | **1584038** | **42841** | **9575162** | **3792231** | **72.68** | **793.68** |
| 北　京 | 1996 | 286706 | 11427 | 1435016 | 844979 | 2.82 | 1.98 |
| 天　津 | | | | | | | |
| 河　北 | 487 | 145285 | 345 | 457777 | 44566 | 1.18 | 0.11 |
| 山　西 | 1614 | 207046 | 1733 | 1779367 | 178977 | 5.11 | 3.81 |
| 内蒙古 | | 1353 | 529 | 18131 | 1540 | 0.06 | 0.01 |
| 辽　宁 | 387 | 2331 | 311 | 343189 | 297612 | 0.57 | 0.16 |
| 吉　林 | | 44604 | | 6295 | 3161 | 0.51 | |
| 黑龙江 | | | | 1079 | 1079 | 0.10 | 0.10 |
| 上　海 | | | | | | | |
| 江　苏 | | 23896 | 691 | 52019 | 26549 | 1.87 | 0.18 |
| 浙　江 | 851 | 62622 | 4668 | 258575 | 181833 | 5.89 | 1.85 |
| 安　徽 | 108 | 236 | 40 | 58310 | 5016 | 0.14 | 0.04 |
| 福　建 | | 32 | 12 | 45409 | 20072 | 0.10 | 0.02 |
| 江　西 | 70 | 4401 | 100 | 52424 | 24398 | 2.51 | 0.85 |
| 山　东 | 49 | 60662 | 2432 | 398168 | 105315 | 1.80 | 0.11 |
| 河　南 | 1029 | 104357 | 2083 | 784725 | 133195 | 7.15 | 3.09 |
| 湖　北 | 474 | 283335 | 5632 | 264852 | 59383 | 5.89 | 6.17 |
| 湖　南 | 972 | 36401 | 562 | 130992 | 70783 | 3.30 | 2.03 |
| 广　东 | 1751 | 11465 | 1323 | 566743 | 229133 | 5.49 | 0.11 |
| 广　西 | 115 | 4197 | 4 | 23511 | 6796 | 0.11 | 0.03 |
| 海　南 | 277 | 73015 | 1571 | 236915 | 33537 | 0.76 | 0.02 |
| 重　庆 | | 195 | | 2611 | 1855 | 0.10 | |
| 四　川 | 55 | 2822 | 51 | 49877 | 22989 | 0.76 | 0.00 |
| 贵　州 | 434 | 5233 | 1279 | 364643 | 263026 | 3.44 | 2.91 |
| 云　南 | | | | | | 0.02 | |
| 西　藏 | 112 | 39925 | 40 | 193676 | 69929 | 3.94 | 757.91 |
| 陕　西 | 3695 | 89331 | 1551 | 637531 | 324424 | 7.65 | 4.38 |
| 甘　肃 | 472 | 50641 | 2338 | 421366 | 330009 | 9.24 | 6.76 |
| 青　海 | 222 | 6346 | 200 | 27413 | 19383 | 0.29 | 0.05 |
| 宁　夏 | | | | 1940 | 1940 | 0.04 | |
| 新　疆 | 306 | 26926 | 3311 | 515767 | 166029 | 1.14 | 0.26 |

| 对外交流情况 | | | | | 本级举办业务培训情况 | | | |
|---|---|---|---|---|---|---|---|---|
| 与国外文博机构合作项目数(个) | 与国外文博机构签署协议或备忘录数(个) | 赴港澳台人员数(人次) | 对港澳台交流项目数(个) | 参加国际组织活动数(个) | 举办业务培训班(个) | 培训业务人员数(人) | 本辖区文物点(处) | 全国重点文物保护单位 |
| **126** | **16** | **86** | **29** | **29** | **1122** | **54789** | **576391** | **4296** |
| | | | | | | | | |
| 6 | 4 | 33 | 10 | 1 | 50 | 2935 | 3840 | 126 |
| | | | | | 3 | 137 | 2082 | 27 |
| 6 | 1 | 8 | 1 | 1 | 30 | 1642 | 33943 | 273 |
| 4 | 1 | 6 | 4 | 5 | 32 | 1158 | 53875 | 451 |
| | | | | | 6 | 320 | 3118 | 139 |
| | | | | | | | | |
| | | 1 | | | 20 | 636 | 24115 | 126 |
| 1 | | | | 1 | 2 | 162 | 9153 | 74 |
| | | | | | | | 10759 | 47 |
| | | | | | | | | |
| | | | | | | | 4422 | 29 |
| | | | | 1 | 43 | 2018 | 20007 | 224 |
| | | 1 | | | 87 | 6235 | 73943 | 229 |
| | | | | | | | 3828 | 128 |
| | | | | | 16 | 1119 | 4864 | 137 |
| 3 | | | | | 12 | 890 | 4259 | 127 |
| 4 | 2 | | | 2 | 77 | 4309 | 10146 | 190 |
| | | | | | | | | |
| 1 | 2 | 1 | | | 93 | 3479 | 65519 | 357 |
| | | 8 | 2 | 6 | 91 | 3146 | 8248 | 148 |
| | | | | | 30 | 1367 | 20366 | 183 |
| | | 1 | 1 | 1 | 48 | 1995 | 5711 | 98 |
| | | | | | 5 | 234 | 2359 | 66 |
| | | | | | 1 | 350 | 876 | 24 |
| | | | | | | | | |
| | | 1 | 1 | | 2 | 125 | 25908 | 55 |
| | | 3 | | 3 | 31 | 1011 | 65231 | 229 |
| | | | | | 56 | 1983 | 14852 | 70 |
| | | | | | 4 | 220 | 14704 | 131 |
| | | | | | 7 | 462 | 4277 | 55 |
| | | | | | | | | |
| 1 | | 1 | 2 | 1 | 174 | 9907 | 49058 | 233 |
| | | 2 | | | 113 | 3759 | 16895 | 129 |
| | | | | | 32 | 1539 | 6411 | 44 |
| | | | | | 4 | 210 | 3818 | 34 |
| 2 | 2 | 7 | 4 | 1 | 5 | 141 | 9804 | 113 |

续表 3

| 地　区 | | | 本辖区对外开放的省级及以上文物保护单位数（个） | 本级财政专项安排文物保护经费（千元） | 本级出台地方性文物业法规、规章（部） | 出入境文物审核数（件/套） | |
|---|---|---|---|---|---|---|---|
| | 省级重点文物保护单位 | 市县级文物保护单位 | | | | | 禁止出境文物数 |
| **总　计** | **18746** | **108862** | **8781** | **1548626** | **59** | **173047** | **850** |
| 北　京 | 216 | 767 | 62 | 52465 | | 22062 | 301 |
| 天　津 | 212 | 150 | 5 | 20000 | | 347 | 6 |
| 河　北 | 652 | 2880 | 6 | 57407 | 1 | 386 | |
| 山　西 | 487 | 12491 | 15 | 101905 | 3 | 302 | |
| 内 蒙 古 | 511 | 2468 | 13 | 14030 | | 348 | |
| 辽　宁 | 472 | 1530 | 21 | 6922 | 3 | 298 | 22 |
| 吉　林 | 373 | 2409 | 450 | 14510 | 1 | | |
| 黑 龙 江 | 361 | 2000 | | 5400 | | | |
| 上　海 | 238 | 402 | 150 | 10642 | | 4889 | 17 |
| 江　苏 | 833 | 4000 | 521 | 32345 | 1 | 257 | 2 |
| 浙　江 | 910 | 4642 | 1043 | 347060 | 1 | 5812 | 89 |
| 安　徽 | 708 | 2990 | 708 | 6060 | 1 | | |
| 福　建 | 676 | 4051 | 830 | 42637 | 2 | 498 | 56 |
| 江　西 | 949 | 3183 | 26 | 40067 | 2 | | |
| 山　东 | 1711 | 8239 | 1418 | 162718 | 6 | 60 | |
| 河　南 | 1231 | 7409 | 1058 | 87564 | 2 | | |
| 湖　北 | 850 | 7250 | 1201 | 72031 | 9 | 498 | |
| 湖　南 | 866 | 4000 | 34 | 90957 | 3 | | |
| 广　东 | 613 | 5000 | 149 | 176881 | 5 | | |
| 广　西 | 568 | 1725 | 1 | 37516 | 2 | | |
| 海　南 | 185 | 667 | 9 | 37264 | | | |
| 重　庆 | 282 | 1999 | 121 | 40000 | 1 | | |
| 四　川 | 969 | 6565 | 17 | 6043 | 1 | 595 | |
| 贵　州 | 419 | 3319 | 21 | 8720 | 1 | | |
| 云　南 | 332 | 3741 | 247 | 8701 | 1 | 39 | |
| 西　藏 | 616 | 1310 | 113 | 2300 | 1 | 156 | 1 |
| 陕　西 | 851 | 3400 | 6 | 25693 | 4 | 600 | |
| 甘　肃 | 556 | 4726 | 6 | 2968 | 2 | | |
| 青　海 | 415 | 888 | 402 | 6588 | 4 | | |
| 宁　夏 | 125 | 344 | 42 | 7580 | 2 | | |
| 新　疆 | 559 | 4317 | 86 | 23652 | | | |

| | | | | 文物保护单位保护维修情况 | | | |
|---|---|---|---|---|---|---|---|
| 临时入境文物审核数 | 临时出境文物审核数 | 文物拍卖标的审核数（个） | 禁止上拍文物标的数 | 国保单位保护维修项目数（个） | 保护维修面积（万平方米） | 省保单位保护维修项目数（个） | 市、县保单位保护维修项目数（个） |
| **17064** | **9466** | **739762** | **2130** | **340** | **14221367** | **453** | **245** |
| | | | | | | | |
| 4422 | 2206 | 218298 | 459 | | | | 3 |
| | 63 | 18827 | 22 | | | 5 | |
| 5 | | 4607 | 8 | 112 | 5457967 | 9 | 3 |
| 302 | | 3150 | 16 | 39 | 65195 | 21 | 104 |
| | 348 | | | 1 | 6620 | | |
| | | | | | | | |
| 158 | 118 | 2657 | 3 | 3 | 11337 | 203 | 1 |
| | | | | | | | |
| | | | | | | | |
| | | | | | | | |
| 808 | 275 | 145301 | 276 | 1 | 6670 | 4 | |
| 65 | 189 | 27730 | 25 | 15 | 8249 | 23 | 21 |
| 52 | 283 | 40933 | 123 | 9 | 7877 | | 9 |
| | | | | 1 | | 4 | 3 |
| 205 | 237 | 10566 | 7 | 6 | 4200 | 3 | 2 |
| | | | | 4 | 2934 | 5 | 2 |
| 3 | 1 | 6228 | 3 | 12 | 98522 | 17 | 14 |
| | | | | | | | |
| | | | | 13 | 2418 | 19 | 9 |
| 66 | 249 | 2845 | 2 | 18 | 7820122 | 24 | 7 |
| | | 2158 | 249 | 35 | 294717 | 27 | 20 |
| | | | | 5 | 51605 | 32 | 25 |
| | | 1469 | | 3 | 1034 | 1 | |
| | | | | 2 | 118 | 4 | 2 |
| | | | | | | | |
| | | 1700 | 1 | 1 | | 2 | |
| 270 | 10 | 11387 | 38 | 2 | 7156 | 4 | 3 |
| | | | | 19 | 81693 | 6 | 8 |
| | | 6538 | 14 | | | | |
| | | | | 11 | | 3 | |
| | | | | | | | |
| 231 | 361 | | | 4 | 224300 | 13 | 6 |
| | | | | 12 | 2940 | 8 | 2 |
| | | | | 11 | 65693 | 15 | 1 |
| | | | | | | | |
| | | | | 1 | | 1 | |

# 2017年对外、对港澳台文化交流活动项目基本情况

| 地　区 | 合计 | 按交流活动性质 | | 按交流活动分类 | | | | 按交流活动范围分类 | | | |
|---|---|---|---|---|---|---|---|---|---|---|---|
| | | 出访 | 来访 | 演出 | 展览 | 国际会议 | 其他 | 国外 | 香港 | 澳门 | 台湾 |
| **总　计** | **3893** | **2320** | **1573** | **2119** | **588** | **73** | **1113** | **3054** | **386** | **110** | **342** |
| 北　京 | 110 | 90 | 20 | 62 | 36 | | 12 | 94 | 13 | 2 | 1 |
| 天　津 | 37 | 37 | | 21 | 1 | | 15 | 28 | 2 | 1 | 6 |
| 河　北 | 10 | 10 | | 9 | 1 | | | 8 | 1 | | 1 |
| 山　西 | 4 | 3 | 1 | 2 | | | 2 | 2 | 1 | | 1 |
| 内蒙古 | 6 | 5 | 1 | 4 | | | 2 | 5 | 1 | | |
| 辽　宁 | 21 | 15 | 6 | 5 | 4 | 2 | 10 | 19 | 1 | | 1 |
| 吉　林 | 21 | 16 | 5 | 14 | 2 | 2 | 3 | 19 | 1 | 1 | |
| 黑龙江 | 88 | 36 | 52 | 62 | | | 26 | 86 | 1 | 1 | |
| 上　海 | 95 | 57 | 38 | 25 | 55 | 7 | 8 | 80 | 8 | 1 | 6 |
| 江　苏 | 96 | 75 | 21 | 34 | 31 | 4 | 27 | 75 | 11 | 2 | 8 |
| 浙　江 | 86 | 68 | 18 | 27 | 22 | 11 | 26 | 63 | 10 | | 13 |
| 安　徽 | 59 | 36 | 23 | 16 | 12 | | 31 | 41 | 7 | | 11 |
| 福　建 | 109 | 94 | 15 | 67 | 17 | 9 | 16 | 55 | 23 | 2 | 29 |
| 江　西 | 7 | 4 | 3 | 3 | 1 | | 3 | 7 | | | |
| 山　东 | 73 | 56 | 17 | 30 | 17 | 4 | 22 | 58 | 6 | | 9 |
| 河　南 | 19 | 19 | | 14 | 3 | | 2 | 18 | 1 | | |
| 湖　北 | 22 | 22 | | 9 | 8 | 1 | 4 | 19 | 1 | | 2 |
| 湖　南 | 77 | 62 | 15 | 30 | 10 | 9 | 28 | 70 | 4 | | 3 |
| 广　东 | 1412 | 367 | 1045 | 1096 | 120 | | 196 | 1033 | 176 | 63 | 140 |
| 广　西 | 65 | 57 | 8 | 22 | 4 | 10 | 29 | 51 | 1 | 9 | 4 |
| 海　南 | 6 | 4 | 2 | 2 | 3 | | 1 | 6 | | | |
| 重　庆 | 31 | 29 | 2 | 13 | 6 | | 12 | 25 | 4 | 2 | |
| 四　川 | 148 | 93 | 55 | 59 | 31 | 4 | 54 | 135 | 6 | 1 | 6 |
| 贵　州 | 36 | 26 | 10 | 7 | 2 | | 27 | 25 | 2 | | 9 |
| 云　南 | 54 | 37 | 17 | 28 | 4 | 2 | 20 | 48 | 5 | | 1 |
| 西　藏 | | | | | | | | | | | |
| 陕　西 | 15 | 14 | 1 | 11 | 1 | | 3 | 12 | | | 2 |
| 甘　肃 | 41 | 38 | 3 | 5 | 10 | 8 | 18 | 36 | 3 | | 2 |
| 青　海 | 4 | 4 | | 1 | 3 | | | 4 | | | |
| 宁　夏 | 9 | 9 | | 7 | 2 | | | 8 | | | 1 |
| 新　疆 | 2 | 2 | | 2 | | | | 2 | | | |

# 2017年对外、对港澳台文化交流活动参与交流人员项目基本情况

| 地　区 | 合计 | 按交流活动性质 | | 按交流活动分类 | | | | 按交流活动范围分类 | | | |
|---|---|---|---|---|---|---|---|---|---|---|---|
| | | 出访 | 来访 | 演出 | 展览 | 国际会议 | 其他 | 国外 | 香港 | 澳门 | 台湾 |
| **总　计** | **82986** | **47044** | **35942** | **54416** | **9792** | **1525** | **17253** | **63961** | **10238** | **2329** | **6428** |
| 北　京 | 1471 | 1439 | 32 | 1177 | 85 | | 209 | 1374 | 58 | 1 | 38 |
| 天　津 | 615 | 615 | | 574 | 12 | | 29 | 505 | 26 | 2 | 82 |
| 河　北 | 329 | 329 | | 322 | 7 | | | 193 | 37 | | 99 |
| 山　西 | 357 | 288 | 69 | 196 | | | 161 | 161 | 96 | | 100 |
| 内蒙古 | 207 | 201 | 6 | 195 | | | 12 | 191 | 16 | | |
| 辽　宁 | 236 | 177 | 59 | 150 | 50 | 2 | 34 | 221 | 1 | | 14 |
| 吉　林 | 334 | 198 | 136 | 317 | 5 | 9 | 3 | 311 | 11 | 12 | |
| 黑龙江 | 2025 | 571 | 1454 | 1762 | | | 263 | 1886 | 80 | 59 | |
| 上　海 | 8016 | 5190 | 2826 | 906 | 6607 | 460 | 43 | 7290 | 346 | 7 | 373 |
| 江　苏 | 1476 | 1108 | 368 | 1013 | 122 | 5 | 336 | 874 | 324 | 5 | 273 |
| 浙　江 | 1173 | 849 | 324 | 771 | 213 | 36 | 153 | 815 | 184 | | 174 |
| 安　徽 | 882 | 573 | 309 | 505 | 55 | | 322 | 615 | 120 | | 147 |
| 福　建 | 2263 | 1777 | 486 | 1901 | 64 | 20 | 278 | 610 | 791 | 6 | 856 |
| 江　西 | 99 | 65 | 34 | 57 | 8 | | 34 | 99 | | | |
| 山　东 | 1726 | 601 | 1125 | 473 | 86 | 880 | 287 | 1487 | 124 | | 115 |
| 河　南 | 370 | 370 | | 347 | 15 | | 8 | 333 | 37 | | |
| 湖　北 | 456 | 456 | | 409 | 36 | 3 | 8 | 279 | 92 | | 85 |
| 湖　南 | 954 | 689 | 265 | 679 | 74 | 27 | 174 | 843 | 88 | | 23 |
| 广　东 | 21788 | 7086 | 14702 | 19311 | 442 | | 2035 | 15857 | 3652 | 1209 | 1070 |
| 广　西 | 1133 | 712 | 421 | 783 | 13 | 44 | 293 | 790 | 2 | 211 | 130 |
| 海　南 | 57 | 35 | 22 | 41 | 14 | | 2 | 57 | | | |
| 重　庆 | 428 | 419 | 9 | 347 | 32 | | 49 | 258 | 111 | 59 | |
| 四　川 | 3072 | 1902 | 1170 | 1239 | 810 | 11 | 1012 | 2936 | 69 | 12 | 55 |
| 贵　州 | 506 | 459 | 47 | 163 | 24 | | 319 | 297 | 92 | | 117 |
| 云　南 | 956 | 513 | 443 | 598 | 19 | 18 | 321 | 694 | 239 | | 23 |
| 西　藏 | | | | | | | | | | | |
| 陕　西 | 399 | 369 | 30 | 351 | 15 | | 33 | 309 | | | 60 |
| 甘　肃 | 353 | 341 | 12 | 138 | 113 | 10 | 92 | 290 | 9 | | 54 |
| 青　海 | 48 | 48 | | 30 | 18 | | | 48 | | | |
| 宁　夏 | 133 | 133 | | 123 | 10 | | | 105 | | | 28 |
| 新　疆 | 58 | 58 | | 58 | | | | 58 | | | |

# 2017年艺术展览创作

| | 机构数(个) | 从业人员(人) | 专业技术人才 | 正高级职称 | 副高级职称 | 中级职称 | 藏品(件/套) | 文物藏品数 | 非文物藏品数 |
|---|---|---|---|---|---|---|---|---|---|
| **总　计** | **685** | **5846** | **3881** | **400** | **704** | **1375** | **513667** | **122200** | **493550** |
| 其中：免费开放 | 537 | 4815 | 3048 | 248 | 518 | 1088 | 495947 | 122185 | 476844 |
| **按登记注册类型分** | | | | | | | | | |
| 其中：国有 | 664 | 5691 | 3795 | 399 | 700 | 1351 | 507004 | 121599 | 487964 |
| 集体 | 6 | 52 | 26 | 1 | 1 | 10 | 3842 | 601 | 2856 |
| 其他 | 15 | 103 | 60 | | 3 | 14 | 2821 | | 2730 |
| **按隶属关系分** | | | | | | | | | |
| 中央 | 2 | 193 | 135 | 57 | 35 | 42 | 119015 | 111156 | 119015 |
| 省、区、市 | 43 | 1420 | 886 | 187 | 185 | 287 | 155492 | 402 | 155225 |
| 地、市 | 228 | 2357 | 1595 | 135 | 320 | 591 | 100623 | 3292 | 89624 |
| 县、市、区 | 412 | 1876 | 1265 | 21 | 164 | 455 | 138537 | 7350 | 129686 |
| **按部门分** | | | | | | | | | |
| 文化部门 | 675 | 5713 | 3795 | 395 | 689 | 1361 | 499868 | 122200 | 479752 |
| 其他部门 | 10 | 133 | 86 | 5 | 15 | 14 | 13799 | | 13798 |
| **按机构类型分** | | | | | | | | | |
| 美术馆 | 412 | 3528 | 2211 | 138 | 351 | 799 | 418864 | 121168 | 401048 |
| 画院 | 70 | 650 | 497 | 80 | 114 | 161 | 27256 | 573 | 26596 |
| 美术馆(画院) | 87 | 1048 | 657 | 131 | 127 | 212 | 67450 | 459 | 65819 |
| 剧目创作室 | 116 | 620 | 516 | 51 | 112 | 203 | 97 | | 87 |

# 机构基本情况

| 国画 | 油画 | 版画 | 雕塑 | 水粉、水彩 | 设计 | 连环画、漫画 | 民间艺术 | 书法 | 摄影、多媒体 | 漆艺 |
|---|---|---|---|---|---|---|---|---|---|---|
| **109174** | **19370** | **53081** | **5678** | **12511** | **4011** | **12220** | **99993** | **58392** | **53270** | **3644** |
| 98874 | 19110 | 52611 | 5563 | 12469 | 4010 | 12119 | 99764 | 56027 | 53222 | 3642 |
| | | | | | | | | | | |
| 107741 | 19212 | 53041 | 5656 | 12395 | 3976 | 12180 | 99152 | 56157 | 52691 | 3644 |
| 629 | 37 | 13 | 11 | 55 | 5 | 20 | 41 | 1800 | 240 | |
| 804 | 121 | 27 | 11 | 61 | 30 | 20 | 800 | 435 | 339 | |
| | | | | | | | | | | |
| 14293 | 3552 | 8241 | 1780 | 1045 | | 4195 | 67216 | 1719 | 1387 | 283 |
| 40180 | 5822 | 21768 | 1730 | 5808 | 640 | 6057 | 16234 | 9455 | 31695 | 1002 |
| 29548 | 4533 | 19520 | 1375 | 2041 | 3070 | 571 | 2846 | 13729 | 5800 | 24 |
| 25153 | 5463 | 3552 | 793 | 3617 | 301 | 1397 | 13697 | 33489 | 14388 | 2335 |
| | | | | | | | | | | |
| 107970 | 19093 | 46956 | 5131 | 12436 | 4011 | 12196 | 96549 | 57935 | 52911 | 3644 |
| 1204 | 277 | 6125 | 547 | 75 | | 24 | 3444 | 457 | 359 | |
| | | | | | | | | | | |
| 70670 | 16640 | 48033 | 4949 | 9088 | 3891 | 10955 | 92842 | 38858 | 51531 | 3596 |
| 16771 | 807 | 1348 | 116 | 254 | 4 | 99 | 388 | 3671 | 514 | |
| 21721 | 1923 | 3675 | 613 | 3169 | 116 | 1166 | 6753 | 15863 | 1215 | 48 |
| 12 | | 25 | | | | | 10 | | 10 | |

续表 1

| | | | | | | | 学术成果 | |
|---|---|---|---|---|---|---|---|---|
| | 陶艺 | 其他 | 年度展览总量(个) | 自主办展数量 | 参观人次(万人次) | 未成年人参观人次 | 专著或图录(册) | 论文数(篇) |
| **总　计** | **3363** | **27300** | **6818** | **4292** | **3733.41** | **964.76** | **7677** | **833** |
| 其中：免费开放 | 3260 | 26132 | 6665 | 4209 | 3708.69 | 953.91 | 7567 | 555 |
| **按登记注册类型分** | | | | | | | | |
| 其中：国有 | 3362 | 27214 | 6550 | 4106 | 3497.53 | 908.88 | 7674 | 833 |
| 集体 | | 5 | 134 | 118 | 174.63 | 51.23 | | |
| 其他 | 1 | 81 | 134 | 68 | 61.26 | 4.65 | 3 | |
| **按隶属关系分** | | | | | | | | |
| 中央 | 388 | 14916 | 122 | 48 | 89.31 | 0.20 | 8 | 55 |
| 省、区、市 | 318 | 7482 | 695 | 323 | 979.72 | 186.00 | 6148 | 233 |
| 地、市 | 940 | 2497 | 2670 | 1616 | 1581.81 | 468.75 | 143 | 235 |
| 县、市、区 | 1717 | 2405 | 3331 | 2305 | 1082.58 | 309.80 | 1378 | 310 |
| **按部门分** | | | | | | | | |
| 文化部门 | 3355 | 27019 | 6658 | 4207 | 3697.48 | 960.40 | 7670 | 826 |
| 其他部门 | 8 | 281 | 160 | 85 | 35.93 | 4.36 | 7 | 7 |
| **按机构类型分** | | | | | | | | |
| 美术馆 | 2165 | 25351 | 5559 | 3590 | 3262.74 | 842.64 | 412 | 359 |
| 画院 | 156 | 667 | | | | | 75 | 94 |
| 美术馆(画院) | 1042 | 1282 | 1198 | 673 | 461.39 | 118.09 | 7142 | 183 |
| 剧目创作室 | | | 61 | 29 | 9.28 | 4.03 | 48 | 197 |

| 学术活动(次) | 本年收入合计(千元) | 财政补贴收入 | | | | 上级补助收入 | 事业收入 | 经营收入 | 附属单位上缴收入 | 其他收入 |
|---|---|---|---|---|---|---|---|---|---|---|
| | | | 免费开放 | 中央资金 | 收藏专项经费 | | | | | |
| **1928** | **2691485** | **2415700** | **140074** | **44578** | **145847** | **20157** | **198054** | **5890** | **15** | **51669** |
| 1719 | 2194559 | 1963557 | 137382 | 44003 | 134007 | 18528 | 160080 | 5890 | 15 | 46489 |
| | | | | | | | | | **30** | |
| 1915 | 2661775 | 2394148 | 139009 | 43853 | 145847 | 19975 | 197236 | 2702 | 10 | 47704 |
| | 14201 | 12542 | 495 | 365 | | | | 1659 | | |
| 13 | 15509 | 9010 | 570 | 360 | | 182 | 818 | 1529 | 5 | 3965 |
| 33 | 387337 | 285741 | | | 5840 | | 100774 | | | 822 |
| 261 | 1277808 | 1171596 | 48608 | 1522 | 93630 | 2220 | 86408 | 1604 | | 15980 |
| 449 | 723550 | 677011 | 55888 | 21411 | 36839 | 13967 | 5094 | 20 | | 27458 |
| 1185 | 302790 | 281352 | 35578 | 21645 | 9538 | 3970 | 5778 | 4266 | 15 | 7409 |
| 1901 | 2655837 | 2381063 | 138763 | 43818 | 140646 | 19593 | 198017 | 5890 | 15 | 51259 |
| 27 | 35648 | 34637 | 1311 | 760 | 5201 | 564 | 37 | | | 410 |
| 1445 | 1432697 | 1223202 | 107198 | 35787 | 105167 | 12952 | 150331 | 4088 | 5 | 42119 |
| 83 | 584514 | 576912 | 2778 | | 11359 | 680 | 2862 | | | 4060 |
| 233 | 542850 | 487877 | 29933 | 8626 | 29321 | 4994 | 44476 | 1802 | 10 | 3691 |
| 167 | 131424 | 127709 | 165 | 165 | | 1531 | 385 | | | 1799 |

续表 2

| | 本年支出合计(千元) | 基本支出 | 项目支出 | 收藏经费 | 经营支出 | 在支出合计中：工资福利支出 | 商品和服务支出 | 差旅费 |
|---|---|---|---|---|---|---|---|---|
| **总　计** | **2449804** | **1037801** | **1375645** | **204604** | **8489** | **543734** | **907896** | **23692** |
| 其中：免费开放 | 2079899 | 814089 | 1230178 | 195449 | 8477 | 426791 | 804485 | 17394 |
| **按登记注册类型分** | | | | | | | | |
| 其中：国有 | 2418029 | 1021097 | 1367107 | 204549 | 3481 | 534888 | 899046 | 23486 |
| 集体 | 11760 | 5755 | 2824 | | 3181 | 2998 | 6376 | 57 |
| 其他 | 20015 | 10949 | 5714 | 55 | 1827 | 5848 | 2474 | 149 |
| **按隶属关系分** | | | | | | | | |
| 中央 | 311989 | 127736 | 184252 | 46502 | | 17529 | 114420 | 2627 |
| 省、区、市 | 1136976 | 316403 | 808175 | 86565 | 1607 | 177181 | 427122 | 7488 |
| 地、市 | 697431 | 376812 | 310461 | 61569 | 32 | 225822 | 268978 | 10155 |
| 县、市、区 | 303408 | 216850 | 72757 | 9968 | 6850 | 123202 | 97376 | 3422 |
| **按部门分** | | | | | | | | |
| 文化部门 | 2415851 | 1025731 | 1353762 | 199100 | 8489 | 535748 | 895120 | 23614 |
| 其他部门 | 33953 | 12070 | 21883 | 5504 | | 7986 | 12776 | 78 |
| **按机构类型分** | | | | | | | | |
| 美术馆 | 1411999 | 605949 | 783919 | 161969 | 6676 | 298711 | 648322 | 11569 |
| 画院 | 503807 | 117029 | 385277 | 13036 | | 76645 | 63242 | 2535 |
| 美术馆(画院) | 404119 | 208795 | 182959 | 29599 | 1801 | 107986 | 169871 | 7306 |
| 剧目创作室 | 129879 | 106028 | 23490 | | 12 | 60392 | 26461 | 2282 |

| | | | | | | | | | | |
|---|---|---|---|---|---|---|---|---|---|---|
| | | | | | | | 资产总计（千元） | | 实际使用房屋建筑面积（万平方米） | |
| | | | | | | | | 固定资产原值 | | 展览用房 |
| 劳务费 | 福利费 | 各种税金支出 | 对个人和家庭补助支出 | 抚恤金和生活补助 | 其他资本性支出 | 各种设备、交通工具、图书购置费 | | | | |
| **77458** | **6725** | **5634** | **207558** | **6673** | **243342** | **50519** | **6738509** | **4646926** | **175.57** | **70.64** |
| 61959 | 4917 | 5522 | 144604 | 5291 | 199305 | 35390 | 6022718 | 4398778 | 168.30 | 69.30 |
| 77082 | 6560 | 4942 | 207021 | 6673 | 241220 | 50504 | 6493565 | 4621223 | 169.04 | 68.40 |
| 319 | | | 460 | | 1856 | 15 | 217538 | 9845 | 2.84 | 0.50 |
| 57 | 165 | 692 | 77 | | 266 | | 27406 | 15858 | 3.69 | 1.75 |
| 12536 | 1282 | 2371 | 34337 | 628 | 10150 | | 1246694 | 556841 | 3.80 | 0.98 |
| 28380 | 2903 | 1062 | 69961 | 2522 | 150335 | 35517 | 3463993 | 2633483 | 57.57 | 20.47 |
| 29484 | 1748 | 1308 | 85822 | 2670 | 63270 | 9578 | 1105819 | 952230 | 62.10 | 26.91 |
| 7058 | 792 | 893 | 17438 | 853 | 19587 | 5424 | 922003 | 504372 | 52.10 | 22.29 |
| 76802 | 6715 | 5634 | 204499 | 6637 | 233385 | 49424 | 6654090 | 4602560 | 170.60 | 67.24 |
| 656 | 10 | | 3059 | 36 | 9957 | 1095 | 84419 | 44366 | 4.97 | 3.41 |
| 46608 | 3706 | 4801 | 101799 | 2660 | 159791 | 28785 | 4724912 | 3669406 | 140.19 | 56.93 |
| 6188 | 322 | 150 | 28504 | 461 | 34414 | 15123 | 815194 | 268929 | 10.05 | 3.08 |
| 20618 | 2333 | 571 | 44065 | 2135 | 43973 | 6211 | 1154213 | 684378 | 23.70 | 10.45 |
| 4044 | 364 | 112 | 33190 | 1417 | 5164 | 400 | 44190 | 24213 | 1.64 | 0.18 |

续表 3

| | | | 实际拥有产权面积(平方米) | 公共教育活动 | | | 创作情况(个) | |
|---|---|---|---|---|---|---|---|---|
| | 库房面积 | 画室面积 | | 讲座(次) | 教育活动(次) | 出版物(种) | 创作项目数量 | 参加展览数量 |
| **总　计** | **11.97** | **9.91** | **70.19** | **2510** | **4630** | **2348** | **13248** | **7236** |
| 其中：免费开放 | 11.31 | 8.89 | 66.90 | 2390 | 4599 | 2320 | 7307 | 5431 |
| **按登记注册类型分** | | | | | | | | |
| 其中：国有 | 11.74 | 9.66 | 64.82 | 2458 | 4551 | 2343 | 13190 | 7212 |
| 集体 | 0.07 | 0.06 | 2.55 | 9 | 10 | | 4 | 12 |
| 其他 | 0.16 | 0.19 | 2.81 | 43 | 69 | 5 | 54 | 12 |
| **按隶属关系分** | | | | | | | | |
| 中央 | 0.48 | 0.77 | 0.83 | 68 | 32 | 7 | 2415 | 27 |
| 省、区、市 | 4.31 | 1.41 | 14.05 | 450 | 1847 | 55 | 2522 | 1189 |
| 地、市 | 3.37 | 3.35 | 30.94 | 774 | 1149 | 152 | 4802 | 2982 |
| 县、市、区 | 3.81 | 4.39 | 24.37 | 1218 | 1602 | 2134 | 3509 | 3038 |
| **按部门分** | | | | | | | | |
| 文化部门 | 11.69 | 9.79 | 69.87 | 2388 | 4562 | 2342 | 13235 | 7223 |
| 其他部门 | 0.28 | 0.12 | 0.31 | 122 | 68 | 6 | 13 | 13 |
| **按机构类型分** | | | | | | | | |
| 美术馆 | 9.92 | 5.94 | 55.74 | 1831 | 4203 | 2225 | | 6 |
| 画院 | 0.46 | 1.35 | 4.90 | | | | 3507 | 2528 |
| 美术馆(画院) | 1.56 | 2.59 | 9.32 | 598 | 401 | 99 | 7839 | 4510 |
| 剧目创作室 | 0.03 | 0.03 | 0.23 | 81 | 26 | 24 | 1902 | 192 |

| | 培训情况 | | | | 学术研究情况(个) | | | 文化创意产品情况 | | |
|---|---|---|---|---|---|---|---|---|---|---|
| 获省部级以上奖项的作品数 | 组织培训次数(次) | 培训人次(万人次) | 志愿者服务队伍个数 | 志愿者服务队伍人数 | 本年承担课题、项目数 | 省部级以上课题项目数 | 结项课题项目数 | 文化创意产品种类(个) | 文化创意产品销售收入(千元) | 文化创意产品销售利润(千元) |
| **894** | **1854** | **6.68** | **430** | **14031** | **175** | **83** | **40** | **574** | **6187** | **3137** |
| 631 | 1290 | 5.52 | 418 | 13900 | 107 | 58 | 33 | 574 | 6187 | 3137 |
| 891 | 1850 | 6.67 | 421 | 13895 | 174 | 83 | 39 | 568 | 6183 | 3136 |
| 1 | 1 | 0.00 | 1 | 4 | | | | | | |
| 2 | 3 | 0.01 | 8 | 132 | 1 | | 1 | 6 | 4 | 1 |
| 5 | 261 | 0.04 | 1 | 100 | 3 | 1 | 2 | | 5014 | 2962 |
| 80 | 117 | 0.49 | 60 | 3948 | 36 | 19 | 17 | 93 | 420 | 224 |
| 572 | 936 | 3.20 | 174 | 5430 | 97 | 42 | 7 | 476 | 753 | -49 |
| 237 | 540 | 2.96 | 195 | 4553 | 39 | 21 | 14 | 5 | | |
| 891 | 1848 | 6.62 | 423 | 13853 | 172 | 80 | 37 | 567 | 6183 | 3136 |
| 3 | 6 | 0.06 | 7 | 178 | 3 | 3 | 3 | 7 | 4 | 1 |
| | 6 | 0.04 | 349 | 12113 | 78 | 44 | 27 | 573 | 6187 | 3137 |
| 244 | 305 | 0.93 | 14 | 271 | 12 | 8 | 3 | | | |
| 514 | 1355 | 4.31 | 62 | 1617 | 26 | 10 | 8 | 1 | | |
| 136 | 188 | 1.40 | 5 | 30 | 59 | 21 | 2 | | | |

# 2017年各地区艺术展览

| 地区 | 机构数(个) | 从业人员(人) | 专业技术人才 | 正高级职称 | 副高级职称 | 中级职称 | 藏品(件/套) | 文物藏品数 | 非文物藏品数 |
|---|---|---|---|---|---|---|---|---|---|
| **总计** | **685** | **5846** | **3881** | **400** | **704** | **1375** | **513667** | **122200** | **493550** |
| 北京 | 1 | 76 | 50 | 26 | 9 | 8 | 9650 | 382 | 9473 |
| 天津 | 6 | 57 | 22 | 1 | 3 | 11 | 2625 | | 2625 |
| 河北 | 18 | 172 | 94 | 7 | 23 | 31 | 4807 | | 4790 |
| 山西 | 39 | 299 | 196 | 8 | 19 | 56 | 31814 | 652 | 30025 |
| 内蒙古 | 33 | 281 | 176 | 13 | 25 | 63 | 8911 | 5 | 8911 |
| 辽宁 | 2 | 15 | 7 | | 3 | 3 | 213 | | 213 |
| 吉林 | 22 | 146 | 116 | 12 | 26 | 43 | 3647 | 1 | 3646 |
| 黑龙江 | 23 | 135 | 109 | 14 | 29 | 32 | 13971 | 202 | 13767 |
| 上海 | 12 | 349 | 195 | 19 | 12 | 57 | 29651 | 880 | 27896 |
| 江苏 | 80 | 762 | 604 | 86 | 125 | 207 | 34055 | 111 | 33412 |
| 浙江 | 11 | 142 | 89 | 6 | 15 | 35 | 29209 | | 29209 |
| 安徽 | 23 | 159 | 85 | 6 | 14 | 31 | 7207 | 115 | 7064 |
| 福建 | 11 | 84 | 51 | 5 | 8 | 22 | 6292 | 324 | 6063 |
| 江西 | 39 | 304 | 162 | 8 | 28 | 64 | 7775 | 106 | 7318 |
| 山东 | 85 | 591 | 489 | 25 | 94 | 195 | 38513 | 3309 | 26604 |
| 河南 | 9 | 108 | 48 | 7 | 13 | 17 | 8966 | | 8966 |
| 湖北 | 14 | 165 | 118 | 23 | 15 | 38 | 11617 | 28 | 11586 |
| 湖南 | 32 | 142 | 104 | 3 | 19 | 47 | 7432 | 11 | 7370 |
| 广东 | 14 | 342 | 172 | 11 | 28 | 70 | 65934 | 910 | 65024 |
| 广西 | 5 | 70 | 35 | 4 | 5 | 15 | 2025 | | 2025 |
| 海南 | | | | | | | | | |
| 重庆 | 9 | 103 | 60 | 4 | 20 | 25 | 4057 | 16 | 4041 |
| 四川 | 59 | 294 | 194 | 9 | 27 | 73 | 13813 | 1035 | 12822 |
| 贵州 | 3 | 55 | 27 | 4 | 9 | 7 | 55 | | 55 |
| 云南 | 11 | 70 | 63 | 7 | 20 | 19 | 1473 | | 1473 |
| 西藏 | | | | | | | | | |
| 陕西 | 4 | 120 | 65 | 2 | 4 | 16 | 18822 | | 18687 |
| 甘肃 | 60 | 386 | 255 | 25 | 53 | 94 | 20446 | 2087 | 20173 |
| 青海 | | | | | | | | | |
| 宁夏 | 1 | 9 | 9 | 2 | 2 | 3 | 1264 | | 1264 |
| 新疆 | 57 | 217 | 151 | 6 | 21 | 51 | 10408 | 870 | 10033 |

# 创作机构基本情况

| 国画 | 油画 | 版画 | 雕塑 | 水粉、水彩 | 设计 | 连环画、漫画 | 民间艺术 | 书法 | 摄影、多媒体 | 漆艺 |
|---|---|---|---|---|---|---|---|---|---|---|
| **109174** | **19370** | **53081** | **5678** | **12511** | **4011** | **12220** | **99993** | **58392** | **53270** | **3644** |
| 4198 | 392 | 656 | 18 | 2211 | | 1065 | 44 | 719 | 170 | |
| 235 | 41 | 395 | 12 | 9 | | 4 | 1 | 436 | 379 | |
| 1078 | 317 | 758 | 122 | 271 | 25 | 50 | 256 | 770 | 819 | |
| 3938 | 547 | 420 | 575 | 188 | | 129 | 6315 | 9457 | 740 | 32 |
| 2063 | 513 | 387 | 72 | 214 | 33 | 59 | 642 | 2624 | 2176 | |
| 23 | 45 | 54 | 1 | 68 | | | | 2 | | |
| 1216 | 198 | 60 | 16 | 122 | | | 26 | 1603 | 347 | |
| 1336 | 324 | 6644 | 24 | 175 | | 44 | 3634 | 486 | 91 | |
| 7535 | 1845 | 2362 | 240 | 543 | 36 | 3005 | 3943 | 2494 | 3863 | 42 |
| 15340 | 869 | 3434 | 113 | 568 | 29 | 237 | 4038 | 5720 | 514 | 4 |
| 15408 | 924 | 4187 | 424 | 840 | 1092 | 397 | 1043 | 2940 | 859 | 4 |
| 3560 | 118 | 129 | 401 | 87 | 2 | 150 | 56 | 1554 | 661 | |
| 1921 | 194 | 884 | 115 | 94 | 25 | 143 | 157 | 650 | 128 | 791 |
| 1927 | 331 | 401 | 64 | 360 | | 10 | 524 | 1968 | 768 | 1 |
| 9023 | 1337 | 1986 | 248 | 1062 | 19 | 135 | 1229 | 6889 | 1916 | 178 |
| 1325 | 380 | 895 | 116 | 330 | 161 | 5 | 2203 | 1109 | 373 | 16 |
| 1499 | 709 | 953 | 244 | 788 | 35 | 202 | 2045 | 1337 | 1234 | 198 |
| 2136 | 689 | 169 | 17 | 370 | 61 | 128 | 615 | 1798 | 307 | |
| 5780 | 2154 | 17046 | 602 | 1378 | 2311 | 1778 | 653 | 1489 | 28158 | 55 |
| 883 | 128 | 57 | 4 | 86 | | | 1 | 805 | 39 | 1 |
| 822 | 195 | 905 | 61 | 262 | 3 | 28 | 246 | 627 | 613 | 12 |
| 4974 | 652 | 286 | 118 | 237 | 13 | 302 | 284 | 3217 | 2428 | 22 |
| 55 | | | | | | | | | | |
| 167 | 92 | 689 | 4 | 40 | 4 | | 55 | 266 | 155 | |
| 855 | 327 | 222 | 34 | 123 | | | 2066 | 472 | 55 | |
| 5451 | 890 | 225 | 159 | 694 | 157 | 88 | 1860 | 5146 | 2232 | 2005 |
| 856 | 21 | 312 | 11 | 1 | | | | 63 | | |
| 1277 | 1586 | 324 | 83 | 345 | 5 | 66 | 841 | 2032 | 2858 | |

续表 1

| 地区 | | | 年度展览总量(个) | | 参观人次(万人次) | | 学术成果 | | |
|---|---|---|---|---|---|---|---|---|---|
| | 陶艺 | 其他 | | 自主办展数量 | | 未成年人参观人次 | 专著或图录(册) | 论文数(篇) | 学术活动(次) |
| **总计** | **3363** | **27300** | **6818** | **4292** | **3733.41** | **964.76** | **7677** | **833** | **1928** |
| 北京 | | | 27 | 13 | 2.10 | 0.40 | 15 | 40 | 1 |
| 天津 | 7 | 111 | 112 | 34 | 280.59 | 67.05 | 2 | 4 | 13 |
| 河北 | 22 | 106 | 148 | 85 | 115.97 | 41.60 | 9 | 13 | 15 |
| 山西 | | 12 | 323 | 145 | 240.83 | 93.99 | 11 | 15 | 54 |
| 内蒙古 | 110 | | 204 | 133 | 78.65 | 15.84 | 9 | 6 | 28 |
| 辽宁 | 20 | | 14 | 14 | 6.47 | 1.21 | 1 | | 2 |
| 吉林 | | 8 | 91 | 90 | 26.05 | 4.87 | 16 | 9 | 14 |
| 黑龙江 | 5 | 974 | 86 | 45 | 31.84 | 8.97 | 5 | 28 | 17 |
| 上海 | 74 | 1911 | 243 | 129 | 320.35 | 33.44 | 39 | 38 | 71 |
| 江苏 | 4 | 730 | 721 | 475 | 591.83 | 119.82 | 83 | 145 | 98 |
| 浙江 | 34 | 1052 | 151 | 93 | 118.65 | 16.90 | 7 | 3 | 21 |
| 安徽 | 146 | | 292 | 184 | 114.08 | 27.22 | 16 | 9 | 42 |
| 福建 | 5 | 560 | 88 | 56 | 24.02 | 2.76 | 2 | 6 | 21 |
| 江西 | 839 | 2 | 314 | 259 | 86.87 | 25.35 | 22 | 28 | 669 |
| 山东 | 380 | 690 | 804 | 463 | 340.60 | 105.05 | 1074 | 168 | 265 |
| 河南 | 36 | 2017 | 104 | 63 | 50.10 | 12.20 | 9 | 9 | 18 |
| 湖北 | 69 | 535 | 187 | 103 | 110.36 | 32.62 | 196 | 22 | 40 |
| 湖南 | 360 | 21 | 163 | 154 | 105.52 | 30.68 | 6 | 3 | 13 |
| 广东 | 156 | 3246 | 433 | 292 | 211.73 | 49.09 | 32 | 26 | 77 |
| 广西 | 6 | 13 | 80 | 48 | 33.90 | 6.90 | 4 | 6 | 49 |
| 海南 | | | | | | | | | |
| 重庆 | 170 | 58 | 240 | 185 | 99.37 | 26.87 | 6011 | 3 | 56 |
| 四川 | 35 | 130 | 385 | 289 | 353.57 | 159.06 | 21 | 74 | 120 |
| 贵州 | | | 7 | 3 | 0.01 | 0.01 | 3 | 1 | |
| 云南 | | 1 | 57 | 36 | 22.78 | 7.10 | 5 | 7 | 7 |
| 西藏 | | | | | | | | | |
| 陕西 | | 81 | 70 | 11 | 39.16 | 0.53 | 2 | 6 | 20 |
| 甘肃 | 469 | | 669 | 367 | 128.95 | 38.69 | 60 | 69 | 119 |
| 青海 | | | | | | | | | |
| 宁夏 | | | 18 | 18 | 5.00 | 1.80 | | 5 | 2 |
| 新疆 | 28 | 126 | 665 | 457 | 104.75 | 34.54 | 9 | 35 | 43 |

| 本年收入合计(千元) | 财政补贴收入 | | | | 上级补助收入 | 事业收入 | 经营收入 | 附属单位上缴收入 | 其他收入 |
|---|---|---|---|---|---|---|---|---|---|
| | | 免费开放 | 中央资金 | 收藏专项经费 | | | | | |
| **2691485** | **2415700** | **140074** | **44578** | **145847** | **20157** | **198054** | **5890** | **15** | **51669** |
| 99918 | 97280 | | | 9400 | | 850 | 1604 | | 184 |
| 3900 | 3502 | | | | | | | | 398 |
| 38571 | 37755 | 6590 | 1200 | 4361 | | 700 | | | 116 |
| 51905 | 50578 | 4370 | 2700 | 4 | 703 | | | | 624 |
| 73660 | 70839 | 5616 | 4590 | 2280 | 2390 | | | | 431 |
| 5016 | 5016 | 344 | 100 | 500 | | | | | |
| 29536 | 28664 | 3353 | 1430 | 6000 | 17 | 7 | | | 848 |
| 30076 | 30049 | 2551 | 2000 | 5280 | | | | | 27 |
| 688337 | 613873 | 1368 | 1000 | 8411 | | 68896 | | | 5568 |
| 279338 | 269367 | 14923 | | 19900 | 1036 | 1965 | 1679 | | 5291 |
| 85205 | 74921 | 12615 | | 9241 | 100 | 8821 | | | 1363 |
| 32991 | 29260 | 4600 | 2300 | 700 | 2512 | 1073 | | | 146 |
| 24221 | 22806 | 5217 | 40 | 5000 | 860 | 313 | | | 242 |
| 47262 | 41650 | 6930 | 1159 | 60 | 4100 | 102 | | | 1410 |
| 217839 | 209806 | 15138 | 894 | 22620 | 1703 | 1152 | 1078 | | 4100 |
| 21208 | 19413 | 2030 | 550 | 3350 | | 1792 | | | 3 |
| 52336 | 49327 | 2129 | 572 | 10700 | 940 | 879 | | | 1190 |
| 29759 | 28981 | 4890 | 2685 | 830 | 576 | 3 | 6 | 5 | 188 |
| 199405 | 172396 | 4735 | 200 | 22257 | 2750 | 4108 | | | 20151 |
| 17090 | 15117 | 1480 | 1200 | 170 | 729 | 182 | | | 1062 |
| 29925 | 28718 | 7265 | 3580 | 2100 | | 1203 | | | 4 |
| 52471 | 51042 | 12209 | 7925 | 130 | | 976 | | | 453 |
| 50364 | 50120 | | | 3000 | | | | | 244 |
| 31748 | 30082 | 2700 | 1360 | 50 | | 76 | | | 1590 |
| 19132 | 12435 | 1350 | | 1500 | | 1194 | 1523 | | 3980 |
| 61552 | 56690 | 10421 | 3956 | 1710 | 1246 | 2968 | | | 648 |
| 2640 | 2640 | 400 | 400 | 200 | | | | | |
| 28743 | 27632 | 6850 | 4737 | 253 | 495 | 20 | | 10 | 586 |

续表 2

| 地区 | 本年支出合计（千元） | 基本支出 | 项目支出 | | 经营支出 | 在支出合计中： | | | |
|---|---|---|---|---|---|---|---|---|---|
| | | | | 收藏经费 | | 工资福利支出 | 商品和服务支出 | 差旅费 | 劳务费 |
| **总　计** | **2449804** | **1037801** | **1375645** | **204604** | **8489** | **543734** | **907896** | **23692** | **77458** |
| 北　京 | 50238 | 27796 | 10836 | 10418 | 1604 | 14070 | 17069 | 279 | 1184 |
| 天　津 | 3810 | 3810 | | | | 1786 | 1063 | 13 | |
| 河　北 | 39007 | 20677 | 18228 | 4706 | 52 | 12583 | 13908 | 614 | 706 |
| 山　西 | 50298 | 23331 | 24260 | | | 17244 | 23911 | 704 | 1696 |
| 内蒙古 | 70014 | 43709 | 21998 | 4595 | | 18883 | 22222 | 735 | 4140 |
| 辽　宁 | 5774 | 3361 | 2413 | 500 | | 1730 | 2239 | 14 | 183 |
| 吉　林 | 28795 | 18434 | 9487 | 6000 | | 9440 | 4075 | 346 | 293 |
| 黑龙江 | 30818 | 17726 | 12860 | 5572 | 50 | 10500 | 4576 | 210 | 121 |
| 上　海 | 624291 | 126677 | 497613 | 8445 | | 64504 | 243737 | 1262 | 6396 |
| 江　苏 | 283909 | 185329 | 94557 | 11784 | 3201 | 93202 | 99748 | 3165 | 4860 |
| 浙　江 | 86352 | 38448 | 47084 | 9544 | | 16299 | 54130 | 601 | 11717 |
| 安　徽 | 32088 | 17199 | 14476 | 897 | | 12292 | 12088 | 720 | 1070 |
| 福　建 | 24666 | 9429 | 15151 | 8389 | | 6814 | 7050 | 258 | 783 |
| 江　西 | 36740 | 19837 | 16381 | 213 | 76 | 14361 | 14506 | 921 | 1489 |
| 山　东 | 194052 | 88022 | 103879 | 24719 | 619 | 54794 | 64668 | 1997 | 5354 |
| 河　南 | 22642 | 11480 | 11162 | 3350 | | 8382 | 10977 | 197 | 1254 |
| 湖　北 | 56867 | 27944 | 27901 | 11003 | 980 | 12641 | 19696 | 643 | 6311 |
| 湖　南 | 27854 | 17863 | 9177 | 1692 | 58 | 10584 | 8238 | 546 | 1424 |
| 广　东 | 198066 | 75487 | 122390 | 40141 | | 55526 | 77439 | 1948 | 2889 |
| 广　西 | 14094 | 5394 | 8699 | 260 | | 5571 | 6470 | 338 | 188 |
| 海　南 | | | | | | | | | |
| 重　庆 | 31727 | 14508 | 16590 | 2232 | 3 | 9236 | 11213 | 1303 | 2860 |
| 四　川 | 51498 | 25621 | 25507 | 360 | | 18011 | 18580 | 1708 | 2676 |
| 贵　州 | 30379 | 4356 | 26021 | | | 3260 | 10050 | 343 | 724 |
| 云　南 | 31350 | 11478 | 19872 | 50 | | 7043 | 20274 | 289 | 2098 |
| 西　藏 | | | | | | | | | |
| 陕　西 | 24098 | 10683 | 11632 | 1500 | 1769 | 7055 | 5222 | 233 | 288 |
| 甘　肃 | 57586 | 39042 | 15671 | 1070 | 47 | 23455 | 12526 | 916 | 2367 |
| 青　海 | | | | | | | | | |
| 宁　夏 | 2272 | 1584 | 687 | 400 | | 1301 | 542 | 52 | 286 |
| 新　疆 | 28530 | 20840 | 6861 | 262 | 30 | 15638 | 7259 | 710 | 1565 |

| 福利费 | 各种税金支出 | 对个人和家庭补助支出 | 抚恤金和生活补助 | 其他资本性支出 | 各种设备、交通工具、图书购置费 | 资产总计(千元) | 固定资产原值 | 实际使用房屋建筑面积(万平方米) | 展览用房 |
|---|---|---|---|---|---|---|---|---|---|
| **6725** | **5634** | **207558** | **6673** | **243342** | **50519** | **6738509** | **4646926** | **175.57** | **70.64** |
| 121 | | 5240 | 714 | 11005 | 587 | 261743 | 187022 | 1.15 | 0.44 |
| 13 | 7 | 961 | | | | 1330 | 459 | 5.48 | 1.88 |
| 129 | 32 | 6169 | 477 | 5980 | 790 | 130396 | 125975 | 4.40 | 2.28 |
| 155 | | 2399 | 40 | 1680 | 1170 | 38236 | 28018 | 8.73 | 4.61 |
| 158 | | 7390 | 229 | 8576 | 1662 | 120675 | 112093 | 6.00 | 3.03 |
| | | 1160 | | 546 | 46 | 14595 | 14062 | 0.20 | 0.05 |
| 3 | 498 | 7000 | 58 | 5957 | 440 | 48060 | 44910 | 1.43 | 0.74 |
| 7 | | 6248 | 258 | 8738 | 317 | 56410 | 45514 | 1.65 | 0.74 |
| 934 | 122 | 3715 | 337 | 19163 | 10063 | 1290543 | 722805 | 25.80 | 10.31 |
| 354 | 11 | 52550 | 1337 | 22689 | 740 | 790420 | 525655 | 24.50 | 8.93 |
| 462 | 699 | 1657 | 10 | 8003 | 1958 | 646675 | 581420 | 7.85 | 2.52 |
| 73 | | 3981 | 16 | 1169 | 370 | 102264 | 25344 | 3.15 | 1.87 |
| 2 | | 1064 | 168 | 9420 | 765 | 37056 | 29574 | 1.68 | 0.68 |
| 134 | 189 | 2077 | 10 | 1379 | 718 | 71807 | 55699 | 6.22 | 3.00 |
| 326 | 84 | 23107 | 628 | 37672 | 2148 | 466119 | 377154 | 22.79 | 8.27 |
| 474 | 69 | 1215 | 21 | 656 | 230 | 113654 | 106460 | 2.70 | 1.15 |
| 508 | | 6633 | 395 | 15678 | 4799 | 332808 | 310291 | 5.49 | 1.94 |
| 180 | 24 | 3287 | 32 | 1904 | 651 | 99395 | 69074 | 2.58 | 1.63 |
| 489 | 449 | 17886 | 457 | 39820 | 3638 | 444837 | 431004 | 10.86 | 3.97 |
| 6 | | 938 | | 954 | 28 | 40711 | 25341 | 1.04 | 0.31 |
| 108 | 3 | 1916 | 226 | 5655 | 1706 | 30720 | 25201 | 2.10 | 1.12 |
| 333 | 1 | 4279 | 327 | 3088 | 270 | 67295 | 52448 | 4.22 | 1.98 |
| | | 910 | 52 | 15114 | 15057 | 40566 | 3206 | 3.71 | 0.45 |
| 5 | 110 | 671 | | 1347 | 1113 | 19456 | 11338 | 3.88 | 1.54 |
| 101 | 955 | 146 | | 1973 | | 102911 | 88226 | 3.18 | 1.64 |
| 305 | | 7814 | 223 | 3528 | 918 | 100700 | 79118 | 6.72 | 2.31 |
| | 1 | 194 | | 234 | 3 | 4267 | 3402 | 0.26 | 0.25 |
| 63 | 9 | 2614 | 30 | 1264 | 332 | 18166 | 9272 | 4.00 | 2.01 |

续表 3

| 地区 | | | | 公共教育活动 | | | 创作情况(个) | | |
|---|---|---|---|---|---|---|---|---|---|
| | 库房面积 | 画室面积 | 实际拥有产权面积(平方米) | 讲座(次) | 教育活动(次) | 出版物(种) | 创作项目数量 | 参加展览数量 | 获省部级以上奖项的作品数 |
| **总计** | **11.97** | **9.91** | **70.19** | **2510** | **4630** | **2348** | **13248** | **7236** | **894** |
| 北京 | 0.02 | 0.06 | 1.05 | 24 | 20 | 14 | 1082 | 254 | 10 |
| 天津 | 0.27 | 0.04 | 2.69 | 34 | 110 | 17 | | | |
| 河北 | 0.17 | 0.23 | 2.69 | 71 | 47 | 4 | 10 | 18 | 2 |
| 山西 | 0.25 | 0.33 | 3.95 | 109 | 103 | 11 | 431 | 40 | 13 |
| 内蒙古 | 0.24 | 0.53 | 3.62 | 37 | 212 | 8 | 1351 | 743 | 131 |
| 辽宁 | | | 0.14 | 14 | | | 7 | | |
| 吉林 | 0.14 | 0.16 | 0.51 | 15 | 13 | 11 | 114 | 39 | 20 |
| 黑龙江 | 0.10 | 0.55 | 0.33 | 49 | 43 | 5 | 172 | 282 | 75 |
| 上海 | 2.10 | 0.10 | 1.67 | 244 | 959 | 8 | 1 | 18 | |
| 江苏 | 1.31 | 1.43 | 8.02 | 166 | 247 | 26 | 1901 | 1455 | 194 |
| 浙江 | 0.47 | 0.06 | 3.40 | 104 | 130 | 11 | 205 | 543 | 5 |
| 安徽 | 0.14 | 0.21 | 0.98 | 106 | 128 | 25 | 21 | 63 | 10 |
| 福建 | 0.11 | 0.18 | 0.47 | 13 | 15 | 4 | 17 | 6 | 1 |
| 江西 | 0.48 | 0.42 | 2.56 | 76 | 94 | 27 | 232 | 44 | 19 |
| 山东 | 1.39 | 1.07 | 8.85 | 191 | 544 | 15 | 945 | 330 | 83 |
| 河南 | 0.07 | 0.04 | 0.11 | 89 | 142 | 3 | | | |
| 湖北 | 0.25 | 0.71 | 4.61 | 145 | 392 | 1882 | 582 | 697 | 23 |
| 湖南 | 0.28 | 0.26 | 1.17 | 50 | 49 | 19 | 63 | 59 | 128 |
| 广东 | 0.79 | 0.31 | 5.22 | 150 | 394 | 29 | 6 | 80 | 14 |
| 广西 | 0.03 | 0.01 | 2.43 | 12 | 117 | 21 | 18 | 12 | 4 |
| 海南 | | | | | | | | | |
| 重庆 | 0.17 | 0.14 | 0.56 | 109 | 124 | 3 | 500 | 80 | 19 |
| 四川 | 0.33 | 0.39 | 1.45 | 206 | 303 | 46 | 480 | 123 | 12 |
| 贵州 | 1.00 | 0.51 | 3.71 | | 10 | | 71 | 24 | 4 |
| 云南 | 0.47 | 0.20 | 2.44 | 14 | 57 | 3 | 521 | 76 | 14 |
| 西藏 | | | | | | | | | |
| 陕西 | 0.26 | 0.02 | 3.12 | 27 | 123 | 6 | | | |
| 甘肃 | 0.32 | 0.79 | 2.17 | 184 | 149 | 55 | 1042 | 1125 | 73 |
| 青海 | | | | | | | | | |
| 宁夏 | 0.01 | | | 3 | | 1 | | | |
| 新疆 | 0.33 | 0.44 | 1.44 | 200 | 73 | 87 | 1061 | 1098 | 35 |

| 培训情况 | | 志愿者服务队伍个数 | 志愿者服务队伍人数 | 学术研究情况(个) | | | 文化创意产品情况 | | |
|---|---|---|---|---|---|---|---|---|---|
| 组织培训次数(次) | 培训人次(万人次) | | | 本年承担课题、项目数 | 省部级以上课题项目数 | 结项课题项目数 | 文化创意产品种类(个) | 文化创意产品销售收入(千元) | 文化创意产品销售利润(千元) |
| **1854** | **6.68** | **430** | **14031** | **175** | **83** | **40** | **574** | **6187** | **3137** |
| | | | | | | | | | |
| 3 | 0.01 | | | | | | | | |
| | | 2 | 133 | | | | 7 | 4 | 1 |
| 2 | 0.02 | 8 | 437 | 2 | 2 | | | | |
| 52 | 0.22 | 19 | 1057 | 8 | 5 | 4 | 6 | | |
| 169 | 0.68 | 26 | 444 | 11 | 7 | | | | |
| | | | | | | | | | |
| 2 | 0.02 | | | | | | | | |
| 10 | 0.04 | 2 | 15 | | | | | | |
| 191 | 0.29 | 10 | 359 | 3 | 3 | 3 | | | |
| | | | | | | | | | |
| 7 | 0.00 | 21 | 2391 | 4 | 2 | | 41 | 416 | 223 |
| 117 | 0.29 | 29 | 1088 | 74 | 24 | 13 | 439 | 688 | -69 |
| 128 | 0.03 | 26 | 866 | 1 | | | 9 | | |
| 20 | 0.11 | 15 | 497 | 2 | 1 | 1 | | | |
| 2 | 0.00 | 8 | 71 | | | | | | |
| | | 41 | 732 | 2 | 2 | 1 | 1 | | |
| 341 | 0.87 | 46 | 1607 | 23 | 20 | 3 | 3 | | |
| | | | | | | | | | |
| 146 | 0.90 | 10 | 320 | 2 | 2 | 2 | 20 | | |
| 18 | 0.03 | 13 | 383 | 10 | 3 | 4 | | | |
| 24 | 0.08 | 19 | 394 | 1 | | 1 | | | |
| 20 | 0.04 | 10 | 659 | 6 | 1 | 1 | 13 | | |
| 9 | 0.00 | 9 | 185 | 3 | 2 | | 8 | | |
| | | | | | | | | | |
| | | | | | | | | | |
| 111 | 0.68 | 13 | 167 | 4 | | | | | |
| 59 | 0.59 | 21 | 579 | 4 | 3 | | 26 | 65 | 20 |
| 3 | 0.00 | 1 | 5 | 1 | | 1 | | | |
| 6 | 0.12 | 3 | 28 | 2 | 2 | 2 | | | |
| | | | | | | | | | |
| | | | | | | | | | |
| | | 11 | 669 | | | | | | |
| 67 | 0.36 | 26 | 481 | 4 | 1 | | 1 | | |
| | | | | | | | | | |
| | | 1 | 20 | | | | | | |
| 86 | 1.28 | 39 | 344 | 5 | 2 | 2 | | | |

## 2017年各地区

| 地区 | 机构数（个） | 从业人员（人） | 专业技术人才 | 正高级职称 | 副高级职称 | 中级职称 | 藏品（件/套） | 文物藏品数 | 非文物藏品数 |
|---|---|---|---|---|---|---|---|---|---|
| **总计** | **499** | **4576** | **2868** | **269** | **478** | **1011** | **486314** | **121627** | **466867** |
| 北京 | 1 | 76 | 50 | 26 | 9 | 8 | 9650 | 382 | 9473 |
| 天津 | 5 | 54 | 19 | 1 | 2 | 10 | 2625 | | 2625 |
| 河北 | 15 | 156 | 79 | 6 | 19 | 24 | 4759 | | 4759 |
| 山西 | 37 | 252 | 155 | 2 | 4 | 45 | 31132 | 652 | 29343 |
| 内蒙古 | 24 | 245 | 143 | 8 | 23 | 49 | 6735 | 5 | 6735 |
| 辽宁 | 1 | 8 | 4 | | 1 | 2 | 213 | | 213 |
| 吉林 | 11 | 91 | 69 | 6 | 17 | 30 | 3647 | 1 | 3646 |
| 黑龙江 | 12 | 76 | 56 | 9 | 17 | 12 | 13851 | 202 | 13647 |
| 上海 | 11 | 327 | 180 | 16 | 11 | 55 | 24501 | 880 | 22746 |
| 江苏 | 31 | 446 | 325 | 41 | 61 | 127 | 24636 | 111 | 23993 |
| 浙江 | 8 | 124 | 84 | 6 | 12 | 33 | 29005 | | 29005 |
| 安徽 | 21 | 155 | 81 | 6 | 13 | 28 | 7207 | 115 | 7064 |
| 福建 | 9 | 69 | 36 | 1 | 7 | 18 | 5555 | 324 | 5326 |
| 江西 | 36 | 281 | 149 | 6 | 24 | 57 | 7636 | 106 | 7179 |
| 山东 | 49 | 357 | 287 | 11 | 55 | 102 | 37125 | 2737 | 25788 |
| 河南 | 7 | 104 | 46 | 7 | 13 | 16 | 8966 | | 8966 |
| 湖北 | 13 | 164 | 117 | 23 | 14 | 38 | 11417 | 28 | 11386 |
| 湖南 | 24 | 98 | 75 | 3 | 11 | 30 | 7422 | 10 | 7361 |
| 广东 | 13 | 316 | 154 | 8 | 22 | 64 | 63275 | 910 | 62365 |
| 广西 | 3 | 52 | 20 | | 2 | 10 | 2025 | | 2025 |
| 海南 | | | | | | | | | |
| 重庆 | 8 | 80 | 52 | 3 | 18 | 20 | 4057 | 16 | 4041 |
| 四川 | 40 | 152 | 99 | 2 | 10 | 39 | 11444 | 1035 | 10523 |
| 贵州 | 1 | 12 | 3 | | 1 | 1 | | | |
| 云南 | 6 | 47 | 41 | 4 | 13 | 11 | 1454 | | 1454 |
| 西藏 | | | | | | | | | |
| 陕西 | 4 | 120 | 65 | 2 | 4 | 16 | 18822 | | 18687 |
| 甘肃 | 51 | 324 | 210 | 13 | 43 | 80 | 18774 | 2087 | 18501 |
| 青海 | | | | | | | | | |
| 宁夏 | 1 | 9 | 9 | 2 | 2 | 3 | 1264 | | 1264 |
| 新疆 | 55 | 188 | 125 | | 15 | 41 | 10102 | 870 | 9737 |

# 美术馆基本情况

| 国画 | 油画 | 版画 | 雕塑 | 水粉、水彩 | 设计 | 连环画、漫画 | 民间艺术 | 书法 | 摄影、多媒体 | 漆艺 |
|---|---|---|---|---|---|---|---|---|---|---|
| **92391** | **18563** | **51708** | **5562** | **12257** | **4007** | **12121** | **99595** | **54721** | **52746** | **3644** |
| | | | | | | | | | | |
| 4198 | 392 | 656 | 18 | 2211 | | 1065 | 44 | 719 | 170 | |
| 235 | 41 | 395 | 12 | 9 | | 4 | 1 | 436 | 379 | |
| 1077 | 317 | 758 | 122 | 271 | 25 | 50 | 256 | 754 | 819 | |
| 3506 | 547 | 170 | 575 | 188 | | 129 | 6315 | 9457 | 740 | 32 |
| 1646 | 452 | 331 | 70 | 159 | 30 | 8 | 590 | 1640 | 1762 | |
| | | | | | | | | | | |
| 23 | 45 | 54 | 1 | 68 | | | | 2 | | |
| 1216 | 198 | 60 | 16 | 122 | | | 26 | 1603 | 347 | |
| 1246 | 324 | 6644 | 24 | 175 | | 44 | 3634 | 456 | 91 | |
| | | | | | | | | | | |
| 3556 | 1839 | 2361 | 239 | 543 | 36 | 3005 | 3906 | 2033 | 3863 | 42 |
| 8899 | 809 | 3408 | 113 | 538 | 28 | 191 | 3852 | 4570 | 514 | 4 |
| 15217 | 924 | 4187 | 424 | 840 | 1092 | 397 | 1040 | 2930 | 859 | 4 |
| 3560 | 118 | 129 | 401 | 87 | 2 | 150 | 56 | 1554 | 661 | |
| 1184 | 194 | 884 | 115 | 94 | 25 | 143 | 157 | 650 | 128 | 791 |
| 1891 | 329 | 401 | 64 | 360 | | 10 | 524 | 1938 | 768 | 1 |
| 8791 | 1252 | 1980 | 239 | 1053 | 19 | 133 | 1229 | 6744 | 1876 | 178 |
| | | | | | | | | | | |
| 1325 | 380 | 895 | 116 | 330 | 161 | 5 | 2203 | 1109 | 373 | 16 |
| 1499 | 709 | 953 | 244 | 788 | 35 | 202 | 1925 | 1257 | 1234 | 198 |
| 2136 | 689 | 169 | 17 | 370 | 61 | 128 | 615 | 1798 | 307 | |
| 4489 | 1976 | 16121 | 498 | 1283 | 2311 | 1778 | 653 | 1465 | 28116 | 55 |
| 883 | 128 | 57 | 4 | 86 | | | 1 | 805 | 39 | 1 |
| | | | | | | | | | | |
| 822 | 195 | 905 | 61 | 262 | 3 | 28 | 246 | 627 | 613 | 12 |
| 3247 | 488 | 226 | 118 | 236 | 13 | 302 | 284 | 2915 | 2400 | 22 |
| | | | | | | | | | | |
| 154 | 92 | 689 | 4 | 40 | 4 | | 55 | 260 | 155 | |
| | | | | | | | | | | |
| 855 | 327 | 222 | 34 | 123 | | | 2066 | 472 | 55 | |
| 4414 | 728 | 210 | 159 | 630 | 157 | 88 | 1860 | 4752 | 2232 | 2005 |
| | | | | | | | | | | |
| 856 | 21 | 312 | 11 | 1 | | | | 63 | | |
| 1173 | 1497 | 290 | 83 | 345 | 5 | 66 | 841 | 1993 | 2858 | |

续表 1

| 地区 | | | 年度展览总量（个） | | 参观人次（万人次） | | 学术成果 | | |
|---|---|---|---|---|---|---|---|---|---|
| | 陶艺 | 其他 | | 自主办展数量 | | 未成年人参观人次 | 专著或图录（册） | 论文数（篇） | 学术活动（次） |
| **总计** | **3207** | **26633** | **6757** | **4263** | **3724.13** | **960.73** | **7554** | **542** | **1678** |
| 北京 | | | 27 | 13 | 2.10 | 0.40 | 15 | 40 | 1 |
| 天津 | 7 | 111 | 112 | 34 | 280.59 | 67.05 | 2 | 4 | 13 |
| 河北 | 22 | 106 | 148 | 85 | 115.97 | 41.60 | 9 | 13 | 15 |
| 山西 | | 12 | 323 | 145 | 240.83 | 93.99 | 5 | 10 | 42 |
| 内蒙古 | 30 | | 203 | 133 | 78.15 | 15.57 | 6 | 3 | 22 |
| 辽宁 | 20 | | 14 | 14 | 6.47 | 1.21 | 1 | | |
| 吉林 | | 8 | 91 | 90 | 26.05 | 4.87 | 8 | 5 | 11 |
| 黑龙江 | 5 | 974 | 86 | 45 | 31.84 | 8.97 | 5 | 7 | 12 |
| 上海 | 71 | 1249 | 243 | 129 | 320.35 | 33.44 | 39 | 38 | 71 |
| 江苏 | 4 | 725 | 720 | 474 | 591.41 | 119.74 | 30 | 53 | 57 |
| 浙江 | 34 | 1052 | 151 | 93 | 118.65 | 16.90 | 6 | 3 | 12 |
| 安徽 | 146 | | 292 | 184 | 114.08 | 27.22 | 16 | 9 | 42 |
| 福建 | 5 | 560 | 88 | 56 | 24.02 | 2.76 | 2 | 6 | 21 |
| 江西 | 768 | 2 | 314 | 259 | 86.87 | 25.35 | 22 | 26 | 669 |
| 山东 | 378 | 690 | 779 | 460 | 339.90 | 105.03 | 1045 | 74 | 160 |
| 河南 | 36 | 2017 | 104 | 63 | 50.10 | 12.20 | 9 | 9 | 18 |
| 湖北 | 69 | 535 | 187 | 103 | 110.36 | 32.62 | 196 | 22 | 40 |
| 湖南 | 360 | 21 | 163 | 154 | 105.52 | 30.68 | 1 | 3 | 13 |
| 广东 | 156 | 3246 | 433 | 292 | 211.73 | 49.09 | 28 | 21 | 75 |
| 广西 | 6 | 13 | 80 | 48 | 33.90 | 6.90 | 4 | 6 | 49 |
| 海南 | | | | | | | | | |
| 重庆 | 170 | 58 | 240 | 185 | 99.37 | 26.87 | 6011 | 3 | 56 |
| 四川 | 35 | 130 | 363 | 276 | 346.94 | 155.71 | 11 | 37 | 81 |
| 贵州 | | | 7 | 3 | 0.01 | 0.01 | 3 | 1 | |
| 云南 | | 1 | 57 | 36 | 22.78 | 7.10 | 5 | 3 | 5 |
| 西藏 | | | | | | | | | |
| 陕西 | | 81 | 70 | 11 | 39.16 | 0.53 | 2 | 6 | 20 |
| 甘肃 | 469 | | 669 | 367 | 128.95 | 38.69 | 56 | 51 | 99 |
| 青海 | | | | | | | | | |
| 宁夏 | | | 18 | 18 | 5.00 | 1.80 | | 5 | 2 |
| 新疆 | 28 | 126 | 653 | 445 | 103.73 | 34.23 | 9 | 29 | 39 |

| 本年收入合计(千元) | 财政补贴收入 | | | | 上级补助收入 | 事业收入 | 经营收入 | 附属单位上缴收入 | 其他收入 |
|---|---|---|---|---|---|---|---|---|---|
| | | 免费开放 | 中央资金 | 收藏专项经费 | | | | | |
| **1975547** | **1711079** | **137131** | **44413** | **134488** | **17946** | **194807** | **5890** | **15** | **45810** |
| 99918 | 97280 | | | 9400 | | 850 | 1604 | | 184 |
| 2569 | 2171 | | | | | | | | 398 |
| 35830 | 35014 | 6590 | 1200 | 4361 | | 700 | | | 116 |
| 43647 | 42628 | 4370 | 2700 | 4 | 623 | | | | 396 |
| 62497 | 59676 | 5616 | 4590 | 2280 | 2390 | | | | 431 |
| 2687 | 2687 | 344 | 100 | 500 | | | | | |
| 20342 | 19990 | 3353 | 1430 | 6000 | | | | | 352 |
| 21617 | 21590 | 2551 | 2000 | 5280 | | | | | 27 |
| 345394 | 272291 | 1368 | 1000 | 8411 | | 68760 | | | 4343 |
| 187144 | 179676 | 14304 | | 16900 | 831 | 1296 | 1679 | | 3662 |
| 81226 | 71123 | 12615 | | 8540 | | 8741 | | | 1362 |
| 32595 | 28864 | 4600 | 2300 | 700 | 2512 | 1073 | | | 146 |
| 20139 | 19481 | 5217 | 40 | 5000 | 360 | 56 | | | 242 |
| 42191 | 37869 | 6930 | 1159 | 60 | 4100 | 102 | | | 120 |
| 140476 | 134676 | 14878 | 894 | 22620 | 661 | 100 | 1078 | | 3961 |
| 21078 | 19283 | 2030 | 550 | 3350 | | 1792 | | | 3 |
| 52150 | 49141 | 2129 | 572 | 10700 | 940 | 879 | | | 1190 |
| 20673 | 20182 | 4890 | 2685 | 830 | 409 | 3 | 6 | 5 | 68 |
| 173995 | 146986 | 4735 | 200 | 17699 | 2750 | 4108 | | | 20151 |
| 10267 | 8464 | 1480 | 1200 | 170 | 729 | 182 | | | 892 |
| 25082 | 23875 | 7265 | 3580 | 2100 | | 1203 | | | 4 |
| 24352 | 23662 | 10345 | 7760 | 130 | | 480 | | | 210 |
| 1490 | 1490 | | | | | | | | |
| 26911 | 25299 | 2700 | 1360 | 50 | | 76 | | | 1536 |
| 19132 | 12435 | 1350 | | 1500 | | 1194 | 1523 | | 3980 |
| 48299 | 44106 | 10221 | 3956 | 1610 | 1146 | 2418 | | | 629 |
| 2640 | 2640 | 400 | 400 | 200 | | | | | |
| 23869 | 22759 | 6850 | 4737 | 253 | 495 | 20 | | 10 | 585 |

续表 2

| 地　区 | 本年支出合计(千元) | 基本支出 | 项目支出 | 收藏经费 | 经营支出 | 在支出合计中：工资福利支出 | 商品和服务支出 | 差旅费 | 劳务费 |
|---|---|---|---|---|---|---|---|---|---|
| **总　计** | **1816118** | **814744** | **966878** | **191568** | **8477** | **406697** | **818193** | **18875** | **67226** |
| 北　京 | 50238 | 27796 | 10836 | 10418 | 1604 | 14070 | 17069 | 279 | 1184 |
| 天　津 | 2563 | 2563 | | | | 1134 | 995 | 13 | |
| 河　北 | 36318 | 18065 | 18151 | 4706 | 52 | 10426 | 13695 | 590 | 703 |
| 山　西 | 42179 | 16379 | 23093 | | | 12467 | 22173 | 357 | 1394 |
| 内蒙古 | 58543 | 39014 | 15222 | 639 | | 15437 | 19284 | 686 | 1878 |
| 辽　宁 | 3501 | 1188 | 2313 | 500 | | 849 | 1934 | 11 | 178 |
| 吉　林 | 20231 | 10411 | 9099 | 6000 | | 5797 | 3714 | 288 | 276 |
| 黑龙江 | 22359 | 9916 | 12251 | 5572 | 50 | 5716 | 3720 | 106 | 42 |
| 上　海 | 320464 | 118288 | 202175 | 8342 | | 59557 | 232993 | 1250 | 6339 |
| 江　苏 | 193366 | 113863 | 75723 | 8369 | 3201 | 55570 | 79101 | 1741 | 2542 |
| 浙　江 | 82119 | 37146 | 44153 | 8540 | | 15212 | 52162 | 588 | 11671 |
| 安　徽 | 31696 | 16822 | 14461 | 897 | | 12038 | 12054 | 718 | 1062 |
| 福　建 | 20601 | 6650 | 13865 | 8389 | | 4059 | 6094 | 239 | 775 |
| 江　西 | 32556 | 16623 | 15419 | 213 | 76 | 12262 | 14099 | 896 | 1484 |
| 山　东 | 136071 | 50348 | 83755 | 24719 | 619 | 30273 | 54817 | 1641 | 4796 |
| 河　南 | 22512 | 11350 | 11162 | 3350 | | 8263 | 10973 | 197 | 1254 |
| 湖　北 | 56681 | 27848 | 27811 | 11003 | 980 | 12558 | 19626 | 623 | 6311 |
| 湖　南 | 19238 | 10718 | 7706 | 1692 | 58 | 6459 | 6015 | 435 | 1234 |
| 广　东 | 172556 | 58839 | 113528 | 35583 | | 44843 | 66458 | 1568 | 2337 |
| 广　西 | 7300 | 3867 | 3432 | 260 | | 3029 | 2793 | 136 | 70 |
| 海　南 | | | | | | | | | |
| 重　庆 | 25889 | 12479 | 12781 | 2232 | 3 | 7339 | 9755 | 1058 | 2299 |
| 四　川 | 22709 | 9299 | 13040 | 360 | | 6937 | 11558 | 859 | 1255 |
| 贵　州 | 1490 | 368 | 1121 | | | 368 | 782 | 108 | 59 |
| 云　南 | 27275 | 7503 | 19772 | 50 | | 5575 | 19857 | 269 | 1957 |
| 西　藏 | | | | | | | | | |
| 陕　西 | 24098 | 10683 | 11632 | 1500 | 1769 | 7055 | 5222 | 233 | 288 |
| 甘　肃 | 45808 | 31133 | 13036 | 1070 | 35 | 18631 | 9712 | 750 | 1505 |
| 青　海 | | | | | | | | | |
| 宁　夏 | 2272 | 1584 | 687 | 400 | | 1301 | 542 | 52 | 286 |
| 新　疆 | 23496 | 16265 | 6402 | 262 | 30 | 11943 | 6576 | 557 | 1511 |

| 福利费 | 各种税金支出 | 对个人和家庭补助支出 | 抚恤金和生活补助 | 其他资本性支出 | 各种设备、交通工具、图书购置费 | 资产总计（千元） | 固定资产原值 | 实际使用房屋建筑面积（万平方米） | 展览用房 |
|---|---|---|---|---|---|---|---|---|---|
| **6039** | **5372** | **145864** | **4795** | **203764** | **34996** | **5879125** | **4353784** | **163.88** | **67.39** |
| | | | | | | | | | |
| 121 | | 5240 | 714 | 11005 | 587 | 261743 | 187022 | 1.15 | 0.44 |
| | | 434 | | | | 1032 | 431 | 5.48 | 1.88 |
| 124 | 32 | 5871 | 408 | 5959 | 790 | 129938 | 125842 | 4.39 | 2.28 |
| 90 | | 866 | | 1610 | 1100 | 32351 | 26905 | 8.60 | 4.61 |
| 143 | | 6696 | 229 | 4215 | 1350 | 109861 | 101449 | 5.47 | 2.74 |
| | | | | | | | | | |
| | | 172 | | 546 | 46 | 14205 | 13672 | 0.14 | 0.05 |
| | 498 | 3295 | | 5937 | 428 | 46842 | 44441 | 1.28 | 0.73 |
| 2 | | 3602 | 76 | 8565 | 148 | 55262 | 44640 | 1.57 | 0.73 |
| | | | | | | | | | |
| 838 | 4 | 2850 | 112 | 18878 | 10045 | 805507 | 640676 | 25.22 | 10.22 |
| 231 | | 27090 | 795 | 20315 | 679 | 708595 | 469186 | 21.38 | 8.11 |
| 449 | 667 | 1601 | 10 | 6901 | 1958 | 603191 | 575174 | 6.45 | 1.96 |
| 73 | | 3879 | 15 | 1167 | 370 | 102207 | 25337 | 3.15 | 1.87 |
| 2 | | 815 | 168 | 9420 | 765 | 23440 | 16564 | 1.18 | 0.45 |
| 106 | 189 | 1898 | 10 | 1371 | 718 | 62068 | 47845 | 5.95 | 2.96 |
| 312 | 84 | 13175 | 321 | 25641 | 2148 | 421987 | 368211 | 21.36 | 7.81 |
| | | | | | | | | | |
| 472 | 69 | 1208 | 21 | 656 | 230 | 113654 | 106460 | 2.70 | 1.15 |
| 508 | | 6620 | 395 | 15678 | 4799 | 332808 | 310291 | 5.47 | 1.92 |
| 88 | 3 | 1218 | 21 | 1768 | 559 | 87104 | 59268 | 2.48 | 1.62 |
| 475 | 449 | 14073 | 457 | 39787 | 3605 | 396257 | 382677 | 10.22 | 3.90 |
| 1 | | 591 | | 887 | 28 | 38587 | 24734 | 0.87 | 0.31 |
| | | | | | | | | | |
| 106 | 3 | 1433 | 226 | 3655 | 1706 | 29708 | 24527 | 2.05 | 1.12 |
| 170 | 1 | 641 | | 1220 | 270 | 42445 | 30598 | 3.21 | 1.75 |
| | | | | 340 | 340 | 340 | 340 | 3.60 | 0.45 |
| 5 | 37 | 496 | | 1347 | 1113 | 16036 | 8685 | 3.69 | 1.45 |
| | | | | | | | | | |
| 101 | 955 | 146 | | 1973 | | 102911 | 88226 | 3.18 | 1.64 |
| 298 | | 5465 | 159 | 3275 | 879 | 74733 | 62878 | 5.99 | 2.17 |
| | | | | | | | | | |
| | 1 | 194 | | 234 | 3 | 4267 | 3402 | 0.26 | 0.25 |
| 42 | 9 | 1958 | 30 | 1264 | 332 | 15352 | 7462 | 3.62 | 1.85 |

续表 3

| 地区 | | | 实际拥有产权面积(平方米) | 公共教育活动 | | | 创作情况(个) | | |
|---|---|---|---|---|---|---|---|---|---|
| | 库房面积 | 画室面积 | | 讲座(次) | 教育活动(次) | 出版物(种) | 创作项目数量 | 参加展览数量 | 获省部级以上奖项的作品数 |
| **总计** | **11.48** | **8.53** | **65.06** | **2429** | **4604** | **2324** | **7839** | **4516** | **514** |
| 北京 | 0.02 | 0.06 | 1.05 | 24 | 20 | 14 | 1082 | 254 | 10 |
| 天津 | 0.27 | 0.04 | 2.69 | 34 | 110 | 17 | | | |
| 河北 | 0.17 | 0.23 | 2.69 | 71 | 47 | 4 | 10 | 18 | 2 |
| 山西 | 0.24 | 0.29 | 3.95 | 109 | 103 | 11 | 19 | 19 | 7 |
| 内蒙古 | 0.20 | 0.41 | 3.62 | 37 | 212 | 6 | 1151 | 397 | 88 |
| 辽宁 | | | 0.14 | 14 | | | | | |
| 吉林 | 0.14 | 0.15 | 0.47 | 15 | 13 | 7 | 60 | 34 | 9 |
| 黑龙江 | 0.10 | 0.54 | 0.33 | 43 | 43 | 5 | 78 | 240 | 69 |
| 上海 | 2.08 | 0.08 | 1.29 | 244 | 959 | 8 | 1 | 2 | |
| 江苏 | 1.09 | 0.85 | 6.64 | 150 | 239 | 24 | 21 | 59 | 26 |
| 浙江 | 0.47 | 0.04 | 2.70 | 104 | 130 | 11 | 138 | 518 | |
| 安徽 | 0.14 | 0.21 | 0.98 | 106 | 128 | 25 | 18 | 63 | 10 |
| 福建 | 0.10 | 0.14 | 0.06 | 13 | 15 | 4 | 4 | 6 | |
| 江西 | 0.47 | 0.42 | 2.30 | 76 | 94 | 27 | 229 | 36 | 7 |
| 山东 | 1.28 | 0.84 | 8.82 | 190 | 543 | 14 | 61 | 69 | 32 |
| 河南 | 0.07 | 0.04 | 0.11 | 89 | 142 | 3 | | | |
| 湖北 | 0.25 | 0.71 | 4.61 | 145 | 392 | 1882 | 522 | 637 | 23 |
| 湖南 | 0.28 | 0.26 | 1.17 | 50 | 49 | 19 | 60 | 59 | 119 |
| 广东 | 0.76 | 0.24 | 4.57 | 150 | 394 | 29 | | 60 | 5 |
| 广西 | 0.03 | 0.01 | 2.43 | 12 | 117 | 20 | 5 | 12 | |
| 海南 | | | | | | | | | |
| 重庆 | 0.17 | 0.14 | 0.56 | 109 | 124 | 3 | 65 | 80 | 19 |
| 四川 | 0.33 | 0.39 | 0.87 | 153 | 290 | 33 | 40 | 30 | |
| 贵州 | 1.00 | 0.51 | 3.60 | | 10 | | | | |
| 云南 | 0.47 | 0.19 | 2.37 | 14 | 56 | 2 | 200 | 50 | 5 |
| 西藏 | | | | | | | | | |
| 陕西 | 0.26 | 0.02 | 3.12 | 27 | 123 | 6 | | | |
| 甘肃 | 0.31 | 0.62 | 1.77 | 184 | 149 | 55 | 600 | 803 | 52 |
| 青海 | | | | | | | | | |
| 宁夏 | 0.01 | | | 3 | | 1 | | | |
| 新疆 | 0.30 | 0.37 | 1.33 | 195 | 70 | 87 | 1060 | 1043 | 26 |

| 培训情况 | | 志愿者服务队伍个数 | 志愿者服务队伍人数 | 学术研究情况(个) | | | 文化创意产品情况 | | |
|---|---|---|---|---|---|---|---|---|---|
| 组织培训次数(次) | 培训人次(万人次) | | | 本年承担课题、项目数 | 省部级以上课题项目数 | 结项课题项目数 | 文化创意产品种类(个) | 文化创意产品销售收入(千元) | 文化创意产品销售利润(千元) |
| **1361** | **4.35** | **411** | **13730** | **104** | **54** | **35** | **574** | **6187** | **3137** |
| 3 | 0.01 | | | | | | | | |
| | | 2 | 133 | | | | 7 | 4 | 1 |
| 1 | 0.02 | 8 | 437 | 2 | 2 | | | | |
| 52 | 0.22 | 19 | 1057 | 7 | 5 | 3 | 6 | | |
| 71 | 0.54 | 24 | 404 | 11 | 7 | | | | |
| 6 | 0.02 | 2 | 15 | | | | | | |
| 176 | 0.27 | 9 | 344 | 3 | 3 | 3 | | | |
| | | 21 | 2391 | 4 | 2 | | 41 | 416 | 223 |
| 5 | 0.03 | 21 | 1004 | 23 | 10 | 11 | 439 | 688 | -69 |
| 125 | 0.02 | 25 | 861 | 1 | | | 9 | | |
| 20 | 0.11 | 15 | 497 | 1 | | 1 | | | |
| | | 7 | 64 | | | | | | |
| | | 41 | 732 | 2 | 2 | 1 | 1 | | |
| 245 | 0.53 | 43 | 1590 | 11 | 9 | 2 | 3 | | |
| 146 | 0.90 | 10 | 320 | 2 | 2 | 2 | 20 | | |
| 15 | 0.01 | 13 | 383 | 10 | 3 | 4 | | | |
| 16 | 0.04 | 19 | 394 | 1 | | 1 | | | |
| 20 | 0.04 | 10 | 639 | 6 | 1 | 1 | 13 | | |
| 4 | 0.00 | 9 | 185 | 3 | 2 | | 8 | | |
| 76 | 0.55 | 13 | 167 | 4 | | | | | |
| 11 | 0.10 | 19 | 478 | | | | 26 | 65 | 20 |
| | | 1 | 5 | | | | | | |
| 3 | 0.08 | 2 | 16 | 2 | 2 | 2 | | | |
| | | 11 | 669 | | | | | | |
| 36 | 0.33 | 26 | 481 | 3 | 1 | | 1 | | |
| | | 1 | 20 | | | | | | |
| 69 | 0.51 | 39 | 344 | 5 | 2 | 2 | | | |

# 附录资料

# 分地区行政区划(一)

(2017年)　　单位：个

| 区划名称 | 地级 | #地级市 | 县级 | #市辖区 | #县级市 | #县 | #自治县 |
|---|---|---|---|---|---|---|---|
| **全　　国** | **334** | **294** | **2851** | **962** | **363** | **1355** | **117** |
| 北京市 | | | 16 | 16 | | | |
| 天津市 | | | 16 | 16 | | | |
| 河北省 | 11 | 11 | 168 | 47 | 20 | 95 | 6 |
| 山西省 | 11 | 11 | 119 | 23 | 11 | 85 | |
| 内蒙古自治区 | 12 | 9 | 103 | 23 | 11 | 17 | |
| 辽宁省 | 14 | 14 | 100 | 59 | 16 | 17 | 8 |
| 吉林省 | 9 | 8 | 60 | 21 | 20 | 16 | 3 |
| 黑龙江省 | 13 | 12 | 128 | 65 | 19 | 43 | 1 |
| 上海市 | | | 16 | 16 | | | |
| 江苏省 | 13 | 13 | 96 | 55 | 21 | 20 | |
| 浙江省 | 11 | 11 | 89 | 37 | 19 | 32 | 1 |
| 安徽省 | 16 | 16 | 105 | 44 | 6 | 55 | |
| 福建省 | 9 | 9 | 85 | 29 | 12 | 44 | |
| 江西省 | 11 | 11 | 100 | 25 | 11 | 64 | |
| 山东省 | 17 | 17 | 137 | 55 | 26 | 56 | |
| 河南省 | 17 | 17 | 158 | 52 | 21 | 85 | |
| 湖北省 | 13 | 12 | 103 | 39 | 24 | 37 | 2 |
| 湖南省 | 14 | 13 | 122 | 35 | 17 | 63 | 7 |
| 广东省 | 21 | 21 | 121 | 64 | 20 | 34 | 3 |
| 广西壮族自治区 | 14 | 14 | 111 | 40 | 7 | 52 | 12 |
| 海南省 | 4 | 4 | 23 | 8 | 5 | 4 | 6 |
| 重庆市 | | | 38 | 26 | | 8 | 4 |
| 四川省 | 21 | 18 | 183 | 53 | 17 | 109 | 4 |
| 贵州省 | 9 | 6 | 88 | 15 | 8 | 53 | 11 |
| 云南省 | 16 | 8 | 129 | 16 | 15 | 69 | 29 |
| 西藏自治区 | 7 | 6 | 74 | 8 | | 66 | |
| 陕西省 | 10 | 10 | 107 | 30 | 4 | 73 | |
| 甘肃省 | 14 | 12 | 86 | 17 | 4 | 58 | 7 |
| 青海省 | 8 | 2 | 43 | 6 | 3 | 27 | 7 |
| 宁夏回族自治区 | 5 | 5 | 22 | 9 | 2 | 11 | |
| 新疆维吾尔自治区 | 14 | 4 | 105 | 13 | 24 | 62 | 6 |
| 香港特别行政区 | | | | | | | |
| 澳门特别行政区 | | | | | | | |
| 台湾省 | | | | | | | |

# 分地区行政区划(二)

(2017年)

单位：个

| 区划名称 | 乡镇级 | #镇数 | #乡数 | #民族乡 | #街道办事处 |
|---|---|---|---|---|---|
| **全国** | **39890** | **21116** | **10529** | **982** | **8243** |
| 北京市 | 331 | 143 | 38 | 5 | 150 |
| 天津市 | 248 | 124 | 3 | 1 | 121 |
| 河北省 | 2255 | 1128 | 818 | 47 | 308 |
| 山西省 | 1398 | 564 | 632 | | 202 |
| 内蒙古自治区 | 1020 | 505 | 272 | 17 | 243 |
| 辽宁省 | 1531 | 641 | 202 | 54 | 688 |
| 吉林省 | 919 | 426 | 182 | 28 | 311 |
| 黑龙江省 | 1192 | 532 | 353 | 52 | 307 |
| 上海市 | 214 | 107 | 2 | | 105 |
| 江苏省 | 1284 | 758 | 68 | 1 | 458 |
| 浙江省 | 1378 | 641 | 274 | 14 | 463 |
| 安徽省 | 1486 | 965 | 275 | 9 | 246 |
| 福建省 | 1105 | 642 | 284 | 19 | 179 |
| 江西省 | 1561 | 825 | 579 | 8 | 157 |
| 山东省 | 1824 | 1094 | 70 | | 660 |
| 河南省 | 2441 | 1151 | 640 | 12 | 650 |
| 湖北省 | 1234 | 761 | 165 | 10 | 308 |
| 湖南省 | 1927 | 1134 | 398 | 83 | 395 |
| 广东省 | 1601 | 1124 | 11 | 7 | 466 |
| 广西壮族自治区 | 1251 | 799 | 319 | 59 | 133 |
| 海南省 | 218 | 175 | 21 | | 22 |
| 重庆市 | 1030 | 626 | 182 | 14 | 222 |
| 四川省 | 4610 | 2196 | 2064 | 98 | 350 |
| 贵州省 | 1379 | 839 | 317 | 193 | 223 |
| 云南省 | 1398 | 682 | 543 | 140 | 173 |
| 西藏自治区 | 697 | 140 | 545 | 9 | 12 |
| 陕西省 | 1295 | 983 | 23 | | 289 |
| 甘肃省 | 1355 | 816 | 413 | 32 | 126 |
| 青海省 | 400 | 143 | 223 | 28 | 34 |
| 宁夏回族自治区 | 240 | 103 | 90 | | 47 |
| 新疆维吾尔自治区 | 1068 | 349 | 523 | 42 | 195 |
| 香港特别行政区 | | | | | |
| 澳门特别行政区 | | | | | |
| 台湾省 | | | | | |

注：乡镇级总数包含河北省、新疆维吾尔自治区的各一个区公所。

# 国民经济与社会发展总量指标(一)

| 指　　标 | 单　位 | 1978年 | 1990年 | 2000年 | 2016年 | 2017年 |
|---|---|---|---|---|---|---|
| **人口** | | | | | | |
| 年末总人口 | 万人 | 96259 | 114333 | 126743 | 138271 | 139008 |
| 城镇人口 | 万人 | 17245 | 30195 | 45906 | 79298 | 81347 |
| 乡村人口 | 万人 | 79014 | 84138 | 80837 | 58973 | 57661 |
| **就业和失业** | | | | | | |
| 就业人员 | 万人 | 40152 | 64749 | 72085 | 77603 | 77640 |
| #城镇就业人员 | 万人 | 9514 | 17041 | 23151 | 41428 | 42462 |
| 城镇登记失业人员 | 万人 | 530 | 383 | 595 | 982 | 972 |
| **国民经济核算** | | | | | | |
| 国内生产总值 | 亿元 | 3678.7 | 18872.9 | 100280.1 | 743585.5 | 827121.7 |
| 第一产业 | 亿元 | 1018.5 | 5017.2 | 14717.4 | 63672.8 | 65467.6 |
| 第二产业 | 亿元 | 1755.2 | 7744.3 | 45664.8 | 296547.7 | 334622.6 |
| 第三产业 | 亿元 | 905.1 | 6111.4 | 39897.9 | 383365.0 | 427031.5 |
| 人均国内生产总值 | 元 | 385 | 1663 | 7942 | 53935 | 59660 |
| **居民收入** | | | | | | |
| 全国居民人均可支配收入 | 元 | | | | 23821 | 25974 |
| 城镇居民人均可支配收入 | 元 | 343 | 1510 | 6280 | 33616 | 36396 |
| 农村居民人均可支配收入 | 元 | 134 | 686 | 2253 | 12363 | 13432 |
| **财政** | | | | | | |
| 一般公共预算收入 | 亿元 | 1132.3 | 2937.1 | 13395.2 | 159605.0 | 172566.6 |
| 一般公共预算支出 | 亿元 | 1122.1 | 3083.6 | 15886.5 | 187755.2 | 203330.0 |
| **能源** | | | | | | |
| 能源生产总量 | 万吨标准煤 | 62770 | 103922 | 138570 | 346037.3076 | 359000 |
| 能源消费总量 | 万吨标准煤 | 57144 | 98703 | 146964 | 435819 | 449000 |
| **固定资产投资** | | | | | | |
| 全社会固定资产投资总额 | 亿元 | | 4517.0 | 32917.7 | 606465.7 | 641238.4 |
| #房地产开发 | 亿元 | | 253.3 | 4984.1 | 102580.6 | 109798.5 |
| **对外贸易和实际利用外资** | | | | | | |
| 货物进出口总额 | 亿元 | 355.0 | 5560.1 | 39273.2 | 243386.5 | 277923.0 |
| 出口额 | 亿元 | 167.6 | 2985.8 | 20634.4 | 138419.3 | 153320.6 |
| 进口额 | 亿元 | 187.4 | 2574.3 | 18638.8 | 104967.2 | 124602.4 |
| 外商直接投资 | 亿美元 | | 34.9 | 407.2 | 1260.0 | 1310.4 |
| **主要农业、工业产品产量** | | | | | | |
| 粮食 | 万吨 | 30476.5 | 44624.3 | 46217.5 | 61625.0 | 61793.0 |
| 油料 | 万吨 | 521.8 | 1613.2 | 2954.8 | 3629.5 | |
| 棉花 | 万吨 | 216.7 | 450.8 | 441.7 | 529.9 | 548.6 |
| 肉类 | 万吨 | | 2857.0 | 6013.9 | 8537.8 | 8588.1 |
| 原煤 | 亿吨 | 6.18 | 10.80 | 13.84 | 34.11 | 35.24 |
| 原油 | 万吨 | 10405 | 13831 | 16300 | 19969 | 19151 |
| 水泥 | 万吨 | 6524 | 20971 | 59700 | 241031 | 233679 |
| 粗钢 | 万吨 | 3178 | 6635 | 12850 | 80761 | 83173 |
| 发电量 | 亿千瓦小时 | 2566 | 6212 | 13556 | 61332 | 64951 |

# 国民经济与社会发展总量指标(二)

| 指　　标 | 单　位 | 1978年 | 1990年 | 2000年 | 2016年 | 2017年 |
|---|---|---|---|---|---|---|
| **建筑业** | | | | | | |
| 建筑业总产值 | 亿元 | | 1345 | 12498 | 193567 | 213954 |
| **消费品零售和旅游** | | | | | | |
| 社会消费品零售总额 | 亿元 | 1559 | 8300 | 39106 | 332316 | 366262 |
| 入境游客 | 万人次 | 180.9 | 2746.2 | 8344.4 | 13844.0 | 13948.0 |
| 国际旅游收入 | 亿美元 | 2.6 | 22.2 | 162.2 | 1200.0 | 1234.0 |
| **运输和邮电** | | | | | | |
| 沿海主要港口货物吞吐量 | 万吨 | 19834 | 48321 | 125603 | 810932.7 | 865463.5 |
| 邮政业务总量 | 亿元 | 14.9 | 46.0 | 232.8 | 7397.2 | 9763.7 |
| 电信业务总量 | 亿元 | 19.2 | 109.6 | 4559.9 | 15617.0 | 27556.6 |
| 移动电话用户 | 万户 | | 1.8 | 8453.3 | 132193.4 | 141748.8 |
| 固定电话用户 | 万户 | 192.5 | 685.0 | 14482.9 | 20662.4 | 19376.2 |
| **金融** | | | | | | |
| 金融机构人民币各项存款余额 | 亿元 | 1155 | 13943 | 123804 | 1505864 | 1641044 |
| 金融机构人民币各项贷款余额 | 亿元 | 1890 | 17511 | 99371 | 1066040.06 | 1201320.99 |
| **科技、教育、卫生、文化** | | | | | | |
| 研究与试验发展经费支出 | 亿元 | | | 895.7 | 15677 | 17500 |
| 技术市场成交额 | 亿元 | | | 651 | 11407 | 13424 |
| 在校学生数 | | | | | | |
| #普通本、专科 | 万人 | 85.6 | 206.3 | 556.1 | 2695.8 | 2753.6 |
| 普通高中 | 万人 | 1553.1 | 717.3 | 1201.3 | 2366.6 | 2374.5 |
| 初中 | 万人 | 4995.2 | 3916.6 | 6256.3 | 4329.4 | 4442.1 |
| 普通小学 | 万人 | 14624.0 | 12241.4 | 13013.3 | 9913.0 | 10093.7 |
| 医院数 | 个 | 9293 | 14377 | 16318 | 29140 | 31056 |
| 医院床位数 | 万张 | 110.0 | 186.9 | 216.7 | 568.9 | 612.0 |
| 执业(助理)医师 | 万人 | 97.8 | 176.3 | 207.6 | 319.1 | 339.0 |
| **社会保障** | | | | | | |
| 参加基本养老保险人数 | 万人 | | 6166 | 13617 | 88777 | 91454 |
| 参加基本医疗保险人数 | 万人 | | | 3787 | 74392 | 117664 |
| 参加失业保险人数 | 万人 | | | 10408 | 18089 | 18784 |
| 参加工伤保险人数 | 万人 | | | 4350 | 21889 | 22726 |
| 参加生育保险人数 | 万人 | | | 3002 | 18451 | 19240 |
| 社会保险基金收入 | 亿元 | | 187 | 2645 | 53563 | 66362 |

注：1.由于计算误差的影响，按支出法计算的国内生产总值不等于按生产法计算的国内生产总值。
2.本表2014、2015年居民人均可支配收入为城乡一体化住户收支与生活状况调查数据，与此前分城镇和农村住户调查的统计口径有所不同。
3.因与农业普查数据衔接工作尚未完成，油料数据暂无法提供。
4.本表价值量指标中，邮电业务总量2000年及以前按1990年不变价格计算，2001—2010年按2000年不变价格计算，2011年起按2010年不变价格计算。其余指标按当年价格计算。
5.2017年社会保障数据为快报数，最终数据以当年公报为准。2017年大部分省份参加新兴农村合作医疗的人员并入城乡居民基本医疗保险参保人数中；2016年及以前主要为城镇基本医疗保险参保人数。

# 分地区年末常住人口

单位：万人

| 地 区 | 2011年 | 2012年 | 2013年 | 2014年 | 2015年 | 2016年 | 2017年 |
|---|---|---|---|---|---|---|---|
| **全 国** | **134735** | **135404** | **136072** | **136782** | **137462** | **138271** | **139008** |
| 北 京 | 2019 | 2069 | 2115 | 2152 | 2171 | 2173 | 2171 |
| 天 津 | 1355 | 1413 | 1472 | 1517 | 1547 | 1562 | 1557 |
| 河 北 | 7241 | 7288 | 7333 | 7384 | 7425 | 7470 | 7520 |
| 山 西 | 3593 | 3611 | 3630 | 3648 | 3664 | 3682 | 3702 |
| 内蒙古 | 2482 | 2490 | 2498 | 2505 | 2511 | 2520 | 2529 |
| 辽 宁 | 4383 | 4389 | 4390 | 4391 | 4382 | 4378 | 4369 |
| 吉 林 | 2749 | 2750 | 2751 | 2752 | 2753 | 2733 | 2717 |
| 黑龙江 | 3834 | 3834 | 3835 | 3833 | 3812 | 3799 | 3789 |
| 上 海 | 2347 | 2380 | 2415 | 2426 | 2415 | 2420 | 2418 |
| 江 苏 | 7899 | 7920 | 7939 | 7960 | 7976 | 7999 | 8029 |
| 浙 江 | 5463 | 5477 | 5498 | 5508 | 5539 | 5590 | 5657 |
| 安 徽 | 5968 | 5988 | 6030 | 6083 | 6144 | 6196 | 6255 |
| 福 建 | 3720 | 3748 | 3774 | 3806 | 3839 | 3874 | 3911 |
| 江 西 | 4488 | 4504 | 4522 | 4542 | 4566 | 4592 | 4622 |
| 山 东 | 9637 | 9685 | 9733 | 9789 | 9847 | 9947 | 10006 |
| 河 南 | 9388 | 9406 | 9413 | 9436 | 9480 | 9532 | 9559 |
| 湖 北 | 5758 | 5779 | 5799 | 5816 | 5852 | 5885 | 5902 |
| 湖 南 | 6596 | 6639 | 6691 | 6737 | 6783 | 6822 | 6860 |
| 广 东 | 10505 | 10594 | 10644 | 10724 | 10849 | 10999 | 11169 |
| 广 西 | 4645 | 4682 | 4719 | 4754 | 4796 | 4838 | 4885 |
| 海 南 | 877 | 887 | 895 | 903 | 911 | 917 | 926 |
| 重 庆 | 2919 | 2945 | 2970 | 2991 | 3017 | 3048 | 3075 |
| 四 川 | 8050 | 8076 | 8107 | 8140 | 8204 | 8262 | 8302 |
| 贵 州 | 3469 | 3484 | 3502 | 3508 | 3530 | 3555 | 3580 |
| 云 南 | 4631 | 4659 | 4687 | 4714 | 4742 | 4771 | 4801 |
| 西 藏 | 303 | 308 | 312 | 318 | 324 | 331 | 337 |
| 陕 西 | 3743 | 3753 | 3764 | 3775 | 3793 | 3813 | 3835 |
| 甘 肃 | 2564 | 2578 | 2582 | 2591 | 2600 | 2610 | 2626 |
| 青 海 | 568 | 573 | 578 | 583 | 588 | 593 | 598 |
| 宁 夏 | 639 | 647 | 654 | 662 | 668 | 675 | 682 |
| 新 疆 | 2209 | 2233 | 2264 | 2298 | 2360 | 2398 | 2445 |

注：本表数据根据年度人口抽样调查推算。全国数据包括中国人民解放军现役军人数，但不包括香港、澳门特别行政区和台湾地区数据；分省数据中未包括中国人民解放军现役军人数。

# 居民人均可支配收入

单位：元

| 指　标 | 2013年 | 2014年 | 2015年 | 2016年 | 2017年 |
|---|---|---|---|---|---|
| **一、全国居民可支配收入** | **18310.8** | **20167.1** | **21966.2** | **23821.0** | **25973.8** |
| 1.工资性收入 | 10410.8 | 11420.6 | 12459.0 | 13455.2 | 14620.3 |
| 2.经营净收入 | 3434.7 | 3732.0 | 3955.6 | 4217.7 | 4501.8 |
| 3.财产净收入 | 1423.3 | 1587.8 | 1739.6 | 1889.0 | 2107.4 |
| 4.转移净收入 | 3042.1 | 3426.8 | 3811.9 | 4259.1 | 4744.3 |
| **二、城镇居民可支配收入** | **26467.0** | **28843.9** | **31194.8** | **33616.2** | **36396.2** |
| 1.工资性收入 | 16617.4 | 17936.8 | 19337.1 | 20665.0 | 22200.9 |
| 2.经营净收入 | 2975.3 | 3279.0 | 3476.1 | 3770.1 | 4064.7 |
| 3.财产净收入 | 2551.5 | 2812.1 | 3041.9 | 3271.3 | 3606.9 |
| 4.转移净收入 | 4322.8 | 4815.9 | 5339.7 | 5909.8 | 6523.6 |
| **三、农村居民可支配收入** | **9429.6** | **10488.9** | **11421.7** | **12363.4** | **13432.4** |
| 1.工资性收入 | 3652.5 | 4152.2 | 4600.3 | 5021.8 | 5498.4 |
| 2.经营净收入 | 3934.8 | 4237.4 | 4503.6 | 4741.3 | 5027.8 |
| 3.财产净收入 | 194.7 | 222.1 | 251.5 | 272.1 | 303.0 |
| 4.转移净收入 | 1647.5 | 1877.2 | 2066.3 | 2328.2 | 2603.2 |

注：从2013年起，国家统计局开展了全国住户收支与生活状况调查，2013年及以后年份的数据来源于此调查，与2013年前的分城镇和农村住户调查的调查范围、调查方法、指标口径有所不同。

# 居民人均消费支出

单位：元

| 指　标 | 2013年 | 2014年 | 2015年 | 2016年 | 2017年 |
|---|---|---|---|---|---|
| **一、全国居民消费支出** | **13220.4** | **14491.4** | **15712.4** | **17110.7** | **18322.1** |
| 1.食品烟酒 | 4126.7 | 4493.9 | 4814.0 | 5151.0 | 5373.6 |
| 2.衣着 | 1027.1 | 1099.3 | 1164.1 | 1202.7 | 1237.6 |
| 3.居住 | 2998.5 | 3200.5 | 3419.2 | 3746.4 | 4106.9 |
| 4.生活用品及服务 | 806.5 | 889.7 | 951.4 | 1043.7 | 1120.7 |
| 5.交通通信 | 1627.1 | 1869.3 | 2086.9 | 2337.8 | 2498.9 |
| 6.教育文化娱乐 | 1397.7 | 1535.9 | 1723.1 | 1915.3 | 2086.2 |
| 7.医疗保健 | 912.1 | 1044.8 | 1164.5 | 1307.5 | 1451.2 |
| 8.其他用品及服务 | 324.7 | 358.0 | 389.2 | 406.3 | 447.0 |
| **二、城镇居民消费支出** | **18487.5** | **19968.1** | **21392.4** | **23078.9** | **24445.0** |
| 1.食品烟酒 | 5570.7 | 6000.0 | 6359.7 | 6762.4 | 7001.0 |
| 2.衣着 | 1553.7 | 1627.2 | 1701.1 | 1739.0 | 1757.9 |
| 3.居住 | 4301.4 | 4489.6 | 4726.0 | 5113.7 | 5564.0 |
| 4.生活用品及服务 | 1129.2 | 1233.2 | 1306.5 | 1426.8 | 1525.0 |
| 5.交通通信 | 2317.8 | 2637.3 | 2895.4 | 3173.9 | 3321.5 |
| 6.教育文化娱乐 | 1988.3 | 2142.3 | 2382.8 | 2637.6 | 2846.6 |
| 7.医疗保健 | 1136.1 | 1305.6 | 1443.4 | 1630.8 | 1777.4 |
| 8.其他用品及服务 | 490.4 | 532.9 | 577.5 | 594.7 | 651.5 |
| **三、农村居民消费支出** | **7485.1** | **8382.6** | **9222.6** | **10129.8** | **10954.5** |
| 1.食品烟酒 | 2554.4 | 2814.0 | 3048.0 | 3266.1 | 3415.4 |
| 2.衣着 | 453.8 | 510.4 | 550.5 | 575.4 | 611.6 |
| 3.居住 | 1579.8 | 1762.7 | 1926.2 | 2147.1 | 2353.5 |
| 4.生活用品及服务 | 455.1 | 506.5 | 545.6 | 595.7 | 634.0 |
| 5.交通通信 | 874.9 | 1012.6 | 1163.1 | 1359.9 | 1509.1 |
| 6.教育文化娱乐 | 754.6 | 859.5 | 969.3 | 1070.3 | 1171.3 |
| 7.医疗保健 | 668.2 | 753.9 | 846.0 | 929.2 | 1058.7 |
| 8.其他用品及服务 | 144.2 | 163.0 | 174.0 | 186.0 | 200.9 |

# 分地区农村贫困人口

(2010年标准)

单位：万人

| 地　区 | 2011年 | 2012年 | 2013年 | 2014年 | 2015年 | 2016年 | 2017年 |
|---|---|---|---|---|---|---|---|
| **全国总计** | **12238** | **9899** | **8249** | **7017** | **5575** | **4335** | **3046** |
| 北　京 | 2 | 1 | . | . | . | . | . |
| 天　津 | 5 | 1 | . | . | . | . | . |
| 河　北 | 561 | 437 | 366 | 320 | 241 | 188 | 124 |
| 山　西 | 444 | 359 | 299 | 269 | 223 | 186 | 133 |
| 内蒙古 | 160 | 139 | 114 | 98 | 76 | 53 | 37 |
| 辽　宁 | 157 | 146 | 126 | 117 | 86 | 59 | 39 |
| 吉　林 | 140 | 103 | 89 | 81 | 69 | 57 | 41 |
| 黑龙江 | 155 | 130 | 111 | 96 | 86 | 69 | 50 |
| 上　海 | . | . | . | . | . | . | . |
| 江　苏 | 123 | 106 | 95 | 61 | . | . | . |
| 浙　江 | 94 | 83 | 72 | 45 | . | . | . |
| 安　徽 | 710 | 543 | 440 | 371 | 309 | 237 | 158 |
| 福　建 | 114 | 87 | 73 | 50 | 36 | 23 | . |
| 江　西 | 438 | 385 | 328 | 276 | 208 | 155 | 107 |
| 山　东 | 345 | 313 | 264 | 231 | 172 | 140 | 60 |
| 河　南 | 955 | 764 | 639 | 565 | 463 | 371 | 277 |
| 湖　北 | 488 | 395 | 323 | 271 | 216 | 176 | 114 |
| 湖　南 | 908 | 767 | 640 | 532 | 434 | 343 | 232 |
| 广　东 | 166 | 128 | 115 | 82 | 47 | . | . |
| 广　西 | 950 | 755 | 634 | 540 | 452 | 341 | 246 |
| 海　南 | 88 | 65 | 60 | 50 | 41 | 32 | 23 |
| 重　庆 | 202 | 162 | 139 | 119 | 88 | 45 | 21 |
| 四　川 | 912 | 724 | 602 | 509 | 400 | 306 | 212 |
| 贵　州 | 1149 | 923 | 745 | 623 | 507 | 402 | 295 |
| 云　南 | 1014 | 804 | 661 | 574 | 471 | 373 | 279 |
| 西　藏 | 106 | 85 | 72 | 61 | 48 | 34 | 20 |
| 陕　西 | 592 | 483 | 410 | 350 | 288 | 226 | 169 |
| 甘　肃 | 722 | 596 | 496 | 417 | 325 | 262 | 200 |
| 青　海 | 108 | 82 | 63 | 52 | 42 | 31 | 23 |
| 宁　夏 | 77 | 60 | 51 | 45 | 37 | 30 | 19 |
| 新　疆 | 353 | 273 | 222 | 212 | 180 | 147 | 113 |

注：“.”表示数值较小，统计上不显著。